Jürgen Schneider, Horst Ellenberger,
Carl Horst Poensgen, William Sell (Hrsg.)
Unternehmen, Innovationen und Weltmarkt
in der Schutzschaltertechnik seit 1948

BWSG

Beiträge zur
Wirtschafts- und Sozialgeschichte

Nr. 96

Herausgegeben von
Jürgen Schneider,
Markus A. Denzel,
Rainer Gömmel

Redaktion:
Hans-Jürgen Gerhard
Margerete Wagner-Braun

Jürgen Schneider, Horst Ellenberger,
Carl Horst Poensgen, William Sell (Hrsg.)

Unternehmen, Innovationen und Weltmarkt in der Schutzschaltertechnik seit 1948

Das Fallbeispiel Ellenberger & Poensgen GmbH /
E–T–A Elektrotechnische Apparate GmbH
in Altdorf bei Nürnberg

Franz Steiner Verlag Stuttgart, 2003

Anschrift der Schriftleitung der Beiträge zur
Wirtschafts- und Sozialgeschichte

Prof. Dr. Markus A. Denzel
Historisches Seminar
Universität Leipzig
Postfach 100920
D-04009 Leipzig

http://www.uni-leipzig.de/~gesowi

Bibliografische Information der Deutschen Bibliothek
Die Deutsche Bibliothek verzeichnet diese Publikation
in der Deutschen Nationalbibliografie; detaillierte
bibliografische Daten sind im Internet über
<http://dnb.ddb.de> abrufbar.

ISBN: 3-515-08219-0

ISO 9706

Jede Verwertung des Werkes außerhalb der
Grenzen des Urheberrechtsgesetzes ist unzulässig
und strafbar. Dies gilt insbesondere für Übersetzung, Nachdruck, Mikroverfilmung oder vergleichbare Verfahren sowie für die Speicherung
in Datenverarbeitungsanlagen. Gedruckt auf
säurefreiem, alterungsbeständigem Papier.
© 2003 by Franz Steiner Verlag Wiesbaden GmbH,
Sitz Stuttgart.
Druck: DIFO-Druck GmbH, Bamberg.
Printed in Germany

INHALTSVERZEICHNIS

Zum Geleit 11

Unternehmensleitbild
    Von Horst Ellenberger, Carl Horst Poensgen und William F. Sell.................. 13

E–T–A Maßstab für Sicherheit.
Wo E–T–A Produkte schalten, schützen und Sicherheit bieten 15

TEIL 1:
DIE E–T–A 1946/48–1998

I.   Die Gründung der Ellenberger & Poensgen GmbH (1946–1948)
      von Markus A. Diehl 19
      Einleitung 19
1.   Die wirtschaftlichen Rahmenbedingungen in Deutschland nach 1945 20
1.1   Wirtschaftspolitik in Deutschland bis zur Währungsreform 21
1.2   Arbeitsmarkt, Kreditmarkt, Schwarzer und Grauer Markt 27
1.3   Die Währungs- und Wirtschaftsreform 1948 35
2.   Die Gründung der Ellenberger & Poensgen GmbH 40
2.1   Persönlichkeiten der Firmengründer und ihr Zusammengehen 40
2.2   Grundlegende Entscheidungen 47
2.2.1 Die Standortfrage 47
2.2.2 Der Firmenname 48
2.2.3 Die Wahl der Unternehmensform 49
2.2.4 Die Kapitalverteilung 50
2.2.5 Die Aufgabenbereiche der beiden Gesellschafter 51
2.2.6 Harald A. Poensgens Lösung von der Bezeg 51
2.2.7 Die Planung der Betriebsziele und des Betriebsaufbaus 52
2.3   Kommunikation und Reisen 54
2.4   Die Hürden von Justiz und Bürokratie 57
2.4.1 Die Entnazifizierung 58
2.4.2 Die Lizenzierung 61
2.4.3 Der Zuzug Jakob Ellenbergers 63
2.5   Die Patentlage 64
2.6   Der zentrale Engpass vor der Währungsreform: Die Beschaffung 66
2.6.1 Die Beschaffung der Rohstoffe: Kupfer, Zink und Eisen 67

2.6.2 Die Beschaffung der Halbfabrikate 69
2.6.3 Die Beschaffung von Maschinen, Werkzeugen und
Einrichtungsgegenständen 70
2.6.4 Die Beschaffung von Baumaterial...72
2.7 Grundstück und Gebäude...72
2.8 Preisgestaltung und Absatzorganisation 75
2.9 Der zentrale Engpass nach der Währungsreform: Die Liquidität....................77
2.10 Die ersten Mitarbeiter der Firma Ellenberger & Poensgen 80
Fazit..81

II. Die Unternehmensgründer Jakob Ellenberger und Harald A. Poensgen:
Vom Auf- und Ausbau zur Globalisierung (1948–1973)
von Jürgen Schneider..83
Rahmenbedingungen 1948–1973..83
1. Unternehmensstrategie und Investitionen...86
2. Investitionen in Grundstücke und Bauten: „Wir bauen immer" 89
3. Sehr schwierige Anfangsjahre (1948–1953) und danach starke Expansion.....99
4. Die Hannover-Messe und die E–T–A: „E–T–A Mitarbeiter in aller Welt" ...104
5. Export: „Wir streben an, eine Firma zu werden, die global denkt und
handelt"..109
6. USA 1955: „Wir werden auf keinen Fall ruhen, bis wir auch in den USA
eine der führenden Schutzgeräte-Fabriken geworden sind"..........................112
7. „Wir müssen technisch unserer Zeit immer voraus sein!" von der
traditionellen Haushaltsgeräte-Industrie zur anspruchsvollen
Investitionsgüter-Industrie 117
8. E–T–A Erinnerungen (1948–1975) *von Gertrud Hendelmeier*...................122
9. Andreas Aschka: 20jähriges Betriebsleiterjubiläum
(01.08.1948–01.08.1968)...156
10. Versuch einer Porträtskizze über Jakob Ellenberger und Harald A.
Poensgen *von Jürgen Schneider* 157

III. Die zweite Generation der Unternehmensführung seit Beginn der
70er Jahre im Härtetest: Kreative und aktive Gestaltungskonzepte
bei veränderten Rahmenbedingungen
von Jürgen Schneider..167
Rahmenbedingungen 1973–1982..167
1. Generationswechsel: Jakob Ellenberger und Harald A. Poensgen sorgen
für Kontinuität in der Geschäftsleitung 169
2. Wechsel im Führungsstil: Von der Kompetenzkonzentration bei den
Unternehmensgründern zur Teamarbeit 171
3. Investitionen in Neubauten und im Betrieb 174
3.1 Altdorf: Neubau der Fertigungs- und Lagerhalle von 4000 qm (1981/83).....174
3.2 Altdorf: Aufbau einer modernen Fertigung als Ziel. Voraussetzung dazu:
Neubau der 7.000 qm großen Fertigungshalle (1989/91) 175

4.	1974–1998: Hohes Investitionstempo bewirkt Modernisierungsschübe bei der Fertigungs- und Betriebseinrichtung, bei der Verwaltung und im Vertrieb	176
4.1	1974–1983: Kostenexplosion, Gewinnabsturz, Kurzarbeit und unternehmerische Gegenstrategien	180
4.2	Rahmenbedingungen 1983–1998	185
4.3	1984–1991: Gute Jahre und gute Binnenkonjunktur	188
4.4	1992–1993: Verlustjahre	189
4.5	1994–1998: Schwacher Inlands- und stärkerer Auslandsmarkt	189

TEIL 2:
DIE E–T–A IM SPIEGEL IHRER MITARBEITER

Die Geschäftsstruktur der E–T–A 190
Einführung 193

I.	Kaufmännische Leitung: Horst Ellenberger (kommissarisch)	195
	Persönliche Angaben: Horst Ellenberger	195
1.	50 Jahre Buchhaltung. Vom Füllfederhalter zu SAP R/3 von Inge Knieling	196
2.	Betriebsabrechnung (BAB) von Elfriede Müller	201
3.	Kalkulation von Peter Rickert	205
4.	Elektronische Datenverarbeitung (EDV) von Günther Rosenberger	207
5.	In zweieinhalb Jahren 1,8 Mio. DM für Aus- und Weiterbildung in der Datenverarbeitung von Günther Rosenberger	214
6.	Personalwesen von Gerhard Steger	215
7.	Das Projektteam als Katalysator der Mitarbeiter-Ideen von Joachim Scheel	220
8.	Materialwirtschaft von Peter Achner	223

II.	Technische Leitung: Horst Ellenberger	227
1.	Konstruktionsbüro von Fritz Krasser	227
2.	Neue Techniken im Konstruktionsbüro von Lothar Hofmeister	262
3.	Räume des Konstruktionsbüros im Wandel der Zeiten von Fritz Krasser	264
4.	Konstruktionsbüro – Gegenwart und Zukunft von Peter Meckler	265
5.	E–T–A Erinnerungen von Konrad Heydner	270
6.	Labor (Entwicklungs- und Prüflabor) von Ulrich Reichert und Günther Denzer	287
7.	Entstehung und Werdegang der „Elektronik" (1969–1997) von Hans Schopp und Gerhard Endner	294
8.	E–T–A Qualitätswesen von Heinz Kürschner	303
9.	Bayerischer Qualitätspreis 1997 von Joachim Scheel	309

10. Werkzeug- und Formenbau: Von der mechanischen Werkstatt zum Betriebsmittelbau *von Georg März* 309
11. Arbeitsvorbereitung *von Hans Roth* 312
12. 50 Jahre E–T–A Produktion *von Heinz Kandzora* 317
13. Produktion *von Reinhold Palmer und Otto Lepsinger* 321
14. Galvanik *von Günther Haas* 322
15. Die Chronik der Werke Hohenfels und Kallmünz aus der Sicht eines Direktbeteiligten und mit den Erinnerungen eines 80jährigen *von Kurt Weihrauch* 323
16. Werk Hohenfels/Kallmünz von 1961 bis 1998 *von Adolf Witka* 327
17. Aus- und Weiterbildung Hohenfels: Trainingsreihe für Vorarbeiterinnen und Meister *von Otto Lepsinger und Rainer Theile* 332
18. Heussinger GmbH, Nürnberg *von Axel Heussinger und Dietrich Braun* 334
19. Aufbau einer Fertigungsstätte in Tunesien 1976/78 *von Horst Ellenberger* 337
20. 20 Jahre E–T–A Tunesien: Von 1977 bis 1997 *von Gerd Wilbois* 339
21. Gründung und Aufbau einer Fertigungsstätte in Surabaya (Indonesien) von 1994 bis 1997 *von Horst Ellenberger* 343

III. Vertrieb Europa: Carl Horst Poensgen 347
Persönliche Angaben: Carl Horst Poensgen 347
1. Erinnerungen *von Luise Plarré* 348
2. Die ersten vertrieblichen Organisationsmaßnahmen *von Eberhard Poensgen* 353
3. Vertrieb – die letzten 17 Jahre *von Ernst-Wolfgang Möller* 354
4. Vertriebsschulung *von Rudolf Wachter* 356
5. Vom Technischen Büro zum Vertrieb *von Herbert Beier* 357
6. Eine spannende Geschichte: Wie aus dem Technischen Büro die moderne E–T–A Werbeabteilung hervorging *von Herbert Beier und Harald Groschup* 359
7. Terminbüro *von Hans Schmidt* 367
8. Versand: Bericht einer „Ehemaligen" *von Hildegard Zantner* 368
9. Versand *von Gerlinde Kotzur und Walter Link* 372
10. Vertreter Südbayern *von Werner Heisig* 373
11. E–T–A Technisches Büro Bayern Süd *von Joachim Heydasch* 374
12. Kilian & Gans GmbH & Co., Nürnberg *von Heinz Wagner* 374
13. E–T–A Technisches Büro Nord (1976–1998) *von Egon Weroniecki* 375
14. E–T–A Technisches Büro West *von Hans-Joachim Sandow* 377
15. Vertriebsgebiet „Rheinland" *von Herbert A. Ruthmann* 378
16. E–T–A Technisches Büro Nord-West *von Gerfried Remmers* 379
17. E–T–A Technisches Büro Süd-West *von Ulrich Günter* 382
18. E–T–A Technisches Büro Stuttgart *von Oskar Dietz* 382
19. E–T–A Technisches Büro Dortmund *von Helmut Kleinewiese* 383
20. E–T–A Technisches Büro Berlin *von Klaus Dieter Schatz* 384

21.	E–T–A und SysMik GmbH, Dresden: Maßstab für Sicherheit in Sachsen *von Gert-Ulrich Vack*...	385
22.	E–T–A Technisches Büro Thüringen *von Rudi Rostalski*	386
23.	E–T–A Belgien *von J. P. Verteneuil*	387
24.	Seit 45 Jahren E–T–A in Österreich: E–T–A Tochter Herndl Electric Handelsgesellschaft m.b.H. wird 10 Jahre *von Konrad Herndl*	388
25.	Firma H. Balla, Wien *von Ladislaus E. Balla*	388
26.	Niederlande: Jacs. Koopman B. V., in BD Wijk bij Duurstede *von J. Vulling*	389
27.	E–T–A Frankreich: Einige Worte über die Jahre des Bestehens *von Pierre-François Griot-Massonnet*	390
28.	E–T–A Italien *von Paolo Berni*	392
29.	E–T–A Schweiz: Henri Grandjean Industrievertretungen AG *von Christoph Erhardt*	393
30.	Firma R. Flach Elektronik (RFE) AG, Schweiz *von Rudolf Flach*	394
31.	Vögtlin Instruments AG, Aesch/Basel *von Lothar V. Waltz*	395
32.	Schweden: Österlinds El-Agentur AB in Täby *von Ralph Löfberg*	396
33.	Dänemark: Jørgensen & Co., Components-Instruments, Roskilde *von Freddy Rud Pedersen*	397
34.	Norwegen: Elis Elektro A/S, Oslo *von Bjørn Ekholt*	398
35.	E–T–A in Finnland: Suomen Elektrolind Oy in Kauniainen *von Jan Barck*	398
36.	Spanien: Elpo-Electric S.A., Madrid *von José Lobo*	399
37.	Die neue E–T–A Handelsvertretung in Polen: Electronics & Cable S. Z.O.O. (Murowana Goslina) *von Hans-Jörg Otto*	400
IV.	Vertrieb Export Übersee: William F. Sell	401
	Persönliche Angaben: William F. Sell..	401
	Rückblicke von William F. Sell..	402
1.	Vertrieb Export Übersee *von Ingrid Steininger*.......................................	409
2.	Marktforschung *von Thomas Schmid*	414
3.	Die ersten zehn Jahre der E–T–A Products Co. of America (ETACO) *von Werner E. Heisig*..	418
4.	Mr. Boris Solzman und ETACO Canada Ltd. – eine ganz persönliche Erinnerung *von Marga Sell*..	421
5.	43 Jahre E–T–A USA (1955–1998) *von Tony Bright*	423
6.	Tony Bright und E–T–A. Ein persönlicher Rückblick *von Tony Bright*	425
7.	E–T–A im Vereinigten Königreich (UK) *von Jonathan Adams*	428
8.	E–T–A UK – aus persönlicher Sicht *von Jonathan Adams*	430
9.	E–T–A Components K. K., Japan *von William F. Sell*...........................	438
10.	E–T–A Asia Pacific Pte. Ltd., Singapur *von William F. Sell*	438

V.	Auszubildende, Betriebsrat, Fußballmannschaft und Treffen der Senioren	441
1.	Auszubildende in der E–T–A	441
2.	Betriebsrat *von Stefan Distler*	442
3.	E–T–A Fußballmannschaft *von Ulrich Reichert, Richard Döllfelder und Thomas Schmid*	444
4.	Treffen der Senioren *von Heinz Kandzora und Günter Lill*	445

Anhang		447
1.	Persönliche Angaben zu den Mitarbeitern	447
2.	Jubilare der E–T–A mit 25 Dienstjahren und mehr	461
3.	Steckbriefe einiger Handelspartner der Firma Ellenberger & Poensgen GmbH	464
4.	Die Funktionsweise der Eisenbewirtschaftung	469

Quellen- und Literaturverzeichnis 471

ZUM GELEIT

Mit Freund Horst Ellenberger unternehme ich seit einigen Jahren Spaziergänge, um fit zu bleiben. Bei einem dieser Spaziergänge fragte mich Horst, ob ich bereit wäre, die Firmenfestschrift zum 50jährigen Jubiläum der E–T–A (1948–1998) zu verfassen. Meine Zusage war spontan. Für einen Wirtschaftshistoriker kann es nur von Vorteil sein, wenn er sich mit der betrieblichen Realität bis in die Gegenwart vertraut macht.

Die Archivlage der E–T–A kann als sehr gut bezeichnet werden. Der Briefwechsel zwischen den Unternehmensgründern Jakob Ellenberger, Obersülzen bei Grünstadt (Rheinland-Pfalz) und Harald A. Poensgen, Lauf an der Pegnitz, der Mitte 1946 einsetzt und bis Juli 1948 dauerte, informiert genau über die Gründungsphase.

Alle Bilanzen des Unternehmens sind ab der Reichsmark-Schlussbilanz und der DM-Eröffnungsbilanz (1948/49) erhalten. Die wichtigen Kennzahlen wie Umsätze (In- und Ausland), Investitionen (Bauen/Grundstücke, Maschinen), Abschreibungen, Gewinne sowie Lohn- und Gehaltskosten sind EDV-mäßig erfasst und aufbereitet. Bei den Spaziergängen mit Horst konnten Unsicherheiten und Hypothesen bei der Interpretation der Kennziffern geklärt werden.

Seit 1951 waren die Unternehmensgründer, die leitenden Mitarbeiter und die Repräsentanten des In- und Auslandes der E–T–A auf der Hannover Messe vertreten. Anlässlich der Messe hielt Jakob Ellenberger eine Ansprache über die technischen und Harald A. Poensgen über die kaufmännischen Belange des Unternehmens. Dabei ließen sie die Mitarbeiter an ihren Denkprozessen teilnehmen und gewährten einen tiefen Einblick in Gegenwart und Zukunft des Unternehmens. Die Mitarbeiter konnten sich mit den Unternehmenszielen identifizieren und hatten das Gefühl einer sehr kompetenten und innovativen Unternehmensführung. Die Berichte anlässlich der Hannover Messe, die Protokolle der Geschäftsleitersitzungen und die Betriebsversammlungen seit Beginn der 70er Jahre waren die wichtigsten Quellen für die Unternehmensstrategien. Die Unternehmensgründer dachten schon seit Beginn der 50er Jahre in globalen Kategorien, also zu einem Zeitpunkt, zu dem in der wissenschaftlichen Betriebswirtschaftslehre die Kostenrechnung noch im Mittelpunkt stand. So wurde von Beginn an die Präsenz auf allen Märkten der Welt angestrebt. Die globale Vermarktung wurde mitgetragen durch Gründung von Produktionsstätten in den USA (1955), Tunesien (1977) und Indonesien (1997). Die Erfolge der Unternehmung liegen bei technischen Spitzenleistungen, verbunden mit besonders engen Kundenbeziehungen. Typisch für die Firma ist das tiefe Sortiment, also eine Vielzahl von Varianten.

Schon früh hatte Horst Ellenberger für wichtige Teile der Firmenfestschrift Vorsorge getragen. Von besonderer Bedeutung erwies sich das Gespräch, das er am 19. Juli 1985 mit Harald A. Poensgen führte. Gertrud Hendelmeier, die langjährige Sekretärin von Jakob Ellenberger, verfasste ihre E–T–A Erinnerungen, Fritz Krasser die Geschichte des Konstruktionsbüros und Konrad Heydner schrieb die des Labors. Der Gedanke lag nahe, auch die jetzigen zum Teil sehr langjährigen leitenden Mitarbeiter um einen verdichteten Erfahrungsbericht ihrer Abteilung zu bitten. Als ersten E–T–A Mitarbeiter bat ich den Leiter der Arbeitsvorbereitung, Freund Hans Roth, um einen solchen Bericht. Den Bericht von Hans Roth erhielten alle anderen leitenden Mitarbeiter als Muster. Der Rückfluss der Berichte zeigte die Richtigkeit dieses konzeptionellen Vorgehens. Die Firmenfestschrift der E–T–A stellte meines Erachtens ein Optimum dessen dar, was in einer Firmenfestschrift überhaupt geleistet werden kann.

Die Mitarbeiterberichte repräsentieren einen Teil des wirtschaftlichen und sozialen Aufstiegs und des Erfolges der Bundesrepublik Deutschland. Die herausgearbeitete Zäsur von Ende der 60er Jahre bis etwa 1975 dürfte nicht nur für das Unternehmen E–T–A typisch sein. Wenn man überhaupt eine Zäsur in der Wirtschaftsgeschichte der Bundesrepublik Deutschland herausarbeiten kann, dann liegt sie in dieser Phase. Bis etwa 1970 hatten sich die nationalen und internationalen Rahmenbedingungen verbessert: Preisstabilität, feste Wechselkurse und ein Verkäufermarkt in der Bundesrepublik Deutschland kamen den Unternehmen entgegen. In der ersten Hälfte der siebziger Jahre veränderten sich die festgefügten Rahmenbedingungen: der Dollar verlor von 1970 bis zur zweiten Ölkrise 1979/80 an Wert und minderte rapide die Verkaufserlöse in den USA, Inflation und Kurzarbeit dominierten, aus dem Verkäufer- wurde ein Käufermarkt. Mit den Erfahrungen aus den 50er und 60er Jahren waren diese Probleme nicht mehr zu bewältigen. Die zweite und junge Generation der Geschäftsführung ging diese Probleme unbelastet von vergangenen Erfahrungen, hart, kreativ und schwungvoll an. Die Erfahrungen aus dem damals erfolgreich bestandenen Härtetest führten zu Lernprozessen, die bis heute wirksam sind. In der ersten Hälfte der 70er Jahre setzte ein Rationalisierungsschub an, der weiter andauert. In dieser Zeit begann für die E–T–A das EDV-Zeitalter. Mit dem Generationenwechsel war ein Wechsel im Führungsstil verbunden. Von der Kompetenzkonzentration bei den Unternehmensgründern ging es zur Teamarbeit bei der heutigen Geschäftsführung.

Die Firmenfestschrift ist aus der Zusammenarbeit aller Beteiligten entstanden. Der Dank gilt allen, die an der Optimierung des vorliegenden Buches mitgearbeitet haben. Bei den Sekretärinnen der Geschäftsleiter, Frau Hanne Ringel, Frau Luise Plarré, und der Vertriebsleiterin Export Übersee, Frau Ingrid Steininger, fand ich jederzeit aktive Unterstützung. Die Leiterin der Finanzbuchhaltung, Frau Inge Knieling, war eine geduldige und sehr kompetente Dialogpartnerin. Die Zusammenarbeit mit Harald Groschup und seinem Team war harmonisch und leistungsorientiert.

Die Festschrift entstand auf dem Boden harter Arbeit. Die Mitarbeiter sind nicht nur in den Unternehmen, sondern auch an den Universitäten das kostbarste Gut.

Die Geschäftsführer Horst Ellenberger, Carl Horst Poensgen und William F. Sell haben zum Gelingen der Firmenfestschrift in vielfältiger Weise beigetragen. Ohne ihr tatkräftiges Mitwirken wäre die Festschrift nicht das geworden, was sie heute ist.

Der Geschäftsführung wünsche ich auch weiterhin mutige und kraftvolle Entscheidungen bei der Unternehmenspolitik. Diese Entscheidungen setzen den Dialog und das Verständnis zwischen den Beteiligten im Unternehmen voraus. Die Geschäftsführung muss die Akzeptanz bei den Mitarbeitern für die unternehmenspolitischen Maßnahmen besitzen. Nur so kann die Zukunft des Unternehmens und seiner Mitarbeiter gesichert werden.

Altdorf bei Nürnberg, im Sommer 1998 *Jürgen Schneider*

P.S.: Die Festschrift erschien rechtzeitig zum Unternehmensjubiläum im August 1998. Von Anfang an war daran gedacht worden, die Festschrift auch für die wissenschaftliche Öffentlichkeit zugänglich zu machen. Gegenüber der ursprünglichen Fassung wurde speziell die Gründung der Ellenberger & Poensgen GmbH (1946–1948) von Markus A. Diehl wissenschaftlich bearbeitet. Andere größere Veränderungen wurden nicht vorgenommen.

Altdorf bei Nürnberg, im Herbst 2003 *Jürgen Schneider*

UNTERNEHMENSLEITBILD

Von Horst Ellenberger, Carl Horst Poensgen und William F. Sell

Die Geschäftsleitung wurde in den letzten Jahren oft gefragt, was eigentlich die Vorstellung bzw. Vision, das Ziel, von E–T–A sei, und wohin sich die Firma entwickeln werde. Mit vielen Diskussionen und gewissen Geburtswehen haben wir das nachfolgende Unternehmensleitbild erarbeitet und niedergeschrieben. Wir verstehen dieses Leitbild als eine sich weiterentwickelnde gemeinsame Zielvorstellung. Es wird uns noch viel Arbeit kosten, dieses Leitbild mit Leben zu füllen. Die Firma E–T–A hat ein Unternehmensleitbild formuliert, das den Unternehmenserfolg in Abhängigkeit von drei Einflussgrößen darstellt: den Kunden, den Mitarbeitern und dem Kapital. In dem auf dem Foto dargestellten Modell stellt jede Kugel eine der drei Einflussgrößen dar. Das Dreieck, das die Unternehmung E–T–A darstellt, ist nur in einer stabilen Lage, wenn sich alle Einflussgrößen im Gleichgewicht befinden. Eine ausgewogene Situation stellt den Idealzustand für alle drei Elemente und somit auch für E–T–A dar.

Vision

Produkte: Als Familienunternehmen ist die E–T–A heute Marktführer auf dem Sektor Geräteschutzschalter. In diesem Kernbereich werden technisch hochwertige und qualitativ ausgereifte Produkte zu marktgerechten Preisen entwickelt, weltweit hergestellt und vertrieben. Von gleichermaßen strategischer Bedeutung sieht E–T–A die Abrundung des Angebots für den Kunden durch kreative Entwicklung artverwandter Geräte im Bereich Mess- und Regelungstechnik sowie Sensorik, die weltweit dem Schutz von Menschen und Geräten dienen. Hier bauen wir auf unsere Erfahrung in der Mikroelektronik. Innovationen beim Produkt sowie in der Produktion stehen im Dienst der Befriedigung der Kundenbedürfnisse von morgen. Sie sind Realität heute und gleichzeitig Vision für die Sicherung des Fortbestands des Unternehmens.

Märkte: Durch unser breites Spektrum an Lösungsmöglichkeiten für die verschiedensten Einsätze in Verbindung mit unserem hohen technischen Entwicklungs- und Qualitätsstandard sind wir in der Lage, den Weltmarkt uneingeschränkt zu bedienen. Mit diesem Rüstzeug suchen unsere Vertriebspartner in den wichtigsten Ländern der Erde ständig neue Anwendungsmöglichkeiten, um mit intelligenten Lösungen für die Kunden den Absatz in den langfristigen Wachstumszonen der Welt für unseren Erfolg zu sichern und uns gleichzeitig die als lebensnotwendig erachtete Branchenunabhängigkeit zu bewahren.

Strategische Geschäftsfelder: Der Weltmarkt mit den vielseitigen Anwendungen unserer Produkte spiegelt sich für uns in einer Anzahl von weitgefassten strategischen

Geschäftsfeldern wider, die wir bedienen. Sie werden ständig auf Wachstum und Absatzpotential untersucht und tragen unabhängig voneinander zum Erfolg sowie zur hohen Stabilität und Kontinuität unserer Unternehmung bei. Bei aller Kreativität in der Suche nach neuen Strategien zur Erschließung der Geschäftsfelder ist es stets unser Anliegen, uns immer in Bezug zu unserer eigentlichen Kernkompetenz zu bewegen, damit wir die Synergien aus Technologie und Marktbereichen optimal nutzen können.

Unternehmensleitbild: Der Erfolg von E-T-A ist untrennbar verbunden mit der Ausgewogenheit der drei Einflussgrößen Kunde, Mitarbeiter, Kapital. Nur bei einem Gleichgewicht in der Bewertung dieser Elemente sind wir in der Lage, zur Zufriedenheit aller unsere Zukunft erfolgreich zu gestalten.

Kunde: Wir betrachten unsere Kunden als gleichberechtigte strategische Partner, die durch den Einsatz unserer Geräte ihren eigenen Produkten einen mehrfach höheren Wert geben können, als sie dafür aufwenden müssen. Die Problemstellungen unserer Kunden sind eine Herausforderung an unsere Innovationskraft – eine Herausforderung, der wir uns stellen. Unsere Kunden zufrieden zu stellen muss unser tägliches Ziel sein. Nur zufriedene Kunden geben uns die Basis für unsere wirtschaftliche Existenz und unser aller Arbeitsplätze.

Mitarbeiter: Qualifizierte und einsatzfreudige Mitarbeiter waren und sind die Grundlage unseres Erfolges. Durch ihr persönliches Engagement für den Kunden, Aufrichtigkeit und gegenseitige Achtung schaffen sie die Voraussetzung, die gesteckten Ziele gemeinsam zu erreichen. Problemlösungen und Fortentwicklung unserer Unternehmung werden im Team durch offene Kommunikation und Information sowie hohe Leistungsbereitschaft erarbeitet. „Management by Objectives" (Führung durch Zielvereinbarung) soll für die Zukunft dem einzelnen Mitarbeiter den Handlungsspielraum geben, seine Arbeit selbständig zu planen und damit seinen individuellen Freiraum zu erweitern. Gleichzeitig wird durch die Identifizierung mit den Unternehmenszielen Abteilungsdenken abgebaut und das Wir-Gefühl gestärkt. Unser Führungsstil ist gekennzeichnet durch offenen Umgang miteinander und Vertrauen zueinander. Als Teil unseres sozialen Umfeldes sehen wir unsere gesellschaftliche Verantwortung in der konsequenten Sicherung der Arbeitsplätze. Die Erfüllung dieser Aufgabe hängt von uns allen ab.

Kapital: Zur Erfüllung unserer Unternehmensziele ist es notwendig, eine angemessene Verzinsung des eingesetzten Kapitals zu erreichen, um marktgerechte Produktentwicklung betreiben zu können, moderne, hochwertige Investitionen tätigen zu können, dem aktuellen Fortschritt gerecht zu werden, Märkte aufzubauen und qualitative Personalentwicklung betreiben zu können, womit die langfristige Sicherung der Arbeitsplätze und der Fortbestand von E-T-A auch weiterhin gewährleistet werden können. Zur Erhaltung unserer Unabhängigkeit ist es notwendig, Wachstum aus Eigenkapital zu finanzieren. Deshalb wird dieses Wachstum durch unsere Ertragskraft bestimmt. Wir sind uns bewusst, dass wir als Industriebetrieb unsere Umwelt belasten, und nehmen jede Gelegenheit wahr, mit diesem Gut schonend umzugehen. Die Minimierung dieser Belastung und die Übergabe einer gesunden Umwelt an zukünftige Generationen ist daher unser erklärtes Ziel, für dessen Erfüllung wir zu erheblichem Kapitaleinsatz bereit sind.

E–T–A MASSTAB FÜR SICHERHEIT. WO E–T–A PRODUKTE SCHALTEN, SCHÜTZEN UND SICHERHEIT BIETEN

Kaum eine Branche, in der Produkte von E–T–A nicht schalten, schützen und Sicherheit bieten. Das bedeutet integrierte Lösungen für viele Schlüsselindustrien und andere wichtige Bereiche – vom Anlagen- und Maschinenbau über die Automobil- und Hausgerätetechnik bis zur Luftfahrt, Telekommunikation, Umwelt- und Medizintechnik. Insgesamt sind wir auf 16 Geschäftsfeldern erfolgreich tätig.

Jedes unserer Produkte ist mit besonderer Technik ausgestattet, die sie für bestimmte Applikationen und Einsatzbereiche prädestinieren.

In der Automatisierungs- und Energietechnik, im Maschinen- und Anlagenbau oder in der Chemischen Industrie schützen viele Varianten von Schutzschaltern komplette Schalt- und Steuerungsanlagen. Sie bieten gerade für solche Anwendungen eine Packungsdichte wie kein anderer. Zudem haben sie die Temperaturschwankung fest im Griff. Ein breites Angebot vollelektronischer Komponenten setzt neue Maßstäbe beim Controlling von Strömung, Niveau, Druck und Temperatur auch in explosionsgefährdeten Produktionsprozessen.

Starkes Wachstum kennzeichnet den Markt der Informations- und Telekommunikationstechnik. Hier wartet E–T–A mit dem idealen Schutz für digitale Bausteine auf. Ebenso mit Halbleiterrelais und Schutzschaltern, Komplettlösungen auf Europakarten und Stromverteilern für gefahrloses Wechseln von Verbraucherstellen.

Auch in der Schlüsselindustrie, dem Automobilbau, ist E–T–A klar auf der Überholspur. Modernste Sicherungsautomaten ersetzen bei führenden Unternehmen bereits herkömmliche Schmelzsicherungen. Neuartige Hybrid-Drucksensoren haben alternative Erdgasantriebe sicher unter Kontrolle.

Sicherheit über den Wolken bietet E–T–A in der Luftfahrtindustrie. Denn für jedes Flugzeug haben wir die optimalen Bordnetzschutzschalter parat. Mit höchsten Schaltleistungen und allen wichtigen internationalen Zulassungen. Kein Wunder, dass die großen Hersteller längst auf uns „fliegen".

Die moderne Medizin setzt auf Röntgendiagnostik, Ultraschall und elektrische Operationsgeräte ebenso wie auf mikrocomputergesteuerte Überwachungssysteme für Patienten. Und auf die notwendigen speziellen Sicherheitsschutzschalter, Mess- und Überwachungsgeräte von E–T–A. Ob Küchenherd, Waschmaschine oder Schlagbohrer, Kläranlage, Großkraftwerk oder Luxusliner – überall sind zuverlässige Sicherheitsprodukte von E–T–A „inside".

Von der Vormarktphase über die Produktion zum Vertrieb und Kunden: Entwicklungsnetzplan

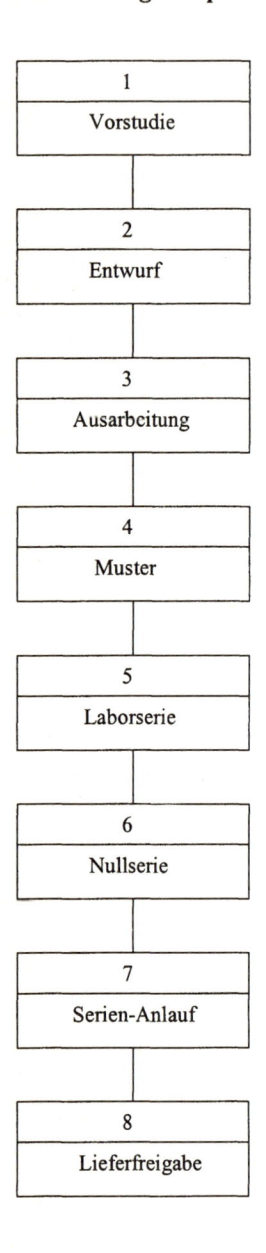

```
┌─────────────────┐
│        1        │
│    Vorstudie    │
└─────────────────┘
         │
┌─────────────────┐
│        2        │
│     Entwurf     │
└─────────────────┘
         │
┌─────────────────┐
│        3        │
│   Ausarbeitung  │
└─────────────────┘
         │
┌─────────────────┐
│        4        │
│     Muster      │
└─────────────────┘
         │
┌─────────────────┐
│        5        │
│    Laborserie   │
└─────────────────┘
         │
┌─────────────────┐
│        6        │
│    Nullserie    │
└─────────────────┘
         │
┌─────────────────┐
│        7        │
│  Serien-Anlauf  │
└─────────────────┘
         │
┌─────────────────┐
│        8        │
│  Lieferfreigabe │
└─────────────────┘
```

Abb. 1: Jacob Ellenberger

Abb. 2: Harald A. Poensgen

Abb. 3: Horst Ellenberger, William F. Sell, Carl Horst Poensgen

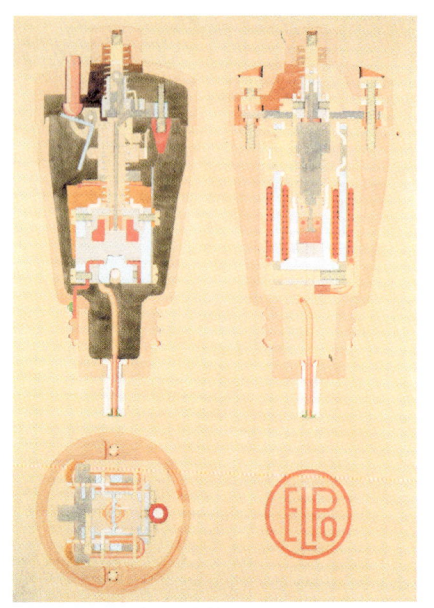

Abb. 4: Anzeige 1948

Abb. 5: Anzeige 1949

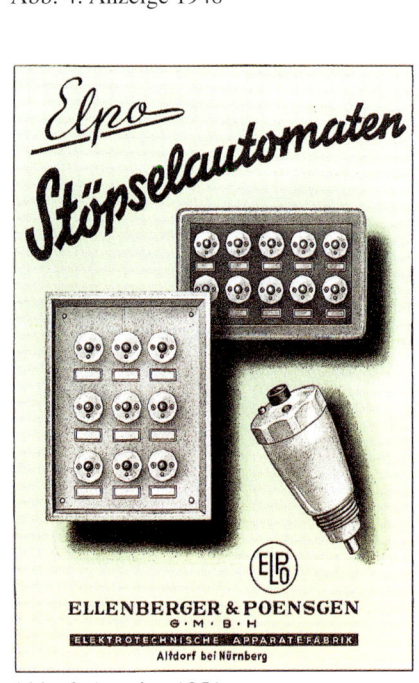

Abb. 6: Anzeige 1951

Abb. 7: Anzeige 1967

Abb. 8: Altdorf – Fertigungsgebäude

Abb. 9: Altdorf – Verwaltungstrakt

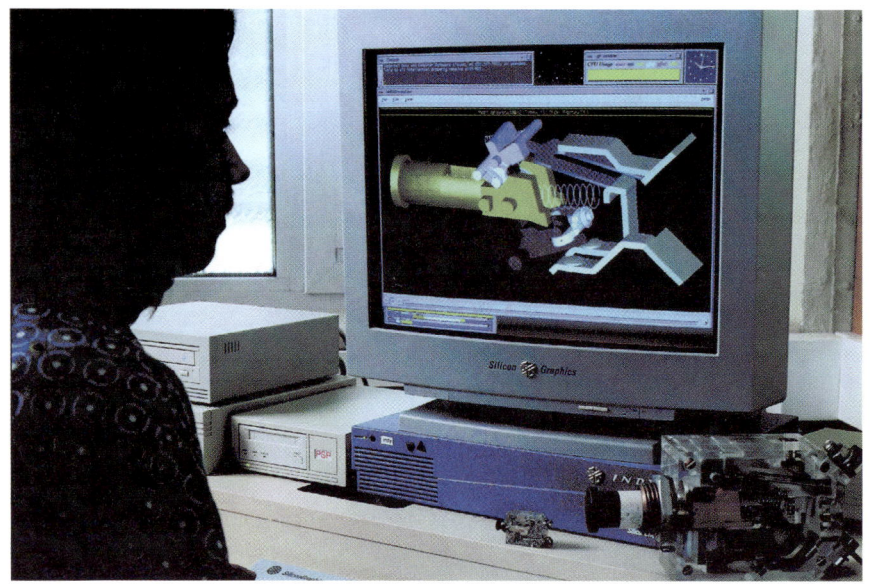

Abb. 10: Ausarbeitung

Abb. 11: Qualitätssicherung

Abb. 12: Alte Stanzerei (1982)

Abb. 13: Neuer Stanzautomat (1996)

Abb. 14: Endprüfung

Abb. 15: Serienfertigung

Abb. 16: Bayerischer Qualitätspreis 1997

Abb. 17: Symbol der Ausgewogenheit – Leitbild

TEIL 1:
DIE E–T–A 1946/48–1998

I. DIE GRÜNDUNG DER ELLENBERGER & POENSGEN GMBH (1946–1948)

Von Markus A. Diehl

EINLEITUNG

> *Es ist scheußlich, den Kopf voller Pläne*
> *zu haben und nicht fliegen zu können.*
> *Ich fiebere nach Arbeit und Erfolg.*
> (Harald A. Poensgen, 15.10.1946)

Die 1948 von Jakob Ellenberger und Harald A. Poensgen gegründete Firma Ellenberger & Poensgen feierte 1998 als E–T–A Elektrotechnische Apparate GmbH, Altdorf, ihr 50-jähriges Bestehen. Sie beschäftigt derzeit circa 1.000 Mitarbeiter. Vor 50 Jahren ließ sich dieser Erfolg noch nicht absehen. Die Zeit war nicht günstig für eine Unternehmensgründung.

Bis zur Währungs- und Wirtschaftsreform vom 20.06.1948 war die deutsche Wirtschaft eine gütergelenkte Wirtschaft. Deutschland war ein „Land ohne Währung", wie Gustav Stolper die Situation auf den Punkt bringt.[1] Die ökonomischen Rahmenbedingungen waren durch den seit 1936/38 bestehenden Preis- und Lohnstopp sowie durch die 1939 eingeführten weitreichenden Rationierungs- und Bewirtschaftungsmaßnahmen bestimmt. Der in nationalsozialistischer Zeit entstandene Geldüberhang konnte sich aufgrund dieser Maßnahmen nicht in einer offenen Inflation auswirken. Es entstand das Phänomen der zurückgestauten Inflation. Erst mit der Währungs- und Wirtschaftsreform vom 20. Juni 1948 existierte in Deutschland wieder eine freie Marktwirtschaft mit einer funktionsfähigen Währung.

Nach einer Darstellung der Persönlichkeiten von Jakob Ellenberger und Harald A. Poensgen, des Zusammengehens der Gründer und ihrer ersten gemeinsamen Entscheidungen, wird hier aufgezeigt, welche Strategien sie verfolgten, um innerhalb der bestehenden Rahmenbedingungen ihr Unternehmen aufzubauen. Es wird dargestellt, wie sie kommunizierten, reisten, die Hürden der Bürokratie und der Justiz nahmen, Patente sicherten, Rohstoffe, Vorprodukte und Produktionsmittel ansammelten, eine Produktionsstätte fanden, ihren Absatz organisierten, die Finanzierung ihres Unternehmens sicherten und ihre ersten Mitarbeiter anwarben.

Das bearbeitete Quellenmaterial ist in seiner Art einzigartig. Wegen ihrer räumliche Trennung mussten die beiden Gründer über Jahre hinweg die Mehrzahl ihrer Entscheidungen auf dem Postweg diskutieren und fällen. Dieser über 250 Schreiben um-

---

1 Gustav STOLPER, Die deutsche Wirklichkeit, Hamburg 1949, S. 117.

fassende Briefwechsel mit weiteren circa 250 in seinem Umfeld entstandenen Dokumenten stellt den Kernbestand der hier ausgewerteten Quellen dar. Darüber hinaus wurden diverse Unterlagen aus der Firma E-T-A hinzugezogen. Besonders die Wirtschaftsprüfungsberichte der Jahre 1949 bis 1951 und das 1985 von Horst Ellenberger mit Harald A. Poensgen geführte Interview erwiesen sich als sehr wertvoll.

Zur Schließung von Erklärungslücken wurden folgende Firmen und Institutionen aufgesucht oder angeschrieben: die Firmen Hans Bauer, Richard Bergner, Bayerische Elektrozubehör (Bezeg), Boxhorn, Felten & Guilleaume, Heraeus, Heuschkel & Barnickel, Leonische Drahtwerke, Moschkau & Glimpel, Oekametall, Steingräber & Froer und Stettner & Co., außerdem die Stadtarchive von Lauf und Bamberg, das Bayerische Hauptstaatsarchiv und das Bayerische Wirtschaftsarchiv, beide in München, das Staatsarchiv Bamberg, die Wirtschaftsarchive Baden-Württembergs und Hessens, die Industrie- und Handelskammern Hamburg und Nürnberg und die Wirtschaftsvereinigung Stahl in Düsseldorf.

Die Literaturlage zur deutschen Wirtschaftsgeschichte der Jahre 1945-48 ist von unterschiedlicher Dichte. Es gibt umfangreiche beschreibende Literatur zum alltäglichen Wirtschaftsleben der privaten Haushalte sowie zu Entstehung und Verlauf der Währungsreform und ihren makroökonomischen Folgen. Speziell zur Lage der Unternehmen wurden dagegen kaum Darstellungen verfasst. Auch publizierte Quellen liegen hierzu nur in einem sehr beschränkten Umfang vor. Bei letzteren stellt Ludwig Vaubels „Tagebuch aus der Wirtschaft 1945-1949" eine wertvolle Ausnahme dar. Die diesem Buch auf CD-Rom beigegebene Edition des Briefwechsels zwischen Jakob Ellenberger und Harald A. Poensgen soll diese Forschungslücke schließen helfen.

1. DIE WIRTSCHAFTLICHEN RAHMENBEDINGUNGEN IN DEUTSCHLAND NACH 1945

In seinen „Grundlagen der Nationalökonomie" schreibt Walter Eucken:

„Ob es sich um die Wirtschaft im alten Ägypten oder im augusteischen Rom oder im hochmittelalterlichen Frankreich oder im heutigen Deutschland oder sonst wo handelt – stets entsteht jeder Wirtschaftsplan und jede wirtschaftliche Handlung eines jeden Bauern oder Grundherren oder Händlers oder Handwerkers oder Arbeiters und aller anderen Menschen im Rahmen irgendeiner ‚Wirtschaftsordnung' und hat nur im Rahmen dieser jeweiligen Ordnung einen Sinn."[2]

Um das wirtschaftliche Planen und Handeln von Jakob Ellenberger und Harald A. Poensgen bei der Gründung ihrer Firma verstehen zu können, werden hier zunächst die ökonomischen Rahmenbedingungen der Jahre 1945 bis 1948 herausgearbeitet.

---

2 Walter EUCKEN, Die Grundlagen der Nationalökonomie, Berlin – Göttingen – Heidelberg ^{6}1950, S. 50.

1.1 Wirtschaftspolitik in Deutschland bis zur Währungsreform

Die Wirtschaftsordnung des nationalsozialistischen Deutschlands und Nachkriegsdeutschlands bis zum 20.06.1948 lässt sich am besten mit dem Begriff gütergelenkte Wirtschaft beschreiben. Die Alliierten hatten die nationalsozialistische Wirtschaftsordnung im großen und ganzen beibehalten. Mit staatlichen Zwangsmaßnahmen versuchte man, dem vielfältigen Mangel im Nachkriegsdeutschland Herr zu werden.

Im Zuge der nationalsozialistischen Kriegswirtschaftsordnung waren in Deutschland Geld- und Gütermenge aus dem Gleichgewicht geraten. Die massive Kreditaufnahme des Reiches hatte seit 1933 zu einer Ausdehnung des Geldvolumens geführt, der keine entsprechend gewachsene Gütermenge gegenüber stand. Nach einer Aufstellung der Reichsschuldenverwaltung vom 07.11.1945 betrug die Gesamtsumme der von ihr beurkundeten inneren Verschuldung des Reiches am 21.04.1945 fast 388 Milliarden Reichsmark gegenüber 12,3 Milliarden Reichsmark im Jahre 1933[3] Aufgrund des Preisstopps von 1936 und des Lohnstopps von 1938 kam es dennoch zu keiner offenen Inflation. Zum Preis- und Lohnstopp kam mit Kriegsausbruch 1939 die Rationierung von Nahrungsmitteln und Verbrauchsgütern hinzu.[4]

Die nationalsozialistische Geldschöpfung hatte bereits im Jahre 1933 mit dem sogenannten Mefo-Wechsel im großen Stil eingesetzt. Im Jahre 1939 begann die „geräuschlose" Kriegsfinanzierung des Reiches über die Sparguthaben der Bevölkerung. Mit der in diesem Jahr erfolgten Einführung einer weitreichenden Zwangsbewirtschaftung von Nahrungsmitteln und Verbrauchsgütern sowie dem Verbot von Bargeldhortungen waren bei den Banken erhebliche Sparguthaben zusammengeflossen, die nicht mehr zur Ausgabe gebracht werden konnten. Diese Mittel mussten, mangels anderer Möglichkeiten, von den Banken in Reichsanleihen angelegt werden. Im Jahre 1944 machten Wertpapiere, das heißt, ganz überwiegend Reichsschuldtitel, und Guthaben bei anderen Banken, 86,2 Prozent der Bilanzsumme der bayerischen Sparkassen aus.[5] Damit wurde die Mehrheit der Deutschen über ihre Sparguthaben zu Gläubigern des Reiches, ohne sich dessen bewusst zu sein. Für die Mittel aus diesen Reichsanleihen erwarb der Staat überwiegend Rüstungsgüter, die durch ihre Herstellung Löhne verursachten, die mangels Ausgabemöglichkeit wiederum zur Bank gebracht wurden, um dort erneut zu Staatsanleihen zu werden. Durch diesen Kreislauf wuchsen die Sparguthaben ständig an, ohne dass sie einen realen Wert haben konnten, da der Zweck des vom Staat nachgefragten Kriegsmaterials letztendlich in seiner eigenen Vernichtung lag.

---

3   Wilhelm DIEBEN, Die innere Reichsschuld seit 1933, in: Finanzarchiv 11, 1949, S. 656-706, hier: S. 656.

4   Klaus LAPP, Die Finanzierung der Weltkriege 1914/18 und 1939/45 in Deutschland. Eine wirtschafts- und finanzpolitische Untersuchung, Diss. Nürnberg 1957, S. 136f.; Karl-Heinrich HANSMEYER / Rolf CAESAR, Kriegswirtschaft und Inflation (1936-1948), in: DEUTSCHE BUNDESBANK (Hrsg.), Währung und Wirtschaft in Deutschland 1876-1975, Frankfurt/M. 1976, S. 412; Heinz SAUERMANN, Art. „Währungsreformen", in: Handwörterbuch der Sozialwissenschaften, Bd. 11, Stuttgart – Tübingen – Göttingen 1961, S. 456; Hubert SCHMITZ, Die Bewirtschaftung der Nahrungsmittel und Verbrauchsgüter 1939-1950. Dargestellt am Beispiel der Stadt Essen, Essen 1956.

5   Bernhard PFISTER / Elisabeth LIEFMANN-KEIL, Die wirtschaftliche Verarmung Deutschlands. Verarmungsprozess oder Aufbau?, Freiburg 1947, S. 4.

So erhöhte sich der Notenumlauf im Deutschen Reich von 3,3 Milliarden RM im Jahre 1933 auf circa 73 Milliarden RM bei Kriegsende.[6] Dazu kamen Sparguthaben in Höhe von 125 Milliarden RM und sonstige Bankguthaben von 100 Milliarden RM. Alles in allem bedeutete dies für das Jahr 1945 circa 300 Milliarden RM an liquiden Mitteln.[7] Bis April 1946 wurde dieses Volumen noch durch einen Zufluss von Besatzungsgeld in Höhe von zwölf Milliarden RM vergrößert.[8]

Bis zum Frühjahr 1947 reduzierte der Bestand an liquiden Mitteln durch die Abtrennung von Reichsterritorium, durch Guthabenblockierungen und andere Einflüsse wieder um circa 138 Milliarden RM. Das Geldvolumen dürfte im Frühjahr 1947 damit um die 170 Milliarden RM betragen haben.[9] Es lag noch immer um ein vielfaches über dem Stand von 1936.

Dagegen war die zum Kauf angebotene Gütermenge drastisch zurückgegangen. Unter dem Nationalsozialismus lag dies besonders daran, dass Rüstungsgüter einen immer größeren Anteil des Warenausstoßes ausmachten. Auch nach Kriegsende erholte sich die zivile Produktion nur langsam. Im Mai 1945 standen die Fabriken zunächst annähernd still. Im Sommer 1945 schienen sie wieder zügig anzulaufen. Bis Ende 1945 hatte die Industrieproduktion in der amerikanischen Zone aber gerade erst 23% des Vergleichsjahres 1936 erreicht. 1946 setzte sich der Erholungstrend ebenfalls nur langsam fort, um im Winter aufgrund einer kältebedingten Transportkrise auf den Stand von Ende 1945 zurückzufallen. Danach wuchs die Industrieproduktion wieder langsam an, bis sie im zweiten Quartal 1948 etwa 50% des Vorkriegsstandes erreicht hatte.[10] Einem Vielfachen des Geldvolumens von 1936 stand noch immer nur ein Bruchteil des Warenausstoßes dieses Jahres gegenüber.

Mit dem Preisstopp von 1936 und dem Lohnstopp von 1938 wurden die aus dem Geldüberhang zu erwartenden inflatorischen Tendenzen unterdrückt. Mit den Bewirtschaftungsmaßnahmen des Jahres 1939 sollte der allgemeine Mangel möglichst sinnvoll verteilt werden. Diese Maßnahmen machten die geldgesteuerte, das heißt die durch den Preismechanismus gelenkte Wirtschaft, zu einer gütergelenkten Wirtschaft. Die nationalsozialistische Wirtschaftspolitik wurde von den Alliierten bis zur Währungs- und Wirtschaftsreform vom 20.06.1948 beibehalten. Mit der güterwirtschaftlichen Lenkung gelang es zu keinem Zeitpunkt, die ökonomischen Probleme der Nachkriegszeit zu bewältigen. Die Versorgungslage blieb katastrophal:

„Findige Geister errechneten, dass auf jeden Deutschen nur alle fünf Jahre ein Teller komme, alle zwölf Jahre ein Paar Schuhe, nur alle fünfzig Jahre ein Anzug. Nur jeder fünfte Säugling könne in seinen eigenen Windeln liegen, und jeder dritte Deutsche habe die Chance, in einem eigenen Sarg beerdigt zu werden. Die tägliche Fettration wog damals genauso viel wie eine leere Streichholzschachtel."[11]

---

6 HANSMEYER / CAESAR, Kriegswirtschaft und Inflation, S. 410, 415.

7 Ebd., S. 418.

8 Ebd., S. 419.

9 Ebd.

10 Karl-Heinz WILLENBORG, Bayerns Wirtschaft in den Nachkriegsjahren. Industrialisierungsschub als Kriegsfolge, in: Wolfgang BENZ (Hrsg.), Neuanfang in Bayern 1945-1949. Politik und Gesellschaft in der Nachkriegszeit, München 1988, S. 121-142, hier: S. 138f.

11 Frank GRUBE / Gerhard RICHTER, Die Schwarzmarktzeit. Deutschland zwischen 1945 und 1948, Hamburg 1979, S. 26.

Selbst eine notdürftige Ernährung der Bevölkerung mit den auf Lebensmittelkarten erhältlichen Nahrungsmitteln erwies sich als unmöglich. Bereits im April 1944 schrieb ein höherer Beamter im Reichsfinanzministerium, dass trotz schärfster restriktiver Maßnahmen niemand in Deutschland von seiner Lebensmittelkarte „alleine lebt".[12] Statt dessen blühten die Schwarzen und Grauen Märkte, die nun nicht mehr vom nationalsozialistischen Unterdrückungsapparat in Schach gehalten werden konnten.

Diese Versorgungsprobleme galten für die Haushalte, die Unternehmen und die Akteure der öffentlichen Wirtschaft gleichermaßen. Ein Darmstädter Stadtrat etwa fand die Muße, zu errechnen, „dass die Stadt mit der jährlichen Menge Zement, wie sie ihr 1947 zugeteilt worden war, sechshundert Jahre benötige, um die 75 Kilometer langen zerstörten Straßenzüge wieder aufzubauen."[13] Die gütergelenkte Wirtschaft war nicht in der Lage, eine zufriedenstellende Abstimmung von Angebot und Nachfrage herbeizuführen. Ein staatlicher Lenkungsapparat muss immer an dem Vorhaben scheitern, die ursprünglich vom Preismechanismus getragene, dezentrale Lenkung von Produktion und Distribution zu ersetzen. Walter Eucken begründet dies schlicht und überzeugend mit der Vielfalt der zu fällenden Lenkungsentscheidungen:

„Wo es sich aber darum handelt, Dutzende oder Hunderte von Millionen Menschen in dem großen Produktionsapparat, der in Millionen von Betrieben besteht, zureichend zu lenken, versagt der Kopf eines Einzelnen, und es ist nötig, dass eine ausreichende Lenkungsmechanik in die Wirtschaftsordnung eingebaut wird."[14]

Die gütergelenkte Wirtschaft förderte im Nachkriegsdeutschland bis zur Währungs- und Wirtschaftsreform vom 20.06.1948 sogar das Gegenteil ihrer Intention, da sie nicht in der Lage sein konnte, die gesamte Volkswirtschaft mit der Vielfalt der in ihr gefällten Entscheidungen sinnvoll zu lenken. Straff bewirtschaftete Güter von höchster Wichtigkeit wurden oft nicht mehr produziert, weil relativ unwichtige, weniger straff bewirtschaftete hergestellt wurden. Der Unternehmer versuchte, den für ihn nachteiligen Bewirtschaftungsmaßnahmen auszuweichen: Eisen und Kohle wurden zu Aschenbechern und Kerzenständern, nicht aber zu Kochtöpfen. Bauern im Umland von Köln pflanzten Tulpen auf ihren Feldern an, nicht aber die dringend benötigten Lebensmittel.[15] Eucken schrieb über einen Industriebetrieb, der Aschenbecher herstellte:

„Warum Aschenbecher? Wäre es nicht wichtiger, Kochtöpfe zu produzieren? Bestimmt wäre es wichtiger, aber die Preise sind bei vielen lebenswichtigen Gütern so tief gedrückt, dass es nicht möglich ist, ihre Produktion durchzuhalten. Das ist ja gerade ein Kennzeichen der staatlichen Preiskontrolle – übrigens nicht nur in Deutschland –, dass lebenswichtige Güter, wie Kartoffeln, Weizen, Schuhe usw. im Preis sehr tief gehalten, weniger wichtige Güter aber weniger streng kontrolliert werden."[16]

---

12 Willi A. BOELCKE, Der Schwarz-Markt 1945–1948. Vom Überleben nach dem Kriege, Braunschweig 1986, S. 31.

13 Hans ROEPER / Wolfram WEIMER, Die D-Mark. Eine deutsche Wirtschaftsgeschichte, Frankfurt/M. 1996, S. 11f.

14 Walter EUCKEN, Deutschland vor und nach der Währungsreform, in: Jürgen SCHNEIDER / Wolfgang HARBRECHT (Hrsg.), Wirtschaftsordnung und Wirtschaftspolitik in Deutschland (1933–1993), Stuttgart 1996, S. 336; vgl. auch EUCKEN, Grundlagen, S. 80.

15 Walter EUCKEN / Fritz W. MEYER, The Economic Situation in Germany, in: The Annals of the American Academy of Political and Social Science 260, 1948, S. 53-62, hier: S. 59.

16 EUCKEN, Deutschland vor und nach der Währungsreform, S. 330.

Die von der zentralen Wirtschaftsverwaltung willkürlich gesetzten Preise für Kochtöpfe waren zu niedrig, um dieses Unternehmen kostendeckend arbeiten zu lassen. Es wich auf ein höherpreisiges, allerdings weniger knappes Gut aus. Knappheit und Preis standen in keiner sinnvollen Relation mehr. Nicholas Balabkins liefert hierzu ein weiteres Beispiel aus der Elektrobranche:

„For example a firm that formerly produced 75,000 electrical switches a month began manufacturing previously non-existing bakelite ash trays for which it had obtained a profitable price from the price-fixing authorities."[17]

Da das Geld keine Knappheiten mehr widerspiegelte konnte es seine Funktion als Recheneinheit nicht mehr erfüllen. Man flüchtete statt dessen in primitive Alternativen. Man rechnete in Zigaretten, Kaffee oder Branntwein.[18] Da diese verschiedenen Rechenskalen nicht miteinander in Verbindung zu setzen waren, kam es zu einer Aufspaltung des Wirtschaftsprozesses in viele nicht aufeinander abgestimmte Teile. „Aber ein großer industrialisierter Wirtschaftsprozess wie der deutsche kann nur als Einheit Bestand haben"[19], stellt Walter Eucken hierzu fest.

Auch nach Wilhelm Röpke lag die tiefere Ursache für die Lähmung der deutschen Wirtschaft darin, „dass alle Wertrelationen völlig verzerrt sind, dass die relativen Knappheitsverhältnisse der Güter und Leistungen nicht mehr durch wahre Preise registriert werden und damit die Kraft der wirtschaftlichen Steuerung verloren haben."[20]

Außer als Recheneinheit ist Geld noch als Tausch- und Zahlungsmittel sowie als Wertaufbewahrungsmittel definiert.[21] Als Tausch- und Zahlungsmittel konnte die Reichsmark nur noch sehr eingeschränkt funktionieren. Zum Erwerb der meisten, das heißt gerade der wichtigsten, Güter reichte sie alleine längst nicht mehr aus. Seit 1939 waren hierzu Marken, Bezugsscheine und ähnliches erforderlich. Folglich konnte die Reichsmark auch kaum noch als Wertaufbewahrungsmittel dienen. „He will not save such marks because he has no reason to believe they will buy enough in the future", schreibt Lewis H. Brown treffend.[22]

Eine Reichsmark, die weitgehend funktionslos war, d.h. für die man kaum etwas kaufen konnte, stellte für die Unternehmer auch keine Motivation mehr dar, überhaupt noch zu produzieren. Das Gewinnmotiv fiel aus. Die Erwirtschaftung von Reichsmark alleine brachte dem Unternehmer nur noch reduzierte Vorteile, da er sie, außer am illegalen Schwarzmarkt, nur in Verbindung mit staatlich zugewiesenen Bezugsrechten zu Waren machen konnte. Wilhelm Röpke schreibt in diesem Sinne:

„Mit einer unerbittlichen Logik hat die Politik der zurückgestauten Inflation den Punkt erreicht, da das Geld nicht nur, wie im letzten Stadium der offenen Inflation, die Funktion verliert, als Tauschmittel und

---

17 Nicholas BALABKINS, Under Direct Controls. Economic Aspects of Industrial Disarmament 1945–1948, New Brunswick 1964, S. 161.

18 EUCKEN, Deutschland vor und nach der Währungsreform, S. 337.

19 Ebd.

20 Wilhelm RÖPKE, Offene und zurückgestaute Inflation. Bemerkungen zu Jacques Rueffs ‚L' Ordre Social', in: Kyklos 1, 1947, S. 57-71, hier: S. 68.

21 Otmar ISSING, Art. „Geld", in: GÖRRES-GESELLSCHAFT (Hrsg.): Staatslexikon, Bd. 5, Freiburg – Basel – Wien [7]1986, Sp. 799-806, hier: Sp. 799; vgl. auch: Friedrich A. LUTZ, Art. „Geld und Kredit", in: StGG, 3. Bd., [6]1959, S. 678-687, hier: S. 678.

22 Lewis H. BROWN, A Report on Germany, New York 1947, S. 233.

Wertmaßstab den Wirtschaftsprozess zu ordnen und in Bewegung zu setzen, sondern sogar aufhört, ihn mit denjenigen Reizen, Antrieben und Direktiven auszustatten, die zu einer geordneten Höchstleistung in der Produktion führen."[23]

In einer solchen Situation des reduzierten Gewinnmotivs konnte das Hauptziel der Unternehmer nicht in Investitionen und Produktionsausweitungen liegen, es lag vielmehr darin, die Betriebe so gut wie möglich auf die Zeit nach der allgemein erwarteten Währungsreform vorzubereiten. Es galt, Produktionsmittel, Kundschaft, Belegschaft, Vorprodukte und Rohstoffe zu sichern.

Die Vernichtung unternehmerischer Motivation wurde außerdem durch die seit 1946 bestehenden übermäßig hohen Steuersätze verstärkt. Am 12. April 1946 hatte der Alliierte Kontrollrat eine drastische Erhöhung der Einkommen- und Umsatzsteuer sowie einiger kleinerer Steuern verfügt, und in den nächsten Monaten folgten Erhöhungen der wichtigsten Verbrauchssteuern. Der Höchstsatz der progressiven Einkommensteuer betrug nach dieser Erhöhung 95%. Er wurde bereits bei einem Jahreseinkommen von 60.000 Reichsmark wirksam. Von seiten des Kontrollrates wurde dies mit der Notwendigkeit der „Geldabschöpfung" begründet. Doch durch die enormen Steuersätze gelang es lediglich, die Länderhaushalte auszugleichen, stillgelegt wurden diese Steuereinnahmen nicht.[24] Die Wirkung auf die Motivation der Unternehmer dagegen war verheerend. Walter Eucken schrieb dazu:

„Viele Firmen würden unter den heutigen Umständen schließen, wenn sie nicht an die weitere Zukunft dächten und Hoffnung hätten, dass später wieder die Steuern geändert werden, welche die meisten Geschäfte im Moment sinnlos machen."[25]

Die Problematik der zu hohen Steuern war auch Jakob Ellenberger und Harald A. Poensgen gegenwärtig. Im Januar 1948 schrieb Harald A. Poensgen an C. Herrmann, seinen Mannheimer Handelsvertreter: „Nun wird in die Hände gespuckt und fleißig gearbeitet – natürlich entsprechend der heutigen Steuergesetzgebung."[26] Ludwig Vaubel schrieb ähnliches in seinem Tagebuch: „Soll ich unter diesen Umständen bleiben? Die neuen Steuergesetze mit der drastischen Erhöhung der Einkommensteuer für Bruttoeinnahmen über 12–15.000 RM im Jahr nehmen jedes Interesse an höherem Verdienst."[27] Die Einflüsse des weitgehend funktionslosen Geldes wirkten auch nicht nur über den Unternehmer einer schnellen Erholung der Produktion entgegen. Für den Verbraucher war Geld kein knappes Gut mehr. Es war bei künstlich niedrig gehaltenen Preisen im Überfluss vorhanden. Nicht der Besitz von Geld entschied über die Erlangung des Großteils der für die privaten Haushalte wichtigsten Güter, sondern der Besitz von Bezugsscheinen. Diese waren im amtlichen Versorgungsbereich der eigentliche Gegenwert für die Ware. Damit verlor der Erwerb von Geldeinkommen durch geregelte Beschäftigungsverhältnisse für den Konsumenten an Bedeutung. Hieraus folgten eine niedrige Arbeitsmotivation und hohe Fehlzeiten.[28]

---

23 RÖPKE, Offene und zurückgestaute Inflation, S. 68.
24 ROEPER / WEIMER, Die D-Mark, S. 18.
25 EUCKEN, Deutschland vor und nach der Währungsreform, S. 330.
26 Poensgen an C. Herrmann, Mannheim, 19.01.1948.
27 Ludwig VAUBEL, Zusammenbruch und Wiederaufbau. Ein Tagebuch aus der Wirtschaft 1945-1949, München 1984, S. 65.
28 Vgl. Christoph BUCHHEIM, Die Währungsreform 1948 in Westdeutschland, in: Vierteljahreshefte

Damit wurde aber keinesfalls weniger „gearbeitet" als in der Vorkriegszeit. Man war vielmehr gezwungen, „Extraarbeit" zu verrichten, die vor dem Krieg noch unnötig war. Die gesamte Bevölkerung war ständig auf den Beinen, um das Lebensnotwendige herbeizuschaffen. Nur eben, dass man dies in einem regulären Beschäftigungsverhältnis alleine nicht mehr erreichen konnte. Eucken und Meyer schreiben über die daraus entstehenden volkswirtschaftlichen Folgen:

„Even under the existing conditions, it would be more sensible to transport the good so collected in half a railroad van to the city than to have it brought there by a full trainload of people at the expense of many times the necessary demand on the railroad and at the expense of several thousand man-hours on the part of the people who get it."[29]

Diese das Prinzip der Arbeitsteilung aufhebende Extraarbeit war erschreckend unproduktiv. Sie bedeutete nichts anderes, als eine unglaubliche Verschwendung von eigentlich weitaus produktiver nutzbarer Zeit. Neben den bisher behandelten Problemen, die aus der Ausschaltung des Preisapparates resultieren, lassen sich einige weitere, verstärkende Sachverhalte zur Erklärung der nur schleppenden Erholung des Produktionsniveaus im Nachkriegsdeutschland und -europa anführen: Zunächst schrieb beispielsweise Eucken von der „Zerstückelung eines großen arbeitsteilig zusammengeschlossenen Gebietes in viele kleine Räume"[30]. Er meinte damit zunächst die ökonomische Desintegration Europas, als die Fragmentierung des von Mittelengland bis ins Rhein-Ruhr-Gebiet reichenden industriellen Kern Europas durch für wirtschaftliche Beziehungen unüberwindliche politische Grenzen. Für Deutschland meint er aber besonders die fast vollständige Isolierung vom Welthandel. Pünder schreibt hierzu:

„Durch die Aufteilung Deutschlands in Zonen und die Abtretung der Gebiete jenseits von Oder und Neiße war eine geschlossene Wirtschaftseinheit zerrissen worden. Jede Besatzungsmacht war zunächst darauf bedacht, nicht mehr Güter aus ihrer Zone herausgehen zu lassen, als von den anderen Zonen geliefert wurden."[31]

Es war ein Ziel der jeweiligen Besatzungsmacht, ihre Zone möglichst autark zu machen. Außerdem bewirkten auch Produktionsabführungen ins Ausland, die allgemein vorherrschende Unterernährung, die Absetzung von Managern in Schlüsselpositionen der Wirtschaft und die Umstellung von einer Kriegs- auf eine Zivilproduktion eine weitere Schwächung der Produktion.[32]

Die direkten Kriegseinwirkungen spielten insgesamt nur eine untergeordnete Rolle für die nur schleppende Erholung der Wirtschaft im Nachkriegsdeutschland. „In der

---

für Zeitgeschichte 36, 1988, S. 189-231, hier: S. 192. Neben dem fehlenden Anreiz, für Reichsmark zu arbeiten, waren auch von der weitverbreiteten Unterernährung ausgehende Tendenzen zu erwarten, die auf die Leistung der Arbeitnehmer drückten. „Der Mensch und die Wirtschaft befanden sich in einem entsetzlichen Teufelskreis: Arbeit half offenbar nicht, den Hunger zu besiegen, und der Hunger hinderte die Menschen daran, mehr oder gar regelmäßig zu arbeiten." Vgl. BOELCKE, Schwarz-Markt, S. 54.

29 EUCKEN / MEYER, Economic Situation, S. 57.
30 EUCKEN, Deutschland vor und nach der Währungsreform, S. 331.
31 Tilman PÜNDER, Das bizonale Interregnum. Die Geschichte des Vereinigten Wirtschaftsgebietes 1946-1949, Waiblingen 1966, S. 258.
32 HANSMEYER / CAESAR, Kriegswirtschaft und Inflation, S. 423; EUCKEN / MEYER, Economic Situation, S. 56; Paul ERKER, Solidarität und Selbsthilfe. Die Arbeiterschaft in der Ernährungskrise, in: BENZ (Hrsg.), Neuanfang in Bayern, S. 82-102, hier: S. 87.

Tat waren die Bedingungen für eine Wiederaufnahme der Produktion in Westdeutschland recht gut. Trotz der Kriegstoten stieg die Bevölkerung durch den Zustrom von Flüchtlingen und Vertriebenen stark an, was sich in einer Vergrößerung des Arbeitskräftepotentials niederschlug."[33] Außerdem waren relativ viele Fertigungsanlagen von den Kriegseinwirkungen verschont geblieben. Eine Analyse der Vereinigten Stahlwerke, in welchen die Familie Poensgen noch wenige Jahre zuvor aktiv war, besagte, dass 12 ihrer 16 wichtigsten Betriebe sofort nach Kriegsende zu mindestens 30% auslastbar waren.[34] „Nicht die Zerstörung von Produktionsanlagen, sondern die Störung der wirtschaftlichen Organisation, das Fehlen einer echten Zusammenarbeit zwischen den Produktionsfaktoren, bildet den Kern unserer gegenwärtigen wirtschaftlichen Schwierigkeiten.", schrieb Alfred Müller-Armack damals treffend.[35] Auch Walter Eucken ging in dieselbe Richtung, wenn er feststellte:

„Wie kommt es, dass die Produktion dieses Landes so radikal zusammengeschrumpft ist? ... Sicherlich haben die großen Zerstörungen durch den Luftkrieg und durch die anderen Kriegsereignisse von 1944/45, haben die Verluste an Arbeitskräften die Produktion wesentlich herabgemindert. Doch selbst, wenn wir dies in Rechnung stellen, bleibt noch ein Problem: Auch die vorhandenen Betriebe und vor allem die vorhandenen Arbeitskräfte werden wenig produktiv oder sogar unproduktiv verwendet."[36]

1.2 Arbeitsmarkt, Kreditmarkt, Schwarzer und Grauer Markt

Die *Märkte für Arbeit und Kredit* waren für die Gründung der Firma Ellenberger & Poensgen weniger bedeutsam, als die dreifache Fragmentierung des Warenmarktes in das System der staatlichen Warenbewirtschaftung, den Schwarzen und den Grauen Markt. Am Arbeitsmarkt verloren die seit 1938 gestoppten Reichsmarklöhne und -gehälter an Bedeutung. Von Lohn und Gehalt alleine konnte in Deutschland niemand mehr leben. Nach Boelcke verdiente beispielsweise ein Straßenbahnschaffner 220,- RM im Monat, während ein Pfund Butter, das auf Karten praktisch nicht erhältlich war, am Schwarzen Markt circa 250,- RM kostete.[37] Für ein Ei mussten im Mai 1948 am Schwarzen Markt in Hamburg 8,- RM bezahlt werden, während der Lohn eines Facharbeiters für einen Acht-Stunden-Tag 10,- RM betrug.[38] Der für eine normale Lebensmittelkarte monatlich aufzuwendende Betrag lag dagegen unter 10,- RM.[39]

---

33 Christoph BUCHHEIM, Die Errichtung der Bank deutscher Länder und die Währungsreform in Westdeutschland, in: DEUTSCHE BUNDESBANK (Hrsg.), Fünfzig Jahre Deutsche Mark. Notenbank und Währung in Deutschland seit 1948, München 1998, S. 91-138, hier: S. 93.

34 Ebd.; BUCHHEIM, Währungsreform, S. 192.

35 Alfred MÜLLER-ARMACK, Das Grundproblem unserer Wirtschaftspolitik: Rückkehr zur Marktwirtschaft, in: Finanzarchiv 11, 1949, S. 57-78, hier: S. 61; vgl. EUCKEN, Deutschland vor und nach der Währungsreform, S. 331.

36 EUCKEN, Deutschland vor und nach der Währungsreform, S. 331.

37 Willi A. BOELCKE, Die Kosten von Hitlers Krieg. Kriegsfinanzierung und finanzielles Kriegserbe in Deutschland 1933-48, Paderborn 1985, S. 186.

38 BUCHHEIM, Die Währungsreform, S. 193.

39 Erwin HIELSCHER, Das Jahrhundert der Inflationen in Deutschland. Ein Beitrag aus der Bundesrepublik Deutschland, München – Wien 1968, S. 25; BOELCKE, Hitlers Krieg, S. 179.

Entsprechend klagte auch Harald A. Poensgen gegenüber Jakob Ellenberger im Oktober 1946: „Kein Mensch hat Lust oder ist fähig, ernste Arbeit zu leisten".[40] Man arbeitete nur zwei oder drei Tage die Woche, um gerade genug Geld für die rationierten Lebensmittel zum offiziellen Preis sowie Anrecht auf eine Lebensmittelkarte zu haben. Um größerer Reichsmarkeinkommen zu erzielen, die man am Schwarzen Markt in nennenswertem Umfang zu Gütern machen konnte, gab es weitaus bessere Möglichkeiten als den Weg über den regulären Arbeitsmarkt. Beispielsweise mit auf Kleintierhaltung basierendem Schwarzhandel oder dem Verkauf von Hausrat ließen sich bequemer umfangreiche Reichsmarkerlöse erzielen. „Vereinzelt fehlten bis zu 70% der Belegschaft".[41] Ein Beispiel hierzu liefert Hans Bayer. Er rechnet vor, wie im Jahre 1947 der ehemalige Werkmeister Fritz Z. durch die Haltung von drei Hühnern ein Monatseinkommen von 500 RM erzielen konnte und so auf kein reguläres Beschäftigungsverhältnis mehr angewiesen war.[42]

In den Westzonen gab es, trotz des Zustromes von Flüchtlingen, einen Arbeitskräftemangel: Obwohl sich das Arbeitskräftepotential von 24,4 Millionen Personen im Jahre 1939 auf 25,7 Millionen im Jahre 1946 und 27,2 Millionen im Jahre 1948 vergrößert hatte[43], konnten nicht alle freien Stellen besetzt werden. Einige Unternehmen versuchten, ihre Mitarbeiter an sich zu binden, indem sie Löhne und Gehälter teilweise in Anteilen an der Produktion, also in Naturalien, ausbezahlten. Walter Eucken schrieb hierzu über eine Firma, die Öfen und Kühlschränke herstellte, dass sie erst Lebensmittel, Textilien und Schuhe erwerben mußte, da ihre Arbeiter „Kompensation" brauchten, um in der Fabrik arbeiten zu können. Für Geldlohn allein wären nur wenige gekommen.[44] Die Erzielung von Reichsmarkeinkommen aus abhängiger Arbeit hatte bis Mitte 1948 massiv an Bedeutung verloren.

---

40 Poensgen an Ellenberger, 15.10.1946.
41 ERKER, Solidarität und Selbsthilfe, S. 87.
42 Thaddäus TROLL, Vom Schwarzen Markt, in: Hans A. RÜMELIN (Hrsg.), So lebten wir. Querschnitt durch 1947, hrsg. v. Jürgen SCHNEIDER, Stuttgart 1997, S. 62-66, hier: S. 65.
43 BUCHHEIM, Die Errichtung, S. 93.
44 EUCKEN, Deutschland vor und nach der Währungsreform, S. 329.

Überlebensstrategien einer deutschen Familie 1945 - 1948

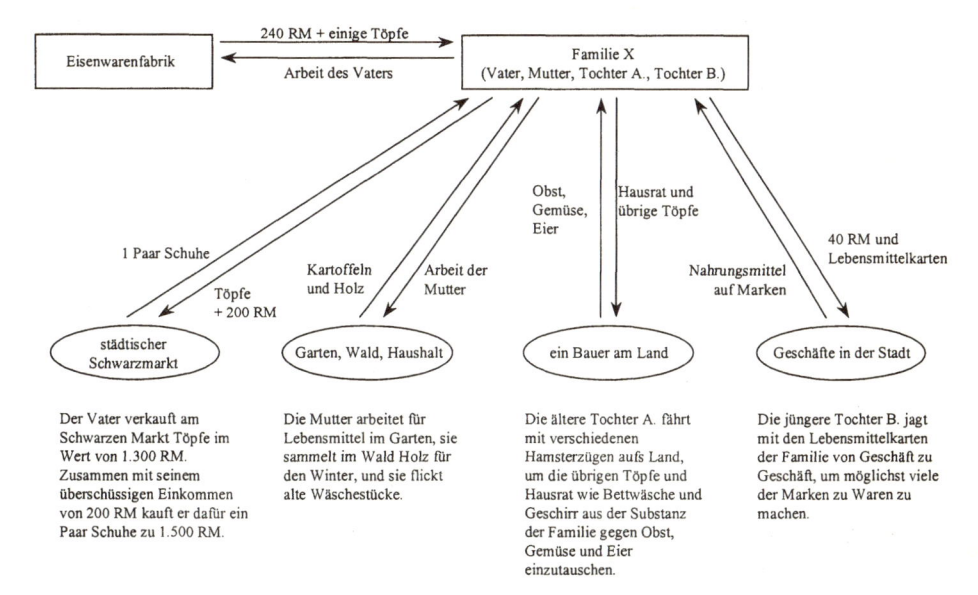

```
                    240 RM + einige Töpfe
Eisenwarenfabrik  ◄─────────────────────►  Familie X
                    Arbeit des Vaters       (Vater, Mutter, Tochter A., Tochter B.)
```

                                    Obst,   Hausrat und
                                    Gemüse,   übrige Töpfe
                                    Eier
    1 Paar Schuhe   40 RM und
                      Kartoffeln   Arbeit der   Nahrungsmittel Lebensmittelkarten
              Töpfe   und Holz   Mutter   auf Marken
              + 200 RM

   städtischer   Garten, Wald, Haushalt   ein Bauer am Land   Geschäfte in der Stadt
   Schwarzmarkt

| Der Vater verkauft am Schwarzen Markt Töpfe im Wert von 1.300 RM. Zusammen mit seinem überschüssigen Einkommen von 200 RM kauft er dafür ein Paar Schuhe zu 1.500 RM. | Die Mutter arbeitet für Lebensmittel im Garten, sie sammelt im Wald Holz für den Winter, und sie flickt alte Wäschestücke. | Die ältere Tochter A. fährt mit verschiedenen Hamsterzügen aufs Land, um die übrigen Töpfe und Hausrat wie Bettwäsche und Geschirr aus der Substanz der Familie gegen Obst, Gemüse und Eier einzutauschen. | Die jüngere Tochter B. jagt mit den Lebensmittelkarten der Familie von Geschäft zu Geschäft, um möglichst viele der Marken zu Waren zu machen. |

Wie der Arbeitsmarkt verlor auch der Kreditmarkt[45] an Bedeutung. Im Gegensatz zur SBZ blieb der Bankenapparat in den Westzonen funktionsfähig. Abgesehen von der Dezentralisierung der Großbanken blieben die Kreditinstitute unangetastet. Dezentralisiert wurde beispielsweise die Deutsche Bank. Aus ihr ging, neben zehn weiteren Instituten, die Bayerische Creditbank mit Hauptsitz in München hervor.[46]

Zu bedrohlichen Liquiditätsschwierigkeiten der Banken kam es trotz der fehlenden Refinanzierungsmöglichkeiten nicht, da die Sparer ihre zunächst gehorteten überschüssigen Barbestände kurz nach Kriegsende bereits wieder bei den Banken einlegten und da aufgrund des allgemein fehlenden Investitionswillens sowie der weitgehenden Wertlosigkeit des Geldes auch keine große Kreditnachfrage bestand. Der Kreditmarkt spielte bis Mitte 1948 in Deutschland kaum eine Rolle.[47] Holtfrerich schreibt dementsprechend über die Deutsche Bank: „Typisch ... waren der gewaltige Über-

---

45 Der Begriff des Kreditmarktes wird derart definiert: „Geldmarkt und Kapitalmarkt werden gewöhnlich unter dem Oberbegriff Kreditmarkt zusammengefasst. Dabei muss der Begriff „Kredit" allerdings sehr weit ausgelegt werden. ... Vorherrschend ist die Meinung, dass auf dem Geldmarkt kurzfristige, auf dem Kapitalmarkt langfristige Kredite vermittelt werden." Vgl. K.F. HAGENMÜLLER, Art. „Geldmarkt", in: Handwörterbuch der Betriebswirtschaft, Bd. 2, Stuttgart ³1958, Sp. 2124.

46 Carl-Ludwig HOLTFRERICH, Die Deutsche Bank vom Zweiten Weltkrieg über die Besatzungsherrschaft zur Rekonstruktion 1945–1957, in: Lothar GALL u.a. (Hrsg.): Die Deutsche Bank, München 1995, S. 409-578, hier: 484f.

47 HANSMAYER / CAESAR, Kriegswirtschaft und Inflation, S. 240; BUCHHEIM, Die Errichtung, S. 100; vgl. auch: BOELCKE, Hitlers Krieg, S. 175.

schuss der Einlagen über die Debitoren, also die enorm hohe Liquidität, am Tag der Währungsumstellung."[48]

Der Schwarze Markt: Im Nachkriegsdeutschland herrschte fast an allen Waren Mangel. Dieses Problem versuchte man von Staats wegen zu lösen, indem man diese Waren nur noch über Zuteilungskarten und einen auf diesen festgesetzten geringen Reichsmarkbetrag zur Verteilung brachte. Es sollte damit gewährleistet werden, dass die geringe Gütermenge gerecht verteilt wurde.

Dieses Verfahren hatte zur Folge, dass sich bei den Verbrauchern große Mengen Reichsmark ansammelten, die nicht durch Zuteilungskarten gedeckt waren. Die Lebensmittelkarte für Normalverbraucher hatte einen Wert von unter zehn Reichsmark monatlich.[49] Die überschüssigen Gelder, die im Nationalsozialismus aufgrund scharfer Zwangsmaßnahmen noch weitestgehend in Spargutshaben umgelenkt werden konnten, drängten auf den Schwarzen Markt. Hier erhielt der Nachfrager gegen übermäßig hohe Reichsmarkbeträge die Güter, die von den Produzenten dem Zugriff der Bewirtschaftung entzogen worden waren oder die aus den Beständen der privaten Haushalte zur Erlangung lebensnotwendiger Güter abgegeben wurden.

Geschäfte, bei welchen Ware von den Produzenten zu den von der Bewirtschaftungsbürokratie festgesetzten niedrigen Reichsmarkpreisen abgegeben wurde, waren für diese sehr unattraktiv. Dies galt für die Industrie genauso wie für die Landwirtschaft. Im bayerischen „Landwirtschaftlichen Wochenblatt" war hierzu im Jahre 1947 ein recht beeindruckendes Beispiel nachzulesen:

„Eine Bäuerin brachte dem Verfasser einen schlechten Papierknopf und erklärte, dass sie für 10 Knöpfe 50 Eier habe geben müssen. Die Knöpfe wurden dem Landrat und dem Preiskommissar vorgelegt, alle entsetzten sich, dass für zehn Knöpfe 50 Eier gegeben werden mussten, sprachen von dummer Bäuerin, von Wucher, von Anzeige, bis den Stellen der Sachverhalt erklärt wurde: Die 10 schlechten Knöpfe kosten 4 RM, die Bäuerin bekam tags vorher bei der Eierablieferung für 50 Eier 4,08 RM, also hat sie tatsächlich für diese lumpigen Knöpfe 50 Eier geben müssen, oder auch 50 Pfund Brotgetreide, oder 17 Pfund Weizenmehl, oder 21 Pfund Brot, oder 20 Liter Vollmilch, oder 1.050 Gramm Fett, oder 122 Pfund Kartoffeln, oder 16 Pfund Rindfleisch, oder 8 Pfund Kalbfleisch, oder 7 Pfund Schweinefleisch."[50]

Niemand konnte in einer solchen Situation von den Produzenten so viel Idealismus erwarten, dass sie ihre wertvollen Produkte verschenken. Die Waren mussten in andere Kanäle drängen. Damit lässt sich folgende Aussage Siegfried Wendts problemlos nachvollziehen:

„Bei ‚zurückgestauter Inflation' kommt es schließlich zu einer funktionalen Spaltung der Volkswirtschaft in einen ‚gebundenen' Wirtschaftskreislauf, in dem neben das Geld als allgemeine Anweisung

---

48 HOLTFRERICH, Die Deutsche Bank, S. 556. In der Festschrift zum 100-jährigen Bestehen der Commerzbank werden ähnliche Tendenzen festgestellt. Vgl. COMMERZBANK AG (Hrsg.), 100 Jahre Commerzbank 1870–1970, Frankfurt/M. 1970, S. 75.

49 HIELSCHER, Jahrhundert der Inflationen, S. 25; vgl. auch BOELCKE, Hitlers Krieg, S. 179: „Im Dezember 1947 errechnete das Bremer Wohlfahrtsamt, dass ein deutscher Normalverbraucher für 9,56 RM alle Lebensmittel kaufen konnte, die ihm im Monat zustanden. Auf dem Schwarzen Markt erhielt er für diese 9,56 RM nicht einmal zwei amerikanische Zigaretten."

50 BOELCKE, Schwarz-Markt, S. 144; vgl. auch Constantin von DIETZE, The State of German Agriculture, in: The Annals of the American Academy of Political and Social Science 260, 1948, S. 74–79, hier: S. 76f.

auf die Entnahme von Gütern besondere Anweisungen in Gestalt von Lebensmittelkarten, Bezugsscheinen, Textilpunkten und dergleichen treten müssen, und einen ‚schwarzen' Wirtschaftskreislauf, in dem ganz andere Preisverhältnisse maßgebend sind."[51]

Der Schwarze Markt war nichts anderes als die Fortsetzung des vorher freien Warenmarktes mit einer hochgradig inflationierten Währung in der Illegalität. Die Warenabgabe im Zuge der staatlichen Bewirtschaftung war dagegen kein Markt mehr. Hier versuchte der Staat lediglich, eine vorhandene Gütermenge ohne wirkliche Gegenleistung der Konsumenten nach von ihm vermeintlich erkannten Prioritäten zu verteilen.

Die am Schwarzen Markt noch funktionsfähige Reichsmark war hier in der Lage, die Knappheiten der Güter widerzuspiegeln. Sie enthüllte dabei ihre verdeckte Inflationierung. Außer dem allgemeinen Ungleichgewicht zwischen Angebot und Nachfrage wurde am Schwarzen Markt auch das aus seiner Illegalität resultierende Risiko der Marktteilnehmer und vor allem ein noch zusätzlich verschärftes Ungleichgewicht zwischen Angebot und Nachfrage in extrem überhöhten Preisen abgebildet. Dieses verschärfte Ungleichgewicht bestand in nichts anderem, als der Tatsache, dass am Schwarzmarkt nur 10% aller Transaktionen abgewickelt wurden, während dazu 80% des umlaufenden Geldes verwendet wurden. Die Schwarzmarktpreise gerieten, noch über den Umfang der verdeckten Inflationierung hinaus, völlig aus den Fugen. Hier konnten die begehrtesten Waren zum dreißig-, fünfzig- oder hundertfachen Preis der amtlichen Stopppreise erworben werden.[52]

Tabelle 1: Bewirtschaftete Preise und Schwarzmarktpreise ausgesuchter Waren (in RM)[53]

	Einzelhandel (Nov. 1945)	Schwarzmarkt (BZ, April 1947)	Schwarzmarkt (Berlin, Frühj. 1947)
1.500g Roggenbrot	0,52	ca. 25	35–45
500g Weizenmehl	0,23	ca. 30	40–60
500g Zucker	0,44	70–90	80–100
500g Butter	1,80	240–250	250–350
500g Rindfleisch	0,87	60–80	120–150
1 Ei	0,12		15–20
1 Paar Herrenschuhe	16,00	750	
1 Herrenanzug	75,00	1.000	

Obwohl der Schwarzmarkt illegal war, wagte es die Staatsmacht angesichts der allgemeinen Not nicht, ihn nachhaltig zu bekämpfen. Er war, auch wenn es nur selten offen zugegeben wurde, allgemein akzeptiert. Der unter dem Pseudonym Thaddäus

---

51 Siegfried WENDT, Art. „Geld- und Geldtheorien", in: HdBW, 2. Bd., ³1958, Sp. 2137f.; vgl. auch Hans MÖLLER, Die Währungsreform von 1948 und die Wiederherstellung marktwirtschaftlicher Verhältnisse, in: Peter HAMPE (Hrsg.): Währungsreform und Soziale Marktwirtschaft. Rückblicke und Ausblicke. München 1989. S. 55-77, hier: S. 71.

52 HANSMEYER / CAESAR, Kriegswirtschaft und Inflation, S. 423; Ernst DÜRR, Die Soziale Marktwirtschaft. Ausgangssituation, Programm, Realisierung, in: SCHNEIDER / HARBRECHT (Hrsg.), Wirtschaftsordnung und Wirtschaftspolitik, S. 383.

53 Helga GREBING / Peter POZORSKI / Rainer SCHULZE, Die Nachkriegsentwicklung in Westdeutschland 1945–1949. Die wirtschaftlichen Grundlagen, Bd. 1, Stuttgart 1980, S. 38.

Troll publizierende, in Stuttgart geborene Hans Bayer schrieb dazu in seinem Beitrag zu Rümelins „So lebten wir":

„Der Schwarze Markt greift in tausend Spielarten in unser Leben hinein. Der Staatsanwalt diktiert sein Urteil gegen Schwarzhändler auf schwarzgekauftes Papier, und wenn er die Nacht durcharbeitet, dann setzt ihm seine Frau eine Tasse schwarzgekauften Bohnenkaffees vor, den sie vom Erlös ihres schwarzverkauften Abendkleides erstanden hat. Das Papier des Radaublattes, das gegen den Schwarzen Markt wettert, stammt aus schwarzen Beständen, und der Redakteur schreibt seinen Leitartikel gegen die Pest des Schwarzmarktes mit einem schwarzgekauften Füller. Ein Leben frei vom Schwarzen Markt zu führen, erscheint unmöglich. Wer den Schwarzmarkt am heftigsten verurteilt, der braucht ihn am wenigsten."[54]

Der Graue Markt: Neben der Ausdehnung des Schwarzhandels kam es auch zu einer Flucht in den Tauschhandel, in den sogenannten Grauen Markt. Hier wurde Ware gegen Ware kompensiert, wobei Zigaretten als Geldsurrogat verwendet werden konnten oder ein Produkt mit einem Reichsmarkbetrag bezahlt wurde, dem Tauschware beigefügt sein mußte. Alfred Müller-Armack beschreibt in diesem Sinne eine dreifache Aufspaltung des ehemals freien Warenmarktes:

„Diese Marktwirtschaft ist gegenwärtig in Deutschland bis auf unerhebliche Reste lahmgelegt und zerstört. An ihre Stelle trat ein höchst unorganisches Gebilde von drei Marktfragmenten. Als Rest des legalen Marktes blieb der im wesentlichen auf den Ernährungsbereich beschränkte Rationierungsmarkt[55], dessen Umsätze zu festen Preisen gegen Geld sich vollziehen, der aber nur einen verschwindenden Bruchteil des früheren Volkseinkommens ausmacht. Daneben stehen zwei verhältnismäßig abgegrenzte Märkte: der Markt der naturalen Koppelgeschäfte, auf dem Ware gegen Ware getauscht wird, und der Schwarzmarkt, auf dem – im wesentlichen auf Genussmittel beschränkt – Umsätze gegen Geld zu Phantasiepreisen erfolgen."[56]

Am weitesten verbreitet war der Kompensationshandel zwischen den Unternehmen. Sie verwendeten Teile ihrer Produktion, um besonders an Rohstoffe zu gelangen, womit ihre zukünftige Produktion zu sichern war. Reichsmarkgeschäfte wurden von den Firmen wo immer möglich vermieden, insofern nicht Rohstoffbezugsrechte daran gekoppelt waren.

Der Anteil des Kompensationsverfahrens an allen geschäftlichen Transaktionen wird für die Zeit vor der Währungsreform von Horst Mendershausen auf circa 50% geschätzt. Nicholas Balabkins geht davon aus, dass 50% des Warenausstoßes in Warenhorte und Kompensationsgeschäfte flossen.[57] Die Zahlen von Mendershausen und Balabkins sind Schätzungen, es wird aber klar, dass kein Betrieb ohne Kompensationsgeschäfte auskommen konnte, wenn er überhaupt produzieren wollte. Dies zeigt in aller Deutlichkeit, wie sehr die zentral festgelegten Preise verzerrt waren. Die Unternehmen versuchten, ihnen zu entrinnen, wo immer es möglich war. Ein typisches Beispiel für die Verkettung verschiedener Kompensationsgeschäfte im Bereich der privaten Unternehmen liefert Nicholas Balabkins:

---

54 TROLL, Vom Schwarzen Markt, S. 63.

55 Die Bezeichnung „Markt" ist hier von Müller-Armack unglücklich gewählt. Diese staatliche Güterverteilung hatte mit dem eigentlichen Begriff „Markt" kaum noch etwas gemein.

56 MÜLLER-ARMACK, Das Grundproblem, S. 65.

57 Horst MENDERSHAUSEN, Prices, Money and the Distribution of Goods in Postwar Germany, in: The American Economic Review 38, 1949, S. 646-672, hier: S. 652ff.; BALABKINS, Under Direct Controls, S. 147.

"Suppose that a shoe producer in Northern Germany needs bricks to repair his bombed-out plant. A request for an allocation of bricks at the local economics office has been turned down, presumably, because no bricks are available for distribution. The shoe producer knows that the manager of the local brickyard has bricks and cannot get the typewriters and electrical switches he needs through legal channels. The two producers meet and agree on a swap deal. The shoe producer knows that electrical switches can easily be obtained for shoes from a firm in Southern Germany and dispatches a ‚compensator' there at once. Another ‚compensator' goes to Erfurt in the Soviet zone, where typewriters can be exchanged for shoes. After the two ‚compensators' return with the typewriters and the electrical switches the deal is concluded and everyone has what he wanted."[58]

Um bei diesen Kompensationsgeschäften den buchhalterischen Anschein regulärer Transaktionen zu festgesetzten Preisen erhalten zu können, kompensierten die Unternehmen in der Regel nicht einfach Ware gegen Ware, sondern Ware gegen Ware plus dem jeweils festgesetzten Reichsmarkpreis.[59]

Der Kompensationshandel war auch ein Phänomen der privaten Haushalte, er wurde hier unter anderem dadurch gefördert, dass Löhne und Gehälter teilweise in Anteilen an der Produktion ausbezahlt wurden. Der Arbeiter in der Metallwarenfabrik bekam so zu seinem relativ wertlosen Reichsmarklohn einige Pfund Nägel oder einige Kochtöpfe. Viele, gerade städtische, Familien lebten darüber hinaus aus ihrer Substanz, das heißt Wertgegenstände, wie Teppiche, Besteck, Bekleidung etc., wurden nach und nach gegen lebensnotwendige Güter eingetauscht. Auch die Eigenproduktion der Haushalte nahm zu. Man legte kleine Gärten an und hielt sich Kleintiere.

Die Besatzungstruppen brachten ebenfalls auf dem Tauschweg Waren in Umlauf. So beispielsweise Zigaretten und Neskaffee. Zum anderen zogen sie umfangreiche Sachwerte ab. Aus allen Besatzungszonen wurden Kunstgegenstände und Wertsachen ins Ausland gebracht. Boelcke nennt hier einige farbige Beispiele, wie das der russischen Offiziersfrauen:

„Als russische Offiziersfrauen in Neuruppin plötzlich die Vorzüge von Baby-Windeln und den Luxus weißer Tischtücher entdeckten, machten sie deutschen Tauschpartnern gute Lebensmittelangebote."[60]

Über die Amerikaner schreiben Grube und Richter: „Für 5.000 Zigaretten, die dem G.I. nur 20 Dollar kosteten, war eine gute Leica zu haben, die in den Staaten rund 600 Dollar wert war. Für 600 Dollar wiederum gab es 134.000 Zigaretten und dafür 27 Leicas."[61] Sogar Dienstleistungen wurden in der Regel gegen Kompensation erbracht. Vielerorts mußte man etwa zu einem Kinobesuch neben dem Eintrittspreis in Reichsmark ein Brikett mitbringen.[62]

Es ist offensichtlich, wie schwer es war, für ein Produkt, das man selbst im Überfluss hatte, einen Tauschpartner zu finden, der wiederum ein Produkt im Überfluss hatte, das man selbst benötigte. Der Tauschhandel bedurfte gegenüber der Geldwirtschaft einer unglaublichen Kraftaufwendung. Zur Erleichterung der Tauschgeschäfte bediente man sich häufig der Zigarette. In Deutschland rechnete man schon im letzten Kriegsjahr in Zigaretten. Neben diesem Geldsurrogat halfen auch die als Tauschforen

---

58 BALABKINS, Under Direct Controls, S. 151.
59 Ebd., S. 150f.
60 BOELCKE, Schwarz-Markt, S. 128.
61 GRUBE / RICHTER, Schwarzmarktzeit, S. 76.
62 GREBING / POZORSKI / SCHULZE, Die Nachkriegsentwicklung, S. 39.

verwendeten Tageszeitungen, Angebot und Nachfrage am Grauen Markt zusammenzuführen. Die deutschen Zeitungen der Jahre 1945–1948 waren voll mit Anzeigen, die Waren aller Art zur Kompensation anboten. In der zeitungslosen unmittelbaren Nachkriegszeit waren außerdem die sogenannten „Freilicht-Inserate" weitverbreitet: „An Anschlagtafeln aus Kistenbrettern, an Bäume genagelt, an Gartenzäune, Mauerwände, vergilbte, verstaubte Zettel, häufig Kommunikationsmittel des Schwarzmarktes: ‚Kartoffeln gegen Fahrradbeleuchtung', ‚Bettwäsche gegen Kaninchen'".[63] Die Haltung der Behörden zu den Kompensationsgeschäften kann eine Äußerung des hessischen Ministers für Wirtschaft und Verkehr, Koch, zur Problematik der Kompensation zwischen den Unternehmen verdeutlichen:

„Sie wissen, daß auch das Wirtschaftsministerium grundsätzlich auf dem Standpunkt steht, daß Kompensationsgeschäfte abzulehnen sind, weil sie die Wirtschaft stören und weil sie eine Ungerechtigkeit gegenüber denjenigen Betrieben bedeuten, die nicht kompensieren können, und deren gibt es viele. Aufgrund der Kriegswirtschaftsverordnung waren Kompensationen schon immer verboten. Der Kontrollrat hat im Gesetz Nr. 50 die Strafen, die auf Kompensationen stehen, wesentlich verschärft. Kompensationen sollen nach dem Gesetz mit Zuchthaus bestraft werden. Nun dürfen wir aber die Augen vor den Bedürfnissen der Wirtschaft nicht verschließen. Wir müssen uns klar darüber sein, dass in gewissem Umfang kompensiert werden muss, weil die Wirtschaftsverwaltung gar nicht in der Lage ist, allen Betrieben alles das zuzuteilen, was sie für ihre Produktion brauchen. Die Wirtschaft greift also in gewissem Sinne im Interesse der Selbsterhaltung zur Selbsthilfe, und diese Selbsterhaltung liegt im Interesse aller."[64]

Überhaupt war man sich oft über die Rechtslage im unklaren, was sich an Wolfgang Benzs Darstellung des seinerzeit Furore machenden Spinnfaserprozesses zeigt. Selbst die Rechtsexperten mussten im Zeugenstand zugeben, dass sie bei der Auslegung der vielfältigen Vorschriften überfordert waren, ja dass ihnen viele Vorschriften gar nicht bekannt waren. Nur in der Theorie galt die 1947 von den Alliierten ausdrücklich bestätigte Kriegswirtschaftsverordnung von 1942, dass Kompensationsgeschäfte mit rationierten Gütern verboten waren. Es war auch nicht genau abzugrenzen, was überhaupt unter den Begriff Kompensation fiel, geschweige denn, was in den Bereich erlaubte und in den Bereich unerlaubte Kompensation gehörte.[65] Letztendlich lief es darauf hinaus, „dass um des Rechtes willen das Gesetz hinter der Idee der Gerechtigkeit zurücktreten muss", wie es im Urteil zum Spinnfaserprozess heißt.[66]

Mit diesem Satz in jenem deutschlandweit beachteten Urteil sei der Stab „über jenes Zwangssystem an Quoten, Ablieferungssolls, Kontrollen, Behördenmaßnahmen und Strafandrohungen gebrochen worden, mit dem die sich erst zaghaft regende Wirtschaft regiert wird", schrieb darauf der Berliner „Tagesspiegel". Weiter hieß es: „Kompensationen sind das Ventil, ohne das die Mehrzahl der Produktionsbetriebe die beiden letzten Jahre nicht überdauert hätte".[67] Zusammenfassend lässt sich das bis zur Währungsreform vom 20.06.1948 herrschende System aus Schwarzem Markt, Grauem Markt und Bewirtschaftung wie folgt graphisch darstellen:

---

63 BOELCKE, Schwarz-Markt, S. 76.
64 Wolfgang BENZ, Zwangswirtschaft und Industrie, in: Vierteljahreshefte für Zeitgeschichte 32, 1984, S. 422-440, hier: S. 425.
65 BUCHHEIM, Die Währungsreform 1948, S. 195; BENZ, Zwangswirtschaft und Industrie, S. 431.
66 Ebd., S. 436; „Frankfurter Rundschau" vom 09.09.1947.
67 BENZ, Zwangswirtschaft und Industrie, S. 436; „Tagesspiegel" vom 14.09.1947.

Schwarzer Markt, Grauer Markt und Bewirtschaftung (1945-48)

[Diagramm: Waren (— · —), Geld (———), Bezugsrechte (·······) zwischen Die Haushalte, Die Erzeuger, Schwarzer und Grauer Markt, Bewirtschaftung und Staat/Kommunen]

1.3 Die Währungs- und Wirtschaftsreform 1948

Zentral für eine schnelle Erholung der deutschen Wirtschaft war die Beseitigung der Währungszerrüttung, die Liquidierung der Zwangsbewirtschaftung und damit die Wiedereinführung einer Marktwirtschaft. In diesem Sinne schrieb Alfred Müller-Armack: „Die überragende Bedeutung, welche allgemein einer Währungsreform zugesprochen wird, ist durch kein Gegenargument erschüttert."[68]

Schon kurz nach dem Krieg entwarfen die Besatzungsmächte Pläne für ein deutsches Zentralbanksystem und eine Währungsreform. Aufgrund interalliierter Uneinigkeiten, das heißt vornehmlich wegen der Unmöglichkeit einer Einigung mit den Russen auf eine gesamtdeutsche Währungsreform, kam es erst am 20. Juni 1948 zu der auf dem Colm-Dodge-Goldsmith Plan beruhenden Reform in den westlichen Besatzungszonen.[69]

Am Sonntag, den 20.06.1948, traten das „Erste Gesetz zur Neuordnung des Geldwesens" (Währungsgesetz) und das „Zweite Gesetz zur Neuordnung des Geldwe-

---

68 MÜLLER-ARMACK, Das Grundproblem, S. 75.
69 Wolfram HOPPENSTEDT, Gerhard Colm. Leben und Werk (1897–1968), Stuttgart 1997, S. 205-211; Hans MÖLLER, Die westdeutsche Währungsreform von 1948, in: DEUTSCHE BUNDESBANK (Hrsg.), Währung und Wirtschaft, S. 433-483, hier: S. 443ff.

sens" (Emissionsgesetz) in Kraft.[70] Letzteres regelte die Ausgabe des neuen Geldes durch die Bank deutscher Länder, ersteres den konkreten Umtausch, so die Auszahlung der Kopfquote von insgesamt 60 D-Mark gegen 60 Reichsmark in zwei Raten. Die erste Rate von 40 D-Mark stand sofort zur Verfügung, die zweite von 20 D-Mark erst einige Wochen später. Die Betriebe erhielten einen Geschäftsbetrag von 60 D-Mark je Arbeitnehmer.

Das am 27.06.1948 folgende „Dritte Gesetz zur Neuordnung des Geldwesens" (Umstellungsgesetz) verdeutlicht die Radikalität der Reform. Altgeldguthaben von Banken, Gebietskörperschaften, öffentlichen Unternehmen und NS-Organisationen erloschen, alle anderen Guthaben wurden im Verhältnis 10:1 in D-Mark umgestellt, wobei Kopf- und Geschäftsbeträge angerechnet wurden. Zur freien Verfügung stand dabei zunächst nur die Hälfte des D-Markbetrages, die andere Hälfte wurde auf Festgeldkonten blockiert. Den Geldinstituten wurden 15% ihrer nach der Umstellung entstandenen D-Mark-Sichteinlagen und 7,5% ihrer Spareinlagen von den Landeszentralbanken gutgeschrieben. Falls dieses Vermögen zusammen mit anderen die Währungsreform überdauerten Werten kein ausreichendes Eigenkapital gewährleisten konnte, sollten den Geldinstituten Ausgleichforderungen gegenüber der öffentlichen Hand zugeteilt werden. Die Schuldverhältnisse wurden grundsätzlich ebenfalls 10:1 umgestellt. Löhne, Gehälter, Mieten, Pensionen, Sozialversicherungsrenten und Steuern, also regelmäßig wiederkehrende Verbindlichkeiten, wurden dagegen im Verhältnis 1:1 umgestellt.

Anfang Oktober 1948 folgte das „Festkontengesetz", welches bewirkte, dass 70% der durch das Umstellungsgesetz auf Festkonten entstandenen Gelder gestrichen wurden. 10% wurden einem Anlagenkonto bis 1954 gutgeschrieben und nur 20% wurden freigegeben. Alles in allem folgte die Geldumstellung also nicht einem Verhältnis von 10:1, sondern einem von nur 10:0,65. Die Währungsreform beseitigte damit schlagartig den durch die nationalsozialistische Kriegswirtschaftsordnung entstandenen Geldüberhang. Ende 1948 betrug das Geldvolumen in den Westzonen 17 Milliarden D-Mark, 6,3 Milliarden davon entfielen auf den Notenumlauf.[71]

Die Währungsreform ging einher mit einer Wirtschaftsreform. Im Gegensatz zu der von den Alliierten getragenen Währungsreform beruhte diese auf deutscher Initiative, namentlich der Ludwig Erhards, des damaligen Direktors der Verwaltung für Wirtschaft des Vereinigten Wirtschaftsgebietes. Erhard hatte erkannt, dass mit einer Währungsreform alleine, das heißt in einem rein technischen Sinne mit einer bloßen Geldumstellung, keine grundlegende Verbesserung der ökonomischen Situation Deutschlands zu erreichen war. Ihm war klar, dass die Währungsreform von der Wiederherstellung des freien Spieles von Angebot und Nachfrage auf freien Märkten unter freier Preisbildung begleitet werden mußte. Er erkannte die Notwendigkeit der Wiedereinsetzung eines frei pendelnden, auf Güterknappheiten beruhenden, Preisapparates. Nur dieser ermöglichte die optimale Abstimmung von Produktion und Verbrauch und die beschleunigte Erholung der Wirtschaft. Ohne die Zustimmung der Militärregierung abzuwarten, ließ Erhard seine Ideen unmittelbar nach der Währungsreform

---

70 Zusammen mit allen zugehörigen Verordnungen sind die Währungsgesetze veröffentlicht in: Rudolf HARMENING / Konrad DUDEN (Hrsg.), Die Währungsgesetze, München – Berlin 1949.

71 MÖLLER, Die westdeutsche Währungsreform, S. 462.

umsetzen: Für Montag, den 21.06.1948, wurde eine weitreichende Lockerung der Bewirtschaftung und die Aufhebung der Preiskontrollen verkündet. Am 25.06.1948 begann die Umsetzung der wenige Tage zuvor gegen die Stimmen der SPD durchgesetzten Leitsätze des Wirtschaftsrates des Vereinigten Wirtschaftsgebietes.[72] In seinem Buch „Wohlstand für Alle" schreibt Ludwig Erhard dazu:

„Ich wurde beauftragt, im Rahmen der angefügten Leitsätze ‚die erforderlichen Maßnahmen auf dem Gebiet der Bewirtschaftung zu treffen' und ‚die Waren und Leistungen im einzelnen zu bestimmen, die von den Preisvorschriften freigestellt werden sollen', – dies bedeutete für mich, so schnell als möglich so viele Bewirtschaftungs- und Preisvorschriften als möglich zu beseitigen."[73]

Dies hieß in der Realität nichts anderes als die Freigabe der Preise für fast alle gewerblich hergestellten Fertigwaren und einige landwirtschaftliche Produkte. Unmittelbar mit der Währungsreform waren in den Westzonen einige hundert Warenarten aus der Bewirtschaftung entlassen worden, wenige Wochen später waren 90% aller Preisvorschriften aufgehoben.[74]

Die Währungs- und Wirtschaftsreform vom 20. Juni 1948 war „ein Sprung ins kalte Wasser", der der deutschen Wirtschaft in kürzester Zeit wieder funktionsfähiges Geld und funktionsfähige Märkte zur Verfügung stellte. Durch die drastische Reduzierung der umlaufenden Geldmenge wurde der seit 1936/38 zurückgestaute Geldüberhang beseitigt, und mit der Freigabe der wichtigsten Warenpreise bildeten sich im freien Spiel von Angebot und Nachfrage Preise, die wieder in der Lage waren, den Wirtschaftsprozess sinnvoll zu lenken.

Nach der Reform wurden Graue und Schwarze Märkte für die freigegebenen Güter überflüssig. Der wirtschaftliche Kreislauf begann unter normalen Bedingungen zu fließen, und das Knappheitsrelationen widerspiegelnde Preissystem verband die Pläne und Entscheidungen von Erzeugern und Verbrauchern zu einem sinnvollen Ganzen.

Wichtig für das Gelingen der Wirtschafts- und Währungsreform war, dass am Zugriff der Bewirtschaftungsstellen vorbei bereits vor dem 20.06.1948 Warenlager existierten, die zu Zeiten der unzuverlässigen Reichsmark zurückgehalten worden waren. Erst nach der Währungs- und Wirtschaftsreform war für die Bauern und Unternehmer eine Motivation gegeben, diese gehorteten Bestände abzugeben, da sie für die hieraus entstehenden D-Markerlöse selbst wieder uneingeschränkt kaufen konnten.

Die Warenhortungen führten dazu, dass sich bereits am Montag nach der Währungsreform die Schaufenster mit lange entbehrten Erzeugnissen anfüllten. Wie wichtig die oft angefeindeten Hortungen für das Gelingen der Währungsreform waren, bringt Ludwig Erhard auf den Punkt:

„Sie wissen, dass mir vorgeworfen wird, ich wäre der Schutzheilige der Horter. Mich fechten derartige Verleumdungen nicht an. So sehr ich die Hortung als individuelle Maßnahme verabscheue, so sehr fühle ich mich doch verpflichtet, darauf hinzuweisen, dass eine radikale Entleerung unserer volkswirtschaftlichen Lager notwendig dahin geführt haben würde, dass die aus der Währungsreform freigewor-

---

72 Karl-Heinz WILLENBORG, Markt oder Plan. Der Kampf um die Wirtschaftsordnung, in: Jürgen WEBER (Hrsg.), Das Entscheidungsjahr 1948, München 1995, S. 235-258, hier: S. 239; BUCHHEIM, Die Errichtung, S. 133; das Leitsätzegesetz lässt sich nachlesen bei Rainer KLUMP, 40 Jahre Deutsche Mark. Die politische und ökonomische Bedeutung der westdeutschen Währungsreform von 1948, Stuttgart 1989, S. 85-91.
73 Ludwig ERHARD, Wohlstand für Alle, Düsseldorf 1957, S. 22.
74 BOELCKE, Hitlers Krieg, S. 202.

dene Kaufkraft hätte ins Leere stoßen müssen."[75]

Als die gehortete Substanz sehr schnell aufgebraucht war, war es entscheidend, dass möglichst schnell wieder produziert wurde. Die Unternehmen mussten zügig in den Besitz von D-Mark kommen, da sie unter dem Druck ihrer nun in D-Mark zu deckenden Kosten standen. Liquiditätssichernde Kredite wurden zu dieser Zeit stark benötigt.[76] Mit dem 20.06.1948, dem Tag vor dem Wirksamwerden der Währungsreform, war es allerdings zunächst verboten, Bankkredite an Unternehmen zu geben, um sie zur Auf-lösung ihrer Warenlager zu zwingen. Erst ab dem 08.08.1948 wurden Kredite wieder möglich.[77] Holtfrerich belegt den großen Liquiditätsbedarf unmittelbar nach der Reform, wenn er über die Deutsche Bank schreibt: „Das stürmische Anwachsen der Kredite zwischen September/Oktober 1948 und November 1949 auf das Zwei- bis Dreifache ging weit über den gleichzeitigen Anstieg der Kundeneinlagen um rund 36% hinaus."[78]

Entsprechend dem wiedererwachten Produktionsinteresse der Unternehmen mußte nach dem 20.06.1948 auch wieder das Interesse der Arbeitskräfte an Geldeinkommen steigen. „So hatte der Familienvater plötzlich allen Grund, auf sein Feld oder in seine Werkstatt zurückzukehren ... Gestern genügte es, sich durchzumogeln, wenn man kaufen wollte. Heute muss man produzieren."[79] In der Situation nach dem 20.06.1948 zahlte sich die Strategie der Unternehmer, Lagerbestände, Produktionsmittel und Arbeitskräfte zusammenzuhalten, voll aus. Der amtliche Index der Industrieproduktion der Bizone konnte sich von Juni bis August 1948 um 26% und bis Jahresende nochmals um 22% erhöhen. Die durchschnittliche wöchentliche Arbeitszeit stieg um 10% und die Investitionen wuchsen im zweiten Halbjahr 1948 auf das Doppelte im Vergleich zum ersten Halbjahr an.[80]

Die amtliche Geldschöpfung aufgrund der Währungsgesetze war allerdings zunächst zu hoch. Deshalb und wegen des anfänglich sehr schnellen Geldumlaufs, der sich aus dem enormen Nachholbedarf der Konsumenten erklärte, kam es bis zum Wirksamwerden des Produktionsanstieges und entgegengerichteter geldpolitischer Maßnahmen der Bank Deutscher Länder zu steigenden Preisen.[81] Zwischen Juni und Dezember 1948 erhöhten sich die Preise für industrielle Grundstoffe um 26, die Erzeugerpreise gewerblicher Produkte um 14 und die Preise für Ernährung im Rahmen

---

75 ERHARD, Wohlstand, S. 26; Erhard zitiert hier seine eigene Rede zum zweiten Parteitag der CDU, Britische Zone, in Recklinghausen (28./29.08.1948).
76 COMMERZBANK AG (Hrsg.), 100 Jahre Commerzbank 1870–1970, Frankfurt/M. 1970, S. 80.
77 Franz BLÜCHER, Financial Situation and Currency Reform in Germany, in: The Annals of The American Academy of Political and Social Science 260, 1948, S. 63-73, hier: S. 66.
78 HOLTFRERICH, Die Deutsche Bank, S. 557.
79 Jacques RUEFF, Natürliche Erklärung eines Wunders, in: Luigi EINAUDI (Hrsg.), Wirtschaft ohne Wunder, Erlenbach – Zürich 1953, S. 204-222, hier: S. 208f.; vgl. auch BUCHHEIM, Die Währungsreform 1948, S. 222.
80 BUCHHEIM, Die Errichtung, S. 135.
81 Vgl. ROEPER / WEIMER, Die D-Mark, S. 73; BUCHHEIM, Die Errichtung, S. 134; Rudolf STUCKEN, Geldpolitik und Bankenliquidität in Westdeutschland seit der Währungsreform, in: Finanzarchiv 13, 1972. S. 197-212, hier: S. 204ff.; Joachim HEINZE, Die Entwicklung des Geldmarktes in Deutschland seit der Währungsreform, Diss. Nürnberg 1959, S. 82ff.; ERHARD, Wohlstand, S. 34.

des Lebenshaltungskostenindexes um 18%.[82] Nicht völlig gelöst wurde mit dem 20.06.1948 zunächst das Steuerproblem. Die 1946 eingeführten Steuern erwiesen sich als leistungshemmend. Eine tiefgreifende Reform, schon zusammen mit der Währungsreform vom 20.06.1948, wurde durch eine französische Intervention verhindert. Mit der Währungsreform konnte nur ein Gesetz zur vorläufigen Neuordnung der Steuergesetze (22.06.1948) erlassen werden, das eine relativ moderate Absenkung der Einkommen- und Körperschaftsteuer, sowie Entlastungen bei der Vermögen- und Erbschaftssteuer brachte. Auch wenn die neuen Steuersätze noch immer als sehr hoch empfunden wurden, stieg mit ihnen der Anreiz, sich wirtschaftlich zu engagieren.[83]

Tabelle 2: Wachstumsraten der industriellen Produktion in der Bizone in Prozent[84]

	amtlicher Index
3. Quartal 1947	+ 5,0
4. Quartal 1947	+ 7,1
1. Quartal 1948	+ 6,7
2. Quartal 1948	+ 4,2
3. Quartal 1948	+ 30,0
4. Quartal 1948	+ 21,5

Der von Eucken ebenfalls beklagte Kapitalmangel konnte nur durch ausländische Mittel behoben werden. Deutschland selbst fehlte das nötige Potential. Eine wichtige Rolle spielte dabei der 1947 beschlossene und für die Westzonen ab 1948/49 wirksam werdende Marshallplan. Aus den Marshallplanmitteln konnten die für das Anlaufen der deutschen Wirtschaft wichtigsten Güter importiert werden. Diese Mittel entfalteten ihre positive Wirkung, da sie auf eine Wirtschaft mit wieder funktionierendem Preis- und Kreditverteilungsmechanismus trafen.[85]

Der Zusammenschluss der britischen und der amerikanischen Besatzungszonen zur Bizone am 1. Januar 1947 und die zunehmende Reintegration Deutschlands in einen europäischen Wirtschaftsraum sowie den Welthandel wirkten den von Eucken beschriebenen Desintegrationstendenzen entgegen.[86]

---

82 Die Zahlen nach BUCHHEIM, Die Währungsreform 1948, S. 229.

83 Ebd., S. 215f.; MÖLLER, Die westdeutsche Währungsreform, S. 459.

84 Die Zahlen nach Rainer KLUMP, Wie ist das „Wirtschaftswunder" entstanden?, in: Orientierungen zur Wirtschafts- und Gesellschaftspolitik 22, 1984, S. 41-44, hier: S. 44. Selbst die aufgrund von Stromverbrauchszahlen nach unten revidierten Schätzungen von Werner ABELSHAUSER weisen noch einen deutlichen Produktionssprung vom 2. zum 3. Quartal 1948 auf. Besonders seit einem Aufsatz von Albrecht RITSCHL von 1985 muss die Abelshauser-These über eine geringfügige Bedeutung der Währungsreform für die Erholung der deutschen Wirtschaft als widerlegt gelten. Werner ABELSHAUSER, Wirtschaft in Westdeutschland 1945-1948, Stuttgart 1975, S. 51ff., S. 57, S. 168f., Pkt. 3; Albrecht RITSCHL, Die Währungsreform von 1948 und der Wiederaufstieg der westdeutschen Industrie. Zu den Thesen von Mathias Manz und Werner Abelshauser über die Produktionswirkung der Währungsreform, in: Vierteljahrshefte für Zeitgeschichte 33, 1985, S. 136-165, hier: S. 141-149.

85 EUCKEN, Deutschland vor und nach der Währungsreform, S. 344f.

86 Ebd., S. 354f.

2. DIE GRÜNDUNG DER ELLENBERGER & POENSGEN GMBH

Jakob Ellenberger und Harald A. Poensgen errichteten ihr Unternehmen unter sehr schwierigen ökonomischen Rahmenbedingungen. Bevor auf die grundlegenden Fragen der Unternehmensgründung und die spezielle Bewältigung der diversen Erscheinungsformen des Nachkriegs-Chaos eingegangen wird, sollen zunächst die Persönlichkeiten der beiden Firmengründer und ihr Zusammengehen kurz dargestellt werden.

2.1 Persönlichkeiten der Firmengründer und ihr Zusammengehen

Jakob Ellenberger und Harald A. Poensgen waren 1945 in keiner Weise resigniert. Tatendrang und Leistungsbereitschaft kennzeichneten sie genauso wie klare Vorstellungen darüber, wohin ihre Wege führen sollten. Von überragender Bedeutung war dabei ihre Weitsicht und ihr Verständnis der ökonomischen Situation der Zeit. Es war ihnen völlig klar, dass unter den Bedingungen unmittelbar nach 1945 eine Firmengründung nicht nur sehr schwierig, sondern auch von zunächst fraglichem Nutzen sein würde. Die Aufbauarbeit würde ein gewaltiges Arbeitspensum verschlingen, während die in Reichsmark zu erwartenden Unternehmereinkommen dieses kaum aufwiegen konnten. Beide Männer rechneten aber fest damit, dass sich die Rahmenbedingungen bald verbessern würden. Sie wussten, dass ein Umschwung der Wirtschaftspolitik kommen mußte, und sie konnten sich nicht vorstellen, dass dieser zu etwas anderem als der Wiederherstellung einer freien Marktwirtschaft führen würde.

Jakob Ellenberger wurde am 25.06.1905 in Ruchheim in der Pfalz als Sohn eines Landwirts geboren. 1936 heiratete er Anna Barth. Nach dem Volksschulabschluss absolvierte er von 1919 bis 1924 bei der Firma Brown, Boveri & Cie. AG in Mannheim eine Ausbildung zum Elektromonteur. An der Rheinischen Ingenieurschule, ebenfalls in Mannheim, ließ er sich darauf bis 1927 zum Ingenieur fortbilden. Die folgenden zwei Jahre war Jakob Ellenberger bei der Pfalzwerke AG in Ludwigshafen mit der Projektierung elektrischer Stromversorgungsanlagen beschäftigt. Nach diesem bis dahin rein technischen Werdegang studierte er von 1928 bis 1929 Betriebswirtschaft und Kalkulation an der Handelshochschule Mannheim.[87]

Von 1929 bis zum 01.05.1932 war Jakob Ellenberger bei der seit 1918 im Besitz von Brown, Boveri & Cie. befindlichen Firma Stotz-Kontakt GmbH in Mannheim-Neckarau als Spezialkonstrukteur für Elektro-Installationsmaterial, wie Schalter, Steckdosen, Motorschalter, Dachständerführungen und Feuchtraumleitungen, tätig. Zahlreiche aus dieser Zeit stammende Patente und Gebrauchsmustereintragungen belegen seine Qualitäten als Erfinder. Die Firma Stotz, seit 1930 fusioniert zur Firma Stotz-Kontakt, war einer der maßgeblichen Produzenten von Sicherungsautomaten in Deutschland.[88]

---

87 Die Handelshochschule in Mannheim hatte, wie ähnliche Einrichtungen in Nürnberg und Berlin, nicht den Rang einer Universität. Sie zielte darauf, in Studiengängen von in der Regel drei Jahren Dauer Kaufleute praxisorientiert auszubilden. Wolfgang BENZ, Von der Besatzungsherrschaft zur Bundesrepublik. Stationen einer Staatsgründung 1946–1949, Frankfurt/Main 1984, S. 119.

88 H. R. MENGES, Vom „Stotz-Sicherungsautomaten" zum selektiven Selbstschalter, in: Horst A.

Nachdem Jakob Ellenberger in den wirtschaftlichen Krisenjahren 1932/33 arbeitslos war, kam er von 1933-35 als Betriebsleiter und Konstrukteur für elektrotechnische Apparate zur Firma Hauser & Co. nach Augsburg. Auch hier wurde er zum Urheber zahlreicher technischer Neuerungen. 1935 verließ Ellenberger Hauser & Co. Er wechselte zur I.G. Farbenindustrie AG nach Ludwigshafen, wo er bis Kriegsende verblieb. Hier war er an maßgeblicher Stelle im elektrotechnischen Konstruktionsbüro der Technischen Abteilung mit der Projektierung von Niederspannungsanlagen in chemischen Betrieben und den Zentralen der neu erbauten Werke betraut.

Von August 1945 bis August 1948 widmete sich Jakob Ellenberger der Landwirtschaft seiner Schwiegereltern in Obersülzen bei Grünstadt an der Weinstraße. Als der einzige verbliebene arbeitsfähige Mann der Familie leitete er den Hof bis 1946, als sein Schwager aus der Kriegsgefangenschaft zurückkehrte. Jakob Ellenberger war hierzu freiwillig aus der I.G. Farben AG ausgeschieden, um die Ernährung seiner Frau und seiner drei Kinder sicherstellen zu können. Mit seinem Ingenieurseinkommen war dies nicht mehr zu leisten.

Bei Kriegsende war Jakob Ellenberger 40 Jahre alt. Er hatte sich zu diesem Zeitpunkt in verschiedenen Positionen als Spezialkonstrukteur einen Namen gemacht, und auch mit organisatorischen Tätigkeiten hatte er besonders bei den Firmen Hauser & Co. und I.G. Farben Erfahrungen sammeln können.

In seinen Briefen an Harald A. Poensgen stand die Zweckmäßigkeit der Kommunikation im Vordergrund. Sein Denken war nüchtern und zielorientiert. Dies zeigte sich auch an seinen frühzeitigen Überlegungen, eine eigene Firma zu gründen. Er gab 1973 an, seit langer Zeit konzentriert auf ein Zeitfenster für die Gründung eines eigenen Unternehmens hingearbeitet zu haben, das sich einzig zwischen seinem 40. und 45. Lebensjahr geboten hätte. Er hatte schon sehr früh alle seine beruflichen Aktivitäten konsequent auf die Selbständigkeit ausgerichtet. Er selbst stellte dies derart dar:

„Hierzu ist für meinen Teil zu sagen, dass der Gedanke, mich selbständig zu machen, schon früh gereift ist. Es stand nur zur Frage, wie und wo. ... Ich habe mir errechnet, dass ich, wenn ich fest an mir arbeite, frühestens mit 40 Jahren über alles Wissen verfügen kann, das ich für die Gründung eines gut fundierten Unternehmens benötige. ... Bereits im Jahre 1934 habe ich erkannt, dass auf dem Sektor Kleinschutzgeräte eine Marktlücke besteht und von da an, neben meinem übrigen Schaffen, Geräte für diesen Sektor konstruiert, Modelle gebaut und aufbewahrt."[89]

Auch bei der Betrachtung der Frage der Kapitalverteilung wird Jakob Ellenbergers Zielstrebigkeit deutlich. Für ihn konnte es nur den Verteilungsschlüssel 50:50 geben. Alle Versuche Poensgens, den Anteil Ellenbergers geringer zu halten, scheiterten an dessen entschiedener Haltung.[90] Jakob Ellenberger legte, ähnlich wie auch Harald A. Poensgen, größten Wert auf persönliches Vertrauen und gute Umgangsformen zwischen Geschäftspartnern. Genauso wie Poensgen missbilligte er im Sommer 1947 die „Schulmeisterbriefe" der Leonischen Drahtwerke.[91] Persönliche Beziehungen waren ihm inner- wie außerhalb der eigenen Firma sehr wichtig.

WESSEL (Hrsg.), Geschichte der Elektrotechnik, Bd. 7, Berlin– Offenbach 1988, S. 125-138, hier: S. 126ff.
89 Vortrag von Herrn Ellenberger sen. zum 25-jährigen Firmenjubiläum, in: Ellenberger & Poensgen GmbH (Hrsg.), 25 Jahre Ellenberger & Poensgen, Festschrift, Altdorf 1973, S. 2.
90 Vgl. z.B. Ellenberger an Poensgen, 18.03.1948; s.u. Kap. „Einige grundlegende Entscheidungen".
91 Ellenberger an Poensgen, 19.08.1947.

Harald Arthur Poensgen wurde am 01.03.1897 als Sohn des Fabrikbesitzers Arthur Poensgen und dessen Ehefrau Wanda in Düsseldorf geboren. Er entstammte einer der berühmtesten Familien der deutschen Montanindustrie. Die Mitglieder der Familie der Pontzeler von Goellecke sind seit dem 15. Jahrhundert als Reidmeister[92] und Hüttenbesitzer im Schleidener Tal der Eifel nachgewiesen. Harald A. Poensgens Urgroßvater Reinhard Poensgen galt in der ersten Hälfte des 19. Jahrhunderts „als der Führer der rheinischen Stahlindustrie".[93]

Im Jahre 1872 hatten die Poensgens ihre bereits vielfach verzahnten Werke zu den Düsseldorfer Röhren- und Eisenwalzwerken zusammengeschlossen. Albert Poensgen, ein entfernter Verwandter von Harald A. Poensgen, galt dabei als der „hellste Stern der Hüttenfamilie", da er der deutschen Röhrenproduktion gegenüber der britischen zum Durchbruch verholfen hatte.[94] Harald A. Poensgens Großvater Rudolf und sein Großonkel Gustav arbeiteten mit Albert Poensgen in den Röhren- und Eisenwalzwerken zusammen.[95]

Im Jahre 1910 wurden die Röhren- und Eisenwalzwerke mit dem „Phönix", der Gesellschaft für Bergbau und Hüttenwesen in Ruhrort, zusammengeführt. 1926 tat sich diese neue Gesellschaft mit Thyssen und anderen in den Vereinigten Stahlwerken zusammen.[96] Harald A. Poensgens Onkel Carl Rudolf, ein Bruder seines Vaters Arthur, war lange Zeit im Düsseldorfer Teil dieser Gesellschaft aktiv. Carl Rudolf Poensgen war von 1908 bis 1933 auch Präsident der Düsseldorfer Handelskammer.[97] Auch der bekannte Ernst Poensgen, der Vorstandsvorsitzende der Vereinigten Stahlwerke von 1935 bis zu seiner Emigration in die Schweiz im Jahre 1942, war ein entfernter Verwandter von Harald A. Poensgen. Er galt zusammen mit Albert Vögler als die bedeutendste Persönlichkeit der deutschen Stahlindustrie der Zwischenkriegszeit.[98] Josef Wilden schreibt über die Angehörigen der Industriellenfamilie Poensgen:
„Wohin auch immer das Schicksal einen Poensgen gestellt hat, ob nach Schleiden, nach Gemünd, nach Kirschseiffen, nach Jünkerath: überall hat er seinen Mann gestanden, hat seinem Werke nicht nur, sondern auch der Gemeinde wertvollen Zuwachs gebracht."[99]

Auch wenn Wilden hier etwas pathetisch klingen mag, so trifft dies doch auch auf Harald A. Poensgen und die Stadt Altdorf zu. Der in Düsseldorf geborene Harald A. Poensgen war auf dem mecklenburgischen Gut Mentin bei Marnitz aufgewachsen, das seiner Familie seit 1911 gehörte. Am Ersten Weltkrieg nahm er nach dem damals üblichen Notabiturs am Schweriner Real-Gymnasium als noch siebzehnjähriger Freiwil-

---

92 Unter Reidmeisterwesen verstand man die Förderung, Waschung, Röstung und Verhüttung von Erz. Heinrich KELLETER, Die Geschichte der Familie Poensgen, Teil 1, Düsseldorf 1908, S. 21.
93 Josef WILDEN, Gründer und Gestalter der Rhein-Ruhr-Industrie. Skizzen zur Geschichte des Unternehmertums, Düsseldorf 1951, S. 70.
94 Ebd., S. 71.
95 KELLETER, Die Geschichte der Familie Poensgen, Stammtafel der Familie Poensgen 1464–1967.
96 Ebd., S. 199; WILDEN, Gründer und Gestalter, S. 72, 74f.
97 Ebd., S. 77.
98 Helmut UEBBING, Stahl schreibt Geschichte. 125 Jahre Wirtschaftsvereinigung Stahl, Düsseldorf 1999, S. 86.
99 WILDEN, Gründer und Gestalter, S. 69.

liger mit großer Begeisterung teil. Er selbst bezeichnet sich in diesem Zusammenhang als „sehr kaisertreu".[100]

Harald A. Poensgen trat gegen den Willen des Vaters in das im nahen Parchim stationierte 18. Dragonerregiment ein. Als junger Kavallerist ging er aber mit dem 1. Großherzoglichen Hessischen Garde-Dragonerregiment Nr. 26, stationiert in Darmstadt, ins Feld. Bis 1918 war er an verschiedenen Fronten, überwiegend an der Ostfront, eingesetzt. „Ich habe unter anderem noch eine Attacke mit Lanzen gegen Kosaken mitgeritten", erzählte er hierzu 1985.[101] Aufgrund der Beziehungen seines Vaters konnte Harald A. Poensgen, trotz seiner bürgerlichen Herkunft, die Laufbahn eines Garde-Dragoneroffiziers einschlagen.

Nach dem Krieg nahm er, nach kurzem Dienst als Kommandeur der 1. Kavallerieschwadron des 100.000-Mann-Heeres, wohl geprägt von seiner Jugendzeit auf Mentin, ein Studium der Landwirtschaft auf. Arthur Poensgen verkaufte jedoch das Gut Mentin, so dass sich Harald A. Poensgen durch den eigenen Vater seiner Zukunft beraubt sah. Er brach sein Studium ab und begann Anfang der zwanziger Jahre eine mehrjährige Ausbildung zum Exportkaufmann bei der englischen Firma William Philippi & Cie.[102] in Hamburg.

Im Jahr 1920 heiratete er Gerda Charlotte von Stern. Aus dieser 1924 bereits wieder geschiedenen Ehe ging sein Sohn Eberhard hervor. Nach seiner Hamburger Zeit absolvierte Harald A. Poensgen eine Ausbildung an der Handelshochschule München und darauf eine kurze Bankpraxis, bevor er 1925 als Prokurist in die Firma Bayerische Elektrozubehör GmbH (Bezeg)[103] in Lauf an der Pegnitz eintrat.

Die Firma Bezeg gehörte seinerzeit Haimo Schlutius und Albert Büttner, dessen Tochter Katharina Rosina Harald A. Poensgen 1929 heiratete. Auch Harald A. Poensgens Vater Arthur hielt Anteile an der Bezeg. Arthur Poensgen verkaufte diese jedoch an seinen Schwager Haimo Schlutius, wobei sich Harald A. Poensgen von seinem Vater übergangen fühlte. Das Verhältnis zwischen Vater und Sohn war stets belastet. 1985 bezeichnete Harald A. Poensgen seinen Vater als einen „herben Typen", während er seinen Onkel Carl Rudolf aufrichtig „liebte".[104]

Bei der Bezeg war Harald A. Poensgen als stellvertretendes Vorstandsmitglied insbesondere mit der Leitung des Verkaufs im In- und Ausland beauftragt. Mit Kriegsunterbrechung hatte er diese Funktion bis 1945 inne. Die meisten seiner später so wertvollen Kontakte zu Vertretern und Großhändlern der Elektrobranche rührten aus dieser Zeit her.

Wie am Ersten nahm Harald A. Poensgen auch am Zweiten Weltkrieg teil. Bereits während der Zwischenkriegszeit gehörte er als Hauptmann der Reserve dem Panzer-

---

100 Interview mit Harald A. Poensgen vom 19.07.1985, S. 8f.
101 Interview mit Harald A. Poensgen vom 19.07.1985, S. 9.
102 Die Firma war 1886 von William A. Philipp gegründet worden. Sie exportierte Manufaktur-, Metall-, Glas-, Porzellanwaren und Maschinen nach Afrika, Amerika, Portugal und Holländisch Indien. 1922 waren Heinrich Hansing und Richard E. Merkus Geschäftsführer.
103 Die BEZEG war am 21.03.1923 gegründet worden. Sie hatte einen entscheidenden Anteil an der Herstellung und Entwicklung des Schukoinstallationsmaterials. Die BEZEG nahm ihren Aufschwung mit dem Aufbau einer Vertriebsorganisation durch Harald A. Poensgen. Vgl. Anhang 1.
104 Interview mit Harald A. Poensgen vom 19.07.1985, S. 7, 11.

regiment 4 in Schweinfurt an. Dies war insofern typisch, da gerade die ehemaligen Kavallerieoffiziere vorzugsweise zu der nun modernen Panzerwaffe wechselten. Im Jahre 1985 berichtete der 88jährige Harald A. Poensgen über seine Kriegserlebnisse an der Westfront:

„Also den Kommandeur konnte ich nicht leiden, und ich habe mich mit ihm endgültig verkracht. Ich war ja viel älter als er, das war ein junger Major. Trotzdem ich nur Hauptmann war, aber das war ein junger Major, der redete, der kommandierte mir in meine Abteilung rein. ‚Die Abteilung führe ich!‘, habe ich ihm gesagt, ‚Sie haben nicht das Recht, da reinzukommandieren, Sie können mir sagen, was Ihre Wünsche sind, aber das übrige überlassen Sie bitte mir‘, und da mochte er mich nicht, und vor allem mochte er mich aus dem zweiten Grund nicht. Ich war Ortskommandant und einer der Ältesten und bin der Bevölkerung absolut als Freund gegenübergetreten. Ich war z.B. in St. Omer, da ist ein kleiner Ort, der heißt Quodewik, da bin ich auch gewesen mit meiner Abteilung, die ich damals führte, und da wurde Quartier gemacht. Da war eine ältere Dame, die zog dann zu ihrer Schwester, und da bin ich hingegangen in ein Blumengeschäft und habe ihr erst mal einen riesigen Blumenstrauß gebracht, und da hat sie gemerkt, dass ich kein Nazi bin. Die selben Freundschaften habe ich in allen anderen Orten gehabt."[105]

1944 ließ sich Harald A. Poensgen unabkömmlich stellen. Er begründete dies mit seiner Tätigkeit für die Bezeg. So schied er am 12.06.1944 aus dem Reserveoffizierkorps aus. Er gehörte später noch dem Volkssturm an und mußte im April 1945 in amerikanische Kriegsgefangenschaft, aus der er im Oktober des selben Jahres wieder entlassen wurde. Bei Kriegsende war Harald A. Poensgen 48 Jahre alt. Er hatte drei Kinder: Eberhard aus erster Ehe sowie Helmuth Harald und Margot aus der Ehe mit Rosina Büttner. 1947, in der Vorbereitungszeit der Firmengründung, wurde sein viertes Kind, Carl Horst, geboren. Harald A. Poensgen kannte die deutschen und internationalen Märkte für Elektrozubehör bestens. Zahlreiche persönliche Kontakte zu Vertretern und Großhändlern hatten sich bei ihm über die Jahre entwickelt. Bei der Bezeg war er außerdem an zentraler Position unternehmerisch tätig gewesen.

Im Interview von 1985 bezeichnete er Jakob Ellenberger und sich selbst, als „Arbeitstiere".[106] Er war auch ähnlich zielstrebig und planvoll wie Ellenberger. Auf viele und schöne Worte legte er in seinen Briefen genauso wenig Wert wie dieser. Zweckmäßigkeit und Verständlichkeit waren ihm wichtiger. Harald A. Poensgen war darüber hinaus voller Tatendrang. Im Oktober 1946 klagte er gegenüber Ellenberger: „Es ist scheußlich, den Kopf voller Pläne zu haben und nicht fliegen zu können. Ich fiebere nach Arbeit und Erfolg."[107] Die aufgezwungene Untätigkeit war für ihn eine Strafe. Poensgens Freund Arthur Van Dam schrieb dazu am 15.11.1947 an die Firma Eckert & Firnau in Kiel über Poensgen:

„Unser gemeinschaftlicher Freund Herr Poensgen war, wie Sie wissen, vor circa eineinhalb Jahren auf das tote Gleis geschoben worden und wartete auf den Spruchkammerspruch. Nun hat er in dieser Zeit nicht etwa schöngeistige Bücher gelesen und ergeben die Daumen gedreht, sondern war sofort herangegangen, sich auf die Zukunft vorzubereiten, energiegeladen, wie wir ihn kennen. Er hat mit einem Ingenieur Ellenberger in Lauf eine Fabrik aufgemacht, das heißt alles dafür vorbereitet."[108]

---

105 Interview mit Harald A. Poensgen vom 19.07.1985, S. 12f.
106 Ebd., S. 5.
107 Poensgen an Ellenberger, 15.10.1946.
108 Arthur Van Dam (in Firma Ernst A. Ruperti), Aumühle, an Eckert & Firnau, Kiel, 15.11.1947.

Auch in seinem vorausplanenden Denken unterschied sich Harald A. Poensgen nicht von Jakob Ellenberger. Seine Überlegungen zur Gründung einer eigenen Firma mussten ebenfalls bereits sehr früh eingesetzt haben. Er dachte dabei aber nicht nur an diesen einen Weg für seine Zukunft. Er wäre auch bereit gewesen, unter verbesserten finanziellen und persönlichen Bedingungen in der Bezeg weiterzuarbeiten. Als er sich am 30.06.1946 im Sinne einer eigenen Gründung entschieden an Jakob Ellenberger wandte, war er von der Haltung der Geschäftsführung der Bezeg gegenüber seinen beruflichen Vorstellungen tief enttäuscht.[109]

Des weiteren ging Harald A. Poensgen gegenüber Jakob Ellenberger zunächst mit großem Selbstvertrauen an die Firmengründung heran. Er wollte keine gleichberechtigte Kapitalverteilung im Verhältnis 50:50[110], er wollte die neue Firma, die er Freunden gegenüber gerne als „seine" Firma bezeichnete, vor seiner Haustür in Lauf haben, und er wollte, dass sie „Poensgen & Ellenberger", und nicht umgekehrt, heißt. Schon 1945 hatte er von der Bezeg, für den Fall eines Eintrittes von Jakob Ellenberger, eine Gehaltserhöhung verlangt, um von diesem klar abgesetzt zu sein.[111] Bei der Gründung der eigenen Firma akzeptierte Harald A. Poensgen Jakob Ellenberger jedoch sehr schnell als ebenbürtigen Partner.

Jakob Ellenberger und Harald A. Poensgen trafen sich erstmals im Jahre 1941 für die Dauer von zehn Minuten.[112] C. Herrmann, der Mannheimer Handelsvertreter der Bayerischen Elektrozubehör, brachte Jakob Ellenberger mit der Bezeg in Kontakt, da sie zu diesem Zeitpunkt einen Konstrukteur und Betriebsleiter suchte. Herrmann hielt Ellenberger für den geeigneten Mann für diese Aufgabe. 1945 kam es tatsächlich zum Abschluss eines entsprechenden Vertrages. Als Ellenberger aber im Oktober 1945 nach Lauf kam, um seine Stellung anzutreten, mußte er unverrichteter Dinge nach Grünstadt zurückkehren, da er wegen seiner noch schwebenden Entnazifizierung in Lauf keine Beschäftigung aufnehmen durfte.[113]

Am 06.12.1945 schrieb Ellenberger an Poensgen, dass er weiter an der Idee einer Beschäftigung bei der Bezeg festhalten möchte, aber nicht glaube, dass seine Anwesenheit in Lauf vor dem 01.04.1946 erforderlich wäre. Eine gemeinsame Gründung wird in diesem Brief noch nicht angesprochen.

Im Jahr 1946 war Jakob Ellenberger noch vor dem Monat Juli in Lauf, um dort seine Konstruktionen vorzustellen. Dabei hatte er offenbar Gelegenheit, sich mit Harald A. Poensgen intensiv auszutauschen. Nach Harald A. Poensgens Angaben könnte während dieses Aufenthaltes Ellenbergers die entscheidende Zusammenkunft stattgefunden haben, die er im Interview aus dem Jahre 1985 sehr farbig beschreibt:

---

109 Syberg an Poensgen, 28.06.1944, Interview mit Harald A. Poensgen vom 19.07.1985, S. 1.

110 S. u. das Kapitel „Einige grundlegende Entscheidungen".

111 Syberg an Poensgen, 28.06.1944.

112 „Programm und Vortrag in der Filmbühne Altdorf anlässlich unseres zehnjährigen Firmenjubiläums" aus den Unterlagen „10-jähriges Firmenjubiläum" im Besitz der Firma E-T-A, Altdorf.

113 Gespräch zwischen Harald A. Poensgen und Horst Ellenberger vom 19.07.1985. Dieses sich auf leitende Positionen in der Wirtschaft beziehende Beschäftigungsverbot bestand nach Gesetz Nummer 8 der amerikanischen Militärregierung vom 26.09.1945. Angelika KÖNIGSEDER, Entnazifizierung, in: Wolfgang BENZ (Hrsg.), Deutschland unter alliierter Besatzung, Berlin 1999, S. 114-117, hier: S. 115.

„Dann haben wir uns getroffen in der Bleichgasse 14 in Lauf bei Nürnberg, da habe ich noch zur Miete gewohnt im 1. Stock. Dein Vater kam an, wir haben uns begrüßt, und dann hat er zu mir gesagt: ‚Herr Poensgen, Sie brauchen nichts zu sagen, hier haben sie meine Hand, ich mache mit!' Ich habe gesagt: ‚Woher wissen Sie das?' ‚Na das habe ich mir gedacht', hat er dann zu mir gesagt. Wir haben dann durch Handschlag – wie das üblich war – zueinander gefunden und waren damit beide entschlossen, unsere eigene Fertigung aufzumachen."[114]

Dieses von Harald A. Poensgen 1985 geschilderte Treffen lässt sich nicht eindeutig in den vorliegenden Briefwechsel einordnen. Am 30. Juni 1946 jedenfalls schickte Poensgen ein Telegramm an Ellenberger, das zweifelsfrei auf eine gemeinsame Unternehmensgründung hindeutete:

„Empfehle vorläufig keine weitere Verpflichtung in Berlin.[115] Habe neue Vorschläge für Sie. Frage an, ab wann können Sie mich bis 6. Juli privat besuchen? Drahtantwort. Harald Poensgen."[116]

Das Telegramm Poensgens vom 30.06.1946 stellte eine Absage an die Möglichkeit einer Zusammenarbeit mit Ellenberger innerhalb der Bezeg dar, es zielte auf die Gründung eines selbständigen Unternehmens. Dies bestätigte Poensgen in einem Brief vom 10.07.1946, in dem er Ellenberger von einer Beschäftigung bei der Bezeg abriet, aber noch den Standpunkt vertrat, dass die sofortige Errichtung einer eigenen Firma unmöglich wäre. Zonenschwierigkeiten, Zuzugsprobleme, Raummangel und die Sperrung seines Vermögens erschienen ihm vorerst als unüberwindliche Hindernisse.

Am 19.07.1946 hatte sich Ellenberger noch nicht vollständig von der Idee einer gemeinsamen Beschäftigung bei der Bezeg getrennt. Die kurzfristige Eröffnung einer eigenen Produktion lehnte er ebenfalls mit dem Verweis auf die Zonengrenzen ab. Noch in seinem Brief vom 15.10.1946 war eine gemeinsame Beschäftigung bei der Bezeg nicht vom Tisch. Erst am 11. November 1946 stellte Harald A. Poensgen die Dinge klar:

„Mein Entschluss, eine eigene Firma zu gründen und nicht Ihr Patent in die Bezeg einzubringen, ist fest und unabänderlich, nachdem Sie mir zugesagt haben, auch für diesen Fall als mein Partner mit mir zusammenzugehen."

Poensgen begründet diesen Entschluss mit dem besseren persönlichen Ertrag ihrer Leistung in einem eigenen Unternehmen, mit der nicht geeigneten Ausrichtung des Programms der Bezeg für die Konstruktionen Ellenbergers und mit der finanziellen Zurückhaltung der Bezeg gegenüber ihren „leitenden Herren". Persönliche Konflikte mit der Geschäftsleitung der Bayerischen Elektrozubehör GmbH spielten für ihn offenbar keine unerhebliche Rolle. Jakob Ellenberger erklärte am 29.11.1946 nochmals seine ausdrückliche Bereitschaft zur gemeinsamen Firmengründung.

Spätestens im November 1946 war damit die Gründungsentscheidung gefallen. Bis Mitte Februar 1947 folgte im Briefwechsel eine Phase des gegenseitigen Abtastens in welcher beide Männer einige der grundlegenden Fragen der Unternehmensgründung lösten. Später kam man sich über den Austausch von kleinen Gefälligkeiten auch persönlich näher.[117] Kurz vor dem Anlaufen der Fabrikation ist der, in seinem

---

114 Interview mit Harald A. Poensgen vom 19.07.1985, S. 1.

115 In Berlin saß A. Syberg, der für die Anstellung Ellenbergers bei der BEZEG entscheidende Mann.

116 Poensgen an Ellenberger, 30.06.1946.

117 Poensgen an Ellenberger, 14.03.1947 (Taschenkalender für Ellenberger); Poensgen an Ellenberger, 02.06.1947 (Zigarren für Poensgen); Poensgen an Ellenberger, 03.06.1947 (Zwiebeln für Poensgen); Poensgen an Ellenberger, 17.07.1947 (Einmach-Gummiringe für Poensgen).

typischen „Reserveoffizierstil" von Harald A. Poensgen am 22.06.1948 verfasste, Gratulationsbrief zum 43. Geburtstag von Jakob Ellenberger am 25.06.1948 als ein Höhepunkt dieser persönlichen Annäherung anzusehen:

„Mein lieber Herr Ellenberger,
lieber Gesellschafter, Ihr diesjähriges Wiegenfest fällt in eine harte, kriegerische Zeit. Sie haben in den letzten Jahren gekämpft mit aller Kraft, für die Zukunft Ihrer Lieben daheim und an meiner Seite für die Zukunft unseres aussichtsreichen Unternehmens.
Ich möchte Ihnen in besonders warmer Kameradschaft herzlich die Hand drücken, Ihnen danken und Ihnen für das neue Lebensjahr alles Gute wünschen! Meine Frau und meine Familie schließen sich mir in herzlichem Gedenken an.
Wir werden nun bald beginnen, unsere gemeinsame Vorarbeit auf den harten und verantwortungsvollen Weg überzuleiten, der uns einst die Früchte unseres Kampfes ernten lassen wird. Ich kann es kaum noch erwarten, wo wir beide im Betriebe stehen und Schulter an Schulter unsere täglichen Pflichten erfüllen, die unserem Leben einen neuen Sinn verleihen werden. – Ich freue mich darauf, Sie bald endgültig in meiner Nähe zu wissen.
Mit meinen herzlichen Grüßen, auch an Ihre liebe Familie stets
Ihr H. A. Poensgen"

2.2 Grundlegende Entscheidungen

Die grundlegenden Entscheidungen von Jakob Ellenberger und Harald A. Poensgen bezogen sich auf die Standortfrage, den Firmennamen, die Unternehmensform, die Kapitalverteilung, die Abgrenzung der Tätigkeitsfelder in der Geschäftsleitung, die Lösung Harald A. Poensgens von der Bezeg sowie die Planung der Betriebsziele und des Betriebsaufbaus.

2.2.1 Die Standortfrage

Bereits am 19.07.1946, als der Entschluss zur Gründung noch relativ vage war, eröffnete Jakob Ellenberger die Standortdiskussion:

„Bezüglich des eventuellen Sitzes des Unternehmens, ob in der Pfalz oder in Bayern, würde ich vorschlagen für den Fall, dass das Saargebiet bei Deutschland bleibt, den Sitz in der Pfalz zu wählen, da im gesamten linksrheinischen Gebiet (Hessen-Pfalz und Saar) kein leistungsfähiges elektrotechnisches Unternehmen ist. Andernfalls empfehle ich einen günstigen Standort in Bayern oder Thüringen."[118]

Ellenberger führte damit zunächst seine eigene Heimat an. Interessant erscheint auch, dass er Thüringen noch in Erwägung zog, obwohl dieses schon zur Sowjetisch Besetzten Zone gehörte. Dagegen sprach Poensgen am 06.11.1946 zunächst von der nahe seinem Wohnort gelegenen Gemeinde Schorndorf in der Oberpfalz, weil ihm dort Fabrikationsräume angeboten worden wären. Am 11.11.1946 unternahm Poensgen den entscheidenden Schritt, als er nach seiner endgültigen Zusage einer gemeinsamen Gründung sogleich seinen Wohnort Lauf als hervorragend geeignet für den Sitz des zu gründenden Unternehmens darstellte. Er könnte hier von seinem Schwiegervater Büttner für Ellenberger problemlos „ein hübsches Holzhaus mit nahe dabei befindlicher Holz-Montagehalle" zur Verfügung gestellt bekommen. Außerdem sprächen die

---

118 Ellenberger an Poensgen, 19.07.1946.

Nähe zahlreicher Zulieferer, so etwa die Nähe zur Firma Stettner & Co., die Steatitteile liefern könnte, und die Nähe zur Bezeg, bei der er noch einige Zeit weiterbeschäftigt werden könnte und die ebenfalls zuliefern würde, für Lauf.

Ellenberger stimmte Poensgens Vorschlag am 29.11.1946 zu. Aufgrund der von Büttner gemachten Aussagen über ein hübsches Holzhaus hoffte er auf eine einfache Lösung der Wohnungsfrage, und von der Präsenz wichtiger Zulieferer in unmittelbarer Nähe zeigte er sich ebenfalls beeindruckt. In seiner Rede zum zehnjährigen Bestehen der Firma im Jahre 1958 stellte Jakob Ellenberger fest:

„Ausgehend von der Überlegung, dass 70 Prozent der Zulieferanten in einem Umkreis von 30 km vom Standort etabliert sein müssten kamen nur drei Gebiete in Frage und zwar die Räume Augsburg, Nürnberg oder Lüdenscheid. Die Entscheidung fiel auf den Raum Nürnberg wegen der hier vorhandenen Ballung der Steatit- und Porzellanindustrie und der werkzeugbauenden Firmen. Erster Wahlstandort war Lauf."[119]

Aufgrund eines Einspruches der Ansbacher Bezirksregierung ließ sich die Firma Ellenberger & Poensgen schließlich nicht in Lauf, sondern im einige Kilometer entfernten Altdorf bei Nürnberg nieder. In Altdorf gab es nicht genügend industrielle Arbeitsplätze. Am 09.05.1948 telegraphierte Harald A. Poensgen das erleichternde „Altdorf klar" an Jakob Ellenberger. In den Gesellschaftsverträgen vom 04.06. und 02.09.1948 war vorläufig noch Nürnberg als Sitz der Firma genannt worden. Laut Nachtrag vom 08.08.1949 wurde Altdorf bei Nürnberg auch de jure zum Sitz der Gesellschaft.[120]

2.2.2 Der Firmenname

Harald A. Poensgen strebte zunächst die Firmenbezeichnung „Poensgen & Ellenberger"[121] an. Jakob Ellenberger schlug demgegenüber vor, einen Namen zu verwenden, der sich nicht aus den Familiennamen der Besitzer zusammensetzte, sondern geeignet wäre, zum „Produktionsbegriff" zu werden. Er schlug am 27. Januar 1947 die Bezeichnung „Elektro-Apparatebau GmbH bzw. OHG Lauf" vor. Als Warenzeichen wollte er ELPO verwenden, das, gebildet aus den beiden Familiennamen, ein Warenzeichen ähnlich dem bekannten SIGMAR oder ELFA bilden sollte. Gegenüber der Straßenverkehrsstelle Frankenthal und dem Bürgermeister von Obersülzen verwendete Ellenberger im Februar 1947 bereits den Firmennamen „Elektroapparatebau GmbH".[122] Am 25.02.1947 gab Poensgen zu bedenken, dass die Familiennamen in Fachkreisen bekannt wären und man so der Firma ein gutes „Entree" verschaffen könnte. Eine schlichte Bezeichnung wie „Elektroapparatebau GmbH" erschien ihm zu anonym. Im Briefwechsel wurde die Frage des Firmennamens darauf nicht weiter diskutiert. Die Einigung erfolgte bei einem Treffen der beiden Gründer im Mai 1947 in Lauf. Nach dieser Zusammenkunft verwendete man die Bezeichnung „Ellenberger & Poensgen Elektrotechnische Apparatefabrik".[123] Die Familiennamen wurden in die

---

119 Firma E–T–A, Altdorf, in den Unterlagen „10-jähriges Firmenjubiläum", 1958, S. 2.
120 Bericht der Wirtschaftstreuhand GmbH, Stuttgart, April 1950, S. 7.
121 Poensgen an Ellenberger, 16.01.1947.
122 Ellenberger an die Straßenverkehrsstelle Frankenthal, 08.02.1947.
123 Diese Firmenbezeichnung wurde beispielsweise in einem nicht näher bezeichneten, in nachfolgen-

Firmenbezeichnung eingebracht, wobei sie allerdings gegenüber Poensgens Vorschlag die Plätze tauschten, so dass das von Ellenberger vorgeschlagene Warenzeichen ELPO zustande kommen konnte. Zu der Gestaltung des Firmenzeichens einigte man sich im August 1947 auf die im Abbildungsteil wiedergegebene Variante.[124]

2.2.3 Die Wahl der Unternehmensform

Erstmals wurde die im Gesellschaftsvertrag zu regelnde Frage der Unternehmensform im Frühjahr 1947 angesprochen. Anlässlich Ellenbergers Besuch in Lauf Mitte Mai 1947 wollte man den Gesellschaftsvertrag auf Basis eines Entwurfs von Dr. Lehnert aus Nürnberg besprechen. Der erste Entwurf Dr. Lehnerts lag im Juni 1947 vor. Er war bezüglich der Unternehmensform noch offen. Eine OHG wie auch eine KG waren von Lehnert in Erwägung gezogen worden. Ellenberger dagegen gab von Beginn an zu bedenken, ob nicht die Errichtung einer GmbH zweckmäßiger wäre. Am 23.06.1947 erwiderte Harald A. Poensgen, dass auch er inzwischen zu der Ansicht gekommen wäre, die Unternehmensform der GmbH anzustreben. Gegenüber dem Vertreter Carl Munke schrieb Poensgen jedoch bereits im September 1947 wieder, dass man die Unternehmensform der OHG gewählt habe.[125]

Die Entscheidung hierüber fiel bei den persönlichen Treffen der Firmengründer. Der erste, später wegen der Währungsreform nicht wirksam gewordene, Gesellschaftsvertrag vom 04.06.1948[126] begründete eine GmbH. Auch der Gebäudemietvertrag vom 01.06.1948 und die Kontoauszüge der Bayerischen Creditbank sprachen im Frühjahr 1948 von der „Ellenberger & Poensgen GmbH". Der neue Gesellschaftsvertrag vom 02.09.1948[127] unterschied sich bezüglich der Gesellschaftsform nicht von seinem Vorgängervertrag. Die entsprechende Eintragung ins Handelsregister erfolgte am 14.09.1948. Mit diesem Datum ist die GmbH handelsrechtlich entstanden. Für die Zwecke der Körperschaftssteuer galt der 04.06.1948 als Entstehungsdatum der GmbH.

Die GmbH ist eine Kapitalgesellschaft mit eigener Rechtspersönlichkeit, sie haftet selbst unbeschränkt mit ihrem Vermögen, während sich die Haftung der Gesellschafter auf ihre Einlagen beschränkt. Welche Argumente von seiten der beiden Gründer zur Wahl der Unternehmensform vorgebracht wurden, lässt sich aus dem Briefwechsel nicht entnehmen, da diese Thematik in diesem kaum diskutiert wurde. Jedenfalls scheint der tatsächlich wirksam gewordene, eine GmbH begründende, Vertrag weniger, wie zunächst angestrebt, auf einen Entwurf Dr. Lehnerts, als auf Vorarbeiten von Wilhelm Beier, einem Münchner Bekannten von Jakob Ellenberger, zurückgegangen zu sein.

---

de Edition nicht aufgenommen, Konzeptpapier vom 03.06.1947 verwendet. Briefverkehr, Ordner A, Konzeptpapier, 03.06.1947, S. 138-139.
124 Ellenberger an Poensgen, 06.08.1947; Poensgen an Ellenberger, 03.08.1947, 11.08.1947.
125 Poensgen an Carl Munke, 04.09.1947.
126 Urkundenrolle des Notars Dr. Held, Nürnberg, Nr. 1650.
127 Ebd., Nr. 2883.

2.2.4 Die Kapitalverteilung

Ein weiterer, im Gesellschaftsvertrag zu regelnder, wichtiger Punkt war die Kapitalverteilung. Im endgültigen Gesellschaftsvertrag vom 02.09.1948 wurde für die Ellenberger & Poensgen GmbH ein Stammkapital von DM 20.000.- festgelegt, das je zur Hälfte von beiden Firmengründern übernommen und durch Sachwerte geleistet wurde. Dazu wurden im wesentlichen die Reichsmark-Anschaffungswerte der vor der Währungsreform erworbenen Güter in D-Mark angesetzt.

Die Gesellschaftsverträge vom 04.06. und vom 02.09.1948 waren fast identisch, sie unterschieden sich lediglich in der Höhe des Gesellschaftskapitals. Am 04.06.1948 war neben den im Wert von RM 20.000.- eingebrachten Materialien noch von zusätzlichen Bareinlagen in Höhe von jeweils RM 10.000.- die Rede.[128] Nach der Währungsreform konnten beide Gesellschafter keinen Betrag in Höhe von DM 10.000.- aufbringen. Die ursprünglich vorgesehene Bareinlage mußte gestrichen werden.

Dass die Kapitalverteilung zwischen den Firmengründern in einer Relation von 50:50 stehen sollte, schien zumindest für Harald A. Poensgen nicht von Beginn an festgestanden zu haben. Am 25.02.1947 hatte Poensgen ein Gesellschaftskapital von 80.000 Reichsmark bestimmt. Die Verteilung wollte er mit Ellenberger mündlich besprechen. Harald A. Poensgen argumentierte außerdem gegen die Einbringung der Patente Ellenbergers in das Gesellschaftskapital, dem Ellenberger am 07.03.1947 auch zustimmte. Abschließend stand die Kapitalverteilung Anfang 1948 zur Diskussion. Im Briefwechsel findet sich hierzu nur wenig. So äußerte Ellenberger Anfang März gegenüber Poensgen:

„Ich kann mir überlegen wie ich will, komme ich immer wieder zu dem Schluss, dass es am besten ist, wenn wir für uns bleiben. ... Sollten nach einer eventuellen Währungsgeschichte die Absatzverhältnisse schwieriger werden, werden wir so lange exportieren. ... Im übrigen werden wir uns noch mündlich über diesen Punkt unterhalten."[129]

Was Jakob Ellenberger mit diesen Worten meinte, geht aus Harald A. Poensgens Antwort hervor. Poensgen wollte seinen Schwager Karl Büttner mit einer Beteiligung von 10% als Kommanditisten einbinden. Gegenüber Ellenberger fand er hierzu eindringliche Worte: „Ich hoffe, dass Sie sich meiner Auffassung nach nochmaliger Überlegung anschließen werden."[130] Ellenberger blieb jedoch kompromisslos auf seiner Linie, als er dem entgegnete:

„Meine Bedenken sind nicht finanzielle, sondern grundsätzlich bzw. moralisch. Ich möchte jede Störung des Gleichgewichts vermeiden, was die vorgesehene Regelung automatisch mit sich bringen wird. Im übrigen werden wir über diesen Punkt bei meinem Besuch uns eingehend unterhalten."[131]

Diese Frage ist bei Ellenbergers Aufenthalt in Lauf nach dem 31.03.1948 gemäß seinen Vorstellungen beantwortet worden. Ellenberger ging auf alle Ansätze Poensgens nicht ein. Er setzte eine Kapitalverteilung von 50:50 durch.

---

128 Bericht der Wirtschaftstreuhand GmbH, S. 21.
129 Ellenberger an Poensgen, 09.03.1948.
130 Poensgen an Ellenberger, 13.03.1948.
131 Ellenberger an Poensgen, 18.03.1948.

2.2.5 Die Aufgabenbereiche der beiden Gesellschafter

Die Aufgabenbereiche der beiden Gesellschafter waren leicht voneinander abzugrenzen, da sie sich aus ihren jeweiligen Werdegängen ergaben: Jakob Ellenbergers Tätigkeit wurde auf den technischen Teil ausgerichtet. Gertrud Hendelmeier schrieb dazu: „Von ihm stammten alle Geräte-Erfindungen. Er führte auch alle Kundenbesuche und -beratungen durch. Weiter war er für alle betrieblichen Belange nach innen und außen zuständig. Das waren damals sehr, sehr viele und die Zahl der Wochenarbeitsstunden von Jakob Ellenberger waren die der Woche."[132]

Harald A. Poensgen war für die kaufmännische Leitung des Unternehmens zuständig. Sein Zuständigkeitsbereich in der Geschäftsleitung beinhaltete „Akquisition und Verkauf sowie die zu dieser Zeit noch bescheidene Werbung in Form von losen Blättern. Diese entwarf und zeichnete er selbst. Beispiel: Abendstimmung im Raum mit traulicher Lampe und den damaligen Produkten des Hauses, den ELPO-Leitungsschutz-Automaten. Auch die Herausgabe der Preislisten und Kataloge erfolgte durch ihn, jedoch nach Absprache der technischen Details und der Preise mit Jakob Ellenberger."[133]

2.2.6 Harald A. Poensgens Lösung von der Bezeg

Noch relativ lange offen blieb dagegen, ob und in welchem Umfang sich Harald A. Poensgen in der Anfangszeit der eigenen Firma in der Bezeg engagieren würde. Poensgen wollte ausdrücklich eine auf ein bis zwei Jahre beschränkte parallele Tätigkeit. Es kam ihm dabei auf die Sicherstellung eines entsprechenden Einkommens an bis die eigene Firma auf festen Füßen stand. Ellenberger stand dem zunächst kritisch gegenüber, aber akzeptierte schließlich die Entscheidung Poensgens:

„Wie Ihnen bekannt sein dürfte, bin ich kein Mensch, der sich Realitäten gegenüber verschließt. Weiter erkenne ich Ihre Beweggründe für eine nochmalige Tätigkeit bei der Bezeg an, da diese eine für Sie und Ihre Familie nicht zu unterschätzende Brücke der Sicherheit darstellt. Weiter bin ich mir im klaren, dass Sie sich am Anfang in unserem Unternehmen nicht voll auslasten können. Ich schätze diese Zeit auf etwa 1–1½ Jahre nach Aufnahme der Fabrikation. Die Frage wird nun die sein, inwieweit es Ihnen noch möglich ist, neben der Tätigkeit bei der Bezeg, ohne persönlichen Raubbau zu treiben, für ELPO tätig zu sein. Lieber Herr Poensgen, ich bitte Sie, mich nicht mißzuverstehen, aber die Sorge um eine gesunde kräftige Entwicklung unseres Unternehmens möchte ich nicht alleine tragen, deshalb hat mich die Frage, was Sie noch für ELPO nach Ihrem Eintritt in die Bezug tun können, besonders interessiert."[134]

Die für die Anstellung Harald A. Poensgens entscheidenden Männer bei der Bezeg, Haimo Schlutius und A. Syberg, wollten Poensgen unter Aufgabe seiner Gründungspläne auf zwei Jahre an sich binden. Es wurde schließlich Anfang Februar 1948 an einem vertraglichen Kompromiss gearbeitet, der darauf hinaus lief, dass Harald A. Poensgen ab Februar 1948 auf zwei Jahre als stellvertretender Geschäftsführer und Leiter des Verkaufs zur Bezeg zurückkehren sollte und dass die Interessen der Bezeg

---

132 Gertrud HENDELMEIER, E–T–A Erinnerungen, in: Ellenberger & Poensgen GmbH. E–T–A Elektrotechnische Apparate GmbH 1948–1998, Festschrift, Altdorf 1998, S. 95.
133 Ebd.
134 Ellenberger an Poensgen, 28.12.1947.

und der neuen Firma klar voneinander abgegrenzt sein müssten. Der Aufbau der Firma Ellenberger & Poensgen sollte unter entsprechende wettbewerbliche Vorbehalte gestellt werden.[135] Vom Frühjahr 1948 an war Harald A. Poensgen, parallel zur Tätigkeit in der eigenen Firma, bei der Bezeg beschäftigt.

2.2.7 Die Planung der Betriebsziele und des Betriebsaufbaus

Nach einer ersten Phase der grundsätzlichen Entscheidungen und des gegenseitigen Abtastens stellten Jakob Ellenbergers Planungen von Mitte Februar 1947 eine entscheidende Zäsur in der Gründungsgeschichte dar. Am 14.02.1947 schrieb Ellenberger an Poensgen:

„Weiter habe ich einen Fertigungsplan fertiggestellt, den Personalbedarf, die Kosten und das Inventar für Büro und Fabrikation ermittelt, werde Ihnen nächste Woche hierüber schreiben."[136]

Die Firmengründung wurde nun konkret. In Abstimmung legten Jakob Ellenberger und Harald A. Poensgen den Bedarf an Personal, Ausrüstung und Material fest. An der Umsetzung dieser Planungen wurde darauf mit Nachdruck gearbeitet.

Erwin Grochla definiert den Begriff der Planung wie folgt: „Als Hauptmerkmal der Planung ergeben sich somit Zukunftsbezogenheit und Rationalität. Planen bedeutet immer eine gedankliche Vorwegnahme zukünftigen Handelns unter Beachtung des Rationalitätsprinzips."[137]

Erwin Grochla geht weiter von drei grundlegenden betrieblichen Planungszielen aus: Erstens der Bestimmung der Betriebsziele. Es geht dabei um die Fixierung von Art und Umfang der Gütererzeugung. Zweitens muss hierzu der Betriebsaufbau festgelegt werden. Der Betriebsaufbau kommt in der Sachgüter-, Arbeits- und Kapitalstruktur zum Ausdruck. Drittens muss der materielle Leistungsprozess, also der Produktionsprozess selbst, geplant werden. Dies meint die Regelung von Beschaffung, Erzeugung, Absatz und Finanzierung.[138]

Für die beiden ersten von Grochla genannten Punkte, die hier zunächst behandelt werden sollen, sind vier Dokumente von zentraler Bedeutung: Der Inventar-Bedarf und Kostenvoranschlag für Büro und Fabrikation von Jakob Ellenberger vom 19.02.1947, das Schreiben von Ellenberger an Poensgen vom 21.02.1947, die finanziell-kaufmännische Planung von Harald A. Poensgen vom 25.02.1947 und der Personalbedarf von Jakob Ellenberger vom 21.02.1947.

Die Betriebsziele wurden von Jakob Ellenberger am 21.02.1947 grundsätzlich fixiert. Er sprach von einer Produktion von 500 Apparaten vier verschiedener Typen je Tag, was 10.000 Apparaten im Monat entsprach. Ende Januar 1947 waren von Ellenberger alle Konstruktionsarbeiten zu diesen vier Grundtypen abgeschlossen und die zugehörigen Modelle in Arbeit gegeben worden.

---

135 Vertragsentwurf, undatiert, eingefügt in Edition zwischen 18. und 20.02.1948.
136 Ellenberger an Poensgen, 14.02.1947.
137 Erwin GROCHLA, Art. „Planung, Betriebliche", in: Handwörterbuch der Sozialwissenschaften, Bd. 8, Stuttgart – Tübingen – Göttingen 1964, S. 315.
138 Ebd.

Harald A. Poensgen ging mit dieser Zielsetzung Jakob Ellenbergers grundsätzlich konform, wobei er den Charakter der Firma Ellenberger & Poensgen als Spezialfabrik betonte, denn „nur mit bis ins Einzelste durchkonstruierten und für die Praxis prädestinierten Spezialfabrikaten sind gute Preise außerhalb des normalen Rahmens zu erzielen."[139] Daneben sprach er sich aber auch für den ergänzenden Vertrieb von Kunststoffleitungen aus, die „wenn die Preislage zu hoch ist, ein laufendes Geschäft ohne allzu großes Risiko und auf längere Dauer festgelegten Kapitalbedarf"[140] gewährleisten sollten. Über den Vertrieb von Kunststoffleitungen hinaus wollte man auch mit der Herstellung von Drehschaltern und Herdschaltern die Basis der auf dem Spezialprodukt Stöpselautomaten beruhenden Firma zusätzlich in der Breite befestigen. Massenartikel sollten in Zeiten ungünstiger Konjunktur ausgleichend wirken.[141]

Die gemeinsame Planung des Betriebsaufbaus nach Sachgüter-, Arbeits- und Kapitalstruktur setzte mit der Zusendung eines Inventar-Bedarfs und eines Kostenvoranschlags für Büro und Fabrikation von Jakob Ellenberger an Harald A. Poensgen ebenfalls am 21.02.1947 ein. In diesem am 19.02.1947 erstellten Dokument führte Jakob Ellenberger den Bedarf an Büro- und Fabrikationsausstattung detailliert auf. Seine Aufstellung reichte von Reißbrettern, Messgeräten und Schiebewiderständen bis hin zu Stühlen, Schraubenziehern und Hämmern. Insgesamt ging er dabei von Kosten in Höhe von 15.000 Reichsmark aus.

Unabhängig von der Aufstellung Ellenbergers hatte Poensgen am 25.02.1947 den Kapitalbedarf errechnet und an Jakob Ellenberger gesendet. Er führte darin Werkzeuge, Vorprodukte, Büromaterial, Büro- und Fabrikmöbel, Löhne und Gehälter, Vorkosten, Bankzinsen und eine Kassareserve auf. Er errechnete auf diese Weise einen Kapitalbedarf von 80.000 Reichsmark, die es durch die Gesellschafter aufzubringen galt. Die Vorschläge der beiden Firmengründer stimmten in hohem Maße überein, beziehungsweise ergänzten sich die technischen Vorschläge Ellenbergers mit den kaufmännischen Poensgens.

Die Arbeitsstruktur fand ihren Niederschlag in dem ebenfalls am 21.02.1947 von Jakob Ellenberger an Harald A. Poensgen gesendeten Personalbedarf. Ellenberger unterschied darin zwei mögliche Szenarien: ein Startszenario mit einer Produktion von 100 Apparaten je Tag bei einem monatlichen Umsatz von 8.000 Reichsmark mit 11 Arbeitskräften und ein Endszenario mit einer Fabrikation von 500 Apparaten je Tag bei einem Umsatz von 40.000 Reichsmark je Monat mit 40 Arbeitskräften. Poensgen rechnete in seiner Aufstellung vom 25.02.1947 zunächst mit 17 Arbeitskräften.

Der dritte von Grochla genannte Punkt, die Organisation des Produktionsprozesses, das heißt die Planung von Beschaffung, Erzeugung, Absatz und Finanzierung konnte zum Teil erst später und zum Teil auch weniger explizit durchgeführt werden als die der Betriebsziele und des Betriebsaufbaus. Hier mußte man flexibel auf die schwierigen, beziehungsweise sich ständig stark verändernden, Rahmenbedingungen der Zeit reagieren. Wie dies gelang, wird in den nachfolgenden Kapiteln gezeigt.

---

139 Poensgen an Ellenberger, 09.04.1947.
140 Ebd.
141 Poensgen an Ellenberger, 25.02.1947; Ellenberger an Poensgen, 07.03.1947; Poensgen an Ellenberger, 09.04.1948.

2.3 Kommunikation und Reisen

Kriegszerstörungen, die Desintegration eines vormals einheitlichen Wirtschaftsraumes und der Zustand der Reichsmarkwährung waren die Hauptfaktoren, die die Kommunikation und das Reisen Jakob Ellenbergers und Harald A. Poensgens zwischen Grünstadt und Lauf beeinflussten. Die Kommunikation zwischen Jakob Ellenberger und Harald A. Poensgen über eine erhebliche räumliche Distanz begründet zwar die Tatsache, weshalb ihre Entscheidungen heute mit nur wenigen Lücken nachvollziehbar sind, sie bedeutete aber auch, bereits ohne die Berücksichtigung der speziellen Probleme im Nachkriegsdeutschland, beträchtliche Schwierigkeiten: Wichtige Schreiben und Formulare mussten oft tagelang hin und her geschickt werden, um die Unterschriften beider Gründer zu erhalten, und viele Entscheidungen konnten erst nach zeitraubenden Diskussionen auf dem Postweg gefällt werden. Zu diesen auch in normalen Zeiten zu erwartenden Problemen kamen die durch die spezielle Situation der Nachkriegsjahre entstandenen Erschwernisse hinzu.

Auch wenn die Postämter bereits ab August 1945 wieder begannen, Sendungen anzunehmen[142] und der Postgang recht schnell wieder im großen und ganzen zuverlässig ablief – selten ging ein Schreiben völlig verloren – ging er doch nur schleppend vonstatten. Poensgen schrieb am 22.01.1948 an Arthur Van Dam über das Postwesen: „Heute erhielt ich einen Brief von Herrn Blaffert vom 10. November, der am 12.11. zur Post gegeben wurde! Ein Zeichen der Zeit!"[143] Es lässt sich aus dem Briefwechsel zwischen Jakob Ellenberger und Harald A. Poensgen aber auch entnehmen, dass der Postgang zwischen Lauf und Grünstadt zwischen 1946 und 1948 besser wurde. Besonders ab Mitte 1947 ist es zu einer Verringerung der Brieflaufzeiten gekommen.[144]

Als weiteres Kommunikationsmittel kam für Jakob Ellenberger und Harald A. Poensgen das Telefon in Frage. Nach Kriegsende wurden zunächst wieder 40.000 Telefone im Ortsverkehr zugelassen. Anfang 1946 gab es bereits 115.000 Telefonanschlüsse, über welche mehr als 900.000 Gespräche im Monat abgewickelt wurden. Bis zum Jahresende waren die Anschlüsse auf 440.000 und die monatlichen Gespräche auf mehr als sechs Millionen angewachsen. Ende 1947 war der Umfang der Telefon- und Telegrammleistungen sogar auf das Doppelte gegenüber dem Vorkriegsstand angestiegen. An 1,5 Millionen Telefonapparaten wurden monatlich circa 150 Millionen Gespräche geführt. Ein wichtiger Grund für diese Entwicklung war der Zustand der Reichsmarkwährung. Postleistungen konnten zu festgesetzten Preisen ohne Rationierungen in Anspruch genommen werden. Das heißt, durch die Wertlosigkeit der Reichsmark waren sie verhältnismäßig billig.[145]

---

142 Lucius D. CLAY, Entscheidung in Deutschland, Frankfurt/M. 1950, S. 214.

143 Poensgen an Arthur Van Dam, Aumühle, 22.01.1948.

144 Es zeichnet sich für den Zeitraum von Ende 1946 bis Mitte 1948 eine deutliche Verbesserung des Postganges ab. Seit Juli 1947 lag die Durchschnittliche Laufzeit eines Briefes zwischen Grünstadt und Lauf konstant unter fünf Tagen und kein Brief brauchte länger als sieben Tage. Bis Juni 1947 benötigten einige Schreiben für die selbe Entfernung deutlich mehr als zehn Tage, außerdem lag die Durchschnittslaufzeit in keinem Monat unter fünf Tagen.

145 CLAY, Entscheidung in Deutschland, S. 214f.

Als unproblematisch erwies sich auch die Einrichtung eines Telefonanschlusses für Harald A. Poensgen. Für seine Wohnung in Lauf beantragte er einen solchen im Herbst 1947 für Januar 1948. Am 19.01.1948 konnte Poensgen Ellenberger die voraussichtliche Funktionsfähigkeit seines Anschlusses ab Mitte Februar 1948 mitteilen. Auch die Beschaffung von Telefonapparaten lief relativ problemlos ab.[146] Die Abwicklung der Gespräche war dagegen von erheblichen Schwierigkeiten gekennzeichnet. Noch bevor er einen eigenen Anschluss besaß schrieb Harald A. Poensgen am 12.12.1947 an Jakob Ellenberger, dass er ihn nur ungern anrufe, da er auf dem Postamt mehrere Stunden auf das Zustandekommen einer Verbindung warten müsste, und am 31.12.1947 teilte Harald A. Poensgen Jakob Ellenberger mit, dass er den Matrizenbauer Höllfritsch nicht angerufen habe, da eine Gesprächsanmeldung Stunden gedauert hätte. Als Poensgen über einen eigenen Apparat verfügte, waren die Wartezeiten sicherlich kaum kürzer. So spielte das Telefon keine Rolle für die Kommunikation zwischen Lauf und Grünstadt.

Die von Jakob Ellenberger und Harald A. Poensgen häufig genutzte Telegraphie funktionierte im großen und ganzen zuverlässig. Sie war genauso kostengünstig wie die anderen Postleistungen. Auffällig ist allerdings die hohe Zahl der Übermittlungsfehler.[147] In wieweit diese Qualitätseinbußen im Nachkriegstelegrammwesen belegen könne, ließ sich aufgrund des geringen Umfanges des Materials und fehlenden Vergleichsmaterials nicht ergründen.

Nach der Währungsreform sank die Inanspruchnahme der Telegramm- und Telefondienste deutlich ab, da die Rechnungen nun in D-Mark zu bezahlen waren. Dafür nahm der kostengünstigere Briefverkehr als Ersatzmittel wieder zu.[148] Aus der Kommunikation zwischen Jakob Ellenberger und Harald A. Poensgen lässt sich hierzu allerdings keine Aussage treffen, da Ellenberger bereits am 01.08.1948 nach Altdorf zog und gerade in der letzten Phase der Gründung zwischen der Währungsreform und dem Umzug Ellenbergers ein sehr hoher Kommunikationsbedarf bestand.

Der Personenverkehr zwischen den vier Besatzungszonen war zunächst stark beeinträchtigt. „Militärposten standen an den Grenzübergängen. Wer auch nur für wenige Stunden von einer Zone in die andere wollte, bedurfte dazu eines Passierscheines."[149] Nur langsam normalisierte sich dieser Zustand wieder. Noch im Jahre 1946 gab es erhebliche Reisebeschränkungen durch die alliierten Besatzungsmächte. Zur zonenübergreifenden Reise war neben einem Pass auch ein triftiger Grund nötig.

So nennt Ellenberger, auf die Bitte Poensgens hin, ihn noch vor dem 05.06.1946 zu besuchen, die „Pass-Schwierigkeiten" als Haupthindernis für eine Reise nach Franken. Beim Wechsel von der französischen in die amerikanische Zone, bzw. Bi-Zone, fanden noch 1948 Passkontrollen statt.[150] Am 29.11.1946 hatte Ellenberger noch immer keinen Pass. Außerdem schrieb er, dass er eine Reisebegründung brauche und Poensgen ihm deshalb eine von der Firma Stettner ausgestellte und von der örtlichen

---

146 Poensgen an Ellenberger, 31.12.1947.
147 Zum Beispiel im Telegramm vom 25.03.1948, aufgelöst in Ellenberger an Poensgen, 26.03.1948.
148 CLAY, Entscheidung in Deutschland, S. 215.
149 ROEPER / WEIMER, Die D-Mark, S. 14.
150 Ellenberger an Poensgen, 10.07.1946; Fritz BUSCH, Transportation in Postwar Germany, in: The Annals of The American Academy of Political and Social Science 260, 1948, S. 80-89, hier: S. 84.

IHK beglaubigte Bestätigung beschaffen solle, dass er zur Klärung technischer Fragen nach Lauf kommen müsse. Um 1947 zwischen Obersülzen und Heidelberg, wo er seine amerikanische Entnazifizierung betrieb, pendeln zu können, ließ sich Ellenberger auch von der Maschinenfabrik Gensheimer & Söhne in Altleiningen, eine Bescheinigung ausstellen, dass er für diese als beratender Ingenieur arbeite und deshalb persönliche „Besuche im Werk dringend erforderlich seien"[151]. Um bei seiner Reise von der Pfalz nach Lauf den D-Zug benutzen zu können, bat Ellenberger Poensgen am 06.10.1947 ferner, ihm von der Firma Stettner & Co. eine Dienstreisebescheinigung ausstellen zu lassen.

Mit der Einrichtung der Bi-Zone am 1. Januar 1947 entfielen solche Probleme zwischen der amerikanischen und der britischen Zone. Für Reisen zwischen Grünstadt und Lauf bedeutete dies aber keine Erleichterung, da Grünstadt in der französischen Zone lag.

Neben der Aufspaltung Deutschlands in Besatzungszonen beeinträchtigten die Kriegszerstörungen das deutsche Transportwesen. Züge und Gleise waren durch Kriegseinwirkungen schwer beschädigt worden. Waggons ohne Fenster waren dabei noch das geringste Problem. 885 Eisenbahnbrücken waren gesprengt. In der amerikanischen Zone gab es, nach einer frühen Zählung der US-Army, zunächst nur 2.632 verwendbare, gegenüber 5.588 aufgrund von Beschädigungen ausgefallenen, Lokomotiven. Ende 1945 waren zwar alle Hauptschienenstränge wieder benutzbar, der Verkehrsumfang war aber wegen der nur einseitig befahrbaren Notbrücken noch erheblich eingeschränkt.[152]

Neben den Eisenbahnen galten die Wasserstraßen Deutschlands als ein wichtiges Transportmittel. Auch diese waren durch Brückensprengungen und Schiffsversenkungen massiv beeinträchtigt.[153] Diese Tatsache belastete den ohnehin mit großen Schwierigkeiten kämpfenden Bahnverkehr zusätzlich.

Am 19.03.1946 konnte Ludwig Vaubel immerhin in sein Tagebuch schreiben: „Die Züge sind wieder ziemlich pünktlich und fahren häufiger. Gelegentlich gibt es Sitzplätze in wieder hergerichteten Wagen. Die Fenster sind zumindest abgedichtet, wenn auch nur selten mit Glas."[154] Jakob Ellenberger klagte kaum über seine Reisebedingungen. Die Reisekosten hielten sich in Grenzen, da für die Fahrscheine lediglich mit relativ wertlosem Geld bezahlt werden mußte. Bis zum letzten Augenblick vor der Währungsreform gab die Reichsbahn ihre Fahrkarten, ohne Rationierungsmaßnahmen, alleine gegen Reichsmark ab. Die so ermöglichte kräftige Nachfrage stieß auf die beschriebenen, stark reduzierten Kapazitäten. Die Reichsmarkpreise für Fahrscheine waren eine wichtige Voraussetzung für die allseits bekannten Hamsterfahrten und der Grund für die stets überfüllten Züge vor dem 20.06.1948. Typisch war es, dass man in der Zeit vor der Währungsreform eine halbtägige Eisenbahnfahrt in Kauf nahm, nur um an das Obst der Bodenseeregion zu gelangen. Ausschließlich in Reichsmark zu bezahlende Fahrten über mehrere 100 Kilometer wurden für eine rela-

---

151 Bescheinigung der Firma Gensheimer & Söhne für Ellenberger, 31.05.1947.
152 CLAY, Entscheidung in Deutschland, S. 216.
153 Ebd.
154 VAUBEL, Zusammenbruch und Wiederaufbau, S. 68.

tiv geringe Menge Lebensmittel in Kauf genommen. Der Wert eines Kistchens mit Äpfeln marginalisierte den Wert der in Reichsmark zu bezahlenden Fahrkarte.

Mit der Einführung der D-Mark am 20.06.1948 wurde das Bahnfahren wieder teuer. Die Abteile leerten sich. Diese Veränderungen bekam auch Jakob Ellenberger zu spüren, der sich nun von Poensgen eine Arbeiterrückfahrkarte der eigenen Firma Ellenberger & Poensgen ausstellen lassen wollte, um in den Genuss einer 75%igen Fahrpreisermäßigung zwischen Altdorf und Grünstadt zu gelangen.[155]

Neben den Bahnreisen war der Individualverkehr in den Nachkriegsjahren unbedeutend. Immerhin verfügte Jakob Ellenberger nach dem Krieg noch über einen eigenen Pkw: Einen Opel Olympia, Baujahr 1935. Am 08.02.1947 kündigte er bei der zuständigen Straßenverkehrsstelle in Frankenthal an, dass dieser Pkw in naher Zukunft in den Besitz seiner zu gründenden Firma übergehen werde. Seine Begründung für diesen Besitzwechsel wirft ein scharfes Licht auf die Transportsituation der damaligen Zeit:

„Obige Firma benötigt das Fahrzeug für ihren Geschäftsbetrieb, insbesondere als Behelfslieferwagen zur Rohmaterialbeschaffung für etwa 50–100 Arbeiter."[156]

Seinen alten Opel benutzte Jakob Ellenberger nie, um zu seinen Treffen mit Harald A. Poensgen nach Lauf zu gelangen. Lediglich seine letzte Fahrt Ende Juli 1948 unternahm er mit dem eigenen Auto, und noch im Jahre 1951 fuhr man mit Ellenbergers Opel zur Hannovermesse.[157]

2.4 Die Hürden von Justiz und Bürokratie

Das Klagen über die Bürokratie im Nachkriegsdeutschland war laut und allgegenwärtig. Gustav Stolper schrieb verbittert zu einer Liste über Kosten, die den Unternehmern aus der staatlichen Bürokratie entstanden: „Diese Angaben sind sehr bescheiden, denn der Unternehmer gibt nicht an, welche Gehälter und Spesen es ihm kostet, all diese Formulare auszufüllen und die Bücher zu führen, und die Tabelle enthält natürlich auch keinen Posten für die allgemeine Steuerrechnung, die die Nation für die Gehälter des Bürokratenheeres zu zahlen hat. Das ganze liest sich wie ein Dokument aus einer Irrenanstalt."[158]

Ähnlich klagte Kurt J. Fischer in Rümelins „So lebten wir": „Um einen Export-Antrag bei den deutschen Wirtschafts-Verwaltungsstellen anzubringen, müssen mehr als siebzig Durchschläge und Formulare ausgefüllt werden. Nach den Erhebungen des Landes Hessen kommen auf 1.000 Einwohner 184 Beamte und Angestellte der öffentlichen Hand. Bayern beschäftigt zwei kriegsstarke Armeen als Beamte."[159]

Ihre Entnazifizierungen, die Lizenzierung der Firma und eine Zuzugsgenehmigung für Jakob Ellenberger waren die drei wichtigsten Schwierigkeiten, die den bei-

---

155 Ellenberger an Poensgen, 27.06.1948.
156 Ellenberger an die Straßenverkehrsstelle Frankenthal, 08.02.1947.
157 HENDELMEIER, E–T–A Erinnerungen, S. 100.
158 Vgl. WILLENBORG, Bayerns Wirtschaft, S. 129.
159 Kurt J. FISCHER, US-Zone 1947, in: RÜMELIN (Hrsg.), So lebten wir, S. 3-27, hier: S. 9.

den Firmengründern aus der Nachkriegsbürokratie und -justiz erwuchsen. Mit der Bewirtschaftungsbürokratie, der die meisten Klagen der Zeit galten, kamen sie, abgesehen von der Rohstoffbeschaffung, kaum in Kontakt, da der Produktionsbeginn ihrer Firma nach der Abschaffung der meisten Bewirtschaftungsmaßnahmen lag.

2.4.1 Die Entnazifizierung

Mit dem „Gesetz zur Befreiung vom Nationalsozialismus und Militarismus" vom 05.03.1946[160] wurde die Prozedur der Entnazifizierung von den Alliierten in deutsche Hände übergeben. Zur Bewältigung dieser Aufgabe wurden in Bayern bis 1946 183 Spruchkammern eingerichtet.[161] Zunächst war seine noch fehlende Entnazifizierung besonders von Harald A. Poensgen beklagt worden, da sein Vermögen gesperrt und er von seiner Tätigkeit in der Bezeg suspendiert worden war. Dies stellte die übliche Vorgehensweise bei einem schwebenden Entnazifizierungsverfahren dar.[162]

Im Januar 1946 teilte Harald A. Poensgen Jakob Ellenberger außerdem mit, dass in der amerikanischen Besatzungszone für die Lizenzierung einer Firmengründung die Entnazifizierung ihrer Gründer nötig wäre. Die Entnazifizierung wurde so zu einem Haupthindernis des weiteren Voranschreitens. Ohne sie konnte nicht auf die eigenen Ersparnisse zugegriffen werden, das heißt, es konnten keine Gebäude angemietet und keine größeren Anschaffungen getätigt werden, und es wurde auch keine Produktionslizenz erteilt, was bedeutete, dass keine staatlichen Rohmaterialzuteilungen beansprucht werden konnten. Poensgen sah die Dinge sehr klar: „Jedoch sei, wie bereits bemerkt, Ihre und meine Entnazifizierung Voraussetzung für alle weiteren Schritte."[163] Im Sommer 1947 brannte Poensgen die Entnazifizierung auf den Nägeln, da er in naher Zukunft die Währungsreform erwartete, vor welcher er unbedingt mit der Produktion beginnen wollte.[164]

Anfang November 1947 wurde Harald A. Poensgen von der Spruchkammer Lauf als Mitläufer eingestuft, nur eine Woche später verfuhr die Spruchkammer Heidelberg ebenso mit Jakob Ellenberger. Als Poensgen die entsprechende Benachrichtigung von Ellenberger erhielt, reagierte er euphorisch:

„Hurra! Es ist geschafft! Viele herzliche Glückwünsche zu Ihrer Entbräunung! Wir beide Mitläufer: das Rennen um ‚ELPO' kann beginnen: In meiner Situation das Rennen der Konkurrenz: Ich setze 1.000 : 1 auf Sieg: Mein ‚Training' hat sich verschärft. Ich kenne mich nicht mehr aus vor lauter Arbeit. Ich ruhe nicht eher, bis ich meine 5 t Rohmaterial bei Neumeyer (Nürnberg) habe."[165]

---

160 MINISTERIUM FÜR SONDERAUFGABEN (Hrsg.), Gesetz zur Befreiung vom Nationalsozialismus und Militarismus, München 1946.

161 Clemens VOLLNHALS / Thomas SCHLEMMER (Hrsg.), Entnazifizierung. Politische Säuberung und Rehabilitierung in den vier Besatzungszonen 1945–1949, München 1991.

162 Gesetz Nr. 52 der Militärregierung und Art. 61 des Gesetzes zur Befreiung vom Nationalsozialismus und Militarismus; vgl. MINISTERIUM FÜR SONDERAUFGABEN (Hrsg.), Gesetz zur Befreiung vom Nationalsozialismus und Militarismus, Art. 61, S. 28.

163 Poensgen an Ellenberger, 14.03.1947.

164 Poensgen an Ellenberger, 11.08.1947.

165 Poensgen an Ellenberger, 20.11.1947.

Die Gründung der Ellenberger & Poensgen GmbH 1946–1948

Mit der Entnazifizierung von Jakob Ellenberger und Harald A. Poensgen war der Weg zur Firmengründung frei. Gebäude konnten nun angemietet, auf persönliches Vermögen konnte wieder zugegriffen und besonders der Lizenzierungsvorgang, hinter dem Ansprüche auf Rohmaterialzuteilungen standen, konnte eingeleitet werden. Am 20.11.1947 legte Jakob Ellenberger das Ziel der Produktionsaufnahme auf Mitte 1948 fest.[166] Harald A. Poensgen war ein Mann mit straff konservativer Grundhaltung, aber kein Nationalsozialist. Nach dem Krieg war er in Lauf noch immer ein sehr angesehener Bürger, weshalb er auch für seine neue Firma mit keinerlei Problemen bei der Suche nach Mitarbeitern rechnete.[167] Im Nationalsozialismus trug er kein politisches Amt. Seine Grundhaltung mit den damals weitverbreiteten antidemokratischen Ressentiments tritt jedoch deutlich hervor, wenn er über die Abwicklungsstelle Dogger schreibt: „Alles in allem: typisch demokratischer Bürokratismus mit endloser Zeitvergeudung!"[168]

Harald A. Poensgen war Mitglied der NSDAP. Obwohl er seine Entnazifizierung bereits im Juli 1946 eingereicht hatte, zog sich sein Verfahren sehr lange hin. Dies belastete ihn schwer, da es den Aufbau seiner Firma massiv behinderte. „Es ist nachgerade zum Verzweifeln, wenn ich an die verlorene Zeit denke!"[169], schrieb er am 27.04.1947 an Ellenberger. Erst am 05.11.1947 erfolgte Poensgens mündliche Verhandlung vor der Spruchkammer. Nach Artikel 12 des Befreiungsgesetzes wurde er in die Gruppe der Mitläufer[170] eingereiht und zu einer Geldsühne[171] von 1.500 Reichsmark verurteilt. Am 29.12.1947 wurde der Spruch rechtskräftig. Poensgen drückte seinem Freund Arthur Van Dam gegenüber seine Erleichterung aus:

„Also endlich ist es geschafft! Ich bin ab 16.1. mit Wirkung vom 29.12.47 rechtskräftig entbräunt! Am Freitag erhielt ich meine Rechnung, gesalzen, sage ich Ihnen! Ich habe noch nie eine Rechnung so prompt bezahlt wie diese. Aber nicht aus Begeisterung, sondern weil ich mich am 20.1. habe entsperren lassen und man hierfür vorher alle seine Sühneschuld bezahlt haben muss. ... Aber jetzt geht's los, das heißt es ist schon lange losgegangen."[172]

Jakob Ellenberger hatte seinen Antrag auf Entnazifizierung zunächst, dem an seinem Wohnort üblichen Verfahren gemäß, über seinen letzten Arbeitgeber, die I.G.

---

166 Ellenberger an Poensgen, 20.11.1947.

167 Poensgen an Ellenberger, 14.03.1947.

168 Poensgen an Ellenberger, 30.01.1948.

169 Poensgen an Ellenberger, 27.04.1947.

170 „Mitläufer ist, wer nicht mehr als nominell am Nationalsozialismus teilgenommen oder ihn nur unwesentlich unterstützt und sich auch nicht als Militarist erwiesen hat. Unter diesen Voraussetzungen ist Mitläufer insbesondere, wer als Mitglied der NSDAP, oder einer ihrer Gliederungen, ausgenommen HJ und BDM, lediglich Mitgliedsbeiträge bezahlte, an Versammlungen deren Besuch Zwang war, teilnahm oder unbedeutende rein geschäftsmäßige Obliegenheiten wahrnahm, wie sie allen Mitgliedern vorgeschrieben waren." MINISTERIUM FÜR SONDERAUFGABEN (Hrsg.), Gesetz zur Befreiung vom Nationalsozialismus und Militarismus, Art.12, S. 11.

171 „Gegen Mitläufer sind einmalige oder laufende Beiträge zu einem Wiedergutmachungsfonds anzuordnen. Hierbei sind die Dauer der Mitgliedschaft, die Höhe der Beiträge und sonstige Zuwendungen sowie die Vermögens-, Erwerbs- und Familienverhältnisse und ähnliche Umstände zu berücksichtigen." MINISTERIUM FÜR SONDERAUFGABEN (Hrsg.), Gesetz zur Befreiung vom Nationalsozialismus und Miltarismus, Art. 18, S. 15.

172 Poensgen an Arthur Van Dam, 22.01.1948.

Farbenindustrie, am 01.07.1946 eingereicht.[173] Es stellte sich jedoch schnell heraus, dass eine Entnazifizierung in der französisch besetzten Zone zwecklos war, da das französische Verfahren in der amerikanischen Zone, in welcher ja die Firmengründung erfolgen sollte, nicht anerkannt worden wäre.[174] So nahm Jakob Ellenberger in Heidelberg offiziell eine Wohnung bei Erich Neff, den er aus seiner Augsburger Zeit kannte, um hier seine Entnazifizierung für die amerikanische Besatzungszone betreiben zu können. Jakob Ellenberger war seit dem 01.05.1933 Mitglied der NSDAP. Michael Hauser, der Inhaber seines damaligen Arbeitgebers Hauser & Co., hatte im Frühjahr 1933 eine Weiterbeschäftigung Ellenbergers von dessen NSDAP-Beitritt abhängig gemacht. Michael Hausers Nichte Berta Naumer bestätigte dies in ihrer eidesstattlichen Erklärung vom Mai 1947:

„Im April 1933 hat mein Onkel, der Inhaber der Firma Hauser & Co., von Herrn Ellenberger verlangt, dass dieser in die Partei eintritt. Mein Onkel war seinerzeit von den ehrlichen Absichten des Nazismus überzeugt."[175]

Erich Neff, ein Augsburger Arbeitskollege Ellenbergers, schrieb in seiner eidesstattlichen Erklärung weiter:

„Zur politischen Einstellung des Herrn Ellenberger kann ich sagen, dass derselbe stets sehr kritisch alle politischen Geschehnisse betrachtete und beurteilte. Mit seiner Kritik hielt er im vertrauten Kreise auch zu den Vorgängen im Dritten Reich nicht zurück und verurteilte aufs Schärfste alle Beschränkungen politischer, persönlicher, rassischer und religiöser Freiheiten."[176]

Genauso äußerte sich Friedrich Seifert, ein ehemaliger Nachbar von Jakob Ellenberger:

„Als Nachbarn und Berufskollegen haben wir uns sehr oft miteinander unterhalten. Ich kann in diesem Zusammenhang sagen, dass Ellenberger allem politischen Geschehen der damaligen Zeit mit großer Skepsis gegenüberstand."[177]

Dass Ellenberger nicht nur keinen Drang verspürte, in die NSDAP einzutreten, sondern sich auch von der Deutschen Arbeitsfront fernhielt, zeigt deren Nachfrage vom 12.03.1936 bezüglich seines noch nicht erfolgten Beitritts.[178]

Wichtig für die Entnazifizierung Ellenbergers war neben seiner Parteizugehörigkeit, dass er seit 1938 Vorsitzender des Verbandes Deutscher Elektrotechnik (VDE) im Bezirk Pfalz (Westmark-Ost) war. Des weiteren war Jakob Ellenberger im VDE seit 1938 als Gaufachwalter für Elektrotechnik tätig. Da der VDE 1938 korporativ dem NS Bund deutscher Technik (NSBDT) angegliedert wurde, lag es nahe, ihn als Amtsträger in einer nationalsozialistischen Organisation anzusehen.[179] Jakob Ellen-

---

173 Ellenberger an Poensgen, 27.01.1947.

174 Ellenberger an Poensgen, 14.02.1947.

175 Eidesstattliche Erklärung von Berta Naumer, 19.05.1947.

176 Eidesstattliche Erklärung von Erich Neff, 01.05.1947.

177 Eidesstattliche Erklärung von Friedrich Seifert, 10.05. 1947.

178 Der Betriebsobmann der DAF bei der I.G. Farbenindustrie erkundigte sich wegen Ellenbergers fehlender DAF-Mitgliedschaft, 12.03.1936.

179 Ellenberger an den VDE, 29.04.1947; Ludwig bewertet die für diese Angliederung entscheidende Anordnung: „De facto aber befanden sich alle ordentlichen Mitglieder der technischen Vereine fortan in einem der NSDAP angeschlossenen Verband, der in oberster Parteiinstanz Heß, Bormann und Ley unterstand." Vgl. Karl-Heinz LUDWIG, Technik und Ingenieure im Dritten Reich, König-

bergers Aufgabe im VDE, beziehungsweise im NSBDT, war jedoch rein technischer Natur. Er hielt sich stets in kritischer Distanz zum Nationalsozialismus, und er sah eine seiner Aufgaben als Gaufachwalter darin, „jederzeit dafür zu sorgen, dass die Selbständigkeit des VDE entsprechend seiner im Jahre 1893 aufgestellten Satzung, insbesondere dem NSBDT gegenüber, gewahrt bliebe."[180]

Am 27.05.1947 reichte Ellenberger seine Entlastungszeugnisse bei der Spruchkammer Heidelberg ein. Sein Meldebogen datiert vom 02.05.1947. Bei Ellenberger zog sich, wie auch bei Poensgen, der Entnazifizierungsvorgang sehr lange hin. Noch am 05.06.1947 schrieb er an Poensgen, dass er mit seiner Entnazifizierung in sechs Wochen rechne, aber erst am 10.11.1947 wurde er von der Spruchkammer Heidelberg, wie auch Harald A. Poensgen in Lauf, als Mitläufer eingestuft. Als Sühne hatte er 500 Reichsmark zu entrichten.

2.4.2 Die Lizenzierung

Die Amerikaner wollten mit dem von ihnen eingeführten Lizenzierungsverfahren sicherstellen, dass in Deutschland kein kriegswichtiges Material mehr produziert wurde, dass sie Informationen für die Produktionsplanung sammeln konnten und dass der wirtschaftlichen Betätigung ehemaliger Nationalsozialisten ein Riegel vorgeschoben wurde. Ausgenommen von dem strengen Lizenzierungsverfahren waren nur Betriebe mit weniger als zehn Beschäftigten sowie die Ernährungs-, Arzneimittel- und Landmaschinenherstellung, die Landmaschinenreparatur und die Verkehrsbetriebe. Alle anderen mussten umfangreiche Angaben über Kapazitäten, Produkte, Gebäude, Energieverbrauch, Transportmöglichkeiten, Arbeitskräfte, Maschinen, Halbfertigwaren und Rohstoffe machen. Die politische Zuverlässigkeit wurde aufgrund persönlicher Angaben überprüft.[181]

Erstmals wurde das Problem der Lizenzierung am 07.01.1947 von Jakob Ellenberger erwähnt. Er hatte in der Zeitung gelesen, dass laut einem Erlass der Bayerischen Regierung sämtliche Neuanmeldungen von Firmen genehmigungspflichtig wären. Er bat daraufhin Harald A. Poensgen, in Erfahrung zu bringen, was es damit auf sich habe und ob Probleme für die Gründung ihrer Firma zu erwarten wären. Am 16.01.1947 antwortete Harald A. Poensgen, dass sie beide für die Erlangung einer Produktionslizenz entnazifiziert sein müssten.

Im März 1947 setzte sich Poensgen mit Dr. Lehnert, der seiner Ansicht nach der Wirtschaftsprüfer der Firma Ellenberger & Poensgen werden sollte, bezüglich der Lizenzierung in Verbindung. Er fand dabei heraus, dass für eine solche neben der Entnazifizierung auch die Fürsprache der Gemeinde und des Landrates benötigt wurde.

Nach Abschluss der Entnazifizierung der beiden Firmengründer kam die Lizenzierung in Gang. Ellenberger wollte die offizielle Errichtung der Firma nach Möglichkeit noch Anfang 1948 erreichen. Bereits Ende November 1947 übersandte er deshalb ein

---

stein/Ts. 1979. S. 134.
180 Eidesstattliche Erklärung von Hans Happoldt, 30.04.1947; Jakob Ellenberger an die Spruchkammer Heidelberg, 10.08.1947, bestätigt durch die Eidesstattliche Erklärung von Willy Schlosser, 23.04.1947; vgl. LUDWIG, Technik und Ingenieure im Dritten Reich, S. 105ff.
181 WILLENBORG, Bayerns Wirtschaft, S. 125f.

ausgefülltes Antragsformular zur Lizenzierung an Poensgen. Dieses Formular legte Poensgen dem Landrat vor, der jedoch zusätzlich ein ausführliches Exposé verlangte. Darin wünschte er Auskunft über die Personalien der Firmengründer, die volkswirtschaftliche Bedeutung des Unternehmens, technische Erläuterungen, den Nachweis einer Produktionsstätte sowie der zugehörigen Arbeitskräfte und eine Darlegung der sozialen Vorteile der Gründung.

In diesem Exposé und in einer ähnlichen Darstellung gegenüber der Industrie- und Handelskammer Nürnberg zeigten Jakob Ellenberger und Harald A. Poensgen die Vorteile der Firmengründung klar auf. Sie betonten die enge Verbindung zwischen der Bezeg, der Firma Stettner & Co. und der neu zu errichtenden Firma und sie sprachen von der Schaffung von zunächst 35 und bald darauf 150 bis 200 Arbeitsplätzen, von denen 90% für Frauen und Kriegsversehrte geeignet wären. Ellenberger und Poensgen hoben auch die Wichtigkeit des Unternehmens als Spezialfabrik für die Binnenwirtschaft und den Export hervor.[182]

Antrag und Exposé begannen ihren Weg durch die Behörden beim Landratsamt Lauf. Vom Landrat führte ihr Weg weiter nach Ansbach zur Regierung Mittelfrankens und von dort nach München zum Staatsministerium für Wirtschaft. Am 04.03.1948 ging das Schreiben nach Ansbach ab.[183] Harald A. Poensgen wollte beim Lizenzierungsverfahren nichts dem Zufall überlassen. Er unternahm bereits im Vorfeld alles, um eventuelle bürokratische Verzögerungen auszuräumen. Er kannte einen Herrn Kreiner im Umfeld des Landrates, der eine positive Stellungnahme veranlassen sollte, er gedachte außerdem, in Ansbach nachzufassen, sobald der Antrag dort eingegangen wäre, und in München wollte er den Geschäftspartner Geiling und den zukünftigen Vertreter für Südbayern, Schürmeister, vorab informieren, so dass sie den Antrag vor Ort bei den Behörden begleiten könnten.[184] Als besonders hilfreich erwies sich dabei Ernst Schürmeister. Wie dieser mit der deutschen Bürokratie der Nachkriegsjahre umzugehen gedachte, beschrieb er selbst im Januar 1948: „Eine freundliche Nachhilfe in Form von kleinen Aufmerksamkeiten ist auf alle Fälle zu empfehlen."[185]

Schließlich wurde auch noch die Industrie- und Handelskammer Nürnberg vorsorglich informiert, „damit eine Unterlage da ist, wenn unser Lizenzantrag dort eine Zwischenlandung macht",[186] wie Harald A. Poensgen meinte. Dem Antrag und dem Exposé wurden außerdem ein Schreiben des Bayerischen Staatsministeriums für Wirtschaft an die Landesstelle Eisen und Metalle, ein Gutachten der Bayerischen Landesvereinigung der Elektrotechnischen Industrie, ein Lageplan des für die Fabrik vorgesehenen Geländes in Heuchling, die Spruchkammerurteile der Gründer und steuerliche Unbedenklichkeitserklärungen für dieselben sowie eine Bescheinigung der Firma Stettner & Co. über das Vorhandensein von Fabrikationsräumen beigelegt.

Bereits wenige Wochen nach Absendung des Lizenzantrages zeichneten sich, trotz intensiver Vorbereitungen, erste Schwierigkeiten ab. Die Ansbacher Bezirksre-

---

182 Teilentwurf des Exposés in: Ellenberger an Poensgen, 18.12.1947; Ellenberger an die Industrie- und Handelskammer Nürnberg, 15.12.1947.
183 Poensgen an Ernst Schürmeister, München, 24.02.1948; Poensgen an Ellenberger, 06.03.1948.
184 Poensgen an Ellenberger, 02.12.1947.
185 Ernst Schürmeister, München, an Poensgen, 23.01.1948.
186 Poensgen an Ellenberger, 12.12.1947.

gierung wollte der Firma Ellenberger & Poensgen die Zulassung verweigern, da in Lauf keine weitere Industrie angesiedelt werden sollte. Man befürchtete Arbeitskräftemangel.[187] Erst als Ellenberger und Poensgen bereit waren, in das einige Kilometer entfernte Altdorf auszuweichen, war die Lizenz zu erhalten. „Sture Bürokratie!", schimpfte Harald A. Poensgen am 16.03.1948.

Anfang Juli war die Lizenz aber noch immer nicht erteilt, so dass Poensgen mehrmals telefonisch bei dem zuständigen Herrn Bernhard in Ansbach nachhaken mußte. Auch über einen Dr. Joas von der IHK Nürnberg, versuchte er Druck auf Bernhard auszuüben. Diese Anstrengungen brachten schließlich den gewünschten Erfolg: am 05.07.1948 wurde der Firma Ellenberger & Poensgen die „Produktionsgenehmigung gemäß Gesetz Nr.42 über die Einrichtung gewerblicher Unternehmen vom 23.9.1946" erteilt. Mit dieser Genehmigung war die Eintragung der Firma in das Handelsregister beim Amtsgericht Nürnberg möglich.

2.4.3 Der Zuzug Jakob Ellenbergers

Der Zuzug Ellenbergers nach Lauf wurde von Beginn an als Problem erkannt. Wohnraum war knapp im Nachkriegsdeutschland. Runde neun Millionen Flüchtlinge aus den Ostgebieten, dem Ausland und der SBZ waren nach Kriegsende in die drei westlichen Besatzungszonen gekommen. Verschärft wurde dieses Problem noch durch den Raumbedarf der Besatzungstruppen.[188] Peter Kustermann schildert die Zuzugspolitik für eine typische bayerische Kommune: „Eine kleine Stadt inmitten Bayerns. 3.400 Einwohner vor dem Krieg. 5.500 heute. Auf hundert Eingesessene zwanzig Flüchtlinge. Die Besatzungsmacht, die äußerlich kaum in Erscheinung tritt und in ihren Stärken wechselt, hat wenige, wenngleich die besten Wohnungen beschlagnahmt. ... Zuzug ist praktisch unmöglich. Das Arbeitsamt unterstützt den Zuzugsantrag nur für handwerkliche und landwirtschaftliche Arbeiter – alle anderen stehen vor Mauern."[189]

Am 25. Februar 1947 gab Harald A. Poensgen an, sich um eine Zuzugsgenehmigung für Jakob Ellenberger bemühen zu wollen, allerdings, so meinte Poensgen, wäre eine solche zunächst nur für Ellenberger selbst zu erlangen. Um die Nachholung der Familie müsste man sich später kümmern. Poensgen hatte mit seinen Bemühungen keinen Erfolg.

So verfasste Ellenberger am 06.12.1947 ein Gesuch an das Bayerische Staatsministerium des Inneren. Er schrieb darin, dass er eine Zuzugsgenehmigung benötige, da er als Mitarbeiter und technischer Betriebsleiter der Firma Ellenberger & Poensgen ständig in Heuchling sein müsste. Mitte Dezember weigerte sich der Landrat von Lauf, Ellenbergers Zuzug zu unterstützen, solange seine Firma nicht offiziell bestand. Im Januar 1948 gab man den Weg über den Landrat auf. Er sollte aus nicht näher beschriebenen Gründen nicht mehr eingeschaltet werden. Nun gingen Ellenberger und Poensgen das Problem der Zuzugsgenehmigung über die Handelskammer Nürnberg an. Doch auch hier taten sich neue Schwierigkeiten auf. Die Handelskammer wollte

---

187 Poensgen an Ellenberger, 26.03.1948.
188 ROEPER / WEIMER, Die D-Mark, S. 12.
189 Peter KUSTERMANN, Elend des Wohnens, in: RÜMELIN (Hrsg.), So lebten wir, S. 165-169, hier: S. 166f.

Ellenbergers Zuzug erst nach Eingang eines positiven Gutachtens des Bayerischen Landesverbandes der elektrotechnischen Industrie befürworten. Beim Landesverband gelang es Poensgen, für Ellenbergers Sache Unterstützung zu finden.[190]

Ernst Schürmeister musste Harald A. Poensgen jedoch am 07.04.1948 mitteilen, dass der Antrag Ellenbergers nun in München beim Staatssekretariat für Flüchtlingswesen bis zur Vorlage einer beglaubigten Abschrift der Produktionslizenz nicht weiter betrieben werden würde. Jakob Ellenberger war am 06. und 07.04.1948 persönlich in München gewesen, um mit Schürmeister seine Zuzugsgenehmigung beim Staatssekretariat für Flüchtlingswesen voranzubringen, er blieb dabei jedoch ohne Erfolg.[191]

Ein Zuzug des Unternehmensgründers Jakob Ellenberger war von den Behörden sicherlich als wertvoll angesehen worden. Ohne die Garantie der Gründung, sprich die Lizenzierung seiner Firma, wollte man ihn dennoch nicht nach Lauf kommen lassen. Erst mit der Lizenz Anfang Juli 1948 wurde der Zuzug möglich.

2.5 Die Patentlage

Die Firma Ellenberger & Poensgen sollte Jakob Ellenbergers Konstruktionen neuartiger Sicherungsautomaten realisieren. Ellenberger beschäftigte sich bereits seit den dreißiger Jahren mit der Konstruktion von Leitungsschutzschaltern. Zunächst wollte er im Jahre 1948 den sogenannten ELPO-Automaten produzieren, den er nach 1945 in Grünstadt konstruiert und unter schwerer Beeinträchtigung des elektrischen Ortsnetzes von Grünstadt, getestet hatte.[192]

Wichtig für die junge Firma war dabei eine gesicherte Patentlage. Das Risiko späterer Rechtsstreitigkeiten war unbedingt zu vermeiden. Besonders Harald A. Poensgen, der diesbezüglich während seiner Arbeit bei der Bezeg schlechte Erfahrungen mit der Firma Stotz-Kontakt gemacht hatte, drängte auf eine Klärung der Patentlage. Er bat Ellenberger bereits am 11.12.1946 um entsprechende Informationen, da diese für die Gestaltung des Gesellschaftsvertrages entscheidend wären. Ellenberger musste ihm darauf mitteilen, dass er bisher noch kein einziges Patent anmelden konnte, da sich das gesamte deutsche Patentrecht noch völlig in der Schwebe befand. Man wisse nicht einmal, ob das Patentgesetz von 1936 weitergelten würde. Das Rechtsverhältnis der bis zu diesem Zeitpunkt erteilten Patente, sowie das Schicksal von Neuanmeldungen, war nach Ellenberger noch völlig unklar.[193]

General Lucius D. Clay beschrieb diese Situation aus der Sicht der Besatzungsmächte im gleichen Sinne: „Robertson und ich waren enttäuscht, dass bei dem Zusammentreffen nichts über den Schutz deutscher Patente und Spezialverfahren herausgekommen war. Unsere Bemühungen um die Wiedereinrichtung eines Patentamtes und Verhandlungen zum Schutz im Ausland scheiterten am französischen Widerstand. Sofort nach dem Krieg hatten wir neue deutsche Patente und Verfahren ermit-

---

190 Poensgen an Ellenberger, 20.12.1947, 08.01.1948, 19.01.1948.
191 Schürmeister an Ellenberger, 07.04.1948.
192 Ellenberger & Poensgen GmbH (Hrsg.), 25 Jahre Ellenberger & Poensgen, 1973, S. 1.
193 Poensgen an Ellenberger, 21.12.1946, und Ellenberger an Poensgen, 07.12.1947.

Die Gründung der Ellenberger & Poensgen GmbH 1946-1948

telt und der ganzen Welt zur Verfügung gestellt. Daher waren deutsche Unternehmer nicht gewillt, neue Patente und Verfahren herauszubringen, die für den industriellen Fortschritt wichtig sind."[194]

Dass dies genau auf Jakob Ellenberger zutraf, belegt dessen Schreiben an Harald A. Poensgen vom 24.02.1948. Jakob Ellenberger hatte die Anmeldungen seiner Patente bereits in der Schublade, er hatte sie „briefkastenfertig vorbereitet". Allerdings hielt er sie so lange wie möglich zurück. Am 27.01.1947 teilte er Poensgen mit, dass die Konstruktionsarbeiten abgeschlossen, für alle vier Grundtypen die Zeichnungen fertiggestellt und die Modelle in Arbeit wären. Er empfahl jedoch die Strategie, die Produktion weiter vorzubereiten und die Schutzansprüche erst kurz vor Beginn der Lieferungen einzureichen. Über eine „Geschmacksmusteranmeldung"[195] beim zuständigen Landgericht sollte die Priorität seiner Konstruktionen, eventuell auch am Patentrecht vorbei, gesichert werden. Jakob Ellenberger rechnete damit, dass Patente als Reparationsgüter abgegeben werden mussten.[196] Am 14.02.1947 informierte Jakob Ellenberger Harald A. Poensgen, dass er inzwischen selbst Patentrecherchen durchgeführt hatte und dabei keine Kollisionen mit bestehenden Ansprüchen entdecken konnte. Problematisch wäre nur ein von ihm selbst entwickeltes Patent, das noch für die Firma Hauser & Co. bestand. Durch weitere Nachforschungen fand er schließlich heraus, „dass es, von der Patentlage gesehen, keinen günstigeren Zeitpunkt für unser Vorhaben gibt, als den gegenwärtigen."[197] Ellenberger hatte festgestellt, dass es zu seinen Konstruktionen bisher nichts Vergleichbares gab. Dies zeigt, wie wichtig seine Erfinderqualitäten für die Firma Ellenberger & Poensgen waren.

Ellenberger hatte bei seinen Neukonstruktionen einige seiner Erfindungen aus der Zeit bei Hauser & Co. verwendet. Drei von ihm in den dreißiger Jahren entwickelte Patente befanden sich noch im Besitz seines damaligen Arbeitgebers. Kaum war er sich bei seinen Recherchen hierüber klar geworden, meldete er bei den Erben der inzwischen stillliegenden Firma Hauser sein Interesse an.[198]

Die Verhandlungen mit Hausers Erben, zog sich sehr lange hin. So fuhr Ellenberger im Mai 1947 persönlich nach Augsburg, um die Klärung der Patentlage zu beschleunigen. Besonders wichtig war ihm das in seiner neuen Konstruktion verwendete Patent Nr. 617113 von 1933, die sogenannte Freiauslösung. Ellenberger bot Hausers Erben für dieses eine „angemessene Lizenz" an. Ende 1947 war diese Sache noch immer in der Schwebe. Außerdem war auch Harald A. Poensgen von Jakob Ellenbergers Angebot an Hausers Erben nicht begeistert, da er sich im drohenden Preiskampf nicht mit Gebühren für ein Patent aus dem Jahr 1933 belasten wollte. Ellenberger entkräftete die Bedenken Poensgens, indem er eine mögliche Lizenz, nach altem Recht von 1936 als geringfügig beschrieb. Er sprach von höchstens einigen Pfennigen. Indem er darlegte, dass eine solche Lizenz spätestens 1951 auslaufen würde, gelang es ihm, Poensgen zu überzeugen.[199]

---

194 CLAY, Entscheidung in Deutschland, S. 253.
195 Jakob Ellenberger meinte hiermit wahrscheinlich eine Gebrauchsmusteranmeldung.
196 Ellenberger an Poensgen, 07.01.1947.
197 Ellenberger an Poensgen, 09.04.1947.
198 Ellenberger an Hausers Erben, 14.02.1947.
199 Ellenberger an Hausers Erben, 26.11.1947; Ellenberger an Poensgen, 12.12.1947.

Am 15.02.1948 fuhr Ellenberger wieder nach Augsburg, um nun endgültig Klarheit in der Frage der Hauserpatente zu erlangen. Erst im Mai 1948 konnte man sich auf einen Vertrag einigen, der zum 01.06.1948 Wirkung erlangen sollte. Man legte darin eine Stücklizenz von 1,5 Pfennigen für die beiden Patente Nr. 617113 und Nr. 651243 fest. Diese Vereinbarung sollte mit dem Ablauf der Patente im Jahre 1951 erlöschen. Am 03.05.1949 kaufte die Firma Ellenberger & Poensgen schließlich beide Patente für 5.000 DM von der Firma Hauser & Co.[200] Am 14.05.1948 übersandte Ellenberger dem Patentanwalt Dr. Wetzel, Nürnberg, die Anmeldeunterlagen zu seinem neuen Patent, dem „thermisch, magnetisch und von Hand betätigten Installationsselbstschalter für Schraubstöpsel- oder Elementform", mit der Bitte, sie „sofort zu bearbeiten". Es sollte mit Beginn der Auslieferungen im Herbst 1948 Patentschutz bestehen.

2.6 Der zentrale Engpass vor der Währungsreform: Die Beschaffung

Über das Beschaffungswesen der deutschen Wirtschaft nach 1946 schreiben Roeper und Willenborg: „Es mangelte an Rohstoffen, Halbfabrikaten, an Ersatzteilen, Brennstoffen und Energie. Um überhaupt produzieren zu können, wurde ebenso wie von der Landwirtschaft auch von der gewerblichen Wirtschaft in einem in der neueren Geschichte nicht mehr gekannten Umfange Tauschhandel betrieben: Schrauben gegen Kupferdraht, Blechkannen gegen Öl, Kugellager gegen Reifen." Es fehlte nach 1945 an allem, um die Wirtschaft wieder in Gang zu bringen. Allen Schwierigkeiten der Unternehmen wurde aber „die Krone aufgesetzt durch den Kampf um die Rohstoffe."[201] Ellenberger und Poensgen begannen noch Ende 1946 mit der Beschaffung von geringen Materialmengen zum Modellbau. Am 21.12.1946 bat Jakob Ellenberger Harald A. Poensgen, zum Bau von Handmustern 60 Schrauben, etwas Messingblech und Klaviersaitendraht zu besorgen. Zunächst schien es, als ob sich dies problemlos bewerkstelligen ließ. Bald zeigte sich aber, dass schon bei derart geringen Mengen relativ einfacher Güter massive Lieferschwierigkeiten bestanden. Am 26.01.1947 teilte Harald A. Poensgen Jakob Ellenberger mit, dass er zwar die „Schrauben" laut Zeichnung A 118 und A 352 erhalten habe, allerdings ohne Gewinde, da es keine passenden Schneideeisen mehr gab, und mit ungenauen und nicht geschlitzten Köpfen.

Nach diesen Erfahrungen drängte Ellenberger auf einen möglichst frühzeitigen Beginn der Beschaffung von Halbfabrikaten und Ausrüstungsgegenständen. Poensgen verhielt sich zunächst abwartender, da er erst die Gebäudefrage geklärt wissen wollte.[202] Nach weiterem Drängen Ellenbergers wurde er im Frühjahr 1947 aktiv und berichtete am 23.06.1947 von der Einholung der ersten Angebote. Noch Mitte 1947 wurden die ersten Bestellungen aufgegeben. Man wollte noch vor einer Währungsreform möglichst viele Reichsmark zu Waren machen. Dabei zeigte sich sehr schnell,

---
[200] Ellenberger an Poensgen, 24.05.1948; Vereinbarung vom 01.06.1948; Bericht der Wirtschaftstreuhand GmbH, S. 26.
[201] ROEPER / WEIMER, Die D-Mark, S. 14; WILLENBORG, Bayerns Wirtschaft, S. 128.
[202] Ellenberger an Poensgen, 05.06.1947, 11.06.1947; Poensgen an Ellenberger, 14.06.1947.

dass die meisten Geschäftspartner nicht bereit waren, die gewünschten Halbfabrikate und Ausrüstungsgegenstände ausschließlich gegen Geld zu liefern. Die Firmen verlangten neben den Reichsmarkpreisen Altmetall und Eisenbezugsrechte als Kompensation.[203] Für die Zeit vor der Währungsreform standen Jakob Ellenberger und Harald A. Poensgen damit dem zentralen Problem ihres Gründungsvorhabens gegenüber:

So lange ihre Firma nicht lizenziert war, konnten sie keine Rohstoffzuteilungen beanspruchen und ohne Rohstoffe waren keine Vorprodukte und Ausrüstungsgegenstände zu beziehen. Die aus diesem Zusammenhang entstehenden Verzögerungen bedrohten den für Mitte 1948 vorgesehenen Produktionsbeginn, und sie liefen der Strategie entgegen, noch vor einer Währungsreform möglichst viele Sachwerte zu erwerben. Es galt, ohne offizielle Rohstoffzuteilungen, das nötige Material für das Anlaufen der Fabrikation zusammenzutragen.

2.6.1 Die Beschaffung der Rohstoffe: Kupfer, Zink und Eisen

Es waren die hervorragenden persönlichen Beziehungen Harald A. Poensgens, die das Rohstoffdilemma überwinden halfen. Wie die Lage zu meistern war, deutete Poensgen erstmals in einem Brief am 27.06.1947 an, als man 50 kg Kupfer benötigte, um einen Auftrag vergeben zu können. Er überlegte, wie diese Metallmenge zu beschaffen wäre und schrieb: „Sollte ich keinen Erfolg haben, gehe ich an die Kundschaft heran, um Altkupfer zu bekommen, muss in diesem Falle aber wohl Ware bieten."

Es gelang Harald A. Poensgen unter Vermittlung seiner Vertreter, den Elektrogroßhandel, also die späteren Kunden der Firma Ellenberger & Poensgen, von einer auf erhebliches Vertrauen in ihn und Ellenberger beruhenden „Metallaktion" zu überzeugen: Die Großhändler lieferten Altmetalle und Eisenbezugsrechte, wofür Ellenberger und Poensgen den offiziellen Reichsmarkpreis bezahlten und Liefergutschriften zu Tagespreisen über die ab Sommer 1948 zu produzierenden ELPO-Automaten ausgaben. Das heißt, für die Beschaffung von Kupfer, Zink und Eisen erhielt ein späterer Kunde einen relativ bedeutungslosen Reichsmarkbetrag, für den alleine er sein Material nie abgegeben hätte, und eine im Sommer 1948 einzulösende Liefergutschrift über eine bestimmte Anzahl von Automaten zu Tagespreisen.[204] In einem Brief vom 10.11.1947 beschrieb Poensgen noch detaillierter, wie die Metallaktion ablief: Für 100 kg reine Kupferabfälle versprach er der Kundschaft 300 und für 100 kg reine Zinkabfälle oder Feinzink 600 Automaten zu Tagespreisen. Am 12.12.1947 legte Jakob Ellenberger eine Liefergutschrift über 200 Automaten als angemessene Gegenleistung für 1.000 kg Eisenbezugsrechte fest[205].

Letztendlich bedeutete die „Metallaktion", dass die zukünftige Kundschaft bereit war, das knappe Spezialgut Stöpselautomaten mit einer ohne adäquaten Gegenwert abgegebenen Metallmenge und einen Betrag bis Produktionsbeginn der Firma Ellenberger & Poensgen voraussichtlich wieder wertvollen Geldes zu bezahlen. Der Großhandel war zu diesem Geschäft bereit, da er davon ausging, ansonsten gar keine Mög-

---

203 Poensgen an Ellenberger, 23.06.1947.
204 Vgl. dazu exemplarisch: Betriebswache Frankfurt, Frankfurt/M., an Poensgen, 29.01.1948; Ellenberger an Poensgen, 20.10.1947.
205 Vgl. Anhang 2: Die Funktionsweise der Eisenbewirtschaftung.

lichkeit zu haben, an Stöpselautomaten zu gelangen. Er rechnete auch für die Zeit nach einer Währungsreform mit dem Fortbestehen eines Verkäufermarktes. Sehr schnell wurden die ersten Metalllieferungen zugesagt. Bereits am 04.09.1947 konnte Harald A. Poensgen an Carl Munke, den ELPO-Vertreter in Hannover, schreiben:

„Meine bisherige alte und treue Bezegkundschaft in Süddeutschland hat mich in dankenswerter Weise bisher so unterstützt, dass ich einen großen Teil meines vorgenannten Bedarfs bereits verfügbar habe. Für die ersten 10.000 Apparate benötige ich noch: 500 kg Altkupfer, 300 kg Feinzinklegierung, 400 kg Eisen (in Form von Kleineisenmarken)[206], die ich von der Kundschaft gegen Rechnung erbitte mit der selbstverständlichen Zusage auf Lieferung meinerseits aus der ersten Fabrikationsserie."

Die „Metallaktion" Harald A. Poensgens (eigene Darstellung)

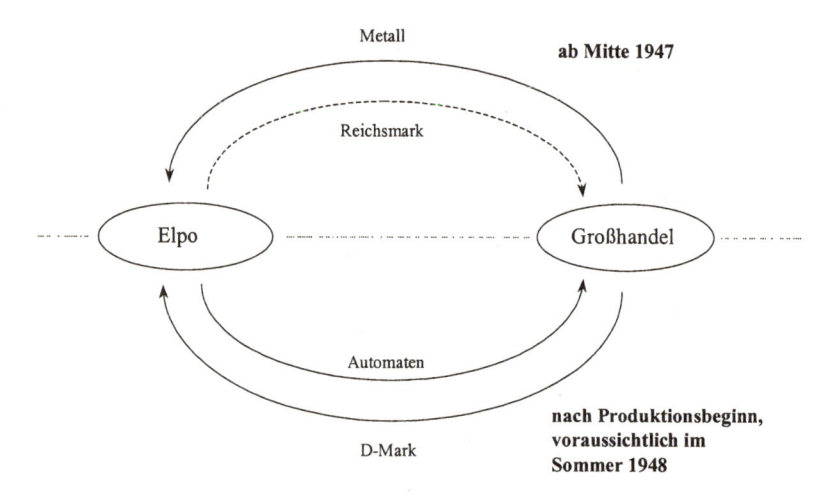

Am 13.11.1947 teilte Poensgen Ellenberger mit, dass die Metallaktion „jetzt allmählich richtig in Fluß" komme und am 31.12.1947 konnte er an Ellenberger schreiben: „Ich bin damit einverstanden, dass wir die weiteren Aufträge für 50.000 Automaten zur Lieferung per Mai/Juni 1948 ausschreiben. Die Metalldeckung wird keine Schwierigkeiten machen." Auch seinem Freund Arthur Van Dam gegenüber äußerte sich Harald A. Poensgen im Januar 1948 sehr offen: „Ich habe für circa 100.000 Automaten Material, aber erzählen Sie es niemandem!" Ebenfalls im Januar 1948 teilte er Ellenberger mit, dass er inzwischen über 1.330 kg Eisen verfügen könne.[207]

Die Rohstofflieferungen des Großhandels kamen überwiegend aus der Bizone, dem Zusammenschluss der amerikanisch und der britisch besetzten Teile Deutsch-

---

[206] Poensgen wollte Kleineisenmarken oder Bezugsrechte, keine sogenannten „Eisenschecks"; Ellenberger an Poensgen, 13.10.1947.

[207] Poensgen an Arthur Van Dam (Ernst A. Ruperti, Aumühle), 22.01.1948; Poensgen an Ellenberger, 13.01.1948.

lands zum Vereinigten Wirtschaftsgebiet. Dies ist damit zu erklären, dass innerhalb dieses Raumes Güter unbehindert fließen konnten. Metalllieferungen von außerhalb der Bizone wären häufig an den Zonengrenzen steckengeblieben. Der Vertreter Herrmann schrieb dazu aus seinem in der französischen Besatzungszone liegenden Bezirk:

„Eine gewisse Schwierigkeit hat es gerade in meinem Bezirk Baden und Pfalz, denn diese Gebiete sind ja, wie Ihnen bekannt, von den Franzosen besetzt und von dort gerade das von Ihnen so sehr erwünschte Altmaterial zu erhalten, ist eine Schwierigkeit, denn die jeweils zuständigen Landeswirtschaftsämter werden ohne Kompensation – wie bekannt – nichts über die Zonengrenze gehen lassen."[208]

2.6.2 Die Beschaffung der Halbfabrikate

Die von den Großhändlern abgegebenen Kupfer- und Zinkabfälle gingen von diesen überwiegend an die Firma Kabel- und Metallwerke Neumeyer AG in Nürnberg. Diese fertigte daraus Bleche, Bänder usw., die wiederum an weiterverarbeitende Betriebe, wie Berkenkamp & Schleuter, Gebrüder Köllisch, Oehlhorn & Wölz oder Heinrich Müller, geleitet wurden. Neumeyer selbst war nicht in der Lage, Metalle zu beschaffen, das Unternehmen lebte davon, die von den Kunden angelieferten Metalle umzuarbeiten.[209]

Alle Beschaffungen der Firma Ellenberger & Poensgen liefen damit gegenüber verkehrswirtschaftlichen Zeiten unglaublich aufwendig und ineffizient ab. Unter marktwirtschaftlichen Bedingungen hätte man beispielsweise einfach Stanzteile bei Berkenkamp & Schleuter bestellt, und diese Firma hätte sich dann um alles Weitere gekümmert. Sie hätte die Teile schließlich problemlos geliefert. Nun galt es, zunächst Altmetalle gegen zukünftige Lieferversprechungen vom Großhandel zu erhalten, um diese wiederum an die Firma Metallwerke Neumeyer nach Nürnberg zu geben, die sie in Bleche umarbeitete, die dann an Berkenkamp & Schleuter zum Ausstanzen gegeben werden konnten.

Oft musste Harald A. Poensgen auch bei sehr vielen verschiedenen Firmen anfragen, bis er einen lieferfähigen Partner finden konnte, so etwa bezüglich Kupferlackdraht. Man dachte hier unter anderem an die Firmen Kabelwerk Wilhelminenhof, Arolsen (Waldeck), C. J. Vogel Draht- und Kabelwerke, Berlin-Köpenick, G. E. Kuhnel, Bonn, die Süddeutschen Kabelwerke, Mannheim, und die Leonischen Drahtwerke, Nürnberg-Mühlhof bei Schwabach.[210]

Lieferungen über Zonengrenzen hinweg waren mit besonderen Schwierigkeiten behaftet. Bereits im Juli 1946 hatte sich Jakob Ellenberger gegenüber Harald A. Poensgen prinzipiell zum Problem der neuen innerdeutschen Grenzen geäußert:

„Sollten wir uns für die Neugründung eines Unternehmens entscheiden, empfehle ich, nichts zu überstürzen und vor allem so lange zu warten, bis die Zonengrenzen gefallen sind, wodurch ein Wirtschaften erst möglich wird."[211]

Als Ellenberger und Poensgen Mitte 1947 mit der Beschaffung der Vorprodukte begannen, griffen sie fast ausschließlich auf die Bizone zurück. Für Vorprodukte aus

---

208 Herrmann, Stuttgart, an Poensgen, 11.09.1947.
209 Vgl. Poensgen an Ellenberger, 18.09.1947; Poensgen an Ellenberger, 18.11.1947.
210 Fa. Hauser & Co. an Ellenberger, 15.11.1947; Poensgen an Ellenberger, 11.08.1947, 21.06.1948.
211 Ellenberger an Poensgen, 19.07.1946.

der französisch besetzten Zone galt dasselbe, was der oben zitierte Vertreter Herrmann über Altmetalle gesagt hatte. Dies traf in noch höherem Maße für die SBZ zu. Klare Worte fand Poensgen hierzu am 08.05.1948:

„Die Bezeg hat als Ersatz für den ausgezeichneten ‚Helios'-Kitt noch keinen Lieferanten gefunden. Helios wohnen in der Ostzone und fallen daher aus."[212]

Ähnliches galt für das Saargebiet. Am 10.04.1948 musste Poensgen an Ellenberger telegraphieren: „Eisenstreifen 16 x 2 nicht lieferbar, weil Saargebiet."[213] Ellenberger kommentierte dies mit deutlichen Worten:

„Ich kann nicht verstehen, dass sich Zitzmann auf Lieferungen aus dem Saargebiet festlegt, da doch seit Jahresfrist die politische Lage dort klar vorgezeichnet ist und wir von dort überhaupt keine Lieferungen erwarten können."[214]

2.6.3 Die Beschaffung von Maschinen, Werkzeugen und Einrichtungsgegenständen

Die Beschaffung von Maschinen, Werkzeugen und Einrichtungsgegenständen verlief prinzipiell ähnlich, wie die Beschaffung der Halbfabrikate, nur dass hier statt Kupfer und Zink in der Regel Eisenbezugsrechte als Rohstoffgegenleistung benötigt wurden. Einige Transaktionen wurden aber auch ganz ohne die Beteiligung von Rohstoffen abgewickelt, indem Ware gegen Ware direkt kompensiert wurde.

Im März 1947 begann sich Harald A. Poensgen nach Möbeln, Werkzeugen und Maschinen umzusehen. Auf nochmaliges Drängen Jakob Ellenbergers liefen die Bestellungen zusammen mit der zum selben Zeitpunkt einsetzenden Beschaffung von Rohmaterialien und Vorprodukten Ende Juni 1947 an.[215] Auch hier kam es zu Schwierigkeiten und Rückschlägen. Beispielsweise zur Lage im Matrizenbau schrieb Harald A. Poensgen am 09.04.1947:

„Wie ich von den Lieferanten, die ich für unsere Anfragen in Aussicht genommen habe, höre, bestehen zur Zeit große Schwierigkeiten im Matrizenbau. Es fehlen überall die alten Fachleute."[216]

Es gelang schließlich, in Richard Boxhorn aus Lauenstein in Oberfranken, der für die Porzellanfabrik Naila arbeitete, und mit Fritz Wörlein aus Heuchling, geeignete Fachleute zu finden. Eine Zusammenarbeit mit der Firma Müller aus Auma in Thüringen scheiterte an Qualitätsproblemen, obwohl beide Firmengründer zunächst keine Bedenken hatten, einen Auftrag in die SBZ zu vergeben.[217] Für Matrizen wurden stets Eisenscheine benötigt.

Auch bei den anderen Werkzeugbeschaffungen kam es immer wieder zu Schwierigkeiten. Zumeist musste bei mehreren Firmen angefragt werden, bis man eine fand, die das gewünschte Produkt noch führte. So hatte man sich im September 1947 an die Großhandelsfirma Clemens Bergmann in Kassel gewandt, um Zeva-Lötkolben zu er-

---

212 „Helios"-Kitt war ein Porzellankitt. Poensgen an Ellenberger, 08.05.1948.
213 Telegramm von Poensgen an Ellenberger, 10.04.1948.
214 Ellenberger an Poensgen, 13.04.1948.
215 Ellenberger an Poensgen, 22.06.1947; Poensgen an Ellenberger, 23.06.1947.
216 Poensgen an Ellenberger, 09.04.1947. Matrizen sind Formen zur Serienfertigung von Teilen aus Metall, Kunststoff und Porzellan.
217 Poensgen an Ellenberger, 26.09.1947, 30.01.1948; Ellenberger an Poensgen, 30.09.1947.

halten. Es kam aber nur zu einer Teillieferung und weiteren nicht näher beschriebenen Problemen. Poensgen musste umdisponieren und wandte sich schließlich über seinen Frankfurter Vertreter direkt an den Hersteller Zeva. Erst im Mai 1948 erhielten Ellenberger und Poensgen die fehlenden Geräte.[218]

Des weiteren galt es, Gerätschaften wie Bohrer, Hämmer und Feinmechanikerwerkzeuge, aber auch Fabrikmöbel zu erwerben. Sehr viele dieser Gegenstände wurden nur gegen die Abgabe von Eisenbezugsrechten geliefert, die Harald A. Poensgen zusammen mit den anderen Rohstoffen im Rahmen seiner „Metallaktion" beschaffen musste. Dass es auch andere Möglichkeiten gab, zeigt das Beispiel der Montagetische. Diese lieferte die Altdorfer Firma Rupprecht & Sohn. Zur Vorgehensweise mit dieser Firma schrieb Harald A. Poensgen:

„Rupprechts wollen nur mit uns zu tun haben. Wir werden also die Verteilertafel (von der Bezeg) an Rupprechts berechnen und diese wiederum die gelieferten Möbel an uns. Die Sache wird ohne Rücksicht auf die Währungsreform verrechnet."[219]

Hier verkaufte Poensgen eine von der Bezeg erhaltene Verteilertafel gegen Reichsmark an die Firma Rupprecht, während diese ihre Montagetische gegen Reichsmark an Poensgen abgab. Die relativ wertlosen Geldbeträge gewährleisteten dabei lediglich den Schein regulärer Transaktionen der Form Ware gegen Geld. Tatsächlich wurde die Verteilertafel gegen die Tische kompensiert.

Bei den Beschaffungsaktionen war gelegentlich auch eine sehr große Kreativität nötig. So wollte Herr Weidinger von der Firma Gebrüder Theisen für 20 Kombi- und 10 Flachzangen Schnaps als Kompensation, und Herr Büschel von der Firma Kammerbauer & Büschel sollte mit einem Körbchen Zwiebeln den Aufträgen von Ellenberger & Poensgen gewogen gestimmt werden.[220]

Zeittypisch war auch die Anschaffung von Sitzgelegenheiten für die Produktion und das Büro der Firma Ellenberger & Poensgen: Die Firma Seiler aus Lauf lieferte Hocker, hergestellt aus ausgedienten Munitionskisten.[221] „Mit Hilfe von ‚organisiertem' Wehrmachtsgut liefen auch in anderen Zonen erste Produktionen an. Aus der Konkursmasse des Krieges bezog man eine Fülle von materiellen Gütern zum Aufbau der Friedenswirtschaft und zur Linderung der Not."[222], beschreibt Boelcke diese im Nachkriegsdeutschland weitverbreitete Art der Wiederverwertung.

Aus Mangel an anderen Möglichkeiten stellten die umgearbeiteten Munitionskisten die einheitlichen Sitzgelegenheiten für alle Mitarbeiter der Firma dar – für die Geschäftsleitung ebenso wie für die in der Montage beschäftigten Frauen. Die Erstausstattung des Chefbüros wird in der Festschrift zum 25-jährigen Firmenjubiläum wie folgt beschrieben:

„Den Bürokomfort für die Gesellschafter bildeten zwei Holzböcke mit einer aufgelegten Zeichenplatte,

---

218 Poensgen an Ellenberger, 05.09.1947, 26.09.1947, 08.10.1947; Willy Schulte an Poensgen, 27.10.1947; Ellenberger an Poensgen, 27.06.1948.
219 Poensgen an Ellenberger, 05.06.1948.
220 Poensgen an Ellenberger, 27.06.1947.
221 Poensgen an Ellenberger, 10.09.1947.
222 BOELCKE, Die Hitlers Krieg, S. 77.

ein altes Telefon mit Handbetrieb und zwei Munitionskisten aus Heeresbeständen als Sitzgelegenheiten."[223]

2.6.4 Die Beschaffung von Baumaterial

Zunächst glaubten Jakob Ellenberger und Harald A. Poensgen, Baumaterial für einen Fabrikneubau in Lauf zu benötigen. Als sich das Willmy-Gebäude in Altdorf als Standort immer wahrscheinlicher wurde, ging der Baumaterialbedarf zurück, bis zum Produktionsbeginn standen aber auch hier umfangreiche Renovierungsarbeiten an.

Bereits im August 1947 dachte Ellenberger über die Beschaffung des im Nachkriegsdeutschland sehr raren Baumaterials nach. Im September 1947 drängte auch der Architekt Windisch darauf, mit dem Erwerb von Baumaterial zu beginnen. Am 31.12.1947 bat Harald A. Poensgen Jakob Ellenberger, sich um die Beschaffung von Zement zu kümmern. Wie er sich dies vorstellte, teilte Poensgen Ellenberger am 15.03.1948 mit:

„Für unseren eventuellen Neubau sind zu beschaffen: 25 t Zement, 50.000 Backsteine, 14.000 Dachziegeln, 30 cbm Holz, 80 qm Glas nach Berechnungen Windisch. Ich kann restlos mit Glühlampen kompensieren! Bitte fühlen sie sofort vor, da am 1. April ein neues Gesetz kommen soll, welches Kompensationen unmöglich macht."[224]

Ob dieses Verfahren funktioniert hätte, blieb unklar, da das Laufer Bauvorhaben wegen der günstigeren Raumlösung in Altdorf nicht zur Ausführung kam.

2.7 Grundstück und Gebäude

In seinem Brief vom 10.07.1946 nannte Harald A. Poensgen den „Raummangel für einen noch so kleinen Montagebetrieb" als ein entscheidendes Hindernis für eine schnelle Firmengründung. Jakob Ellenberger setzte dem am 19.07.1946 entgegen, dass aufgrund der zahlreichen nun stillgelegten Rüstungsbetriebe kein Raummangel bestehen dürfte.

Der weitere Verlauf der Firmengründung gab Harald A. Poensgen mit seiner Einschätzung Recht. Es erwies sich als äußerst schwierig, geeignete Fertigungsräume zu finden. Am 06.11.1946 sprach Harald A. Poensgen noch von einem Fabrikgebäude, das man ihnen in Schorndorf in der Oberpfalz zur Verfügung stellen würde, doch im weiteren Verlauf des Briefwechsels wurde diese Option nicht mehr erwähnt.

Die Standortentscheidung für das zu gründende Unternehmen war schon sehr früh für den Raum Nürnberg gefallen. Die erste Wahl war dabei die Stadt Lauf an der Pegnitz, der Sitz der Bezeg. Als Poensgen am 11.11.1946 entschieden für Lauf plädierte, beschrieb er sogleich ein von seinem Schwiegervater Büttner für Ellenberger problemlos verfügbares „hübsches Holzhaus mit nahe dabei befindlicher Holz-Montagehalle". Eine solche Montagehalle hätte als Provisorium für den Produktionsbeginn dienen können. Diese Option wurde im Briefwechsel später nicht mehr erwähnt.

---

223 Ellenberger & Poensgen GmbH (Hrsg.), 25 Jahre Ellenberger & Poensgen, S. 3.
224 Poensgen an Ellenberger, 15.03.1948.

Die Gründung der Ellenberger & Poensgen GmbH 1946–1948

Die beiden Gründer verfolgten bei ihrer Suche nach Räumlichkeiten eine klare Strategie: Kurzfristig hielt man Ausschau nach einem Provisorium, um möglichst schnell mit der Produktion beginnen zu können, mittelfristig wollte man auf eigenem Grund eine Fabrik errichten. Als Provisorium war man bereit, ein vorhandenes Gebäude anzumieten oder zunächst eine Baracke auf einem später mit einer massiven Fabrik zu bebauenden Grundstück zu errichten.[225] Anfang 1947 begann Harald A. Poensgen, diese Strategie umzusetzen. In einem Brief vom 16.01.1947 gab er an, nun gemeinsam mit Herrn Büttner Ausschau nach geeigneten Lokalitäten halten zu wollen. Sehr schnell wurde Poensgen dabei mit erheblichen Schwierigkeiten konfrontiert. Zunächst schien die Beschaffung einer Baracke unmöglich:

„Leider muß ich feststellen, dass es zur Zeit unmöglich ist, eine solche zu beschaffen oder vorhandene zu erwerben. Sämtliche vorhandenen Baracken sind durch die Flüchtlingskommissare auf unbestimmte Dauer beschlagnahmt, während nach Aussagen der hiesigen Architekten und Zimmermeister absolut keine Möglichkeit besteht, eine neue zu liefern."[226]

Die katastrophale Wohnraumlage drückte auf die Verfügbarkeit von Fabrikationsraum durch. Dies bestätigt auch die Antwort des Stadtrates von Ingolstadt auf Harald A. Poensgens Anfrage nach Baracken der früheren Munitions-Anstalten:

„In Erledigung Ihres Schreibens vom 6.3.1948 teile ich Ihnen mit, dass die Stadt keine Baracken verkauft, da dieselben dringend zur Schaffung zusätzlichen Wohnraums benötigt werden."[227]

Auch einige sehr attraktive anmietbare Optionen zerschlugen sich sehr schnell. Als hinderlich erwies es sich dabei, dass mit den Vermietern nur „Verträge auf Treu und Glauben" hätten geschlossen werden können, da die beiden Gründer aufgrund der entnazifizierungsbedingten Kontensperrungen keine ausreichende Menge Reichsmark zur Verfügung hatten und ohne Entnazifizierung auch keine Genehmigung zur Miete erhältlich war.[228] Zunächst versuchte man, sich Teile der leerstehenden Röderschen Fabrik in Lauf zu sichern. Durch die entnazifizierungsbedingten Verzögerungen musste dieses Projekt jedoch Mitte 1947 aufgegeben werden. Das Gebäude war zwischenzeitlich anderweitig vergeben worden. Im nahen Hersbruck war Poensgen ebenfalls sofort klar, dass „kein Quadratmeter massiver Fabrikräume" verfügbar war. In dieser Situation wäre Ellenberger sogar bereit gewesen, zunächst im Saal des Gasthauses Herzog in Lauf zu produzieren. Im September 1947 waren die beiden Firmengründer bereit, einen Mietvertrag mit dem Gastwirt anzustreben.[229]

Bezüglich der Baulandfrage hatte sich der Bürgermeister von Lauf, Libera, im Juli 1947 immerhin bereit erklärt, einen Herrn Meyer, den Besitzer eines Grundstückes im Gemeindeteil Heuchling, dazu zu bewegen, dieses Ellenberger und Poensgen zur Verfügung zu stellen. Alternativ betrieb man noch die Pacht eines Grundstückes, das einem Bauern Engelhardt gehörte. Auf einem dieser beiden Grundstücke hätte dann eventuell auch eine Baracke als Provisorium errichtet werden können, die man aus ei-

---

225 Poensgen an Ellenberger, 26.07.1947.
226 Poensgen an Ellenberger, 14.03.1947.
227 Stadtrat von Ingolstadt an Poensgen, 13.03.1948.
228 Poensgen an Ellenberger, 09.04.1947; Poensgen an Ellenberger, 14.03.1947, 09.06.1947.
229 Poensgen an Ellenberger, 11.06.1947, 26.07.1947, 24.09.1947.

nem ehemaligen Lager des Reichsarbeitsdienstes im nahen Happurg abziehen oder von dem Architekten Kappler neu errichten lassen wollte.[230]

Es kam zu einem längeren Ringen, um Meyer oder Engelhardt für diese Idee zu gewinnen. Besonders charakteristisch für die Zeit war bei diesen Anstrengungen die verweigernde Haltung der Ehefrauen Meyers und Engelhardts. Am 01.08.1947 schrieb Poensgen an Ellenberger über einen Besuch bei Engelhardt:

„Nach einigem langen hin und her erfuhr ich dann den wahren Grund für seinen Umschwung. Seine Frau hatte ihm eingeredet, dass er sicher Scherereien mit ihren künftigen Hühnern haben würde, ferner, dass er sich für das Geld ja doch nichts kaufen könne."

Über einen Besuch beim Grundstücksbesitzer Meyer schrieb Poensgen am 15.08.1947 ganz ähnlich:

„Am Dienstag Abend besuchte ich Herrn Meyer und bin mit ihm selbst einig geworden. Dagegen macht seine Frau große Schwierigkeiten. ... Ich erfuhr, dass es ihr nur auf die Versorgung mit Nahrungsmitteln ankommt, vor allem Kartoffeln, die Meyer aus seinem Grundstück bisher zur Verfügung stehen. Darüber hinaus erwartet sie für die Zeit der Knappheit Versorgung mit allem Nötigen für die Küche."

Diese Aussagen werfen ein klares Licht auf die Lage der deutschen Wirtschaft in den Jahren vor der Währungsreform. Nahrungsmittel waren knapp und Landbesitz bedeutete Versorgungssicherheit. Es war folglich unmöglich, jemanden dazu zu bewegen, Land für Reichsmark abzugeben, für die es nichts zu kaufen gab.

So musste Poensgen andere Überzeugungsmethoden anwenden. Da Meyer offenbar einen Elektroinstallationsbetrieb führte, sagte er ihm als Gegenleistung für den Pachtvertrag eine bevorzugte Belieferung mit ELPO-Material und den alleinigen Auftrag für die Installationen in den zu errichtenden Fabrikgebäuden zu. Der Frau Meyers erklärte er, dass nach der bald anstehenden Währungsreform das Geld sehr wohl wieder einen Wert haben werde.[231]

Am 01.09.1947 sprachen Ellenberger und Poensgen schließlich dem Landrat von Lauf gegenüber von einem „circa 100 m breiten Grundstück an der Straße nach Neunkirchen zwischen der Straße Lauf-Hersbruck und der Bahnlinie", das ihnen der Bürgermeister von Heuchling zur Erbpacht anbieten wollte. Es gibt im Briefwechsel keinen Hinweis, dass dieses Grundstück jenes Meyers oder Engelhardts war. Der Kreisausschuss des Landratsamtes Lauf an der Pegnitz jedenfalls genehmigte einstimmig den Antrag auf Erbpacht dieses Geländes, und Anfang März 1948 schien die Suche nach einem geeigneten Grundstück erfolgreich abgeschlossen.[232]

Die Suche nach einem Gebäude blieb noch etwas länger offen, doch am 23.03.1948 konnte Harald A. Poensgen an Jakob Ellenberger schreiben, dass ihrer Firma nun auch eine Baracke des ehemaligen Reichsarbeitsdienstlagers in Happurg zugewiesen worden war, die man nach Heuchling transportieren konnte.

Alles schien so weit geregelt, bis Ende März 1948 die Regierung von Mittelfranken die Ansiedlung der Firma in Lauf ablehnte. Sie verweigerte die Lizenzierung. Als

---

230 Poensgen an Ellenberger, 26.07.1947, 30.07.1947, 11.08.1947.
231 Poensgen an Ellenberger, 15.08.1947.
232 Poensgen an Ellenberger, 02.03.1948.

Endstufe der Belegschaft waren 300 Personen angegeben worden. Dies erschien der Bezirksregierung zu viel. Man wollte in Lauf keine weitere Industrie ansiedeln.[233]

Die Bezirksregierung schlug jedoch zusammen mit ihrer Ablehnung einen alternativen Standort in Altdorf bei Nürnberg vor. So bewarben sich Ellenberger und Poensgen am 28.04.1948 beim Landkreis Nürnberg, um die Pacht des sogenannten Willmy-Gebäudes, eines Gebäudekomplexes, der der Druckerei Willmy KG, Nürnberg, gehörte und an den Landkreis Nürnberg vermietet war. Der Landkreis Nürnberg sollte an die Firma Ellenberger & Poensgen untervermieten.[234] Die Druckerei Willmy hatte in Altdorf unter anderem die vom Gauleiter Julius Streicher herausgegebene Wochenzeitung „Der Stürmer" gedruckt. Nach Kriegsende wurde hier die amerikanische Militärzeitschrift „Stars and Stripes" produziert.

Durch Vermittlung des Altdorfer Arztes Dr. Beer und die entschiedene Intervention des Landrates Lowig gelang es auch, den Stadtrat von Altdorf von der Ansiedlung der Firma Ellenberger & Poensgen zu überzeugen. Das neu gegründete Unternehmen konnte das Willmy-Gelände, Hersbrucker Straße 400, ab Juni 1948 für runde 5.000,- DM im Jahr anmieten.[235] Jakob Ellenberger antwortete auf das die positive Entscheidung mitteilende Telegramm Harald A. Poensgens mit großer Erleichterung:

„Am Sonntag, den 9.5., ist Ihr erlösendes Telegramm ‚Altdorf klar' bei mir eingegangen. Vielen Dank, es ist mir ein Stein vom Herzen genommen, und nun gibt es kein Halten mehr, mit Volldampf voraus, wird es für die Zukunft heißen."[236]

2.8 Preisgestaltung und Absatzorganisation

Im Oktober 1947 beschäftigten sich Jakob Ellenberger und Harald A. Poensgen erstmals mit der Preisfrage. Zunächst bezog sich ihr Gedankenaustausch auf die Rabattstaffel. Poensgen schlug aufgrund seiner Gespräche mit der zukünftigen Kundschaft eine leicht handhabbare, mit einem Abschlag von 50 Prozent einsetzende, Staffelung vor. Gegenüber der eigentlich geplanten, mit 35 Prozent einsetzenden Regelung war er bereit, dafür höhere Bruttopreise zu akzeptieren. 1948 rückte Poensgen wieder von der mit 50 Prozent einsetzenden Staffelung ab, da er die Erhöhung der Bruttopreise nun doch als zu hoch ansah. Er lehnte sie aus „psychologischen Gründen" ab, da er inzwischen von bedenklich niedrigen Preisen der Konkurrenz erfahren hatte.[237]

Seit 1947 beobachteten Ellenberger und Poensgen die Konkurrenz. Über die Firma Stotz-Kontakt hatte Jakob Ellenberger zunächst erfahren, dass sie bei einem monatlichen Ausstoß von 30.000 Automaten einen Stückpreis von RM 9.- verlangte. Dieser Preis war hoch genug, um Ellenberger und Poensgen nicht aus der Ruhe zu bringen. Beunruhigt war Harald A. Poensgen lediglich darüber, dass die gesamte Pro-

---

233 Poensgen an Schürmeister, München, 26.03.1948; Telegramm von Ellenberger an Poensgen 28.03.1948; Ellenberger an Wilhelm Beier, München, undatiert, eingefügt unter 01.05.1948.
234 Bericht der Wirtschaftstreuhand GmbH, S. 7.
235 Bericht der Wirtschaftstreuhand GmbH, S. 8.
236 Ellenberger an Poensgen, 11.05.1948.
237 Poensgen an Ellenberger, 28.07.1948.

duktion von Stotz-Kontakt seinerzeit an die sogenannten Bedarfsträger, d.h. Bergbau, Bahn, Post usw. abgegeben werden musste. Er hoffte, ähnliches für die eigene Firma im Sommer 1948 vermeiden zu können. Er wollte bezüglich der Planung von Produktion und Absatz autonom bleiben. [238]

Am 12.12.1947 erstellte Jakob Ellenberger eine erste Kalkulation: Er kam auf einen Endpreis zwischen RM 8,– und 8,50 für einen Stöpselautomaten. Dies stimmte ihn sehr optimistisch, da der Wettbewerber Stotz-Kontakt, seinen letzten Informationen nach, bei RM 9,60 lag. Im Januar 1948 erfuhr Poensgen allerdings von überraschend niedrigen Preisen zwischen 5,80 RM und 6,40 RM. [239]

Nach der Währungsreform hielt Harald A. Poensgen am 19.07.1948 fest, dass Stotz seine Stöpselautomaten zu sechs Ampere brutto für DM 6,70 abzüglich 35% Rabatt verkaufe. Er schloss daraus, dass man demgegenüber mit DM 8,50 entschieden zu hoch liege. Poensgen war über diese Angelegenheit sehr beunruhigt. Auch wenn Stotz seine Preise anheben sollte, Poensgen rechnete dabei mit maximal 15%, würde dieser Wettbewerber mit 7,70 Mark noch immer deutlich unter dem für die ELPO-Automaten kalkulierten Preis liegen. Poensgen wurde nervös:

„Diese Sache macht mir Sorgen, besonders wo die Leute heute sehr auf Preise sehen. Bitte prüfen Sie unter Berücksichtigung der Notierungen von Köllisch, die wir noch erwarten, sowie den übrigen bisher noch fehlenden und sicher noch bekanntgegebenen Einkaufspreisen, ob wir gegebenenfalls in diesen Kampfpreis von Mk. 7,70 brutto eintreten können." [240]

Jakob Ellenberger war von der Preissituation weniger beunruhigt. Er schlug am 23.07.1948 Preise von DM 8,30 bis 8,90 für Automaten von sechs bis fünfzehn Ampere abzüglich 35% Rabatt vor. Zur Begründung gab er an:

„Wir können dann die Preisentwicklung abwarten und falls erforderlich nach einiger Zeit mit einem kleinen Preisabschlag, unter Hinweis darauf, dass es uns durch größere Auflagen gelungen ist, die Betriebskosten zu senken und günstigere Einkaufspreise zu erzielen, kommen. Ich denke, dass dieser Weg besser ist als umgekehrt. Im übrigen darf man nicht vergessen, dass gerade Automaten, bedingt durch die Rohmateriallage, immer noch Mangelware sind. Ich habe bisher in keinem Elektrogeschäft Automaten gesehen, obwohl dort zur Zeit alles mögliche, einschließlich Drehschalter, Steckdosen, Gerätesteckdosen, Bügeleisen, Heizkissen u.a. angeboten wird. Automaten und Radioröhren dagegen fehlen ganz." [241]

Damit schätzte Jakob Ellenberger die Situation richtig ein. Es existierte ein Verkäufermarkt, das heißt, aufgrund der Güterknappheit war es nicht schwierig, die Produktion zu einem relativ hohen Preis abzusetzen. Der Preis war für die Kaufentscheidung des Konsumenten, im Gegensatz zu seiner Rolle in einem Käufermarkt, von geringerer Bedeutung. Was Karl-Heinz Willenborg für die Zeit bis zur Währungsreform schreibt, war auch für die Zeit danach prinzipiell gültig: „Wo fast alles knapp war, war der Absatz nicht die Hauptsorge." [242]

Mit Harald A. Poensgens „Metallaktion" wurden bereits die späteren Vertreter der Firma Ellenberger & Poensgen ausgewählt. Poensgen orientierte sich dabei an seinen

---

238 Poensgen an Ellenberger, 02.12.1947.
239 Poensgen an Ellenberger, 13.01.1948.
240 Poensgen an Ellenberger, 19.07.1948.
241 Ellenberger an Poensgen, 23.07.1948.
242 WILLENBORG, Bayerns Wirtschaft, S. 127.

langjährigen Erfahrungen und persönlichen Beziehungen als Verkaufsleiter der Bezeg. Die meisten der angeworbenen Vertreter waren ihm seit vielen Jahren bekannt. Ihre Auswahl erfolgte in Abstimmung mit Jakob Ellenberger.

Das aus neun Bezirken bestehende Vertretungssystem war von Beginn an in den Aufbau des Unternehmens einbezogen. Es war weit mehr als ein bloßes Vertriebsinstrument. Die Vertreter kontaktierten den Großhandel der drei Westzonen bezüglich Altmetalllieferungen oder bearbeiteten, wie besonders Ernst Schürmeister in München, die Bürokratie im Sinne der zu gründenden Firma. Sie dienten auch der Informationsbeschaffung, wie etwa bezüglich der Preise der Wettbewerber.[243] Bereits am 06.11.1946 teilte Harald A. Poensgen Jakob Ellenberger mit, dass er den damaligen Bezegvertreter in Württemberg, wohl Paul Gneiding, schon vor längerer Zeit beauftragt hatte, die Lage für die von ihnen zu gründende Firma zu untersuchen. Auch mit der Einholung von Zulieferangeboten waren die Vertreter betraut.

Alle Vertreter, bis auf Ernst Altena, waren gleichzeitig Bezeg-Vertreter. Diese doppelte Tätigkeit war mit organisatorischen Vorteilen verbunden. Beispielsweise bei den Feierlichkeiten zum 25-jährigen Firmenjubiläum der Bezeg im März 1948 konnte Harald A. Poensgen die Gelegenheit nutzen, um die anwesenden Bezeg-Vertreter persönlich zur Besprechung der Angelegenheiten seiner eigenen Firma um sich zu versammeln.[244]

Neben dem inländischen Absatz wurde von Beginn an auch der Export geplant. Jakob Ellenberger und Harald A. Poensgen hatten sich bereits 1947 abgesprochen, nach Österreich, den Niederlanden, Schweden, Norwegen und Dänemark zu exportieren.[245] Die Option der Exporte hatte einen Ventilcharakter, sie wurde als Strategie gegen einen eventuell lahmenden Binnenmarkt angesehen:

„Für den Fall, dass wir nach der Währungsreform Absatzschwierigkeiten im Inland haben sollten, werden wir den ganzen Schwung exportieren. Ich bitte diese Bemerkung zunächst nur als Aktennotiz zu bewerten. Ich habe bereits konkrete Anfragen aus Holland."[246]

An die Umsetzung dieses Gedankens wurde, laut Ellenbergers Bericht über seine Verhandlungen mit dem Ingenieur Peter, bereits am 11.05.1948 herangegangen. Zunächst standen die Niederlande an der Spitze der Exportliste.

2.9 Der zentrale Engpass nach der Währungsreform: Die Liquidität

Nach der Währungsreform wurde die Liquidität zum wichtigsten Problem des Unternehmens. In der Zeit der zurückgestauten Inflation waren die benötigten Reichsmarkbeträge leicht aufzubringen. Geld war in ausreichenden Mengen vorhanden. Im Zuge der Entnazifizierungsvorgänge stellte lediglich die Sperrung von Bankguthaben ein Hindernis dar. Harald A. Poensgen musste deshalb Jakob Ellenberger, der im Gegen-

---

[243] Poensgen an Ellenberger, 13.01.1947, vgl. z.B. Arthur Van Dam, Aumühle, an Poensgen, 20.01.1948.
[244] Poensgen an Ellenberger, 23.03.1948.
[245] Ellenberger an Poensgen, 02.12.1947.
[246] Poensgen an Ellenberger, 10.04.1948.

satz zu ihm Zugriff auf größere Reichsmarkbeträge hatte, im November 1947 bitten, ihm einige hundert Mark vorzustrecken.[247]

Erst Ende Mai 1948 hatte Harald A. Poensgen wieder genügend Reichsmark zur Verfügung, um seinen Teil an Ellenbergers Auslagen für die bisherigen Beschaffungen zu begleichen und mit der Leistung seiner Bareinlagen zu beginnen. Laut seinen eigenen Angaben im Interview aus dem Jahre 1985 hatte er hierzu von der Bayerischen Creditbank völlig problemlos ein Darlehen über 50.000 Reichsmark erhalten.[248]

Der Gesellschaftsvertrag vom 04.06.1947 sah neben den in Form von Waren einzubringenden RM 20.000,- für beide Gesellschafter jeweils auch Bareinlagen von RM 10.000,- vor. Beide Gesellschafter überwiesen entsprechend mehrere Tausend Reichsmark auf die Konten der Firma Ellenberger & Poensgen bei der Bayerischen Creditbank und bei der Kreissparkasse Altdorf. Vor der Währungsreform kam es aber nicht mehr zur vollständigen Überweisung der Bareinlagen. Am 20.06.1948 hatten Jakob Ellenberger und Harald A. Poensgen erst RM 8.000,- bzw. RM 4.500,- eingezahlt.[249]

Der Aufbau der Firma, das heißt die Beschaffung fast des gesamten Anlage- und großer Teile des Umlaufkapitals, war alleine mit Reichsmark nicht zu leisten. Die Metalllieferungen der zukünftigen Kundschaft spielten hierbei eine entscheidende Rolle. Sie stellten letztendlich eine Bevorschussung durch die Kundschaft dar, die den Aufbau der Firma erst ermöglichte. In der Zeit der weitgehend funktionslosen Reichsmark waren sie die eigentliche Grundlage der Finanzierung der Unternehmensgründung.

Bis zum Sommer 1948 hatten Jakob Ellenberger und Harald A. Poensgen Waren für über 20.000 Reichsmark erworben. Dies war Teil der Strategie, noch vor der Währungsreform möglichst viel Geld in Sachgüter umzuwandeln. Waren wurden ohne einen nennenswerten Wertverlust von der Reichsmark- in die D-Markzeit gebracht, während das Geld auf einen Bruchteil seines Wertes zusammengestrichen wurde.[250]

Letzteres führte dazu, dass das junge Unternehmen nach der Währungs- und Wirtschaftsreform in eine Liquiditätskrise geriet. „Wir waren durch die Währungsreform mittellos, wie viele andere und standen vor dem Nichts."[251], bemerkte Jakob Ellenberger hierzu zehn Jahre später. Am 22.06.1948 erhielt Harald A. Poensgen eine Rechnung der Firma Bergner, Schwabach, über DM 299,60. Diese Rechnung konnte er nicht begleichen, da zu diesem Zeitpunkt noch keine Umsatzerlöse bestanden.[252] Auch aus den im Gesellschaftsvertrag vom Juni 1948 vorgesehenen Bareinlagen konnten diese Ausgaben nicht bestritten werden, da es beiden Firmengründern nach der Währungsreform nicht mehr möglich war, jeweils 10.000 D-Mark aufzubringen. Das neue Geld war zu knapp. Dass Betriebe, die der Firma Ellenberger & Poensgen vergleichbar waren, seinerzeit ähnliche Probleme hatten, belegt ein Tagebucheintrag

---

247 Poensgen an Ellenberger, 26.11.1947.
248 Poensgen an Ellenberger, 29.05.1948 11.08.1947; Interview mit Harald A. Poensgen vom 19.07.1985, S. 2.
249 Erläuterungen der Wirtschaftstreuhand GmbH, Stuttgart 1951, S.6f.
250 Vgl. Anhang 2 des Berichtes der Wirtschaftstreuhand GmbH.
251 „Programm und Vortrag in der Filmbühne Altdorf anlässlich unseres zehnjährigen Firmenjubiläums", in: Mappe „10-jähriges Firmenjubiläum", 1958, E-T-A Archiv, Altdorf.
252 Poensgen an Ellenberger, 02.07.1948.

von Ludwig Vaubel vom 07.01.1948: „In Köln gibt es z. Zt. wöchentlich wieder zwei Konkurse wie seinerzeit 1929. Nachkriegsgründungen gehen ein."[253]
Diese Situation stellte eine Herausforderung für Harald A. Poensgens Finanzplanung dar. Um ihre angespannte Liquiditätssituation zu überwinden, musste das junge Unternehmen versuchen, ein Darlehen zu erhalten. Um Klarheit über den Kreditbedarf zu erlangen, erstellte Harald A. Poensgen hierzu eine Kapitalbedarfsrechnung.[254]
„Der Gesamtkapitalbedarf setzt sich zusammen aus dem Anlagekapitalbedarf und dem Umlaufkapitalbedarf", schreibt Liesel Beckmann im Handwörterbuch der Betriebswirtschaftslehre.[255] Für die Firma Ellenberger & Poensgen ging es insbesondere um die Finanzierung des Umlaufkapitals, da die Beschaffung des Anlagekapitals, von einigen kleineren Posten abgesehen, bereits vor der Währungsreform weitgehend abgeschlossen worden war. Die Kosten für Vorprodukte, Löhne, Gehälter, Miete usw. mussten jedoch bereits bestritten werden, bevor die ersten Erlöse eintrafen.
Harald A. Poensgen bestimmte für Juli bis September 1948 einen Kreditbedarf von circa 25.000 DM. Gleichzeitig versuchte er, die Anlaufkosten des Unternehmens auf das unbedingt Nötige zu begrenzen. Falls kein Kredit zu bekommen war, wollte er die Lieferanten um die Rückstellung seiner Aufträge bitten. Weniger wichtige Aufträge annullierte er sofort, so etwa eine Bestellung bei der Bergmann Feindraht-Industrie.[256] Am 28.06.1948 sprach Poensgen Direktor Ulbrich von der Bayerischen Creditbank in Nürnberg, vormals Deutsche Bank, und teilte diesem seinen Kreditbedarf von 25.000 DM mit. Ulbrich, der bei einem früheren Besuch noch pessimistisch über die Möglichkeit einer Kreditgewährung für ELPO gewesen war, zeigte sich nach Poensgens Ansicht nun zuversichtlicher. Aus einem ihm zur Verfügung stehenden Sonderfonds wollte er Mittel für ELPO freimachen. Am 07.07.1948 sprach Harald A. Poensgen der Bayerischen Creditbank gegenüber von einem nun etwas höheren Bedarf von 27.282,59 DM für die Monate Juli, August und September. Er übergab der Bank zu diesem Zeitpunkt auch seinen detaillierten Finanzplan.[257]
Am 14.07.1948 sprachen Ellenberger und Poensgen gemeinsam in Nürnberg vor. Die Bank machte sehr schnell deutlich, dass sie für ihren Kredit eine selbstschuldnerische Bürgschaft der Gesellschafter erwarten würde. Poensgen schien mit den Kreditbedingungen nicht zufrieden gewesen zu sein. Er bemerkte gegenüber Ellenberger: „Auf keinen Fall werde ich mir durch die Bank den Hals zuziehen lassen."[258]
Im August 1948 ist schließlich ein Kontokorrentkredit[259] der Bayerischen Creditbank für die Firma Ellenberger & Poensgen zustande gekommen. Zur Absicherung

---

253 VAUBEL, Zusammenbruch und Wiederaufbau, S. 182.
254 Harald A. Poensgens Kapitalbedarfsrechnung vom Juni 1948, undatiert, eingefügt nach dem 30.06. 1948.
255 Liesel BECKMANN, Art. „Kapitalbedarfsrechnung", in: HdBW, 2. Bd., ³1958, Sp. 2967.
256 Poensgen an Ellenberger, 22.06.1948; Poensgen an Bergmann Feindraht-Industrie, 23.06.1948.
257 Firma Ellenberger & Poensgen an die Bayerische Creditbank, 07.07.1948.
258 Poensgen an Ellenberger, 21.01.1948; Poensgen an Ellenberger, 31.07.1948.
259 „Der Kontokorrentkredit dient der kurzfristigen Liquiditätsstützung, der Vorfinanzierung von Geschäften, der Ergänzung des Umlaufvermögens von Betrieben, aber auch der langfristigen Anlagefinanzierung. Der Kredit kann ungedeckt, aber auch ganz oder teilweise gesichert sein. Als Sicherungsmittel dienen beim Kontokorrentkredit die Bürgschaft (§§ 765-778 BGB; §§ 349 und 350

mussten beide Gesellschafter entsprechende Bürgschaften gewährleisten. Für Ellenberger hieß dies, dass letztendlich der Obersülzener Grundbesitz seiner Ehefrau Anna als Sicherheit dienen musste. Poensgen dagegen, der keinen ähnlichen Rückhalt hatte, wollte auf seinen Schwager Karl Büttner als Bürgen zurückgreifen.[260] Die Bürgen hafteten mit ihrem gesamten Privatvermögen für die Schulden der GmbH. Darüber hinaus mussten noch Forderungen des Unternehmens an die Bank abgegeben werden.[261] Zur Bedeutung dieses Kredits heißt es in der Festschrift zum 25-jährigen Bestehen der Firma:

„Groß waren die Schwierigkeiten der Anfangszeit, so kurz nach der Währungsreform. Die Deutsche Bank gewährte mit einem Kredit in Höhe von D-Mark 35.000,- die große Starthilfe."[262]

Mit dem Kredit vom August 1948 war die Finanzierung des Unternehmens unmittelbar nach der Währungsreform gesichert. Darauf hing alles davon ab, möglichst schnell mit der Produktion zu beginnen und größere Mengen Automaten zu Geld zu machen. Die Liquiditätslage des Unternehmens blieb die ersten Jahre über angespannt, im Prüfungsbericht der Wirtschaftstreuhand GmbH, Stuttgart, vom April 1950 hieß es aber bereits:

„Nach unserem Eindruck hat die Firma die mit der Gründung und dem Anlauf des Betriebes verbundenen Schwierigkeiten im wesentlichen überwunden und begründete Aussicht, künftig mit normalen Geschäftsergebnissen rechnen zu können."[263]

2.10 Die ersten Mitarbeiter der Firma Ellenberger & Poensgen

Das wichtigste Humankapital der Firma Ellenberger & Poensgen waren ihre beiden Gesellschafter. Jakob Ellenberger als innovativer Spezialkonstrukteur und Harald A. Poensgen als erfahrener Kaufmann mit besten Beziehungen ins In- und Ausland. Aber auch unterhalb dieser Ebene war es für den Erfolg des Unternehmens von großer Bedeutung, qualifizierte und motivierte Arbeiter und Angestellte anzuwerben.

Bereits am 21.02.1947 hatte Jakob Ellenberger einen ersten Personalbedarf erstellt. Für den Start der Firma bei einer Produktion von 100 Apparaten je Tag glaubte er, eine Zeichnerin, eine Bürokraft, einen Werkmeister, einen Werkzeugmacher sowie fünf weibliche und zwei männliche Arbeitskräfte zu benötigen. Um die Produktion schnell auf 500 Apparate je Tag ausdehnen zu können, rechnete er mit einem weiteren Bedarf von insgesamt 29 zusätzlichen Mitarbeitern. Schon zu diesem Zeitpunkt hatte Ellenberger deutlich hervorgehoben, wie wichtig es ihm ist, nur hervorragend geeig-

---

HGB) – diese vor allem bei Sparkassen und Kreditgenossenschaften –, die Zession von Forderungen, die Verpfändung von Sachen und Wertpapieren (§§ 1204ff. BGB; §§ 366-368 HGB) sowie die Sicherungsübereignung." Vgl. Curt EISFELD, Art. „Kreditgeschäft der Banken", in: HdBW, 2. Bd., ³1958, Sp. 3560.

260 Ellenberger an die Bayerische Creditbank, 24.07.1948; Bayerische Creditbank an Ellenberger, 09.08.1948; Entwurf einer Erklärung an die Bayerische Creditbank, undatiert, in die Edition eingefügt nach dem 25.08.1948; Poensgen an Ellenberger, 31.07.1948.

261 Bericht der Wirtschaftstreuhand GmbH, S. 34.

262 Ellenberger & Poensgen GmbH (Hrsg.), 25 Jahre Ellenberger & Poensgen, S. 4.

263 Bericht der Wirtschaftstreuhand GmbH, S. 13.

nete Kräfte einzustellen. Er empfahl deshalb bereits zu diesem frühen Zeitpunkt, nach geeigneten Besetzungen für die Schlüsselpositionen des Werkmeisters und des Werkzeugmachers Ausschau zu halten. Ihm war klar, dass es schwer werden könnte, noch vor der Währungsreform hochqualifizierte und -motivierte Mitarbeiter anzuwerben. Harald A. Poensgen bemerkte gegenüber Jakob Ellenbergers Bedenken zur Arbeitskräftelage im März 1947:

„Ich glaube, dass wir durch mein Bekanntsein hier ziemliches Angebot haben werden. Eine Suche danach halte ich daher vorerst nicht für dringend."[264]

Die funktionale Beeinträchtigung des Arbeitsmarktes der Nachkriegsjahre, das heißt letztendlich die Tatsache, dass motivierte Kräfte für Geld nur noch schwer zu bekommen waren, wurde für die Firma Ellenberger & Poensgen zu keinem ernsten Problem, da der Produktionsbeginn im August 1948 bereits in die D-Markzeit fiel. Vor der Währungsreform wurden nur der Werkmeister Aschka und der spätere Versandleiter Franke, der sich in Abwesenheit der beiden Firmengründer um das Willmy-Gebäude kümmern sollte, angeworben.[265] Auch die Vertreter, selbst wenn sie nicht im engeren Sinne zu den Mitarbeitern der Firma zu rechnen waren, mussten noch vor der Währungsreform an das Unternehmen gebunden werden. Aschka, Franke und die Vertreter konnten vor dem 20.06.1948 kaum persönlichen Nutzen aus ihrer Tätigkeit für Ellenberger & Poensgen erwarten. Sie banden sich aber an diese Firma, da sie auf spätere Erträge hofften.

FAZIT

Karl-Heinz Willenborg beschreibt die Probleme unternehmerischer Tätigkeit im Nachkriegsdeutschland wie folgt:

„Wenn die Lizenz erteilt war, was für die meisten Betriebe recht schnell ging, fingen die eigentlichen Schwierigkeiten freilich erst an. ... im zerstörten Deutschland mussten die Produkte nicht besonders innovativ, ihre Qualität nicht unbedingt auf höchstem Niveau sein, und wo fast alles knapp war, war der Absatz nicht die Hauptsorge. Die Frage lautete vielmehr sehr schlicht: Bringen wir den Betrieb überhaupt wieder in Gang oder nicht? Zu Anfang ging es erst einmal darum, an ein sehr knappes Gut zu kommen, nämlich Baustoffe. In Fabrikhallen, durch die der Wind pfiff und in die es hineinregnete, war nicht gut arbeiten. Nicht minder wichtig war die Reparatur von Maschinen. Gute Facharbeiter, gute Betriebshandwerker zu haben, war hier das größte Kapital eines Unternehmens. Manche Ersatzteile mussten natürlich doch vom Hersteller beschafft werden. Gab es dessen Betrieb überhaupt noch, durfte er produzieren, durfte er liefern, hatte er Transportmöglichkeiten, um zu liefern, oder mußte man selbst abholen? Dies auch nur in Erfahrung zu bringen, konnte in der Situation des Jahres 1945 schon schwierig genug sein, als z.B. die Benutzung des Telefons nicht mehr zu den ungestörten Selbstverständlichkeiten des Geschäftslebens gehörte. Reisen sowie das Organisieren und Durchführen von Transporten aber waren 1945 echte Abenteuer: die Züge waren katastrophal überfüllt, dass im Sommer Fahrgäste sogar auf den Trittbrettern hockten, im Winter waren sie ohne Heizung; die Eisenbahnbrücken waren weithin zerstört, so dass in der ersten Zeit Flüsse auf Behelfsbrücken zu Fuß oder mit der Fähre über-

---

264 Poensgen an Ellenberger, 14.03.1947.

265 „Programm und Vortrag in der Filmbühne Altdorf anlässlich unseres zehnjährigen Firmenjubiläums".

quert werden mussten, am anderen Ufer ging die Fahrt dann mehr oder weniger prompt weiter."[266]

Alle diese Probleme treten, wenn auch in modifizierter Form, im Briefwechsel zwischen Jakob Ellenberger und Harald A. Poensgen auf. Beide Firmengründer wussten von Beginn an, welche Schwierigkeiten auf sie zukommen würden. Sie waren sich vollkommen im klaren darüber, welch einen Kraftakt eine Firmengründung innerhalb einer im Chaos liegenden Volkswirtschaft bedeuten musste. Schon im Juli 1946 diskutieren sie die Probleme der Einteilung Deutschlands in Besatzungszonen, die Beschränkung der Zuzugsmöglichkeiten, den Raummangel und die entnazifizierungsbedingten Schwierigkeiten. Im Vertrauen auf ihr Können und ihren Einsatzwillen stellten sie sich dennoch einer Herausforderung, deren Früchte sie erst nach einer Währungs-, Wirtschafts- und Steuerreform ernten konnten.

Innerhalb weniger Jahre wurde die Firma Ellenberger & Poensgen zu einem florierenden Unternehmen. Dass die sehr schwierigen Anlaufbedingungen der Jahre 1946 bis 1948 gemeistert werden konnten, war den Unternehmerpersönlichkeiten der beiden Gründer zu verdanken. Es gelang ihnen mit weitsichtiger und rationaler Planung sowie flexiblem Handeln, die ökonomischen Probleme ihrer Zeit, von welchen das Währungsproblem mit seinen Folgeerscheinungen das dringendste war, zu bewältigen.

Hierin zeichnet sich auch die Bedeutung eines intakten Stockes an unternehmerischem Humankapital für den wirtschaftlichen Wiederaufstieg Deutschlands nach dem Zweiten Weltkrieg ab. Im Deutschland nach 1945 warteten Männer wie Jakob Ellenberger und Harald A. Poensgen begierig auf ihre Chance. „Sie wollten fliegen", wie Harald A. Poensgen sagte.

---

266 WILLENBORG, Bayerns Wirtschaft, S. 127.

II. DIE UNTERNEHMENSGRÜNDER JAKOB ELLENBERGER UND HARALD A. POENSGEN: VOM AUF- UND AUSBAU ZUR GLOBALISIERUNG (1948–1973)

Von Jürgen Schneider

Rahmenbedingungen 1948–1973: In den ersten 25 Jahren nach der Währungsreform 1948 hat sich der Datenkranz sowohl national als auch international fast laufend verbessert. Mit den Daten sind die Rahmenbedingungen gemeint, die die Unternehmensführung als empirischen Befund vorfindet und die von ihr selbst nicht beeinflusst werden können. Sie wirken auf die Unternehmensführung ein und bestimmen die Unternehmensstrategie mit.

Seit der Währungs- und Wirtschaftsreform vom 20. Juni 1948 wurde die Wirtschaftspolitik der Bundesrepublik im Zeichen der „Sozialen Marktwirtschaft" geführt. Seit dieser Zeit dient der Begriff zur Kennzeichnung der wirtschaftspolitischen Gesamtkonzeption, die in erster Linie der spätere Bundeswirtschaftsminister Ludwig Erhard und sein späterer Staatssekretär Alfred Müller-Armack entwickelten. Sinn der Sozialen Marktwirtschaft ist es, das Prinzip der Freiheit auf dem Markte mit dem des sozialen Ausgleichs zu verbinden.

Die Konzeption der Sozialen Marktwirtschaft baut auf der gewonnenen Einsicht auf, dass Wirtschaftspolitik ohne klare Entscheidung für ein Koordinierungsprinzip (Lenkung) nicht erfolgreich geführt werden kann. Das Prinzip des Wettbewerbs als unerlässliches Organisationsmittel von Massengesellschaften ist jedoch nur dann funktionsfähig, wenn eine klare *Rahmenordnung* den Wettbewerb sichert. Auf diesen Einsichten, die durch die Erfahrung mit der nationalsozialistischen Kriegswirtschaft des Zweiten Weltkriegs noch vertieft wurden, basiert der Gedanke der Sozialen Marktwirtschaft. Mit dem Neoliberalismus teilen die Vertreter der Sozialen Marktwirtschaft die Überzeugung, dass der Altliberalismus zwar die Funktionsbedeutung des Wettbewerbs richtig gesehen hat, die sozialen und soziologischen Probleme jedoch nicht ausreichend beachtet hat. Im Gegensatz zum Altliberalismus erstrebten die Vertreter der Sozialen Marktwirtschaft keine Wiederherstellung einer Laissez-faire-Wirtschaft; ihr Ziel war eine *neuartige Synthese*.

Der *Begriff* der Sozialen Marktwirtschaft kann so als eine ordnungspolitische Idee definiert werden, deren Ziel es ist, auf der Basis der Wettbewerbswirtschaft die freie Initiative mit einem gerade durch die marktwirtschaftliche Leistung gesicherten sozialen Fortschritt zu verbinden.

Auf der Grundlage einer marktwirtschaftlichen Gesamtordnung wurde ein vielgestaltiges System sozialen Schutzes errichtet. Nur in einem marktwirtschaftlichen System vermögen die alle Schichten umfassenden, in ihrer Marktposition überdies schwach gesicherten Konsumenten die Wirtschaft nach ihrem Bedürfnis zu lenken.

Diese Orientierung am Verbrauch bedeutet bereits eine soziale Leistung der Marktwirtschaft. In gleicher Richtung wirkt die durch das Wettbewerbssystem gesicherte und laufend erzwungene Produktivitätserhöhung als eine soziale Verbesserung, die um so größer und allgemeiner ist, je mehr durch den Wettbewerb einseitige Einkommensbildungen, die aus wirtschaftlicher Sonderstellung herrühren, eingedämmt werden. Neben dieser dem Wettbewerbssystem an sich schon innewohnenden sozialen Funktion hat die Wirtschaftspolitik weitere Möglichkeiten der sozialen Ausgestaltung der Wirtschaftsordnung. In erster Linie ist hier an die vom Neoliberalismus geforderte institutionelle Sicherung des Wettbewerbs zu denken. Ihr Sinn ist es, Wettbewerbsbeschränkungen unmöglich zu machen, Monopole, Oligopole und Kartelle unter Kontrolle zu nehmen und dadurch den Wettbewerb zu größter Wirksamkeit im Interesse des Verbrauchers zu bringen. Indem dem Wettbewerb möglichste Elastizität gegeben wird, erfüllt eine Wettbewerbsordnung zugleich auch soziale Aufgaben. Der Gedanke der Sozialen Marktwirtschaft beschränkt sich jedoch nicht darauf, lediglich das Instrumentarium der Konkurrenz sozial funktionsfähig zu machen. Der marktwirtschaftliche Einkommensprozess bietet der Sozialpolitik ein tragfähiges Fundament für eine staatliche Einkommensumleitung, die in Form von Fürsorgeleistungen, Renten- und Lastenausgleichszahlungen, Wohnungsbauzuschüssen, Subventionen usw. die Einkommensverteilung korrigiert. Es wäre eine Verkennung des sozialen Gehaltes der sozialen Marktwirtschaft, wenn man diesen Umleitungsprozess bei der sozialen Beurteilung des Marktprozesses, durch den er getragen wird, außer acht ließe.

Die konsequente Ordnungspolitik im Sinne des ursprünglichen Konzepts der Sozialen Marktwirtschaft führte zur Vollbeschäftigung und Preisstabilität in den 50er und 60er Jahren. 1960 standen 270.678 Arbeitslosen 465.081 offene Stellen gegenüber.

Mit dem Londoner Schuldenabkommen von 1953 wurde die internationale kreditwirtschaftliche Isolierung der Bundesrepublik überwunden. Von 1948 bis 1952 flossen 15 Milliarden Dollar im Rahmen des Marshall-Planes nach Europa, 1,4 Milliarden davon als Anschubhilfe in die Bundesrepublik. Der Marshall-Plan sollte die Westintegration des besiegten Deutschland fördern.

Die sehr hohe Steuerbelastung wurde 1950 bis 1955 abgebaut. Wie demotivierend die extrem hohe Steuerbelastung wirkte, zeigte ein Brief, den der Elektro-Großhändler Willy Schäfer aus Esslingen a. N. am 4. März 1948 an Harald A. Poensgen richtete:

„Ich danke Ihnen für Ihr Schreiben vom 2. März 1948 sowie der Übersendung Ihres Schecks über M 1000,–, womit die persönliche Angelegenheit erledigt ist. Die Quittung habe ich vernichtet, wovon Sie bitte Vormerkung nehmen wollen. Im übrigen hoffe ich, Sie bald in Lauf zu begrüßen. Bei dieser Gelegenheit werde ich verschiedene Probleme aufwerfen bzw. zur Sprache bringen.

Ich habe mich in persönlichen Sachen allgemein zurückhalten müssen. Ihrer Belegschaft hatte ich im Herbst 1947 Obst beschafft und wurde dadurch fast wieder in der Presse herumgezogen. Außerdem wurde mir in Wuppertal trotz amtlichen Transportscheins usw. Obst und etwas Wein sowie mein gesamtes Material, das ich von meinen Lieferanten erhielt, abgenommen. Außerdem ist in Württemberg nunmehr ein Betriebskontrollgesetz akut geworden, dass die Behörden berechtigt, jederzeit strenge Betriebskontrollen vorzunehmen, die Korrespondenz zu durchstöbern usw., so dass einem die Hände in jeder Hinsicht gebunden sind. Wenn ich bisher alle möglichen Wege gesucht habe, um der Wirtschaft etwas Tempo zu geben und nachträglich dafür von den Behörden unter Polizeikontrolle genommen werde, außerdem für meine Arbeit von meinem Verdienst 90% an Steuern abzuliefern habe, so sehe ich nicht mehr ein, mich besonders anzustrengen. Ob ich viel Material habe oder wenig, ist mir im Grunde einerlei. Meinen Verdienst muß ich abliefern, und die Ansprüche der Lieferanten sind in jeder Hinsicht derart groß und gefährlich, dass ich gezwungen bin, hier einen Standpunkt einzunehmen, der mich vor Polizei und Staatsanwalt, wie ich es jetzt im Wuppertaler Fall habe, schützt. Ob damit die Wirtschaft zugrunde geht oder nicht, ist mir einerlei. Die Quittung soll der Polizeistaat, den wir haben, bezahlen."

Das Tarifvertragsgesetz vom 9. April 1949 löste den Lohnstopp von 1938 ab. Damit begann die Zeit der autonomen Lohnpolitik.

Die Jahre von 1950 bis 1959 können als Aufbau- und Liberalisierungsphase bezeichnet werden. Ab 1950 wurden die westeuropäischen Währungen im Rahmen der Europäischen Zahlungsunion (EZU) zunächst untereinander wieder transferierbar. Am 29. Dezember 1958 erfolgte die Konvertierbarkeit der DM mit dem Dollar als Leitwährung. Der Kurs des Dollars wurde 1949 auf 4,20 und 1961 auf 4,- DM festgelegt. Die unterbewertete DM war im ganzen Zeitraum von 1949 bis 1971 ein Schutzschild für Unternehmer und Gewerkschaften. Das System der festen Wechselkurse brach seit Ende der 60er Jahre auseinander. Im August 1971 wurde der Gold-Dollar-Standard aufgehoben. „Die Entbindung der Notenbank von der Dollarankaufspflicht im März 1973 war *ein Wendepunkt sowohl in der innerdeutschen als auch in der internationalen Währungspolitik*"[1]. Der ständige Aufwertungsprozess der DM nach 1971 begründete unter anderem die Standortproblematik in Deutschland.

Im Januar 1951 erhielten die deutschen Unternehmen die Möglichkeit, mit Einzelgenehmigung wieder Niederlassungen im Ausland zu errichten. Nach dem 1. Februar 1952 bestand für die deutsche Wirtschaft erstmalig nach dem Krieg wieder die Möglichkeit, Kapital im Ausland zu investieren.

1951 trat die Bundesrepublik dem Allgemeinen Zoll- und Handelsabkommen (GATT) bei und 1952 erfolgte der Beitritt zur Weltbank und zum Internationalen Währungsfonds.

Der französische Außenminister Robert Schuman und der französische Planungskommissar Jean Monnet entwickelten einen Plan, der am 9. Mai 1950 vorgestellt wurde und der die deutsche und französische Produktion von Kohle und Stahl unter eine gemeinsame oberste Autorität stellen wollte. Am 18. April 1951 erfolgte die Vertragsunterzeichnung für die Europäische Gemeinschaft für Kohle und Stahl (Montanunion). Der Montanunionvertrag trat am 23. Juli 1952 in Kraft. Die umfassende ökonomische Integration des zentralen Wirtschaftssektors Kohle und Stahl sollte eine spätere politische Einigung nach sich ziehen.

Bundeskanzler Konrad Adenauer integrierte das wiedererstarkende Deutschland in den Westen und in den europäischen Einigungsprozess ein und schuf damit die Voraussetzungen für die Wiedervereinigung Deutschlands 1990.

Die Konferenz von Messina (1.–3. Juni 1955) war die Geburtsstunde für die Europäische Wirtschaftsgemeinschaft, die am 1. Januar 1958 in Kraft trat. Von der Teilintegration im Kohle- und Stahlsektor kam es damit zur allgemeinen wirtschaftlichen Integration.

Der EWG-Vertrag hatte der Gemeinschaft die Aufgabe gestellt, einen Wirtschaftsraum zu schaffen, in dem Waren, Personen, Dienstleistungen und Kapital im Rahmen einer einheitlichen Wettbewerbsordnung frei zirkulieren könnten. Für die

---

1   Otmar EMMINGER, Deutsche Geld- und Währungspolitik im Spannungsfeld zwischen innerem und äußerem Gleichgewicht (1876–1975), in: Deutsche Bundesbank (Hrsg.), Währung und Wirtschaft in Deutschland 1876–1975, Frankfurt/M. 1976. S. 487.

Herabsetzung der Binnenzölle waren 10 Jahre vorgesehen. Zum 1. Juli 1968, d.h.1 1/2 Jahre vor dem vorgesehenen Zeitpunkt, fielen die letzten Zollschranken in der Gemeinschaft. Gleichzeitig wurde der gemeinsame Außentarif der EWG in Kraft gesetzt.

Die Welthandelsrunden des Allgemeinen Zoll- und Handelsabkommens (GATT) trugen dazu bei, dass die Höhe der Sätze des gemeinsamen Zolltarifs seit 1968 im Durchschnitt kontinuierlich gefallen sind. Dann folgten die nichttarifären Handelshemmnisse. Die deutsche Bierindustrie hatte z.B. den heimischen Markt vor ausländischem, nicht nach dem deutschen Reinheitsgebot gebrauten Bier abschotten wollen.

Ein Meilenstein der europäischen Wirtschaftsintegration war auch die erste Verordnung über die Freizügigkeit der Arbeitnehmer vom 1. September 1961. Zum 1.1. 1968 trat die 10%ige Mehrwertsteuer in Kraft, steuertechnisch eine Allphasen-Netto-Umsatzsteuer mit Vorsteuerabzug. Das soziale Netz der Bundesrepublik wurde nach 1948 auf-, aus- und umgebaut. Das tradierte Sozialsystem wurde zunächst restauriert und in verschiedener Hinsicht ergänzt. Der Leistungsumfang wurde beträchtlich ausgeweitet. Die Rentenreform von 1957 dynamisierte die Renten und band sie an die Lohnentwicklung. Es zeigte sich, dass beim Rentensystem alle günstigen Umstände überschätzt worden sind. Heute nimmt die Zahl der Rentner zu, während das Erwerbspersonenpotential eher schrumpfen wird, was durch die erhebliche Zuwanderung nach 1990 in Deutschland abgemildert wurde. Das Bundessozialhilfegesetz von 1961 löste die Fürsorge ab. Sozialhilfe war ein Wort mit einem neuen Anspruch.

Von 1948 bis Ende der 60er Jahre verbesserten sich die nationalen und internationalen Rahmenbedingungen, der Datenkranz, aus der Sicht der Unternehmen erheblich. Die Phase des Wiederaufbaus (1950–1958), das deutsche Wirtschaftswunder, und die sich daran anschließende Phase von 1958 bis 1968 stand weitgehend im Zeichen der Vollbeschäftigung mit mäßigem Preisanstieg.

1. UNTERNEHMENSSTRATEGIE UND INVESTITIONEN

Das Einlage- oder Nominalkapital einer Gesellschaft mit beschränkter Haftung, das sich an der Summe der Nennbeträge aller GmbH-Anteile, der Stammeinlagen ergibt, wird *Stammkapital* genannt. Eine Erhöhung oder Verminderung kann nur durch Satzungsänderung auf Gesellschaftsbeschluss erfolgen. Finanzierungsmäßig ist das Stammkapital Eigenkapital. Es dient zur Finanzierung und als Garantiekapital. Die Gesellschafter haften nur mit ihren Anteilen. In der Bilanz wird das Stammkapital unter den Passiva ausgewiesen.

In der ersten Bilanz der Ellenberger & Poensgen GmbH betrug das Stammkapital RM 40.000, wurde aber nach der Währungsreform vom 20.Juni 1948 auf DM 20.000 und 1951 auf DM 40.000 festgelegt. 1960 wurde das Stammkapital auf 1 Million, 1963 auf 2 Millionen, 1966 auf 4 Millionen, 1969 auf 8 Millionen und 1983 auf 10 Millionen DM erhöht. Das Stammkapital der ELPO GmbH, das Jakob Ellenberger und Harald A. Poensgen je zur Hälfte hielten, sowie das der E–T–A GmbH (ab 1978) verblieb in den Familien der Gründer.

Unternehmensstrategie kann man als „Gesamtheit aller Führungsentscheidungen definieren, die den Ablauf des Geschehens in Unternehmen langfristig ordnen, beeinflussen oder unmittelbar festlegen"[2]. Die Einstellung zur *Ungewissheit*, unter der unternehmenspolitische Entscheidungen zu treffen sind, ist von besonderer Bedeutung. Mit der Existenz der unvollkommenen Information sind Risiko und Ungewissheit verbunden. Risiko bedeutet allgemein die Gefahr des Misslingens, also die Möglichkeit, dass ein angestrebtes Ziel nicht ganz oder gar nicht erreicht wird. Ungewissheit und Risiko sind dem Entscheider unangenehm, aber in der Realität kaum zu vermeiden. „Wenn sie schon nicht zu vermeiden sind, dann wird der Entscheider wenigstens Maßnahmen ergreifen, um Ungewißheit zu reduzieren und negative Auswirkungen des Risikos möglichst klein zu halten. Insoweit ähnelt das Bemühen des entscheidenden Menschen bei Ungewißheit und Risiko dem Verhalten des Menschen gegenüber Krankheit und Not: Prophylaktische Maßnahmen sollen bewirken, den ungünstigsten Fall gar nicht eintreten zu lassen, flankierende Maßnahmen sollen helfen, die negativen Auswirkungen des eingetretenen ungünstigen Falles einzudämmen oder zu kompensieren"[3].

Jakob Ellenberger war seiner Zeit bei der technischen Entwicklung im Schutzschaltersektor weit voraus. Man kann ihn als Visionär bezeichnen. Harald A. Poensgen war ein dynamischer Vertriebsexperte und kannte die Exportmärkte der Welt. Beide Unternehmensgründer dachten schon sehr früh global. Bereits bei der Hannover-Messe 1951 analysierte Jakob Ellenberger die Firma Klixon, den Hauptkonkurrenten aus den USA.

In der Bundesrepublik Deutschland und in den europäischen Gemeinschaften gab es in den 50er und 60er Jahren einen Verkäufermarkt. Die Produktion musste deshalb ausgedehnt werden, was zum Ausbau des Werkes Altdorf und zur Produktionsausweitung nach Hohenfels (1961) und Kallmünz (1969) führte.

Die wichtigste strategische Entscheidung war die Gründung eines Unternehmens 1955 in den USA, nur sieben Jahre nach der Gründung in Altdorf und zehn Jahre nach Kriegsende. Die USA waren schon vor 1914 ein sehr attraktives Investitionsland.[4] Sie boten Rechtssicherheit, Unantastbarkeit des Eigentums und Sicherheit des Kapitaltransfers. Die Überwindung von Zollschranken und ein großer kaufkräftiger Binnenmarkt mit sehr guten Zukunftsaussichten kamen hinzu. Die Geburtsstätte des modernen Rationalisierungsansatzes findet sich in den letzten Jahrzehnten des 19. Jahrhunderts in der US-amerikanischen Industrie. Frederick Winslow Taylor (1856–1915) ging von der individuellen Arbeitsleistung im Betrieb aus und suchte diese analytisch zu durchdringen. Ford konzipierte die Maschinen als Fließfertigungssystem, das einen enorm gesteigerten Kapitalaufwand erforderte. Das Fordsche System war auf langlebige Konsumartikel in hohen Stückzahlen zu extrem günstigen Preisen zugeschnitten. Die US-Verhältnisse ließen sich nicht einfach auf deutsche Verhältnisse übertragen, wie der Siemens-Manager und bedeutendste Verfechter der Rationalisierungsbewegung in Deutschland, Carl Koettgen, 1925 feststellte.

---

2   Walther BUSSE VON COLBE, Art. „Unternehmenspolitik", in: Handwörterbuch der Wirtschaftswissenschaften, Bd. 8, 1988, S. 145.
3   Wolfgang MAG, Art. „Risiko und Ungewißheit", in: HdWW, 6. Bd., S.482.
4   Thomas R. KABISCH, Deutsches Kapital in den USA. Von der Reichsgründung bis zur Sequestrierung (1917) und Freigabe, Stuttgart 1982.

Deutsche Unternehmer, Betriebswirtschaftler und Ingenieure entwickelten in den zwanziger Jahren schnell eine eigenständige Rationalisierungskonzeption, in die ein großes Flexibilisierungspotential integriert war. Die Informationsreise zu den modernsten Betrieben der USA, speziell zu den Ford-Werken in Detroit, wurde in den zwanziger Jahren für deutsche Unternehmer, Manager, Ingenieure, aber auch Gewerkschaftsführer obligatorisch.

Jakob Ellenberger und Harald A. Poensgen waren seit Mitte der zwanziger Jahre in leitenden Positionen tätig, die permanent Rationalisierungsanstrengungen unternahmen. Die Gründung der US-Tochter 1955 fiel in eine Zeit, in der die US-Wirtschaft ihren westeuropäischen Konkurrenten weit überlegen war. Nach Gründung der Europäischen Wirtschaftsgemeinschaft (EWG) 1958 investierten amerikanische Firmen, begünstigt durch den für sie vorteilhaften Wechselkurs, in der EWG. 1965 erzeugten 75 Millionen Arbeiter in den Ländern der EWG nicht ganz die Hälfte dessen, was die etwa gleich große Zahl an Arbeitern in den USA im gleichen Jahr erzeugten.[5] Von 1948 bis 1973 wurden von der Ellenberger & Poensgen GmbH knapp 15 Millionen DM investiert, davon entfielen 65% auf Grundstücke und Gebäude und 35% auf Maschinen und allgemeine Investitionen. Letztere stiegen von 1952 bis 1965 an und erreichten in der Krise 1966/67 ein Tief, um danach im Trend fortzufahren:

Graphik 1: Investitionen 1948–1973

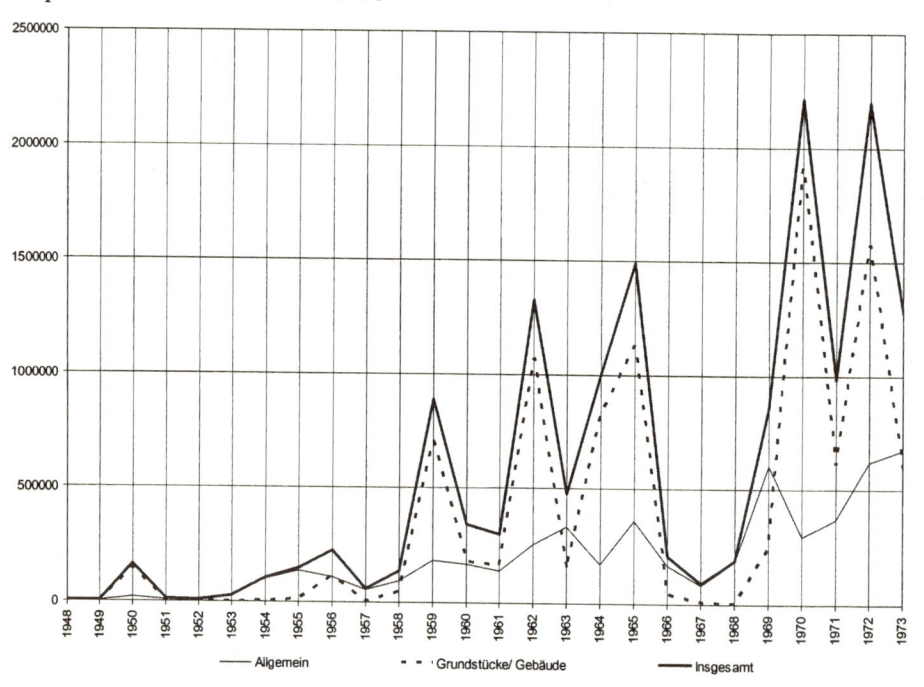

---

5 Jean Jacques SERVAN-SCHREIBER, Die amerikanische Herausforderung, Hamburg 1969.

2. INVESTITIONEN IN GRUNDSTÜCKE UND BAUTEN: „WIR BAUEN IMMER"

Von 1948 bis 1973 wurde das Umsatzwachstum von der Binnenkonjunktur getragen, obwohl der Exportanteil von Beginn an beachtlich war. Nach 1952/53 stieg der Umsatz stark an und wurde nur durch die Krise 1966/67 unterbrochen:

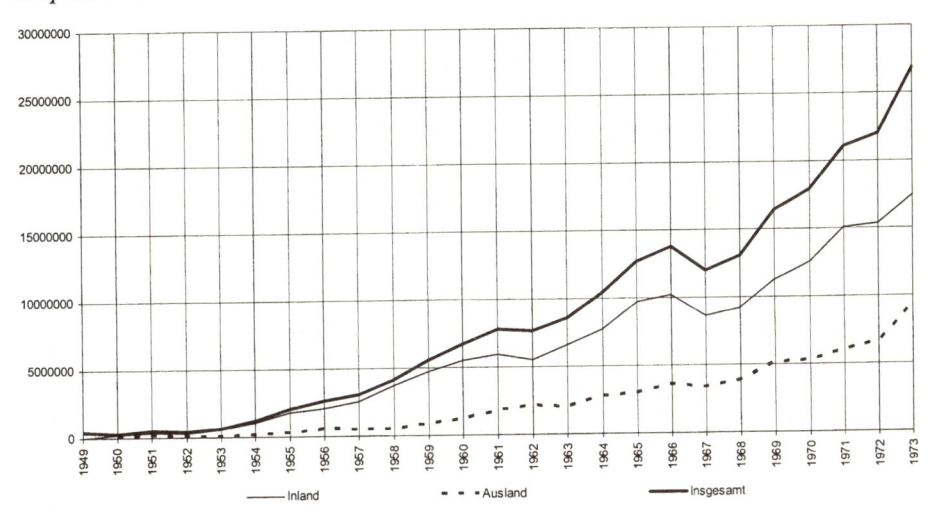

Graphik 2: Umsätze 1948–1973

Bei der Einweihung des Büroneubaues am 14. Juli 1972 ließ Jakob Ellenberger die Baubilanz des Unternehmens Ellenberger & Poensgen GmbH von 1948 bis 1972 Revue passieren und resümierte: „Man kann zusammenfassend sagen, dass wir immer bauen." 1950 erfolgte der Kauf von drei Hallen mit Nebengebäuden von dem Verleger der Nürnberger Zeitung, Dr. Willmy. In der Folgezeit wurde systematisch das ursprüngliche Gelände durch Zukauf von Grund und Boden – zum Teil mit Immobilien – erweitert.

Mitte 1956 wurden von dem Altdorfer Landwirt Christoph Roth insgesamt 28.990 qm Acker- und Grünland erworben. 1958/59 wurden die ehemaligen Willmy-Nebengebäude abgerissen und ein Büro- und Montagegebäude mit Kantine sowie Wohnungen für Hausmeister und Pförtner errichtet und bezogen. 1961/62 wurde der 1959 errichtete Neubau mit drei Stockwerken für Labor und Montage verlängert. 1961 wurde in Hohenfels ein vier Hektar großes Grundstück erworben, auf dem dann 1964/65 der erste und 1969/70 der zweite Bauabschnitt errichtet wurde. 1989/90 wurde das größte Bauwerk in der Geschichte von ELPO/E-T-A realisiert – die 7.000 Quadratmeter große Fertigungshalle, die etwa zehn Millionen Mark kostete.

Altdorf 1959/60 – Neubau eines Verwaltungsgebäudes und einer Werkhalle sowie Erweiterungsbau 1966: Das Unternehmen hatte in der zweiten Hälfte der fünfziger Jahre einen raschen Aufschwung genommen. Die Belegschaft war auf 320 Mitarbeiter angewachsen, und die starke Kapazitätssteigerung zwang zur Suche nach einem Ausweg aus der drangvollen Enge. Die räumliche Notlage konnte nur durch einen Erweiterungsbau gelöst werden. Architekt Fritz Schmidt (Feucht) entwarf ein Verwaltungsgebäude und eine Werkhalle, die in ihrer damaligen modernen Form mit Flachdach auch aus heutiger Sicht noch besticht. Das viergeschossige Büro- und Verwaltungsgebäude an der Straße hat eine Länge von 17,22 Meter und eine Breite von 12,46 Meter. Es enthält im Erdgeschoss die Eingangshalle, Besprechungszimmer sowie Büroräume. Weitere Büroräume befinden sich im ersten und zweiten Obergeschoss; im dritten Obergeschoss waren zwei Wohnungen für Werksangehörige eingeplant. Auf dem rückwärtigen Fabrikgrundstück erstreckt sich die Werkhalle mit 37,80 Meter Länge und 10,90 Meter Breite. Sie bietet Platz für 215 neue Arbeitsplätze. Die übrigen Fabrikationshallen konnten damit aufgelockert werden. Die neue Halle enthält im Keller einen Speisesaal für die Belegschaft sowie die Umkleideräume und erforderlichen sanitären Anlagen. Im Erd- und Obergeschoss sind Produktionsräume der Firma sowie im ersten Obergeschoss die Konstruktions- und Ingenieurbüros untergebracht. Das Verwaltungsgebäude wurde in Ziegelmassivbau errichtet, die Decken bestehen aus Stahlbetonmassivplatten. Unter dem Kragdach des Erdgeschosses wurden am Eingang in das Werksgelände die Pförtnerloge und die Uhrenanlage untergebracht. Die zweigeschossige Werkhalle wurde in Stahlbeton-Rahmen-Konstruktion errichtet. Ausfachungen ausgebrannten Ziegeln sind mit Klinkerriemchen verkleidet. Beide Gebäude erhalten eine Flachdacheindeckung. Mit den Arbeiten wurde im November 1958 begonnen.

Ende 1960 waren das Büro- und Verwaltungsgebäude sowie die lange, zweigeschossige Montagehalle (37 x 12 m) fertiggestellt. Die Innenausstattung erfolgte mit den damals neuesten Raffinessen der Elektrotechnik. Im eigenen Betrieb wurde die erste elektronisch betriebene Fernsprechanlage der Bundesrepublik in Betrieb genommen, eine Anlage, die ihre Impulse nicht über Relais, sondern über Elektronik empfing. Damit konnten Verbindungen viel schneller hergestellt werden. Die drei für die Fassade vorgesehenen Buchstaben E–T–A sollten von der Fabrikation der kleinen Überstromschutzschalter künden, die von Altdorf aus ihren Siegeszug durch Deutschland, durch Europa und rings um die Welt angetreten hatten. Ende 1959 und Anfang 1960 zogen einzelne Abteilungen in die neuen Fabrikations- und Verwaltungsräume um. Die Verteilung der einzelnen Abteilungen nach der Auflockerung wurde wie folgt geregelt: Im vorderen Querbau – die Trafostation wurde verlegt und die Stromzuleitungen wurden verkabelt – befinden sich die Räume für die Stanzerei, die mechanische Fertigung und die Galvanik. Den mittleren Längsbau nehmen Werkzeugbau, Werkzeugmacherei und Montage in Beschlag (einschließlich der bisherigen Büroräume), in den hinteren Querbau kommen Versand, Lager und eine kleinere Montagehalle. Im Souterrain des neuen Längsbaues sind die Sozialräume untergebracht, die Umkleideräume, Waschräume, Speiseraum mit Kantine und anschließender Küche sowie die eigene Notstromanlage, die der Erzeugung von Strom bei Ausfall der öffentlichen Versorgung dient. Die aus Altdorf und der Umgebung kommenden Arbeiterinnen – es wurden überwiegend Frauen für die filigranen Montagearbeiten beschäftigt – und Arbeiter hatten bei einer Vermehrung der Arbeitsplätze um 200 in den gesamten Räumen nun endlich das, was sie und die Betriebsleitung sich wünschten: Platz. Vier gecharterte Omnibusse brachten aus dem übrigen Landkreis und der angrenzenden Oberpfalz die Arbeitskräfte nach Altdorf, und die Betriebsleitung war der guten Hoffnung, dass auch bei einer weiteren Betriebsausweitung genügend Arbeitskräfte herangebracht werden konnten.

Ende Februar 1961 lud die Geschäftsleitung den 1. Bürgermeister Heinrich Späth und den 2. Bürgermeister der Stadt Altdorf, die Stadträte sowie die Stadtverwaltung ein, um diese an Ort und Stelle mit den technischen und wirtschaftlichen Problemen des größten Steuerzahlers der Stadt vertraut zu machen. Stadträte und Bürgermeister bekamen von Jakob Ellenberger einen Einblick in das vielfältige Produktionsprogramm der Firma, deren Spezialität die Überstromschutzschalter sind, die in ihrer Präzision in Europa einmalig waren. Allein 1960 gingen 2,1 Millionen Stück E–T–A Geräte von Altdorf aus in alle Welt. Zu diesem Zeitpunkt wurden in Altdorf 6.000 verschiedene Typen von 0,05 bis 35 Ampere gebaut. „Wir leben von der Neuheit, vom Fortschritt", betonte Jakob Ellenberger und meinte, dass der Dienst an der Technik die eigene Existenz sichere. Das sei die Stärke der Firma und das Geheimnis ihres Erfolges. Die Vereinfachung der Geräte war vorangetrieben worden. Die Rationalisierung garantiert den Kunden feste Preise, mit denen sie unverändert rechnen konnten. Ende Februar 1961 bestanden enorme Lieferfristen, bis ins Jahr 1962 hinein, da sich die Firma vor „Aufträgen gar nicht retten kann". Unter den 57 Exportländern standen die USA und Kanada obenan. Die Tochtergesellschaft in den USA konnte 1960 ihren Umsatz um 90 und die von Kanada um 150% steigern, während das Stammhaus in Altdorf eine 25%ige Umsatzsteigerung aufwies. Viel Beachtung im Rahmen dieser Besichtigung, die sich mit dem anschließenden Beisammensein über vier Stunden erstreckte, fanden die sozialen Einrichtungen der Firma, der Speisesaal, die Getränke- und Essenausgabe, die Garderoben, die Waschräume, Sanitätsraum, Parkanlage etc. Überhaupt zeigten sich Bürgermeister und Stadträte von der betonten Einfachheit und Sauberkeit der Hallen und Räume sehr beeindruckt.

Die Beratung der Motorindustrie in allen Ländern durch einen ausgebauten Service hat ihr Herz im Laboratorium, wo ein Versuch am einzigen und stärksten Transformator Europas zu sehen war. Er kann bei normalen Netzbedingungen Kurzschluss-Ströme bis zu 7.500 Ampere verkraften. Knall und Feuerwerk waren sehr interessant, aber mehr noch beeindruckte die Sichtbarmachung des Stromes im Oszillographen. In den Vorträgen nannten Jakob Ellenberger und Harald A. Poensgen einige interessante Zahlen, die die wirtschaftliche Bedeutung der Firma für Altdorf augenscheinlich machten. Die Hälfte der 375 Beschäftigten der Firma stammt aus Altdorf, die andere Hälfte aus der Umgebung bis zu einem Umkreis von 20 Kilometern. Diese Leute werden mit Omnibussen geholt, für die jährlich inklusive Fahrtkostenerstattung 70.000 Mark aufgebracht wurden. Am Gewerbesteueraufkommen der Stadt – das von 13 Betrieben mit mehr als zehn Beschäftigten aufgebracht wird – war die Firma Ellenberger & Poensgen bei 33% aller Beschäftigten Altdorfs mit etwa 50% beteiligt. Es war eine Hauptsorge der Firmenleitung, für die Zukunft die nötigen Arbeitskräfte zu gewinnen. Dazu machte Jakob Ellenberger längere Ausführungen, die bei der Verwirklichung aber die Finanzkraft der Stadt weit übersteigen, wie Bürgermeister Späth in einer vortrefflichen Erwiderung deutlich machte. Die Stadt Altdorf sah sich finanziell nicht in der Lage, die ins Stocken geratene Bevölkerungsbewegung Altdorfs durch Wohnbau größeren Stils wieder flüssig zu machen. Der überall herrschende Personalmangel war 1960/61 das größte Problem, mit dem die Firmenleitung konfrontiert wurde.

Bei einer abschließenden Besprechung ging Architekt Fritz Schmidt näher auf den geplanten und 1962 realisierten Erweiterungsbau ein. An den erst 1959 errichteten Neubau mit Verwaltungsgebäude wurde ein 35 Meter langer und elf Meter breiter Erweiterungsbau mit vier Stockwerken angegliedert. In den geräumigen Montagehallen wurde Raum für 150 zusätzliche Arbeitsplätze geschaffen. Im neuen Gebäudeteil waren ein modernes Labor, Garderoben, Wasch- und sanitäre Räume und entsprechende Plätze für die Heizungs-, Lüftungs- und Kühlanlagen untergebracht. Im Dachgeschoss bot ein schöner Aufenthaltsraum der Belegschaft in den Arbeitspausen Entspannung und einen weiten Blick in die Landschaft. Bei dem von dem Feuchter Architekten Fritz Schmidt entworfenen und in seiner Ausführung überwachten Anbau handelte es sich um einen, nach damaligen modernsten technischen Erkenntnissen erstellten Stahlbetonskelettbau mit freitragenden Böden. Sowohl hygienische wie ästhetische Gründe waren für die Konstruktion auch insofern maßgebend, als sämtliche Versorgungsleitungen für Strom, Wasser, Heizung in den Betonstützen bzw. in die Decken eingelegt wurden. Insbesondere wurde die Vollklimaanlage mit Luftbefeuchter, statt wie bis dahin üblich, in freihängenden Blechkanälen der Räume unsichtbar untergebracht.

In dem Bau befinden sich außerdem ein Lastenaufzug, eine Kreisförderanlage, eine Warmwasser-Ölfeuerung und verschiedene Kühl- und Rückkühlwerke der Klimaanlage, dazu Lichtstromanlage mit Notstromaggregat, das bei einem plötzlichen Stromausfall die Versorgung des Betriebes mit dem unbedingt nötigen elektrischen Strom sicherstellen soll. Die Arbeitsräume sind besonders lichtfreudig konstruiert und ermöglichen durch die großflächigen Fenster ein hohes Maß an natürlichem Lichteinfall. Das wird wesentlich zur Verbesserung der ohnehin schon günstigen Arbeitsbedingungen zugunsten der Beschäftigten beitragen. Licht, Luft, Bequemlichkeit und Reinlichkeit sind die Hauptgesichtspunkte, die für die Planung des Projektes maßgebend waren. In das ganze Bauvorhaben einbezogen wurde auch noch die 1963 von der benachbarten Firma Klug käuflich erworbene Montagehalle, die weitere 200 Arbeitsplätze beherbergt und durch einen Zwischenbau mit dem neu erstellten Gebäudetrakt verbunden wurde. Auf diese Weise rundet sich das äußere Erscheinungsbild der Firma Ellenberger & Poensgen in immer stärkerem Maße ab zu einem imposanten Beweis zielstrebiger Tatkraft. Die neu geschaffenen und bereits bestehenden Einrichtungen, wie z.B. die auf werkseigenem Gelände errichtete Parkanlage mit ihren Sträuchern, Bäumen und vielen Ruhebänken für die Betriebsangehörigen, legen Zeugnis ab von dem Verständnis für soziale Notwendigkeiten, die andererseits auch wieder der Firma selbst in Gestalt von Arbeitsfreude zugute kommen.

Zweigwerk Hohenfels: Schnell in Entschluss und Handlung. Das Ziehen an einem Strang ermöglicht nach der ersten Kontaktaufnahme am 21. Juni den Produktionsbeginn am 1. August 1961. Bis Ende Mai 1961 hatte die Geschäftsleitung des Unternehmens Ellenberger & Poensgen nicht die Absicht, einen Zweigbetrieb außerhalb Altdorfs zu errichten. Im Mai 1961 zeigte sich ein weiterer Auftragsüberhang, für dessen Beseitigung in Altdorf die Arbeitskräfte fehlten. Da der Arbeitsmarkt in Altdorf ausgeschöpft war, wurde der Entschluss gefasst, in günstiger Lage einen Zweigbetrieb zu errichten. Der Bürgermeister von Hohenfels, Inzenhofer, reagierte prompt auf ein Schreiben der Geschäftsleitung und teilte mit, dass die Gemeinde außerordentlich an einer guten Industrieansiedlung interessiert sei. Ein Gespräch zwischen Jakob und Norbert Ellenberger einerseits und den 1. und 2. Bürgermeistern, Inzenhofer und Dr. Weidinger, verlief positiv. Von der Gemeinde Hohenfels wurde das alte Schulhaus zur Nutzung angeboten. In einer außerordentlichen Gemeinderatssitzung am 25. Juni 1961 (Sonntag) sprach sich der Marktrat einstimmig für eine Ansiedlung durch ELPO aus. Die Geschäftsleitung fuhr Ende Juni 1961 mehrmals nach Hohenfels, um die Räume im alten Schulhaus und auch einige Grundstücke für eine spätere Fabrikerrichtung zu besichtigen. Kurt Weihrauch, der die spätere Montageleitung in Hohenfels übernehmen sollte, wurde in Altdorf geschult. Die mündlich gegebene Zusage wurde schriftlich bestätigt und die beiderseitigen Voraussetzungen festgelegt. In einem Schreiben vom 5. Juli 1961 wurde der nächste Besuch für den 8. Juli 1961 (Samstag Vormittag, 8 Uhr) angekündigt und um Vorlage von vorerst 20 Bewerberinnen gebeten. Am Samstag, dem 8. Juli 1961, waren Jakob Ellenberger, Betriebsleiter Andreas Aschka, Architekt Fritz Schmidt (Feucht) und die Sekretärin von Jakob Ellenberger, Gertrud Hendelmeier, in Hohenfels. Dort wurde die Einstellung von 18 Arbeitskräften vorgenommen. Architekt Fritz Schmidt wurde an Ort und Stelle beauftragt, die Pläne für den notwendigen Umbau der Räume zu fertigen und den Umbau schnellstens durchzuführen. Mit dem Umbau der Räume und den weiteren Installationsarbeiten wurden einheimische Handwerksfirmen beauftragt: Schreinermeister Leo Huger, Installationsfirma Weigert, Elektro-Schulze, die Malerfirma Adalbert Spitzner und das Parsberger Baugeschäft Imhoff. „Als Anlauf der Fertigung wurde der 31. Juli 1961 festgelegt. Offizieller Gründungstag für unser Zweigunternehmen Hohenfels wurde in Übereinstimmung mit dem Tag unserer Betriebsgründung in Altdorf der 1. August 1961 genannt", so Jakob Ellenberger in einer Aktennotiz vom 29. Juli 1961. Weiter hielt Jakob Ellenberger fest:

„Die terminmäßige Abwicklung aller baulichen Arbeiten wurde dank dem Einsatz aller beteiligten Firmen und auch dank der Unterstützung der Herren Bürgermeister so gefördert, dass der gesetzte Termin für den Betriebsanlauf gesichert ist. Abschließend sollte noch festgehalten werden, dass sämtliche Besprechungen über unsere Industrieansiedlung in Hohenfels ausschließlich mit den beiden Herren Bürgermeistern geführt wurden und deren Persönlichkeit und Einsatz zur Verwirklichung des Projektes für unsere Entscheidung ausschlaggebend war."

In die Standortüberlegungen wurde auch die geplante Bundesautobahn Nürnberg/Regensburg einkalkuliert. Die Entfernung zwischen Altdorf und Hohenfels war so, dass die für die Betriebsstruktur notwendige enge Verbindung dadurch gehalten werden konnte. Zwischen der ersten Kontaktaufnahme am 30. Juni 1961 und dem vorgesehenen Produktionsbeginn am 1. August 1961 lagen genau zwei Monate. Die Vorbereitungen zum Produktionsbeginn in Altdorf am 1. August 1948 hatten zweieinhalb Jahre beansprucht, was insbesondere darauf zurückzuführen war, dass die Reichsmark ihre Funktion als Wertmaßstab verloren hatte. Mit der Einführung der D-Mark nach der Währungsreform vom 20. Juni 1948 war wieder wertbeständiges Geld vorhanden. Der Produktionsanlauf in Hohenfels konnte so schnell realisiert werden, weil alle Beteiligten Hand in Hand arbeiteten: Geschäftsführung, Betriebsleiter Andreas Aschka der ELPO Altdorf, Architekt Fritz Schmidt, Bürgermeister Inzenhofer und Gemeinderat von Hohenfels sowie die zuständigen oberpfälzischen Behörden. Alle zogen an einem Strang.

Die Umbaupläne von Architekt Fritz Schmidt – die ersten waren an Ort und Stelle an die Wände skizziert worden – waren rasch realisiert. Die Leitung der Zweigstelle Hohenfels wurde Kurt Weihrauch anvertraut. Am 1. August 1961 traten vier Frauen und einen Tag später drei Frauen die Arbeit an. Im umgebauten Schulhaus wurden am 31. August 1961 22 Personen, Ende Dezember 1962 35 Personen und Ende 1963 57 Personen beschäftigt. Im Gasthaus „Zur Post" (ab 1. Januar 1964) und im Bogner-Saal wurde später ebenfalls produziert. Die Belegschaft wuchs von 66 Personen Ende Januar 1964 auf über 100 Personen Ende September 1964 an.

Wie in Altdorf hatte die Geschäftsführung auch in Hohenfels weitergedacht. Am 14. November 1961 wurde ein 51.980 Quadratmeter großes Gelände an der Parsberger Straße gekauft. Die räumliche Trennung der drei Produktionsstätten innerhalb von Hohenfels ließen Neubaupläne reifen. Hausarchitekt Fritz Schmidt erstellte einen Neubauplan, der am 18. Februar 1964 durch den Gemeinderat von Hohenfels genehmigt wurde. Dank der Unterstützung von Oberst Trotter von der US-Standortverwaltung in Hohenfels wurden die Erdbewegungen mit damals in Deutschland unbekannten großen Maschinen rasch bewältigt. Am 19. Mai 1964 erfolgte der erste Spatenstich für den Neubau. Das Richtfest fand am 23. Oktober 1964 in Anwesenheit des bayerischen Staatsministers für Wirtschaft, Dr. Scheel, sowie zahlreicher Ehrengäste statt.

Die außerordentlich gut und gewissenhaft arbeitende Burglengenfelder Baufirma Weiß ermöglichte es, dass der Neubau bereits ein Jahr später bezogen werden konnte. Im neuen Werk wurden zunächst nur Zulieferteile für das Hauptwerk in Altdorf produziert. 1969 wurde dazu übergegangen, komplette Geräte in Hohenfels zu produzieren. Durch die Programmteilung zwischen Altdorf und Hohenfels wurde es notwendig, das Werk zu erweitern.

Wichtig für den Erweiterungsplan war die Schaffung von zusätzlichen Montageräumen, Lagerräumen und die Vergrößerung der Werkzeugmacherei, so dass in Hohenfels nicht nur Reparaturen der Werkzeuge, sondern auch neue Werkzeuge angefertigt werden konnten. Der Erweiterungsbau (27 x 11 m) mit vier Stockwerken besaß eine Nutzfläche von ca. 1.200 Quadratmetern. Im Untergeschoss wurde eine Werkzeugmacherei und Stanzerei angelegt. Durch den Erweiterungsbau war es möglich geworden, weitere 200 Arbeitskräfte einzustellen, was für den Landkreis Parsberg, der zu den industrieärmsten Gegenden Deutschlands zählte, besonders wichtig war. Der Neubau bot vielen aus der Landwirtschaft Kommenden eine willkommene Ausweichmöglichkeit. Seit 1964 hatte das Unternehmen Ellenberger & Poensgen GmbH vielen weiblichen Arbeitskräften aus Hohenfels und Umgebung entweder Ganztags- oder Halbtagsbeschäftigung gegeben.

Die Struktur des Arbeitsmarktes Hohenfels verbesserte sich mit dem Erweiterungsbau erheblich. Mitte 1970 waren in Hohenfels 255 und in Kallmünz 120 Mitarbeiter beschäftigt, die zusammen täglich etwa 12.000 Schutzgeräte für die Elektroindustrie des In- und Auslandes fertigten. Die Planung war vom Hausarchitekten Fritz Schmidt gemacht worden. Der Lengenfelder Baufirma Weiß war es zu verdanken, dass bereits am 18. Juni 1970 das Richtfest begangen werden konnte.

Der Erweiterungsbau bot auch die räumlichen Voraussetzungen zur Ausbildung von Werkzeugmacherlehrlingen. Jakob Ellenberger wies darauf hin, dass der Werkzeugmacherberuf die höchste Stufe des Facharbeiters und auch die bestbezahlte Tätigkeit darstellt. Die hochwertige technische Ausbildung im Werk Hohenfels hob er be-

sonders hervor. In der Ansprache zum zehnjährigen Firmenjubiläum in Hohenfels betonte Jakob Ellenberger einen weiteren wichtigen Punkt:
„Einen weiteren wesentlichen Beitrag für die Beschaffung von Arbeitsplätzen bildete die Tatsache, dass in Hohenfels ein großzügiger Kindergarten nach den Plänen von Herrn Architekt Spitzer, dem heutigen Landrat des Landkreises Parsberg, gebaut wurde. Die Verwaltung und Obhut des Kindergartens liegt in den Händen von Herrn Pfarrer Rein und Schwester Oberin Waltrauda. Diesen beiden möchten wir heute für die Betreuung der Kinder der bei uns arbeitenden Frauen ein recht herzliches Dankeschön sagen."

Zu dem Kindergartenbau 1964 leistete das Unternehmen Ellenberger & Poensgen GmbH einen respektablen Spendenzuschuss. 1971 wurden der Leiter des Zweigwerkes Hohenfels sowie 18 Frauen geehrt, die seit zehn Jahren in Hohenfels tätig waren. Anlässlich der Zehn-Jahr-Feier des Betriebes Hohenfels Mitte September 1971 wies Bürgermeister Inzenhofer darauf hin, dass die Erwartungen des Marktes weit übertroffen wurden. So verzichtete die E-T-A auf das Privileg der Gewerbesteuerfreiheit in den ersten fünf Jahren. Eine Million Mark an Gewerbesteuer floss von der E-T-A in das Steuersäckel der Gemeinde. Inzenhofer schloss mit der Versicherung: „Hohenfels schätzt sich glücklich, die E-T-A zu haben."

Zweigwerk Kallmünz (1969–1989): Der Arbeitskräftemangel führte 1969 zur Gründung der Montage in Kallmünz. Am 10. August 1969 wurde mit Familie Bayerl, Brauerei und Gasthof „Zur Post", ein zunächst befristeter Mietvertrag über den 240 qm großen Ballsaal abgeschlossen. Die beiden Bürgermeister von Kallmünz, Weiß und Hübl, hatten das Vorhaben unterstützt. Die notwendigen Malerarbeiten führte Anton Kain durch. Die 30 Montagetische lieferte Schreinermeister Schramm aus Altdorf. Stühle standen in genügender Anzahl aus der Saalbestuhlung zur Verfügung.

Die arbeitsmäßige Betreuung des Betriebs in Kallmünz erfolgte von Hohenfels aus. Leiter des Zweigbetriebes wurde Xaver Wurm. Für die Beschaffung der Arbeitskräfte sorgte die Gemeinde Kallmünz. Bei der Marktkanzlei meldeten sich über 60 Personen persönlich, was zeigt, wie groß das Arbeitskräftereservoir in Kallmünz war.

Die benötigten Wickelmaschinen, Stanzen und sonstigen Einrichtungsgegenstände für Kallmünz wurden von Hohenfels aus zur Verfügung gestellt.

In der öffentlichen Gemeinderatssitzung vom 16. April 1969 informierte Bürgermeister Weiß, dass alle aufgetretenen Schwierigkeiten gemeistert werden können. Oberlehrer Karl Fröhlich dankte im Namen der Gemeinderäte dem Bürgermeister für die große Mühe, dass nun endlich auch nach Kallmünz ein Fabrikationsbetrieb verlegt worden sei. Dass dies geschehen ist, sei kaum zu glauben, es gleiche fast einem Wunder. – Folgende Arbeitsgänge wurden von Hohenfels nach Kallmünz verlegt:

(1) Bimetallwickeln, Bänderschneiden und -lochen	10 Frauen
(2) Druckknopfmontage	10 Frauen
(3) Kontaktnieten	4 Frauen
(4) Kniehebelpressen	4 Frauen
(5) Schraubarbeiten	6 Frauen
(6) diverse Arbeiten	<u>6 Frauen</u>
	40 Frauen

Die Montage lief am 21. April 1969 mit zehn Frauen an, eine Woche später wurden weitere zehn Frauen und bis Mitte Mai weitere 20 Frauen eingestellt.

Anlässlich der Eröffnung des Zweigbetriebes wurden der gesamte Marktrat sowie die Marktgemeindeverwaltung von Kallmünz mit Angehörigen zu einer Betriebsbesichtigung in den Zweigbetrieb Hohenfels sowie den Hauptbetrieb Altdorf eingeladen. In beiden Betrieben wurden die Kallmünzer mit den Herstellungserzeugnissen der Firma vertraut gemacht. Nach der Besichtigung in Altdorf dankte Bürgermeister Weiß im Namen der Marktgemeinde Kallmünz Jakob Ellenberger und Harald A. Poensgen und überreichte ihnen den Kallmünzer Hochzeitstaler mit Urkunde. Der Hochzeitstaler wurde nur an Personen überreicht, die sich um Kallmünz verdient gemacht hatten. Nach den Werksferien im August 1977 folgte der Umzug aus dem Ballsaal in das leerstehende Schulhaus, das seit Mitte 1977 umgebaut worden war.

Am 26. April 1979 feierte die E‑T‑A Familie in der früheren Fertigungsstätte, dem Bayerlsaal, das zehnjährige Bestehen des Zweigbetriebes Kallmünz. Geschäftsführer Eberhard Poensgen entbot im Namen der Geschäftsleitung von Altdorf Glückwünsche und begrüßte 95 Mitarbeiterinnen, wovon sieben seit dem ersten Tag dem Betriebe angehört hatten. Insgesamt 43 Personen, davon 42 Frauen, waren zehn Jahre im Zweigwerk Kallmünz beschäftigt. Sie erhielten alle ein Geldgeschenk.

Kallmünz war 1979 eine sehr wichtige Fertigungsstätte geworden. Dort wurden zu diesem Zeitpunkt vor allem Bimetalle in Band- und Drahtausführung produziert sowie Drähte und Spulen bewickelt sowie Knopfbaugruppen als Teile für die MR-Geräte hergestellt.

Die Geschäftsführung war bei der 10-Jahrfeier in Kallmünz vollzählig vertreten: Eberhard Poensgen, Norbert Ellenberger, Horst Ellenberger mit Frau Edda, William F. Sell mit Frau Marga sowie die Frau von Jakob Ellenberger, Anna. An die Geschäftsführer wurde der Hochzeitstaler verliehen.

Die Geschäftsführung hatte schon anlässlich des 25-jährigen Jubiläums 1973 eine ansehnliche Spende dem Kindergarten Kallmünz überbracht, was 1979 wiederholt wurde.

Am 17. November 1988 richtete die Geschäftsleitung einen Brief an den Markt Kallmünz und kündigte die Schließung des Fertigungsbetriebes Kallmünz und die Verlagerung der Arbeitsplätze für 1989 an. Der Brief zeigt, dass infolge technischen Wandels die Handarbeit in Kallmünz unrentabel geworden war. Auszüge aus dem Anschreiben dokumentieren den Arbeitswandel im industriellen Bereich:

„Seit ca. 20 Jahren haben wir in Kallmünz einen Fertigungsbetrieb. Dieser Betrieb fungiert als Zulieferer für die Werke Hohenfels und Altdorf. Zur Sicherstellung aller Arbeitsplätze müssen diese einfachen Arbeiten, die in Kallmünz ausgeführt wurden, rationeller gestaltet werden. Durch Bauen von Folgeverbund-Werkzeugen und Konstruieren von Sondermaschinen sollen diese Arbeiten voll- oder halbautomatisch in Zukunft gefertigt werden. Die neuen Sondermaschinen und Technologien werden immer komplizierter und erfordern nun ständig Fachpersonal zur Wartung, Pflege, Fehlersuche und zur vorbeugenden Instandhaltung. Aus wirtschaftlichen Gründen müssen wir Sondermaschinen in die Nähe von Fachabteilungen stellen, damit ein Eingreifen durch Werkzeugbau oder Elektrowerkstatt schneller möglich ist. Diese Abteilungen haben wir nur in Altdorf und Hohenfels. Diese Sondermaschinen sollen in Hohenfels nun von den Mitarbeiterinnen bedient werden, die die Arbeiten bisher von Hand in Kallmünz ausgeführt haben.

Aus diesem Grunde haben wir am 14. Oktober 1988 allen Mitarbeiterinnen in Kallmünz die Änderung ihres Arbeitsortes bekanntgegeben und sichergestellt, dass alle ihre Arbeitsplätze in Hohenfels behalten werden. Keine unserer Mitarbeiterinnen wird also infolge Verlegung der Arbeitsplätze – von Kallmünz nach Hohenfels – ihren Arbeitsplatz verlieren. Für die Teilzeitbeschäftigung haben wir eine Sonderar-

beitszeitregelung getroffen, damit auch für diese Mitarbeiterinnen die geringe Erschwernis erträglich und durchführbar wird.
Wir werden nun Anfang des Jahres 1989 (Januar/Februar) die Arbeitsplätze von Kallmünz nach Hohenfels verlagern.
Diese Maßnahme wäre eigentlich schon längst notwendig gewesen, nur das gute Einvernehmen mit der Gemeinde Kallmünz und vor allem mit Ihnen, sehr geehrter Herr Bürgermeister Philipp, ließ uns unsere Entscheidung immer wieder hinausschieben."

Der Marktgemeinderat Kallmünz nahm das Schreiben mit großem Bedauern zur Kenntnis, erwähnte jedoch positiv, dass alle Mitarbeiterinnen der Firma E–T–A ihren Arbeitsplatz behalten und alle mit dem Bus von Kallmünz in das 13 km entfernte Hohenfels gebracht werden.

Altdorf: Büro-Neubau (1970/72): Für den Büro-Neubau 1970/72 konnte Ende 1968 ein angrenzendes Haus mit Garten käuflich erworben werden. Seit der Errichtung des Büro- und Montagegebäudes 1958/59 hatte sich bis 1970 der Geschäftsumfang und die Zahl der Mitarbeiter verdoppelt. Die Räume waren für den Verkauf, den Einkauf, die Buchhaltung, die Ingenieurbüros und die Konstruktion zu klein geworden. Zusätzlich wurde Raum für das neue Programm „Elektronik-Schutzgeräte", für das allgemeine Labor, für das Lager, die Lagerverwaltung und für den Versand benötigt. Alle diese anstehenden Probleme wurden durch den Büro- und Verwaltungsneubau gelöst, so dass alle Büros in dem Neubau untergebracht werden konnten und die bisherigen Büros für die erwähnten Abteilungen frei wurden.

Alle Bauten und Umbauten, die das Unternehmen seit 1953 in Deutschland durchgeführt hatte, waren von Architekt Fritz Schmidt und seinen Mitarbeitern geplant, überwacht und abgerechnet worden. Die Statik war im selben Zeitraum vom Statiker Lochmann, Nürnberg, berechnet worden.

Die Geschäftsleitung griff auch beim Neubau 1970/72 auf die bewährten Kräfte zurück. Den Baufirmen Klebl, Neumarkt, und Thausend, Nürnberg, wurde für die saubere und pünktliche Arbeit beim Neubau und den Außenarbeiten gedankt. In den Dank eingeschlossen wurden die Schreinerei Schramm und Pöllot & Pietsch, beide Altdorf, die Heizungsfirma Gustav Meyer, Nürnberg und Schwab-Leichtmetallbau Nürnberg.

Das neue Bürogebäude ist als Abschluss des bebauten Betriebsgeländes zwischen der Industrie- und Schulzstraße städtebaulich gut eingefügt.

Das Gebäude hat einen quadratischen Grundriss und ist als Stahlbeton-Skelettbau als Ortsbauweise, teils mit Fertigteilen als Flachdachbau erstellt. Das Bauwerk ist ganz unterkellert, die fünf Geschosse sind durch ein großes, weiträumiges Treppenhaus und mittels Aufzug erreichbar. Das Bauwerk ist 26 m breit und 27 m lang.

Die Nutz-, Betriebs- und Verkehrsfläche beträgt 2.500 qm. Der umbaute Raum 10.000 cbm. In der Mitte des Baukörpers liegt ein großes, gut belichtetes Atrium, von diesem können alle Räume in jedem Stockwerk durch einen freien Umgang erreicht werden. In dem zurückgesetzten Dachaufbau befinden sich die Betriebsräume für die Kühlanlage und den Aufzug, sowie die Lichtkuppel für das Atrium. Eine Rohrpostanlage verband die neuen Räume und die Räume der Altbauten miteinander.

Die Bauzeit betrug etwa 15 Monate. Das Richtfest fand am 25. November 1970 statt. Die Einweihungsfeier, die mit einer Betriebsbesichtigung für Interessierte verbunden war, wurde für den Betrieb und für die Stadt Altdorf zum gesellschaftlichen Ereignis, nachdem viel örtliche Prominenz der Einladung gefolgt war.

Altdorf: Neubau für Werkzeugmacherei und Elektronik (1973/75): Am 21. Dezember 1972 unternahmen von der Geschäftsführung Jakob und Horst Ellenberger und Eberhard Poensgen, der Leiter des Konstruktionsbüros Fritz Krasser, der Leiter des Labors Konrad Heydner, der Leiter der Produktion Heinz Kandzora, Versandleiter Ernst Schönweiß zusammen mit Architekt Schmidt eine Betriebsbesichtigung „unter dem Gesichtspunkt der auf uns zukommenden räumlichen Notwendigkeiten". Die Besichtigung zeigt, wie bei Neubauten vorgegangen wurde. Jakob Ellenberger hielt die Ergebnisse der Besichtigung in einer Akten-Notiz vom 21.12.1972 fest:

(1) Die Umzugsarbeiten des *Labors* gingen zügig voran und Anfang 1973 sollte der Umzug der schweren Maschinen des Labors durch die Nürnberger Firma Schmidbauer erfolgen.

(2) Das *Versandbüro* in der Größe von 50 qm ist zur Zeit mit 11 Damen belegt. Das Büro ist absolut zu klein und läßt in dieser Enge bei der derzeitigen Besetzung ein reibungsloses und zügiges Arbeiten nicht zu. Das Büro muß unter allen Umständen vergrößert werden und zwar schnellstens. Ein weiteres kleines Problem dort ist die Geräuschstärke durch die Rohrpostanlage. Hier wurde Fritz Krasser von Architekt Schmidt beauftragt, die Möglichkeit für eine Schnellabdichtung zu überprüfen und zu veranlassen.

Nach Verlagerung der Abteilung Materialwesen in den Keller, indem zur Zeit die Mechaniker vom Labor noch sind, sollen die am Ende der Versandhalle befindlichen Büros entfernt werden, ebenso auch der Raum für die Chemikalien. Nach Vorschrift des Gewerbeaufsichtsamtes dürfen Chemikalien, Lakke, Öle usw. nicht innerhalb eines Gebäudes aufbewahrt werden wegen der Brennbarkeit. Wir haben in Hohenfels die Auflage erhalten, diese außerhalb eines Gebäudes unterzubringen. Es ist in Erwägung gezogen, im Hof bei der Rückwand, gegen das Grundstück Drechsel, einen kleinen Raum, möglichst aus Fertigteilen zu schaffen, indem die Lacke und Öle, nach gewerbeamtlicher Vorschrift, aufbewahrt werden.

(3) Weiter wurden die *Lagerräume* in der Mittelhalle besichtigt. Bekanntlich ist dort das ganze Rohmaterial, das für die Stanzerei benötigt wird, untergebracht. Mit Rücksicht auf die Bodenbelastung kann dieser Raum schlecht ausgenützt werden. Es ist zum Teil das Rohmaterial 1/2 m bis 1 m nur gestapelt. Der übrige Raum in der Höhe ist frei. Die Stapelung des Rohmaterials läßt sich wirtschaftlicher gestalten, wenn bodenmäßig die Voraussetzungen geschaffen sind, das heißt auf eine stabile Betonplatte und gutem Baugrund.

(4) *Werkzeugmacherei*: Diese ist absolut zu klein. Hier stören sich die einzelnen Werkzeugmacher gegenseitig. Hier muß schnellstens Abhilfe geschaffen werden durch einen Neubau, wie bereits beschlossen.

(5) *Stanzerei*: Diese ist ebenfalls weitgehend aus- bzw. überlastet. Der Boden, auf dem die Schweißmaschinen stehen, ist für eine Tragkraft von 350 kg/qm belastbar. Die Belastung hier beträgt jedoch bereits 850 kg/qm. Als Folge dieser Überbelastung haben wir im Keller bereits bis zu 10 cm und mehr Senkungen und müssen ständig unterfüttern, damit die tragende Holzdecke nicht zum Einstürzen kommt. Der Stanzraum als solcher ist ebenfalls am Ende. Weitere Maschinen können nicht mehr aufgestellt werden.

(6) *Galvanik*: Diese sollte doppelt so groß sein, um die heutigen bzw. die zukünftigen Kapazitäten verkraften zu können.

Resümee: Wir müssen auf unserem neuen Gelände, im Verlauf von ca. 2 Jahren, mindestens 3 Neubauten errichten, und zwar in der Reihenfolge:

(1) Werkzeugmacherei, 1 Halle 10 x 50 m,
(2) Stanzerei, ohne Schweißmaschinen, ebenfalls in der Größenordnung 10 x 50 m,
(3) Galvanik, hier ist zu überlegen, ob die Galvanik mit Rücksicht auf die geleisteten baulichen Investitionen insgesamt verlängert werden sollte, so dass etwa der doppelte Raum entsteht. Dies hätte den Vorteil, dass die Setzgrube verwendet werden könnte, ohne dass wir neue Auflagen erhalten. Der Restteil der jetzigen Stanzerei einschließlich des Werkzeuglagers könnte für die Schweißerei verwendet

werden und der Restteil der vorderen Halle, d. h. der Teil mit Holzboden, würde sich eignen für Baugruppen-Vormontage. Letzteres ähnlich, wie wir dies in Kallmünz haben.
(4) Für den Versand wurden Erwägungen aufgestellt, das Versandbüro in den Verkauf zu legen. Dies ist unzweckmäßig, da das Verkaufsbüro dann ausgelastet wäre und keine Erweiterungsmöglichkeit mehr hätte. Es muß damit gerechnet werden, dass in 5 Jahren etwa 20 Personen im Versandbüro arbeiten werden. Auch der Verkauf wird in diesem Zeitraum Zugänge haben, das heißt wachsen.
Für das Versandbüro muß eine Sofortlösung geschaffen werden. Diese sieht so aus, dass die Toiletten entfernt werden und das Versandbüro von derzeit 14 m Länge auf 23 m Länge, also um 65% erweitert wird. Dies durchzuführen wäre noch im 1. Halbjahr möglich. Als spätere Lösung wäre vorzuschlagen, den heutigen Werkzeugbau, nach dessen Umzug Herbst 1973, instandzusetzen und als Versandbüro ebenfalls zu verwenden. Die heute genützten Versandbüros könnten abgebaut und hier eine weitere Packstraße, eventuell einseitig, eingerichtet werden, so dass die Versandabteilung hier nochmals eine Erweiterungsmöglichkeit erhält.
Im Jahre 1974 wäre ein Neubau für das Lager und Materialverwaltung zu errichten, ebenfalls in der Größe von 10 x 50 m, voraussichtlich mit einem Obergeschoß, sowie ferner ein Gebäude für die Stanzerei. Dadurch würde die Mittelhalle frei und könnte für den Versand verwendet werden. Der Aufbau der Straße wäre so, dass diese zum jetzigen Versand gegenläufig, das heißt von der Stirnseite des jetzigen Schweißraumes zur größeren Türe hin sein wird.
Das Transportproblem vom Elevator bis zum Beginn der Verpackungssstraße im Mittelbau könnte durch Elektrokarren gelöst werden.
Zusammenfassend also:
(1) im zeitigen Frühjahr 1973: 1 Hallenbau für die Werkzeugmacherei zu errichten,
(2) im Frühjahr 1974: 1 Halle für die Stanzerei und weiter 1 Halle für das Materialwesen zu errichten zur Freimachung aller derzeitigen Lagerräume.
N.B.: Herr Architect Schmidt besitzt einen Gesamtplan vom jetzigen Zustand aller Bauten und macht Vorschläge für die Bebauung unseres neuen Geländes. Die Pläne sollen im Maßstab 1 : 200 angefertigt werden, damit in diese gleich Einzeichnungen vorgenommen werden können."
Verteiler: Direktion; Geschäftsleitung II; Herr Heydner; Herr Kandzora; Herr Schönweiß; Frau Wirth; Ablage Jakob Ellenberger"

In den Neubau, der 1975 bezogen und mit einem Kostenaufwand von 2,2 Millionen DM erstellt wurde, kamen der Werkzeugbau und die Elektronik.

3. SEHR SCHWIERIGE ANFANGSJAHRE (1948 – 1953) UND DANACH STARKE EXPANSION

Am 21. August 1949 wurde das Gesetz über die Eröffnungsbilanz in Deutscher Mark und die Kapitalienfestsetzung verabschiedet. Die besondere Problematik des Gesetzes lag in der Bestimmung von vertretbaren Wertansätzen in DM für einen Stichtag, an dem sich noch kein DM-Preisniveau eingespielt hatte und in der oft wegen der gegebenen Sach- und Rechtslage schwierigen oder unmöglichen Bewertung. Die Lösung wurde wie folgt gefunden:
(1) Durch Rückbeziehung künftiger Preisverhältnisse auf den Bilanzstichtag, und zwar der Preise am 31. August 1948 und am 31.August 1949. Hierbei war für den Wertansatz in der DM-Eröffnungsbilanz jeweils der niedrigere Preis maßgebend.
(2) Durch Schaffung von späteren Berichtigungsmöglichkeiten für vorläufige Wertansätze und Erinnerungsposten für nichtbewertbare Gegenstände. Der Kreis der berichtigungsfähigen Wertansätze, d. h. des vorläufigen Teiles der DM-Eröffnungsbilanz, war abzugrenzen und die spätere Berichtigung selbst ergebnisunwirksam zu gestalten.

(3) Durch Schaffung einer vorläufigen Kapitalneufestsetzung im Zusammenhang mit Kapitalentwertungskonten.
(4) Durch die Möglichkeit der Aktivierung eines Kapitalverlustkontos im Falle der Überschuldung.

„Rückblickend kann das D-Markbilanzgesetz vom 21. August 1949 als die erste wirksame Maßnahme nach der Währungsreform bezeichnet werden, die wirtschaftspolitische Gesichtspunkte im Zusammenhang betrachtete und verwirklichte. Abgesehen von seiner allgemeinen Bedeutung für die Unternehmungsrechnung und die Unternehmungswirtschaft stellte es, auf längere Sicht gesehen, eine Art kalter Steuerreform dar. Die inzwischen gemachten Erfahrungen haben die Richtigkeit und Berechtigung dieser Feststellung erwiesen. Die Finanzierung der Wiederingangsetzung des Aufbaues und zu einem Teil auch des Neubaues unserer Wirtschaft wäre bei der damaligen Steuerbelastung ohne dieses grundlegende Gesetz wohl nicht möglich gewesen. Die notwendigen Ersatzbeschaffungen und Neuinvestitionen unserer überalterten und angeschlagenen Wirtschaftsapparatur waren nur auf Grund einer Finanzierungshilfe durchzuführen, wie sie das D-Markbilanzgesetz zu seinem Teil verwirklichte.
In Verfolgung dieser Zielsetzung baut das Gesetz auf dem Grundsatz der uneingeschränkten Unterbrechung der Wertkontinuität auf. Daneben bot es für Kapitalgesellschaften die Möglichkeit, das Grund- oder Stammkapital neu festzusetzen".[6]

Die DM-Eröffnungsbilanz zum 21. Juni 1948 galt zugleich als Eröffnungsbilanz des jungen Unternehmens. Der erste ordentliche Jahresabschluss erfolgte zum 31. Dezember 1949 und umfasste somit einen Zeitraum von 18 Monaten. Die Bilanzsumme stieg von DM 35.693,46 am 21. Juni 1948 in diesen 18 Monaten auf DM 122.100,–. Davon entfielen rund DM 9.000,– auf das Anlagevermögen, alles übrige auf das Umlaufvermögen, und zwar rd. DM 23.000 auf die Warenvorräte und rd. DM 50.000 auf die flüssigen Mittel zweiter Ordnung, die Außenstände. Die Unterschiede erklärten sich ohne weiteres daraus, dass die Eröffnungsbilanz naturgemäß nur aus dem bereitgestellten Anlagevermögen bestehen konnte, während sich in der Schlussbilanz die, in einem laufenden Betrieb stets vorhandenen, Umlaufgüter auswirkten. Während das Anlagevermögen in der Anfangsbilanz fast 3/4 der gesamten Aktiva ausmachte, betrug es in der Schlussbilanz nur noch 1/4 der Bilanzsumme. Andererseits war das in der Anfangsbilanz mit rund 22% beteiligte Umlaufvermögen auf rd. 66% der Aktiva angewachsen. Die Passivseite der ersten 18 Monate zeigt, dass das Eigenkapital nahezu unverändert blieb. Selbst wenn man die Gesellschafterdarlehen noch dem Eigenkapital zurechnete, war keine erhebliche Veränderung festzustellen. Die Gesellschafterdarlehen waren von DM 13.000 auf DM 17.000 angewachsen. Das bedeutete, dass Jakob Ellenberger und Harald A. Poensgen einen Teil ihrer Gehälter im Unternehmen ließen, um die Liquidität zu verbessern.

Ein wesentlich stärkeres Anwachsen zeigten die fremden Mittel. Sie betrugen ohne Gesellschafterdarlehen anfänglich nur rd. 2000,–, am 31. Dezember 1949 dagegen annähernd DM 80.000,–. Dieser Betrag entsprach ziemlich genau dem auf der Aktivseite ausgewiesenen Umlaufvermögen. Im Wesentlichen wurde das Anlagevermögen durch eigene Mittel der Gesellschaft und Gesellschafter, das Umlaufvermögen durch fremde Mittel aufgebracht.

---

6   Franz MERKLE, Art. „DM-Eröffnungsbilanzen", in: Handwörterbuch der Betriebswirtschaft, Bd. 1, Stuttgart 1956, Sp. 1445.

Die Liquidität zum 31.Dezember 1949 zeigte, dass die flüssigen Mittel erster Ordnung, die Barmittel, mit DM 300,- außerordentlich niedrig waren, gegenüber den kurzfristigen Verbindlichkeiten in Höhe von über DM 60.000,-.

Die Außenstände und die Warenbestände reichten zusammen gerade aus, um die kurzfristigen Verbindlichkeiten und die Bankschuld zu decken.

„Insgesamt ist die Gesellschaft nach dem Stande vom 31. Dezember1949 mit rd. 16% durch Eigenkapital und mit rd. 84% durch Fremdkapital finanziert. Letzteres ist überwiegend kurzfristig rückzahlbar. Unter dem Gesichtspunkt der Liquidität kann die Finanzlage jedenfalls nicht als günstig bezeichnet werden, zumal in obiger Aufstellung die laufend anfallenden Ausgaben wie z.B. Löhne, Gehälter, Betriebskosten usw. hierbei noch nicht berücksichtigt sind. Die Anspannung der finanziellen Mittel hat demnach auch die Firma bereits veranlaßt, seit April 1950 Kurzarbeit einzuführen, um auf diese Weise das Warenlager zu verringern und Kosten einzusparen" (Bilanz zum 31. Dezember 1949).

Von den 1949 möglichen Arbeitsstunden fielen 24,2% aus. Trotz dieser schwierigen Lage attestierte die Stuttgarter Wirtschaftstreuhand GmbH, die die Bilanz erstellte, dem jungen Unternehmen:

„Nach unserem Eindruck hat die Firma, die mit der Gründung und dem Anlauf des Betriebs verbundenen Schwierigkeiten im wesentlichen überwunden und begründete Aussicht, künftig mit normalen Geschäftsergebnissen rechnen zu können".

Das Jahr 1950 wurde mit einem Verlust von DM 10.616,- abgeschlossen, wofür es drei Gründe gab:
(1) In erster Linie war ein Umsatzrückgang von DM 115.000,- dafür verantwortlich.
(2) Die Umstellung des Fabrikationsprogramms vom reinen Bausektor (Stöpselautomaten) auf die gewerbliche Wirtschaft (Einbau- und Schalttafelautomaten).
(3) Die Personalkosten stiegen von 33,9% (1948/49) auf 42,2% 1950. Zum 21. Dezember 1950 erfolgte der Kauf des Fabrikgrundstückes Hersbrucker Straße 400. Der Zuwachs beim Anlagevermögen, z.B. Grundstückserwerb, wurde im wesentlichen mit langfristigem Fremdkapital, die Steigerung der Umlaufmittel kurzfristig finanziert.

Den beiden schwierigen Jahren 1950 und 1951 folgte das sehr schwierige Jahr 1952 (Verlust:1.694,-). 1952 ging der Umsatz gegenüber 1951 von 498.900 auf 402.200 DM zurück. Der Warenrohertrag der ELPO-Automaten verminderte sich von 263.333 DM auf 193.857 DM. Der Grund für den Verkaufsrückgang der ELPO-Automaten waren zwei Prozesse, die von großen Konkurrenzfirmen angestrengt worden waren. Die Großhandelsvertreter dieser Firmen machten den Prozess beim Handel publik und dieser disponierte bei ELPO-Automaten sehr vorsichtig. Die von Jakob Ellenberger konstruierten ELPO-Automaten waren eine fühlbare Konkurrenz für die in der ‚Installations-Selbstschalter-Gemeinschaft' zusammengeschlossenen Firmen. Das junge Unternehmen „Ellenberger &.Poensgen GmbH" stand außerhalb des Kartells der Selbstschalter-Gemeinschaft. Das Kartell beschloss deshalb, gegen ELPO vorzugehen. Als die Klage eines Kartellmitglieds abgelehnt wurde, klagte 1951 eine zweite Firma des Kartells, obwohl die ‚Installations-Selbstschalter-Gemeinschaft' im April 1950 ihre Tätigkeit eingestellt hatte. Mitte 1952 kam es mit der zweiten Firma zu einem Vergleich. Aufgrund der Klage, insbesondere der zweiten Firma, kam es zu einem starken Umsatzeinbruch und zu einem Verlust für das Rechnungsjahr 1951. Das junge Unternehmen stellte darauf die Produktion der ELPO-Automaten nach und nach bis 1960 ein und gleichzeitig begann der Siegeszug der ein- und mehrpoligen E-T-A Schutzschalter.

Tabelle 3: Warenrohertrag

Geschäftsjahr	ELPO-Automaten	%	E–T–A (ELPO-Thermo-Automatik)	%
1952	263.333	66,0	135.584	34,0
1953	193.857	32,5	401.572	67,5
1954	294.564	27,2	788.876	72,8

Der Prozess wurde von Harald A. Poensgen in dem Gespräch, das Horst Ellenberger am 19. Juli 1985 führte, so geschildert:

„Dann kam der Prozeß, dann fingen Großfirmen plötzlich wieder an, aktiv zu werden, und die haben gesagt, wir hätten in unseren Prospekten behauptet, die Geräte wären VDE-mäßig, das stimmte aber nicht, sie entsprachen den Vorschriften des VDE, das hatten wir reingeschrieben, nicht dass die das VDE-Zeichen hätten. Dies haben sie uns als Prozeßgrund vorgeworfen und uns verklagt. Bei diesem Prozeß hatte dann dein Vater einen hervorragenden Rechtsanwalt, den er kannte, der war aus euerer Geburtsgegend in Baden. Der hat den Prozeß für uns gewonnen.

Dann sind wir übereingekommen, da hat dein Vater gesagt: ‚Diese Sache langt mir jetzt. Man sollte doch eigentlich zum Schutz der Motoren im Falle von Wicklungskurzschlüssen usw. einen anderen Schutz suchen oder konstruieren, der nicht außerhalb, also in Form einer Sicherung ist, sondern direkt in den Motor eingebaut wird und zwar in die Wicklung hinein'. Das war dann der Vorläufer vom 5000, der innen sehr primitiv noch ganz aus Messing war, das war der erste E–T–A, alles andere waren ja ELPO-Automaten. In der Zwischenzeit habe ich gegrübelt, um für dieses Gerät einen Namen zu finden, um Reklame machen zu können. Ein Automat war das nicht, denn unter Automaten versteht man diese Schraubautomaten und die Einbauautomaten für die Sicherung der Hausstromkreise. Da habe ich angefangen zu zeichnen, und zwar, ELPO-Thermo-Automatik, E–T–A, so wollten wir sie nennen. Damals war ich mit Mr. Mestiz. in England befreundet, und er hat dieses ‚ELPO-Thermo-Automatik' gesehen und fand das irgendwie zu lang, ich sollte doch die Anfangsbuchstaben genehmigen. Damit wurde ‚E–T–A' geboren und der alte Mr. Mestiz meinte: ‚Herr Poensgen, you can take it anyway, the best is E–T–A.' Unter dieser Reklame hat es dann angefangen."

In der Notlage mussten die Unternehmer auf Fremdkapital, das sehr knapp war, zurückgreifen. Der Kauf des Willmy-Grundstücks erfolgte so, dass jährliche Raten fällig wurden und das Restkapital dem Verlag Willmy KG verzinst wurde (5%). Das hatte den Vorteil, dass die Liquidität nicht zu stark durch den Fabrikgrundstückskauf strapaziert wurde. Die Kreissparkasse gewährte 1951 ein Darlehen von DM 50.000,–. Den wichtigsten Beitrag beim Überbrücken des finanziellen Engpasses leistete die Firma Stettner & Co, Lauf, die dem jungen Unternehmen am 28. November 1951 ein Darlehen von DM 60.000,– gewährte und davon DM 30.000,– in bar. Das junge Unternehmen erhielt vom Schwiegervater Harald A. Poensgens einen Kredit zu sehr moderaten 6% Zinsen, gegenüber 10,0% bei der Kreissparkasse. Durch den Kredit wurde das Unternehmen wieder liquide.

Die Firma „Ellenberger & Poensgen GmbH" hatte als Sicherheit für das Darlehen ihr gesamtes Warenlager an die Firma Stettner übereignet. Außerdem hatten die Gesellschafter Jakob Ellenberger und Harald A. Poensgen die selbstschuldnerische Bürgschaft übernommen. Die Liquiditätskrise wurde 1953/54 überwunden und es erfolgte in den nächsten Jahren ein steiler Umsatzanstieg, der sich auch in entsprechenden Erträgen niederschlug. Das Darlehen der Firma Stettner wurde 1955 ganz zurückgezahlt.

Die zwei Prozesse waren von Jakob Ellenberger und Harald A. Poensgen unter dem Einsatz aller Kräfte geführt worden. Der existentielle Härtetest kurz nach der Unternehmensgründung hinterließ prägende Einflüsse auf die spätere Unternehmenspolitik, und zwar in folgenden Bereichen:

(1) Man wollte nie wieder vom Elektrogroßhandel abhängig sein und suchte daher den direkten Kontakt zum Kunden.
(2) Die Umstellung im Fertigungsprogramm prägte das Unternehmen bis in die heutige Zeit.
(3) 1952 betrug das Eigenkapital DM 1.700,- gegenüber 56.300 DM Schulden. 1951 betrug der Fremdkapitalanteil 88,7% und 1952 88,0%. In den folgenden Jahren ging der Fremdkapitalanteil von 86,9% (1954) auf 72,6% (1956) und 51,0% (1960) zurück.

1965 bot die Deutsche Bank, Nürnberg, der „Ellenberger & Poensgen GmbH" einen zinsverbilligten Kredit in Höhe von DM 500.000,- an. Die Geschäftsführung schrieb an die Deutsche Bank:

„Nach reiflicher Überlegung haben wir uns entschlossen, auf den angebotenen Kredit zu verzichten. Wir wissen, dass der Kredit zu einem günstigen Zinssatz von 4% angeboten ist, doch machen die mit der Kreditgabe verbundenen Bedingungen, wie Eintragung einer Hypothek und jährliche Vorlage unserer Bilanz zu viel Umstände im Verhältnis zur Kredithöhe. Aus diesen Gründen haben wir uns entschlossen, auf den Kredit zu verzichten, nachdem wir aus der heutigen Tagessicht heraus glauben, das Vorhaben aus eigener Kraft finanzieren zu können."

Am 14. Juli 1972 ging Jakob Ellenberger auf die Darlehen zu Beginn der fünfziger Jahre ein und betonte, dass die Darlehen nach drei Jahren auf Heller und Pfennig zurückgezahlt waren. „Wir haben seitdem immer nur soviel unternommen, wie wir selbst verkraften konnten. Wir haben gespart und erst dann weiteres angefangen!"

Bei der Betriebsversammlung am 21. Juli 1987 führte die Geschäftsführung aus: „Die Firma wird nach wie vor ohne größere Fremdkapitalanteile finanziert und wir müssen uns anstrengen, dass dies weiterhin so bleibt".

Die Selbstfinanzierung stellt eine innerbetriebliche Kapitalaufbringung dar. Teile des Gewinnes oder der Unternehmereinkommen werden nicht ausgeschüttet, sondern dem Wertschöpfungsprozess des Betriebes weiter zur Verfügung gestellt, d. h. im Anlage- oder Umlaufvermögen investiert. Bei der Fremdfinanzierung wird dem Unternehmen von außen Kapital zugeführt, und zwar in Form von Krediten. Für die Kredite müssen Zinsen bezahlt werden, die eine Unternehmung in Krisenzeiten anfälliger machen, da die Zinsen das Betriebsergebnis mindern.

Bei großen Bauvorhaben musste auf Fremdkapital zurückgegriffen werden. Die Rückzahlung erfolgte jedoch so schnell, wie es nur eben zu verkraften war.

Der Umsatz je Beschäftigtem stieg von 8.220,- DM im Jahr 1954 auf 17.300,- DM im Jahr 1958 an, und zwar ohne „nennenswerte Maschineninvestierungen". Der Anteil der Fertigungslöhne am Gesamtumsatz fiel von 17% im Jahr 1956 auf 11,9% 1958, und der Personalkostenanteil am Gesamtumsatz von 29,7% im Jahr 1957 auf 25,6% 1958.

1957/58 stellte die Unternehmensführung fest: „Die im amerikanischen und canadischen Absatzmarkt vorliegenden preislichen Bedingungen zwingen die Geschäftsführung, konkurrenzfähige Geräte mit möglichst niedrigem Material- und Lohnaufwand zu entwickeln und zu fertigen. Durch die in Übersee gewonnenen Erfahrungen ist im Jahr 1958 eine weitere Senkung des Anteiles der Materialkosten an den Gesamtkosten und eine beachtliche Verminderung der Fertigungslöhne eingetreten".

Von 1955 bis 1958 sank der Anteil des Materialeinsatzes im Verhältnis zum Gesamtumsatz von 27,2% auf 17,4%. Die Krise von 1966/67 wurde mit Kurzarbeit überwunden. Entlassungen wurden nicht vorgenommen. Jakob Ellenberger war 1932 selbst arbeitslos geworden. Die beiden Unternehmensgründer wollten dieses Los ihren Mitarbeitern ersparen. Die Unternehmer zeigten hier wie auch später ihre Nachfolger eine hohe soziale Verantwortung gegenüber den Mitarbeitern.

4. DIE HANNOVER-MESSE UND DIE E–T–A: „E–T–A MITARBEITER IN ALLER WELT"

Was vor über 50 Jahren (1947) von der ausgehungerten Nachkriegsbevölkerung „Fischbrötchen-Messe" getauft wurde, entwickelte sich bis heute zur industriellen High-Tech-Schau. Die „Fischbrötchen-Messe "wurde zunächst zum „Schaufenster des Wirtschaftswunders" und zum „Spiegelbild der deutschen Industrie". Noch heute gilt der weltweit größte Messeplatz als Barometer für die Leistungs- und Wettbewerbsfähigkeit des Standorts Deutschland.

Die Hannoveraner mussten 1947 von den Briten zu ihrem Messe-Glück gezwungen werden. Das Interesse der englischen Besatzungsmacht war nicht ganz uneigennützig, schlugen doch ihre Kosten für die Lebensmittellieferungen nach Norddeutschland kräftig zu Buche. Sie erhofften sich nun Einnahmen. So gab General Sir Brian H. Robertson, Oberbefehlshaber der britischen Besatzungstruppen, am 15. April 1947 den „Befehl" aus: „Die Messe darf nicht nur ein Erfolg werden, sie muß ein Erfolg werden." Während noch alles in Trümmern lag, wurde in der Zeitung gemeldet: „Vom 18. August bis 7. September 1947 findet in Hannover die Export-Messe der westlichen Zonen statt. Auf 30.000 Quadratmetern zeigt die deutsche Industrie exportfähige Qualitätserzeugnisse".

Als Standort, der sich später wegen der Erweiterungsmöglichkeiten und Verkehrsanbindungen als gut gewählt erwies, wurde das Gelände der Vereinigten Leichtmetallwerke (VLW) in Laatzen bestimmt. Am 16. April 1947 wurden von 600 Arbeitern binnen weniger Wochen 90.000 Tonnen Maschinen abgeräumt und in fünf Hallen 30.000 Quadratmeter Platz geschaffen. Zum Vergleich: Heute sind es rund 270.000 Quadratmeter. Am 18. August 1947 begann „das Messewunder von Hannover". Erich Köhler, Präsident des Wirtschaftsrates der besetzten Zone, eröffnete die Schau. 1.300 Aussteller aus Deutschland – 1997 waren es 7.259 aus 69 Ländern – waren 1947 gekommen und zeigten, was die deutsche Industrie noch zu bieten hatte: den kleinsten Dieselmotor der Welt, Zahnprothesen, klappbare Kinderwagen und den berühmten Patenthosenknopf. Präsentiert wurde auch das Auto, das in späteren Wirtschaftswunderjahren weltweit zum Exportschlager werden sollte, der seit 1946 in Wolfsburg gebaute VW-Käfer. Heute steht die Automation im Vordergrund, werden Antriebs-, Energie- und Umwelttechniken ausgestellt.

700.000 Besucher strömten 1947 in 21 Messetagen nach Laatzen, um vorrangig etwas zu ergattern oder sich ohne Lebensmittelmarken mit Fischbrötchen mal ordentlich satt zu essen. Dieser Besucherrekord ist bis heute ungebrochen: 300.000 Gäste wurden zur Industriemesse 1997 erwartet. Und statt der 60 Tonnen Fischbrötchen führten rund 180.000 Bratwürste die Snackhitliste an.

Die Entwicklung verlief rasant: 1951 wurde der erste deutsche Fernseher präsentiert. 1969 wurde das Centrum für Büro- und Informationstechnik gebaut und damit das Fundament für die große Schwester „CeBit" gelegt, die sich 1986 emanzipierte.

Das Unternehmen Ellenberger & Poensgen GmbH war 1951 erstmalig auf der Technischen Messe in Hannover vertreten. In einer Notiz von Jakob Ellenberger, die für Harald A. Poensgen bestimmt war, wurde der erste Messe-Auftritt des jungen Unternehmens festgehalten:

„Unsere Firma war auf der Technischen Messe in Hannover v. 29.4. – 8.5.51 in Halle 12 Stand 615 erstmals vertreten. Die Aufmachung unseres Standes, welcher eine Gesamtlänge von 7 m aufzeigte, war recht ordentlich und hat allgemein guten Anklang gefunden. Die Standeinteilung selbst war so getroffen, dass wir in der linken Standhälfte unser ELPO-Programm, bestehend aus Schraubautomaten für Licht, Kraft und Strombegrenzer in Bakelit, Porzellan und Pollopas gezeigt haben, weiter unsere Einbau-Automaten mit Überkappe plombierbar und Schalttafelautomaten ebenfalls für Licht, Kraft und als Strombegrenzer in Form von schönen übersichtlichen Mustertafeln und in Vitrinen ausgestellt, gezeigt haben.

Vorstehendes Programm wird heute von uns in 200 verschiedenen Stromstufen bzw. Ausführungen hergestellt. Die Reichhaltigkeit unseres Programms in diesen Apparatetypen sowie die Qualität unserer Erzeugnisse wurde von allen unseren Geschäftsfreunden, welche uns in sehr großer Anzahl besucht haben, ausnahmslos anerkannt. Es hat uns sehr gefreut feststellen zu können, dass unsere Kunden mit unseren Erzeugnissen in qualitativer und preislicher Hinsicht sehr zufrieden sind und unsere Geräte als allgemein technisch hochwertig und preisgünstig bezeichnet wurden. Neben unseren bekannten Ausführungen beliefern wir fast sämtliche deutsche Fabriken, welche elektrische Ladegeräte herstellen. Wir sind die einzige Firma, welche mit Automaten mit Spezialcharakteristik für Selengleichrichter liefern. Diese Tatsache hat uns einen großen und bedeutenden Kundenkreis gesichert.

Weiterhin konnten wir feststellen, dass sich unsere Einbau-Automaten sehr großer Beliebtheit ob ihres geschmackvollen Aussehens, ihrer kleinen Bauart und ihrer technischen Zuverlässigkeit erfreuen. Auch hier war es uns möglich, viele neue Interessenten auf unsere Erzeugnisse aufmerksam zu machen und als zukünftige Kunden zu gewinnen. Auf der rechten Standhälfte haben wir unser E–T–A Programm in der gleichen Aufmachung wie unser ELPO-Programm gezeigt. Wir hatten eine Experimentiertafel zum Vorführen unserer E–T–A in Kraftfahrzeugen gehabt, sowie einen Einphasenwechselstrommotor mit einem eingebauten E–T–A. Von der Experimentiermöglichkeit der Vorführung, sowie unserer E–T–A für Kraftfahrzeuge, Kleingeräte (einpolige Motorschutzschalter) wurde von Seiten der Kundschaft reichlich Gebrauch gemacht.

Sehr großes Aufsehen hat unser E–T–A als Motorschutzschalter für Einphasenwechselstrommotoren erregt. Sämtliche maßgebenden Fachleute sowie fast alle deutschen Motorenfabriken haben mit uns dieserhalb verhandelt. Eine bedeutende deutsche Motorenfabrik, die Firma Himmelwerke in Tübingen, hatte auf ihrem Stand in Halle 9 unsere E–T–A in Motoren als Motorschutzschalter eingebaut ebenfalls laufend vorgeführt. Soweit wir feststellen konnten, besteht allergrößtes Interesse für unsere E–T–A für Kleingeräte

a) zum direkten Einbau für Einphasenwechselstrommotoren für Kühlschränke, elektrische Waschmaschinen, Trockenschleudern, Ventilatoren und Kleinmotoren aller Art, in den Motor als Motorschutzschalter.

b) als Überstromschutzschalter für Kleintransformatoren, Spielzeugtransformatoren, Schutztransformatoren, Zünddrossel für Leuchtstoffröhren, elektrische Ladegeräte, für Backofentransformatoren.

c) als Feinsicherung für hochwertige Fernsprech- und Rundfunkgeräte, Übertrageanlagen und ähnliches.

d) als Überstromschutzschalter für Meßgeräte, z.B. zum Schutz der Laufwerke in schreibenden Geräten aller Art. Als Überstromschutzschalter für Ampermeter zum direkten Einbau in die Frontplatte der Meßinstrumente.

e) als Leistungsschutzschalter für Zugbeleuchtung, als Schutzschalter für Signal- und Fernmeldegeräte im Eisenbahnbetrieb, bei Spannungen bis zu 24 V Gleichstrom und 250 V Wechselstrom.

f) als Überstromschutzschalter für Kraftfahrzeuge und Elektrokarren aller Art.

Aus der obigen Aufstellung ist eindeutig das große Anwendungsgebiet für E-T-A zu ersehen, welche sich in ausgezeichneter Weise auf der Technischen Messe in Hannover in großer und präziser Art gezeigt hat.

Allgemein: Wir haben den Eindruck gewonnen, dass wir mit unserem ELPO und E-T-A Programm wirklich Neues geschaffen haben, für das ein echtes Bedürfnis in der Technik vorhanden ist. Bei entsprechender Akquisition und technischer Beratung dürfte es eine lohnende und interessante Tätigkeit sein, das ungeheure Anwendungsgebiet, welches für unsere E-T-A vorhanden ist, zu erschließen.

Betr. Konkurrenz: Unser E-T-A ist in seiner Art konkurrenzlos. Soweit wir bis heute feststellen, gibt es nur einen einzigen Konkurrenten, dies ist ein Apparat amerikanischer Konstruktion, „Klixon" genannt. Letzterer besteht aus einer Bi-Metall-Scheibe, welche sich beim Erwärmen durchbiegt und einen Kontakt öffnet und nach Erkalten wieder schließt. Diese Konstruktion hat gegenüber unserem E-T-A den Nachteil, dass sie nur für Wechselstrom zwischen 3,5 Amp. und 15 Amp. verwendbar ist. Außerdem ist die Form rund und nicht so leicht einzubauen wie unser E-T-A. Weiter hat unser E-T-A den Vorteil, dass die Schaltleistung desselben etwa das 3-fache ist des vorgenannten Klixon-Schalters.

Wir hatten die Freude festzustellen, dass Firmen, die bisher den vorgenannten Schalter eingebaut haben, sich nach reiflicher Überlegung und Erprobung entschlossen haben, in Zukunft an Stelle dieses Schalters unseren E-T-A einzubauen. Ein Beweis mehr für die ansprechende und robuste Konstruktion unseres kleinen E-T-A.

Altdorf, den 19.5.51   Jakob Ellenberger"

1951 hatte die Volkswirtschaftliche Abteilung der Deutschen Messe- und Ausstellungs-A.G. Hannover eine Vertreter-Vermittlung erstmalig errichtet. Vertreter aus irgend einem Land wandten sich an die Vertreter-Vermittlung und wurden dann an die betreffenden Firmen verwiesen. Harald A. Poensgen reagierte auf die Errichtung der Vertreter-Börse sofort und teilte der Deutschen Messe- und Ausstellungs-A.G. mit, dass Auslandsvertreter für folgende Distrikte benötigt würden: Australien, Bolivien, Kolumbien, Costa Rica, Cuba, Ecuador, Honduras, Irak, Malaysia, Mexiko, Neuseeland, Nicaragua, Nigeria, Pakistan, Portugiesisch Ost- und Westafrika, Puerto Rico, Libanon, Panama, Surinam. „Soweit Sie in der Lage sind, für diese Distrikte Vertreter zu beschaffen, wären wir Ihnen sehr dankbar. Bemerken möchten wir jedoch vorsorglich, dass wir seit einiger Zeit auf der Suche nach geeigneten Vertretern mit diesen Ländern in Verbindung stehen."

Seit 1952 hatte die Firma in Halle 10 des Hauses der Elektrotechnik einen Stand von 25 qm inne.

„Das ist nicht viel, besonders wenn man bedenkt, dass die Schaufläche nur 10 Meter lang ist. Aber es kommt der Firma auch hier nicht auf eine falsche Repräsentation an. Sie kann sich das auch leisten. Hier in Hannover soll vor allem der technische Beratungsdienst bei der Geburt neuer Ideen gepflegt – es dauert immerhin zwei Jahre, bis aus ersten Fühlungnahmen und Anregungen sich richtige Fertigungsprogramme in Serien entwickeln – und die Mitarbeiter aus aller Welt empfangen werden. 1957 waren es 63 Herren aus 22 Nationen."

1962 erhielt das Unternehmen für 8 Jahre den Stand Nr. 1918 in Halle 10. Der Stand war mit Kochmulde, Kühlschrank, Küche, 1 Büro, Besprechungsraum Nr. 1 mit 7 Sesseln und Nr. 2 mit 5 Sesseln versehen. 1951 hatte Anna Ellenberger noch privates Haushaltsgeschirr und eine Kochplatte mitgesandt. Der neue Stand bedeutete einen erheblichen Komfortfortschritt für Personal und Gäste. Jakob Ellenberger war zufrieden: „Die diesjährige Industriemesse (1963) hat zu einer Ausdehnung und Vertiefung der Geschäftsverbindungen geführt, nicht zuletzt auch dank der wesentlich besseren Ausstellungsmöglichkeiten auf einem erheblich größeren Messestand."

In den siebziger Jahren hatte die Ellenberger & Poensgen GmbH den Stand 1120 in Halle 12/0. Bei der Industrie-Schau 1973 war sie mit dem Generalthema „Schalten, Schützen, Steuern" mit einem Programm für die elektrischen Fahrzeuge der Zukunft vertreten, für die Boots-Elektrik, für die Elektronik. „Immer wieder neue Produkte für eine neue Technik".

1957 wurden Mitarbeiter-Versammlungen und ab 1959 das Dinner-Meeting, das 1962 im Ratskeller, 1963 im Spiegelsaal und 1964 bis 1973 im Roten Saal der Stadthalle stattfand, abgehalten.

Bei den Dinner-Meetings berichtete Harald A. Poensgen über die kaufmännische und Jakob Ellenberger über die technische Seite des Unternehmens. Die Berichte vor den aktiven Mitarbeitern aus der Bundesrepublik, Europa und Übersee waren äußerst informativ.

Harald A. Poensgen begrüßte z.B. anlässlich des Mitarbeiter-Dinner-Meetings 1960 die deutschen Vertreter und als Gäste von außerhalb der Bundesrepublik die aktiven Mitarbeiter und Freunde aus folgenden Ländern: Australien, Belgien, Belgisch Kongo, Kanada, Finnland, Frankreich, Griechenland, Großbritannien, Holland, Italien, Luxemburg, Mexiko, Österreich, Schweden, Schweiz, Südafrika und den USA:

„Wir haben die große Freude, zum ersten Mal die Herren Horst Kiel und Simon Simonett (SME Servicio de Materiales Electricos, Mexico), ferner zum ersten Male Mr. Luka aus Melbourne, welchen Herren wir sogar das erste Mal persönlich kennen zu lernen die Ehre haben, zum zweiten Male Herrn Werner Heisig (E-T-A Products of America, Chicago) und Herrn Boris Solzman (E-T-A Products of Canada Ltd., Montreal) in unserem Kreise begrüßen zu können. Die drei erstgenannten Herren dürfen wir somit auch inoffiziell gelegentlich unseres heutigen Traditions-Abends in den Kreis unserer zahlreichen E-T-A Familie aufnehmen."

1965 nahm William F. Sell erstmals an der Hannover Messe teil, und zwar als General-Manager der E-T-A USA. 1966 waren die USA durch Geschäftsführer Ernest Roger vertreten. Am Mitarbeiter-Dinner nahmen ab Ende der fünfziger und in den sechziger Jahren auch Vertreter teil aus: Belgisch Kongo, Venezuela, Chile, Indien, Portugal, Pakistan, Dänemark, Norwegen, Irak und Japan. Zur Hannover Messe 1961 erschien eine Broschüre „E-T-A Mitarbeiter in aller Welt". Die Ostblock-Länder wurden nicht aus den Augen verloren. Bei der Hannover Messe 1968 führte Harald A. Poensgen aus:

„Östliche Länder – Es wird Sie sicher interessieren, dass wir unter tatkräftiger und dankenswerter Aegide unseres Freundes in Wien intensive Kontakte mit allen Ostgebieten, vornehmlich der U.d.S.S.R. eingeleitet haben und auch unsere Zeitschriften-Werbung in den einzelnen Landessprachen betreiben, deren Beginn mit 1968, nach unseren Informationen bereits nach dem ersten Vierteljahr gewisse Ansätze von konkretem Interesse zu zeigen beginnt. Im Zusammenhang damit werden wir am 29. Mai 1969 erstmalig einen Ingenieur-Vortrag vor größerem Forum in Prag halten. – Wir hoffen, Ihnen nächstes Jahr weiter berichten zu können."

1964 besaß die E-T-A 60 Inlands- und 309 Auslands-Patente. In den USA waren 26, in Kanada 19, in Italien 17, in Großbritannien und Frankreich je 14, in der Schweiz 11 und in der DDR 2 Patente angemeldet. Harald A. Poensgen sprach 1961 sicher voll Stolz von der „globalen Verkaufstätigkeit unserer Firma". Die globale Verkaufstätigkeit erforderte eine entsprechende Werbung, die 1968 intensiviert wurde, wie Harald A. Poensgen auf der Hannover Messe Anfang 1968 hervorhob:

„*Werbung* – Sie werden aus den übersandten Kopien gesehen haben, dass wir unsere Anzeigen-Werbung in Fach-Zeitschriften sehr stark intensiviert haben. Analog unserer Entwicklungs-Tendenz

wurden ausschließlich hochwertige Geräte, insbesondere die verschiedenen Versionen des Magnetic-Programms, sowie E-T-A Leistungs-Schutzschalter annonciert. Der namhafte Erfolg unserer Anzeigen-Werbung 1967 hat uns veranlaßt für 1968 wie folgt zu disponieren:
a) Inland: 30 (24) Fachzeitschriften mit 204 (173) Viertelseiten
b) Ausland: 50 (29) Fachzeitschriften mit 200 (150) Viertelseiten
insges.: 80 (53) Fachzeitschriften mit 404 (323) Viertelseiten,
d. h. + ca. 50% Fachzeitschriften und + ca. 25% Viertelseiten,
wobei die ausländischen Viertelseiten noch geschätzt sind,
da noch nicht alle Meldungen vorhanden sind."

Das Mitarbeiter-Dinner-Meeting (1959–1973) war ein glanz- und stilvoll inszeniertes Fest. Regie führte Harald A. Poensgen, der die Tisch-Ordnung erstellte und jede Flasche Wein im Hinblick auf Qualität und Preis persönlich überprüfte. Die Großhandelseinkaufspreise von Wein waren ihm bekannt. Die Speisekarte war in deutscher, englischer und französischer Sprache gehalten.

Nach dem Dinner-Meeting nahm ein kleiner Teil der Gesellschaft bereits im Roten Saal Abschied, während der größere Teil bei einem geselligen Beisammensein zusammenblieb. Dabei wurde eine kalte Ente, ein bowleartiges Getränk, serviert. In einem Brief an die Direktion der Stadthalle Hannover vom 12. April 1962 hatte Harald A. Poensgen die Zusammensetzung der kalten Ente genau angegeben:

„*Allgemeines*: Wir danken Ihnen bestens für die angebotenen Sekte, von welchen wir jedoch nur den *Söhnlein Schloß Johannisberger* für den Fall, dass reiner Sekt verlangt wird, akzeptieren würden. Wir bitten jedoch höflichst, nachdem die meisten Gäste nach dem Dinner etwas leichteres trinken, uns noch Angebot zu unterbreiten auf „Kalte Ente", die Sie ein halb mit leichtem Mosel und ein halb mit *Söhnlein Rheingold* kalkulieren wollen.. Es ist nicht notwendig, dass für die Kalte Ente so teuerer Wein genommen wird.
Wir setzen dabei voraus, dass im Bestellungsfalle diese in Kannen serviert wird und zwar in fachmännischer Weise, so dass zunächst die Kanne zur Hälfte mit dem gewählten Moselwein gefüllt wird und alsdann der Sekt über eine Zitronen-Schalen-Spirale eingegossen wird. Die Zitrone soll nicht in der Kanne hängen, um den Geschmack nicht zu stark zu intensivieren. Wichtig ist, dass die Kalte Ente eiskalt serviert wird. Gegebenenfalls könnten einige Stücke Natureis mit in die Kannen eingefüllt werden. Sonstige Zusätze sollten nicht dazu kommen."

Mit Einverständnis seines Vaters übernahm Eberhard Poensgen den „Vorsitz und die Direktive" über das gesellige Beisammensein 1968. Nach dem Tod von Jakob Ellenberger (1975) wurden die Geschäftsberichte an Jahresabschlussfeiern und Betriebsversammlungen von den neuen Geschäftsführern Eberhard Poensgen und Horst Ellenberger vorgenommen. Das Mitarbeiter-Dinner-Meeting wurde unter Kostengesichtspunkten abgeschafft. Dies hing auch mit der Aufspaltung in die Hannover Ce-Bit-Messe und die Deutsche Industrie Messe zusammen. Die „Schau" Hannover konzentrierte sich auf den eigentlichen Messecharakter. Diese hat internationalen Charakter und war immer fachbezogen. Die zwingende Notwendigkeit, dass sich weltweit alle E-T-A Vertriebsleute zur Hannover DIM-Messe treffen, war nur noch bedingt gegeben. Ab 1976 trafen sich die Außendienstmitarbeiter zu Gesprächen und Informationen mit ihren Kunden auf der DIM. Die Messe diente und dient zur Kundenbetreuung. Man findet den E-T-A Stand im Parterre der neu erbauten Halle 12.

Die Firma E-T-A ist heute auf folgenden Messen vertreten:

Internationale Messen: Industrie-Messe Hannover; Electronica München; Interkama Düsseldorf; Achema Frankfurt; Domotechnica Köln; Sensor Nürnberg; CeBit Hannover
Regionale Fachmessen: Elektrotechnik Dortmund; ELTEC München; ELTEC Nürnberg; Belektro Berlin; EFA Erfurt; Fachberatertage Mannheim; ELTEFA Stuttgart; Elektrotec und Nord Elektro Hamburg
Fahrzeugausstellungen: IAA Frankfurt; IAA Nutzfahrzeuge Hannover; Automechanica Frankfurt; Fahrzeugausstellungen Paris
Luftfahrtausstellungen: ILA Internationale Luftfahrtausstellung Hannover; Salon de Aéronautique Paris
Bootsausstellungen: Internationale Bootsausstellung Düsseldorf; Bootsausstellungen in Genua, Stockholm, Piräus, Paris, Amsterdam und Mailand
Auslandsmessen: Schweiz: Ineltec, Ilmac, SAW; Belgien: Aqua Expo, Multitronic, Interelec, Induselec, Eurelec; Frankreich: ELEC, Salon Composants Electroniques; Österreich: ie/VIET; Italien: Bias, Intel; Holland: Aquatech, Elektrotechniek, Electronics, Petrotech; Messebeteiligungen in Dänemark, Schweden, Finnland, Spanien und den neuen Demokratien in Ostmitteleuropa.
Export-Messen: UK: Autosport, British Marine Trade Show, Marine Trade Exhibition, London Boat Show, Electronic Component Industry Federation Show; USA: Design Engineering Show, Northcon Show, Wescon Show; Japan: Euro-Japan Railtech; Singapur: Elenex, Enex Asia, Asia Electronics, Environmenx Asia/Watermax Asia; Südafrika: Elextrex, ADEC 2000; Taiwan: Taipei Elec; Australien: Elenex; Türkei Elenex

5. EXPORT: „WIR STREBEN AN, EINE FIRMA ZU WERDEN, DIE GLOBAL DENKT UND HANDELT"

In der Zeit der Patentprozesse, des Liquiditätsengpasses und des Absatzrückganges im Inland wurde das Fertigungsprogramm umgestellt, Neuentwicklungen vorangetrieben und der Export forciert. 1950 wurden 20% und 1951 26% des Umsatzes exportiert. Dies war für die damalige Zeit sehr beachtlich. Die Werbung von Harald A. Poensgen erfolgte im In- und Ausland:

Neben den üblichen Einzelanzeigen in deutschen Fachzeitschriften wie „ETZ, Verkehr & Technik, ETR, Kältetechnik" wurde 1956 und 1957 vom Hauptwerk Altdorf in folgenden Fachzeitschriften im Ausland laufend monatlich inseriert und redaktionelle Beiträge zur Veröffentlichung geliefert:

Länder	Fachzeitschrift
Argentinien	Ingenieria & Industria
Brasilien	Revista Técnica Sulamericana
Canada	Electrical News and Engineering
Frankreich	La Revue Générale du Froid
Holland	1.) Electrotechniek
	2.) Spoor-en Tramwegen
	3.) Electra
Mexico	Ingeniera Mecanica y Electrica

Norwegen	ETT = Elektrotechnisk Tidsskrift
Schweden	Kyltnisk Tidskrift
Schweiz	Skag
USA	Electrical Manufacturing

„Wie Sie (die Mitarbeiter aus dem In- und Ausland) wissen, schreiben wir die Worte ‚kommerzielle und technische Informationen' innerhalb unseres routinemäßigen Geschäftsverkehrs ‚ganz groß'. Wir stehen auf dem Standpunkt, dass unsere Mitarbeiter über alles, was im Werk geschieht, unterrichtet sein müssen, um ihre Kunden in Erfüllung der Vertrauensansprüche jederzeit lückenlos beraten zu können. Auch ‚Nebensächliches' kann eines Tages wichtig sein. Allerdings bitten wir, unsere Arbeit in diesem Sinne dadurch zu unterstützen, dass Sie diese Information intern in irgendeiner Form so registrieren, dass deren Kenntnis zu gegebener Zeit an die Kunden automatisch weiter vermittelt werden kann, so dass wiederholte Rückfragen beim Werk erspart werden können",

schrieb Harald A. Poensgen 1957. Bei der globalen Strategie spielten die Referenzlisten eine besondere Rolle:

„Es wird aber auf Seiten der Leitung einer zukünftigen globalen Organisation noch sehr viel Grundarbeit und anschließend noch mehr Feinarbeit geleistet werden müssen, um ein Optimum an Koordination zu erreichen. Soweit es unsere knapp bemessene Zeit zugelassen hat, haben wir uns in der Zwischenzeit viel mit dieser Materie befaßt und haben uns hierbei auch mancher Anregung erinnert, die uns gesprächsweise seitens unserer Mitarbeiter im In- und Ausland zugetragen wurde. So unter anderem auch die Ausarbeitung von Referenzlisten.

Wir haben diese Anregung durchdacht und Ihnen vor einigen Wochen darüber geschrieben. Der Gedanke der Austausch-Möglichkeit von Referenzen innerhalb der E-T-A Organisation ist zu reizvoll und zu wichtig, als dass man diesen nicht eingehend elaborieren sollte. Wir haben den Anfang mit einer Referenz-Liste gemacht, nachdem ein Referenz-Bilderbuch zu aufwendig, zu unhandlich und auch zu wenig individuell ist, insofern, als z.B. ein prospektiver Kunde in England absolut desinteressiert ist, zu wissen, welche programmäßig ähnlich gelagerte Fabrik in der Bundesrepublik E-T-A Geräte einbaut, während eine Fabrik in Australien sehr viel Interesse daran hat, zu wissen, ob das Stamm-Werk in England oder Amerika unsere Geräte schon verwendet.

Aus diesem Grunde soll die Referenz-Liste auch ‚Haar-Riss-frei' gehalten werden, d. h. nur solche Firmen enthalten, die seit mindestens einem Jahr E-T-A Geräte beziehen und damit zufrieden sind, also als echte Referenzen angesprochen werden können. Etwaige Bedenken auf Seiten unserer Vertretungen, die unter ihrem Namen unsere Geräte eingeführt haben und vertreiben, es könnte ihr Anspruch auf Alleinvertriebs-Recht gefährdet werden, bzw. ihre Kunden könnten versuchen, bei uns direkt günstiger einzukaufen, so darf ich Ihnen unter Hinweis auf die Integrität unserer Verträge und unsere kaufmännische Ehre unsere unantastbare Loyalität versichern, abgesehen davon, dass bereits in unserem routinemäßigen Geschäftsverkehr Anfragen oder Briefe bei uns nicht akkreditierter ausländischer Firmen zur Bearbeitung grundsätzlich an unsere betreffenden Vertreter zurücklaufen.

Was die Ausarbeitung dieser Referenz-Listen anbelangt, so werden diese im Werk alphabetisch geordnet, d. h. entweder nach ‚Anwendungsgebieten' oder nach ‚Firmen-Anschriften', was wir uns in Abstimmung mit Ihnen noch überlegen wollen.

Diese Listen sollen jedes Jahr mit dem neuesten Stand zur Verfügung stehen, so dass wir mit Ihnen hoffen, in einigen Jahren eine vorzügliche, globale Referenz-Kartei für unsere gemeinsame Kundschaft bereit zuhaben" (Harald A. Poensgen 1960).

Die Unternehmensgründer dachten schon früh über den reinen Export hinaus. Jakob Ellenberger und Harald A. Poensgen konzipierten bereits in den fünfziger Jahren ein Unternehmen mit globalen Aktivitäten. Dies äußerte sich im Export und in der Gründung eines selbständigen Unternehmens 1955 in den USA. 1960 äußerte sich Harald A. Poensgen dazu: „Es wird aber auf Seiten der Leitung einer künftigen globalen Organisation noch sehr viel Grundarbeit und anschließend noch mehr Feinarbeit geleistet werden müssen, um ein Optimum an Koordination zu erreichen."

Anlässlich des Dinner-Meetings der Hannover-Messe 1962 begrüßte Harald A. Poensgen in „Abwesenheit Herrn Direktor Apotheker i/Fa. Swiss Electric Representation Ltd., Tel-Aviv, dem neuen Mitglied unserer E–T–A Organisation und -Familie in Israel, mit welchem strebsamen Lande wir uns freuen, im Laufe der Jahre ein interessantes Geschäft mit unseren Geräten aufbauen zu können." Zu dem Stichwort „Organisation" führte Poensgen aus:

„Unsere Welt-Organisation selbst konnte bereichert werden durch einige, seit 1957 neu zu uns gekommene Mitarbeiter-Firmen, so dass eine Neufassung unseres Verzeichnisses ‚E–T–A Mitarbeiter in aller Welt' geboten schien. Dieses neue Verzeichnis mit neuem ‚Gesicht' haben wir neben Ihr Gedeck legen lassen. Es möge Ihnen für die Pflege nachbarlicher kollegialer Beziehungen untereinander gute Dienste leisten!"

Tabelle 4: Platzierung der einzelnen Länder für 1962, gerechnet vom Export-Umsatz

1.Schweiz	19,99%
2.USA	14,67%
3.Canada	11,30%
4.Italien	9,49%
5.England	7,60%
6.Schweden	7,44%
7.Dänemark	7,40%
8.Norwegen	5,42%
9.Mexico	3,22%
Summe:	86,53%

1962 wurden 27% vom Gesamtumsatz exportiert. Der Rest der insgesamt 29 Länder, die 1962 beliefert wurden, lag zwischen 3,12 und 0,01%. Auch 1963 behauptete die Schweiz bei den Exportländern noch die Spitze. Die Markterschließung in den USA trug allerdings Früchte und 1964 lagen die USA erstmals vor der Schweiz. Die Geschäftsführung hatte bereits 1966 den südostasiatischen Markt im Blickfeld:

„Wir werden auf dem Sektor für Anlage-Güter weiterhin einen aufnahmefähigen Markt finden, mit immer neuen Anwendungsmöglichkeiten für hochwertige Spezial-Geräte, nicht nur in Europa, sondern auch im Ausland. Interessant ist, dass aus den nahen und fernen Ostgebieten, sogar aus China, in zunehmendem Maße E–T–A Geräte gefragt werden. Wir werten dies als ein Zeichen dafür, dass unsere Erzeugnisse mehr und mehr empfohlen werden und sich eines guten Rufes erfreuen. Empfehlungen, die nicht zuletzt aus Amerika infiltriert werden, in dessen Markt wir in steil angestiegener Umsatz-Kurve eingedrungen sind."

Tabelle 5: Platzierung der einzelnen Länder für 1964, gerechnet vom Export-Umsatz

1.	U.S.A.	19,71%
2.	Schweiz	18,79%
3.	Canada	9,83%
4.	Italien	9,56%
5.	Holland	6,27%
6.	England	6,26%
7.	Dänemark	5,87%
8.	Schweden	5,45%
9.	Finnland	3,83%
10.	Mexico	3,35%
11.	Frankreich	3,27%

Die Rangfolge hatte sich 1971 nicht wesentlich geändert, es waren jedoch einige Länder wie Österreich, Japan und Finnland hinzugekommen.

Tabelle 6: Platzierung der einzelnen Länder für 1971, gerechnet vom Export-Umsatz

1.	U.S.A. (fob Altdorf)
2.	Schweiz
3.	Italien
4.	Schweden
5.	England
6.	Österreich (mit Ostblock, ohne UdSSR)
7.	Japan
8.	Niederlande
9.	Kanada
10.	Mexiko
11.	Finnland
12.	Dänemark
13.	Spanien
14.	Norwegen
15.	Südafrika
16.	Frankreich
17.	Australien
18.	Neuseeland
19.	Brasilien
20.	Luxemburg

Die Absatzstruktur sah die Geschäftsführung 1971 als gut an:

„Aus der Sicht unserer Firma ergibt sich folgendes Bild: Wir haben eine, an und für sich, gesunde Teilung in unserer Absatzstruktur. Wir liefern 1/3 unserer Geräte in den Verbrauchsgütersektor, wie Automobil-, Waschmaschinen-Industrie, Haushaltgeräte usw., 1/3 in den Investitionsgütersektor, wie die Steuerungstechnik und ähnliche Anwendungen, 1/3 unserer Produktion geht in den Export."

6. USA 1955: „WIR WERDEN AUF KEINEN FALL RUHEN, BIS WIR AUCH IN DEN USA EINE DER FÜHRENDEN SCHUTZGERÄTE-FABRIKEN GEWORDEN SIND"

Am 1. September 1955 wurde in Chicago (USA) eine Vertriebsgesellschaft unter dem Namen „E–T–A Products Co. of America" gegründet, die in der amerikanischen Rechtsform einer „partnership" geführt wurde. Diese Rechtsform entsprach nach deutschem Recht der einer „Offenen Handelsgesellschaft". Die persönlich haftenden Gesellschafter („partners") waren,
(1) die Firma „Ellenberger & Poensgen GmbH"
(2) die Gesellschafter-Geschäftsführer der unter (1) bezeichneten GmbH, Harald A. Poensgen und Jakob Ellenberger.

Das Unternehmen war mit 80% und die Gesellschafter mit je 10% an Gewinn und Verlust beteiligt. Die am 1. Juli 1957 in Montreal (Kanada) unter dem Namen „E–T–A Products Co. of Canada" gegründete Gesellschaft war ähnlich strukturiert. Die „Ellenberger & Poensgen GmbH" überwies Kapitaleinlagen in die USA, die vorwiegend für Gehälter, soziale Abgaben, Reisespesen, Miete und sonstige Geschäftskosten verwandt wurden. Der Auf- und Ausbau der Beziehungen mit den Firmen in den USA sowie die Erschließung eines neuen Absatzmarktes für die E–T–A Erzeugnisse erforderte einen hohen Kapitaltransfer in die USA. In den USA entstanden insgesamt in den Jahren 1955 bis 1960 Verluste in Höhe von DM 408.374,–. In den drei Jahren 1961 bis 1963 wurde ein durchschnittlicher Jahresgewinn von DM 17.869,– erzielt.

Der Aufbau der E–T–A Products of Canada, Ltd., erforderte ebenfalls hohe Markterschließungskosten. Die schnelle Markterschließung und der schnelle Erfolg rief natürlich den Widerstand der Unternehmen hervor, die bis dahin keine sehr spürbare Konkurrenz gehabt hatten. Bei der Mitarbeiterversammlung zur Hannover-Messe 1957 ging Harald A. Poensgen darauf ein:

„*Konkurrenz*: Bei allem Stolz über die errungenen Erfolge, bitten wir dringend darum, sich besonders intensiv der Tatsache bewußt zu sein, dass wir, entgegen der oft verbreiteten Meinung, wir seien in „Schutzgeräten" alleine auf dem Markt, keinesfalls alleine sind und aus diesem Grunde verpflichtet sind, die Aktivität der gefährlichsten Konkurrenz, der Spencer Thermostate Co. (Klixon), U.S.A., wachsamste Aufmerksamkeit zu widmen.
Unsere eigene Aktivität auf allen Märkten der Welt haben die Klixon-Leute aufmerksam und deren Widerstand gegen E–T–A allmählich aggressiv werden lassen. Während in den letzten Jahren unsere Arbeit verhältnismäßig ungestört vonstatten gehen konnte, stoßen wir seit etwa einem 3/4 Jahr überall, besonders natürlich in U.S.A. selber, auf teilweise massiven Widerstand, der insbesondere bei Großabnehmern in Schutzapparaten bis zur persönlichen Beeinflussung der technischen Sachbearbeiter ausgedehnt wird.
Bitte tasten Sie sich in dieser Richtung vorsichtig vor und führen Sie diesen Kampf in fairer Weise klug und zielbewußt und geben Sie sich in technischen Diskussionen keine Blößen, d.h., lassen Sie bitte keine Fragen der Kunden unbeantwortet. Wir werden Sie schnell und durchgreifend unterstützen und Ihnen jederzeit die Waffen, die für die Führung dieses Kampfes notwendig sind, liefern."

Auf die globale Unternehmensstrategie des jungen Unternehmens ging Jakob Ellenberger bei der Mitarbeiter-Versammlung 1958 anlässlich der Hannover-Messe ein. Diese Ausführungen sind ein einzigartiges Dokument, und sie zeigen, dass die Gründer schon sehr früh global dachten und handelten:

„Ich möchte vorweg meinem lieben Partner, Herrn Poensgen, für seine Ausführungen herzlich danken, und ich glaube sicher, dass es Ihnen genau so gegangen ist wie mir, dass Sie diesen Ausführungen mit größtem Interesse gelauscht haben und daraus für Ihre weitere Arbeit für die ELPO Kraft und Anregung schöpfen konnten. Gründlich sind nicht nur unsere technischen Planungen. Was Markt und Marktmöglichkeit betrifft, so arbeiten wir hier außerordentlich sorgfältig, um niemals überrascht zu werden. Wir planen alles sehr sorgfältig und sind Unternehmer im wahrsten Sinne des Wortes. Herr Poensgen, nochmals meinen besten Dank.
Herr Poensgen hat den Wunsch geäußert, dass ich am Anfang meiner Ausführungen zu Ihnen spreche über Kanada und USA, über die Frage, die mir so oft gestellt wurde, ‚warum überhaupt nach Kanada und USA liefern? Sie sind gut beschäftigt, warum laden Sie sich noch mehr Arbeit auf, als Sie schon haben?' Diese Frage ist an sich berechtigt. Ich möchte Ihnen heute hierauf antworten.
Dazu darf ich sagen, dass ich seit unserem letzten Versammeltsein in Hannover zweimal in Kanada und USA war, einmal zusammen mit Herrn Dipl.-Ing. Eberhard Poensgen, im Okt./Nov. des vorigen Jahres (1957), einmal allein im März dieses Jahres. Sie wissen und kennen unsere Methoden hier, wissen, dass wir uns nicht mit halben Lösungen zufrieden geben und wissen ferner, dass wir alles, was wir vorhaben und tun wollen, ganz tun wollen. Dieses Ganztunwollen sagt schon, dass wir mehr tun wollen und mehr tun müssen als wir hier in Europa tun können, auf Grund des Standes der europäischen Technik, denn wir haben das Bestreben, die Erfahrungen der ganzen Welt in unserer Firma, in allem, was wir unseren Kunden bieten, zu verankern.

Dazu gehört einmal, dass wir auch die Industrie der Welt, die Konkurrenten der Welt, die Denkungs- und Rechnungsweise dieser Welt kennen. Alle Mühe, die wir uns in Übersee machten und machen, kommt in erster Linie unseren europäischen Firmen und Kunden zugute. Wir gehen dort in Amerika so vor, wie der Stand der Technik ist, wie die Mentalität und das wirtschaftliche Denken ist, wir arbeiten uns in diese Mentalität, in diese Denkungsweise hinein und nicht nur das, wir versuchen, was an sich vermessen klingt, sie zu übertreffen.

Ich darf Ihnen ohne Überhebung sagen, wir kennen den Stand der Technik, wir kennen die Weiterentwicklung in technischer Hinsicht auf dem Gebiet der Schutzgeräte, wir kennen auch die Grenzen und Anwendungsmöglichkeiten der Schutzgeräte unserer Konkurrenzfirmen. In den USA haben wir vier Konkurrenzfirmen: (1) Klixon (2) Mechanical Products Co. (3) Appliance Manufacturing Co. (4) Hoppax Co.

Diese sind, von uns aus gesehen, mit Ausnahme der Firma Klixon, Firmen, die nur ein Teilgebiet der Schutzgerätetechnik beherrschen können und nur Spezialgeräte haben, für dieses oder jenes Einsatzgebiet. Die Geräte der USA kranken daran, dass sie infolge des Dranges nach Billigkeit nur begrenzt anwendbar sind. Ein Weg, den wir nie gehen und mitmachen werden.

Die Firma Klixon, die bestimmt das bedeutendste Programm hat und Hauptlieferant der amerikanischen Industrie ist, beschäftigt 5.000 Leute, bringt von technischer Warte aus gesehen, Geräte heraus, die nur begrenzt anwendbar sind und keine Möglichkeit der Weiterentwicklung in sich tragen. Sie haben sozusagen ihren Höchststand erreicht. Sie können nicht mehr mit dem technischen Fortschritt standhalten, sind zur Stagnation, zum Rückgang verurteilt.

Wir streben bei all unseren Gedanken und Konstruktionen an, universell zu bleiben. So ist z.B. die Firma Klixon nicht in der Lage, ein Gerät in kleineren Stromstärken als 2 Amp. zu liefern. Eine andere amerikanische Firma bringt ihre Geräte nicht unter 5 Amp. heraus. Sie wissen, wir liefern unsere Geräte herunter bis in die kleinsten Nennstromstärken. Eine derartige Stärke und Position hat keine Firma. Darüber hinaus haben wir ein voll umfassendes Programm. Wir haben unsere Schaltgeräte-Kombinationen, die wir noch weiter ausbauen werden, worauf ich später noch kurz zu sprechen komme. Wir haben unser dreipoliges Programm, das wir unseren Kunden anbieten können. Unsere Kunden haben die Möglichkeit, sich auf dem ganzen Sektor bei uns einzudecken und mit uns große Geschäfte zu machen, die mit anderen Firmen nicht möglich sind, auf Grund begrenzter Möglichkeiten und begrenzten Fabrikationsprogramms.

Zu den technischen Dingen, der preislichen und der Denkungsmentalität der amerikanischen Firmen möchte ich noch kurz einiges sagen. Vorab noch einige Worte zu der Wirtschaftslage der USA und den Berichten deutscher Zeitungen. Unsere Zeitungen schreiben ‚Arbeitslosigkeit in den USA', ‚Wirtschaftlich geht es abwärts'. Ich war sehr überrascht, in den USA das Gleiche über uns zu hören. Herren der Firma General Electric sagten, ‚wie kommt es, dass es in Europa so schlecht geht, die Arbeitslosigkeit so groß ist, wie wollen sie aus dieser Misere herauskommen?' Man war überrascht, als ich darauf sagte, ‚was sie mich fragten, wollte ich genau Sie fragen'. Darauf die Herren: ‚Bei uns ist alles in Ordnung, die derzeitigen Verhältnisse sind ganz natürlich. Was die Zeitungen schreiben, ist meist Druckerschwärze, die untergebracht werden muß. Von dieser gibt es viel zuviel in der Welt'. Nach geführten Gesprächen mit leitenden Herren aus der kanadischen und der US-Industrie sieht man im Augenblick die Verhältnisse in Kanada und USA, dass sich keine Baisse angezeigt hat, dass aber die Lager beim Handel angehäuft sind und Lagerabschreibungen von Industrieseite erfolgen.

Es ist in den USA so, dass man eine Jahresproduktion herausbringt. Die Umstellung für die Produktion 1959 beginnt im September 1958. Ich habe gefragt, ist Ihr Umsatz zurückgegangen? Man verzeichnet überall eine Steigerung von 45%. Sobald die Produktion für 1959 angelaufen ist, September 1958, geht es mit altem Schwung und Tempo weiter, und das ist sehr vernünftig. Wo sich etwas angesammelt hat, wird dies von den Zeitungen sofort gebracht.

Zu der Wirtschaftslage in Bezug auf Lebenshaltung und Preisgestaltung in den USA möchte ich noch sagen, große Zeitungen haben geschrieben, dass ein Arbeiter in Amerika $2.48 für eine Tätigkeit ausbezahlt bekommt, für die in Deutschland 68 Cents (= DM 2,86) bezahlt werden. Das ist eine Milchmädchenrechnung, die nicht aufgeht. In Wirklichkeit sieht es so aus, wo man in Deutschland DM 1,– verdient, verdient man das Gleiche in den USA. Vielleicht könnte man noch sagen, dass das Lohnverhältnis etwa bei $0.80 = DM 1,– schwankt, je nach Beruf.

Wenn hier jemand DM 2,–, ist drüben $2 bzw. $2.50, verdient, was kann er sich dafür drüben kaufen?

In Bezug auf Lebenshaltungskosten, so wie hier. Anders liegt die Relation bei Textilien. Hier ist das Verhältnis etwa 1 zu 5, d. h., man bekommt dort die doppelte Menge von Textilien. Technische Artikel können dort im Verhältnis zu etwa 1/3 des Wertes, den wir hier anlegen müssen, bezogen werden. Ungünstig sind die Mieten in den USA, und zwar betragen diese etwa 1/3 bis 1/4 des Einkommens. Nach Freigabe der Mieten haben wir hier in Deutschland vielleicht das gleiche Verhältnis.
Die Tatsache, dass die technischen Artikel nur ein Drittel von dem kosten, was sie hier kosten, bestätigt das Preisgefüge. Sie werden sich denken können, dass unsere Artikel auch nur 1/3 kosten von dem, was sie hier kosten. Dies zwingt zu Überlegungen, wie wir sie hier in Europa einfach nicht kennen. Ich habe einige Geräte neu in der Tasche gehabt und dachte, mit diesen Geräten können wir an das Preisgefüge heran. Ich habe es nach diesen Erfahrungen nicht gewagt, die Geräte auch nur zu zeigen, da ich das Gefühl hatte, dass dies völlig nutzlos gewesen wäre. Daraufhin haben wir uns nach meiner Rückkehr zusammengesetzt. Die Feststellung, dass unsere Geräte zu kompliziert, zu stabil, zu solide gebaut sind, zwingt uns, das Ei des Kolumbus zu schaffen. Ich darf Ihnen sagen, wir haben gearbeitet. Ein Plexiglasmodell haben wir bereits hier in Hannover dabei, und ich kann es Ihnen zeigen. Einige Geräte sind zwar noch nicht fertig. Der Zwang zum Einfachen, zur technischen Vollkommenheit mit den einfachsten Mitteln, treibt uns so vorwärts, dass wir hier in Europa eine einsame Stellung im Verlaufe von einigen Jahren einnehmen werden.
Alle diese Überlegungen werden nicht nur Amerika zu gute kommen, sondern – und dies vor allem – auch Europa. Die USA gewinnt von uns, dass wir zu den amerikanischen Preisen Geräte liefern, die in ihrem Aufbau und in ihrer Vollendung die Solidität der europäischen Denkungsweise in sich tragen und dem Stand der Technik und dem Preisgefüge der amerikanischen Industrie entsprechen. So gewinnt Europa aus Amerika und Amerika aus Europa. Wir wollen den Stand der Technik in Zukunft noch weiter tragen und ich darf heute schon sagen, dass der Stand der Schaltgerätetechnik in den USA heute, wie vor zwei Jahren, derselbe ist, da, wie schon ausgeführt, die Geräte einen Endstand erreicht haben. Amerika hat geschlafen in dieser Richtung. Wir haben fest und hart gearbeitet und dürfen heute ohne Übertreibung sagen, dass wir dabei sind, die gesamte amerikanische Schaltgeräteindustrie technisch und preislich zu überrunden. Wir streben an, eine Firma zu werden, die global denkt und global handelt.
Wir werden Anfang 1959 sowohl hier in Europa in unserem Stammhaus, wie in Amerika produzieren. Den größten Teil zwar noch hier in Europa, aber auch in Kanada, wo wir uns das entsprechende Gelände bereits beschafft haben. Wir werden sehr, sehr sorgfältig planen und erst in gemieteten Räumen fabrizieren und aus den erzielten Gewinnen dort eine Fabrik bauen, modern und wie es die Verhältnisse in den USA erfordern."

Die Konkurrenzfirma Klixon (USA) wurde von Jakob Ellenberger bei der Ansprache an die Mitarbeiter bei der Hannover-Messe am 26. April 1961 analysiert. Als Hintergrund muss man wissen, dass die Studie von Jean-Jacques Servan-Schreiber, „Die amerikanische Herausforderung", Vorwort Franz-Josef Strauß (1968), erstmals 1967 in französischer Sprache vorlag. Servan-Schreiber beschrieb die Angst, die die EWG-Europäer vor der amerikanischen Technologie und der amerikanischen Wirtschaftsführung in der 1957 gegründeten Europäischen Wirtschaftsgemeinschaft (EWG) besaßen. Die amerikanische wirtschaftliche Invasion in der EWG aufgrund des für die US-Amerikaner günstigen Wechselkurses (1 Dollar = ca. 4,– DM) war in Westeuropa das beherrschende Thema. Mit der EWG entstand ein Markt von der Größe des US-Binnenmarktes. Von 1957 bis 1967 vervielfachten die US-Amerikaner den Bestand ihrer Direktinvestitionen in den EWG-Ländern. Die Herausforderung für Westeuropa war nicht mehr die Sowjetunion, sondern die USA.

Jakob Ellenberger und Harald A. Poensgen hatten sich der amerikanischen Herausforderung schon 1955 mit der Gründung der Tochterfirma in den USA gestellt, und zwar im Vertrauen auf den Stand der eigenen Technik und dem Ziel, das amerikanische Preisgefüge zu erreichen. Bei der Analyse der Konkurrenzfirma Klixon deckte Jakob Ellenberger technische und preisliche Stärken und Schwächen auf und zog daraus das Fazit, dass das eigene, junge und innovative Unternehmen gute Chancen auf dem US-Käufermarkt besaß. Zur Firma Klixon:

„Diese Firma ist Hersteller von thermisch gesteuerten Motorschutz-Relais. Sie unterhält in Europa vier Firmen, davon drei auf dem Festland. Der Hauptsitz für Europa ist Holland, wo 350 Leute beschäftigt werden. Im französischen Unternehmen werden etwa 150 bis 200 Leute beschäftigt und im italienischen Unternehmen, welches bei Neapel liegt, ca. 200 Leute. Die Beschäftigtenzahl in England ist uns nicht bekannt. Hergestellt werden in den Ländern Holland, Frankreich und Italien monatlich ca. 700.000 Motorschutz-Relais, welche hauptsächlich in der Kältetechnik verwendet werden. Neben diesen Relais stellt die Firma Klixon noch magnetische Starterrelais und neuerdings als Konkurrenz zu unserem A-P-S auch thermische Starter her. Deren Rückstellzeit beträgt, genau wie bei unserem A-P-S, 10 Sekunden.

In neuerer Zeit scheint die Firma Klixon mit sogenannten Wickelthermostaten Eingang in die Waschmaschinen-Industrie zu finden. Es sind hauptsächlich die Firmen ‚Himmel-Werke' und ‚Schorch-Werke', Rheydt, welche auf Drängen der Firma ‚Constructa' diese Thermostate einbauen. Der Preis dieser zu 95% mit Strahlungswärme und zu 5% mit selbst erzeugter Wärme arbeitenden Thermostate ist bei großen Mengen, das heißt 50.000 und 100.000 Stück, ca. DM 2,– bis DM 2,50, je nach Firma und Menge. Zu diesem Preis kommt für die Motorindustrie noch der erhöhte Preis für die Wicklung.

Durch das Einlegen wird: 1.) der Wicklungsprozeß unterbrochen und 2.) nach dem Einlegen der Wicklungsprozeß sehr verlangsamt. Dieses ist bedingt durch die entstehende Ungleichmäßigkeit des Wickelkopfes. Justieren, wie unsere Geräte, lassen sich diese Thermostate nicht. Die Justierung geschieht allgemein durch Bimetall-Auswahl. Kleine Nachjustierungen werden laut Angaben der Firma Klixon durch nachträgliches Verbiegen des ganzen Gerätes vorgenommen.

Für die Praxis ergeben sich folgende Vor- und Nachteile:

a) Vorteile: 1) Das Gerät ist klein und preiswert. 2) Es entstehen keine Kosten für die Befestigung.

b) Nachteile: 1) Der Wickelprozeß muß unterbrochen und verlangsamt werden, was Kosten verursacht. 2) Das Gerät kann beim Einlegen gedrückt oder verbogen werden, wodurch Funktionsungenauigkeiten in hohem Maße möglich sind. 3) Der Schutz bei Hilfsphasenmotoren ohne Betriebskondensator ist zweifelhaft und die Verbrennung der Hilfsphase beim Start eines im Winter stark unterkühlten Motors höchst wahrscheinlich. 4) Bei lang anhaltender Überlast, das heißt, bei völliger Durchwärmung des Motors, dauert es möglicherweise 30 bis 90 Minuten bis nach erfolgter thermischer Abschaltung eine Wiederzuschaltung erfolgt, das heißt, erneute Betriebsbereitschaft für die angetriebene Maschine gegeben ist.

Die Wahrscheinlichkeit, dass nach einer so langen Zeit die Hausfrau bei einem Waschautomaten von sich aus die Betriebsbereitschaft erprobt, ist nicht anzunehmen. Die größere Wahrscheinlichkeit ist die Herbeiholung des Stördienstes. Letzteres ist wieder mit Kosten verbunden und zwar mit einem Vielfachen dessen, was beispielsweise ein E–T–A mit Rückstelldruckknopf, im Mantel der Maschine eingebaut, kostet! Alle diese Überlegungen haben uns bis jetzt davon abgehalten, ein gleichartig arbeitendes Gerät zu schaffen. Sollte aber wider Erwarten in der Industrie trotz der erwähnten Nachteile diese Schutzart Fuß fassen, werden wir nicht zögern, zusätzlich ein ähnlich arbeitendes Gerät zu schaffen. Vorerst wollen wir aufmerksam die Entwicklung der Dinge abwarten.

Die Firma Klixon stellt auch Schutzgeräte für die Luftfahrt her. Diese werden ausschließlich in den USA gefertigt. Den Vertrieb für Deutschland hat die Firma AEG übernommen. Durch die Forderung der Luftfahrtindustrie nach einem Gerät mit absoluter Freiauslösung, das heißt, nach einem Gerät, bei welchem keine automatische Wiederzuschaltung bei Dauerblockierung des Druckknopfes erfolgt, dürfte unser Gerät, welches diese Forderung als einziges Gerät erfüllt, einen guten Markt haben!"

Jakob Ellenberger und Harald A. Poensgen setzten der amerikanischen Herausforderung in Westeuropa (EWG) die deutsche Herausforderung in den USA gegenüber. Beide waren Visionäre und Industrie-Pioniere par excellence. Bis 1972 war Jakob Ellenberger über dreißig mal in den Vereinigten Staaten.

7. „WIR MÜSSEN TECHNISCH UNSERER ZEIT IMMER VORAUS SEIN!" VON DER TRADITIONELLEN HAUSHALTSGERÄTE-INDUSTRIE ZUR ANSPRUCHSVOLLEN INVESTITIONSGÜTER-INDUSTRIE

Seit 1961 konnte Harald A. Poensgen erstmalig die Platzierung der einzelnen Mitarbeiter-Gebiete in der Bundesrepublik statistisch erfassen. Dabei unterschied er zwischen den Produkten, die für die Konsumgüterindustrie und denen, die zum Einbau in Anlagegüter bestimmt waren. Der Schwerpunkt der Werbung 1957 für bislang gefertigte E–T–A Geräte ließ die Dominanz der Konsumgüterindustrie erkennen:

(1) Kundenkreis: – Haushaltsgeräte – Wasch- und Küchenmaschinen – Gewerbe-Maschinen – Aufschnittmaschinen, Gewerbe-Kaffee etc. – Mühlen und Rührwerke, Elektrowerkzeuge – Kältemaschinen und Kältetechnik – Raumheizgeräte (Umsatz in T–B 1956, 48.000 Stück!) – Ölbrenner-Motoren und elektronische Steuergeräte für diese – Straßen- und Schienenfahrzeuge
(2) E–T–A Geräte: – E–T–A, E–T–A Triplex, A–P–S/M–R Kombinationen 7100-00, T–R, T–B
(3) Neue Werbemittel: – Bilderbuch zur breiten Werbung im Sinne der Vorschriften, gewissermaßen als „Speisekarte" für E–T–A – neue Kataloge 5/57 A–P–S/M–R Kombinationen, 3/57 Kombination von Listen 2b und 3, die hierdurch aufgelassen werden.

Die Konkurrenzfirmen wurden scharf beobachtet, um gegen Nachbauten von Geräten vorzugehen. Jakob Ellenberger beurteilte die Rolle der Großfirmen 1964 in diesem Zusammenhang folgendermaßen:

AEG: Das uns formenmäßig ganz und konstruktiv sehr stark nachgeahmte einpolige Schutzgerät wurde 1961 auf der Hannover-Messe von der AEG ausgestellt. Wir unsererseits haben bis jetzt noch nichts gegen dieses Gerät unternommen, da wir die Entwicklung der Dinge glauben abwarten zu können. Angeblich war es der Firma AEG seit der Messe 1960 noch nicht möglich, den Verkaufspreis für das Gerät zu kalkulieren. Wir unsererseits glauben die Gründe hierfür zu kennen. Großfirmen, wie die AEG, haben durch die notwendige, schwerfällige Organisation sehr hohe Unkosten und können daher kaum oder nur unter Verzicht auf jeden Verdienst, auf unsere Preise kommen. Man erwägt eventuell die Produktion dieses Gerätes von Hameln nach Berlin zu verlegen.
Meine Herren, Sie kennen nun die Gründe für unsere Ruhe. Sollte die AEG wider Erwarten doch auf den Plan treten, werden wir mit aller Härte gegen sie vorgehen. Die Mittel und die Möglichkeiten hierzu haben wir:
a. Durch unseren Formenschutz
b. Durch Patentverletzungsklage
c. Durch Einsprüche gegen alle versuchten Umgehungspatente. Letzteres ist unsererseits die erste Aktion und bereits unter Ausschöpfung aller Möglichkeiten in die Wege geleitet.
Die Stärke unserer Firma ist die, als Mittelbetrieb mit ca. 500 Werksangehörigen technisch das zu leisten, wozu normalerweise nur Großfirmen die Möglichkeit haben. Die Tatsache unserer einfachen Organisation läßt uns so vielseitig und kostensparend fabrizieren, wie dies Großfirmen infolge ihrer starren Organisation und hohen Gemeinkosten nicht tun können. Diese unsere Vorzugsstellung werden wir mit allen Mitteln zu verteidigen bzw. weiter auszubauen verstehen und dadurch unseren Marktanteil an technischen Schutzgeräten nicht nur halten, sondern weiter vergrößern.
Patente: Auf dem Patentgebiet versuchen wir durch Abschirmung, das heißt, laufende Neuanmeldung sowie Überwachung der Konkurrenzanmeldungen aus der ganzen Welt, unsere Stellung gegenüber nachahmenden Mitbewerbern zu sichern.
Konkurrenz: Wie immer versuchen einige Firmen aus dem von anderen erarbeiteten Anwendungsgebiet Kapital zu schlagen, indem sie sich an dem erzielten Erfolg mit wenig Arbeitsaufwand durch billigen Nachbau beteiligen möchten.
Sie wissen, dass die Firma AEG ein E–T–A Nachbau-Gerät mit einer unzulänglichen Technik vor Jahren auf den Markt gebracht hat. Es ist der Firma AEG nicht gelungen, uns bis jetzt wesentlich zu stören. Die Tatsache, dass die AEG zu unseren größten Abnehmern gehört und die Werke innerhalb des eige-

nen Konzerns das Gerät ihres Hauses aus technischen Gründen ablehnen, spricht für die Qualität unserer Geräte."

1966 stellte Jakob Ellenberger fest:

„Was mir heute sehr am Herzen liegt, Ihnen zu sagen, ist, dass wir härter als bisher arbeiten müssen. Die Konkurrenz und der Preisdruck werden größer! Die großen Firmen suchen alle mittleren und kleineren einfach aufzufressen! Man nennt das Rationalisierung oder Vereinigung. In Wirklichkeit ist es nichts anderes als moderner Kannibalismus, der Aufgefressene wird immer mit dem Fressenden vereinigt. Dies gilt für früher wie für heute. Nur sind die Formen etwas zivilisierter geworden, doch nicht schöner.

Unsere Aufgabe im Innen- und Außendienst ist es, diese einige Jahre andauernde Zeiterscheinung gesund und gestärkt zu überstehen! Um dies zu ermöglichen, ist Bienenfleiß im Außen- wie im Innendienst erforderlich. Stehlen Sie, sehr geehrte Herren im Außendienst, allen Blüten den Honig für uns und nur den abgestaubten Rest oder Geräte zu sehr schlechten Preisen wollen wir großzügig der Konkurrenz überlassen. Sprechen Sie bitte bei allen, auch für unsere Geräte unwahrscheinlich scheinenden Firmen, vor, und machen Sie unser Programm bekannt. Und erkundigen Sie sich nach den Zukunftsplänen dieser Firmen. Versprechen Sie unsere Hilfe, falls wir helfen können, unsere Geräte zum praktischen Einsatz zu bringen.

Besuchen und betreuen Sie die laufenden Bezieher bzw. Kunden unserer Geräte, damit bester Kontakt erhalten bleibt und möglichst rechtzeitig besprochen werden kann, ob neue Probleme auftauchen bzw. ob wir mit technischer Unterstützung helfen können.

Bei neuen Problemen geben Sie uns bitte eine genaue Beschreibung. Versuchen Sie, die Preisvorstellungen des Kunden zu erfahren und die in Frage stehenden Stückzahlen. Wir wollen und müssen im Werk mit unserer Zeit und mit unserem Geld wirtschaftlich umgehen.

Sie wissen alle, dass bei neuen interessanten Problemen wir immer schneller sein werden als Großfirmen. Die Intelligenz, der Fleiß und die Schaffensfreude unserer Mitarbeiter in unseren Werken sind die besten Garanten hierfür."

Die Vorteile eines Mittelbetriebes hob Jakob Ellenberger 1972 nochmals hervor:

„Als mittleres Unternehmen können wir in der Entwicklung selbstverständlich mehr leisten als kleine Firmen, und wir müssen schneller arbeiten als große. Wir müssen technisch unserer Zeit immer voraus sein."

Großfirmen produzierten Konfektionsgeräte, während E–T–A Maßarbeit herstellte. Auf den großen Werbewert der VDE-, CEE- und analoger Prüf-Vorschriften wies Harald A. Poensgen schon 1957 hin:

„Wir haben Ihnen in Anbetracht der bekannten Stichtage Februar und Mai 1957 rechtzeitig und vollständig diese Vorschriften zugestellt und weisen nochmals nachdrücklich auf den großen Werbewert derselben für unsere E–T–A Schalt- und Schutzgeräte hin. Im Zuge unserer Kunden-Besprechungen in dieser Richtung hat sich herausgestellt, dass die wenigsten Ingenieure über diese Vorschriften überhaupt im Bilde waren, so dass wir sogar soweit gehen mussten, dass wir die Maschinen der Kunden prüfreif machen mussten, wodurch zwar unser Labor zeitweise überbelastet, jedoch die Kundschaft für diesen 'Kundendienst' sehr dankbar war. Die Anfragen neuer Kunden nahmen zeitweise überhand, so dass anzunehmen ist, dass nach Ablauf der üblichen Experimentierzeit eine Fülle neuer Abnehmer in unsere Dispositionen einbezogen werden muß.

Bitte wollen die Herren im In- und Auslande mit den berühmten 18 Paragraphen dieser Vorschriften intensiv weiteroperieren. Das gleiche gilt auch für Raumheizgeräte, für die unsere T-R als automatisches und T-B als nicht automatisches Schutzgerät ein sehr großes Absatzgebiet bedeutet. Im Jahre 1956 wurden in diesen Geräten 48.259 Stück geliefert, was für den Anfang recht interessant war."

1959 stellte Jakob Ellenberger bei Markenfirmen einen Trend zum Bauen nach den Normvorschriften VDE, UL, CSA, KEMA, SEMKO, HEMKO und DEMKO fest. Dabei arbeiteten Stammwerk und Vertretung mit den nationalen Prüfstellen zusammen. Der Anteil der Schalter, die in Konsumgüter eingebaut wurden, betrug 1960

noch 54% und ging dann bis 1970 auf 25,2% zurück. Die Verlagerung auf die Steuerungs- und Regeltechnik wurde konsequent in Angriff genommen.

„Auch danken wir nochmals für das allseits wachsende Verständnis für die vor einigen Jahren notwendig gewordene und seitdem unbeirrt weiter von uns ausgebaute Zielrichtung Steuerungs- und Regelungstechnik, die uns mit einem wesentlich interessanteren und für die Zukunft mehr und mehr an Bedeutung für uns gewinnenden Kundenkreis in Verbindung brachte" (Harald A. Poensgen auf der Hannover-Messe 1963).

Die Neuentwicklungen vom Reißbrett bis zur Null-Serie wurden rasch durchgeführt:

„Jedoch muß alles gründlich durchdacht und erarbeitet werden. Auch unsere Neu-Entwicklungen werden sich nicht von heute auf morgen realisieren. Die schon traditionell gewordenen 1 1/2 bis 2 Jahre vom Reißbrett bis zur Null-Serie, über die klinische Erprobungszeit bis zur Serien-Herstellung, werden eine Fülle gemeinsamer Arbeit zusammen mit Ihnen [Mitarbeitern] erforderlich machen" (Harald A. Poensgen auf der Hannover-Messe 1960).

Bei der Hannover-Messe 1962 rückten die E–T–A Sondergeräte in den Vordergrund:

„Unter diesen verstehen wir unsere Leistungsgeräte, äußerlich erkennbar durch ihre helle Farbe: Melamin-Natur. Diese Geräte umfassen die Nummern-Reihen 401 bis 421 und haben eine Schaltleistung von 1.000 bis 1.500 Amp. Sie sind besonders geeignet für den Leitungsschutz in Maschinen und Steuerungsanlagen aller Art, das heißt, überall dort, wo heute noch Sicherungsautomaten oder platzaufwendige Leitungsschutzschalter eingebaut werden. Die Geräte sind nach den VDE-Vorschriften 0660 gebaut und brauchen für die gedachte Anwendung keine besondere Zulassung. Wir sind überzeugt, dass diese Geräte nach Bekanntwerden ein fester Bestandteil in der Werkzeugmaschinen-Industrie und ähnlichen Anwendungsgebieten sein werden."

Auf den Fortgang bei Neuentwicklungen ging Jakob Ellenberger bei der Hannover-Messe 1965 ein:

„Sie alle wissen, dass unsere Erfolge sich zusammensetzen aus der produktiven Arbeit unserer Fertigung, aus dem ständigen Drängen nach neuen Möglichkeiten, erarbeitet durch die Herren unseres Konstruktionsbüros, gestützt auf die Erfahrungen unserer Herren Ingenieure und ganz besonders auf die von Kundenseite über unsere Herren im Außendienst an uns herangetragenen Wünsche.
Die Möglichkeit der Erfüllung der uns so gestellten Aufgaben wird in mühsamer Kleinarbeit in unseren modern und mit hohen Kosten eingerichteten Laboratorien auf alle Bedingungen und Möglichkeiten der Praxis sowie die Anforderungen der verschiedenen Vorschriftenstellen genügend geprüft.
Die anschließend in unserm Werkzeugbau und durch Zulieferanten geschaffenen Teile werden von den Herren unserer Fertigung montagereif gestaltet unter Schaffung der hierzu erforderlichen Vor- und Hilfseinrichtungen. Ich möchte nicht versäumen, allen an diesem Schaffen Beteiligten sowie allen weiteren Abteilungen unseres Hauses für ihren Einsatz besten Dank zu sagen.
Ich habe Ihnen den langen Weg, beginnend bei den Wünschen unserer Kunden, bis zur Geräte-Freigabe, bei dem hohen Stand der Technik bewußt aufgezeichnet, damit Sie verstehen, dass man heute nicht mehr in der Lage ist, durch Improvisationen Neuerungen zu schaffen und auf Verdacht oder in der Hoffnung auf gut Glück zu fertigen und auszuliefern.
Die Verantwortung für eine solche, früher möglich gewesene Maßnahme ist heute zu groß, da der technische und kostenmäßige Aufwand unter Berücksichtigung der hieraus folgenden großen Stückzahlen viel zu hoch ist, um ohne wirtschaftliche Gefährdung unseres Unternehmens eine improvisierte Neuentwicklung kurzfristig zu schaffen. Eine völlige Geräte-Neuentwicklung benötigt nach unserer heutigen Erfahrung einen Zeitraum von ein bis zwei Jahren."

Der Steuerungs- und Regelungssektor (Anlagenseite) erforderte hochwertige Spezialgeräte. Hier sahen die Unternehmensgründer die Zukunft des Unternehmens. Beim Mitarbeiter-Dinner-Meeting am 1. Mai 1968 anlässlich der Hannover-Messe führte Harald A. Poensgen dazu aus:

„Ein kurzes Wort möchte ich nicht versäumen, unserem ständig wachsenden Magnetic-Programm zu widmen, dessen Tragkraft durch das Hinzukommen von vier neuen Typen (252-P30, 294-P30, 3300 und 3400) in diesem Jahr und weiteren Spezialtypen 1969, wesentlich untermauert wird. Die rapide wachsende Bedeutung des Steuerungs-Sektors macht sich im Umsatz mehr und mehr bemerkbar, so dass dieser Programmteil besonders berufen ist, die Verhältniszahlen Konsumgüter zu Investitionsgütern nachhaltig zugunsten der letzteren zu beeinflussen und die Erreichung unseres Ziels, uns mehr und mehr gegen die Labilität der ersteren unempfindlich zu machen, zu ermöglichen.
Wir nehmen Aufträge für Konsumgüter zwar mit, jedoch ohne dieses für uns wenig fruchtbare Feld im besonderen Maße zu kultivieren."

Die Bemühungen galten dem preislich wertvollen Schutzgerät außerhalb des Haushaltsmaschinen-Sektors. Für die Anlagegüter wurden laufend neue Schutzschalter entwickelt und auf der Messe in Hannover vorgeführt. Es kamen auch neue Bereiche wie die Luftfahrt und der Bootsbau hinzu. Zur Luftfahrt führte Harald A. Poensgen 1962 aus:

„Seit etwa 1960 bereiten wir uns für dieses lukrative, in der Entwicklung für uns jedoch anfangs sehr aufwendige Gebiet vor. Wenn wir Ihnen verraten, dass etwa DM 100.000,- in die Vorentwicklung, Geräteentwicklung, Gerätekonstruktion sowie Prüfgeräte- und Maschinen investiert wurden, bekommen Sie einen Begriff von der künftigen Bedeutung dieses Gebietes und unseren Erwartungen auf diesem Sektor. Nach unseren Erfahrungen werden bisher sehr teure, amerikanische Geräte verwendet, von denen je nach Größe und Verwendungszweck der Maschinen bis zu einigen hundert Stück Schutzschalter pro Maschine eingebaut werden. Zunächst sind wir, nach Erhalt vorläufiger Erlaubnis für den Einbau in Zivil-Maschinen, mit der Type 412 herausgekommen, die Sie inzwischen kennengelernt haben und welche wir in bereits interessanten Stückzahlen seit einigen Monaten an einige norddeutsche und süddeutsche Werften liefern. Diese Type ist der Vorläufer für das große Luftfahrt-Gerät No.482, für welches wir später auch die nicht-zivile Zulassung beantragen werden. Das große Gerät wird nach den bestehenden sogen. MIL-Vorschriften ein Schaltvermögen von 3.500 Amp. bei 115 Volt, 400 Hz besitzen. Wir beabsichtigen, dieses Gerät in etwa einem Jahr zum Verkauf freigeben zu können. Ferner werden wir gegen Ende diesen Jahres mit einem dreipoligen Luftfahrt-Gerät ähnlich No.2-8300, jedoch mit Druck/Zug-Mechanismus, aufwarten können."

Im Frühjahr 1963 war die Entwicklung des Luftfahrt-Gerätes 412 abgeschlossen:
„Meine ergänzenden Ausführungen darf ich auf die Technik unserer Geräte beschränken und Ihnen nun noch einiges über unser Entwicklungsprogramm sagen:
(1) Unser Luftfahrtgerät 412-K14: leichte Ausführung für Schaltleistung 1.000 Amp. Wechselstrom und 2.000 Amp. Gleichstrom in 22.000 m Höhe. Die Entwicklung dieses Gerätes ist abgeschlossen. Die durch unsere Mitarbeit entstandenen Luftfahrtnormen für Schutzschalter, als da wären: LTF 5, Normblatt 9090 und Technische Liefer-Bedingung LN 65012, sind abgeschlossen. Diese Normen stimmen sachlich überein mit den amerikanischen MIL-Vorschriften, den englischen Vorschriften G 179 und den französischen Vorschriften AJR 8460. Das heißt, unsere Geräte sind nach den genannten Normen gebaut und geprüft und international anwendbar. Die schriftliche Zulassung in Deutschland für den zivilen und militärischen Sektor erhalten wir in den nächsten Tagen.
(2) Unser Luftfahrtgerät 482: schwere Ausführung für Schaltleistung 3.500 Amp. Wechselstrom und 6.000 Amp. Gleichstrom in 25.000 m Höhe. Dieses Gerät ist in Entwicklung und wird voraussichtlich in einem Jahr lieferbar sein.
(3) Unser Luftfahrtgerät 582 Triplex mit Druck/Zug-Mechanismus für Schaltströme von 3.500 Amp. Wechselstrom und 6.000 Amp. Gleichstrom je Phase ist im Modell fertiggestellt und dürfte ab Messe 1964 lieferbar sein.
Soweit der Luftfahrt-Sektor, den wir mit Schaltgeräten als einzige deutsche Firma beliefern können" (Jakob Ellenberger auf der Hannover-Messe 1963).

Im Bereich der Luftfahrt waren die Anforderungen besonders hoch. Beim Aufbau der Bundeswehr wurde zunächst amerikanisches Rüstungsmaterial benutzt, das dann später von deutschem Rüstungsmaterial abgelöst wurde. E–T–A stellte sich der neuen

Herausforderung, und die Produkte aus dem Bereich der Hochtechnologie der Wehrtechnik kamen auch dem zivilen Sektor zugute.

Die Umstrukturierung der Fertigungsprogramme von der traditionellen Haushaltsgeräte-Industrie zur technisch sehr anspruchsvollen Investitionsgüter-Industrie wurde von gezielter Werbung begleitet:

„*Werbung*: Unsere 1968-Anzeigen-Werbung in achtzig Fachzeitschriften brachte uns bis März 1969 655 Anfragen und diese fast zu 90% von Ingenieuren schaltanlagen-bauender Firmen. Ein wahrhaft zufriedenstellendes Ergebnis! Für 1969 wurden ca. 420 Viertelseiten in ca. 89 Fachzeitschriften des Inlands und des westlichen Auslands disponiert. Darüber hinaus disponierten wir 22 Viertelseiten in 3 Fachzeitschriften des östlichen Auslandes, ohne UdSSR."

Der Gesamtumsatz innerhalb der Bundesrepublik (= Inlandsumsatz) von 1970 zeigt, dass die Lösung vom Konsumgütersektor schon weit fortgeschritten war. Es entfielen im Jahr 1970

– 25,2% auf die Haushalt-Geräte-Industrie,
– 10,1% auf die zivile und nicht-zivile Fahrzeug-Industrie (Boden- und Luftfahrzeuge), und
– 64,2% auf die Investitionsgüter-Industrie einschließlich Meß-, Regel- und Steuerungstechnik.
– Mit 0,5% fanden die neu entwickelten Elektronik-Schutzschalter ihren vorerst noch bescheidenen Anteil.

E–T–A hatte 178 inländische Kunden mit mehr als DM 10.000,– Umsatz im Jahre 1971, mit denen 86,87% des Inlands-Umsatzes gemacht wurden. Von denen brachten 105 Kunden einen Jahres-Umsatz von je DM 24.000,– und mehr.

Die Verlagerung von der Haushaltgeräte-Industrie zur Investitionsgüter-Industrie drückt sich auch in der Platzierung der Mitarbeiter-Gebiete in der Bundesrepublik aus.

Tabelle 7: Prozent vom Gesamt-Inlands-Erlös 1962 und 1971

Rang	1962 Gebiet	Anteil	1971 Gebiet	Anteil
1	Württemberg	32,9	Ruhrgebiet	24,5
2	Rheinland	14,3	Nordbayern	17,2
3	Nordbayern	10,8	Hessen-Göttingen	12,8
4	Ruhrgebiet	9,6	Hamburg-Hannover	11,1
5	Hessen-Göttingen	9,5	Württemberg	10,4
6	Hamburg-Hannover	8,4	Baden-Pfalz	6,7
7	Südbayern	5,8	Südbayern	6,5
8	Baden-Pfalz	4,3	Rheinland	5,6
9	Berlin	2,9	Berlin	4,6
10	Bremen-Osnabrück	1,5	Bremen-Osnabrück	1,6

1962 gingen fast ein Drittel der Produkte nach Württemberg, was auf die dortige Haushaltsgeräte-Industrie zurückzuführen war. Die größten Gewinner der Veränderungen zwischen 1962 und 1971 waren das Ruhrgebiet, Nordbayern, auch Hessen-Göttingen und Hamburg-Hannover. Beim Dinner-Meeting zur Hannover-Messe 1970 informierte Jakob Ellenberger die Mitarbeiter über „technischen Fortschritt und Zukunftsgebiete für E–T–A Geräte":

„Meine Damen und Herren, Sie alle wissen, dass das Wort ‚alles fließt' nirgends stärker akzentuiert ist als in der Technik und hier besonders auf dem Gebiet der Schalt- und Schutzgeräte. Neben den ständig notwendigen Verbesserungen beiden traditionellen Geräten sind ständige Neuentwicklungen für die sich stetig und stetig entwickelnden neuen Techniken erforderlich. Wir haben Ihnen in diesem Jahr auf der Messe neue Geräte vorstellen können für die Gebiete des Nullspannungsschutzes, der Fernmeldetechnik und der Elektronik.

Eine besondere Stellung bei den Neuentwicklungen nimmt die Elektronik ein. Wir haben Ihnen bereits eine große Anzahl dieser Geräte mit Katalog 10 vorgestellt. Darunter sind Geräte mit und ohne galvanische Trennung. Die Preise für diese Geräte haben wir, wie für alle E–T–A Geräte, bewußt niedrig gehalten, so dass von der Technik, wie auch vom Preis her, alle Voraussetzungen für einen großzügigen Einsatz gegeben sind. Wir sind überzeugt, dass wir hier nicht nur eine technische Lücke geschlossen haben, sondern durch den Einsatz unserer Geräte viele neue Techniken der Zukunft ermöglichen! Ich bitte Sie, meine Herren, sich dieses technisch und wirtschaftlich interessanten Programmes mit besonderem Einsatz anzunehmen. Sprechen Sie viel über dieses Programm mit den Kunden. Informieren Sie sich im Werk und arbeiten Sie sich auch in diese neue Technik voll und ganz ein. Der Erfolg Ihrer Mühen wird Ihnen hier in ganz besonderem Maße sicher sein.

Das zweite große Gebiet, auf welches ich Sie hinweisen möchte, ist die Fernmeldetechnik. Nach unseren Informationen werden im Verlaufe von zwei bis drei Jahren nur noch relaislose, elektronische Vermittlungsämter gebaut. Für diese Technik scheidet infolge ihrer Trägheit die Schmelzsicherung aus, das heißt, diese neue Technik ist nur mit speziell hierfür entwickelten Schutzgeräten zu verwirklichen. Wir haben für diese Entwicklung neue Geräte geschaffen, welche allen Anforderungen gewachsen sind. Die Fernsprechtechnik wird künftig ein großes, umsatzträchtiges Absatzgebiet für unsere Geräte werden. Nehmen Sie bitte schon heute Kontakt auf mit allen Firmen und Ämtern, welche für diese Geräte in Frage kommen. Auch hier kann ich nur sagen, der Einsatz lohnt sich.

Neben den vorgenannten beiden großen Gebieten bitte ich Sie, den Fahrzeugsektor sowie die Luftfahrtindustrie nicht zu vergessen. Auch hier liegt ein Stück Zukunft für uns! Auf dem Haushaltsgerätesektor, schließlich, bitte ich, der Türverriegelung für Waschmaschinen besondere Aufmerksamkeit zu schenken. Im Jahre 1971 wird die Türverriegelung international vorgeschrieben, das heißt, zur Pflicht gemacht werden. Wir haben vier verschiedene Möglichkeiten, das heißt, wir können Geräte mit
– direkter Verriegelung,
– indirekter Verriegelung,
– stromerregter Verriegelung oder
– spannungserregter Verriegelung anbieten.

Wir haben sehr viel Zeit und Geld auch für diese Technik aufgewendet und sind überzeugt, dass sich der Einsatz für uns und für Sie lohnen wird!"

8. E–T–A ERINNERUNGEN (1948–1975)

Von GERTRUD HENDELMEIER

Am Vormittag des 17. April 1945 erklärte Bürgermeister Pickel amerikanischen Truppenoffizieren, dass Altdorf keinen Widerstand leiste und den Amerikanern offen stehe. Drei Tage später wurde Nürnberg von den amerikanischen Befehlshabern Harry Waken und Fred Schouman eingenommen. In Altdorf begannen nun die Tage, Wochen, Monate da niemand wusste, wie es weitergehen sollte. Die bis dahin schon sehr knapp gewesenen Lebensmittel und wichtigsten Bedarfsgüter wurden noch knapper, vielmehr, es gab nichts mehr. Der Schwarzmarkt begann zu blühen oder man versuchte zu tauschen. Die Flüchtlinge strömten von allen Grenzen in das geschrumpfte Deutschland.

Schließlich fuhr dann doch, etwa Sommersmitte 1945, der erste Zug wieder von Altdorf nach Nürnberg, und zwar einmal am Tag: Morgens hin und am Abend zurück. Eines Tages hatte man auch wieder die erste Semmel, wenn auch aus Maismehl, in der Hand. Mit einer Bescheinigung, die nachwies, dass man einen Arbeitsplatz hatte, kam man also auch wieder nach Nürnberg. Zumeist bedeutete dieser Arbeitsplatz in dem so schwer mitgenommenen Nürnberg, Schutt mit Pickel und Schaufel zu räumen sowie die mit Abraum gefüllten Loren zu schieben, oder aber abwechselnd mit den Kollegen den Presslufthammer zu betätigen.

An den Wochenenden, des Sonntags, oder wann immer möglich, versuchte man den Bauern der Umgebung zu helfen. Man hatte an diesen Tagen dann nämlich etwas zu essen und bekam vielleicht sogar noch ein Stück Brot mit nach Hause. Wenn dies sogar, es ist mir nur einmal passiert, ein Stück Rohrnudel war, kam man damit nicht schnell genug heim zu den Seinen.

Es mühten sich in diesen Monaten Frauen, denen es nie an der Wiege gesungen war, das heißt ohne jede Erfahrung und Praxis, mit Stöckegraben im Wald ab, denn Heizmaterial gab es keinesfalls, und vom Morgenrot einer elektrifizierten Welt hatte man damals noch keine Ahnung. So wechselten die Tage, die Wochen, die Jahre.

Man schrieb bereits 1948, es war Sommer geworden und die Währungsreform (20. Juni 1948) gerade vorüber. Altdorf, das kleine Landstädtchen, bisher fast ohne Industrie und nur als Einkaufsstätte für das verhältnismäßig große Hinterland von Bedeutung, sollte „Industrie" in Form einer Firma der Elektrobranche bekommen. Mit etwas Heimlichkeit hörte man manchmal beim täglichen Zugfahren nach Nürnberg etwas davon erzählen. Zwei Männer sollten es sein, einer davon habe das Geld, der andere das Wissen, so die Fama; sie hätten bereits Gelände und Gebäude der ehemaligen Willmy Druckerei gekauft. In den Gebäuden der Druckerei war zur Zeit der amerikanischen Besetzung die Soldatenzeitung „Stars and Stripes" über mehrere Monate gedruckt worden, bevor die Produktion nach Frankfurt verlegt wurde.

Es wurden Transporte festgestellt, Maschinen entladen, Mobiliar herangebracht – Sommer 1948 –, und einige Altdorfer sah man ab Ende Juli/Anfang August täglich zu und von dieser Firma kommen und gehen, die man im übrigen recht schweigsam beobachtete.

Erstes Fertigungsprogramm: ELPO-Automaten in Form von Stöpsel-Automaten oder in Auf- oder Unterputzausführung. Diese Art des Schutzes des Elektronetzes von Hausanlagen war bis dahin im allgemeinen nahezu unbekannt. Die Firma fertige, so hörte man, nach ihren eigenen Patenten. „ELPO" wurde das geschätzte Firmen- und Markenzeichen und zugleich die Abkürzung der Gründernamen, der Herren Ellenberger und Poensgen. Bald fand man dieses Zeichen als Initiale an den Werksgebäuden.

Man fuhr weiter nach Nürnberg. Die neue Firma in Altdorf bestand, einige mehr Leute fanden Einstellung. Manchmal, dazu jedoch war ein eigener Urlaubstag notwendig, und Urlaub war damals noch recht klein geschrieben, konnte man gegen Feierabend, das war so um 17:30 Uhr, einen Mann mit einem Handwägelchen, das mit Paketen beladen war, die Hersbrucker Straße heraufkommen und dem Postamt zustreben sehen.

Einmal verbreitete sich das Gerücht, die neue Firma müsse wieder schließen!

Wieder waren einige Jahre vergangen, es war die Vorfrühlingszeit des Jahres 1953. Gelegentlich eines Kurzspazierganges in den Röthenbacher Wald sprach mich Erna Wirth an. Vom gemeinsamen Zugfahren nach Nürnberg kannten wir uns. Da, so sagte Erna Wirth, eine Dame infolge bevorstehender Entbindung ausscheiden werde, möchte ich mich doch auf deren Posten bewerben und vorstellen. Eigentlich zögerte ich. Ich arbeitete im 13. Jahr bei einer Firma in Nürnberg. Das Verhältnis dort war persönlich und gut. Erna Wirth sprach mich noch einmal an. Daraufhin machte ich einen Besuch bei der Firma Ellenberger & Poensgen GmbH.

Die Herren Poensgen und Ellenberger empfingen mich in den Morgenstunden eines Apriltages 1953. Sie fragten mich nur, wann ich frühestens kommen könne. Ich: „Nicht vor dem 1. Juli des Jahres, da man in meiner bisherigen Tätigkeitsstelle ja keine Ahnung von einem beabsichtigten Weggang meinerseits habe." Nachdem dieser Termin von den, übrigens sehr freundlichen Herren Ellenberger und Poensgen, die weitere Fragen nicht an mich stellten, akzeptiert war, fuhr ich, eigentlich recht schweren Herzens, nach Nürnberg.

Der 1. Juli 1953 wurde also mein erster Arbeitstag bei der ELPO. Schnell hatte man sich diese Abkürzung zu eigen gemacht. Rechtzeitig zu Arbeitsbeginn des Büros, das war damals um 8:00 Uhr, während die Produktion bereits um 7:00 Uhr anfing, war ich an Ort und Stelle. Erna Wirth war die erste und insgesamt zuständige Dame. Die übrigen Mitarbeiter für Büro und Verwaltung waren damals Erika Brugger, die schon im August 1953 Heinz Kandzora heiratete, den späteren Betriebsleiter der Firma. Erika Brugger war die Sekretärin von Harald A. Poensgen und erledigte in seinem Auftrag und nach seinem Diktat die gesamte Korrespondenz mit den Kunden des In- und Auslandes sowie denen, die als Kunden gewonnen werden sollten. Erika Brugger hatte immerzu volle Blöcke und schrieb und schrieb.

Weitere Mitarbeiterin war Luise Link aus Ungelstetten. Sie war als erster weiblicher Lehrling, so hieß es damals noch, bei ELPO ausgebildet worden und arbeitete in der Buchhaltung mit. Inge Knieling, der zweite Lehrling der Firma, befand sich noch in Ausbildung, stand aber kurz vor der Abschlußprüfung. Inge Knieling arbeitete ebenfalls in der Buchhaltung mit. Alma Holz war die Sekretärin von Jakob Ellenberger und außerdem für die wöchentlichen Lohnabrechnungen, den Schalterdienst und die Einkaufspost zuständig. Alma Holz stand vor der Entbindung und war nur noch für einige Wochen in der Firma tätig. Ich war für Alma Holz eingestellt worden. Weiter war noch Anna Fleischmann anwesend. Ihr oblag die Ablage und die Registratur sowie das Fertigmachen der täglichen Auslaufpost.

An männlichen Mitarbeitern von Büro und Verwaltung traf ich: Andreas Aschka, den damaligen Betriebsleiter der Firma. Jakob Ellenberger hatte Andreas Aschka angeworben. Er kannte ihn von einer früheren, gemeinsamen Tätigkeit in Augsburg. Andreas Aschka war ein sehr eigenwilliger, äußerlich raubeinig wirkender Mensch. Dies schien jedoch nur so. Er war sehr streng und ließ nichts durchgehen und mit Wünschen um einen arbeitsfreien Tag durfte man ihm nicht kommen. Doch wenn er merkte, dass es einer der Frauen nicht gut war, trennte er sich von seinem Pfefferminztee, obwohl er dann selbst den ganzen Tag nichts zu trinken hatte, denn Vesperwagen mit Damen, die Essen und Getränke allmorgendlich feilboten, gab es zu dieser Zeit noch nicht. Er war handwerklich sehr geschickt und bastelte in dieser Zeit vieles an Arbeitsvorrichtungen etc. für die Fertigung. Er lebte fast ausschließlich für ELPO und deren Chefs. Man sah ihn arbeitstäglich schon vor 6 Uhr am Morgen der Firma zustreben. Ebenso spät ging er Abend für Abend nach Hause.

Weiterer Mitarbeiter war Peter Kaldenbach, der Mitte Dezember 1948 in das Unternehmen eingetreten war. Er war anfangs Mitarbeiter von Jakob Ellenberger, führte die Einkaufs- und Bestandskarteien und meldete die erforderlichen Bestellungen an Jakob Ellenberger. Im Betrieb nahm er die für die Kalkulation notwendigen Zeitaufnahmen. Peter Kaldenbach hatte ein kleines, improvisiertes Büro in dem damals einzigen Montageraum, der entlang der hinteren Schulzstraße verlief. Die Einrichtung dieses Betriebsbüros bestand aus einem einfachen Tisch, einigen Karteikästen, einem Stuhl und einer Munitionskiste als weiterer Sitzgelegenheit. Dies alles befand sich in einem kleinen, zum Montageraum offenen Rechteck und war aus Stellwänden gebildet worden.

Auch die Montiererinnen hatten als Sitzgelegenheit für ihre im Sitzen auszuführenden Arbeiten diese Munitionskisten.

Der dritte kaufmännische Mitarbeiter der Firma war Ernst Franke. Ihm oblag das Fertigmachen der Postpakete und sonstigen Sendungen, und er war der Herr mit dem Handwägelchen, das mit Paketen beladen war, von dem eingangs dieser Erinnerung bereits berichtet wurde.

Die Gesellschafter der Firma, Harald Arthur Poensgen und Jakob Ellenberger, hatten sich die Aufgaben wie folgt geteilt:

Harald A. Poensgen: Akquisition und Verkauf sowie die zu dieser Zeit noch bescheidene Werbung in Form von losen Blättern. Diese entwarf und zeichnete er selbst. Beispiel: Abendstimmung im Raum mit traulicher Lampe und den damaligen Produkten des Hauses, den ELPO-Leitungsschutz-Automaten. Auch die Herausgabe der Preislisten und Kataloge erfolgte durch ihn, jedoch nach Absprache der technischen Details und der Preise mit Jakob Ellenberger.

Der vertrat den technischen Teil. Von ihm stammten alle Geräte-Erfindungen. Er führte auch alle Kundenbesuche und -beratungen durch. Weiter war er für alle betrieblichen Belange nach Innen und Außen zuständig. Das waren damals sehr, sehr viele und die Zahl der Wochenarbeitsstunden von Jakob Ellenberger waren die der Woche.

Da war einmal der Betrieb. Inzwischen waren die E–T–A Überstromschutzschalter, rechtlich bereits durch Patente von Jakob Ellenberger aus den Jahren 1948, 1949 und 1950 geschützt, dazugekommen. Auch als Firmen- und Warenzeichen war E–T–A – die Abkürzung von Elektro-Thermo-Automatik – bereits hinterlegt worden. Die ersten 100.000 Stück davon waren bereits verkauft und die Mitarbeiter hatten den beiden Chefs den erfolgreichen Absatz dieser ersten 100.000 durch Überreichung eines Emblems bekanntgemacht, das eine Reihe E–T–A Geräte mit der Zahl 100.000 darstellte. Dieses Emblem befand sich lange Zeit im gemeinsamen Arbeitszimmer der beiden Herren.

Diese E–T–A Geräte stellten eine absolute Neuerung dar und waren eine Voraussetzung der nunmehr überall einsetzenden Elektrifizierung. Die altherkömmlichen Riemenantriebe (Treibriemen zur Kraftübertragung, meist aus Leder) wurden durch elektrische Motoren abgelöst und dies für den gesamten Maschinen- und Gerätebereich für alle Gebiete. Es galt nunmehr, ungeheuer und unermüdlich fachkundig zu missionieren, das heißt, die Firmen zu beraten. Plötzliche Reisen wurden notwendig.

Technische Beratungen, persönlich, schriftlich, fernmündlich, gehörten zum Programm eines jeden Geschäftstages.

Darüber hinaus durfte die Weiterentwicklung nicht aus den Augen gelassen werden, und so wusste jeder, dass vor Betriebsbeginn sowie nach Feierabend Jakob Ellenberger an den Prüfbrettern oder am Zeichentisch stand, Versuche durchführte, die Werte der sogenannten Erstlinge aufnahm usw. Diese neuen Geräte, und es waren damals viele, teils auch Variationen, waren von der ersten Biegung des Bimetalls einschließlich der gesamten, von Hand gefertigten Teile bis zum Gerät selbst, Kinder von Jakob Ellenberger. Die Patenturkunden und -einreichungen jener Jahre sprechen davon. Außerdem machte Jakob Ellenberger zu dieser Zeit noch alle Kalkulationen selbst und war überdies hinaus für alle Belange der Firma zuständig. Auch für die persönlichen Anliegen der Mitarbeiter war er Hörer und möglicher Helfer.

Diese Übersicht konnte natürlich nicht das Ergebnis meines ersten Arbeitstages sein, doch ergab sie sich sehr bald.

Die Firma zählte bei meinem Eintritt (1953) etwa 38 bis 40 Mitarbeiter. Ernst Franke hatte noch Helfer, und zwar Hans Haniger. Etwas später kam noch Richard Kurzendörfer dazu. Das Büro von Ernst Franke, zugleich Packraum, lag neben dem der Buchhaltung. Zum Büro der Buchhaltung kam man damals nur über das allgemeine Büro, einem etwas größeren Raum, in dem alle Briefe geschrieben, alle ausgehenden Rechnungen erstellt und allwöchentlich die Löhne auf einer Buchungsplatte von Hand gerechnet, gestückelt und kuvertiert wurden. Jeden Freitag wurde den Mitarbeitern der Wochenverdienst in einer Lohntüte an den Arbeitsplatz gebracht.

Dieses allgemeine Büro war auch der Melderaum für alle an die Firma persönlich gebrachten Anliegen und Besuche und daher mit einem Schalter versehen. Vor diesem Schalter war ein kleiner abgeteilter Raum für den Meldenden und wenn dieser empfangen wurde, so bat ihn die zuständige Dame, nunmehr eine meiner Aufgaben, herein in den Empfangsraum. Dieser war mit Ledersesseln ausgestattet und ganz in Schwarz gehalten. Im übrigen handelte es sich dabei um Leihmöbel. Es stand aber noch ein dunkelgrüner Metallschrank in diesem Raum. In ihm waren unter anderem auch alle Patentunterlagen der Firma aufbewahrt.

Bei allen aufgeführten Räumen einschließlich Ernst Frankes Raum gingen die Fenster auf den Fabrikhof. Im übrigen liefen sie parallel mit dem schon genannten Montageraum, dessen Fenster auf die Schulzstraße sahen. Dazwischen gab es einen schmalen Gang, und wie oft wurde dieser von Andreas Aschka benützt, der sehen wollte, ob wir nicht bereits wieder ein Fenster geöffnet hatten und damit das Geld für die Heizung buchstäblich zu diesem hinauswarfen. Dann konnten wir ihn entsprechend poltern hören und folgten gerne, das heißt, schlossen unser Fenster. Wir mussten dennoch wieder öffnen, da die aufgezählten Büroräume nicht unterkellert, auch nicht isoliert waren, so dass Feuchtigkeit aufstieg, verbunden mit einem muffigen, fauligen Geruch. Das wurde jedoch in einem der folgenden Betriebsurlaube, die damals eine Woche dauerten, behoben. Das heißt, wir bekamen nach Ausschachtung und Isolierung einen neuen Boden.

Die Firma hatte auch eine Werkstatt. Hier war Konrad Heydner, ebenso ein Mann der ersten Stunde bei ELPO/E–T–A, tätig. Er war Werkzeugmacher und bei den Fella-Werken in Feucht ausgebildet worden. Von ihm erzählte mir Jakob Ellenberger schon bald nach meinem Eintritt, dass er ein sehr tüchtiger Mann wäre und darum mit ihm noch Großes plane.

Schließlich wirkte als Famulus des Ganzen Josef Krug. Er konnte alles und war unermüdlich und überall tätig. Wo ein Stückchen Erde war, sah man ihn in den Freistunden wirken. Wunderbare Rosenbäumchen, die er sich als Wildlinge an Feldrainen geholt hatte, kündeten von ihm. Ich erinnere mich, Josef Krug stets fröhlichen Gemütes angetroffen zu haben. Er zimmerte unsere ersten Versandkisten, was machte er überhaupt nicht alles. Wir alle bedauerten sehr, dass ausgerechnet er, dieser wendige, vitale, jung gebliebene Mitarbeiter, beim Radfahren von einem Auto gestreift, zu Boden geworfen und dabei so verletzt wurde, dass er nach wenigen Tagen, dies geschah im Frühling 1975, sterben musste.

Es gab auch einen Nachtwächter mit einem Hund. Da er des Abends seinen Dienst begann, sahen wir ihn nicht. Nur unsere Handtücher kündeten des Morgens von ihm. Sein Name war Anton Vlcek (Willscher).

Im Fabrikhof stand eine Verkaufsbaracke. Diese gehörte dem Ehepaar Schäfer. Hier konnten wir unseren Bedarf für die Vesperpause decken, allerdings nur zu den dafür reglementierten Zeiten und es durfte nur jeweils eine Person einkaufen gehen. Das Ehepaar Schäfer hatte die beiden Söhne im Krieg verloren und gab den Kiosk bald auf. Mathilde Rieger, gewesene Kammerfrau der Kronprinzessin Cäcilie, durch die politischen Verhältnisse verunsichert, auch wohl nicht so versorgt, wie man dies aus einer derartigen Tätigkeit als selbstverständlich erwartet, kaufte den Kiosk, und wir wanderten zu ihr, wenn wir etwas benötigten oder auch einmal gemeinsam naschen wollten. Wir nannten dies damals uns „eine Freude machen", und das waren, im Vergleich zu heute, bescheidene Freuden: Da kam zum Beispiel auf die Person ein, höchstens zwei Stückchen von der gemeinsam erworbenen und bezahlten Tafel Schokolade.

Im frühen Herbst des Jahres 1953 liefen unsere E–T–A Triplex-Geräte an, ein dreipoliges Gerät in einem Gehäuse. Wenn die E–T–A Geräte als einpolige Überstromschutzschalter bisher die Maschinen und Anlagen für Wechselstrom, es gab auch bereits die E–T–A Type 5400 für Gleichstrom-Anlagen, vor Überstrom schützten, so kam mit diesem E–T–A Triplex ein Gerät auf den Markt für Maschinen und Anlagen des Drehstrombereiches. Echter Bedarf dafür war vorhanden, wie sich auch sehr bald zeigte. Harald A. Poensgen sagte einmal zu mir, es war Herbst 1953, wenn nun diese Geräte so richtig laufen, dann werden die Ziffern unserer Rechnungsendbeträge aber steigen (3 x 1 E–T–A). Dreiphasenschutz auf einmal, das heißt völlige Trennung vom Netz auf einmal, war durch diese E–T–A Triplex gewährleistet. Die Geräte lagen preislich, dreimal einpolig, den einpoligen E–T–A Überstromschutzschaltern gegenüber entsprechend höher, was sich natürlich im Umsatz zeigen musste und auch bald gezeigt hat.

Längst führte die Firma Ellenberger & Poensgen GmbH mit der ganzen Welt Korrespondenz und hatte in allen zivilisierten Ländern ihre Außenmitarbeiter sowie tätige umfangreiche Lieferungen überall hin. Auch im Inland waren, über alle Gebiete verteilt, Außenmitarbeiter für E–T–A tätig. Während das E–T–A Programm durch direkte Lieferungen an den Endverbraucher, die Investitionsgüterindustrie, Maschinenfabriken usw. erfolgte, hatten die Außenmitarbeiter die ELPO-Automaten in Kommission an ihrem Lager vorrätig liegen. Hierfür gab es die ELPO-Kartei. Die verkauften

ELPO-Automaten wurden allmonatlich dem Vertreter, entsprechend den von ihm als verkauft gemeldeten Mengen, berechnet und der neue Lagerbestand mit ihm abgestimmt. Es gab da Rabatte von 50 plus 5% sowie vereinzelt für Großabnehmer darüber hinaus noch Sonderrabatte. Dies galt nicht für E-T-A Geräte. Hier wurde, entsprechend den bezogenen Mengen und der dadurch möglichen rationellen Fertigung, „Mengen-Nachlass" gewährt. Dies klar zu trennen, wurde allen Mitarbeitern von Harald A. Poensgen streng auferlegt.

Weitere Geräte, so die M-R Motorschutzrelais und die A-P-S Anlaufphasenschalter, als Einzelgeräte, wie auch als Kombination miteinander verschaltet, waren ebenfalls bis zur Nullserie gediehen. Entsprechend folgte das Katalog- und Prospektmaterial. Außerdem erschienen unsere ersten T-M's, Technische Mitteilungen, über diese Geräte. Der E-T-A Blinker, eine Spezialentwicklung für den PKW und Variationen, war weiter entwickelt worden. An sich war die Idee für dieses Gerät, wie vorhandene Zeichnungen belegen, schon von Anfang an vorhanden.

Selbstverständlich wurden für alle Neu-Entwicklungen Patentanmeldungen hinterlegt und damit sofortiger Rechtsschutz gegeben war, Gebrauchsmuster-Anmeldungen eingereicht. Dazu musste der Markt überwacht werden, da immer wieder Nachahmer, sogenannte Plagiatisten, feststellt wurden. Es war keine Firma zu groß, um nicht nachzuahmen.

Dies traf auch ganz besonders auf das nun schon gut bekannte, da erfolgreiche, Warenzeichen der E-T-A zu. In allen Versionen versuchte man und versucht es noch, davon künden ganze Reihen von Akten, sich unter Verwendung dieses Zeichens Marktanteile zu verschaffen.

Der uns vertretende und beratende Patentanwalt war Dr. Wetzel in Nürnberg, ein großer, kräftiger Herr wie ein Schrank, der sich stets von seinem Chauffeur nach Altdorf bringen und von dort wieder abholen ließ.

Der beste E-T-A Kenner außerhalb unserer Firma war Diplom-Ingenieur Sayonz, Mitarbeiter von Dr. Wetzel. Von ihm wurde gesagt, dass er das wandelnde E-T-A Lexikon sei, und man wurde davon überzeugt, wenn man den klein gewachsenen Sayonz einmal vor Gericht (Patentgericht in München zum Beispiel) für E-T-A kämpfen sah. Dies war mehr als einmal und nicht nur vor den Gerichtsschranken in München, sondern auch in Düsseldorf, Hamburg usw. erforderlich, da immer wieder Nachahmungen festgestellt wurden, gegen die wir angehen mussten.

Einmal allerdings, dies war noch vor meiner Zeit, also vor 1953 gewesen, war auch ELPO vor Gericht geladen. Große Firmen wollten die kleine, neue Firma vom Markt haben. Ein, die damaligen Möglichkeiten der Firma absolut übersteigender, Streitwert wurde angesetzt, und es war ein Kampf auf Leben und Tod, der dann mit einem Vergleich endete. Doch diese Auseinandersetzungen hatten die beiden Herren persönlich sehr viel Kraft gekostet. Harald A. Poensgen, zum Beispiel, trug noch die Spuren einer Hautallergie sichtbar an den Händen.

Doch ab der zweiten Hälfte des Jahres 1953 ging es bergauf. Die Zahl der Mitarbeiter stieg und stieg. Für die erwähnten E-T-A Blinker und deren Weiterentwicklung war Ingenieur Heinrich Hofmann eingestellt worden. Er blieb jedoch nicht lange Mitarbeiter von ELPO/E-T-A. Für ihn war Ingenieur Herbert Beier aus München geholt worden. Jakob Ellenberger kannte dessen Vater. Neue Räume wurden benötigt. Die Räume des oberen Schenkels der Gebäude waren bis dahin von der in Lohnfertigung für Firma Siemens, Nürnberg, arbeitenden Firma Dötsch gemietet gewesen. Die Firma Dötsch zog aus und in das Rudersche Grundstück am Kappelgraben. Nach raschem Umbau zog Ernst Franke mit seinem Versand in diese Räume. Die Ingenieure nahmen von dem Versand gegenüberliegenden Raum als erstem Ingenieurbüro Besitz. Zu ihnen gehörte auch Diplom-Ingenieur Eberhard Poensgen, Sohn von Harald A. Poensgen. Der frei gewordene, ehemalige Versandraum kam zur Werkstatt.

Für alle Bereiche der Firma wurden weitere Mitarbeiter benötigt und auch gewonnen. Zu diesem Zeitpunkt meldeten sich sehr viele Leute aus Altdorf und dessen naher Umgebung. Soweit die Einstellung das Ressort von Andreas Aschka betraf, nahm dieser eine sehr genaue Siebung vor. Chancen, eingestellt zu werden, hatte nur der, der ohne Bindungen und Verpflichtungen war. Die Fama hatte sich gedreht. Man sprach nur gut von ELPO/E–T–A und gab etwas darauf, dazu zu gehören.

Inzwischen war von Jakob Ellenberger in sehr weiser Voraussicht ein ca. 30.000 qm großes Gelände, gegenüber dem Schwalbenhof gelegen, von dem Altdorfer Bauern Roth vom oberen Tor angekauft worden. Es wurde zwar vorerst noch weiter als Acker- und Weideland genutzt und dazwischen von H. Gerber durch dessen Schafherde abgeweidet, doch war es als Planungsgrundstück für uns sichergestellt.

Die Firma bezahlte längst, wie übrigens alle weiteren Jahre, ihren Angestellten ein volles Monatsgehalt zu Weihnachten. Die Bezahlung war für alle Mitarbeiter gut und stets dem örtlichen Tarif voraus. Was mir besonders wichtig schien, war, dass das Verhältnis aller Mitarbeiter zueinander gut war. Die beiden Gesellschafter – die Firma war als Gesellschaft mit beschränkter Haftung handelsgerichtlich eingetragen worden -waren zu ihren Mitarbeitern sehr nett. Besonders Jakob Ellenberger ließ uns alles miterleben, das heißt, er sprach zu uns von seinen weiteren Planungen und gab uns auch in sein persönliches Leben Einblick. Wir kannten seine Gattin, seine drei Kinder und empfanden vor Anna Ellenberger, die eine tüchtige Hausfrau war, große Hochachtung.

Wer besaß schon vor 1950 eine Waschmaschine, einen Mixer oder dergleichen? Und das gilt ebenso für die gesamte Anlagen- und übrige Industrie. Da durch die erfolgte allgemeine Elektrifizierung die E–T–A Überstromschutzgeräte eine echte Lücke füllten und sozusagen den ersten möglichen Schutz teurer Maschinen darstellten, fanden sie in aller Welt einen guten Markt. Die Nachfrage für unsere Geräte war groß.

Bis etwa Ende der fünfziger Jahre wurden als Aufbauelemente und Trägerteile für die Mechanik Steatit-(Mineral-)Teile verwendet. Lieferant dieser Teile war die Firma Stettner & Co. in Lauf/Pegnitz, eine mit unserem Harald A. Poensgen verschwägerte Firma. Rosl Poensgen, geborene Büttner, war zusammen mit den beiden Herren Büttner, ihren Brüdern, Mitteilhaberin dieser, zu diesem Zeitpunkt sehr bedeutenden Firma. Die so gebauten Geräte waren entsprechend eigengewichtig, das heißt schwer. Für Lieferungen nach Übersee kam daher nur der Seeversand in Frage, was entsprechende Zeit dauerte.

Jakob Ellenberger hatte zu seinen vielen Aufgaben noch Englisch gelernt und machte sich auf, um den Außendienstmitarbeitern in Kanada und in den USA den ersten Besuch abzustatten; vor allem auch, um persönlich die Verhältnisse und Möglichkeiten vor Ort kennen zu lernen. Dieser erste Besuch erfolgte im Jahre 1955. Jakob Ellenberger kam gut wieder zurück. Er hatte sogar für jede Dame im Büro ein kleines Andenken mitgebracht. Wie haben wir uns alle darüber gefreut! Doch vor allem war er mit einem großen Sack an Forderungen zurückgekehrt, und diese betrafen die weitere Fertigung unserer E–T–A Geräte. Da Steatit die Geräte zu schwer machte, sollten für die Zukunft alle Geräte ohne Steatit als Trägerteile gebaut werden! Dies bedeutete die Änderung eines großen Teiles der Werkzeuge, weiterhin die Aufnahme neuer Zeitwerte und Daten, die Erstellung neuer Kennlinien für alle Geräte und für jeweils die gesamte Stromstärkenskala. Die Geburtsstunde der 2-E-T-A Typen war dadurch gekommen.

Es wurde noch nicht davon gesprochen, dass ELPO/E–T–A selbstverständlich auch Messen und Ausstellungen beschickte. Bereits ab dem Jahre 1951 war die Firma in Hannover mit einem eigenen Stand vertreten. Die beiden Herren fuhren ab diesem Zeitpunkt mit dem alten Opel von Jakob Ellenberger dorthin. Erika Brugger, die spätere Frau Kandzora, war in diesen Jahren stets mit in Hannover und fuhr mit den Chefs nach dort. Im Opel waren jeweils die Koffer aller Mitfahrenden verstaut sowie direktes Messegut. Man schaffte es damals noch nicht, mit dem PKW in ein paar Stunden nach Hannover zu kommen. Die entsprechenden Straßen waren noch nicht vorhanden und so benötigte man für diese Reise jeweils über einen Tag. Das heißt, es wurde unterwegs Halt gemacht und übernachtet. Der Haltepunkt war Bad Soden und jeweils am folgenden Morgen ging es von hieraus weiter nach Hannover.

Auch ich, die ich das erstemal 1954, damals im schwarzen Volkswagen von Harald A. Poensgen – ein sehr schöner, gepflegter Wagen mit Weißwandreifen – diese Fahrt zusammen mit den beiden Chefs mitmachte, erlebte diese Reise noch als 1½ Tagesfahrt. Das heißt, wir kamen um die Mittagsstunde des zweiten Tages in Hannover an. Allerdings waren wir damals vom Weg abgewichen und hatten der Firma Pohl in Nentershausen, einem Pressstoffwerk, einen Besuch gemacht. Die Chefs wollten den Betrieb des Herrn Pohl kennenlernen, da ein zweiter Lieferant für Presswaren, Gehäuse sowie Trägerteile benötigt wurde. Dies wurde übrigens allgemein so gehandhabt, da man nicht auf einem Bein stehen wollte. Die Firma Pohl, eine Flüchtlingsfirma, besaß zum Zeitpunkt unseres Besuchs eine Presse, eine zweite sollte angeschafft werden.

Unser erster Lieferant für Presswaren war die Firma Gebrüder Klein in Nürnberg. Die Herren Klein kamen öfter persönlich zu uns nach Altdorf. In Erinnerung habe ich, dass sie für die Damen des Büros stets etwas zum Naschen mitbrachten, was wir dann ehrlich miteinander teilten und worüber wir uns natürlich immer freuten.

Zurück zur Messe. In Hannover angekommen, wurde zuerst dem Hannoveraner Außenmitarbeiter Carl Muncke, wohnhaft am Bischofsholer Damm, ein Besuch gemacht. Carl Muncke, ein gütiger, etwas älter wirkender Herr, war darüber sehr erfreut, und seine Frau ließ es sich nicht nehmen, uns zum Mittagessen einzuladen. Sie hatte uns erwartet und konnte sich sehr gut durchsetzen. Wir nahmen dann Carl Muncke mit, und ab ging es zum Ausstellungsgelände.

Zu diesem Zeitpunkt erledigte noch alle persönlichen Wege und Angelegenheiten mit der Messe-A.G. Carl Muncke für uns. Nach dem gemeinsamen Entladen des VW-Käfers begann der Standaufbau. Die Firma besaß 1954 sowie noch einige Jahre danach einen Reihenstand, gelegen in einem Seitengang des ersten Obergeschosses der Halle 8, Stand-Nr. 1115. Am Aufbautag trafen auch schon viele der Außenmitarbeiter ein, für mich eine herrliche Gelegenheit, die Herren kennenzulernen. Am Abend fuhren wir dann in verschiedenen Autos, jedoch gemeinsam, in die Hildesheimer Straße ins Ärztehaus, etwas unterhalb des Altenbekener Damms gelegen.

Da saßen sie nun um die Chefs vereint, Walter Kilian aus Nürnberg, Carl Meinhardt aus Frankfurt, Carl Muncke aus Hannover, Ernst Schürmeister aus München, Herr Junge aus Hamburg, Walter Dambach aus Köln, Herr Bennings von der Firma Otto Roskowski aus Dortmund, Paul Gneiding, der alte Senior, aus Stuttgart. Zwischen allen Mitarbeitern begann ein richtiges Fachsimpeln, Erfahrungen austauschen, dazwischen handfestes, gegenseitiges Auf-den-Arm-nehmen. Besonders der alte Herr Meinhardt konnte so goldig lustig sein. Mein Ängstlichsein, all das Neue betreffend, war mit diesem Abend vorbei!

Ab diesem Messejahr führte Harald A. Poensgen auch das sogenannte Dinner-Meeting ein. Von Carl Muncke wurde uns ein Lokal in der Hildesheimer Straße dafür empfohlen. Harald A. Poensgen gab uns seine Vorstellungen für den Ablauf dieses ersten Meetings bekannt. Das heißt, es sollte ein Raum für uns allein reserviert werden, da nach dem gemeinsamen Abendessen die beiden Herren zu den Mitarbeitern über Ziel und Ausrichtung für das vor uns liegende Jahr sprechen wollten, wie dies übrigens ab 1954 alljährlich in Hannover gehandhabt wurde. Ab 1956 fand das Dinner-Meeting jedoch bereits in der Stadthalle Hannover statt und zwar in deren oberen Sälen. Das waren der Bonatzsaal, ein großer runder Raum für den Empfang, der Spiegel- oder Blaue Saal für den offiziellen Teil und der Rote Saal für den geselligen Teil dieser Abende.

Im Messejahr 1954 gab es sehr viel Betrieb an unserem Stand. Wir bekamen überraschend viel Besuch. Allmorgendlich hatten wir uns bei Alma Bornefeld, die ein Reformhaus betrieb, bevorratet. Jakob Ellenberger half dabei immer mit, die schweren Taschen, es waren sehr viele Getränke darin, vom Messeparkplatz über die Übergänge zur Halle und zum Stand zu schleppen. An manchen Tagen kam man nicht einmal an die frische Luft, und wenn dies dann am Abend, nach Verlassen des Standes, geschah, musste man sich erst einmal gegen ein Schwindelgefühl wehren, da die Be- und Entlüftung in den damaligen Hallen noch sehr schlecht war. Oft hatte man zudem den ganzen Tag lang nichts oder kaum etwas gegessen. Auf Stand 1117, also direkt neben uns, wurden Brutapparate für Geflügel ausgestellt und vorgeführt, und es war natürlich für das vorbeiflanierende Schaupublikum der größte Spaß, hier in natura miterleben zu können, wie aus einem Ei ein fertiges Lebewesen schlüpfte. Ganze Zuschauertrauben, vor allem an den Sehtagen, das waren die Sonntage, hingen von diesem Stand zu unserem Stand herüber und nahmen uns dadurch die eigene Sicht sowie das Gesehenwerden für Interessenten.

Wir bemühten uns bereits ab diesem Messejahr, durch persönliche Vorstellungen bei der Messe-AG darum, einen für uns günstigeren und auch größeren Stand für die künftigen Messejahre zu bekommen. Wir setzten, nach Hause zurückgekehrt, unser Bemühen in schriftlicher Form fort. Wir schalteten auch unseren zuständigen Verband, den ZVEI in Frankfurt und Düsseldorf, ein und mussten dennoch bis zum Jahre 1959 warten, bis wir in der gleichen Halle einen 52 qm großen, neuen und übersichtlicheren Stand bekamen. Das war der Stand Nr. 1815. Unser alter Stand war etwa 30 qm groß gewesen. Der neue Stand war ein Eckstand und lag an einem Hauptdurchgang zu den Treppenachsen, war also schon viel besser für uns. Doch immer noch befanden wir uns inmitten der Haushalt- und Geräteindustrie, mit ihren für jedes Publikum interessanten Schauobjekten. Wir waren immer noch nicht am richtigen Ort für unser Programm „Schutz-, Anlauf-, Steuergeräte", das für den Schutz und die Sicherheit hochwertiger Maschinen, Anlagen und Apparate bestimmt war.

Solange Jakob Ellenberger mit in Hannover war, bestand ein täglicher, enger Kontakt mit der Firma zu Hause. Es wurde von dieser getreu über jeden Arbeitstag und dessen Gesamtvorkommnisse Bericht erstattet, und wir taten unsererseits das Gleiche von Hannover aus, teils fernmündlich, teils fernschriftlich, wobei es für die Aufgabe letzterer oft galt, lange Warteschlangen auf dem Messepostamt abzuwarten.

Und so, wie dies während der Messezeit gehandhabt wurde, geschah es auch in Altdorf immer. Jakob Ellenberger ließ uns alles miterleben. Beispiel: Viele Jahre besuchte Jakob Ellenberger Messen und Ausstellungen auch im Ausland. Es war in Toronto/Kanada gewesen. Jakob Ellenberger machte dort an unserem Messestand Standdienst und konnte hier den damaligen Wirtschaftsminister, Prof. Dr. Ludwig Erhard, begrüßen. Durch diese Einschaltung ist vorweggenommen, dass ELPO/E-T-A selbstverständlich bereits ab den 50er Jahren als Aussteller auch weitere Messen im Ausland beschickte.

In Altdorf ging die Entwicklung weiter aufwärts. Es dürfte etwa 1957 gewesen sein, da war bereits eine transportable Halle auf dem rechten Flügel des Fabrikgebäudes, Industriestraße 2, aufgestellt worden. Diese nahm das erste Konstruktionsbüro mit den ersten Mitarbeitern, Josef Peter und Karl Hammerand, auf. Ein Ölofen, auch dieser war für uns etwas Neues, sorgte für die notwendige Wärme in dieser Halle.

Wir hatten Aufträge, und es konnten weitere Mitarbeiter engagiert werden. Allein die Arbeitsräume wurden zu klein und auch zu wenig. In Feucht wohnte der Russland-Spätheimkehrer, Architekt Fritz Schmidt, ein gebürtiger Altdorfer aus der Äußeren Nürnberger Straße. Kaum war er zurückgekehrt, bemühte er sich wieder in seinem alten Fach zu arbeiten. Die Verbindung zu ELPO/E-T-A kam über Erna Wirth zustande, und ELPO/E-T-A hatte ab dieser Zeit seinen Haus- und Hof-Architekten gefunden. Der erste Auftrag zur Planung eines Büro- und Verwaltungsgebäudes mit Längstrakt wurde erteilt. Die Vorbereitung und Erstellung des Rohbaues erfolgte in Rekordzeit. Als es unserem Chef, Jakob Ellenberger, doch noch nicht rasch genug ging, bezogen wir vom Büro, das war Herbstanfang 1959, die ersten Räume. Teils liefen wir dabei noch über offene Böden. Aber dann ging es sehr rasch.

Nicht vergessen werden soll hier Babette Günther, eine gebürtige Altdorferin. Sie hatte das Schicksal an die Westgrenze, und zwar nach Kaiserslautern, verschlagen. Ihr Mann, ein Zollbeamter, war im Krieg geblieben. Die beiden Töchter hatten sich mit einem Kanadier bzw. einem Amerikaner verheiratet und waren ihren Männern in deren Heimat gefolgt. So war Babette Günther wiederum allein. Sie kehrte nach Altdorf zurück. Wohnung fand sie bei Familie Buchner am Berglein, nachdem sie den sogenannten „verlorenen Baukostenzuschuss" in Höhe von 3.000,- DM, zu dieser Zeit eine durchaus übliche Sache, gezahlt hatte. Sie hatte jedoch auch in ihrer alten Heimat Not, und um diese zu vergessen, wollte sie arbeiten. Da sie Hausfrau war und ohne Beruf, wie sie sagte, suchte sie eine Putzstelle und fand diese bei ELPO/E-T-A in deren Neubau. Und Babette Günther war nichts zu viel. In einem Neubau, vor Fertigstellung bezogen, das heißt, täglich noch von verschiedenen Handwerksfirmen bearbeitet, wusste sie am Abend nicht, wo beginnen. Doch sie schaffte es. Sie hatte sich noch Margarete Thurner und Margarete Spindler, beide Bekannte von ihr, geholt und diese drei Frauen waren, voran Babette Günther, die guten Geister unseres ersten Neubaues. Babette Günther wäre am liebsten lebenslänglich bei ihrer E-T-A geblieben, doch wurde sie später zur Aufgabe ihrer Tätigkeit gedrängt. Längst ist sie tot. Ihre Kinder veranlassten ihre Überführung nach Kaiserslautern ins Familiengrab.

Unser fünfgeschossiger Neubau besaß im Erdgeschoss einen großzügigen Besprechungs- und Tagungsraum, worauf wir sehr stolz waren. Er wurde sehr schön und zweckmäßig möbliert. Weiter befanden sich im Erdgeschoss der Einkauf sowie das, allerdings etwas kleine, Büro von Andreas Aschka mit Sicht auf die Hofseite und den anschließenden Montageraum. Erwähnt werden muss auch die Pforte mit dem Empfangsraum und die großzügige, in den ersten Stock führende Treppe. Im ersten Stock befanden sich die Büros für die Direktion mit den Vorzimmern für die beiden Sekretärinnen. Außerdem das Büro des Verkaufs und das Büro von Inge Greim, das im Schaltraum der Telefonanlage untergebracht war. Jakob Ellenberger war sehr beschäftigt, da mit Ausnahme des Verkaufs, der Akquisition und des Rechnungswesens, dies waren die Aufgabengebiete von Harald A. Poensgen, alles übrige, das heißt, sämtliche betrieblichen Belange, durch ihn bearbeitet wurden. Inge Greim war deshalb 1960 als Mitarbeiterin in das Sekretariat zu Gertrud Hendelmeier eingestellt worden. Im zweiten Stockwerk befand sich die Buchhaltung mit dem Büro von Erna Wirth sowie die Lohnbuchhaltung. Der dritte Stock gehörte als Wohnung Josef Krug mit Familie, unserem alten Famulus, von dem bereits eingangs die Rede war, und der natürlich nach wie vor alle Hände voll zu tun hatte.

Schließlich muss noch festgehalten werden, dass wir den durch die Errichtung des ersten Gebäudes mit dem anschließenden Längstrakt verlorenen Kiosk in Form einer wunderschönen Kantine mit Vesper- und Pausenraum, im Souterrain gelegen, ersetzt bekamen. Die ersten Mitarbeiterinnen an dieser Stelle waren Irmgard Lösch, Annelise Lill und Anni Fuchs. Das war Anfang 1961. Ab 1963 lag die Kantinenleitung in den Händen von Christa Würsching mit dem Team wie vorgenannt. Seit dieser Zeit durchfuhren nun alle Vormittage, lange Zeit auch an den Nachmittagen, die Kantinenfrauen die Gebäude. Vor dieser Zeit war dies nur in den Montage- und übrigen Arbeitsräumen und nicht in den Büros so gehandhabt worden. Wer wollte, konnte sich nun in den Vesperpausen auch eine Tasse Kaffee oder dergleichen in der Kantine holen, oder diese direkt in dem Kantinenraum mit anderen zusammen einnehmen. Längst aber hatte die eigene Kaffeezubereitung in den Büros begonnen; hingegen nicht in den Sekretariaten, da die Chefs noch nicht dafür eingenommen waren. Und diese kleinen Pausen waren für alle ein Labsal, denn man hatte hierbei Kontakt miteinander, man konnte kurz zusammen sprechen und man stärkte sich, denn, die meisten Mitarbeiterinnen waren Hausfrauen und Mütter, waren also am Morgen von zu Hause aufgebrochen, nachdem sie ihre Lieben versorgt, aber wenig Zeit für sich selbst gehabt hatten. Und so war diese kleine, gemeinsame, arbeitstägliche Pause ein Lichtblick, auf den man sich freute und den man auch nützte, um die anstehenden Probleme, auch die des Geschäftes, miteinander abzusprechen bzw. um diese vorzuklären.

Zu der Geschichte dieses ersten, großen Neubaues ist noch mitzuteilen, dass Jakob Ellenberger einmal nach Feierabend, kurz vor Baufertigstellung, alle angrenzenden Nachbarn einlud und durch den Neubau führte. Zum Teil hatten wir die Angrenzer um kleine Flächenkorrekturen vor Baubeginn angehen müssen, und sie hatten auch alle zugestimmt. Das heißt, sie hatten an uns Abstandsflächen abgetreten. Der sich an das fünfgeschossige Gebäude anschließende Längstrakt, der im Souterrain die Kantine, wie auch weitere Sozialräume enthielt, war im ersten Bauabschnitt, es wurde später ja weiter gebaut, ebenfalls fertiggestellt. Das Erdgeschoss enthielt einen großen Montageraum. Von der Sicht auf diesen, vom kleinen Büro des Andreas Aschka aus, ist schon gesprochen worden. Der erste Stock nahm zur Rechten das Fernschreibzimmer, damals besetzt von Maria Falkner, Hagenhausen, nach Verheiratung Frau Kerschensteiner und Bäuerin in Oberölsbach, auf. Von diesem Raum aus wurden auch einige Zeit unsere gedruckten Unterlagen, wie Kataloge, Prospekte, Datenblätter, Technische Mitteilungen, Preislisten, Vertreter-Verzeichnisse, Auflistungen über den Stand der Genehmigungen, wie z.B. die Approbation der E-T-A Geräte durch behördliche Prüfstellen des In- und Auslandes, verteilt bzw. waren auch in diesem Raum untergebracht.

Daran schlossen sich die Ingenieurbüros, gebildet aus Glasstellwänden, an. Deren Erstbesetzung zu diesem Zeitraum waren Günter Conrad, Erich Himmler, Sigurd Engelmann, Diplom-Ingenieur Eberhard Poensgen sowie Ingenieur Herbert Beier. Bald wurde ein weiteres Büro angegliedert für das sogenannte Terminbüro, besetzt durch Hans Schmidt. Auch für die Mitarbeiterinnen der Ingenieurbüros war ein eigener Raum in der gleichen Weise erstellt worden. Die linke Seite nahm die Telefonzentrale auf, damals besetzt durch Inge Seeger. Hier war auch die Registratur, die von Berti Gantz verwaltet wurde. Daran schloss sich das geräumige Konstruktionsbüro an, besetzt durch Josef Peter, Karl Hammerand, Hermann Jäger und Fritz Krasser als dessen Leiter. Eberhard Poensgen belegte schon bald nach dem Einzug den dem Konstruktionsbüro folgenden Raum.

Der verbleibende Raum wurde beidseitig für das Labor und dessen Leiter Konrad Heydner mit seinem Team eingerichtet. Hier konnte man erleben, wie Maschinen, zum Beispiel Waschmaschinen etc., allen Arbeitsbedingungen unterworfen, auftretende Störungen simuliert und die dafür maßgeschneiderten Schutzgeräte entwickelt wurden.

Natürlich wurde, als der vorgeschilderte Bau soweit war, ein großes Richtfest gefeiert, zu dem viele Abgesandte der Behörden, regional und überregional, gekommen waren. Davon sind sehr schöne Aufnahmen vorhanden, die das Hochziehen der Richtkrone sowie die Redner, unseren Chef Jakob Ellenberger, den Bürgermeister der Stadt Altdorf, Dötsch, den den Richtspruch sprechenden Polier usw. zeigen.

Weiter ist noch von unserem ersten Firmenfest, der 10-Jahres-Feier der ELPO/E-T-A, zu berichten. Dies war 1958. Lange vor dem Tag, dem 31. Juli/1. August 1958, begannen wir mit dem Planen. Alle Außenmitarbeiter, auch die aus Übersee, sollten dazu kommen. Es mussten die Unterkunftsmöglichkeiten, da ja auch Familienangehörige eingeladen waren, beschafft werden sowie für die Verpflegung an diesem Tag, die möglichst gemeinsam erfolgen sollte, gesorgt werden. Die Lieferanten waren zu verständigen, den Behörden Mitteilung zu machen und vieles mehr. Kurze Zeit vorher hatten die Eheleute Braun das Kino, die Filmbühne in der Nürnberger Straße, erbaut. In diesen Raum konnten wir den offiziellen Teil der Feier verlegen.

Der Beginn war für 10:00 Uhr am Vormittag festgesetzt. Der Betrieb war an diesem Tage geschlossen. Als Eröffnungsmusik hatten wir die Ouvertüre „Die diebische Elster" gewählt. Es folgte die Ansprache von Jakob Ellenberger. Mir blieben davon besonders die Worte „... ein Betrieb benötigt 5 Jahre, bis es sich zeigt, dass er existent ist und 10 Jahre, bis sich die Erfolge zeigen und er sicher steht..." in Erinnerung. Mit einer Laudatio schloss sich unter anderen der Bürgermeister von Altdorf, Dötsch, an, der seiner Freude für Stadt und Bevölkerung dadurch beredten Ausdruck gab, dass er sagte, wie sehr man sich freue, diese Firma zu haben und wie sehr man ihr für die weitere Zukunft alles Gute wünsche. Die Stadt Altdorf kam ja auch wirklich zu dieser Firma ohne jedes eigene Zutun und ohne irgendwelche Zuschüsse, das heißt Kosten. Für den Landkreis sprach der damalige stellvertretende Landrat Lowig. Weiter sprachen die Vertreter der beiden kirchlichen Konfessionen, Dekan Fürle und Stadtpfarrer Probst sowie viele mehr. Walter Kilian sprach für die Außenmitarbeiter. Erna Wirth sprach für die Mitarbeiter in Altdorf. Wir hatten, von Herrn Kilian besorgt, für ein Bild, „Chicago mit seinen Hochgebäuden", gesammelt und überreichten dieses Bild, das wir im Hinblick auf die damals noch so junge Tochterfirma, die E–T–A Products of Chicago, gewählt hatten, als Abschluss der Ansprache von Erna Wirth an die Chefs.

Schließlich hatte Herr Herrmann jr. aus Mannheim den Einfall, die Firma mit einem quicklebendigen, rosigen Ferkel, das er auf dem Arm hereintrug, zu grüßen und ihr damit für die Zukunft ebensoviel Glück und Erfolg wie bisher zu wünschen. Die Außenmitarbeiter hatten jeweils aus ihrer Stadt schöne, alte Stiche mitgebracht. Diese zeugen heute noch in den verschiedenen Büros von jenem Tag. Natürlich gab es auch sehr viele Blumengebinde und Pflanzen. Die Blumen blühen nicht mehr, aber in manchem Raum treibt noch ein Nachkomme aus dieser Zeit alljährlich seine Blüten. Gemeinsam hörten die Mitarbeiter hier erstmals öffentlich von ihrer guten, als sehr solvent bekannten und gelobten Firma reden, und als zur Mittagsstunde sich die Türen des Kinoraumes öffneten und die Gesellschaft in den strahlenden Sonnentag heraustrat, war die gehobene Stimmung der vergangenen Stunden auf allen Gesichtern abzulesen.

Wir lernten, soweit noch nicht geschehen, auch die Gattin von Harald A. Poensgen, Rosl Poensgen, eine sehr nette Dame, sowie weitere Familienangehörige und Mitarbeiter der verschiedenen Firmen kennen. Noch heute ruft man sich die glückliche Stimmung, die über dem ganzen Tag lag, gerne zurück. Nachdem ein Raum für ein gemeinsames Mittagsmahl damals nicht zur Verfügung stand, war für die Direktion sowie die Abgesandten der Behörden, unseren Patentanwalt mit damaligem Mitarbeiter, die Angehörigen und weitere Gäste, im „Schwarzen Bären" in Altdorf von Konrad Lobinger der Mittagstisch gedeckt worden. Wir von Betrieb und Büro zogen gemeinsam zur Turnhalle und ließen uns hier bei fröhlichem Gespräch das Gebotene schmecken. Ich erinnere mich insbesondere an die Leberknödelsuppe, die von der damaligen Wirtin der Rosenau zubereitet worden war. Der Nachmittag schenkte uns nach gemeinsamer Omnibusfahrt nach Neumarkt/Opf. in den „Tiroler Hof" noch sehr schöne Stunden. Im Freien, bei Kaffee und Kuchen, bei teils geschäftlichen, teils privaten Gesprächen, lernten wir uns näher kennen und fuhren mit unseren Gästen am Abend nach Altdorf zurück. Der Nachmittag war so schön gewesen, dass es viele vorzogen, mit uns im Omnibus zurückzufahren, um mit uns von der Firma weiter beisammen zu sein, so dass mancher PKW-Fahrer zum Spaß brummte, für den Rückweg allein gelassen worden zu sein.

Zurück in Altdorf hatte die Geschäftsleitung die Außenmitarbeiter mit Angehörigen, die verbliebenen Gäste der Behörden usw., zusammen mit uns Angestellten, wieder zu Konrad Lobinger in den „Schwarzen Bären" zum Abendessen eingeladen. Daraus wurde für manche eine lange Nacht. Doch es war sehr, sehr schön gewesen und was blieb, ist die Erinnerung, die keiner missen möchte. Erstmals waren, und dafür hatte sich Harald A. Poensgen besonders eingesetzt, alle ELPO/E–T–A Leute aus aller Welt, als Familie, wie wir uns sehr lange Zeit mit Stolz nannten, vereint gewesen.

An dem darauf folgenden Samstag versorgten wir gemeinsam, voran Jakob Ellenberger, Blumen und Geschenke, damit der kommende Montag ohne Säumen für das Beginnen um das zweite Firmenjahrzehnt anlaufen konnte. Aber die Feier war noch nicht zu Ende. Gemeinsam mit den Außenmitarbeitern und verbliebenen Gästen sowie allen Firmenangehörigen freuten wir uns auf die für uns gekaufte und reservierte Aufführung einer Vorstellung des „Wallenstein-Festspieles", dieses Staatsaktes der Altdorfer, der dann auch wirklich, das war zu sehen, sehr viel Spaß und Freude brachte. Peter Kaldenbach, der alte Wallensteiner, jahrelang verkörperte er den Junker und Feldherrn Wallenstein persönlich, ließ es sich nicht nehmen, in dieser seiner großen Rolle, vor uns zu glänzen.

Nun begeben wir uns wieder in die Zeit ab Ende 1959. Alljährlich war zwischen Weihnachten und Neujahr arbeitsfrei. Dazu mussten die Urlaubstage – von sechs Wochen Jahresurlaub stand zu dieser Zeit noch nichts in den Sternen – aufgespart werden. Auf diese Zeit freute man sich sehr. Sie war alljährlich, je nachdem wie die Festtage fielen, verschieden hinsichtlich ihrer Länge. Die Sicht auf diese Freizeit spornte allgemein, im Betrieb, wie auch in den Büros, zu Hochleistung an, und die Jahresstatistik war jeweils das Interessanteste der letzten Arbeitstage im Jahr. Sie sagte doch aus, was wieder erreicht wurde, welche Steigerungsrate wir gemeinsam geschafft hatten.

Bald nach dieser Feiertagsruhe jedoch begann es wieder, dieses von Termin zu Termin eilen und sich darauf einstellen. Die Messen begannen schon im Februar, die Vorbereitungen darauf wollten geschafft werden. Besprechungen über das WAS und WIE, das heißt, die Ausrichtung für das neue Geschäftsjahr, waren zu führen. Die Preislisten wurden stets mit dem letzten Drücker gerade noch zu Jahresbeginn fertig. Für die Überarbeitung der Kataloge und sonstiger Unterlagen spätestens zur Hannover-Messe, das war Ende April/Anfang Mai eines jeden Jahres, sollte alles fertig sein. Also drängte die Zeit in jedem Betriebsbereich. Denn von allen benötigte man Werte und Daten als Voraussetzung für die Neu-Ausgaben.

Längst war es eine Ehrenauszeichnung für den geworden, der als Besucher nach Hannover durfte. Dort traf man sich, dort zeigte sich die neueste Technik einer ganzen Welt im besten Kleid, dorthin beriefen die Firmen ihre Außenmitarbeiter, ihnen ihre neuesten Schöpfungen vorzuführen sowie um sie mit deren Technik vertraut zu machen. Längst hatten wir Nachahmer unseres Meetings bekommen, denn auch dieses diente letztlich dem Zweck der Schulung und Ausrichtung unserer Mitarbeiter, die in vorderster Linie arbeiteten, und das war beim Kunden.

Es wurde Usus auf jeder Messe, bereits für das nächste Messejahr die Termine für das/die Meetings zu vereinbaren. Das traditionelle Meeting der ELPO/E–T–A in den oberen Sälen der Stadthalle von Hannover wurde von der Veranstaltungsgesellschaft mit besonderer Aufmerksamkeit betreut. Nach strengem Protokoll erfolgte der Auftakt des Meetings in jedem Jahr gleichermaßen: Entrée im Bonatzsaal und feierlicher, gemeinsamer Einzug im besten Kleid in den Spiegelsaal, sobald die Geladenen vollzählig erschienen waren und Harald A. Poensgen das entsprechende Zeichen gegeben hatte. Dann wurden die Flügeltüren des Spiegelsaales geöffnet, die Herren reichten den Damen den Arm und geleiteten sie zu ihren Plätzen. Diese waren von Harald A. Poensgen persönlich bestimmt worden und waren der Tischordnung, die dafür im Bonatzsaal aufgestellt wurde, abzulesen. Man setzte sich erst, nachdem die Geschäftsleitung, Harald A. Poensgen und Jakob Ellenberger, Platz genommen hatte. Die Speisenfolge, bis hin zur jeweiligen Temperatur der ausgewählten Weine, war vorgeschrieben. Die Stadthalle machte selber gerne mit, war es doch für sie jeweils eine Möglichkeit, „alte Schule" unter Beweis zu stellen. Es wurde für 4 Personen je ein Ober in Livree, weiß behandschuht, abgestellt. Diese Dinner-Meetings waren nicht nur für mich zum festlichsten Ereignis meines Lebens geworden.

Alle Anordnungen dazu kamen von Harald A. Poensgen und entsprechend verliefen unter seiner Anwesenheit und Regie alle Veranstaltungen. Man kann sagen, dass Harald A. Poensgen die Meetings zelebrierte. Die Damen – es war zur Selbstverständlichkeit geworden, dass alle Außenmitarbeiter ihre Ehefrauen oder erwachsenen Töchter, die ja meistens in der Firma ihres Vaters mitarbeiteten, mitbrachten – hatten natürlich ihre Robenprobleme. Und so gab es denn während der Messen selbst, aber auch schon Wochen davor oder nachher, manch Gerede und Getuschel. Aber es war herrlich und schön, und die Kasse hat es ausgehalten. ELPO/E–T–A wuchs weiter.

Die Blumenarrangements, sie begannen bereits am separaten Eingang der Stadthalle für ELPO/E–T–A und wurden geliefert und dekoriert von Ehepaar Stange persönlich, diesem für Hannover und Umgebung bekannten Stargärtner, der auch immer, wenn das Volkswagenwerk Freude oder Leid hatte, der Beauftragte war. Dieser Blumenschmuck, der sich entsprechend beim Schmuck der Tafel und dem übrigen Raum fortsetzte, war ein Traum. Viele nahmen ihren Hausfrauen, bei denen sie während der Messetage Quartier gefunden hatten, einzelne Gestecke mit. Glücklicherweise gibt es sehr schöne Fotos von den verschiedenen Abenden, so dass ein kleiner Abglanz davon erhalten ist. Alles musste an diesem Abend stimmen. Auch der Fotograf für die Erinnerungsfotos war sozusagen königlich. Ich berichte hier nur von Wahrheiten, es ist kein Schwärmen.

Es geht mir darum festzuhalten, dass eine kluge Geschäftsführung zwar zuerst Kaufmann sein muss, wenn aber darüber hinaus noch etwas anderes möglich ist, dies ebenso tun sollte, denn was bleibt, ist das Erinnern. Wir hatten Menükarten, die bis zum Abend selbst, obwohl das Fragen danach nicht verstummte, geheim gehalten wurden. Diese waren von Zerreiss, Nürnberg, unserem Haus- und Hoflieferanten für alle Drucksachen, angefertigt worden. Der Druck selbst erfolgte in Goldbronze, auf Karton in – von Jahr zu Jahr – verschiedenen Pastelltönen, jeweils mit in gleicher Farbe gehaltener Kordel gebunden. Von Fa. Zerreiss erfuhren wir, dass das Druckverfahren für diese Karten so schwierig sei, dass nur noch ein Mitarbeiter der Firma sich darauf verstünde und von diesem die Arbeit selbst im Freien, da Goldstaub, ausgeführt würde. Die Karten wurden stets in drei Sprachen, in deutsch, englisch und französisch gedruckt. Keiner ließ seine Karte liegen. Das Prunkstück wurde von jedem aufbewahrt. Selbst die Stadthalle erbat sich jedes Jahr möglichst einige Exemplare davon. E–T–A ist also in den Annalen dieses Hauses bestens verwahrt.

Der Abend selbst: Das gemeinsame, mehrgängige Menü mit dem jeweils passenden Getränk bis zum Mokka wurde eingenommen. Darauf folgte eine kurze Pause. Harald A. Poensgen erhob sich, die Tafel selbst war immer in offenem Rechteck mit zwei langen Schenkeln angeordnet, und gab Rechenschaftsbericht über Umsatz und Leistung eines jeden Außenmitarbeiters. Er sprach davon, was künftig zu tun sei, was besonderer Akquisition bedürfe, und was er von jedem für die kommenden 12 Monate erwarte. Danach sprach Jakob Ellenberger. Seine Ansprache galt der weiteren Geräteentwicklung, was der Markt, sprich die Industrie benötige, wie wir uns darauf einstellen würden. Er berichtete auch von den Anstrengungen, die wir mit der Marktbeobachtung bezüglich Nachahmungen hätten und bat alle Anwesenden, selbst aufmerksam zu sein und die Firma über Verletzungen unserer Patent- und Warenzeichenrechte zu informieren. Danach sprach ein Beauftragter der Außenmitarbeiter, meist war dies Herr Kilian, der den Dank für alle Unterstützung während des Jahres an die Geschäftsleitung weitergab. Daran schloss sich eine allgemeine Diskussion an. Die Zeit, der Abend verging, die Stadthalle illuminierte ihre Wasserfontänen uns zu Ehren, sobald die Dunkelheit einfiel, und so gab es das Zwischenspiel, dass wir uns alle erhoben und an die bis zum Fußboden reichenden Fenster traten, um dieses schöne, bunte Schauspiel zu genießen. Dabei war es Mitternacht geworden. Und auch das gehörte zum Dinner-Meeting: Wenn es auf den 30. April fiel, erhoben wir uns noch einmal von den Plätzen, fassten uns alle an den Händen und sangen dabei stehend: „Der Mai ist gekommen". Dies beendete dann den offiziellen Teil des Abends. Alles machte sich auf in den Roten Saal. Dort erwartete uns eine kleine Kapelle, zu deren Musik wir tanzten. Mehr als einmal geschah es, dass wir erst in der Morgenfrühe aufbrachen und zu Fuß und gemeinsam durch den Park marschierten, nur um nach Haus, das heißt in die Quartiere, zu gehen und uns dort zu duschen und umzuziehen und Kaffee zu trinken, um gleich im Anschluss den angebrochenen Messetag wieder bestehen zu können. Bei diesem Heimweg begleitete uns der Gesang der Nachtigallen, denn in Hannover gibt es sie noch, diese kleinen Sangesmeister.

Nochmals zurück zur Stadthalle. Diese war errichtet und im Jahre 1900 durch den Deutschen Kaiser Wilhelm II. eingeweiht worden. Aus diesem Anlass hatte man damals einheitliche Porzellanservice mit Kobalt angeschafft. Dieses Service wurde längst unter Verschluss in der Stadthalle aufbewahrt und nicht mehr herausgegeben. Doch für unsere Abende wurde stets eine Ausnahme gemacht. Das heißt, dieses Porzellangeschirr wurde für uns komplett bis hin zur Mokkatasse und zum Kerzenständer aus den Vitrinen geholt. Abermals ein Plus für unsere Hochstimmung. Und diese verließ uns nicht.

In Hannover fanden wir uns von ELPO/E–T–A stets zur größten Gemeinsamkeit zusammen, das heißt, einer sah auf den anderen. Es gab nur Privatquartiere. Alle Hotelzimmer waren von Seiten der Behörden für hohe Auslandsgäste, Behörden usw. reserviert. Man denke an die Hunderttausende von Besuchern, für die während der 10 Messetage Unterkunft bereitzustellen war. Zum Teil waren diese Privatzimmer sehr klein, oft voller Möbel gestellt, so dass man sich nicht rühren konnte. Außerdem hatten die Hannoveraner ein Gespür dafür entwickelt, Geschäfte zu machen. Aus diesem Grunde waren die Wohnungen oftmals überbelegt, so dass man wirklich nur zum Schlafen die Quartiere aufsuchte, also froh war, den Abend mit seiner Gruppe verbringen zu können. Und da wir einmal am Tag warm essen wollten und mussten, bummelten wir an manchem Abend nach dem Essen durch die Stadt oder durch schöne Waldstücke und Parks, wovon es in Hannover so viele gibt. Und da empfand auf einmal einer von den Unsrigen, dass er jetzt Lust hätte auf ein schönes Vanille-Eis mit heißen Himbeeren. Wir erklärten uns alle mit diesem Wunsch solidarisch, aber wo bekommen wir dieses jetzt um diese Zeit noch her! „In der Stadthalle", antwortete man im Chor. Und so zogen oder fuhren wir, je nachdem, wie nahe wir uns dieser befanden, zur Stadthalle. Dort angekommen, es war wirklich inzwischen spät geworden, mussten wir uns sagen lassen, dass die Küche geschlossen sei und es nichts mehr gäbe! Darauf unsere übermütige Schar: „So gehen Sie doch bitte noch einmal in die Küche und sagen dort, dass wir von E–T–A kämen, und, ob man uns nicht rasch das Gewünschte bringen würde. Nur eine Episode, deren es so viele gibt. Wir bekamen natürlich unser Eis mit den heißen Himbeeren, und der Koch wird es seinerzeit schon überlebt haben. Und ein weiterer Abend steht wieder auf.

Wie schon gesagt, es war für den, der als Besucher nach Hannover fahren durfte – es wurde alljährlich gewechselt – eine Auszeichnung. Selbstverständlich tat jeder mehr als nötig war. Man sah es doch, wenn die Herren nach einem abgelaufenen Vor- oder Nachmittag zum Stand zurückkehrten, wie ihnen die Anstrengung im Gesicht stand, und gerne versuchten wir vom Standdienst, entsprechend zu helfen. Wir waren ja gut ausgerüstet und taten dies zudem sehr gerne. Und wenn der Messeschluss kam, freute sich jeder von neuem auf die Gemeinschaft.

Wir hatten am Altenbekener Damm zu Abend gegessen und waren dabei engst zusammengerückt, da wir alle an einem Tisch sitzen wollten. Es gab nichts Besonderes, da das Lokal nicht gut war. Anschließend wollten wir noch an den Maschsee wandern. Dort sollte ein Feuerwerk vom hinteren Ufer aus aufsteigen in der Nähe des ehemaligen Georgspalastes, den man inzwischen abgerissen hat. Der Weg dahin war nicht kurz, kalt war es zudem. So hängten wir beieinander ein und bummelten, in dieser Gegend gibt es nichts besonderes zu sehen, in Richtung See. Endlich standen wir an diesem, die Silhouette des Wasserspiegels vor uns. Das Feuerwerk krachte. Wir riefen „ah" und „oh" und wanderten, als es wieder vorbei war, gemeinsam wieder zurück. Da sagte einer von uns, der am anderen Tag wieder zurückfuhr, "ach war das schön, da zehre ich noch Jahre davon".

Übrigens, wir wohnten ja alle über 25 Jahre in der Gegend des Altenbekener Dammes, also stets nahe beisammen. Hierbei muss ich auch der alten Eheleute Müller gedenken. Sie wohnten in der Mendelssohnstraße, ganz nahe beim Altenbekener Damm. Sie hatten eine kleine Wohnung. Ihr ständiger Messegast war Jakob Ellenberger. Was waren diese beiden Leute stolz, dass Jahr für Jahr Jakob Ellenberger, den sie so sehr bewunderten, mit ihrem kleinen, bescheidenen Zimmer während der Messe zufrieden war. Das Zimmer war anstelle des Bettes mit einer Couch ausgerüstet. Es hatte sich in dieser Gegend bei den Hausfrauen herumgesprochen, ELPO/E–T–A ist eine gute Firma, es sind anständige Leute, so dass wir in jedem Jahr die Quartiere gerne wieder erhielten.

Ich war stets vor Messebeginn (Aufbau) bis nach Messe-Ende (Abbau) in Hannover. Daher passierte es mir mehr als einmal, dass ich durch die Straßen gehend angerufen wurde: „Frau Hendelmeier, kommen Sie doch auf einen Sprung herein, ich habe gerade Kaffee gekocht. Trinken Sie eine Tasse mit!" Das gute Fräulein Rost, sie war in einer großen Fleischerei beschäftigt und besorgte uns für den Anfang stets eine Portion guter Knochen, so dass wir uns am Stand für die schmutzige, staubige, kalte Aufbauzeit wenigstens eine gute Suppe kochen konnten. Diese Übung behielten wir auch bei, als die Jugend der Geschäftsleitung, Norbert Ellenberger, den Vater abgelöst hatte. Es waren die Anfangsjahre unserer Firma, und dies sind immer besondere Jahre! Wir arbeiteten das ganze Jahr über mehr als wir sollten. Die Feierabendglocke galt weder uns, noch der Geschäftsleitung. Freilich waren die Angehörigen zu Hause nicht immer glücklich darüber, aber heimgehen und eine Aufgabe ungelöst zu lassen, das gab es nicht. Der Morgen sah uns deshalb ebenso pünktlich wieder beim Beginn, wenn es auch am Abend 20 Uhr und darüber gewesen war. Und da denke man nun an die 35-Stunden-Woche!

Wir waren auch in Hannover keine Spätaufsteher. Der erste Maitag und nochmals ein Tag sah uns zusammen mit unserem Chef, Jakob Ellenberger, alljährlich um 6 Uhr am Morgen einen Spaziergang in den Lönspark machen. Dort war es zu diesem Zeitpunkt noch still. Nur die alten Bäume und die Wiesen mit ihren kleinen Wässerlein waren um uns, und „die Nachtigallen sangen". Mit dem Auto von Jakob Ellenberger waren wir hingefahren und wieder zurück. Sein Zimmerwirt, Herr Müller, kam stets mit. Frau Müller hat für uns Damen immer eine Kleinigkeit zum Naschen mitgegeben. Im Quartier gab es dann rasch noch ein Frühstück, und die Messeschnellstraße durch den schönen Eilenrieder Wald hatte uns wieder sowie natürlich pünktlich zum Messebeginn unser geliebter Stand.

Und noch einmal muss ich zurückgehen. Bei Jakob Ellenberger zeigten sich leider bald die Anfänge eines Leidens. Dennoch kam er solange es ging mit uns. Küken waren wir. Kinder vom Land, die wir noch immer mit den elterlichen Mahnungen, „Du darfst nicht ..., Du sollst nicht ..." versehen waren. Und ebenso hatten wir uns um unseren Chef gesammelt. Und er führte uns zu Vorstellungen, die für uns ganz neu waren. Zum Beispiel dem Georgspalast, am gegenüberliegenden Ufer, unten am Maschsee gelegen. Hannover, diese Weltstadt hatte in jeder Hinsicht etwas zu bieten, bis hin zum Nachtprogramm. Wenn wir von ihm zum Essen eingeladen wurden und er sah, dass der Blick beim Studium der Speisekarten bei den kleinen Preisen hängenblieb, sagte er: „Essen Sie, was Sie zu Hause nicht bekommen. Jetzt sind Sie doch einmal fort." Kleinlich dies festzuhalten?? Ich schreibe zuviel dieser persönlichen Dinge, aber die Erinnerung fordert, es dennoch festzuhalten. Gerade dadurch, dass wir unseren Chef so bald verloren, haben wir ihn erst richtig zu würdigen und erkennen gelernt. Denn die Gegenwart ist ja so flüchtig! Es war einfach die K.u.K.-Zeit von ELPO/E–T–A gewesen, die wir erleben durften; eben die Zeit des Anfanges und des Beginnes dieser Firma, zusammen mit deren Gründern, Jakob Ellenberger und Harald A. Poensgen.

Nun soll auch noch die gute, alte Frau Bornefeld aus ihrem Grabe auferstehen. Die ersten Kontakte mit Hannover wurden durch Carl Muncke für uns getätigt. Was dabei jedoch die Unterkünfte betraf, und wir benötigten ja davon Jahr für Jahr mehr, kümmerte sich Frau Bornefeld mit darum. Sie hatte ein Reformgeschäft. Wenn also ein Geschäftsfreund oder ein Bekannter an den Messestand kam und sagte, er habe für die Nacht keine Bleibe, so brachte ein Anruf bei Frau Bornefeld mit der Bitte um Mithilfe bei der Bettensuche immer wieder den gewünschten Erfolg. Es musste keiner im Freien übernachten, auch wenn wir noch spät am Abend mithalfen, die Zimmer für einen Gast herzurichten. Zimmernachweise durch das Quartieramt gab es schon, doch konnte es einem passieren, dass man nach stundenlangem Anstehen nur außerhalb Hannovers Unterkunft bekam. Frau Bornefeld war begeistert von den Chefs des Hauses. Sie war bereits über 70 Jahre alt, aber so lange es ging, arrangierte sie alljährlich für ELPO/ E–T–A ein Messeabschluss-Essen. Sie war Vegetarierin und stolz darauf, dass wir die fleischlose Kost durch sie kennenlernten. Ihre Wohnung war klein, also rückten wir wiederum zusammen. Das Essen war Spitze und so verlebten wir mehrere Jahre den schönsten Messeabschluss, den wir uns denken konnten gemeinsam bei Frau Bornefeld. Auch Eberhard Poensgen, den Frau Bornefeld sehr mochte, war an diesen Abenden stets dabei.

Schließlich soll auch noch der Gemeinsamkeit gedacht werden, die entstand, als Marga Ellenberger mit nach Hannover kam. Auch sie war stets von der Aufbauzeit bis zum Abbau mehrere Jahre in Hannover und gleich uns im Einsatz. Die Messetage in der Halle 8 mit schlechter Luftzirkulation waren anstrengend, und es war lange Messejahre so, dass wichtige Kundengespräche auf die Zeit nach Messeschluss festgelegt wurden, was bedeutete, dass man nicht von der Messe wegkam. Frau Bornefeld hatte wohl unseren Gesichtern die Strapazen angesehen, und so stand, wenn wir von der Messe zurückkamen, ein herrlicher Fitnessteller täglich für uns beide bereit. Übrigens, Marga Ellenberger und ich hatten unsere Schlafstellen im kleinen Wohnzimmer von Frau Bornefeld.

Auf immer weiteren Messen und Ausstellungen des In- und Auslandes war E–T–A vertreten. Das alte ELPO-Programm der späten 40er und frühen 50er Jahre war längst eingestellt worden. Immer neue Aufgabengebiete wurden an unsere Geräte herangetragen. Immer größer wurde der Auftragsbestand, und nun hineingehend in die 60er Jahre wurden langsam die Arbeitskräfte rar. Da nicht nur E–T–A wuchs, begann allgemein das Werben um Mitarbeiter, insbesondere für die Bereiche Betrieb und Montage. Wir begannen, in allen umliegenden Ortschaften Mitarbeiterinnen zu werben. Es wurden Plakate gedruckt und in den Ortschaften angeschlagen. Es wurden Omnibuslinien eingerichtet, um die, die wir einstellen konnten, zur und von der Arbeit zu bringen. Das Fahrgeld dafür übernahm unsere Firma.

Die Haushaltsindustrie war in diesen Jahren im In- wie im Ausland unser bester Kunde. Das ist verständlich. Der Bedarf an Haushaltsmaschinen, voran Waschmaschinen, war lange Zeit nicht zu sättigen; schließlich hatte dafür doch jede Familie Bedarf. Mit der Waschmaschine wurde den Hausfrauen tatsächlich das beste Geschenk unseres Jahrhunderts vermacht. Und ganz gleich, um welches Fabrikat es sich handelte, eine Bauknecht, AEG, Miele, Zanker, Zanussi usw., jede Maschine wurde mit E–T–A Geräten ausgestattet, das heißt geschützt. Es war also ein Boom entstanden. Noch heute höre ich Herrn Müller stöhnen, wenn man ihm sagte, Bauknecht sei am Telefon. Er: „Wenn ich nur schon Bauknecht höre". Eine ganz natürliche Reaktion, wenn man sich erinnert, wie es damals zuging, das heißt, wie die Lieferanforderungen mit Terminvorschriften gegeben wurden. Wir hätten eben die E–T–A Überstromschutzgeräte und die A-P-S Anlaufphasenschalter mit den M-R Motorschutzrelais nach Mengen zaubern müssen. Es sollten mengenmäßig immer mehr sein, als wir liefern konnten.

Also benötigten wir dringend weitere Fertigungsstätten. Außerdem war das Arbeitskräftereservoir in Altdorf und dessen busmäßig zu erfassender Umgebung erschöpft. Wir suchten bis weit in die Oberpfalz hinein. Dies geschah ständig durch Annoncieren in verschiedenen, regionalen Zeitungen. Und unser Rufen wurde schließlich gehört. Denn eines Tages ließen sich einige Markträte mit ihrem Bürgermeister, Herrn Inzenhofer, für Jakob Ellenberger melden. Sie kamen von Hohenfels und boten uns die Errichtung einer Fabrikationsstätte in ihrer Gemeinde an. Dort stand durch die Errichtung eines neuen Schulgebäudes das bisherige Schulhaus leer und war sofort durch uns beziehbar. Es hatte sich um dieses bereits eine Regensburger Firma beworben, doch sollte unsere Firma den Vorzug haben. Es war Wochenmitte, Jakob Ellenberger sagte zu, und am folgenden Samstag fuhren er, Andreas Aschka, der nie Auto fuhr, und ich zusammen nach Hohenfels.

In dem alten Schulhaus, den kleinen Schulräumen, besah und besprach Jakob Ellenberger an Ort und Stelle gleich alles. Hohenfelser Handwerker waren an diesem Tag sofort zur Stelle. Auch einige Frauen waren gekommen und bewarben sich um Einstellung, so dass, als wir wieder heimwärts fuhren, schon sehr viel in Gang gekommen war. Es ging in der folgenden Woche gleich mit dem Umbauen los. Bürgermeister Inzenhofer war stets persönlich und sofort zur Stelle, wenn es nicht ganz klappen wollte, so dass es unseren Mitarbeitern aus Altdorf schon bald möglich wurde, die für die Montage erforderlichen Einrichtungen zu machen. Bürgermeister Inzenhofer hatte für den ersten Samstag auch schon einen für die Leitung dieses Zweigbetriebes geeigneten Mann mitgebracht, Kurt Weihrauch. Man konnte in der Folgezeit Kurt Weihrauch nur bewundern, wie er sich so rasch in die für ihn völlig neue Materie einlebte und sich diese zu eigen machte. Er war einmal Bankbeamter gewesen. Die Kriegswirren hatten ihn aus seiner Heimat, dem Erzgebirge, nach Hohenfels geweht, wo er bislang bei den Amerikanern auf dem Truppenübungsplatz Hohenfels dolmetschte.

Die Gemeinde Hohenfels war froh, unsere Firma gewonnen zu haben. Durch Bürgermeister Inzenhofer wurde vieles bei den Behörden für uns erledigt, vor allem beschleunigt. In Rekordzeit wurde das Schulhaus für E-T-A fertigungsgerecht umgebaut, so dass dort sehr rasch die Montage von einpoligen E-T-A Überstromschutzschaltern anlaufen konnte. Das war Mitte 1961. Ebenso rasch war auch hier die Fertigungskapazität wieder ausgelastet, so dass der Tanzsaal einer Gaststätte dazu gemietet wurde und wiederum für die Montage von E-T-A Geräten umfunktioniert werden musste. Arbeitskräftenot gab es in Hohenfels noch nicht. Jakob Ellenberger ließ es sich nicht nehmen und fuhr jede Woche einmal dorthin. Oft begleiteten ihn die zuständigen Fachkräfte des Altdorfer Werkes. Es ging alles ganz gut. Wir brachten jeden Tag Teile der einpoligen E-T-A Geräte nach Hohenfels und nahmen die dort am Vortag abgelieferten Teile, nunmehr zusammengebaut, zum Prüfen ins Altdorfer Werk mit zurück. Bei seinen Besuchen hatte sich Jakob Ellenberger umgehört und erfahren, dass die Gemeinde, sie war ja am Festhalten von E-T-A interessiert, Gelände entlang der Staatsstraße Seubersdorf-Hohenfels in einer Gesamtlänge von 7000 m mit dem Straßenverlauf, besäße. Und dieses Gelände erachtete Herr Ellenberger für geeignet zu erwerben, um darauf der E-T-A Fertigung Hohenfels eine eigene Heimstätte zu geben. Und es klappte wiederum sehr rasch. Auch Harald A. Poensgen war nach gemeinsamer Besichtigung mit Jakob Ellenberger mit dem Ankauf einverstanden. Bürgermeister Inzenhofer ebnete wieder rasch alles, und bald schon fuhren die beiden Chefs zum Notar nach Parsberg zur Veraktung des Kaufvertrages.

Nun besaßen wir in Hohenfels ein großes, aber noch wildes Gelände. Es musste erst eine Zufahrt, die heutige ELPO-Straße, geschaffen werden. Dieser aber stand eine Felsnase im Wege. Und wiederum „Pionierzeit". Kurt Weihrauch wusste aus seiner Tätigkeit auf dem amerikanischen Truppenübungsplatz, dass die Einheit einen großen

Bulldozer besaß. Und er gewann von dem zuständigen amerikanischen Oberst die Zusage, dass er uns diesen mit dem Fahrer zur Verfügung stellen werde. Die letzte Stunde des Felsen hatte also geschlagen, Jakob Ellenberger, Architekt Fritz Schmidt, und ich durfte ebenfalls dabei sein, fuhren eines Nachmittags nach Hohenfels und erlebten diese, nicht ganz einfache, Beseitigung mit. Es ist Tatsache, es musste bis in die späte Nacht bei Dunkelheit gearbeitet werden. Zuletzt leuchteten wir mit allen verfügbaren Feuerzeugen die Gegend aus. Natürlich waren von der Gemeinde die Vertreter ebenso anwesend wie vom Betrieb Hohenfels, Kurt Weihrauch und Adolf Witka, der inzwischen dazu gekommen war. Als es endlich geschafft war, fanden wir uns, alle Beteiligten und Anwesenden, in der Gaststätte „Zur Schwarzen Katz" in Hohenfels ein und waren für einen kleinen Imbiss, den man uns noch verabreichte, dankbar. Wir hatten endlich unseren Hunger verspürt, denn es war nach 22 Uhr geworden. Danach ging es nach Altdorf zurück und der folgende Tag sah uns wieder in gewohnter Weise, zu gewohnter Zeit, an unserem Arbeitsplatz.

Hohenfels feierte alljährlich im Mai sein Volksfest und immer im Oktober seine Kirchweih. Zu allen Ereignissen erhielten wir vom Marktrat Einladungen. Jakob Ellenberger nahm, solange es ihm gesundheitlich nur möglich war, diese Einladungen persönlich wahr und nahm dazu vom Altdorfer Werk noch stets eine Anzahl Mitarbeiter mit. Darüber freuten wir uns immer. Wir erlebten in den Hohenfelsern noch einen anderen, natürlicheren Menschenschlag, fuhren also stets sehr gerne dorthin. Einmal wurden wir von Bürgermeister Inzenhofer persönlich eingeladen, und seine Frau, die nebenbei noch im elterlichen Bäckerladen zu bedienen hatte, machte sich die Mühe, uns zu Mittag zu verköstigen. Sie hatte sehr gut gekocht. Das Menü bestand aus Rouladen, Nudeln und verschiedenen Salaten und unser ELPO-Tisch aus zwölf hungrigen Gästen.

Ein anderes Mal, wir befanden uns im Festzelt zum Volksfest, brachte man Jakob Ellenberger den Dirigentenhut. Er gab den Hut an mich weiter mit den Worten: „Das macht meine Sekretärin", und ab ging es mit mir, unter dem Geleit von ein paar Musikern zum Dirigentenpult, und nachdem die Kapelle einen flotten Marsch, zu dem ich eben gestikuliert hatte, gespielt hatte, brachten mich die Musiker wieder an meinen Platz zurück. Natürlich war ich aufgeregt, doch schön war es dennoch gewesen. Einmal stiegen wir auch alle zusammen auf die Ruine von Hohenfels und betrachteten vom Turm aus den Markt selbst und vor allem die inzwischen schon erstellten Aufbauten des Werkes Hohenfels auf dem uns gehörenden Gelände.

Dann erfolgte eine Gegeneinladung unseres Chefs an den gesamten Marktrat einschließlich der beiden Herren Bürgermeister und einschließlich der Weiblichkeit aller Herren. Das geschah an einem Sonntag. Wir beteiligten uns an der Betriebsführung und waren natürlich bei dem folgenden Beisammensein wiederum alle mit dabei. Dass es über all dem, es sind ja nur die Glühwürmchenpunkte in der gemeinsamen E–T–A Chronik, die hier aufgeführt werden, entwicklungs- und baumäßig weiter ging, wie hätte dies auch anders sein können, ist klar.

Es muss auch noch des Karl Neumüller gedacht werden, damals 3. Bürgermeister der Stadt Altdorf. Liebend gerne begleitete er unseren Jakob Ellenberger nach Hohenfels und bald wurde er dessen ständiger Mitfahrer, wenn es nach dort ging. Karl Neumüller hielt sich sehr zurück. Er erlebte eben, vom Dienst bei der Bundesbahn war er bereits pensioniert, was möglich ist und erreicht werden kann, wenn ein starker

Mensch dahinter steht. Auf der anderen Seite ordnete und erledigte er in seiner Eigenschaft als 3. Bürgermeister von Altdorf auch hier gar manches für uns. In Altdorf war dem ersten massiven Gebäude mit dem Längstrakt das Zwischenstück als Turm und ein weiterer Längstrakt als zweiter Bauabschnitt angefügt worden. Weiter waren die Anwesen von der Lancken, entlang der Industrie-/Ecke Schulzstraße gelegen, und das Anwesen der Eheleute Eichenseer, am Eingang der Schulzstraße gelegen, angekauft worden. Weiter hatte die Firma das Klug'sche Grundstück mit Aufbauten von Frau Nähr, verwitwete Klug, sowie das unterhalb von Erna Wirth gelegene Grundstück der Familie Bohrer, den Schwiegereltern unseres Heinrich Schienhammer, der zu diesem Zeitpunkt Leiter des Werkzeugbaues war, erworben.

Zum Kauf des Anwesens Eichenseer gibt es eine kleine Geschichte. Die Eheleute Eichenseer hatten ihren gesamten Besitz einem Neffen vermacht, jedoch in ihrem Testament die Formulierung „nach unserem gemeinsamen Tod..." verwendet. Sie waren jedoch nicht gemeinsam gestorben, so dass dieses Testament nicht gültig werden konnte und anstelle dessen die allgemeine, gesetzliche Erbfolge eintrat. Für die Auffindung und Verständigung aller Erben, es waren dann um die 100 erbberechtigte Personen, war Hans Buchner vom Berglein in seiner Eigenschaft als Rechtspfleger beauftragt worden. Hans Buchner erschien nun nicht zur Dienstzeit bei mir in der Firma E–T-A, sondern kam mit Vorliebe in den Abendstunden zu mir. Ich war vielleicht gerade nach Hause gekommen und dabei, das Geschäftliche zu vergessen, als es läutete. Dies führte bei mir zu Hause, immer dann, wenn es läutete, zu dem geflügelten Wort „Der Hans Buchner kommt". Justiz-Oberinspektor Hans Buchner stellte dann diese oder jene Frage oder wollte die Schlüssel zu dem Eichenseer'schen Haus haben, um dort etwas einzusehen. Ich besaß jedoch diese Schlüssel gar nicht. Doch schließlich war auch dies ausgestanden. So wie man hörte, soll jeder der Erbberechtigten von der Hinterlassenschaft der Eheleute Eichenseer DM 100,- bekommen haben.

Die beiden Gebäude der Frau von der Lancken und der Familie Eichenseer wurden bald abgebrochen. Wollte man davon Spuren suchen, so würde man diese im Fundament der zum Schützenhof Altdorf führenden Jakob-Ellenberger-Straße finden.

Nicht mehr häufig, doch dann und wann gedenke ich vorbeigehender Weise einmal des liebenswürdigen Ehepaares Eichenseer, das in seinem kleinen Häuschen noch Platz hatte, ein Kolonialwarengeschäft, oder wie man heute sagt, einen Tante-Emma-Laden zu betreiben. Und in diesem gab es, wie überall üblich, zu allen Tag- oder Abendstunden, auch an Feiertagen, das, was man gerade brauchte. Auch diese Zeiten sind vorbei! In dem von der Lanckschen Besitz lebten zwei Damen, die sich zur Sommers- und Schönwetterzeit sehr lufthungrig zeigten.

Wir befinden uns zu Anfang der 60er Jahre. Ernst Franke, der Versandleiter, er hatte den Versand eingerichtet und aufgebaut, wurde krank. Er genas nicht mehr und starb am 1. Juli 1963, als der erste Mitarbeiter der Firma, der von Anfang an mit dabei gewesen war. Wir kennen ihn aus diesen Aufzeichnungen ja bereits als den Mann, der am Anfang der Firma jeden Tag mit seinem Wägelchen, auf dem die Arbeit des Tages aufgeladen war, nach Dienstschluss zu Post und Bahn fuhr, um dort die Sachen aufzugeben. Und er erzählte mir strahlend, dass er oft das Geld für die Versandgebühren vorgelegt habe, da die Firma zu diesem Zeitpunkt oft nicht mehr flüssig war. Er konnte dies, da seine Frau in der Türkeistraße einen Tante-Emma-Laden für Lebensmittel betrieb. Zu Ernst Franke war Ernst Schönweiß als Mitarbeiter gekommen. Der übernahm als Nachfolger die Leitung des Versandes. Während dieser Zeit modernisierte er die gesamte Abwicklung nach neuesten Gesichtspunkten, die heute noch Gültigkeit haben und angewendet werden. Nur dass inzwischen die EDV-mäßige Abwicklung dazu gekommen ist.

E–T–A wuchs gebäudemäßig, entwicklungsmäßig, und die Umsätze stiegen. Auch die Zahl der Mitarbeiter wuchs. Für den Aufstieg in Leitungs- und Führungsstellen wurden bevorzugt Mitarbeiter aus den eigenen Reihen befördert. Leute, die sich durch ihr Können, ihren Einsatz und ihre Leistung besonders profiliert hatten. Dass Andreas Aschka, der Unermüdliche, sich mit Erreichen des Rentenalters entschloss aufzuhören, rief große Verwunderung hervor. Er hatte vermutlich das Gefühl, von Entwicklung und schnelllebiger Zeit überrollt zu werden und sich deshalb entschlossen, einem jungen, modernen Mitarbeiter seine wichtige Position in der Firma zu überlassen. Hochachtung vor Andreas Aschka! Regelmäßig zu seinem Geburtstag erhielt er neben dem selbstverständlichen Besuch seines Chefs, Jakob Ellenberger, den weiterer Mitarbeiter seiner ELPO/E–T–A Zeit. Lange Zeit blieb ihm leider nicht für Rentenalter und Gartenhobby. Er hatte einen großen Garten, darinnen einige Tiere, und war stets stolz, wenn er uns alles zeigen konnte. Plötzlich war zu vernehmen, Herr Aschka ist im Krankenhaus. Und bald schon, im August des Jahres 1977, starb unser Andreas Aschka.

Was mussten ihn sein Entschluss aufzuhören, die Abschiedsstunde im Geschäft – als Feier- und Ehrenstunde für ihn von der Geschäftsleitung gestaltet – gekostet haben. Äußerlich schien er ruhig, doch seine Hände bewegten sich unentwegt. Das Kuvert, welches ihm von der Geschäftsleitung überreicht wurde, ließ er an Ort und Stelle liegen. Ich fand es und brachte es ihm. Da saß er ganz allein in seinem kleinen Büro – er hatte es selbst so gewollt, da er ja doch immer unterwegs sei – und blickte hinaus in den Betrieb. Auch das ist vorbei! Dazu eine kleine aber mit Stolz festgehaltene Bemerkung: „Mir wurde während meiner ganzen Dienstjahre bei ELPO/E–T–A, und es waren doch einige gewesen, nie bekannt, dass etwas entwendet worden wäre, weder den Kollegen, noch der Firma. Und ist dies nicht wunderbar?" Von Frau Aschka wurde der Besitz, den ihr Mann durch Zukauf eines weiteren Geländes noch vergrößert hatte, bald nach seinem Tode verkauft. Frau Aschka kehrte in ihre Heimat zurück, und so haben wir keine Verbindung mehr zu ihr. Haus und Garten von Andreas Aschka, die Planung machte der Architekt Fritz Schmidt, liegen an der Fahrstraße nach Oberwellitz-Leithen, Ortsausgang von Altdorf. Andreas Aschka liegt auf dem Friedhof in Altdorf. Man muss nunmehr dazusetzen: auf dem kirchlichen, da wir inzwischen einen Städtischen Friedhof im Röthenbacher Wald bekommen haben.

Gelegentlich des Abbruches der beiden Häuser, des von der Lancken und des Eichenseer'schen, wurde die Jakob-Ellenberger-Straße, die zum Schützenhof Altdorf führt, erwähnt. Der Schützenhof ist ebenso, wie eigentlich alles andere, Zeuge von der unermüdlichen Schöpfertätigkeit Jakob Ellenbergers. Gelände und Gebäude sind von ihm und sein Werk. Für die Errichtung des letzteren hat er Mitarbeiter und Altdorfer Geschäftsleute begeistern und anspornen können. Es wurde sehr viel in Eigenleistung erstellt. Doch arbeitete kein Trupp in Feierabend- oder Wochenendschicht, ohne dass sich nicht auch Jakob Ellenberger dazu einfand. Doch gehören die weiteren Ausführungen darüber dem Kapitel „Privilegierte Schützengesellschaft e.V. 1546 Altdorf" an.

Jakob Ellenberger beteiligte seine Mitarbeiter an allem. Er gewährte uns sogar Einblick in private Lebensbereiche. So waren wir gewöhnt, soweit wir Gartenbesitzer waren, alljährlich von ihm mit bestem Saatgut, zum Beispiel Bohnen, versorgt zu werden. Doch hier geht es um sein persönliches Leben, auf das ja vor allem seine Familie, seine Gattin, seine Kinder ein Recht hatten. Ich erinnere mich, dass er mich mit Sohn an Weihnachten 1958 einlud. Wir, das wusste er, hatten noch kein Fernsehgerät, und so durften wir uns damals mit und bei Familie Ellenberger „Die verkaufte Braut" von Smetana ansehen. So war es auch an seinem 50. Geburtstag, den wir von der Firma ebenfalls mit seiner Familie und weiteren Gästen im „Schwarzen Bären" mit feierten. Und nun standen wir vor seinem 60. Geburtstag. Marga Ellenberger war längst Mitarbeiterin bei ELPO/E-T-A geworden und nach einigen Durchläufen in verschiedenen Abteilungen in der Buchhaltung tätig. Norbert, der ältere und Horst, der jüngere Sohn, waren Lehrlinge bei uns und hatten in der Werkzeugmacherei bei Heinz Schienhammer beginnen müssen. Norbert Ellenberger hatte seine Ausbildung als Elektriker bereits abgeschlossen und ein Jahres-Vorstudium in Hannover als Vorbereitung auf das folgende Betriebsingenieurstudium belegt. Er hatte als Messebesucher diese Stadt kennen und lieben gelernt und sie sich deshalb als Studienort gewählt. Er wohnte während dieser Zeit bei Alma Bornefeld am Altenbekener Damm.

Zurück zu dem nahe liegenden 60. Geburtstage unseres Chefs. Es waren nicht nur wir, es waren auch die Außenmitarbeiter geladen worden. Sowohl von den regionalen, als auch von den überregionalen Behörden, von der Industrie- und Handelskammer, den Lieferanten usw., wussten wir ebenfalls, dass sie kommen würden. So planten wir von der Firma etwas Besonderes. Und dieses Besondere sollte ein Feuerwerk sein. Das bestellten wir auch und freuten uns natürlich sehr. Nur, dass es an diesem Tage, dem 25. Juni 1965, nach strahlendem Sonnenschein lange nicht dunkel werden wollte. Wir hatten nichts verraten, und als es eigentlich unseren Wünschen nach bereits hätte dunkel sein müssen, fanden wir uns bei dem Grundstück unseres Chefs ein. Endlich war es soweit und die Feuerwerkskörper – es waren welche dabei, die „ELPO" an den dunklen Himmel schrieben – stiegen zur Ehre unseres Geburtstagskindes hoch. Ein herrlicher Abend, jetzt noch verschönt durch die Erinnerung. Alljährlich, auch wenn es kein runder war, feierte Jakob Ellenberger in unserem Kreise seinen Geburtstag. Zu diesem Anlass kamen auch stets die Mitarbeiter aus den verschiedenen Betriebsbereichen. Die einzige Ausnahme war, dass er an diesem Tag versuchte, pünktlich nach Hause zu gehen.

Wir hatten keine Sorgen. Wir hatten genug Aufträge und Arbeit für alle Abteilungen. Und wenn man viel vor sich hat, erledigt man auch viel. Und dies galt für jede Betriebsabteilung. Dennoch, es legte sich ein dunkler Schatten über das gewohnte Zusammenleben; über das Zusammenarbeiten, sich freuen, wenn es besonders gut ging und jene Hoch-Zeiten der Statistik, wenn Kurt Müller, der für die Fertigung zuständige, erste Mann, am Ende des Monats von neu erreichten Rekordergebnissen Bericht gab. Jakob Ellenberger war auf einer seiner Reisen, es war die Pfalz gewesen, aus der er ja stammte, sehr krank geworden. Ab dieser Zeit begann sein Kranksein, und wir wussten darum. Er konsultierte Ärzte, deren Rat er befolgte. Das heißt, er machte immer wieder Kuren in Bad Kissingen, dem Sanatorium Uibleisen. Der hier behandelnde Arzt war Doktor Strom. Dazu wurden immer wieder Krankenhausaufenthalte in Nürnberg, den Städtischen Krankenanstalten, erforderlich. Hier befand sich Jakob Ellenberger stets in den Händen von Professor Kleinfelder. Jakob Ellenberger hatte Vertrauen zu den ihn behandelnden Ärzten, er befolgte alle Ratschläge und nahm körperlich mehr als genug ab. Doch das richtige Mittel gegen seine Krankheit, die Hypertonie, gab es leider noch nicht. Das einzige was unser Chef nicht befolgte, nicht befolgen konnte, war, sich vom Betrieb, von der Firma zurückziehen!

Es ist eigentlich noch nicht von der E–T–A Products Co. of America, Sitz in Chicago, und der E–T–A Products Co. of Canada Ltd., Sitz in Montreal, gesprochen worden. Jakob Ellenberger ließ seinem ersten dortigen Besuch im Jahre 1955 weitere folgen. Außerdem erfolgten ab diesem Zeitpunkt nacheinander die Gründungen der Tochterfirmen. Natürlich ging nicht einfach so alles in die Höhe. Natürlich brachte uns jeder Tag neue Probleme. Teil dieser Sorgen waren die Schwierigkeiten mit dem Zoll bei der Einfuhr unserer Geräte. So gab es mehr als genug zu tun. Jedoch, die ETACO, Chicago, das Kurzwort für sie, existierte und expandierte trotz aller Schwierigkeiten. Man denke sich, da wagt sich aus dem kleinen Deutschland eine Firma auf den amerikanischen Markt! Doch diese Firma hatte die richtigen Geräte, die E–T–A Schalt-, Schutz- und Steuergeräte, für die sie in kluger Voraussicht, auch auf den Rat ihres Patentanwaltes hin, überall Patentanmeldungen hinterlegt und dafür auch Patente zuerkannt bekommen hatte. Ebenso war dies auch für die Wort- und Warenzeichen E–T–A und ELPO geschehen, das heißt, diese Zeichen genossen längst in allen zivilisierten und industrialisierten Ländern der Erde Schutz.

Ganz am Beginn wurde davon gesprochen, dass das Zeitalter der Elektrifizierung gekommen war. Dies traf für die ganze Welt zu. Und so war es sehr weise Voraussicht gewesen, dass keine Mühe und keine Aufwendung – Umstellung der Trägerteile von Steatit auf Bakelit usw. – gescheut wurde, den amerikanischen Riesen für uns als Absatzmarkt zu gewinnen. Hier müssen insbesondere die hartnäckigen Anstrengungen unseres Jakob Ellenberger genannt werden. Und der Riese war aufmerksam. Nicht zuletzt müssen ihm unsere US-Patente aufgefallen sein. Sicherlich aber kannte er uns nicht nur von diesen her, da wir ja unsererseits ebenso von Beginn unseres Bestehens aufmerksam den gesamten Weltmarkt hinsichtlich aller Neu-Entwicklungen und Neu-Hinterlegungen studierten und verfolgten. Als wir dann in Amerika noch als eigene Firma auftauchten, wurde er sehr rege. Denn eines Vormittages ließen sich drei Herrn bei Jakob Ellenberger melden. Sie wurden heraufgebeten, und durch das Sekretariat bewegten sich drei Herren, groß wie Schränke ein jeder von ihnen, auf das Arbeitszimmer von Jakob Ellenberger zu. Onkel Sam war in Gestalt der Firma Jackson gekommen, um uns aufzukaufen. Allerdings hatte er kein Glück. Was haben wir vom Hause uns darüber gefreut!

Marga Ellenberger hatte die Altdorfer Firma verlassen und war für ein Jahr zur Tochterfirma nach Kanada gegangen. Einmal um die dortigen Verhältnisse kennen zu lernen, zum anderen, um dem Geschäftsführer der ETACO-Montreal zu helfen. Sie war sehr lieb von Herrn und Frau Solzman aufgenommen worden und konnte gute Dienste bei der Büroorganisation leisten. Die Überfahrt per Schiff führte ihr auch ihren späteren Mann zu; William F. Sell, einen Amerikaner aus Kansas City.

Wir lernten William F. Sell dann schon bald kennen. Er kam nach einem Deutschlehrgang im Goethe-Institut in Rothenburg o. d. T. zu uns und begann seine Tätigkeit bei E-T-A im Labor bei Konrad Heydner. William F. Sell wurde von Jakob Ellenberger einfach vor Aufgaben gestellt und siehe, er meisterte sie, wie dies allgemein anerkannt wurde, sehr rasch und auch sehr gut. Außerdem bewunderten wir ihn, ob seines raschen Einstiegs in unsere Sprache, denn wir sprachen ihn nur in Deutsch an.

Die ETACO-Chicago war von Werner Heisig, einem gebürtigen Berliner, aufgebaut worden. Dieser hatte nach dem Krieg eine Tätigkeit bei der Stuttgarter Vertreterfirma Paul Gneiding, die auch unsere Firma vertrat, gefunden. Zu dieser Zeit hatte der alte Herr Gneiding noch die Leitung der Firma inne, und er verhalf nach Kriegsende manchem Deutschen, der vielleicht in der Vergangenheit einmal einen braunen Rock getragen hatte, zu einem neuen Anfang. Die Firma Gneiding mit Sitz in Stuttgart zählte zu ihren Kunden viele Firmen, die Haushaltsgeräte und -maschinen herstellten. In der Zeit des Haushaltsgeräte-Booms brachte sie lange Zeit die größten Umsatzziffern.

Zurück nach Amerika. Werner Heisig hatte die Chicagoer Tochter aufgebaut und dabei beste Arbeit geleistet! Er lernte in Amerika seine deutsche Frau, eine Hamburgerin, kennen. Als diese mit dem Wunsche, wieder zurück nach Deutschland zu gehen, nicht fertig wurde, mussten wir uns bedauerlicherweise um die Neubesetzung der Leitung in Chicago kümmern. Da es mit dieser neuen Leitung nicht klappen wollte, schickte Jakob Ellenberger seinen zukünftigen Schwiegersohn, William F. Sell, wieder nach drüben, und die Hochzeit zwischen Marga Ellenberger und William F. Sell wurde verschoben. Eine harte Entscheidung, die den Betroffenen sicher sehr weh tat. Doch folgten beide und hielten für lange Monate durch. Am 5. Juni 1965 war dann endlich das Hochzeitsfest, und in gewohnter Weise durften wir von der Firma wieder mitfeiern.

Die Zukunft brachte, dass für Jakob Ellenberger immer wieder neue Aufenthalte in den Städtischen Krankenanstalten in Nürnberg und daran folgend im Sanatorium Uibleisen, notwendig wurden. Doch stets, gleich wo er sich befand, hielt er lebhaften Kontakt mit der Firma und war für wichtige Entscheidungen immer sprechbereit. Mehr als einmal diktierte er in seinem Zimmer in Bad Kissingen lange Geschäftsbriefe, bzw. er ließ sich Bericht erstatten. Und vor der Rückreise nach Altdorf lud er stets die Abgesandten der Firma noch zum Essen ein bzw. nahm immer mit seiner Gattin daran teil.

Das zweite Firmenjahrzehnt war abgeschlossen. Es gab hierzu allerdings keine große Feier. Diese sollte aus Anlass der erreichten 25 sein. Ganz sang- und klanglos verlief der 20. Jahrestag der Firmengründung allerdings auch nicht. Dafür sorgten schon unsere Außenmitarbeiter. Als Abgesandter derselben erschien am Morgen des Jahrestages Walter Kilian, beladen mit zwei großen Geschenkkörben und natürlich mit Blumen. Und am Abend beschlossen wir diesen Tag mit einem gemeinsamen Ausgang.

Es ging weiter. In Hohenfels arbeitete man zum Zeitpunkt des 20. Jahrestages der Firmengründung in Altdorf längst in eigenen Gebäuden. Diese waren unserem ersten Altdorfer Bürogebäude mit Längstrakt nachgebaut, waren jedoch, wie wir in Altdorf mit etwas Neid feststellten, viel besser ausgefallen, als das Altdorfer Muster. Die Hohenfelser waren aber auch ein ganz eigener Menschenschlag. Und sie verwöhnten unseren Chef. Jakob Ellenberger hatte dort ein sehr schönes Chefbüro, und er ließ es sich auch, solange er gesundheitlich konnte, nicht nehmen, allwöchentlich ein bis zweimal nach Hohenfels zu fahren. Dort war es ruhig. Dort gab es nicht die vielen Probleme, die sich in Altdorf, dem Sitz der Verwaltung, ergaben. Die Hohenfelser Mitarbeiter verstanden es aber auch, in Eigenleistung und unter Zusammenwirkung aller, ihrer E–T–A ein ganz persönliches Gesicht zu geben.

Inzwischen fehlten immer wieder weitere Arbeitskräfte. Das Kräftereservoir in Altdorf und Umgebung war ja längst aufgebraucht. Dies traf nunmehr ebenso auf Hohenfels und Umgebung zu. So wurde Kurt Weihrauch von Jakob Ellenberger gebeten, sich umzuhören. Und eines Tages erschienen, wie vordem für Hohenfels geschehen, Bürgermeister und Markträte des Marktes Kallmünz bei E–T–A in Altdorf. Auch sie hatten bereits einen Arbeitsraum aufzuweisen und zwar den Tanzsaal der Brauerei-Gaststätte Bairl, Kallmünz. Dieser Tanzsaal war ein selbständiges Gebäude. Sehr bald schon wurde darin von unseren eigenen Fachleuten zusammen mit Handwerksbetrieben des Marktes emsig umgebaut, so dass in bekannter Schnelle auch hier wieder eine Fertigungsstätte für E–T–A Schalt-, Schutz- und Steuergeräte entstehen konnte. Und so brachten jeden Tag in den Morgenstunden Busse die Mitarbeiter der drei Fertigungsstätten Altdorf, Hohenfels und Kallmünz zu den Werken, um sie am Abend abzuholen und wieder nach Hause zu bringen. Kallmünz, hier liegt die Bedeutung des Marktes im Namen, hatte das Recht Münzen zu prägen. Auch heute geschieht dies noch zu festlichen Anlässen. Und so ein Anlass war der Marktverwaltung die Inbetriebnahme der E–T–A Fertigungsstätte. Zur Erinnerung an diesen Tag überbrachten die Bürgermeister von Kallmünz der Geschäftsleitung solche Gedenkmünzen.

In Altdorf waren die Anwesen von der Lancken und Eichenseer durch die Spitzhacke längst ausgelöscht worden. Das so in ganzer Größe verfügbare Eichenseer'sche Grundstück gab dem großen Bedarf nach Parkplätzen Raum. Architekt Fritz Schmidt hatte längst den Auftrag erhalten, auf dem ehemaligen Grundstück von der Lancken ein großes, repräsentatives Verwaltungsgebäude zu erstellen. Planung und Vorbereitung gediehen auch recht gut, und bald schon konnte mit dem Bau begonnen werden. Es war für uns eine Freude, und wir wurden angesteckt von unserem Chef Jakob Ellenberger, der sich unermüdlich für den Baufortgang und später die Einrichtung und Gestaltung aller Details einsetzte.

Im Juli 1972 konnten wir in das neue Gebäude einziehen. Die mitgeteilte Möglichkeit der öffentlichen Besichtigung fand großes Echo, und man konnte Altdorfer, die es aus irgendwelchen Gründen nicht geschafft hatten, der Einladung zu folgen, klagen hören, dass sie dies sehr bedauerten. Es gab ein großes Fest, das für Altdorf und Umgebung gleich bedeutsam war. Entweder waren Angehörige bei E–T–A tätig, oder man hatte in irgendeiner Weise als Lieferant oder als Handwerksfirma etc. mit E–T–A zu tun. Und die Stadtväter Altdorfs konnten sich natürlich ob der Vorwärtsentwicklung ihres bedeutendsten Zahlers von Gewerbesteuern ebenfalls sehr freuen. So trafen sich im Foyer des neuen Gebäudes die kirchlichen und weltlichen Behörden von Stadt und Kreis, die Abgesandten der Industrie- und Handelskammer, bis hin zur Regierung von Ansbach, Besucher, die wieder von nah und fern gekommen waren, mit den E–T–A Leuten. Ferner die Beauftragten der Zulieferfirmen und natürlich auch die Vertretungen der am Bau tätig gewesenen Handwerksfirmen.

Vormals hatten wir immer nach dem offiziellen Teil die kulinarische Betreuung in den „Schwarzen Bären", zu Konrad Lobinger, verlegt. Da sich dieser aus gesundheitlichen Gründen zurückgezogen hatte, waren wir dazu übergegangen, die Verpflegung in eigener Regie zu besorgen. Wir besaßen ja seit 1960 eine eigene Kantine mit entsprechendem Raum. Mit dem Nachfolger von Konrad Lobinger hatten wir keine guten

Erfahrungen gemacht. Jedoch zur Einzugsfeier unseres Verwaltungsgebäudes war Konrad Lobinger wieder erschienen und baute im Foyer des neuen Hauses ein herrliches Buffet auf. Junge Mitarbeiterinnen der Firma, die um diesen Ehrendienst gewetteifert hatten, versorgten immer neu, durch die Reihen schreitend, die Gäste mit Erfrischungsgetränken nach Wunsch.

Bei dieser Schilderung fällt mir noch ein sogenanntes „Husarenstückchen", das 1. Richtfest in Hohenfels betreffend, ein. Dieses durch den Truppenübungsplatz Hohenfels in wirtschaftlicher Hinsicht benachteiligte Gebiet, war auch behördlich, bis zur Regierung in Regensburg, von der Errichtung der Firma E–T–A in Hohenfels begeistert sowie an dieser Firma interessiert. Das lässt sich auch aus den Akten jener Zeit ablesen, da alles, was wir unternahmen, in Rekordzeit durchzuführen möglich war. So war die Zahl der einzuladenden Gäste, als es mit dem Richtfest soweit war, sehr groß und ein für die Feier ausreichender Raum nicht zu finden. Kurz entschied unser Chef, und wir lernten erneut sein Improvisationstalent kennen, dass die Feier in der eigenen Kantine, im Souterrain des Neubaues stattfinde. Und es klappte. Viele, sehr viele Menschen hatten sich eingefunden. Auch der amerikanische Oberst mit Gattin vom Truppenübungsplatz war als Nachbar gekommen. Er war ja auch der zuständige Offizier gewesen, der uns, als es Schwierigkeiten beim Wegräumen des Felsvorsprunges gab, den Bulldozer zur Verfügung gestellt hatte. Es gab bei der Feier viele Ansprachen, darunter sehr gute, verständige von behördlichen Stellen. Wieder einmal war die Solidarität der Oberpfalz zu spüren. Jede amtliche Stelle war, wenn möglich, durch ihren obersten Chef vertreten, ob das nun eine Wasserwirtschaftsbehörde, ein Straßenbauamt oder jemand vom Arbeitsamt, der Gesundheitsbehörde usw. war. Und nach dem offiziellen Teil, dem Setzen der Richtkrone auf das neue Fabrikgebäude, konnten bereits alle Gäste und Firmenangehörigen zusammen mit allen Bauleuten in der neuen Kantine mit Speisen und Getränken und anschließend mit Kaffee und Kuchen versorgt werden. Zum Essen hatte es Kasseler Rippchen mit Sauerkraut und Getränke nach Wunsch gegeben. Ich erinnere mich noch so manchen Gastes, zum Beispiel des Parsberger Landrates. Der war mit seiner Sekretärin gekommen, die als Tischnachbarin immer wieder Fragen, unsere Firma, unsere Organisation betreffend, stellte. Sicher hatte sie aus ihrer Tätigkeit schon einiges von uns vernommen.

Zurück wieder nach Altdorf. Unser Neubau war schön geworden. Jede Abteilung hatte Raum für sich bekommen, das heißt, war dadurch selbständig geworden. Alle Büros waren neu möbliert worden. Im dritten Stockwerk hatten sich die Buchhaltung sowie die Personalabteilung für Angestellte und Betrieb eingerichtet. Das zweite Stockwerk bezogen Harald A. und Eberhard Poensgen mit Sekretariat, außerdem die Verkaufs- mit Rechnungs- und Termin-Abteilung. Auch die Ingenieure hatten hier Platz gefunden. Im ersten Stockwerk hatte Jakob Ellenberger sein Arbeitszimmer mit Sekretariat. Weiter hatte das Konstruktionsbüro endlich schöne und große Räume beziehen können und schließlich waren noch einige Büros vorhanden, die von den Mitarbeiterinnen unserer Ingenieure bezogen wurden.

Das Erdgeschoss brachte uns, mit Ausnahme der Telefonzentrale und der Pforte für den Empfang, einen großen, den rechten Flügel einnehmenden, repräsentativen Raum für Empfänge, Firmenfeiern, Tagungen etc. Dieser ließ sich zudem, je nach Umfang der Teilnehmer, durch Faltwände in drei einzelne Räume unterteilen. Dies alles zu sehen waren für uns als Angehörige von E–T–A große Erlebnisse, die uns mit

Stolz für unsere Firma erfüllten. Weiter war im Erdgeschoss Peter Kaldenbach, Leiter des Einkaufs, mit Mitarbeitern eingezogen.

Im Souterrain schließlich befand sich ein größerer Raum mit Küche, gedacht als Kantine, für die in diesem Bauwerk arbeitenden Angestellten und ferner der Raum für die Fernschreib-Apparate. In diesem Raum wurden auch die Schränke zur Aufnahme der laufenden Registratur aufgestellt sowie weitere Halbschränke, die für die Aufnahme der gesamten Drucksachen bestimmt waren. Zugleich war hier auch noch die Poststelle. Ein gewichtiger Platz also, dem viele Aufgaben zugedacht wurden. Das ist er mit den Jahren, es hat sich nach und nach der Begriff „Info" (Informationsstelle) dafür eingeprägt, auch mehr und mehr geworden.

Weiter nahm das Untergeschoss noch auf, einen separaten Raum für die Altablage der Buchhaltung und der Personalabteilung sowie einen weiteren Raum für die Altablage der Firma allgemein: Kunden, Vertreter, Lieferanten, etc. Der mittlere Raum, ohne Fenster nach außen, wurde für die mit den Jahren angewachsene Patentliteratur, intern und extern, bestimmt, weiter für die Unterbringung von Unterlagen, die vom Sekretariat Jakob Ellenbergers über Firmenvorgänge mit Behörden, Verbänden, über Feiern etc. bearbeitet und gesammelt wurden. Für die Heizung sowie für die elektrische Versorgung des Gebäudes waren in zwei weiteren Räumen die Schaltzentralen untergebracht.

Diese Aufzählung wird sicher erst nach sinnvoller Einfügung weiterer Berichte vollständig. Denn neben dem Bauen und Beziehen dieses großen Gebäudes, war auch in den übrigen Betriebsabteilungen ständig etwas los. So im Labor. Hier überschlugen sich förmlich die Ereignisse. Es wurden derart viele Forderungen für Geräteschutz an uns herangetragen. Im Labor wurde und wird immer verändert, ergänzt und gebaut werden müssen. Der zuständige Leiter, Konrad Heydner, war von den ersten Anfangstagen der Firma mit dabei gewesen. Wir hatten schon längst Schulungstage für die Mitarbeiter im Außendienst in Altdorf eingerichtet, die sich in Abständen wiederholten. Rein verkaufsorientierte Außendienstmitarbeiter konnten ihre Aufgabe für E–T–A nicht mehr erfüllen. Sie mussten möglichst Fachleute, das heißt, technisch ausgebildet, sein sowie weiter ständig geschult und mit dem Wissen um den möglichen Geräteschutz durch E–T–A ausgerüstet werden. Dies war nur möglich durch Schulung im Werk Altdorf. Mehr als einer der im Außendienst für E–T–A beschäftigten Herren weilte oft für mehrere Wochen in Altdorf, um sich weiterzubilden. Dies konnten wir gut. Hatten wir doch im Labor die einmalige Möglichkeit, überhaupt alle Umweltbedingungen zu simulieren und an Hand derselben unsere Geräte zu testen und ständig weiter zu entwickeln. So arbeiteten wir auch eng mit den zuständigen Behörden sowie den Behörden gleichgestellten Verbänden, wie zum Beispiel auf nationaler Ebene mit dem VDE und international mit den entsprechenden Stellen, zusammen.

Ich entsinne mich noch, persönlich mächtig verunsichert gewesen zu sein, als uns Jakob Ellenberger vom Kommen der Elektronik und der Mikro-Elektronik berichtete. Für uns unvorstellbare Zeitwerte waren das. In weiser Voraussicht sorgte unser Chef durch Einstellen eines Fachingenieurs für dieses Gebiet und diese Zeit vor. Das war Hans Schopp. Durch langsam anlaufendes, auch Geduld erforderndes Experimentieren, wuchs dem Hause E–T–A die mit den Jahren mehr und mehr am Umsatz beteiligte Elektronik heran. Rückblickenderweise mussten wir schon mehr als einmal bei aller persönlichen Not, die unser Chef doch immer mit sich trug, diese große, vorausschauende Planung des alten Herrn bewundern. Beispiel: Was wären wir schon manchmal ohne die Absatzchancen durch unsere amerikanische Tochter gewesen? Und weiter, was würde sein, wenn wir nicht Anfang der 70er Jahre diese E–T–A Elektronik aus der Taufe gehoben hätten?

Auf dem zugekauften, ehemaligen Rothschen Grundstück befand sich bereits die erste Halle im Bau, weiter wurden die von Frau Nähr (verw. Klug) erworbenen Gebäude, Massivbau und Halle, für unsere Erfordernisse umgebaut. Der Versand wurde zu klein. Lagerräume waren zu schaffen. Dafür mussten zum Beispiel die Oberböden der ehemaligen Willmyschen Hallen gesichert und befestigt werden. Zum Teil, das waren die Jahre bis etwa Ende 1959, hatten wir unsere Altregistratur hier oben verstaut. Und das war ein wirklicher Eiertanz, wenn wir dann einmal wieder etwas davon einsehen mussten. Diese Böden über den Hallen, also unsere ersten Firmengebäude, besaßen insgesamt keinerlei Festigkeit und waren auch keinesfalls für irgendwelches Lagern und Aufnehmen von Akten eingerichtet. Wie haben wir nur dieses ständige Investieren finanziell geschafft?

Von dem Wachsen und notwendigen Erweitern der Werkstatt, der Stanzerei, der Galvanik usw. wird hier nicht gesprochen.

Der erste Nachfolger für unseren treuen Andreas Aschka war Gerhard Minski. Er war ein gescheiter Mann. Schade, dass er sich nicht in der Hand hatte, so dass die Firma sich schon bald wieder von ihm trennen musste. Dann verpflichtete Jakob Ellenberger als Betriebsleiter Heinz Kandzora, den Mann der ersten Sekretärin von Harald A. Poensgen. Sie war eine liebe, fleißige Seele, die leider längst diese Erde verlassen hat. Erika Kandzora schien lange Zeit die Jugend zu verkörpern. Leider wurde sie nach ihrem zweiten Kind sehr krank und erholte sich nicht mehr. Sie war eine liebe Kollegin. In den Vesperpausen lasen wir uns einmal, über längere Zeit hinweg, gegenseitig darin abwechselnd, den Tagesroman aus dem „Boten" vor. Wie freuten wir uns, wenn Erika Kandzora an der Reihe war. Sie konnte besonders schön vorlesen. Eine andere Erinnerung an sie: Unser erster gemeinsamer Büroraum für Schalterdienst, Lohnbuchhaltung, Rechnungswesen und gesamte Korrespondenz konnte abgehört werden. Dazu war ein Kästchen eingebaut worden, das sich nahe dem Arbeitsplatz von Erika Kandzora befand. Und da wir dieses Mithören nicht immer merkten, machte sie uns durch optische Zeichengebung forthin darauf aufmerksam.

Soweit dies möglich war, hatten stets die Mitarbeiter aus dem Betrieb den Vorzug, wenn durch eingetretenes Wachsen und Erweitern neue Vorgesetzte und Führungskräfte benötigt wurden. Da diese aber nicht immer aus dem eigenen Betrieb zur Verfügung standen, mussten wir auch entsprechende Suchanzeigen in regionalen und überregionalen Zeitungen aufgeben.

Wir hatten gute Mitarbeiter, und viele von ihnen eigneten sich – oft über Monate und Jahre hinweg – in Abendkursen oder in Wochenendseminaren an, was ihnen fehlte. Es war auch längst zur Gewohnheit geworden, dass Besprechungen einzelner Abteilungen miteinander stattfanden. Es war auch die Regel, dass an jedem Monatsersten die Leiter aller Abteilungen, einschließlich der Geschäftsleitung, zusammenkamen, um an Hand der Monatsstatistik – dem Ergebnis der Tagesstatistiken, gefertigt von Frau Inge Greim – die Fertigung für den laufenden Monat zu bestimmen. Da handelte es sich um offene Unterlagen, die jedem der beteiligten Mitarbeiter zur Verfügung standen.

Es ging dem 25. Geburtstag der ELPO/E–T–A entgegen. Die Jubiläumsschrift war zu entwerfen. Auch alle Außenmitarbeiter des In- und Auslandes wurden wiederum eingeladen. Die behördlichen, einschließlich der kirchlichen Stellen sollten von dem Ereignis informiert werden. Die ständigen Bauhandwerker und weitere Handwerksfirmen sowie natürlich die Lieferanten waren einzuladen. Und wir selbst waren im Jahr 1973 zusammen mit den Betriebsstätten Hohenfels und Kallmünz über 1000 Personen. Da war nur Rat zu schaffen durch Aufstellung eines entsprechend großen Zeltes und durch die Verpflichtung einer Großküche, die die leibliche Versorgung aller Teilnehmer übernehmen konnte. Es war noch vieles andere mehr zu bedenken.

Schließlich jedoch war es soweit, und es war ein erhebender Anblick, als sich gegen 9 Uhr am Vormittag, ein schier endloser, festlich gekleideter Menschenstrom an den bestehenden Betriebsstätten vorbei, dem ehemaligen Rothschen Grundstück – auf diesem war das Zelt aufgeschlagen – näherte. Rückblickend darf man sagen, es war alles gelungen. Erna Wirth, Babette Meyer, Hedwig Walther, Anne Schultheiß, diese treue, immer fröhliche Person, die noch über ihr 65. Lebensjahr hinaus bei E-T-A tätig war, und am liebsten nie aufgehört hätte, ruht leider auch bereits unter der Erde, Gisela Thutewohl, die vom Betrieb zu uns ins Büro kam und uns so gerne von ihrer Zeit mit Andreas Aschka erzählte und nur Gutes von ihm wusste, Konrad Heydner, Peter Kaldenbach, auch er weilt nicht mehr unter uns, und Walter Kilian als Mitarbeiter aus dem Kreise der Vertreter wurden, sie waren die ersten gewesen, die zu ELPO kamen, für 25-jährige Betriebszugehörigkeit auf großer Bühne geehrt und erhielten Blumensträuße, Geschenkkörbe und ein Kuvert durch die Geschäftsleitung, Jakob Ellenberger und Eberhard Poensgen, überreicht. Herr Walther von der Industrie- und Handelskammer Nürnberg-Mittelfranken war persönlich gekommen, um die Jubilare zu ehren. Aus seiner Hand erhielt jeder von ihnen eine Urkunde in einer prächtigen Samtrolle und die Treueplakette für 25-jährige Dienstzeit.

Jakob Ellenberger war der erste Redner dieses Tages. Es folgten Eberhard Poensgen, Erna Wirth und Heinz Schienhammer in seiner Eigenschaft als Betriebsrat der Firma. Von den anwesenden Behörden und Gästen, dieses mal waren Beauftragte der Landesregierung aus München gekommen, der Stadt Altdorf, den Amtsträgern der beiden Konfessionen von Altdorf, Hohenfels und Kallmünz, und vielen weiteren, wurde unserer Firma Lob, Anerkennung und Dank ausgesprochen, dafür, dass sie Arbeit für viele Menschen gebracht hat.

Es war ein langer und großer Festakt, den alle miterleben durften. Zudem herrschte strahlender Sonnenschein, den während des ganzen Tages kein Gewitter und keine Wolke trübte. Es muss einmal festgehalten werden, das sieht man erst rückblickend, dass wir stets, wenn wir feierten, das heißt, dafür ein großer Anlass bestand, gutes Wetter hatten. Unser Chef, Jakob Ellenberger, hat die Strapazen dieses Tages – am Vorabend hatte er noch bis in die späten Nachtstunden von zu Hause aus diktiert – gut durchgehalten. Der Nachmittag gehörte der Geselligkeit, vielfach setzten sich auch die jeweiligen Mitarbeiter mit ihren, von auswärts angereisten Geschäftsfreuden in ihren Büros und Arbeitsräumen zusammen, um die Gelegenheit zu nützen, um persönlich anliegende Probleme zu besprechen und Kontakte zu vertiefen. Alle Betriebsteile und Büros waren an diesem Tage offen. Nach dem Abendessen sorgte ein Unterhalterpaar für Stimmung, und es spielte die den Tag über bereits anwesende, das Fest musikalisch umrahmende Stadtkapelle Altdorfs zum Tanz auf. Das war ebenfalls sehr schön, und in bunter Mischung bewegten sich die E-T-A Leute und ihre Gäste, sozusagen aus aller Welt, fröhlich vereint, über die aufgebaute Tanzfläche hin. Es gab auch ein Gewinnspiel. Conférencier für dieses war Horst Ellenberger. Flüge wurden verlost, deren Pilot ebenfalls Horst Ellenberger war. Und mit Spaß und Laune holte sich unser Juniorchef die jeweiligen Gewinner dieser Flüge auf die Bühne und stellte sie vor.

Wie bereits beim zehnjährigen Firmenjubiläum gab es für E-T-A wiederum eine Sondervorstellung für den gemeinsamen Besuch einer Aufführung des Wallenstein-Festspieles. Nach dem Spiel formierten sich alle Mitspieler zu einem Umzug durch Altdorfs Straßen. Diesem Umzug schlossen sich zahlreiche Gruppen aus Vereinen an, die vielfach sehr gekonnt, die damalige Zeit als Zigeuner, Händler, Scheren- und Messerschleifer, Marketender, Handwerker und Bauern symbolisierten. Dadurch entstand ein bunter, langer Zug, der gar wohl eine Vorstellung des Lebens aus der Zeit des Spieles zu vermitteln vermochte.

Zu Festspiel und Zug kamen in jedem Festspieljahr, dieses wurde im 3-Jahres-Turnus aufgeführt, viele Menschen nach Altdorf. Man bekam dann oft kaum Platz, so groß war an manchen Spieltagen der Andrang. Auch war es üblich geworden, dass man den Spielern und anderen aus dem Zug Blumen überreichte. So standen wir mit unseren Gästen, ich denke insbesondere an Herrn und Frau Solzman aus Kanada oder an Frau Habig aus Brüssel und andere, am Schlossplatz und erlebten die Formierung des Zuges mit. Vorher hatten wir bei unserem Hoflieferanten, Herrn Munkert, Altdorf, der an diesem Sonntag sein Blumengeschäft geöffnet hielt, alle Schnittblumen, die er noch hatte, geholt. Ich sehe immer noch die Freude unserer Gäste, wenn sie den Vorratskörben z.B. eine Rose entnahmen und diese einem stolzen Reitersmann mit wehendem Federbusch auf dem Hut hinaufreichen konnten – z.B. Herrn Müssel und anderen. Die Blumen wurden von diesen an den Rock geheftet.

Erinnerung!

Nach dem Fest ging es dann bald in Urlaub. Betriebsferien, auch für Jakob Ellenberger. Nach diesen Wochen begannen die Monate, da immer häufiger Krankenhausaufenthalte für ihn notwendig wurden. Von Professor Kleinfelder wurde ihm ganz dringend angeraten, jede Tätigkeit aufzugeben. Doch das ging noch immer nicht. Es konnte geschehen, dass sich unser Chef aus Besprechungen, denen er vorgestanden hatte, in sein Büro und von da nach Hause bringen lassen musste. Doch immer noch begegnete er jedem von uns als der gütige, geduldige Chef, der sogar noch Fragen für das persönliche Leben seiner Mitarbeiter hatte.

Wenn Jakob Ellenberger in der Firma weilte, musste überwacht werden, dass er die ihm verordneten Medikamente genau und zur richtigen Zeit einnahm. Wie es ihm selbst dabei zu Mute war, konnten wir uns nicht vorstellen. Es gab dazwischen, vor allem in den für ihn noch besseren Zeiten, kleine Treffen in seinem Büro nach Dienstschluss, bei denen wir Geschäftliches aber auch Persönliches besprachen. Diese hatten wir so lieb gewonnen, dass wir uns auch immer dann, wenn unser Chef im Krankenhaus sein musste, in seinem Sekretariat einfanden, einfach aus dem Wunsch heraus, beieinander zu sitzen und ein wenig zu plaudern. Wie oft hat uns während dieses Beisammenseins Jakob Ellenberger von seinem Krankenbett aus angerufen, und es rührte uns, wenn dann der Telefonhörer reihum wandern musste, da der Chef jeden der Anwesenden sprechen wollte. Er muss gefühlt haben, dass wir nicht nach Hause gehen konnten. An diesem Beisammensein im kleinen Kreise nahm auch stets Kurt Weihrauch aus Hohenfels teil. Und der Chef arbeitete weiter, gleich wo er sich befand. Er beschäftigte sich auch mit der Auslegung von Gesetzen, zum Beispiel des Erfinderschutzgesetzes. Er regelte noch so vieles.

Und wieder waren wir ein Jahr älter geworden. Wir befanden uns im Betriebsurlaub des Jahres 1974. Diesen verbrachte unser Chef in Weggis/Schweiz. Aber statt Urlaub, Entspannen und Erholen ging es dort ins Krankenhaus, und sobald wieder etwas Transportfähigkeit für ihn gegeben war, wurde er zurück nach Altdorf geholt bzw. nach Nürnberg in die Städtischen Krankenanstalten zu Professor Kleinfelder gebracht. Wie erschraken wir, als wir dies, aus den Ferien zurückkommend, hören mussten. Ab diesem Zeitpunkt wurden die Pausen zwischen Krankenhausaufenthalt, zu Hause sein und Anwesenheit in der Firma immer kürzer. Im Anschluss an den Weggis-Aufenthalt hatte Horst Ellenberger im Auftrag seines Vaters dessen Stuhl eingenommen.

Wenn Jakob Ellenberger zu Hause oder in Nürnberg im Krankenhaus war, ließ er sich stets über wesentliche Vorgänge in der Firma berichten. Wichtige Dinge erledigte er selbst, das heißt, er diktierte noch und ließ sich dann die Unterschriftsmappen vorlegen. Jakob Ellenberger war ganz schmal geworden. Einmal, zu Anfang Februar 1975 war er gerade vom Krankenhaus nach Hause gekommen. Dort hatte er sich infiziert. Er sagte uns, dass er beschlossen hätte, nicht mehr ins Krankenhaus zu gehen. Dies war zu Wochenbeginn gewesen. Am Freitag der gleichen Woche, vormittags, rief der Chef an und sagte, er müsse doch wieder ins Krankenhaus, es gehe leider nicht anders. Dann bat er noch um Verbindung zu Erna Wirth. An diesem Freitag, es war der 7. Februar 1975, fand sich unser kleiner Haufen wieder im Sekretariat zusammen, obwohl wir doch gar nichts sagen konnten. Nur soviel, wenn der Chef bei Professor Kleinfelder ist, konnte ihm nichts passieren. Dies glaubten wir ganz fest. Am Montag, den 10. Februar 1975, verstarb Jakob Ellenberger in den Morgenstunden.

Ich möchte damit mein Berichten enden. Der Chef, Jakob Ellenberger, hat es verstanden, durch seine Persönlichkeit, sein Miterleben lassen und sein Vertrauen, das er jedem schenkte, die Mitarbeiter zu aktivieren und sie zu schöpferisch arbeitenden Menschen werden zu lassen.

Das Gleiche ist von seinen Kindern zu sagen. Es stand nach dem Tod von Jakob Ellenberger vieles an, und es war für die beiden Söhne Norbert und Horst Ellenberger gewiss nicht einfach, die Firma als Mitgesellschafter und Mitteilhaber weiter in die Zukunft zu führen. Es ging aber weiter, und vieles neue wurde geschafft. Beispiele: Umgliederung und Umfirmierung im Sinne der Folgehaftung, Umstellung auf EDV-gesteuerte Fertigung aller Betriebsbereiche einschließlich der Verwaltung, neue Produkte erweiterten das Angebot und den Kundenkreis der Firma E-T-A. Damit wird nur einiges angedeutet. Norbert und Horst Ellenberger sowie der Schwiegersohn, William F. Sell, haben sich durch ihr Wirken die Anerkennung aller Mitarbeiter erworben und gesichert.

9. ANDREAS ASCHKA:
20JÄHRIGES BETRIEBSLEITERJUBILÄUM (01.08.1948–01.08.1968)

Aus: „Der Bote" vom 3./4. August 1968
Anlässlich des 20. Jahrestages der Firmengründung gedachten Jakob Ellenberger und Harald A. Poensgen ihres ersten Mitarbeiters Andreas Aschka:
„Am 1.August 1948 begannen, ausgerüstet mit sehr viel Mut und Können als einzigem Besitz, Harald A. Poensgen und Jakob Ellenberger mit Andreas Aschka in der Mittelhalle der von den Amerikanern geräumten und anschließend geplünderten ehemaligen Druckstelle der *Fränkischen Tageszeitung* eine Fertigung einzurichten.
Was das in jener für ganz Deutschland trostlosen Zeit bedeutete, ging aus den Worten hervor, die Jakob Ellenberger fand, um seinen Betriebsleiter Andreas Aschka für die 20jährige Zugehörigkeit zum Werk zu danken.
Jakob Ellenberger führte aus: „Mit dem heutigen Tag sind 20 Jahre seit Ihrem Eintritt in unsere Firma vergangen. Sie hatten Gelegenheit, den mühsamen Beginn sechs Wochen nach der Währungsreform und auch die stolze Entwicklung, welche unsere Firma seither erleben durfte, mitzumachen.
Es war ein mutiger und karger Beginn. Ich kann mich noch sehr gut entsinnen, wie Sie mit Ihren eigenen Werkzeugen, die Sie mitgebracht hatten und der Firma zur Verfügung stellten, zunächst eine Möglichkeit gesucht haben, Ihre Jacke – es war damals sehr heiß – aufzuhängen. Der Mittelbau, welcher uns damals zur Verfügung stand, war jedoch nach Abzug der Amerikaner so gründlich geplündert worden, dass kein Nagel, kein Schalter und kein Meter Leitungsdraht übriggeblieben war. Sie haben nach vergeblichem Suchen aus Ihrer Werkzeugkiste einige große Nägel hervorgeholt und in die Wand eingeschlagen. Das war unsere erste Garderobe. Dann haben Sie mit den wenigen Möglichkeiten, die Ihnen zur Verfügung standen, das erste Prüfbrett gezimmert und die kleine Fertigung für drei Frauen eingerichtet.
Unser Büro bestand zu jener Zeit aus zwei Holzhockern, mit einer Zeichentafel als Tisch darübergelegt, und zwei Munitionskisten als Sitzgelegenheiten. Weiter verfügten wir über einen alten Telefonapparat, an dem man fleißig kurbeln musste, um gehört zu werden. Das war unser erster Arbeitstag.
Heute, nach 20 Jahren, dürfen wir feststellen, dass durch Fleiß, kaufmännisches und technisches Können aus den bescheidenen Anfängen ein stattliches Werk gewachsen ist, an dessen Werden Sie, lieber Herr Aschka, einen geschichtlichen Anteil haben. Für die vielen Jahre treuester Pflichterfüllung und rastlosem Einsatz möchten wir Ihnen heute Dank sagen und mit diesen Blumen, dem kleinen Geschenkkorb und dieser Geldgabe unsere Worte unterstreichen."
Diese Worte des Chefs umreißen in Kurzform die Geschichte der Firma bis zum heutigen Tag. Natürlich gab es nach dieser Rückschau viele Erinnerungen, die berichtet und schmunzelnd zur Kenntnis genommen wurden. Andreas Aschka übergab zur Erinnerung an jene Zeit einige Dinge, die es damals nicht gab, die aber unbedingt gebraucht und daher von Hand gefertigt wurden. Sie werden im Firmenarchiv einen ehrenvollen Platz haben. Interessant ist, dass sich unter jenen damals handgefertigten Werkzeugen z.B. auch ein „Spannungsprüfer" befindet, der schon damals in Beschaffenheit und Ausführung so war, wie ihn auch heute der Markt nicht anders anbieten kann.
Außer Andreas Aschka sind noch weitere neun Betriebsangehörige im Gründungsjahr zur Firma Ellenberger & Poensgen gekommen und sind ihr bis heute treu geblieben: Marie Hauenstein, Konrad Heydner, Peter Kaldenbach, Babette Meyer, Anna Schultheiß, Gisela Thutewohl, Erna Wirth (alle Altdorf), Luise Plarre, geb. Link (Lauf, früher Ungelstetten), und Hedwig Walther (Weißenbrunn).
Der 20. Jahrestag bei Ellenberger & Poensgen war kein Anlass zu offiziellem Feiern. Die Geschäftsleitung unterrichtete alle Angehörigen der Firma in einer Haus-Mitteilung, dass eine Feier der 25. Wiederkehr der Firmengründung vorbehalten bleiben soll. Dennoch war es ein Tag der Rückschau und gleichzeitig des Bewertens dessen, was dank ungeheuren Fleißes, Könnens und Wollens erreicht wurde. Blumengrüße der Mitarbeiter gaben dem Jubiläum von Betriebsleiter Andreas Aschka ein besonderes Gepräge."

10. VERSUCH EINER PORTRÄTSKIZZE ÜBER JAKOB ELLENBERGER UND HARALD A. POENSGEN

Von Jürgen Schneider

Jakob Ellenberger

1919–1924	Praktische Lehre bei Brown, Boveri & Cie. AG in Mannheim-Käfertal (Schweizerische Maschinenbau-Anstalt) im Elektromotoren- und Transformatorenbau, der Errichtung und Unterhaltung elektrischer Schaltanlagen. Gesellenprüfung als Elektromonteur
1924–1927	Studium an der Ingenieurschule Mannheim. Abschluss als Elektroingenieur. Erweiterung der kaufmännischen und betriebswirtschaftlichen Kenntnisse an der Handelshochschule Mannheim
1926–1927	Projektierung elektrischer Stromversorgungsanlagen und Ortsnetze bei den Pfalzwerken AG, Ludwigshafen
1928–1929	Studium an der Handelshochschule Mannheim, Fächer: Betriebswirtschaftslehre, Kalkulation
1929–1932	Konstrukteur für elektrische Schaltapparate bei der Firma Stotz-Kontakt GmbH in Mannheim-Neckarau. Spezialkonstrukteur für Elektro-Installationsmaterial (Schalter, Steckdosen, Bügeleisen, Treppenhausautomaten, Motorschalter, Dachständereinführungen und Feuchtraumleitungen; erfolgreiche Patente und Gebrauchsmuster)
1932–1933	arbeitslos; großer Beschäftigungsrückgang bei allen Unternehmen in Folge der Weltwirtschaftskrise
1933–1935	Betriebsleiter und Konstrukteur für elektrotechnische Apparate bei der Firma Hauser & Co. in Augsburg. Ausarbeitung völlig neuer Apparate auf dem Gebiet des Installationswesens
1935–1945	Elektro-Ingenieur bei der I.G. Farbenindustrie AG, Ludwigshafen, an maßgeblicher Stelle im elektrotechnischen Konstruktionsbüro der Technischen Abteilung mit der Projektierung der elektrischen Niederspannungsanlagen in den chemischen Betrieben und den Zentralen der neu erbauten Werke betraut. In dieser Zeit war er viel auf Reisen, zum Teil strapaziösen Fahrten.
1945–1948	Tätigkeit in der Landwirtschaft und Vorbereitung der Unternehmensgründung

Der Unternehmer und Mensch Jakob Ellenberger ist von Gertrud Hendelmeier porträtiert worden. Weitere Angaben zu seiner Person finden sich in den Zeugnissen der Fa. Hauser & Co. KG, Augsburg, wo Jakob Ellenberger vom 1. Februar 1933 bis zum 30. Juni 1935 angestellt war, und im Zeugnis der Badischen Anilin- und Soda-Fabrik, BASF, I.G. Farben, Ludwigshafen, wo er vom 1. Juli 1935 bis zum 15. August 1945 als Elektroingenieur tätig war.

1938 hatte Jakob Ellenberger ein Jahreseinkommen von RM 5.200,–, 1943 von 6.900,– und 1945 von RM 5000,–. Die Familie wohnte seit 1943 in Obersülzen im elterlichen landwirtschaftlichen Betrieb von Anna Ellenberger. Anna Ellenberger war sehr sparsam und arbeitete nicht nur in dieser Zeit, sondern auch schon, als die Familie noch in Ludwigshafen wohnte, immer wieder in der elterlichen Landwirtschaft mit. So war die Versorgung der Familie mit Grundnahrungsmitteln sichergestellt, und Bargeld wurde gespart. Durch dieses sparsame Wirtschaften über Jahre hinweg war Jakob Ellenberger liquide, und mit Hilfe des ersparten Geldes konnte der Aufbau des Betriebes ab 1946 vorangetrieben werden.

Welche Vorteile das Landleben in diesen Notzeiten bot, kommt in einem Brief zum Ausdruck, den die mit Familie Ellenberger befreundete Familie Beier, München, die sich im Oktober 1947 in Niedermoschel, nördlich von Kaiserslautern, aufgehalten hatte, an erstere schrieb: „Jetzt macht man ja viel lieber einen Besuch auf dem Land, als in der Stadt. Wir waren drei Wochen drüben [in Niedermoschel] und haben uns am Obst, Wein und andern guten Dingen sehr gut erholt. Es währte lange, bis wir uns wieder an unsere eingeengten Verhältnisse hier [in München] gewöhnt hatten. Wie reich seid Ihr doch auf dem Lande gegen uns arme Schlucker in der Stadt. – Was machen Ihre Kinder? Sie gedeihen sicher gut in der Freiheit."

In seiner Jugend hielt Jakob Ellenberger mehrere Leichtathletik-Rekorde. Er war in der Riege des Turnvereins Ruchheim und nahm am Deutschen Turnfest in Köln (1928), Stuttgart (1933), am Hamburger Turnfest und der Gartenschau (1953) sowie an anderen Turnfesten teil. Mit seinen Brüdern hatte Jakob Ellenberger den Handballverein Ruchheim gegründet und war später lange Jahre aktiver Handballer. Die Arbeit auf dem Bauernhof seiner Schwiegereltern bereitete ihm Freude. Sie war ein körperlicher Ausgleich und machte den Kopf frei für Konstruktionen und Erfindungen. Von Mitte 1945 bis Mitte 1948 lebte und arbeitete er im landwirtschaftlichen Rhythmus. Harte körperliche Arbeit wechselte mit Erfindungszeiten ab, die er für Konstruktionen und die Korrespondenz zur Unternehmensgründung mit Harald A. Poensgen nutzte. Da er auf dem Land groß geworden war, erwuchs hier seine Liebe zur Natur, was anlässlich seines 60. Geburtstages (1965) festgestellt wurde:

„Man wird Jakob Ellenberger aber nicht gerecht, wenn man ihn nur als genialen Erfinder und erfolgreichen Fabrikanten sieht. Wesentlich rühmenswerter ist der große Mensch Jakob Ellenberger, der in seiner bescheidenen Güte, seinem kultivierten Lebensstil und seiner unüberbietbaren Liebe zur Natur, zur Schöpfung Gottes, zu seinen Blumen und seinem Garten ein zurückgezogenes Leben führt und dabei dennoch seinen Mitarbeitern und all den vielen, die ihn kennen, mit allezeit verständnisvoller Bereitschaft gegenübertritt."

In dem Zeugnis der Fa. Hauser heißt es:

„Herr Ellenberger hatte die selbständige und verantwortliche Entwicklung unserer Kleinautomaten in Schraubstöpsel-, Element- und Sockelform sowie die Konstruktion und Entwicklung von Spezialapparaten. Mit großem Fleiß, Liebe und der ihm eigenen Ausdauer hat Herr Ellenberger die ihm gestellte Aufgabe gelöst und die aufgetretenen Schwierigkeiten gemeistert. Seine konstruktive Begabung und seine Anpassungsfähigkeit kamen ihm dabei besonders zustatten. Außerdem hat Herr Ellenberger die Erledigung der technischen Korrespondenz, die Verhandlungen mit den Zulieferanten und der Kundschaft, Entwürfe zu Preislisten und damit zusammenhängende technische Arbeiten. Besondere Fertigkeit entwickelte Herr Ellenberger in der Behandlung von Patentfragen sowohl in Streitfällen als bei eigenen Anmeldungen. Mit seinen Leistungen und seinem Fleiß waren wir in jeder Weise zufrieden. Herr Ellenberger bewährte sich als weitblickender Konstrukteur mit eigenen Ideen und als gewissenhafter Betriebsleiter."

Die erste Sekretärin der Fa. Hauser, Berta Naumer, hatte Gelegenheit, Jakob Ellenberger „geschäftlich, sowie politisch und als Mensch im allgemeinen auf das Beste kennen zu lernen". Sie urteilt über Ellenberger:

„Er ist ein tüchtiger Fachmann, der seinen Beruf über alles liebt und seinerzeit Tag und Nacht an der Verwirklichung neuer Ideen auf dem Gebiet des Elektro-Apparatebaus gearbeitet hat. Im April 1933 hat mein Onkel, der Inhaber der Firma Hauser & Co., von Ellenberger verlangt, dass dieser in die Partei eintritt. Mein Onkel war seinerzeit von den ehrlichen Absichten des Nazismus überzeugt, mußte dies jedoch später bitter bereuen, als er im Jahre 1938 wegen Spionageverdacht zu Gunsten des Auslandes verhaftet wurde und nach 1½ Jahren Haft an deren Folgen gestorben ist. In diesem Zusammenhang sei

bemerkt, dass die Firma Hauser & Co. öffentlich als politisch unzuverlässig im H.V. Blatt des Jahres 1940 veröffentlicht wurde.
Ellenberger, der nach seinem Ausscheiden aus der Firma im Jahre 1935 immer noch mit dieser zusammengearbeitet hat, wurde im obigen Zusammenhang im April 1938 nach erfolgter Hausdurchsuchung und Aktenbeschlagnahme von der Gestapo wegen Spionageverdacht zu Gunsten Frankreichs verhaftet und mehreren Verhören unterzogen. Außerdem wurde Postüberwachung angeordnet. Ellenberger hat uns seinerzeit hiervon vorsichtshalber in Kenntnis gesetzt. Politisch hat er sich während seiner Augsburger Zeit nicht betätigt, da ihm hierzu auch nicht die geringste Zeit verblieben wäre. Rein menschlich und charakterlich kann ich nur Gutes sagen. Ellenberger hat für die Not jeden Arbeiters ein offenes Ohr gehabt und geholfen, wo es ihm möglich war. Von allen Angehörigen des Betriebes wurde Ellenberger sehr geschätzt und sein Ausscheiden seinerzeit allgemein bedauert."

Erich Neff, Heidelberg, hatte Jakob Ellenberger 1932 in Augsburg kennengelernt:

„Von diesem Zeitpunkt ab bis zum heutigen Tag waren wir immer, soweit es die Dienst- und Zeitverhältnisse erlauben, in engstem persönlichen Kontakt.
Ellenberger ist ein strebsamer, anständiger und charaktervoller Mensch, dem sein Beruf über alles geht und der auch auf dem Gebiet der Elektrotechnik Beachtliches bis jetzt geleistet hat. Beweis dafür sind seine Patente, die er auf diesem Gebiet schon in verhältnismäßig jungen Jahren erarbeiten konnte.
Zur politischen Einstellung Ellenbergers kann ich sagen, dass derselbe stets sehr kritisch alle politischen Geschehnisse betrachtete und beurteilte. Mit dieser Kritik hielt er in vertrautem Kreise auch zu den Vorgängen im Dritten Reich nicht zurück und verurteilte aufs Schärfste alle Beschränkungen politischer, persönlicher, rassischer und religiöser Freiheiten. Bei seiner Einstellung und Beurteilung waren immer technische und wissenschaftliche Gesichtspunkte maßgebend. Für die engstirnige Politik ab 1933 hatte er auf Grund seiner Tätigkeit im Frieden mit Vertretern amerikanischer, französischer, polnischer und anderer ausländischer Firmen, und der dabei gemachten guten Erfahrungen kein Verständnis. Mir gegenüber hat er sich bei persönlichem Zusammensein darüber oft ausgesprochen, und ich war keineswegs überrascht, als ich von ihm erfuhr, dass die Gestapo, wegen Spionageverdachts zu Gunsten Frankreichs, bei ihm im April 1938 eine Hausdurchsuchung durchführte, Akten beschlagnahmte und ihm anschließend fast zwei Jahre die Post überwachte.
Ellenberger erzählte mir Anfang 1933 bei jedem Zusammentreffen, dass er mit seinem Chef, dem Inhaber der Firma Hauser & Co., Augsburg, schwere Differenzen habe, weil dieser seine Weiterbeschäftigung vom Parteieintritt abhängig mache. Nach mehreren Auseinandersetzungen entschloß sich Ellenberger seinerzeit, der Partei beizutreten, nur um seine damalige Stellung, in der er alle Möglichkeiten hatte, Neuentwicklungen auf dem Gebiet der Elektrotechnik durchzuführen, nicht zu verlieren" (Eidesstattliche Erklärung von Erich Neff vom 1.5.1947).

Bei der Bewerbung vom 31.8.1934 um eine Stelle bei den I.G. Farben, Ludwigshafen, nannte Ellenberger als seine Haupteigenschaften Energie, Verstand und Schaffensfreude. „Stellen Sie diese Eigenschaften durch mich in Ihre Dienste und Sie werden die einmal getroffene Wahl niemals zu bereuen haben."

In dem Zeugnis der BASF, Ludwigshafen, ist seine Tätigkeit so festgehalten:

„Während dieser Zeit war er in dem elektrotechnischen Konstruktionsbüro unserer Technischen Abteilung an maßgebender Stelle hauptsächlich mit der Projektierung der elektrischen Niederspannungs-Anlagen in den chemischen Betrieben und den Zentralen unserer neu erbauten Werke betreut. Die Durchführung von Arbeiten zur Weiterentwicklung von elektrotechnischen Installationsmaterialien gehörten ebenfalls zu seinem Aufgabengebiet.
Herr Ellenberger, der ein außerordentlich tüchtiger Fachmann mit großen Spezialkenntnissen und reichen Erfahrungen ist, hat die ihm übertragenen Obliegenheiten stets zu unserer vollen Zufriedenheit erledigt. Infolge seines großen Arbeitseifers war er wesentlich an der termingerechten Fertigstellung unserer neuen Werke beteiligt. Seine Führung war stets einwandfrei."

Für seine Entnazifizierung 1947 benötigte Jakob Ellenberger eidesstattliche Erklärungen von ehemaligen Arbeitskollegen und Nachbarn. Willi Schlosser, Ludwigshafen, arbeitete als Elektroingenieur der BASF mehrere Jahre mit Jakob Ellenberger zusammen:

„Herr Ellenberger war als Leiter meiner Konstruktionsgruppe mein unmittelbarer Vorgesetzter. Ich kenne ihn daher geschäftlich, privat und politisch auf das Beste. Technisch gut begabt, sehr gerecht und von allen Mitarbeitern geschätzt, hat er stets fern jeder Politik nur seinem Berufe und seiner Familie gelebt. Mit Rücksicht auf sein fachliches Können wurde Herrn Ellenberger 1938 vom VDE (Verband Deutscher Elektrotechniker) die Leitung des Bezirkes Westmark-Ost (Pfalz) übertragen. In dieser Eigenschaft oblag ihm die Organisation und Durchführung der technisch- wissenschaftlichen Vorträge auf dem Gebiet der Elektrotechnik. Gleichzeitig war Herr Ellenberger Verbindungsmann zum NSBDT, als Fachwalter für Elektrotechnik, zur Wahrung der örtlichen technisch-wissenschaftlichen Interessen des VDE beim NSBDT. Ich habe die meisten der veranstalteten Vorträge besucht und kann nur bestätigen, dass sowohl die Vorträge, so wie die oben genannte Tätigkeit des Herrn Ellenberger eine rein technisch-wissenschaftliche war. Als guter Katholik und entschiedener Gegner des Nationalsozialismus habe ich mit gleichgesinnten Kollegen viel Unangenehmes ertragen müssen. Ich freue mich, in diesem Zusammenhang feststellen zu dürfen, dass es gerade Herr Ellenberger war, der uns jederzeit unterstützte und in seiner Umgebung keine politischen Ungerechtigkeiten mir und meinen Kollegen gegenüber duldete" (Eidesstattliche Erklärung vom 23. April 1947).

Hermann Betz war mit Ellenberger im Konstruktionsbüro der BASF in Ludwigshafen:

„Herr Ellenberger ging vollkommen in seinem technischen Beruf auf und hatte, soweit mir bekannt, außer sportlichen Interessen wohl auch keine Zeit für politische Betätigung im Rahmen der Partei gefunden."

Else Bender wohnte seit der Verheiratung von Jakob Ellenberger im Oktober 1936 auf dem gleichen Stockwerk Tür an Tür mit Familie Ellenberger, bis 1943 die Wohnung total zerstört wurde und nach Obersülzen umgezogen wurde:

„Mit einer seltenen Energie, die sich in den vergangenen Zeiten als für seine Umwelt sehr von Vorteil erwies, ebenso mit einer Hilfsbereitschaft ohnegleichen hat Herr Ellenberger der Nachbarschaft jederzeit mit Hilfe und Rat zur Verfügung gestanden. Seiner Tatkraft verdanken wir die Rettung unseres Hauses vor der Zerstörung durch den Brand, denn unter großer Aufopferung und vollständiger Hintanstellung seiner Person hat er die Löschung des Brandes geleitet und selbst an erster Stelle mitgeholfen.
Zur beruflichen und politischen Tätigkeit des Herrn Ellenberger ist folgendes zu sagen: Herr Ellenberger ist ein außerordentlicher reger und geistig beweglicher Mensch. Seine Tätigkeit in der Anilinfabrik füllte ihn nicht so aus, dass für andere Dinge keine Zeit mehr geblieben wäre. Er stellte sich seinem Berufsverbande zur Mitarbeit zur Verfügung; hier war nun die Plattform für ihn gegeben, seinen Unternehmungsgeist zu betätigen.
Bei Abwesenheit der Familie Ellenberger von Ludwigshafen besaß ich den Briefkastenschlüssel, und aus der Post, die ich aus dem Briefkasten nahm, ersah ich, dass Herr Ellenberger die ausgedehnte Korrespondenz seines Ingenieur-Verbandes erledigte. Die berufliche Tätigkeit des Herrn Ellenberger in der Anilinfabrik brachte es mit sich, dass er viel auf Reisen war. Diese z. T. strapaziösen Fahrten unternahm er gerne, denn es entsprach seinem Naturell, unterwegs zu sein und neue Eindrücke zu sammeln. Frau Ellenberger erzählte mir oft, dass ihr Mann fast seine ganze freie Zeit für seinen Berufsverband arbeite und dafür auch viel unterwegs sei. Er war, um es zusammenzufassen, unermüdlich tätig und in einem außergewöhnlichen Maße aufgeschlossen für die Fragen seines Berufszweiges, ebenso für die Tagesfragen, wozu auch die Politik gehört.
Er vertrat in der Politik gesunde Ansichten, die auch jeder vernünftige Mensch vertreten hat, war Mensch den Menschen gegenüber, hatte ein gesundes Empfinden für Recht und Unrecht und empfand genau wie mein Mann und ich den ganzen braunen Kram und vor allem den Krieg als Anfang vom Ende für unser Volk" (Eidesstattliche Erklärung von Else Bender vom 10. Mai 1947).

Nach 1948 integrierte sich Jakob Ellenberger durch seine aktive Teilnahme in der Privilegierten Schützengesellschaft 1546 Altdorf (PSG). 1951/52 wurde er beim Königsschießen Schützenkönig mit dem Luftgewehr. Sein Sohn Horst wurde 1960/61

Schützenkönig bei den Jungschützen. Am 4. September 1951 wurde in der Schützenbaracke die „Private Oberrealschule Altdorf" als Vorgängerin des „Leibniz-Gymnasiums Altdorf" eröffnet. Die Schützenbaracke diente der Schule drei Jahre als Unterrichtsraum. Von 1963 bis 1975 war Jakob Ellenberger Schützenkommissar der PSG. 1967 erwarb er ein Grundstück, das er Anfang 1968 der PSG durch Schenkung übereignete. In der PSG waren neben Sohn Horst, der von 1976 – 1982 erster und ab 1982 zweiter Schützenmeister war, viele Mitarbeiter der E-T-A: Walter Kilian, Konrad Heydner, Peter Kaldenbach, Ernst Schönweiß, Klaus Baltzer und Heinz Kürschner. Posthum erhielt Jakob Ellenberger die Goldene Ehrennadel der PSG.

Die Unternehmensgründer und ihre Nachfolger unterstützten seit Gründung der Firma 1948 lokale Vereine und halfen Menschen, die in Not geraten waren. Es war dies praktizierte Fürsorge. Die innerbetrieblichen Sozialleistungen waren seit der Gründung höher als die tariflichen. In Zeiten der Konjunkturabschwächung wurden keine Entlassungen vorgenommen. – Das Verhältnis der beiden Unternehmensgründer wird durch das Glückwunschschreiben von Harald A. Poensgen anlässlich des 65. Geburtstages von Jakob Ellenberger beleuchtet:

„Lieber Herr Ellenberger,

am heutigen Tage vollenden Sie Ihr 65. Lebensjahr und können mit Stolz zurückblicken auf eine lange Reihe mühevoller Jahre, angefüllt mit harter Arbeit und belohnt mit täglich wachsendem, sichtbarem Erfolg.

Mit Ihrer nie versagenden Unternehmerfreudigkeit haben Sie sich ein bleibendes Denkmal geschaffen in Gestalt der beachtlichen Firmenbauten, deren Initiator Sie sind, und haben mit innerer Freude diese Bauten den Zwecken und Aufgaben unseres Hauses angepaßt.

Auch ich als Ihr langjähriger Freund kann an diesem Tag zurückblicken auf die vielen und schönen Jahre unserer harmonischen Partnerschaft, die mir viel Freude an unser gemeinsamen Arbeit und ein Bewußtsein des Stolzes auf unsere gemeinsam errungenen Erfolge beschert hat.

Zusammen mit unseren treuen Mitarbeitern möchte ich an diesem Tag nicht nur Dank sagen für unser gemeinsames geschäftliches Erleben, sondern Ihnen von Herzen noch viele Jahre erfolgreiches Schaffen, persönliches Wohlergehen, Gesundheit und Lebensfreude wünschen. Harald A. Poensgen"

Zum 65. Geburtstag gratulierte Jakob Ellenberger auch Horst Aumann, Leipzig, der ehemalige Arbeitskollege aus der BASF-Zeit. Am 31. Juli 1970 antwortete Ellenberger:

„Was die Gesundheit anbetrifft, ist jeder Mensch etwas angeschlagen. Es ist nur eine Frage, wie man damit fertig wird. Ich hatte auch 1966 einen Herzinfarkt und vor zwei Jahren eine Kreislaufstörung und dieses Jahr im April ebenfalls. Aber es ist alles gut überwunden, und ich bin noch jeden Tag aktiv im Einsatz. Wie Ihnen sicher bekannt, habe ich mich 1948 selbständig gemacht und habe heute 3 Betriebe in Deutschland und 2 in Amerika. An Arbeit fehlt es mir also nicht, was für mich jedenfalls die Hauptsache ist. Das Leben wäre sonst langweilig und eintönig, ohne Aufgaben vor sich zu haben und Ziele. Wenn Sie Ihr Weg einmal nach Nürnberg führt, bitte besuchen Sie mich. Wir werden dann eine schöne Flasche Wein zusammen trinken."

Am 10. Februar 1975 verstarb Jakob Ellenberger im 70. Lebensjahr:

„Der Verstorbene verzehrte seine Energie und unermüdliche Schaffenskraft im Aufbau seiner Firma, welche er in mehr als zwei Jahrzehnten zu der heutigen Bedeutung führte.

Allen Mitarbeitern war er stets ein väterlicher Freund und Ratgeber. Seine dynamische Persönlichkeit wird uns in der Fortführung seines Lebenswerkes Vorbild bleiben.

Wir werden ihn nie vergessen.

Geschäftsleitung,

Belegschaft und Betriebsrat

ELLENBERGER & POENSGEN GMBH.

USA * Werke Deutschland * Canada"

Jakob Ellenberger war ein bescheidener Mensch und ein lauterer Charakter, voll Tatkraft, Schaffensfreude und Ideenreichtum. Die Arbeit wird aus christlicher Sicht als Fortführung der Schöpfung Gottes interpretiert. Auch Jakob Ellenberger sah das so.

Harald A. Poensgen

Harald A. Poensgen kam am 1. März 1897 als Sohn des Fabrikbesitzers Arthur Poensgen und seiner Ehefrau Wanda (geb. Jäger) in Düsseldorf zur Welt. Die Familiengeschichte der Schleidener (Eifel) Poensgen geht bis in das Jahr 1369 zurück. Die Poentzeler von Goellecke sind als Reidmeister oder Hüttenbesitzer im Schleidener Tal seit dem ausgehenden 15. Jahrhundert anzutreffen. Von ihnen stammten alle Poensgen ab. Seit dem 19. Jahrhundert verbreiteten sich die Poensgen im Rheinland und waren industrielle Pionierunternehmer. Der Urgroßvater von Harald A. Poensgen brachte die Röhrenfabrikation nach Düsseldorf, „und zwar deshalb, um den Rhein als Transportmittel zu verwenden".

In dem Gespräch mit Horst Ellenberger vom 19. Juli 1985 betonte Harald A. Poensgen sein gutes Verhältnis zu seinem Onkel, Carl Rudolf, der 25 Jahre Präsident der Industrie- und Handelskammer Düsseldorf war, „den liebte ich sehr, den liebte ich mehr als meinen Vater, mein Vater war ein herber Typ, und der Onkel Rudolf war ein liebevoller Typ. Wir waren ja doppelt verwandt, d. h. die Schwester meiner Mutter war seine Frau. Also haben zwei Brüder zwei Schwestern geheiratet." Fabrikant und Kommerzienrat Carl Rudolf war mit Wilhelmine Clara seit 1889 und Arthur Poensgen mit Wanda Jäger seit 1896 verheiratet. 1911 kaufte der Vater von Harald A. Poensgen das Gut Mentin bei Marnitz (Mecklenburg), das südlich von Parchim liegt, wo Generalfeldmarschall Graf Helmuth von Moltke (1800–1891) geboren wurde.

Harald A. Poensgen ging von Düsseldorf nach Schwerin, wo er das Realgymnasium besuchte und Klavierunterricht erhielt. Mit 17 Jahren meldete sich Poensgen 1914 als Kriegsfreiwilliger und musste deshalb vorher das Notabitur machen. Zu diesem Zeitpunkt war er sehr kaisertreu. Gegen den Willen seines Vaters ging er freiwillig zu den 18. Dragonern, die in Parchim ihre Garnison hatten. Als Nichtadeliger konnte Poensgen nicht Offizier werden. Aufgrund von Beziehungen seines Vaters wurde er als Fahnenjunker eingeteilt.

Harald A. Poensgen: Da hatte ich die Möglichkeit, aktiver Offizier zu werden. Ich war aktiv, und zwar bis zum Schluß. Ich bin dauernd an der Front gewesen, meistens in Rußland, und ich kenne z.B. die Ukraine, die kenne ich von vorne bis hinten, Schidomir, Odessa, Rostow und Charkow und Belgorod.
Horst Ellenberger: Und alles vom Pferd aus?
Harald A. Poensgen: Alles, ich habe in diesem einem Jahr 5000 km im Sattel gesessen. Kurz und gut, der Krieg ging also zu Ende, ich will dir die Einzelheiten nicht alle erzählen. Ich habe unter anderem noch eine Attacke mit Lanzen gegen Kosaken mitgeritten. Dann bin ich in Rumänien, Bulgarien, in der Tschechei gewesen, wo Du willst, überall habe ich mich rumgetrieben. Ich war junger Offizier und zwar, komischerweise, der einzige bürgerliche aktive Offizier in unserem Regiment. Ich hatte aber sehr viele Freunde, darunter auch den Ernst Prinz zu Stollberg-Rossler, der sich das Leben genommen hat während der Hitler-Zeit. Der hat, bevor er sich das Leben nahm, die Tochter vom Großherzog von Mecklenburg geheiratet.
Das Eigenartige war, eine ganze Menge Hugenotten waren im Regiment dort, mit französischen Namen. Da waren einige dabei, die sprachen schlecht deutsch. Wenn der Oberleutnant Devois de Demirac, aus der französischen Schweiz, sprach, dann merkte man sofort, dass er gazte, wie man hier in Franken

sagt. Ach, da waren viele. Ich bin auch im Offiziers-Verein genannt und aufgenommen worden, aber ich bin nie hin und habe dem Grafen von Bödingen gesagt: ‚Du, Gerhard, ich will euch so im Gedächtnis behalten, wie ich euch damals gesehen habe, und die netten Stunden usw., die ich mit euch verbracht habe. Wenn ich jetzt zu euch komme und sehe, dass ihr alle älter geworden seid, dann verliere ich die Nerven" (Gespräch mit Horst Ellenberger vom 19. Juli 1985).

Zu Beginn der zwanziger Jahre absolvierte Harald A. Poensgen eine Ausbildung als Exportkaufmann in Hamburg und studierte dann an der Handelshochschule in München. Darauf folgte eine kurze Bankpraxis. Sein Vater lebte in Berchtesgaden. Inhaber der Bezeg, Lauf, waren zu diesem Zeitpunkt Albert Büttner und der Vater von Harald A. Poensgen. Letzterer verkaufte seinen Anteil an Bezeg an seinen Schwager Heinrich Schlutius, eine Entscheidung, für die der Sohn keinerlei Verständnis hatte. In dem Gespräch mit Horst Ellenberger vom 19. Juli 1985 erinnerte sich Harald A. Poensgen:

„Na, kurz und gut, dann hat mein Vater gesagt, ich habe eine Stelle für dich. Da ist ein junges, kleines Unternehmen, und wenn du da arbeiten willst, das ist in Lauf. Also habe ich es angenommen und bin am 1.1.1925 in Lauf erschienen, und zwar zum Entsetzen der Laufer Kinder mit Knickerbockers. Man trug doch damals diese Knickerbockers. Da haben doch die Kinder hinter mir hergerufen, da ist wieder der Mann mit die blöden Husn.
Ich habe mich dann dort eingearbeitet, mein Schwiegervater war ein ausgesprochener Konstrukteur, die Büttner-Stecker sind ja heute noch berühmt, übrigens hat Siemens nur diese Büttner-Stecker gehabt. Da gab es doch für Bügeleisen Schutzringe mit zwei Streifen, wo man den Stecker hineinsteckte. Das war unser Programm, und als ich hinkam, da habe ich mir gleich den Status geben lassen, ich war ja immer sehr neugierig, so dass ich immer gleich die Finanzen sehen wollte, und ich stellte fest, dass die Finanzlage hundsmiserabel war: ein Umsatz von 9.000 Mark im Monat.
Da habe ich gesagt, ‚Mein Lieber' – damals sagte ich noch ‚Herr Büttner', ‚haben Sie überhaupt Vertreter?' Er sagte, ‚ich habe nur einen, und der ist in Düsseldorf.' Ein gewisser Dörmann, das weiß ich heute noch. Darauf sagte ich, ‚also Herr Büttner, ich möchte Ihnen einen Vorschlag machen, Sie konstruieren Ihre Steckdosen, und ich werde mich um den Vertrieb kümmern.'
Da habe ich im ersten Jahr den Umsatz pro Monat durch Organisation von 9.000 Mark auf 20.000 Mark und im fünften Jahr auf 100.000 Mark im Monat gebracht. Ich habe also die Inlandsvertreter-Organisation und die Auslandsvertreter-Organisation gemacht, denn ich meine, ein Produkt herauszugeben und zu sagen, nun verkauft das mal schön, daraus wird nie etwas."

1929 heiratete Harald A. Poensgen Katharina Rosl Büttner. – Im Zweiten Weltkrieg war Harald A. Poensgen zuerst im Panzerregiment 4 in Schweinfurt:

„Ich habe 1939 meine Übungen gemacht, die suchten frühere Kavallerieoffiziere für die Panzer. Damals hatten wir noch diese winzigen Panzer, wo bloß ein Maschinengewehr drinnen war. Wenn man pustete, dann flog dies in die Luft, dann war ein Loch drin. Dann bin ich von Schweinfurt nach Erlangen, da war eine unabhängige Panzerabteilung, und mit der bin ich dann ins Feld, d. h. ich habe Frankreich, Belgien, Holland usw. kennengelernt. Wir wurden für das Unternehmen „Seelöwe" geschult. Wir sollten nach England übersetzen. Den Kommandeur konnte ich nicht leiden, das war ein junger Major, mit dem habe ich mich dann endgültig verkracht. Ich war ja viel älter als er, aber nur Hauptmann, und er kommandierte mir in meine Abteilung hinein. ‚Die Abteilung führe ich, habe ich ihm gesagt. Sie haben nicht das Recht, mir da reinzukommandieren. Sie können mir sagen, was Ihre Wünsche sind, aber das Übrige überlassen Sie bitte mir.' Deswegen mochte er mich nicht, zumal ich Ortskommandant und einer der Ältesten war sowie der Bevölkerung absolut als Freund gegenübertrat.
Ich habe z.B. zwischen Calais und Saint-Omer in einem kleinen Ort namens Qoudewik mit meiner Abteilung Quartier gemacht. Da war eine ältere Dame, die deswegen zu ihrer Schwester zog. Da bin ich in ein Blumengeschäft gegangen und habe ihr einen riesigen Blumenstrauß gebracht. Da hat sie gemerkt, dass ich kein Nazi war. Dieselben Freundschaften habe ich in allen Ortschaften gehabt, so auch Le Coque an der belgischen Küste in der Nähe von Ostende. Dann habe ich mich unabkömmlich stellen las-

sen und bin hierher zurück. Bei Kriegsende haben sie alle Männer verhaftet und in Lager gesperrt, da haben sie mich auch geholt, das war das Ende."

An dem Auf- und Ausbau des Unternehmens erinnerte sich Harald A. Poensgen:

„Es ist nur erstaunlich, und deshalb muß ich sagen, wir zwei, dein Vater und ich, wir waren so richtige Arbeitstiere, das weißt du ja. Ich war der persönlich Sparsamere und bin oft mit deinem Vater zusammengerückt, der brauchte Geld für Gelände, denn er sagte: Wir müssen das Gemietete von Willmy kaufen. Da hat er ja recht gehabt und war schwer dazu zu bringen, weil ich immer sehr sparsam gewesen bin, aber das weißt du ja, wenn du die Bilanzen und die ersparten bzw. geschuldeten Beträge der jetzigen Inhaber siehst. Meine Wenigkeit basierte auf der Sparsamkeit. Das ist auch heute noch so, lieber Horst. Ich nehme nur das aller, aller notwendigste. (...) Mein Denken und mein Leben galt immer meiner Frau und Altdorf, das waren meine zwei Stützpunkte."

Am 1. März 1967 sprach Jakob Ellenberger im Kreis von 24 leitenden Mitarbeitern anlässlich des 70. Geburtstages einige Worte:

„Sehr verehrte Damen und Herren, liebe Mitarbeiter,
wie Ihnen allen bekannt ist, ist unser Herr Poensgen heute 70 Jahre geworden. Herr Poensgen möchte diesen Tag in aller Stille verbringen. Diesen ganz persönlichen Wunsch haben wir zu respektieren. Ich möchte diesen Tag jedoch nicht vergehen lassen, ohne mit Ihnen Harald A. Poensgen mit Ihnen zusammen, das heißt dem engeren Kreis der Mitarbeiter unserer Firma in Vertretung aller, einige Worte der Ehrung für unseren Jubilar zu sagen. Wie Sie alle wissen, ist unsere Firma am 1.8.1948 gegründet worden. Wir zählen ohne unsere Töchter in Canada und USA in Altdorf und Hohenfels insgesamt 630 Mitarbeiter. Der Weg bis heute war nicht immer leicht, er war oft sorgen- und dornenvoll, vor allem in den kritischen Jahren von der Gründung bis 1955. Daß wir alle Sorgen überwinden konnten und unser gestecktes Ziel erfolgreich verwirklichen, haben wir zu einem großen Teil der kaufmännischen Weitsicht und der großen Erfahrung unseres Herrn Poensgen zu verdanken. Es gibt für uns nur eine klare Linie der kaufmännischen Kulanz, welche dort endet, wo die Wirtschaftlichkeit aufhört. Ich freue mich, dass wir in einer idealen Partnerschaft zusammenarbeiten dürfen zum Wohl unseres Werkes und zum Wohl aller Mitarbeiter. Daß dies noch lange so sein möge, ist mein größter und, ich glaube sagen zu dürfen, unser aller größter Wunsch. Um diesen Wunsch zu bekräftigen, wollen wir alle auf das Wohl und die Gesundheit von Herrn Poensgen anstoßen."

Am 22. November 1987 verstarb nach kurzer Krankheit Harald A. Poensgen im 91. Lebensjahr:

Der Verstorbene wirkte mit Energie und unermüdlicher Schaffenskraft am Aufbau der Firmen, welche er in mehr als drei Jahrzehnten zu der heutigen Bedeutung führte.
Allen Mitarbeitern war er stets ein väterlicher Freund und Ratgeber. Sein Wirken, getragen von Verantwortung für Unternehmen und Gesellschaft, wird in seinem Sinne von uns fortgeführt.
Wir werden sein Andenken in Ehren halten.

Geschäftsleitung,
Belegschaft und Betriebsrat
ELLENBERGER & POENSGEN GMBH
E-T-A ELEKTROTECHNISCHE APPARATE GMBH

Auch Autos charakterisieren einen Menschen etwas. Harald A. Poensgen lieferte am 7. Juni 1940 ein Audi Cabriolet an die Wehrmacht ab. Seinen Opel Olympia, Baujahr 1935, stellte Jakob Ellenberger dem Unternehmen nach der Gründung zur Verfügung. Der Opel Olympia wurde 1954 verschrottet. Im Juni 1950 kaufte sich Harald A. Poensgen einen schwarzen VW-Käfer zum Preis von DM 5.450,–. Später bevorzugte Jakob Ellenberger Mercedes, und Harald A. Poensgen stieg von Opel auf US-Autos um.

Tabelle 8: Personenkraftwagen von Jakob Ellenberger und Harald A. Poensgen

	Jakob Ellenberger		Harald A. Poensgen	
1954	Mercedes 180	DM 9.475,–	Opel Kapitän	DM 9.882,–
1955	Mercedes 220 a	DM 13.524,–	Opel Kapitän	DM 10.222,–
1957	–	–	Chevrolet	DM 18.970,–
1958	Mercedes 220 S	DM 14.179,–	–	–
1959	–	–	Cadillac	DM 34.750,–

1970 korrigierte Harald A. Poensgen eine Anzeige, in der „Westdeutschland" als Land angegeben war, mit „Nein! Bundesrepublik Deutschland". Im Alter von 90 Jahren schloss Harald A. Poensgen nach einem bewegten Leben die Augen. 1941 haben wenige Minuten genügt, um den beiden Gründern die Persönlichkeit des Anderen zu vermitteln. Sie waren der erste Keim zum gemeinsamen Werk und Erfolg. Kraft, Können und Bescheidenheit sicherten bis heute die Existenz der Unternehmung und seiner Angehörigen. Die Mitarbeiter sahen Harald A. Poensgen als vornehm, besonnen und zurückhaltend. „Er ist nie aus den Fugen geraten." Jakob Ellenberger wurde als sehr sozial eingestellt eingestuft. In seinen Reaktionen galt er als sehr spontan.

III. DIE ZWEITE GENERATION DER UNTERNEHMENSFÜHRUNG SEIT BEGINN DER 70ER JAHRE IM HÄRTETEST: KREATIVE UND AKTIVE GESTALTUNGSKONZEPTE BEI VERÄNDERTEN RAHMENBEDINGUNGEN

Von Jürgen Schneider

Rahmenbedingungen 1973–1982: In der ersten Hälfte der 70er Jahre verschlechterten sich die nationalen und die internationalen Rahmenbedingungen für die Unternehmungen. Im nationalen Rahmen war es die industriefeindliche Wirtschaftspolitik der SPD/FDP-Bundesregierung, die exorbitant hohen Lohnerhöhungen, und im internationalen Rahmen der Zusammenbruch des Systems fester Wechselkurse (System von Bretton Woods) im Frühjahr 1971 und die Ölkrise, die sich Ende 1973, Anfang 1974 stark bemerkbar machte.

Von 1949 bis 1961 galt der Dollar 4,20 DM. Der Kurs des Dollars, der seit 1961 DM 4,- betragen hatte, begann 1969 abzubröckeln. Ab 1970 beschleunigte sich die Abwertung des Dollars und erreichte mit der zweiten Ölkrise 1979/80 den niedrigsten Punkt mit DM 1,82/1,83. Bis 1985 stieg der Dollar wieder auf DM 2,94 und fiel dann 1995 auf einen Tiefpunkt von DM 1,43, um danach wieder bis zum 20. März 1998 auf DM 1,8331 zu steigen. Die Abwertung des Dollars führte zu enormen Erlösrückgängen beim nicht unerheblichen Export in die USA. Auf diese Problematik ging Jakob Ellenberger erstmals anlässlich des 10jährigen Firmenjubiläums von Hohenfels am 10. September 1971 ein.

„Die Verfügung des amerikanischen Präsidenten in Bezug auf die Zollerhöhung sowie die Kursfreigabe des Dollars bereitet uns erhebliche Sorgen. Es sieht im Augenblick in der Praxis so aus, dass wir für einen normalen E-T-A Schalter bisher DM 2,- beim Dollarkurs von DM 4,- erlöst werden. Bei dem derzeitigen Dollarkurs zwischen DM 3,30 und DM 3,40 erlösen wir etwa DM 1,50. Hinzu kommt eine Verdoppelung der Einfuhrsteuer. Wir haben bis jetzt 10% und müssen nunmehr 20% Zoll bezahlen. Der Lohn- und Preisstop in den USA macht uns die Weitergabe der entstehenden Kosten unmöglich. Auf der anderen Seite wissen wir nicht, wie unsere amerikanischen Kunden auf ausländische Erzeugnisse reagieren werden."

Jakob Ellenberger hoffte, dass es bei den amerikanischen Kunden nicht zu einer Verunsicherung kommen würde und dass das Unternehmen „nach Klärung des ganzen Weltwährungsproblems" seine Stellung in den USA behaupten könne. Der Transfer der Exporterlöse in den USA nach Deutschland wurde in der Geschäftsleiterbesprechung Ende September 1979 lange diskutiert. Die ETACO USA sollte für das Jahr 1980 mit einem Dollar-Wechsel-Kurs von 1 US $ zu DM 1,95 kalkulieren, jedoch bei den Großkunden, welche im Preis sehr gedrückt sind, den tatsächlichen Dollarkurs verwenden. Tatsächlich war der Jahresdurchschnittskurs des Dollars 1980 DM 1,82. „Durch den Kursverfall des Dollars hatten wir 1979 sehr zu kämpfen. Nur durch speziellen Service, schnelle Lieferbereitschaft sowie Qualität konnten wir unsere Abnehmer beeindrucken und uns als Kunden erhalten."

Die ETACO USA hatte in Deutschland ein DM-Konto. Daraus entstand die prinzipielle Frage, wann und zu welchem Kurs das DM-Schuldenkonto vom Dollar-Haben-Konto gelöscht werden soll. Beim angenommenen niedrigsten Dollarkurs von DM 1,90 sollten die Dollarguthaben 1980 in einer bestimmten Höhe sukzessive bei Kursänderungen von DM 0,02 nach oben oder unten solange überwiesen werden, bis das DM-Schuldenkonto der ETACO in Deutschland gelöscht war. Der Kauf der DM erfolgte in den USA. Die Erlöse in den USA wurden manchmal auch in Futures angelegt, da diese verzinst wurden. Prinzipiell legte die ETACO USA die Erlöse in den USA an und wechselte nur zu einem bestimmten Kurs in DM. Die ETACO nahm in den USA DM auf, wofür die Dollarguthaben in den USA als Sicherheit dienten.

Mitte 1980 brachte das US-Geld einen Zinsverlust von ca.1%, da die Habenzinsen in den USA niedriger als die Sollzinsen in Deutschland waren. Für 1981 wurden in jedem Monat an die Deutsche Bank Dollar verkauft, und zwar zu Kursen zwischen 1,9265 im Januar und 1,9330 im Dezember. Das Termingeschäft hatte für das Unternehmen den Vorteil, dass Wechselkursänderungen kalkulierbar waren. Der Verkauf der Dollars an die Commerzbank 1981 erfolgte zu einem Durchschnittskurs von 1,87429, während der Jahresdurchschnittskurs DM 2,26 betrug. Das Abdecken des Risikos bedeutete für das amerikanische Unternehmen teils Kosten und Erlösminderung, manchmal auch Finanzgewinne. Von 1970/76 waren die Kapitalmarktzinsen in den USA niedriger und um 1980 bis in die heutige Zeit höher als in Deutschland, so dass die Möglichkeit bestand, die Zinsdifferenzen auszunutzen. Der Erlösverfall beim Export in die USA und die industriefeindliche Wirtschaftspolitik der SPD/FDP-Bundesregierung führten zu enormen Belastungen für das Unternehmen. 1972 war ein mittelmäßiges Jahr.

„Es gab keinen Anlaß zur Klage, aber auch keinen Grund zum Jubeln. Im Export macht sich die zweimalige D-Mark-Aufwertung nachteilig bemerkbar. *Es ist sehr schwer geworden zu exportieren.* Die meisten Exportgeschäfte sind nur unter Preisnachlässen möglich. Es ist selbstverständlich, dass die Firmen um jeden Preis um die Märkte kämpfen, welche sie sich mit sehr viel Mühe erarbeiten mußten. Diese allgemeine Feststellung trifft auch für unsere Firma zu. Wir haben nur insofern Glück, dass wir unsere Tochterfirma in USA haben, welche uns mit Aufträgen in beachtenswertem Maße versorgt. Dabei müssen Preiseinbußen hingenommen werden."

Im ersten Halbjahr 1973 herrschte volle Beschäftigung und im zweiten Halbjahr noch gute Beschäftigung. Anfang 1974 ging der Auftragsbestand um 50% zurück. Im zweiten Halbjahr 1974 lag die Auslastung der Fertigung bei 50 bis 60%, und in den Monaten September, Oktober und November musste kurzgearbeitet werden. Die Zinsen waren bereits in der zweiten Jahreshälfte 1973 kräftig nach oben geklettert. Dann kam eine zehnprozentige Sondersteuer für Unternehmen. Das „Handelsblatt" analysierte die Wirtschaftspolitik der SPD/FDP-Bundesregierung am 15. Dezember 1971 und kam zu dem Schluss, dass sie immer wirtschaftsfeindlicher wurde. Deutschlands Wirtschaftszeitung untersuchte in der Dokumentation vom 15. Dezember 1971 unter dem Titel „Leistung wird sich nicht mehr lohnen!" die Industriefeindlichkeit der SPD/FDP-Bundesregierung:

„Das eigentliche Dilemma der deutschen Wirtschaft ist die Tatsache, dass eine Analyse der aktuellen Wirtschaftspolitik und ihre Trendschätzung für die Zeit nach 1973, dem Jahr der nächsten Bundestagswahl, Ideologien erkennen läßt, die vorsätzlich oder fahrlässig die Rentabilität der Unternehmen auf dem Altar von Reformillusionen opfern und die aktiven mittelständischen Leistungsgruppen die Zeche der progressiven Politik zahlen lassen."

Im September 1978 stellte das „Handelsblatt" fest:

„Die Politiker aller Parteien haben erkannt, dass jenes folgenschwere Experiment, die Grenzen der Belastbarkeit der Bürger zu erproben, fast mit dem Exitus der Wirtschaft und dem Aufstand der Versuchsobjekte geendet hat. Die Steuerzahler sind heute bereit zu frondieren und einer Steuer- oder sonstigen Protestpartei ihre Stimmen zu geben, die z.B. der FDP sehr zum Überspringen der 5%-Hürde fehlen würden. Der Steuer- und Abgabenstaat ist an seine Grenzen gestoßen, und diese sind durch den Unwillen der Bürger markiert."

Die Lohnerhöhungen waren mit 6,6% bereits 1968 relativ hoch. Von 1969 bis 1975 explodierten die Lohnkosten. In den sieben Jahren von 1968 bis 1975 verdoppelten sich die Lohnkosten.

Tabelle 9: Lohnkosten pro Stunde

01.06.68	2,90 DM	+6,6%
01.01.69		+3,5%
01.10.69	3,20 DM	+10,3%
01.01.70	3,60 DM	+12,5%
01.11.70	3,80 DM	+5,6%
01.02.72	4,10 DM	+7,9%
01.02.73	4,60 DM	+12,3%
01.02.74		
01.11.74	5,20 DM	+13,0%
01.02.75	5,74 DM	+10,4%

1. GENERATIONSWECHSEL: JAKOB ELLENBERGER UND HARALD A. POENSGEN SORGEN FÜR KONTINUITÄT IN DER GESCHÄFTSLEITUNG

Beim Generationenwechsel dachten die Unternehmensgründer wie auch bei der gesamten Unternehmensstrategie langfristig. Personale Weichenstellungen bei der Nachfolge in der Geschäftsleitung wurden frühzeitig vorgenommen, um die Kontinuität sicherzustellen. Am 4. Mai 1970 verfassten Jakob Ellenberger und Harald A. Poensgen eine Aktennotiz betreffend die Vertretungs- und Arbeitsbefugnisse im Hause Ellenberger & Poensgen. Bei Jakob Ellenberger zeichnete sich die beginnende Krankheit ab, und Harald A. Poensgen war zu diesem Zeitpunkt 73 Jahre alt. In der Aktennotiz, die an alle Abteilungen in Altdorf und Hohenfels, an ETACO USA sowie Kanada ging, hieß es:

„Die Herren Ellenberger sen. und Poensgen sen. wollen und müssen sich zur Erhaltung ihrer Gesundheit arbeitsmäßig entlasten. Aus diesem Grunde übertragen beide Herren einen Teil ihrer Befugnisse als technischer und kaufmännischer Leiter sowie Geschäftsführer gemeinsam auf die Herren E. Poensgen, N. Ellenberger und W. Sell. Von den einzelnen Abteilungen bzw. deren Leitern wird erwartet, dass diese in kameradschaftlicher Weise zusammenarbeiten und in gegenseitiger Unterstützung die jeweils beste Lösung im Interesse der Sache bzw. des Hauses suchen. Übergeordnete und weitergehende Probleme sollen an die oder an einen der oben genannten drei Herren herangetragen werden. Die Herren werden sich gemeinsam in gegenseitiger Abstimmung und Verständigung mit den Abteilungen um eine bestmögliche Lösung bemühen und diese, falls von weittragender Bedeutung, Herrn Ellenberger sen. bzw. Herrn Poensgen sen. zur Entscheidung vortragen."

Damit begann der Generationenwechsel, der bereits mit dem Eintritt des ältesten Sohnes von Harald A. Poensgen, Diplom-Ingenieur Eberhard Poensgen, 1956, und dem Schwiegersohn Jakob Ellenbergers, William F. Sell (1.10.1964) in die ELPO eingeleitet worden war. Nach dem Studium und einer Tätigkeit bei der Firma Siemens trat Eberhard Poensgen am 1. Januar 1956 in die ELPO ein und wurde mit folgenden Aufgaben betraut:
– Im Innendienst: Ingenieurmäßige Bearbeitung aller mit dem technischen Kundendienst zusammenhängende Versuche und Entwicklungsaufgaben, worunter die Bearbeitung aller technischen Reklamationen, Verbesserungen und Beratungen zu verstehen ist.
– Im Außendienst: Technische Bearbeitung und Beratung der Kundschaft in Gemeinschaft mit den Mitarbeitern im Außendienst in den Gebieten der Postleitzahlen 20a, 20b, 21a, 21b, 22a, 22b, 23, 24a, 24b (Hamburg, Schleswig-Holstein) sowie Wahrnehmung von Besuchen, welche auf ausdrücklichen Wunsch der Kundschaft aus diesen Gebieten anfallen.
– Vorbereitung auf die in Aussicht genommene Tätigkeit in USA bei der künftigen Manufacturing Company von ELPO der E-T-A Products Co of America, Chicago. Im Januar 1965 löste William F. Sell Eberhard Poensgen in dieser Funktion ab.

Am 1. Juni 1960 wurde Eberhard Poensgen Handlungsvollmacht erteilt, und zwar in Anerkennung der bisher geleisteten Arbeit und durch die Neueinteilung der Ingenieur-Abteilung in die Arbeitsgruppen Eberhard Poensgen mit Erich Himmler und Herbert Beier mit Fritz Krasser. Die Prokura-Erteilung am 1. Januar 1965 an Eberhard Poensgen wurde durch Sonderaufgaben im technischen und kaufmännischen Bereich erforderlich. Eberhard Poensgen gründete in diesem Zeitraum das Büro für Terminüberwachung und Fertigungssteuerung.

Mit gestiegener Verantwortung und wachsenden Aufgaben wurde Eberhard Poensgen am 1. Juli 1971 zum Geschäftsführer bestellt. Anlässlich seiner 20jährigen Firmenzugehörigkeit wurde hervorgehoben, dass er das Unternehmen mit Erfolg bei wichtigen und schwierigen Verhandlungen im In- und Ausland bei den Geschäftspartnern repräsentiert habe. Sein guter Kontakt zu den Mitarbeitern aus allen Betriebsbereichen wurde rühmlich hervorgehoben. „Wir alle", so Horst Ellenberger, „wissen, dass Sie in diesen vergangenen Jahren ihre ganze Kraft einsetzten und Zeit und Stunde vergaßen, wenn Sie sich sozusagen in ein Problem verbissen hatten."

Ende 1987 kündigte Eberhard Poensgen seinen Rückzug ab 1988 aus der „vordersten Front" und die „fließende" Übergabe an seinen Bruder Carl Horst an. Bis zu seinem endgültigen Ausscheiden am 30.6.1993 übernahm er Sonderaufgaben in der Geschäftsleitung und insbesondere im Vertrieb. Mit dem Eintritt von Carl Horst Poensgen in das Unternehmen 1983 war der Generationenwechsel vollzogen. Im Juli 1971 erhielten Dipl.-Ing. Norbert Ellenberger und William F. Sell Prokura-Vollmacht. Mitte Juli 1973 wurde Dipl.-Ing. (FH) Horst Ellenberger von der Gesellschaft Ellenberger & Poensgen GmbH als deren Mitgesellschafter mit Koordinationsaufgaben für Fertigung und Entwicklung sowie Qualitätskontrolle beauftragt. Die Liefervorschriften des Bundes, der Luftfahrt-Abteilung des Bundeswehrbeschaffungsamtes und sonstiger

Behörden des In- und Auslandes schrieben vor, dass die Qualitätskontrolle nicht der Fertigung, sondern direkt der Geschäftsführung unterstehen musste. „An der internen Zusammenarbeit der einzelnen Abteilungen soll sich nichts ändern. Herr Horst Ellenberger soll als mein verlängerter Arm über allem stehen." Im Anschluss an diese Feststellung wünschte Jakob Ellenberger seinem Sohn Horst alles Gute und viel Erfolg zu seinem neuen und umfangreichen Arbeitsgebiet.

Norbert Ellenberger (geb. 1941) war am 1. September 1958 in das Unternehmen eingetreten und absolvierte eine dreijährige Ausbildung zum Elektro-Mechaniker. Danach studierte er und schloss als Dipl.-Wirtschaftsingenieur (FH) in der Fachrichtung Wirtschafts- und Betriebstechnik ab. Am 1. September 1966 trat er wieder in das Unternehmen ein. Nach gründlicher Einarbeitung wurde er mit der Leitung des Technischen Büros und des Vertriebs sowie seit 1969 mit dem Aufbau und der Leitung der Abteilung Elektronik beauftragt. Bei der Gründung der E–T–A 1978 wurde er dort Geschäftsführer und Prokurist bei der Ellenberger & Poensgen GmbH. Er war für die Aufnahme des Hybridverfahrens ab 1979 und die Erweiterung der Elektronik durch die Mikroelektronik ab 1982 in das Fertigungs- und Entwicklungsprogramm zuständig. Die Verbindung zwischen wissenschaftlicher Arbeit und der industriellen Praxis, die in der Mikroelektronik besonderes Gewicht hat, veranlasste ihn 1984, die Firma Elmos in Dortmund zu gründen. Am 22. Februar 1994 schied Norbert Ellenberger als Geschäftsführer aus.

2. WECHSEL IM FÜHRUNGSSTIL: VON DER KOMPETENZ-KONZENTRATION BEI DEN UNTERNEHMENSGRÜNDERN ZUR TEAMARBEIT

Die Bedeutung der Unternehmensführung wuchs mit der zunehmenden Komplexität der Entscheidungs- und Durchsetzungsprobleme in den Unternehmen. Durch die Expansion der Unternehmensgröße, der Fertigungsprogramme und der Märkte, durch die Beschleunigung der Innovationsprozesse und durch das Hinzutreten neuer Problemaspekte (u.a. steuerliche, soziale, umweltschützende und politische) wurde das Problemfeld der Unternehmensführung angereichert.

„Mit zunehmender Größe und Komplexität der Unternehmen wuchsen die Notwendigkeit und Möglichkeit zur Arbeitsteilung. Die unipersonale Führungsposition des Pionierunternehmers wurde in ein System delegierter (dezentraler) Führungsbeiträge aufgelöst. Zur Koordinierung der von den Mitarbeitern zu erfüllenden Teilaufgaben stellten sich neuartige *Organisationsprobleme*.
Mit wachsendem Wohlstand und Bildungsniveau und mit dem Entstehen des modernen Systems der sozialen Sicherungen entwickelte sich die Emanzipation der Arbeitnehmer. Die Bereitschaft zur positiven Mitwirkung an der Erreichung der Unternehmensziele (Partizipation, Identifizierung) verlangte ein werbendes und motivierendes Verhalten der Unternehmensführung (...)
Delegation: Die aus der Gründungsorganisation des Unternehmens stammende Konzentration von Kompetenz und Verantwortung im obersten Leitungsorgan wird mit wachsender Größe und Komplexität des Unternehmens aufgelöst. Die Leitungsaufgaben werden stufenweise auf untergeordnete Instanzen delegiert (Dezentralisation).
Die Technik, mit Hilfe delegierter Kompetenz und Verantwortung zu führen, wird als „management by delegation" bezeichnet. Soweit dabei zwischen dem delegierten Normalfall und dem weiterhin von der vorgesetzten Instanz zu behandelnden außergewöhnlichen Fall unterschieden wird, spricht man vom „management by exception". Der Grundgedanke dieser Führungstechnik liegt nicht nur in der Arbeits-

entlastung der übergeordneten Instanz, die damit frei werden soll zur kreativen Gestaltung der Unternehmenspolitik. Darüber hinaus sollen die regelmäßig auftretenden Entscheidungsaufgaben denjenigen Stellen zugeordnet werden, die über den geeignetsten Informationsgrad zur Problemlösung verfügen. Durch den Delegationsvorgang werden die Entscheidungen nicht lediglich umverteilt, sondern in ihrer Qualität gesteigert. Gleichzeitig sollen Zufriedenheit und Partizipationsneigung der Geführten gefördert werden (Motivationsargument).

Um zu vermeiden, dass die dezentralen Entscheidungsträger organisatorisch auseinanderstreben (Problem der inkompatiblen Entscheidungen), wird der Einsatz von Koordinierungstechniken nötig. Hierzu gehören Aufgabenanalysen, Stellenbeschreibungen, Funktionsdiagramme, Definition des Normalfalles und des außergewöhnlichen Falles, die Festlegung von Schnittstellen, allgemeine Führungsanweisungen, Regeln für Informations- und Kommunikationsvorgänge und Kontrollprinzipien. In Deutschland ist die Führungstechnik der Delegation im wesentlichen unter der Bezeichnung „Harzburger Modell" (Höhn) in die Praxis eingeführt worden. Kritisch wird angemerkt, dass durch die Verwendung von Koordinierungstechniken die Organisation bürokratisch festgelegt und damit weniger flexibel wird. Dieser Erscheinung kann wiederum durch andere Führungstechniken entgegengewirkt werden.

Zielorientierung: In arbeitsteiligen Führungssystemen gelten die Festlegung und Deklarierung der Unternehmensziele als Voraussetzung zu koordiniertem Verhalten aller Beteiligten. Mit fortschreitender Dezentralisierung werden die aus den Unternehmenszielen abgeleiteten Bereichs- und Gruppenziele zum prägenden Element für die Organisation der Führungsprozesse. Deshalb werden Regeln zur operationalen Definition von Zielen sowie zum Messen der Zielerreichung formuliert. Die Ergebnisorientierung des Führens wird durch die Bezeichnung „management by results" deutlich. Durch die Gegenüberstellung expliziter Ziele und ziel adäquat gemessener Ergebnisse wird der Regelkreis geschlossen. Man spricht in diesem Zusammenhang vom „management by systems".

Der Schritt zur Einbeziehung der Geführten in den Zielbildungsvorgang wird im „management by objectives" getan. Hier erfolgt keine direkte Vorgabe von Zielen, sondern eine *Zielvereinbarung*. Sozialwissenschaftliche Forschungsergebnisse lassen erkennen, dass die Unternehmensziele dann eine hohe Realisierungswahrscheinlichkeit aufweisen, wenn sie mit den Individualzielen der Geführten verträglich (kompatibel) sind. Da jedoch die Unternehmung -auch aus der Sicht der Geführten – als Instrument zum gemeinsamen Erzielen eines ökonomischen Nutzens interpretierbar ist (Instrumentalfunktion der Unternehmung, Schmidt), besteht eine weitgehende Interessenparallelität und damit ein Spielraum zur Herstellung des Konsenses.

Führungsverhalten: Die bisher vorliegende empirische Evidenz stützt die Behauptung, dass die Mitarbeiterorientierung mit hoher Arbeitszufriedenheit und Gruppenkooperation zusammenhängt und dass mit höherer Mitarbeiterorientierung und geringerer Leistungsorientierung die Anzahl der Beschwerden und Kündigungen sinkt. Entgegen der Vermutung, dass durch diese Stilelemente des Führens eher den individuellen Wünschen als der ökonomischen Effizienz des Gesamtsystems gedient ist, liegen erste Untersuchungsergebnisse vor, die feststellen, dass die Befriedigung der individuellen Effizienz über die Steigerung der Einsatzbereitschaft auch der ökonomischen Effizienz des Unternehmens zugute kommt. Andererseits (...) hat sich in mehreren Untersuchungen die Hypothese bestätigt, dass die Steigerung der ökonomischen Effizienz nur dann eintritt, wenn auch der Leistungsorientierung erhebliches Gewicht beigemessen wird.

Führungskontext: Der Führungsprozeß wird als begünstigt angesehen, wenn tendenziell die folgenden Bedingungen vorliegen:
– Eine gute (menschliche) Beziehung zwischen Führendem und Geführtem;
– eine stark strukturierte (organisatorisch detailliert festgelegte) Arbeit;
– eine starke Positionsmacht des Führenden.

Die wissenschaftliche Forschung richtet sich nun auf die Frage, unter welchen Kontext-faktoren ein leistungsorientiertes bzw. ein mitarbeiterorientiertes Führungsverhalten höhere Effizienzwerte bewirkt. Die empirischen Befunde zeigen, dass eine starke Leistungsorientierung in Extremsituationen günstig wirkt: Wenn die drei genannten Kontextfaktoren sämtlich positiv ausgeprägt sind, dann kann Leistungsorientierung praktiziert werden, ohne dass es einer ausdrücklichen Mitarbeiterorientierung bedarf".[1]

Mit dieser theoretischen Darstellung ist der Wechsel im Führungsstil von den Unternehmensgründern zur heutigen Geschäftsführung gut gekennzeichnet. Der Führungsstil mit Kompetenzkonzentration bei den Unternehmensgründern war in den fünfziger und sechziger Jahren überaus erfolgreich. Die Bewältigung von Problemen in komplexen, vernetzten, intransparenten und dynamischen Situationen erforderte seit Beginn der siebziger Jahre einen anderen Führungsstil – Teamarbeit.

Die Unternehmensstrategie ist kein System, aus dem allgemeine Lehrsätze oder Regeln für die Unternehmensführung abgeleitet werden können. „Die Strategie ist ein System von Aushilfen. Sie ist mehr als Wissenschaft, ist die Übertragung des Wissens auf das praktische Leben, die Fortbildung des ursprünglich leitenden Gedankens entsprechend den stets sich ändernden Verhältnissen, ist die Kunst des Handelns unter dem Druck der schwierigsten Bedingungen". Was Moltke (1800–1891) für das strategische Denken im Kriege vor Augen hatte, gilt wohl allgemein für den Umgang mit interdependenten Systemen. „Das Handeln muß auf die jeweiligen Kontexte eingestellt werden und muß den sich wandelnden Kontexten immer wieder sich anpassen. Dies ist natürlich sehr schwierig, bei weitem schwieriger als der Umgang mit wenigen allgemeinen Handlungskonzepten".[2] Die auf die Gründer folgende Unternehmensführung hat die ihr gestellten sehr schwierigen Aufgaben mehr als gut gelöst. Das ist ihr großes Verdienst. Anlässlich des 25-jährigen Unternehmensjubiläums blickten die Unternehmensgründer 1973 weit in die Zukunft:

„Stand nach 25 Jahren: Das Unternehmen ist gesund, besitzt einen Stamm von tüchtigen Mitarbeitern und eine arbeitswillige, überwiegend weibliche Belegschaft. Die Firma ist entwicklungs- und investitionsfreudig und hat gute Zukunftsaussichten. Der Bestand für die nächsten 25 Jahre kann als gesichert angesehen werden."

Zehn Jahre nach dem 25-jährigen Firmenjubiläum stellten die damaligen Geschäftsführer Eberhard Poensgen, Norbert Ellenberger, William F. Sell und Horst Ellenberger 1983 fest:

„Das in 35 Jahren gewachsene Familienunternehmen ist gesund und besitzt einen Stamm von tüchtigen Mitarbeitern. Die Firma ist entwicklungs- und investitionsfreudig. Sie bildet ständig ca. 45 junge Leute aus. Die gut ausgebildeten Mitarbeiter stellen Qualitätsprodukte für hohe Ansprüche in ca. 160.000 Variationen her. Forschung, Entwicklung und Qualitätssicherung mit einem umfassenden Aus- und Weiterbildungsprogramm für die Mitarbeiter sind die Garantie für das zukunftsorientierte Wachstum. Die Investitionen in Neubauten und im Betrieb von 1976 bis 1997 dokumentieren, dass die sehr schwierige Aufgabe der permanenten Modernisierung gemeistert wurde."

---

1   Eberhard WITTE, Art. „Unternehmensführung", in: HdWW, 8. Bd., 1988, S. 136ff.
2   Dietrich DÖRNER, Die Logik des Mißlingens. Strategisches Denken in komplexen Situationen. Hamburg 1993. S. 143f.

3. INVESTITIONEN IN NEUBAUTEN UND IM BETRIEB

1948 bis 1975 wurden knapp zwei Drittel der Investitionen für Grundstücke und Gebäude getätigt. Von Anfang an wurde im allgemeinen und Maschinen-Bereich investiert. Wenn man die beiden Zeiträume miteinander vergleicht, dann zeigt sich, dass im ersten Zeitraum (1948–1975) die allgemeinen und Maschinen-Investitionen 35% und im zweiten Zeitraum (1976–1997) 80% ausmachten. Im gesamten Unternehmen wurden durchgreifende Rationalisierungsmaßnahmen auf allen Ebenen durchgeführt. Dies brachte den Umsatz rauf und sicherte die Arbeitsplätze. Die steigenden Umsätze wurden mit immer weniger, aber höher qualifizierten Mitarbeitern erzielt.

Tabelle 10: Investitionen 1948–1997

	Grundstücke/Gebäude	%	Allgemein/Maschinen	%
1948–1975	DM 12.007.000	65	DM 6.378.000	35
1976–1997	DM 24.347.000	20	DM 99.801.000	80
Insgesamt	DM 36.354.000	25,5	DM 106.179.000	74,5

Von 1976 bis 1997 waren die Ausgaben für Bauten doppelt so hoch wie von 1948 bis 1975, sie machten jedoch nur noch 20% der Gesamtinvestitionen aus.

3.1 Altdorf: Neubau der Fertigungs- und Lagerhalle von 4.000 qm (1981/83)

Die gesamte Erweiterung des Betriebes, die notwendige Zusammenfassung von etwa 20 Lagerstätten zu einer Lagerstätte und die Überalterung der Galvanik führten in dem schwierigen Jahr 1981 zu dem Entschluss, eine neue Fertigungs- und Lagerhalle zu errichten. Anlässlich der Einweihung des Hallenneubaus Ende Juli 1983 begrüßte Eberhard Poensgen von der Geschäftsleitung die Gäste und hielt eine kurze Rückschau auf die 35 Jahre des Firmenbestehens am 1. August 1983. Horst Ellenberger von der Geschäftsleitung erläuterte den Gästen den Neubau: Einen besonderen Dank richtete er an den Architekten Schmidt und seine Mannschaft, „die nicht müde wurden zu planen und zu sparen, damit der Gesamtbau in den finanziellen Rahmen paßte, den wir uns vorgestellt hatten und der finanziert werden konnte". Architekt Schmidt dankte jeder einzelnen am Bau der 4.000 Quadratmeter umfassenden Halle beteiligten Firma und gab einige Erklärungen zum Bau. Dann übergab er symbolisch den Schlüssel an die Geschäftsleitung.

Danach fanden im Rahmen des „Tages der offenen Tür" Führungen durch den Großteil der Firma statt. Der Andrang war so groß, dass sämtliche Planungen über den Haufen geworfen werden mussten. Hunderte von Menschen schoben sich durch die einzelnen Abteilungen. Der Rundgang dauerte zwei Stunden und umfasste die Bereiche Werkzeugbau, Formenbau, Sondermaschinen, Elektronik, Materialwirtschaft, Schweißerei, Teileabfertigung, Stanzerei, Galvanik, Versand, Fertigung, Qualitätskontrolle, Labor, Konstruktion, EDV und die Ausstellungshalle. Auch nachmittags fanden noch Führungen statt, so dass über 2.000 Menschen an diesem Tag durch die Firma geführt wurden. Insgesamt 1.650 Essen wurden ausgegeben, und das Bier floss in

Strömen, wobei zu bedenken ist, dass auch eine große Nachfrage nach nichtalkoholischen Getränken zu befriedigen war.

Um die Kinder kümmerten sich zwei Kindergärtnerinnen. Zur Unterhaltung der Gäste spielte die Altdorfer Blasmusik, und in den Pausen brachte „Big Horn Country" Western- und Country-Lieder. Nur einen Nachteil hatten die tropischen Temperaturen, die an diesem Tag herrschten: die Tanzfläche war beinahe ständig verwaist.

3.2 Altdorf: Aufbau einer modernen Fertigung als Ziel. Voraussetzung dazu: Neubau der 7000 qm großen Fertigungshalle (1989/91)

In den achtziger Jahren rückte Südostasien stärker in den Vordergrund des Blickfeldes. In Japan, Taiwan, Singapur, Hong Kong und China entstanden modernste Fertigungsanlagen auf der grünen Wiese, die mit Maschinen aus Deutschland, Japan und der Schweiz ausgestattet waren. In den neuen modernen Betrieben Südostasiens konnten infolge der hohen Produktivität Produkte sehr kostengünstig produziert werden. Die Altdorfer Geschäftsleitung hatte bei ihren Reisen in Südostasien gesehen, dass punktuelle Investitionen zwar zu Kostensenkungen führen, eine rationelle moderne Fertigung jedoch nur durch einen Neubau mit einem ganz neuen Aufbau der Fertigung zu erreichen war. Einzelne Schritte reichten nicht mehr, es musste ein großer Sprung, ein großer Produktivitätssprung unternommen werden, um die Zukunft zu sichern. Mit dem Neubau waren folgende Absichten verbunden:

„Schlicht und einfach ausgedrückt, kurze Transportwege, übersichtliche Fertigung, kurze Informationswege über die verschiedenen Fertigungsabteilungen, rationell fertigen, die Chance haben, die Fertigung neu und ohne baulichen Zeitzwang aufzubauen. Die Chance, die uns durch diesen Bau geboten wurde, nützen wir jetzt, um sinnvoll die neuesten Arten der Fertigung zu verwirklichen. Daher wird dieser Bau vielleicht erst in 4–5 Jahren komplett bezogen sein."

Der Neuaufbau der Fertigung sollte ohne Zeitzwang erfolgen, denn in einer hektischen Atmosphäre werden kostspielige Fehler gemacht. Für die Geschäftsführung, den für die Arbeitsvorbereitung zuständigen Hans Roth und weitere für den Fertigungsneubau verantwortliche Mitarbeiter begann eine Zeit des Suchens, der Informationsbeschaffung und Besichtigung von modernen Maschinen mit flexibler Fertigungstechnik. Dabei konnten aber auch Ideen realisiert werden, die man schon immer im Hinterkopf trug. Geschäftsführung und Mitarbeiter machten sich auf die Suche nach einer optimalen Lösung. Der stets bewährte Architekt Fritz Schmidt und sein Team entwarfen Mitte 1987 die ersten Pläne. Beim Bauen kamen der Geschäftsführung neue Ideen, die ein Umplanen erforderlich machten. Beim ersten Umplanen wurde anstelle der konventionellen Wasserheizung eine Luftheizung und Klimatisierung ins Auge gefasst. Horst Ellenberger beschrieb das Vorgehen anlässlich der Einweihung des Fertigungsneubaus am 3. Mai 1991:

„Dazu wurde eine Aufstellung der Flugwetterwarte Nürnberg zugrunde gelegt, die vereinfacht aussagt, dass wir im Schnitt im Juni 6–9 Tage mit Temperaturen von über 25°C hatten, im Juli 10–12 Tage mit über 25°C, nur 1–3 Tage über 30°C. Dies ist der heißeste Monat, den wir haben. Auf die Arbeitstage umgerechnet nehmen wir an, dass maximal im Juni 6 Arbeitstage über 25°C sind und im Juli 8 Arbeitstage. Der gesamte Bau wird erst ab 27°C gekühlt, so dass hier gegenüber üblichen Klimatisierungen eine große Kosteneinsparung im Stromverbrauch und Investition im Kühlaggregat sein müßte. Durch die riesige Dimensionierung der Lüftungsanlage, werden wir in der Lage sein, die gute Altdorfer

Landluft ins Innere des Gebäudes zu transportieren, so dass Außentemperatur gleich Innentemperatur sein wird."

Bei der Hannover-Messe im April 1989 entdeckte die Geschäftsführung ein Blockheizkraftwerk (BHKW), das besichtigt, diskutiert und eingebaut wurde. Im Februar 1990 lief das Blockheizkraftwerk an und läuft seitdem fast pausenlos.

„Wir sind damit in der Lage, mehr Wärmeenergie zu erzeugen, als in diesem Bau benötigt wird, so dass die Nachbarbauten noch damit versorgt werden. Nachts wird mit der normalen Heizung geheizt bzw. auch dann, wenn das Kraftwerk nicht genügend Wärme erzeugt. Gleichzeitig erzeugen wir damit ungefähr 40% unserer Elektroenergie selbst. Dies hat den Vorteil, dass wir bei Stromausfall, mit bestimmten Einschränkungen, noch in der Lage sind, die Fertigung aufrechtzuhalten. Außerdem wird die uns zur Verfügung gestellte bzw. von uns gekaufte Primärenergie in diesem Falle durch Strom- und Wärmeerzeugung höher ausgenutzt, als dies sonst üblich ist. Bei diesem Bau wurden verschiedene Maßnahmen zur Energieeinsparung verwirklicht. So sind z.B. alle elektrischen Widerstände, die wir früher auf dem Dach hatten, in einem Raum untergebracht, wobei die dort freiwerdende Heizenergie dem Heizsystem zugeführt wird. Es ist nach wie vor eine Luftheizung geblieben, nur dass wir zuvor die Außenluft beheizt haben und jetzt damit unsere Innenräume. Im März 1990 häuften sich die Änderungswünsche. Verschiedene Abteilungsleiter wurden mit der Baurealität konfrontiert. Man bemerkte manches, das vorher auf dem Plan nicht beachtet wurde. Dies ergab dann Schwierigkeiten für die Bauherrn, den Architekten und die Handwerker. Ich glaube, dass diese Probleme beim Bauen immer wieder auftreten. Im Frühjahr/Sommer 1990 wurden Fußböden, Sanitär, Aufzüge, Malerarbeiten, Zwischenwände weiter ausgebaut, immer und überall dabei – die Elektriker. Endlich – Sommer 1990 – die erste Sondermaschine zieht um. Die Produktion wird aufgenommen. Kurz darauf, im Herbst, ist der Umbau der alten Heizanlage beendet, die Kopplung zum BHKW hergestellt, es muß in der Fertigung nicht mehr gefroren werden. Im vergangenen Winter wurde noch schwer an der Vervollkommnung dieses Gebäudes gearbeitet. Dazwischen ist die Dachrinne eingefroren und das Wasser teilweise die Wände heruntergelaufen, aber auch dies hielt uns nicht davon ab, diesen Bau so weit zu bringen, dass wir heute, am 3. Mai, die Einweihung zusammen feiern können."

Für die Optimierung beim Neubau waren viele Detailarbeiten notwendig. So wurden z.B. im ganzen Monat Juni 1989 alle Lastwagen, die im Versand etwas abholten, vermessen, um festzustellen, wie die Rampenhöhe sein muss, um die Lastwagen ordentlich beladen zu können. 90% der Lastkraftwagen besaßen eine Ladehöhe von 1,13 bis 1,15 m. Damit war die Entscheidung über die Rampenhöhe gefallen. Die Geschäftsführung gab sich sehr große Mühe bei der Gestaltung der Arbeitsräume durch entsprechende Fußböden in Eiche, Decken teilweise abgehängt oder Schallschluck, blendfreie Lichtbänder, sehr viele Fensterflächen, teils Blick ins Grüne und eine Klimaanlage, die zugfrei für Frischluft sorgen soll. Bei E-T-A sollte in Zukunft nicht nur das Arbeitsklima, sondern auch das Raumklima gut sein. Die Kosten des größten Baus, den die Firmen ELPO bzw. E-T-A je durchgeführt haben, beliefen sich auf etwa 10 Millionen DM, was pro Quadratmeter Fläche DM 1.400,- entspricht. Die Bauausführung wurde von dem ehemaligen Mitarbeiter von Fritz Schmidt, Karl-Heinz Horn, überwacht.

4. 1974–1998: HOHES INVESTITIONSTEMPO BEWIRKT MODERNISIERUNGSSCHÜBE BEI DER FERTIGUNGS- UND BETRIEBSEINRICHTUNG, BEI DER VERWALTUNG UND IM VERTRIEB

Ab 1975 ist eine enorme Beschleunigung der Investitionen bei der Fertigungs- und Betriebseinrichtung zu verzeichnen. 1970 bis 1974 wurden im Durchschnitt für die

Fertigung 2% des Umsatzes investiert und 1980–1984 im Durchschnitt 6,4%. Insgesamt wurden in den 1980er Jahren im Schnitt 9% des jährlichen Umsatzes investiert. Auch die Investitionen pro Beschäftigtem stiegen nach 1975 an:

Graphik 3: Investitionen 1974–1996

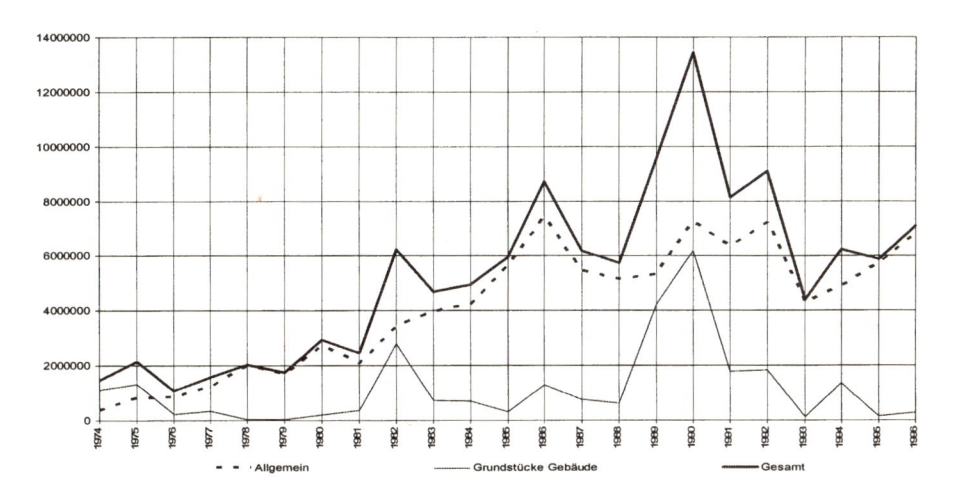

Graphik 4: Investitionen pro Beschäftigtem 1948–1997

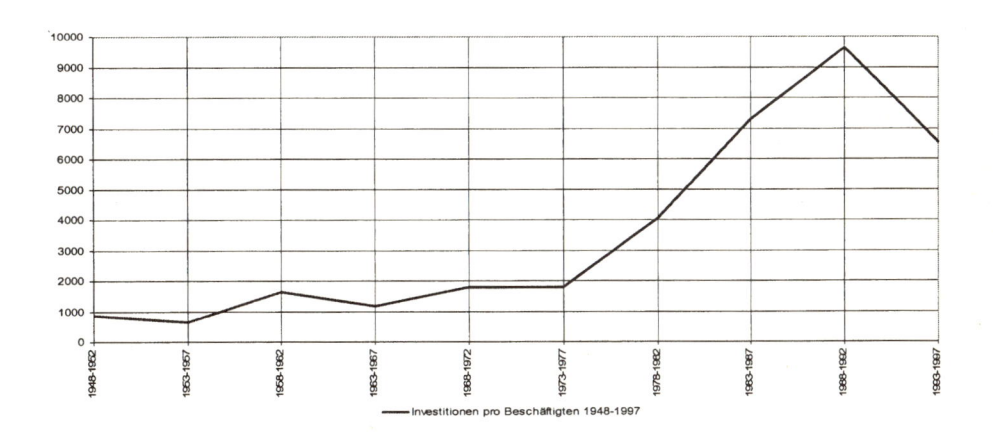

Die Zahl der Beschäftigten stieg nach 1953 bis 1973 stark an und erreichte einen Höhepunkt, um dann in der Zeit der Kurzarbeit bis 1982 zu fallen. Der Anstieg der Binnenkonjunktur ab 1983 führte dann zu Mehreinstellungen bis 1992. 1997 waren in dem Unternehmen so viele Mitarbeiter wie 1977 und weniger als 1973/74 beschäftigt. Die Leistung von durchschnittlich DM 8.360,– pro Beschäftigtem in den fünf Jahren 1948/52 verdoppelte sich in den Jahren 1958/62 und von diesen fünf Jahren wieder im

Zeitraum 1973/77. Vom Ausgangspunkt 1973/77 verdoppelte sich die Leistung je Beschäftigtem bis 1983/87 wiederum. Von 1983/87 stieg die Leistung auf 143% pro Beschäftigtem an. Die Umsatzsteigerung je Beschäftigtem ist auf die hohen Investitionen insbesondere ab 1973 zurückzuführen. Von 1949 bis 1973 wurde das Umsatzwachstum von der Binnenkonjunktur getragen. Von 1974 bis etwa 1984 wuchsen In- und Auslandsabsatz gleich schnell, wobei nur 1980 der Auslandsabsatz leicht zurückging. Nach 1984 nahm der Inlandsabsatz bis 1992 stärker zu. Seit 1993 ging der Inlandsabsatz zurück, und 1994 war der Absatz im Ausland erstmals größer als der Inlandsabsatz. Der Anteil des Auslandsabsatzes stieg von 37% 1992 auf 55,7% 1997. Die gute USA-Konjunktur ließ den Anteil am Auslandabsatz bis Ende 1997 ansteigen:

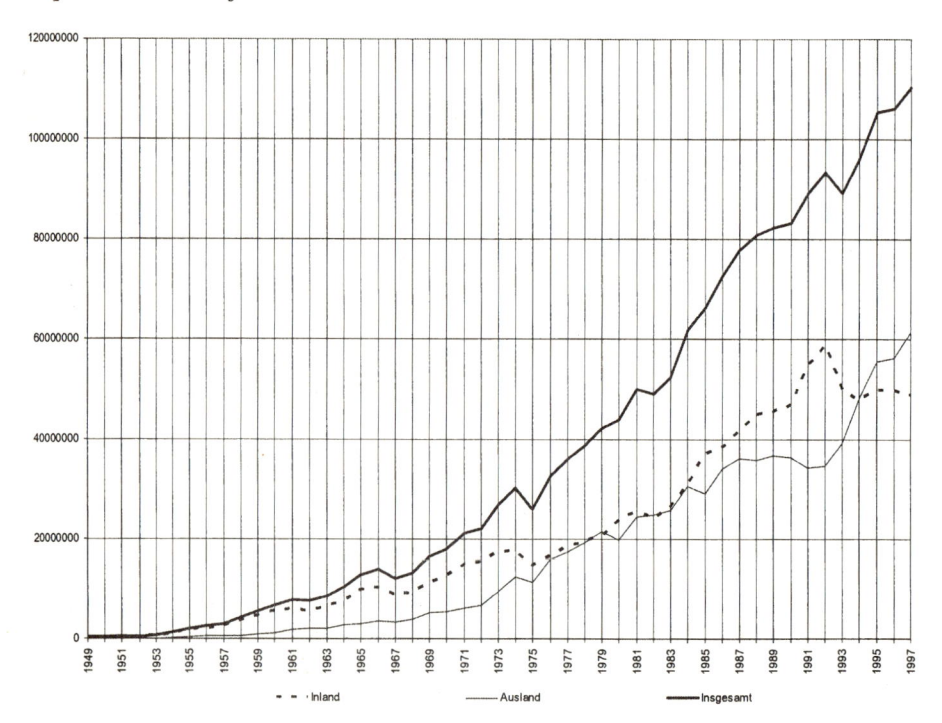

Graphik 5: Umsätze jährlich 1949–1997

In Forschung und Entwicklung wurden von 1983 bis 1997 hohe Summen, in die Bereiche „Werbekosten", „Beratungs- und Patentkosten" sowie „Weiterbildung" von 1973 bis 1997 insgesamt 60 Millionen Mark investiert:

Tabelle 11: Forschung und Entwicklung

	Aufwendungen	Prozent / Umsatz
1983–1987	22.762.000	6,9
1988–1992	41.680.000	9,7
1993–1997	39.756.000	7,8
1983–1997	104.198.000	8,2

Tabelle 12: Werbekosten

	Aufwendungen	Prozent / Umsatz
1973–1977	2.592.000	1,7
1978–1982	3.758.400	1,7
1983–1987	6.076.500	1,8
1988–1992	8.603.100	2,0
1993–1997	6.711.300	1,3
1973–1997	27.742.200	1,7

Tabelle 13: Beratungs- und Patentkosten

	Aufwendungen	Prozent / Umsatz
1973–1977	1.471.000	1,0
1978–1982	3.020.000	1,3
1983–1987	3.981.000	1,2
1988–1992	5.565.000	1,3
1993–1997	9.762.000	1,9
1973–1997	23.799.000	1,4

Tabelle 14: Weiterbildung

	Aufwendungen	Prozent / Umsatz
1973–1977	145.600	0,1
1978–1982	728.400	0,3
1983–1987	1.246.400	0,4
1988–1992	1.581.000	0,4
1993–1997	1.754.600	0,3
1973–1997	5.456.000	0,3

Von 1985 bis 1996 wurden in die Entfettungs- und Trowalanlage 229.000 DM investiert, davon alleine 148.000 DM in eine vollautomatische Waschanlage. In die Galvanik wurden von 1983 bis 1995 639.000 DM investiert. Der Hauptteil entfiel auf zwei Abwasserbehandlungsanlagen (DM 207.000) und eine Kupfer-Nickel-Sulfat-Trommelanlage von 185.000 DM. 1987 wurde im Werkzeug- und Formenbau zum ersten Mal ein CNC-gesteuertes Bearbeitungszentrum aufgestellt. Die Investitionen betrugen in diesem Jahr 6,194 Millionen DM. Bemerkenswert sind die selbsterstellten Anlagen bei den Werkzeugen, Montage Allgemein / Sondermaschinen sowie im Labor. 1993 bis 1997 entfielen mehr als die Hälfte der Investitionen auf selbsthergestellte Anlagen und Maschinen. Kompetenz und Know How wurden nicht nach außen delegiert. Zu den allgemeinen Investitions-Anlagen (Maschinen) führte die Geschäftsleitung in der Betriebsversammlung Anfang 1990 aus, dass

„jeder Arbeitsplatz kapitalintensiver wird. Die Maschinen werden komplizierter, können mehr und werden damit aufwendiger und teurer. Im Augenblick haben wir zwei Stanz- bzw. Biegemaschinen in Bestellung, für die früher ein Betrag pro Maschine von 150.000 – 200.000 DM in Frage kam, heute kostet jede Maschine 1 Million DM. Technisch gesehen sind diese Systeme natürlich nicht vergleichbar mit den Maschinen Anfang der 70er Jahre."

Die einfachen Handarbeitsplätze wurden seit Beginn der siebziger Jahre immer seltener, und an deren Stelle traten Arbeitsplätze, die höhere Investitionen erforderten. Die Kapitalintensität, d. h. das Verhältnis von Kapitalstock und Arbeitseinsatz, nahm im Vergleich zur Zeit von 1948-1973 in den darauffolgenden Jahren bis heute enorm zu. Wenn eine neue Produktionsanlage geplant und auf der grünen Wiese gebaut wird, so kann man davon ausgehen, dass die modernsten Maschinen aufgestellt werden. Bei einer solchen Produktionsanlage sind alle einzelnen Stufen aufeinander abgestimmt, d.h. alle Maschinen befinden sich in einem technischen Gleichgewicht. Wenn bei einem seit längerem bestehenden Unternehmen wie der E-T-A investiert wird, dann kommt es zu Ungleichgewichten, d.h. zu modernen Teilbereichen, in die investiert wurde, und zu älteren Fertigungsstufen, in die erneut investiert werden muss. Die alten Teilbereiche stellen in einer solchen Konfiguration einen ‚Minimumbereich' dar, der durch eine Folgeinvestition auf das Niveau der modernisierten Stufen gehoben werden muss. Das hohe Investitionstempo seit 1975 kann so als Abfolge von Neuinvestitionen in Minimumbereichen angesehen werden.

Ein Beispiel verdeutlicht das Vorgehen der Geschäftsführung. Ende März 1996 wurde ein Hochleistungs-Stanzautomat installiert, der über eine Presskraft von 300 kN verfügt und universelle Verwendungsfähigkeit mit der Möglichkeit der Spezialisierung verbindet. Sein frequenzgesteuerter Antrieb erlaubt stufenlos 40 bis 1.000 Hübe je Minute. Da alle Werkzeuge des bereits 1992 aufgestellten Stanzautomaten auch auf der neuen Maschine eingespannt werden können, erhöhte sich damit die Verfügbarkeit von Stanz-Einzelteilen. Mitte März 1996 wurden drei E-T-A Mitarbeiter in der Bedienung des neuen Automaten seitens des Herstellers geschult. Zusammen mit den beiden Fertigungszentren (Anschaffung 1991 und 1995) wurde damit der Stand der Technik und die Attraktivität für die Mitarbeiter der Stanzerei erheblich erhöht. Gleichzeitig stiegen auch die fachlichen Anforderungen an das Personal an.

Der rasche technische Fortschritt seit Beginn der 70er Jahre erforderte hohe Investitionen und führte zu hohen Abschreibungen. Die Investitionen wurden mit eigenen Mitteln oder durch Fremdkapital finanziert. Die eigenen Mittel sind die finanziellen Überschüsse, die im allgemeinen den Gewinnen, Abschreibungen und Zuführungen zu den Rückstellungen gleich sind. Die Investitionen werden also auch mit den Abschreibungswerten finanziert. Das hohe Investitionstempo ist nur möglich, wenn die Gewinnentnahmen begrenzt sind. Da die Geschäftsführung der ELPO/E-T-A mit den Gesellschafterfamilien identisch ist, hat die Geschäftsführung ein vitales Interesse am Fortbestand der Firma. Wenn beispielsweise die Gesellschaftsanteile und die Geschäftsführung auseinander fallen würden, ist es denkbar, dass die Gesellschafter eher an hohen Gewinnausschüttungen interessiert sind und dadurch die Zukunft des Unternehmens in Gefahr gerät. Für ein Unternehmen wie die ELPO/E-T-A ist es also von einem großen Vorteil, dass die Geschäftsführung auch die Gesellschaftsanteile hält. Mit eigenem Geld geht man immer sorgfältiger als mit fremdem Geld um.

4.1 1974-1983: Kostenexplosion, Gewinnabsturz, Kurzarbeit und unternehmerische Gegenstrategien

Von 1973 bis 1975 stürzte der Gewinn abrupt ab. Der Absturz war ohne Parallele in der Unternehmensgeschichte. Von 1975 an pendelte er sich dank der Gegenmaßnahmen der Unternehmensführung auf wesentlich niedrigerem Niveau ein und verharrte dort bis zu Beginn der 90er Jahre.

Anfang 1974 machte sich die Ölkrise bemerkbar. Im Inland gingen die Aufträge um 50% und mehr zurück. Kostensteigerungen gab es auf der Lohnseite, Materialseite, Sozialkostenseite (60% vom Lohn) und auf der Steuerseite. 76% vom Gewinn gingen an den Staat. 24% verblieben der Unternehmung für die Finanzierung der Aufträge, die notwendigen Investitionen für die Fertigung, für den laufenden Bedarf sowie auch dringend notwendigen Investitionen für Neuentwicklungen. Das normale Auftragspolster betrug drei Monate, Mitte 1974 waren es noch 2,1 Monate.

1975 war die Arbeitslosenzahl gegenüber 1970 um das Zehnfache gestiegen. Es herrschte eine weltweite Wirtschaftsdepression, die Energiepreise stiegen exorbitant hoch, die Exportaufträge ließen nach, die Automobilindustrie und die Banken befanden sich in der Krise, die Inflation und die Steuerbelastung waren sehr hoch. Die Produktionsauslastung betrug etwa 75%. Auf das ganze Jahr 1974 bezogen waren nur 50 bis 60% der Produktionskapazität ausgelastet. In den Monaten September, Oktober und November wurde kurzgearbeitet, was das Unternehmen mehr als eventuelle Entlassungen kostete.

Immer wenn das Unternehmen Ellenberger & Poensgen GmbH mit dem Rücken an der Wand stand, entwickelte die Geschäftsführung ihren Kampfgeist und ging in die Offensive. Man kann das als unternehmerische Gegenstrategie bezeichnen. Diese Gegenstrategie wurde den Betriebsangehörigen Ende Juni 1976 vorgetragen:

„Die Erfahrungen des Rezessionsjahres 1975 mussten uns veranlassen, für die Zukunft Schritte einzuleiten, um eine mögliche nächste Rezession, wobei nicht gesagt sein soll, dass die jetzige schon vorüber ist, wirtschaftlich besser zu überstehen, das heißt, die Möglichkeit zu schaffen, preislich für unsere Produkte besser auf den veränderten Markt zu reagieren. Und damit komme ich zur Kostenrechnung und damit Kostenermittlung. Folgendes ist geplant und wird zur Zeit vorbereitet: die Installation einer elektronischen Datenverarbeitungsanlage, welche unter anderem es uns ermöglichen wird, dass wir in Zukunft die Unterlagen an die Hand bekommen, um monatlich eine Erfolgs- bzw. Verlustrechnung aufzustellen. Erst wenn wir monatlich wissen, wie in dem zurückliegenden Zeitraum gearbeitet wurde, können die Schritte unternommen werden, die die weiteren Ergebnisse optimieren können.
Dadurch wurde der 2. Schritt erforderlich, nämlich der Aufbau für eine möglichst genaue Kostenrechnung. Diese Kostenrechnung wird uns im Endeffekt zeigen, wo in welcher Abteilung welche Kosten entstehen und wie diese wiederum in das einzelne Produkt eingehen. Je genauer dies ermittelt und erfaßt wird, umso genauer läßt sich ein Preislimit für ein Produkt festsetzen, das heißt, läßt sich ein wirtschaftlich für uns noch tragbarer Endpreis für den Konkurrenzkampf und schwierige Verhandlungen sowie größere Stückzahlen errechnen. Erst wenn wir wissen, wo die Kosten, ohne die allgemeinen Verwaltungskosten, das heißt Gemeinkosten, und weiter, wo die Gesamtkosten für ein Produkt, das heißt einschließlich aller Verwaltungs- und Gemeinkosten liegen, können wir für die Zukunft wieder konkurrenzfähiger werden. Und damit werden die Arbeitsplätze sicherer.
Um dieses Ziel zu erreichen, möchten wir außerdem zur Prämienentlohnung übergehen. Diese bedeutet für Sie keinen Akkord, sondern die garantierte Vergütung wie – in etwa – bisher, plus der Möglichkeit, bei einer Leistung über der heutigen, gepaart mit dem entsprechenden Qualitätsniveau, eine zusätzliche Prämie zu erhalten, das heißt mehr zu verdienen. Wir glauben, dass eine derartige Bezahlung für Sie alle gerechter als die bisherige Stundenentlohnung ohne Rücksicht auf die jeweilige Leistung sein wird. Wir freuen uns, dass wir hiermit die Möglichkeit schaffen können, dass Sie in der Fertigung individuell mehr verdienen, was ja bis jetzt nicht möglich war, und wir hoffen, dieses Ziel zu erreichen, und nicht, dass unvorhersehbare Ereignisse dies verhindern.
Zur Feststellung, was die heutige Leistung ist, ist es notwendig, jeden Arbeitsgang zu erfassen. Diese Erfahrung wird noch einige Zeit in Anspruch nehmen. Sie wissen ja, wie vielfältig unsere Fertigung ist. Wir hoffen, dass wir all diese von mir angesprochenen Dinge bis Herbst 1977 zu aller Zufriedenheit er-

reicht haben werden, so dass wir zum Wohle der Firma sowie zur Sicherung der Arbeitsplätze und damit zu unser aller Wohl wieder so konkurrenzfähig sein werden, wie wir dies vor Jahren durch unsere technische und wirtschaftliche Sonderstellung gewesen sind. Ich darf Sie deshalb um Ihr Verständnis und Ihre Mitarbeit für diese Maßnahmen bitten."

In der Betriebsversammlung Anfang Dezember 1976 und in der vom Dezember 1977 wurden alle Maßnahmen aufgezählt, die die Unternehmensführung 1975/77 zum Erhalt der Arbeitsplätze unternommen hatte:

(1) In den Rezessionsjahren 74/75 bis Anfang 1976 haben wir keine Entlassungen als Folge der schlechten Auftragslage vorgenommen. Wir versuchten statt dessen durch Kurzarbeit, Sparmaßnahmen und andere Mittel diese Rezession zu überstehen. Heute läßt sich feststellen, dass wir dank dieser Maßnahmen und dank der Mitarbeit aller Betriebsangehörigen gut über diese schwere Zeit hinweggekommen sind. Wir hoffen, dass der Aufwärtstrend, der sich im letzten halben Jahr bemerkbar machte, weiter anhält.

(2) Weiter wurde eine Datenverarbeitungsanlage angeschafft, um auf lange Sicht für die Firma Arbeits-, das heißt Kostenersparnis zu bringen, sowie eine bessere Übersicht und Auswertung der firmeneigenen Daten zu bekommen und in der inneren Organisation einen besseren Ablauf zu erzielen.

(3) Der folgende Schritt war der Aufbau des BAB, d. h. Betriebsabrechnungsbogen, der zum Ziel hat, die Kosten da zu erfassen, wo sie wirklich anfallen und damit einen besseren Überblick über die Kostensituation zu bekommen, die zur Grundlage für die Kalkulation dienen soll. Das heißt, durch diese Maßnahme bekommen wir ein sehr gutes Mittel in die Hand, um unsere Kalkulationen genau zu definieren, was für Preisverhandlungen mit den Kunden sehr wichtig ist. Über dieses Thema wurde bereits bei der letzten Betriebsversammlung gesprochen.

(4) Eine logische Folge aus dem Aufbau des BAB ist die Einführung der Prämienentlohnung, die auf der einen Seite einer gerechten Entlohnung dient, und auf der anderen Seite den Mitarbeitern die Möglichkeit gibt, mehr zu verdienen. Weiter ergibt sich durch die Mehrleistung der Mitarbeiter die Möglichkeit, gegenüber unseren Mitbewerbern konkurrenzfähig zu bleiben.

(5) Ganz speziell haben wir zudem durch die Einführung des Betriebsabrechnungsbogens die Möglichkeit bekommen, für bestimmte Teilbereiche unserer Fertigung nachzuweisen, dass uns die Herstellung zu marktgängigen Preisen nicht mehr möglich ist, ohne echte Verluste zu machen. Da wir dies zwar schon lange ahnten, jedoch nicht belegen konnten, sind wir seit mehreren Jahren schon auf der Suche nach einer kleinen Fertigungsstätte im Ausland, um dort Serien zu fertigen, die wir nach und nach aus Preisgründen an die Konkurrenz verloren haben, und die wir wieder zurückgewinnen möchten, jedoch in Deutschland aus Kostengründen nicht fertigen können.

(6) In technischer Hinsicht wurden einige Entwicklungen fertigungsreif, die längerfristig den Erhalt der Firma sichern sollen. Speziell ein Gerätetyp sei hier erwähnt, der vorgesehen ist für die Fahrzeugindustrie, und bei welchem es uns allem Anschein gelungen ist, genau die Erfordernisse des Marktes in technischer und preislicher Hinsicht zu treffen. Wir hoffen, dass durch diese Type unsere allgemeine Basis in den verschiedenen Branchen wiederum erweitert werden kann, und dass wir bei einer neuerlichen Rezession nicht so anfällig sein werden.

(7) Zur Leistungssteigerung unserer Werkzeuge und Vorrichtungen sowie Sondermaschinen wurde der neue Werkzeugbau erstellt. Dadurch sind wir nicht mehr so sehr gezwungen, auf Fremdfirmen zurückgreifen zu müssen. Dies trifft auch teilweise für unsere Abteilung Elektronik zu, die ja inzwischen in das oberste Stockwerk des Werkzeugbaues eingezogen ist. Auch diese Abteilung soll mithelfen, unsere technische Basis in unseren Produkten zu erweitern sowie Einsatzgebiete zu finden, in denen wir bis jetzt noch nicht tätig waren. All dies hat zum Ziel, uns bei konjunkturellen Schwankungen zu stabilisieren.

(8) Zur Sicherung der Firma zählen auch die Investitionen, die wir in den letzten zwei Jahren vorgenommen haben und die einen Gesamtwert von zirka zwei Millionen D-Mark ausmachen. Nur wenn wir investieren und technisch, fertigungsmäßig sowie organisationsmäßig auf dem neuesten Stand sind, wird es möglich, beruhigt in die Zukunft zu blicken. Diese Investitionen mussten jedoch aus den guten Jahren heraus vorfinanziert werden, da, wie Sie selbst wissen, dies aus dem Verlauf der letzten eineinhalb bis zwei Jahre nicht möglich war, da in dieser Restriktionszeit nahezu keine Gewinne erwirtschaftet werden konnten.

(9) In diesen wirtschaftlich recht schwachen Jahren wurde speziell unser Vertrieb aktiviert, und wir konnten einige neue Gebiete erschließen, in denen wir vorher nicht oder nur sehr wenig tätig waren. Das heißt, gerade in der Zeit, in der relativ wenig Geldvorhanden ist, müssen wir mehr Geld ausgeben für die Bearbeitung des Marktes. Dazu zählen auch die Messen und Ausstellungen. Wir waren in den vergangenen zwei Jahren auf insgesamt 40 Messen vertreten. Dies bedeutet Kosten und belastet uns finanziell stark. Jedoch ohne Aktivität in dieser Richtung können wir auch nicht hoffen, neue Kunden zu finden. Dies trifft genauso für unser Prospekt- und Katalogmaterial und ebenso für die Anzeigenwerbung in den betreffenden Fachzeitschriften zu. All dies sind Investitionen für die Zukunft.

(10) Um möglichst frühzeitig zu erkennen, wo der technische und wirtschaftliche Trend hingeht, sind wir auch Mitglied sowie Mitarbeiter in verschiedenen Gremien geworden. Eberhard Poensgen ist Vorsitzender des VDE Nordbayern; wie schon eingangs erwähnt, ist er deshalb verhindert, heute persönlich zu Ihnen zu sprechen. Norbert Ellenberger ist Mitglied im Luftfahrt-Normenausschuß „Arbeitskreis Schalter und Sicherungen". William F. Sell ist Mitglied der Working Group 3 des IEC 72. Horst Ellenberger ist Mitglied und im Beirat des ZVEI, Fachverband 6, sowie Vorsitzender des IHG-Landkreises Nürnberg (ehem. Landkr.). Konrad Heydner ist ebenfalls Mitglied im Luftfahrt-Normenausschuß, weiter Mitglied des EBSA (Elektronische Bauteile und Starkstrom-Anlagen), der Arbeitsgruppe ETG (Energietechnische Gesellschaft) für Kontaktschalter, der Arbeitsgruppe NTG (Nachrichtentechnische Gesellschaft), welche der Träger des Arbeitsausschusses „Kontaktschalten" ist. Fritz Krasser ist Mitglied und Mitarbeiter in folgenden Ausschüssen: TA 6.2 (im ZVEI), für Luftfahrtgeräte- und Anlagen, DIE (Deu. Elektr. Kommission), Obmann dieser UK 515.1 (Norm. Ausschuß f. Steuer- und Regelgeräte). Herr Kröger ist Beauftragter der Firma für die Mitarbeit im Normen-Ausschuß „Schutzschalter" im ZVEI, für VG- und LN-Normen (Fahrzeug und Luftfahrt), weiter im Normenausschuß NEA der Bundeswehr sowie in dem betreffenden Ausschuß „für Elektrofahrzeuge" tätig. Wie aus dieser Aufzählung hervorgeht, wird hier sehr viel Zeit – auch persönliche Freizeit der einzelnen Herren zum Nutzen der Firma und deren Mitarbeiter aufgewendet.

(11) Um auch innerbetrieblich neue Anregungen und Impulse für die Zukunft zu bekommen, wurde der eine oder andere Mitarbeiter auf einen oder mehrere Lehrgänge gesandt. Durch diese Lehrgänge erhoffen wir, dass die sogenannte Betriebsblindheit etwas abgebaut wird und wir die gewonnenen Anregungen und Erfahrungen für unsere Firma nutzen können. Dabei läßt sich nicht alles Vorgetragene verwirklichen, sondern es gilt, alles kritisch zu prüfen und auszuwerten.

(12) Außerhalb der Firma wurde das Vertretungsgebiet Hamburg von uns selbst übernommen. Es wird im Namen der Firma geführt. Inzwischen haben wir einen weiteren Herrn, wie dies größtenteils bekannt ist, nach dort entsandt. Wir hoffen durch diese Intensivierung des norddeutschen Raumes das „Süd-Gefälle" etwas abzubauen, das heißt, auch dort gezielter und spezieller für E-T-A zu arbeiten.

(13) Im Ausland haben wir die Vertretung in England abgelöst und eine eigene Firma auf den Namen E-T-A Circuit Breakers (UK) Ltd. gegründet. Diese wird von unserem Mitarbeiter Jonathan Adams geführt. Dadurch hoffen wir, dass wir noch besser in den englischen Markt eindringen werden. Diese dortige Firma ist von uns als reine Vertriebsfirma für unsere Geräte gedacht.

(14) Auch in Übersee gab es Änderungen. Es wurden verschiedene neue Vertretungen gewonnen, sowie unsere Tochterfirma in Kanada von Montreal nach Toronto verlegt. Da in Kanada rund 65 Prozent der Geschäfte in Toronto getätigt werden, erachteten wir es für gut, unsere Firma nach dort zu verlegen. Die ersten sich zeigenden Erfolge bestätigen inzwischen die Richtigkeit dieser Überlegungen.

(15) 1977 war ein mäßiges Jahr, wozu der Kursverfall des Dollars Ende 1977 beitrug. In der ersten Jahreshälfte wurden anstelle von 120 nur an 105,5 Arbeitstagen gearbeitet.

(16) Die Explosion der Lohnkosten 1974/75 hatte zur Suche nach einer Fertigungsstätte im Ausland geführt, um verlorengegangene Aufträge zurückzugewinnen. Diese wurde in Tunesien gefunden, wo im Herbst 1977 die Fertigung anlief. Die Lohnpolitik der Gewerkschaften hatte der Unternehmensführung keine andere Wahl gelassen. In Akouda (Tunesien) waren 1978 40 Personen, 36 davon in der Fertigung, beschäftigt. Durch diese Fertigung in Tunesien konnten wir Firmen, die uns aus Preisgründen verlassen wollten, halten bzw. zurückgewinnen. Wir sind sehr froh darüber. Ein Teil der Vor- sowie Nacharbeiten verbleibt in unserer Firma in Altdorf. Daß wir diese Großabnehmer halten bzw. zurückgewinnen konnten, ist besonders wichtig, da die meisten dieser Firmen nicht nur eine Gerätetype der preislich gedrückten Klasse beziehen, sondern auch andere Geräte bestellen. Auf andere Art und Weise als die der teilweisen Verlegung der Großserien in sogenannte Billigländer wäre uns dies nicht möglich

gewesen." (Betriebsversammlung Dezember 1978)

Von 1978 bis Mitte 1979 gab es Schwierigkeiten beim Dollarkurs. Die Erfassung des Prämienlohnsystems war bis Frühjahr 1979 in den Werken Altdorf, Hohenfels und Kallmünz abgeschlossen. 1978 wurde die Firma Ellenberger & Poensgen GmbH aus der Sicht der Produkthaftung bzw. der Produzentenhaftung geteilt in: 1. Ellenberger & Poensgen GmbH als Besitzgesellschaft (nur Grundstücke, Gebäude und wenige Maschinen), 2. E–T–A: Produktions- und Vertriebsgesellschaft. Damit wurde der Gesamtbesitz aus der Haftung genommen. „Dies ist in Deutschland eine gängige Art und Weise, um in einem sehr großen Haftungsfall (Produkthaftung und Produzentenhaftung) nicht in Konkurs zu geraten und damit die Firma schließen zu müssen." 1978 wurde die Anschaffung einer neuen EDV-Anlage und der Verkauf der zwei vorhandenen beschlossen. Die Geschäftsführung hoffte,

„dass im Jahr 1980 die gesamte Umstellung auf EDV abgeschlossen werden kann, und wir aufgrund der vorhandenen Maschinenkapazität die EDV-mäßige Bearbeitung unserer Kunden sowie Stücklisten usw., was zur Zeit nicht möglich ist, vornehmen können. Eine weitere Unruhe, besonders für die Fertigung, wird die im Jahr 1979 durchzuführende VDE-Umstellung mit sich bringen. Durch neue VDE-Vorschriften, die den größten Teil unserer Standardgeräte thermisch und thermisch-magnetisch betrifft, sind wir gezwungen, Änderungen durchzuführen. Dadurch werden Probleme bei der Teilebeschaffung, wann läuft Ausführung aus und wann beginnt die neue, entstehen. Für diese Umstellung rechne ich mit einem zusätzlichen Kostenaufwand von DM 500.000 für das Jahr 1979. Zur Zeit ist ein Gebäude in den Ausmaßen 35 × 65 in der Planung. Dieses soll zwischen Parkanlage und Werkzeugbau in Altdorf errichtet werden. In diesem Gebäude wollen wir unterbringen: ein zentrales Materiallager, die Galvanik, die Stanzerei, ebenso die Teilefertigung und was zu diesen Arbeitsabläufen gehört."

Obwohl 1979 79 Beschäftigte abgebaut wurden, war im Herbst Kurzarbeit nicht zu vermeiden. Durch den Kursverfall des Dollars hatte das Unternehmen sehr zu kämpfen. „Nur durch speziellen Service, schnelle Lieferbereitschaft sowie Qualität konnten wir unsere Abnehmer beeindrucken und uns als Kunden erhalten." Während die erste Jahreshälfte 1980 gut war, musste in der zweiten Jahreshälfte kurzgearbeitet werden. „Ich glaube, unser aller größter Wunsch wäre, dass wir doch einmal ein Jahr der Vollbeschäftigung haben möchten und nicht dieses ständige Auf und Ab, einmal auf einer Seite überbeschäftigt und auf der anderen Seite eine Unterbeschäftigung durchstehen zu müssen." 1981 konnte der Neubau mit 4000 Quadratmeter Fläche bezogen werden. Damit wurden zirka 18 Lagerstellen, die für die Materialwirtschaft vorhanden waren, auf eine Lagerstelle reduziert. In den Neubau kamen außer der Materialwirtschaft die Stanzerei, Galvanik mit Trowalisierung, die Betriebsschlosserei und ein zusätzlicher Fertigungsraum mit 600 Quadratmetern in einem Zwischengeschoss. Die Einweihung der neuen Lager- und Fertigungshalle erfolgte am 23. Juli 1983 anlässlich des 35jährigen Bestehens des Unternehmens.

In Hohenfels und Kallmünz wurde im letzten Vierteljahr 1982 und in den ersten drei Monaten 1983 insgesamt stark kurzgearbeitet. Das ganze Jahr 1983 wurde als sehr mäßiges Jahr eingestuft, im Herbst kam es jedoch zu einer leichten Konjunkturerholung. Neuentwicklungen wurden zur Serienreife entwickelt. Das Luftfahrtunternehmen Aérospatiale wurde nach Jahren des Bemühens als Kunde gewonnen.

4.2 Rahmenbedingungen 1983–1998

Im Herbst 1982 forderte der damalige Bundeskanzler Helmut Schmidt Wirtschaftsminister Otto Graf Lambsdorff zu jener Ausarbeitung auf, die danach als sogenanntes Lambsdorff-Papier zum Politikwechsel von der sozialdemokratisch-liberalen (SPD/FDP) zur christlich-liberalen (CDU/CSU/FDP) Politik am 1. Oktober 1982 führte. Durch das Lambsdorff-Papier „Konzept für eine Politik zur Überwindung der Wachstumsschwäche und zur Bekämpfung der Arbeitslosigkeit" wurde der mehr an Außen- und Weltpolitik interessierte Helmut Schmidt mit der ganzen Dramatik der Entwicklung im Innern konfrontiert. Er musste erkennen, dass seine eigene Partei (SPD) die gebotenen wirtschaftspolitischen Maßnahmen nicht mittragen würde und zog daraus die Konsequenzen. Wirtschaftswissenschaftler sahen die deutsche Wirtschaft zu diesem Zeitpunkt vor neuen Herausforderungen und durch die verfehlte Wirtschaftspolitik im Anpassungsprozeß zurückgeworfen. In den Jahren 1983–1990 wurde außer makroökonomischer Stabilisierung auch ordnungspolitisch eine Rückbesinnung auf die Konzeption der Sozialen Marktwirtschaft versucht: Privatisierung öffentlicher Dienstleistungen und Unternehmen, Rückführung von Subventionen, Verringerung der Staatsquote, Abbau hoheitlicher Beschränkungen der Gewerbe- und Vertragsfreiheit. Diese Ansätze wurden jedoch nach 1990 unter dem Problemberg der Wiedervereinigung begraben. In einer Analyse über die wirtschaftliche Freiheit in der Welt werden die Stärken und Schwächen der deutschen Wirtschaft von 1997 hervorgehoben. Während Deutschland 1980 einen vorderen Platz innehatte, fiel es 1990 und 1995 relativ zurück, da andere Länder ihre Wirtschaften stärker liberalisierten. Geldwert- und Preisstabilität, Freiheit zum Halten von Fremdwährungsguthaben, ein stabiler, im Wettbewerb stehender Kreditmarkt und ein relativ freier Handel konstituieren die Stärke dieser Wirtschaft. Es gibt drei wesentliche Schwachpunkte: ein hohes Niveau des öffentlichen Verbrauchs, einen großen Transferbereich und hohe Steuersätze.

Während der letzten zwei Jahrzehnte sind meistens 25% der Konsumausgaben nicht unmittelbar durch den Markt, sondern indirekt durch die öffentlichen Hände verteilt worden. Während des gleichen Zeitraumes wurden ständig durchschnittlich 20% der Einkommen weggesteuert und umverteilt. Die Staatsquote hat inzwischen mehr als 50% erreicht. Natürlich erfordern große Regierungsapparate hohe Steuerlasten. Weil aber viele einkommensstarke Länder in den letzten Jahrzehnten ihre Steuersätze reduziert haben, ist Deutschlands Abgabenquote von 53% unter den höchsten der Welt. Rechnet man die Kirchensteuer und den Solidaritätszuschlag hinzu, so erhöht sich der Höchststeuersatz auf 60%. Verschiedene Spitzenpolitiker, einschließlich des Finanzministers, haben Steuersenkungen vorgeschlagen. Jedoch ist die Umsetzung in Steuerreformen angesichts einer stagnierenden Wirtschaft und steigender Staatshaushaltsdefizite ungewiss.

Die deutsche Wirtschaft braucht eine wirtschaftliche Liberalisierung. Der hoch regulierte Arbeitsmarkt ist inflexibel. Diese fehlende Flexibilität, in Verbindung mit generösen Transfereinkommen, brachte die Arbeitslosenrate auf ihr höchstes Niveau seit 50 Jahren. Das deutsche Sozialversicherungssystem braucht liberale Reformen –

beispielsweise die Möglichkeit privater Vorsorgeinvestitionen. Unter der Voraussetzung von Preisstabilität, freiem Außenhandel und hohen Investitionsraten wird die deutsche Wirtschaft wahrscheinlich auch in der Zukunft ihrem bisherigem Wachstumstrend einigermaßen folgen. Wenn Deutschland aber seine wirtschafts- und sozialpolitischen Strukturen weiter verfestigt, wird das zukünftige Einkommensniveau relativ zu anderen Ländern jedoch mit Sicherheit absinken.

Dem härteren Wind auf dem Arbeitsmarkt infolge der Globalisierung wird sich Deutschland nicht entziehen können. Kürzere Arbeitszeiten müssen deutlich flexibler werden und die Anforderungen an berufliche Beweglichkeit und lebenslanges Lernen steigen. Die deutschen Chancen im globalen Wettbewerb liegen vor allem in Bildung, Innovation und Forschung. Ausgaben in diesen Bereichen sichern die Produktivität und Wettbewerbsfähigkeit von morgen. Eine moderate Lohnpolitik 1994 bis 1997 führte in Deutschland zur Senkung der Lohnstückkosten, steigerte die Wettbewerbsfähigkeit und ermöglichte steigende Exporte, die wiederum Arbeitsplätze im Inland sichern. Das gilt auch für das Unternehmen E-T-A.

Fehlende Bereitschaft zum Berufs- oder Wohnortwechsel sowie Ablehnung einfacher, schlecht bezahlter Tätigkeit sind wesentliche Ursachen der hohen Arbeitslosigkeit in Deutschland. Als weitere Ursachen werden die zunehmende Erwerbstätigkeit von Frauen sowie Risikoscheu vor der Selbständigkeit angesehen. Die Bevölkerung hat noch nicht oder ungenügend auf die wichtigste Änderung der Rahmenbedingungen reagiert, dass nämlich vor allem im hochproduktiven Bereich Erwerbsarbeit durch den zügig voranschreitenden Einsatz von Kapital und Wissen verdrängt wird. Die Erwerbstätigen in Deutschland haben nicht nur materielle Ansprüche an den Beruf gestellt, sie erwarten auch individuelle Entfaltung und Selbstverwirklichung. Zeitlich ungünstige Arbeit und Dienstleistungen für Menschen sind unbeliebt. Hinzu kommt ein ausgeprägtes Sicherheitsbedürfnis. Berufliche Selbständigkeit wird durch ein Übermaß an Reglementierungen erschwert.

Der Unternehmer benötigt Vertrauen in die Stabilität der Konjunktur wie in die Arbeitskosten. Die steigende Kapazitätsauslastung erzwingt dann Neueinstellungen. Moderate Lohnabschlüsse haben nur langsam Beschäftigungseffekte, nehmen aber mittelfristig größeren, langfristig einen großen Umfang an. Die Deutschen können weder das amerikanische noch das britische oder das südostasiatische Modell kopieren – und umgekehrt. Jedes Land hat eine spezielle Kultur und eigene gesellschaftliche Werte. Das Ergebnis einer anderen Tradition lässt sich nicht einfach überstülpen. Wer das versucht, wird scheitern. Auch künftig entscheidet sich der reale Standortwettbewerb nicht zwischen Moden und Modellen, sondern danach, welche Volkswirtschaft ihre Wertvorstellungen effizienter umsetzt. Deutschland fußt mehr als Amerika auf sozialen Eingriffen des Staates, auf Regulierung unerwünschter Markterscheinungen und der Überzeugung, dass die Leistungsstarken besondere Verantwortung für das Ganze haben. Die deutschen Institutionen können und müssen sich dem Wandel der Weltwirtschaft anpassen, ohne diese Ziele zu opfern. Die Reformer müssen sich allerdings beeilen, um den gefährlichen Reformstau vor allem auf dem Arbeitsmarkt zu beseitigen. Deutschland und Frankreich – die Kernländer der Euro-Zone – haben unter dem Strich seit 1990 keine Fortschritte erzielt. Zwar kann die Bundesregierung erste Ansätze auf dem Weg zu mehr Flexibilität aufweisen, zum Beispiel einen gelockerten

Kündigungsschutz, gleichzeitig machten aber rasant gestiegene Steuern und Lohnnebenkosten die mühsam gewonnenen Pluspunkte wieder zunichte.

Die DM war seit 1948 der Inbegriff des deutschen Erfolgs, Sinnbild des mühsam erworbenen Wohlstands nach Jahren der Entbehrung. Die DM ist die zweitwichtigste Reservewährung der Welt. Das System der festen Wechselkurse (Bretton-Woods-System) brach 1971 letztlich zusammen, da die in diesem System zusammengeschlossenen Länder eine sehr verschiedene nationale Wirtschaftspolitik betrieben. Die Währungen der EU-Staaten sind untereinander sehr stabil geworden. Seit 1992 sanken die Budgetdefizite um die Hälfte, die Inflationsrate sank auf 1,7 Prozent.

Der Euro-Fahrplan steht fest. Im Frühjahr 1998 wurde der Start der Währungsunion vorbereitet: Die Wechselkurse wurden unwiderruflich festgeschrieben. Die Europäische Zentralbank (EZB) übernahm die geldpolitischen Aufgaben der nationalen Zentralbanken. Ab 1999 rechneten Banken untereinander sowie im Zahlungsverkehr mit der EZB in Euro ab. Bilanzen waren ab 1. Januar 1999 in Euro möglich. Dies wird auch bei E-T-A der Fall sein. Spätestens ab Januar 2002 wird der Euro gesetzliches Zahlungsmittel. Die DM wird in einer kurzen Umstellungsphase gegen Euro-Scheine und -Münzen eingetauscht. Zukunftsängste werden besonders bei den Deutschen wach. Diese Ängste sind jedoch unberechtigt. Das Modell für die Europäische Zentralbank ist die Deutsche Bundesbank, und sie betreibt auch eine ähnliche Geldmengensteuerung wie das deutsche Modell. Die Preisstabilität ist das höchste Ziel.

„Die Europäische Währungsunion ist in erster Linie ein politisches Projekt, kein wirtschaftliches. Sie ist die Lokomotive, die den europäischen Zug seinem Ziel näher bringt: der immer engeren Union unseres Kontinents. Ein Binnenmarkt mit einem Dutzend gegeneinander schwankender Währungen ist auf die Dauer unvorstellbar. Wie schwächliche asiatische Tiger blieben die Staaten Europas einzelnen Wechselkursschwankungen des Dollar und der Gier der globalisierten Finanzmärkte ausgesetzt. Es drohten ihnen zerstörerische Abwertungswettläufe. Wenn Europa politisch handlungsfähig werden will, muß es der monetären Kleinstaaterei ein Ende setzen. Und politisch handlungsfähig muß es werden. Nur dann kann es sich in der Welt des 21. Jahrhunderts behaupten – einer Welt rivalisierender Handelsblöcke, regionaler Macht-Großräume und wetteifernder Kulturzonen. Der nationale Weg führt nicht in die Zukunft. Sie gehört einem europäischen Staatenbund, der in Begriffen kontinentaler Zusammengehörigkeit denkt und handelt" („Die Zeit", 19.2.1998).

Der Euro dürfte sich positiv auf den Arbeitsmarkt auswirken. Vor allem der vielfache Exportweltmeister Deutschland profitiert davon, wenn in Europa keine Aufwertungsschocks mehr drohen. Die massive Aufwertung in der ersten Hälfte der 90er Jahre hatte Arbeitsplätze in Deutschland teuer gemacht. In den exportierenden Branchen bringt der Euro mehr Sicherheit. Mehr Sicherheit bringt er auch für E-T-A. Letztlich bedeutet die Währungsunion, dass die einzelnen Länder darauf verzichten, national Inflation zu machen. Die einzelnen Länder der EU besitzen Geld, können es aber national selbst nicht mehr herstellen. Zwischen den einzelnen Ländern der EU wird es Wechselkursänderungen nicht mehr geben. Die Märkte (Ausleihemärkte, Börsen- und Terminmärkte) haben den Euro schon vorweggenommen. Der Zeitpunkt der Einführung des Euro stimmt mit einer Revolution bei den elektronischen Dienstleistungen überein. Die Entwicklung elektronischer Zahlungssysteme zeichnet sich ab. Die Grundkonzeption der Sozialen Marktwirtschaft ist im Zeitalter der Globalisierung

„eine tragfähige und menschengerechte Wirtschaftsordnung, die den Grundbedürfnissen des Menschen nach individueller Freiheit, sozialer Sicherheit und Gerechtigkeit mehr entspricht als jede andere bekannte Wirtschaftsordnung. Allerdings erfordern die Globalisierung der Wirtschaft und die damit einhergehenden Veränderungen der weltwirtschaftlichen Rahmenbedingungen auch Anpassungen des Konzepts der Sozialen Marktwirtschaft an diese veränderten Rahmenbedingungen"[3].

4.3 1984-1991: Gute Jahre und gute Binnenkonjunktur

Seit 1974 war 1984 das erste Jahr mit guter Konjunktur in Deutschland und gutem Umsatz des Unternehmens. 46 Lehrlinge befanden sich in der Ausbildung. Die Auftragslage war so gut, dass 1985 39 und 1986 78 Mitarbeiter mehr eingestellt werden konnten. Im Vergleich zu 1982 hatte das Unternehmen 164 Mitarbeiter mehr. Zur 38,5-Stunden-Woche führte die Geschäftsführung bei der Betriebsversammlung im Juli 1985 aus:

„Ein weiterer, sehr wichtiger Punkt waren die Überlegungen und Regelungen der 38,5-Stunden-Woche. Das größte Problem jedoch glauben wir mit der gefundenen Lösung für unsere Mitarbeiter und die Firma geregelt zu haben, so dass wir, bei unserer starken Exporttätigkeit, im Ausland nicht noch mehr ins Hintertreffen geraten. Wir müssen auch weiterhin versuchen, in dem sehr schmalen Schutzschalterbereich, in dem wir zu den führenden Firmen der Welt zählen, technische Spitzenprodukte zu liefern, die preislich günstig sind und dadurch vor allem verhindern, dass Konkurrenten und sogenannte Nachbaufirmen unsere Produkte kopieren. Wir glauben, dass durch den Beschluß in dieser Betriebsvereinbarung, weiterhin 40 Stunden zu arbeiten und für die Differenz von 38,5 auf 40 Stunden mehr zu bezahlen, dazu hilft. Allerdings fließen durch diese ca. 4%ige Mehrbezahlung jährlich ca. 1,1 Millionen DM aus der Firma ab. Wir können nur hoffen, dass durch entsprechende Mehrleistung, die um 1 1/2 Stunden längere Ausnutzung der Produktionsanlagen und unserer geistigen Kreativität dieser Mehrbetrag durch uns alle erwirtschaftet werden kann."

Die Dollarabwertung nach 1985 machte die deutschen Produkte im Ausland sehr teuer. Die Geschäftsführung hatte 1987 einen Teil des Exportes in die USA mit entsprechenden Termingeldern abgesichert. 1985/87 wurden neue, technisch sehr anspruchsvolle Geräte entwickelt. Der Dollar verlor 1986 an Wert, stabilisierte sich jedoch Mitte 1987 bei DM 1,80-1,85. Im November 1987 stürzten weltweit die Börsenkurse ab, der Dollar verlor stark, was letztlich 1988 zur Schließung von Kallmünz führte. Dem starken Dollarverfall suchte die Geschäftsführung mit Termingeldern zu begegnen, um das Risiko einzugrenzen. Neuentwicklungen wurden vorangetrieben.

1989 war ein einigermaßen gutes Jahr. Bei den Bestellungen wollten die Kunden nicht mehr warten und Bestellung und Auslieferung sollten möglichst sofort erfolgen. Dies verlangte von der Fertigung eine hohe Flexibilität. Die Geschäftsführung besuchte im Herbst 1989 Taiwan, Hongkong und China und fand dort trotz niedriger Löhne modernste Maschinen und eine starke Rationalisierung. Mit dem Jahr 1990 war die Geschäftsführung insgesamt zufrieden. Der niedrige Dollarkurs wirkte sich für die E-T-A erlösmindernd aus. Der Bezug des Neubaus (1991) wurde mit einem Neuaufbau der Fertigung verbunden.

---

3 Wolfgang HARBRECHT, Die Zukunft der Sozialen Marktwirtschaft im Zeitalter der Globalisierung, in: Norbert BERTHOLD / Bernhard SPEYER (Hrsg.), Vergessene Dimensionen der Außenwirtschaft: Raum, technischer Fortschritt und Entwicklung, Berlin 1997, S. 187.

4.4 1992-1993: Verlustjahre

Die Verlustjahre 1992-93 wurden vor allem durch die hohen Lohn- und Gehaltsabschlüsse 1991 verursacht. Die Steigerung der Löhne und Gehälter um durchschnittlich 7,2% schlug erst 1992 voll durch, denn in dem turbulenten Jahr 1991 wurde noch mit Überstunden gearbeitet. Die Geschäftsführung hatte aus dem Härtetest der Jahre 1974-83 gelernt, dass nur durch aktives und konstruktives Herangehen die betrieblichen Probleme zu lösen sind. Die Strategie der Geschäftsführung angesichts des Umsatzeinbruchs im ersten Halbjahr 1993 (-21%) bestand darin: Nicht jammern, sondern Kostenkrise konstruktiv angehen und lösen. Flexibilität und Sparsamkeit in allen Bereichen war gefragt. Das Ziel der Geschäftsführung war es, aus der Schwächeperiode stärker hervorzugehen als man hineingekommen war.

Bei den freiwilligen und laufenden Personalkosten wurden Kürzungen vorgenommen, und zwar von den Kantinenzuschüssen über die Jubiläumszuwendungen bis zu den Reisekosten. Um die Problemfelder besser aufspüren zu können, wurde 1993 eine Unternehmensberatung herangezogen, die mit der „Funktionskosten-Wertanalyse" die meisten Gemeinkostenbereiche untersuchen sollte. In der Betriebsversammlung vom 8. Dezember 1993 erläuterte die Geschäftsführung dieses Vorgehen:

„Aufgrund von Vorschlägen der Projektleiter (= 20 Mitarbeiter von E-T-A), Wertanalytiker-Teams (= 8 E-T-A-Mitarbeiter) sowie gruppendynamischen Arbeitssitzungen, in denen die Mitarbeiter direkt angesprochen werden, wird ein neues Konzept der Arbeitsaufteilung und der Zusammenarbeit schrittweise erarbeitet. D. h. alle Konzepte, Vorschläge und Ideen stammen von uns selbst. Welche davon realisiert werden, ist erst nach eingehender Prüfung von allen Beteiligten zu entscheiden. Wie erreicht man dabei, dass so manche Tabus aufgehoben werden und letztlich unser gesamtes bisheriges Tun in Frage gestellt wird? Indem die Forderung gestellt wird, 30% Einsparung im gesamten Aufwand zu erreichen. Nur so können eingefahrene Gleise verlassen, neue Ideen gefunden und auch bestritten werden. Ich möchte dabei an die Prämieneinführung erinnern. Hier wurden auch ähnliche Werte gefordert und zum Teil erfüllt, was als Folge keine Entlassungswelle nach sich zog, sondern in den Folgejahren durch Einstellungsstopp und zum größten Teil durch natürliche Fluktuation ausgeglichen wurde."

Sparmaßnahmen und eine Anzahl von kleineren Einschnitten waren notwendig, um den Bestand des Unternehmens zu sichern und um neuen Entlassungen vorzubeugen. Die hohen Kosten und die Verluste ließen erstmals 1993 eine Weihnachtsgratifikation nicht zu. 1994 wurde dank der ergriffenen Maßnahmen ein sehr bescheidener Gewinn erzielt. Der tiefe Fall des Dollars von DM 1,94 1985 auf DM 1,43 1995 und DM 1,50 1996 war mit verursachend für die sehr schwache Ertragslage von 1991 bis 1994. Im Frühjahr 1991 kaufte die Geschäftsleitung Optionen. Nach 1996 erholte sich der Dollar und damit auch die Erträge der E-T-A.

4.5 1994-1998: Schwacher Inlands- und stärkerer Auslandsmarkt

Die 10%ige Lohnerhöhung mit Zeitausgleich 1995 schlug erst 1996 stark durch. Die einzige Chance sah die Geschäftsführung in der Flexibilisierung der Arbeitszeit. Probleme und Rückgänge gab es bei der Elektronik- und Hybridabteilung. In Deutschland kam es 1996 nur zu einer langsamen Erholung. 1996 wurden 32 Mitarbeiter eingestellt. 1997 schwächte sich die Auslandsnachfrage auf hohem Niveau ab, während die

Inlandsnachfrage kaum anzog. Die Beschäftigung war trotzdem gut und es erfolgten Neueinstellungen.

TEIL 2:
DIE E–T–A IM SPIEGEL IHRER MITARBEITER

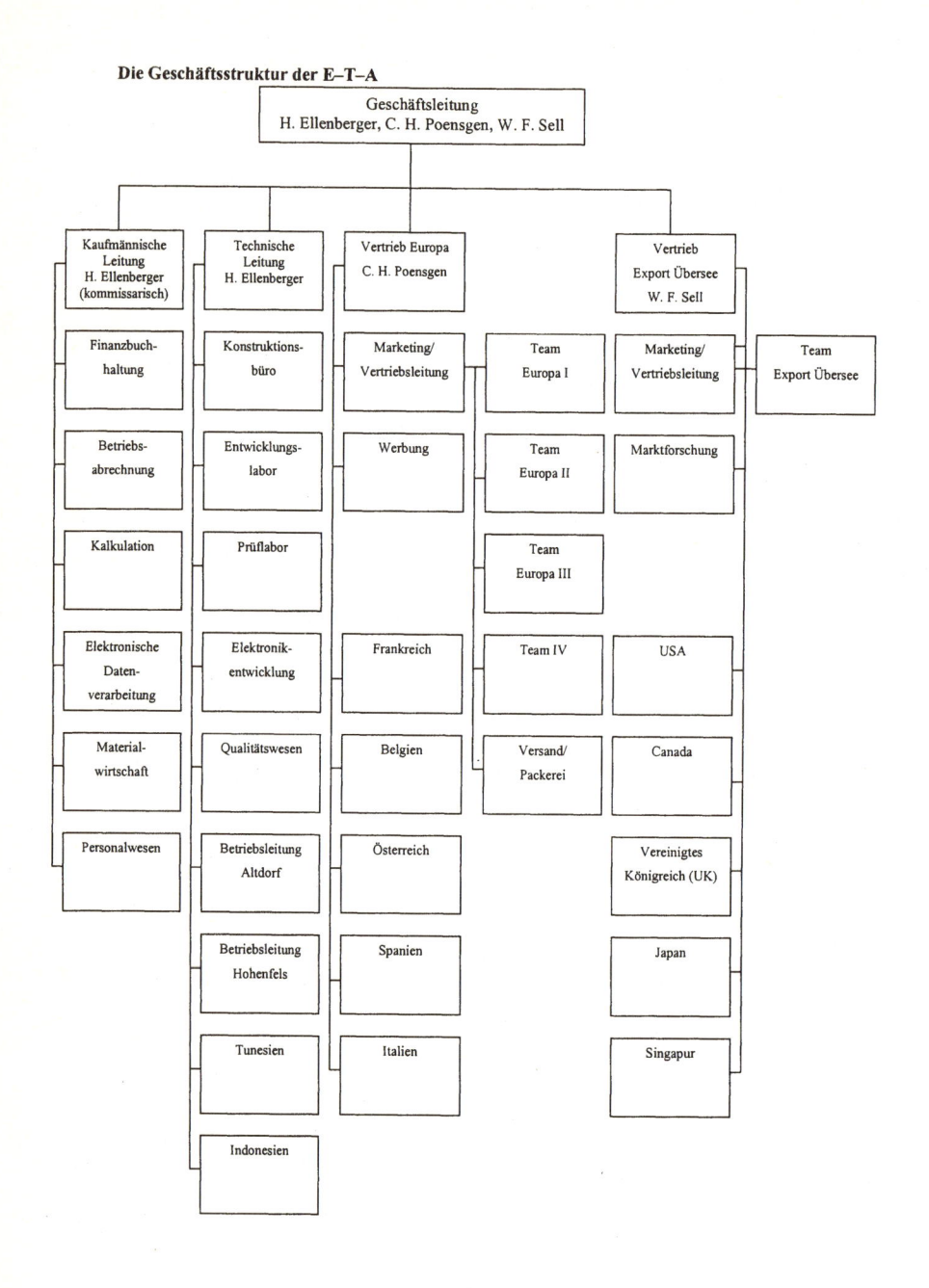

Die Geschäftsstruktur der E–T–A

Geschäftsleitung
H. Ellenberger, C. H. Poensgen, W. F. Sell

- **Kaufmännische Leitung** — H. Ellenberger (kommissarisch)
  - Finanzbuchhaltung
  - Betriebsabrechnung
  - Kalkulation
  - Elektronische Datenverarbeitung
  - Materialwirtschaft
  - Personalwesen

- **Technische Leitung** — H. Ellenberger
  - Konstruktionsbüro
  - Entwicklungslabor
  - Prüflabor
  - Elektronikentwicklung
  - Qualitätswesen
  - Betriebsleitung Altdorf
  - Betriebsleitung Hohenfels
  - Tunesien
  - Indonesien

- **Vertrieb Europa** — C. H. Poensgen
  - Marketing/Vertriebsleitung
  - Werbung
  - Team Europa I
  - Team Europa II
  - Team Europa III
  - Frankreich
  - Team IV
  - Belgien
  - Versand/Packerei
  - Österreich
  - Spanien
  - Italien

- **Vertrieb Export Übersee** — W. F. Sell
  - Marketing/Vertriebsleitung
  - Team Export Übersee
  - Marktforschung
  - USA
  - Canada
  - Vereinigtes Königreich (UK)
  - Japan
  - Singapur

EINFÜHRUNG

Die Festschrift „25 Jahre Ellenberger & Poensgen GmbH (1948-1973)" war von Jakob Ellenberger in Abstimmung mit Harald A. Poensgen erstellt worden. Später war Horst Ellenberger für das Archiv der Unternehmung zuständig. Er besorgte auch rechtzeitig, d.h. weit in die Zukunft blickend, die notwendigen Dokumentationsunterlagen für das 50jährige Jubiläum. Er veranlasste Gertrud Hendelmeier, ihre Erinnerungen niederzuschreiben und mit Fritz Wörlein zu sprechen. Er führte am 19. Juli 1985 das Gespräch mit Harald A. Poensgen (1897-1987), er veranlasste Fritz Krasser, die Geschichte des Konstruktionsbüros und Konrad Heydner, die des Labors niederzuschreiben. So wurden wichtige Bausteine für die Festschrift zum 50jährigen Unternehmensjubiläum zusammengetragen. Kein Wirtschaftshistoriker hat die technikgeschichtliche Kompetenz, um solche Beiträge fachgerecht zu verfassen. Daraus entstand eine weitere Idee. Die Gründer, ebenso wie die nachfolgende Generation hatten immer das Leitbild einer ELPO/E-T-A Familie, in der einer für den anderen einsteht und aus dem Zusammenwirken aller die Kraft für die Gegenwart und die Zukunft geschöpft werden kann. Die Leiter der einzelnen Abteilungen wurden angesprochen und gebeten, ihre verdichteten und zum Teil sehr weit zurückreichenden Erfahrungen niederzuschreiben. Für einige Abteilungen fanden sich ehemalige Mitarbeiter mit ihren Nachfolgern zusammen und verfassten einen gemeinsamen Beitrag. Wie in einer Familie, so gibt es auch in der E-T-A Familie keine eindimensionale Geschichte. Jedes Mitglied der E-T-A Familie hat die Unternehmensgeschichte aus einer anderen Perspektive erlebt. Diese vielen Blickwinkel ergeben zusammengefügt eine Unternehmensgeschichte. Die verdichteten Erfahrungsberichte sind nicht nur ein Teil der Unternehmensgeschichte, sondern zeigen auch fast exemplarisch den Weg auf, den die Bundesrepublik Deutschland gegangen ist: 1998 wurde die Deutsche Mark fünfzig und 1999 erreichte die Bundesrepublik Deutschland dieses Alter. Die Unternehmensgründer und ihre Nachfolger repräsentieren zusammen mit allen Mitarbeitern einen Teil des wirtschaftlichen Erfolges, der 1948 einsetzte.

Die Beiträge der E-T-A Mitarbeiter sind nach dem Organisationsplan geordnet. Der Geschäftsführung unterstehen die vier Bereiche kaufmännische und technische Leitung, Vertrieb Europa und Vertrieb Export Übersee. Vorangestellt ist den Bereichen jeweils ein Kurzlebenslauf der zuständigen Geschäftsführer. Die so konzipierte Unternehmensfestschrift ist innovativ und ohne Vorbild. Sie stellt den Idealfall einer Festschrift dar.

I. KAUFMÄNNISCHE LEITUNG (KOMMISSARISCH) UND TECHNISCHE LEITUNG: HORST ELLENBERGER

PERSÖNLICHE ANGABEN: HORST ELLENBERGER

Geboren:	19.05.1944 in Ludwigshafen/Rhein
Beruflicher Werdegang:	
01.09.1963	Lehre Elektromechaniker bei Ellenberger & Poensgen GmbH
1966–1971	Studium Elektrotechnik, Dipl.-Ing. (FH)
01.08.71	Eintritt E–T–A USA (Chicago) 1971, ELPO 1972
07.05.74–10.12.78	Prokura für ELPO
11.12.78–24.2.1994	Prokura für E–T–A
ab 25.08.1974	Übernahme der Arbeitsgebiete seines Vaters Jakob Ellenberger.
seit 1975	verantwortlich für: Entwicklung, Produktion, Personalwesen, Buchhaltung (Finanzen, Steuern).
1977	Gründung der Firma E–T–A Tunesien
ab 11.12.1978	Geschäftsführer für ELPO
ab 29.02.1994	Geschäftsführer für E–T–A
1996	Gründung der Tochterfirma E–T–A Indonesien
Ehrenämter:	
1978–1984	Stadtrat (6 Jahre) + Kreisrat (5 Jahre) FWG
1984–1996	Verwaltungsratsmitglied Kreissparkasse Nürnberg
1975–1996	1. Vorsitzender des IHG (Industrie- und Handelsgremium Altdorf)
1996–2000	2. Vorsitzender des IHG
seit 2000	1. Vorsitzender des IHG
seit 1975	Mitglied der Vollversammlung der Industrie- und Handelskammer Nürnberg
seit 1979	Mitglied des Industrieausschusses der IHK Nürnberg (seit 1995 stellvertretender Vorsitzender).
1995–2000	Vizepräsident der IHK, Nürnberg
1991–1999	Handelsrichter am Landgericht Nürnberg-Fürth
1990–1997	Vorsitzender des Arbeitskreises „Schule–Wirtschaft"
1975–1995	Mitglied des Beirates des Fachverbandes Niederspannung im Zentralverband Elektrotechnik und Elektronikindustrie (ZVEI)
1987–1995	Delegierter des ZVEI
seit 1962	Mitglied der Privilegierten Schützengesellschaft 1546 Altdorf
1976–1982	1. Schützenmeister
1982–1993	2. Schützenmeister
seit 1989	Gründungsvizepräsident und Mitglied des Lions-Clubs Altdorf
2001	Verdienstkreuz am Bande des Verdienstordens der Bundesrepublik Deutschland

1. 50 JAHRE BUCHHALTUNG. VOM FÜLLFEDERHALTER ZU SAP R/3

Von INGE KNIELING

Am 04.06.1948 wurde von Jakob Ellenberger und Harald A. Poensgen die Firma Ellenberger & Poensgen GmbH zur Zeit der RM (Reichsmark) gegründet. Nach der Währungsumstellung wurde der Vertrag am 02.09.1948 in DM abgeschlossen. Seit dieser Zeit besteht die Abteilung Buchhaltung bei Ellenberger & Poensgen und bei E–T–A. Ist die Buchhaltung überhaupt nötig, und welches ist ihre Bedeutung? Gemäß Handelsgesetzbuch ist jeder Kaufmann verpflichtet, Bücher zu führen. Wir machen dies aber nicht nur deswegen, sondern wir haben ja auch selbst ein großes Interesse daran zu sehen, wie unsere Firma „wirtschaftet" (Betriebs-Wirtschaft), ob wir also Gewinn oder Verlust machen. Aufgaben einer Buchführung sind:
1. Feststellen des Standes von Vermögen und Schulden
2. Lückenlose Aufzeichnung aller Veränderungen
3. Ermittlung des Erfolges
4. Bereitstellen von Zahlen für die Preisberechnungen
5. Bereitstellen von Zahlen für inner- und außerbetriebliche Kontrollen
6. Grundlage zur Berechnung von Steuern
7. Beweismittel bei Rechtsstreitigkeiten

Sinn und Zweck haben sich in den 50 Jahren nicht geändert. Dafür aber die Technik und die Hilfsmittel. Es gibt nach wie vor:
– Aktiva und Passiva
– Soll und Haben
– Bilanz
– Gewinn- und Verlustrechnung
– Steuergesetze, Vorschriften, Verordnungen
– Finanzamt
– Betriebsprüfer
– Steuerberater

1948 „gründete" Erna Wirth diese Abteilung. Nach dem GKR – Gemeinschaftskontenrahmen der Industrie – wurde unser firmenspezifischer Kontenplan angelegt. Dieser wird auch heute noch von uns eingesetzt um jeden anfallenden Geschäftsvorfall aufzuzeichnen. Er hat sich natürlich im Laufe der Jahre gewaltig vergrößert und ist fast nicht mehr zu erkennen. Dann wählte man eine *Taylorix-Buchhaltung* mit Handdurchschrift als Arbeitsmittel aus. Ein Journal (es hatte ca. 42 Zeilen) wurde in eine Buchungsschiene (sie kostete damals DM 83,–) gespannt, Durchschlagpapier daraufgelegt, ein Konto (22 Zeilen) darübergegeben und jeder einzelne Beleg „gebucht". Diese Buchung durfte nicht gelöscht oder ausradiert werden können – also kam nur ein Füllfederhalter mit dem man kräftig daraufdrücken konnte, damit die Schrift auch auf dem Journal noch zu lesen war, in Frage. Die ersten dieser Füller hatten eine Spitze aus festem Glas. Dann bekamen wir den schönen (grün-schwarz gestreiften) Füllfederhalter von *Pelikan* mit Goldfeder. Das war zur damaligen Zeit ein teures Stück, aber die damit beschriebenen Konten sahen sehr gut aus und wir alle waren richtig stolz darauf. Als es den ersten Kugelschreiber zu kaufen gab, waren wir hell begeistert. Aber dann stellten wir fest, dass unser Füllfederhalter doch viel besser war. Der Kuli „patzte" nämlich oft, es waren also immer dicke Punkte und Flecken da – bei unserem alten Schreibgerät kam das nicht vor. So wurden die Konten nach wie vor mit Füller bearbeitet, die „ganz normalen" anderen Belege wie Quittungen, Kassenbuch, Aufstellungen und Listen wurden mit Kuli geschrieben.

Übrigens, die wichtigen Unterlagen wie Bilanzen, Verträge, Urkunden müssen ja richtig sicher – geschützt vor Feuer, Einbruch und Diebstahl aufbewahrt werden. Aber wo? Erna Wirth wusste zu helfen. Ihr Vater besaß einen „Superkassenschrank". Dieser wurde von ELPO 1949 für DM 450,– gekauft und hat seit dieser Zeit seinen Platz in unserer Abteilung. Inzwischen hätten wir ihn schon oft verkaufen können – es gab und gibt viele Liebhaber! Wir hatten noch zwei so schöne alte „Trümmer" – zwei Schreibmaschinen, eine *Torpedo* und eine *Underwood*. Es waren große schwarze Kästen, der Markenname stand mit Goldschrift ganz vorne dick darauf, und sie erfüllten ihren Zweck recht lange. Doch eines Tages stahl ihnen die kleine grüne Reiseschreibmaschine von *Olympia* die Schau.

Unsere Buchungen mussten auf Konto und Journal addiert werden. Es gab aber noch keine Rechenmaschinen – Kopfarbeit war gefragt! So wurden also zur Abstimmung – Soll und Haben muss nun mal die gleiche Summe ergeben – diese Spalten von 22 oder 44 Zeilen zusammengezählt. Es war oft sehr mühsam, und man musste sich konzentrieren, ob man wollte oder nicht. Es hat aber nicht geschadet, das Verhältnis zu den Zahlen wuchs, und auch heute noch wird trotz aller Technik kurz überschlagen, ob das Ergebnis logisch ist.

Aber dann kam langsam der Fortschritt. Als erstes der kleine *Addiator*. Es war ein kleines Gerät mit einer Metallplatte, auf der neben den Zahlen kleine Löcher waren, in welche man einen Stahlstift steckte und den man dann nach Bedarf nach oben oder unten führte. Man kann es schlecht erklären, man muss es kennen – auf jeden Fall stand dann unten das Ergebnis. 1951 wurde die erste *Addo-X-Addiermaschine* gekauft – sie war noch mit einem Hebel per Hand zu bedienen – es war eine tolle Sache. Im Anschluss (1952) kam dann diese Maschine elektrisch auf den Markt, und das Addieren ging x-mal so schnell. Dann ging's Schlag auf Schlag. Die *Facit Rechenmaschine* konnte nicht nur addieren, nun konnte man per „Handkurbel" auch multiplizieren und dividieren, und ab 1956 ging das sogar elektrisch. Wir waren begeistert und dachten damals schon, das ist die größte Erleichterung! Bis 1956 arbeiteten wir mit der obengenannten *Taylorix*-Handdurchschreibe-Buchführung.

Inzwischen war die Abteilung auf 5 Personen angewachsen. Der Umsatz war gut, auch mit dem Gewinn waren wir zufrieden (1952 sah's nicht so rosig aus), und die Arbeit wurde immer mehr. Was gab es auf dem Büromaschinenmarkt Neues? *Kienzle* hatte da was – wir kauften im Oktober 1956 den ersten *Kienzle-Buchungsautomaten*. Er kostete DM 15.165,–. Dank der ordentlichen Buchführung können wir das heute noch so genau feststellen, und ab sofort taten uns die Finger vom Halten und Drücken beim Schreiben mit dem Füller nicht mehr weh. Am 01.01.1957 ging's dann mit dem Buchen auf dem neuen Automaten los. 1963 kam von *Kienzle* der Nachfolger mit

Steuerbrücke, wir konnten jetzt auch Provisionsabrechnungen und Umsatzsteuer hiermit bearbeiten.

Der nächste große Schritt war dann 1969 die Anschaffung des *Kienzle-Magnetkonten-Computers*. Er speicherte alle Daten auf einem Magnetstreifen rechts am Konto, und wir mussten nie mehr Konten und Journale addieren. Die Summen und Salden der einzelnen Konten erhielten wir nun zwar automatisch und konnten bei Nachfragen oder Unklarheiten schnell nachschauen – aber eine Zusammenstellung bekamen wir noch nicht geliefert. Jakob Ellenberger „entwarf" dann Anfang 1970 – als wir mit dem neuen *Kienzle*-Computer arbeiteten – das „große Bilanz-Blatt". Hier wurden monatlich die Umsätze und Kosten eingetragen – wir hatten das „vorläufige Ergebnis". Es war die erste Kurzfristige Erfolgsrechnung. Ab diesem Zeitpunkt mussten wir nicht mehr auf das Jahresergebnis warten, sondern konnten monatlich die Zahlen an die Geschäftsleitung melden, und sie konnte immer entsprechend reagieren.

Inzwischen passierte auch sonst noch allerhand. 1955 wurde unsere Tochter in USA, 1957 in Kanada gegründet. 1961 eröffnete die Firma eine Produktionsstätte in Hohenfels, und ab 1969 fertigten wir auch in Kallmünz. 1968 wurde von der alten Umsatzsteuer auf Mehr- und Vorsteuer umgestellt. Da mussten dann Gesetze gelesen, neue Konten eingerichtet und bei der Bearbeitung einfach „umgedacht" werden. Dann kam das Jahr 1975 – es war kein gutes Jahr. Im Februar 1975 starb Jakob Ellenberger, wir bekamen einen „neuen" Chef – ab jetzt war Horst Ellenberger (sein Sohn) in unserer Firma. Er wurde „ins Wasser geschmissen" und war für die Buchhaltung zuständig. Der Umsatz war schlecht, natürlich ging der Gewinn erheblich zurück, und wir mussten kurzarbeiten. Unsere alte „Kienzle" hatte auch ausgedient, wir stiegen auf NCR um, und am 28.11.1975 kauften wir die *NCR Century 8200* – inzwischen kosteten diese Anlagen etwas mehr als zu Beginn – wir zahlten DM 221.900,–.

Nun hatte also auch bei uns eine richtige EDV ihren Einzug gehalten. Ab Januar 1976 wurde es ernst, und es war im Jahr 1975 eine Menge Vorarbeit zu leisten. Einen „richtigen" EDV-Leiter hatten wir nicht – wir wollten es aus eigener Kraft versuchen. Zwei Angestellte aus der Buchhaltung, ehemalige Lehrlinge, Ingrid Göhring und Gerlinde Leinweber, wurden bei NCR in Augsburg fit gemacht, um unsere neue Century zu bedienen. Wir in der Buchhaltung mussten alle Stammdaten der Kunden und Lieferanten auf Belege notieren, in der EDV wurden diese Angaben auf Lochkarten - wieder was Neues für uns – getippt und dann in die neue NCR „eingelesen". Alle offenen Rechnungen übernahmen wir auf die gleiche Weise per 31.12. und konnten es kaum fassen, als im Januar 1976 alle Daten gespeichert waren.

Nun kamen die großen Erleichterungen für uns. Die Kundenrechnungen mussten nicht mehr einzeln gebucht werden, sie wurden später direkt vom Verkaufsprogramm in das Buchhaltungsprogramm FIBU übernommen. Ein ganz großer Tag war für uns in der Buchhaltung, als im März 1976 unser erster automatischer Kreditoren-Zahlungs-Lauf klappte. Nach vielen Anläufen bekamen dann die Lieferanten im März ihre automatischen Zahlungen, und wir waren außer uns vor Freude, dass es so toll klappte. Und vor Freude berichteten Elfriede Müller und ich dies Horst Ellenberger – woraufhin er uns gleich einen Cognac spendierte. Bisher musste halt jede Zahlung – ob Scheck oder Überweisung – mit Schreibmaschine geschrieben und die Beträge vorher errechnet werden. Das waren oft drei bis vier Unterschriftsmappen à 30 Schecks oder Überweisungen.

Dann wurde durch das FIBU-Programm bei Bedarf eine Summen- und Saldenliste erstellt. Wir kannten so etwas bisher nicht und mussten ja für die Erfolgsrechnung alle Konten extra addieren. Nun druckten wir monatlich eine Liste aus und hatten im Nu das vorläufige monatliche Ergebnis vor uns. Jakob Ellenbergers großes Bilanz-Blatt hatte ausgedient. Ab da konnten wir diese Kurzfristige Erfolgsrechnung also monatlich direkt aus der Summen- und Saldenliste erstellen.

Noch einige Ereignisse aus dem Jahr 1976: Die Firma Weber Unternehmensberatung wurde zu uns ins Haus gerufen. Mit ihrer Hilfe wurde der Leistungslohn eingeführt, Kostenstellen angelegt bzw. erweitert und die Betriebsabrechnung eingeführt. Es waren große Schritte für unsere Firma, und wir in der Buchhaltung arbeiteten eng mit der Abteilung Betriebsabrechnung (BAB) zusammen. Unsere Zahlen wurden dorthin weitergegeben, verarbeitet und dann wieder monatlich mit uns abgestimmt, denn das FIBU- und das BAB-Ergebnis sollten ja übereinstimmen. Zeitliche, sachliche und kalkulatorische Abgrenzungen werden natürlich immer vorgenommen.

Unsere EDV wuchs, die Anforderungen wurden größer, und 1978 suchten wir dann einen EDV-Leiter. Wir alle waren froh, denn allmählich war dies ohne einen „Fachmann" für unsere beiden Mädchen zu viel. Als sie erfuhren, dass ein EDV-Leiter eingestellt werden sollte, verließen sie uns – es war noch eine kurze, aber sehr harte Zeit. Inge Knieling und teilweise unsere Mitarbeiter aus der Buchhaltung mussten einspringen, und notdürftig hielten wir die NCR-Anlage am Laufen. Ab 1979 war es dann soweit – Günther Rosenberger war unser neuer EDV-Leiter. Er baute ein ganz neues Team auf, und inzwischen sind wir alle Probleme, die mit EDV zu tun haben, los. Im Jahr 1978 – am 11.12. – wurde die Firma E–T–A Elektrotechnische Apparate GmbH gegründet. Ab sofort arbeiteten wir alle bei E–T–A und nicht mehr bei ELPO. Aber sonst ist alles beim Alten geblieben. Ein weiterer Fortschritt: 1986 bekam die Abteilung Buchhaltung ihren ersten PC zur Verfügung gestellt. Dazu wurden wir in die Programme von Open Access (Kalkulation und Datenbank) eingewiesen. Wir „verwöhnten" unsere GL – Geschäftsleitung – oder die zuständigen Abteilungsleiter mit Zusammenstellungen und Zahlen, die wir aus der Finanzbuchhaltung ermittelten. So kommen monatlich und jährlich: Erfolgsrechnung, Umsätze insgesamt, Umsätze Elektronik, Umsätze Inland nach Vertretergebieten, Umsätze Ausland nach Vertretergebieten und Ländern, Forderungen und Verbindlichkeiten, Materialverbrauch, Zusammenstellung der Versicherungen, Messe- und Werbekosten sowie Kreditkartenzusammenstellung, um hier nur einige zu nennen. Das wurde bisher mit Schreibmaschine ausgefüllt und mit Addiermaschine errechnet. Und nun ist dies alles fast ein Kinderspiel.

Man gibt den Betrag gemäß Konto oder Summen- und Saldenliste ein, kopiert eventuell nötige Zahlen der Vormonate und Jahre als Berechnungsgrundlage, lässt das Kalkulationsprogramm rechnen, und schon hat man das Ergebnis. Aber leichtsinnig darf man nicht werden, sonst verlernt man das Rechnen – man schaut die Zahl nicht an, übersieht einen Kopiervorgang, und schon merkt der „Boss", dass man nicht bei der Sache war. Doch bei uns wurde noch niemand der Kopf abgerissen, wenn er einen Fehler machte! Das nur so ganz nebenbei – aber ich finde es auch sehr wichtig, und es trägt viel zum guten Betriebsklima bei. Berechtigte Kritik kann fast jeder vertragen, und mit einem Lob zwischendurch erledigt sich die Arbeit oft viel leichter.

1992 war für uns wieder ein schlechtes Jahr. Es musste was geschehen! Im Herbst 1993 kam die Firma NBU zu uns ins Haus. Sie wurde beauftragt, mit uns zusammen nach Einsparungsmöglichkeiten zu suchen. Wir machten uns alle Gedanken, wie wir unsere Arbeit einfacher und schneller erledigen können. Brauche ich diese Aufstellung überhaupt? Wer schaut sie an? Ist diese Tätigkeit noch nötig? Wie kann ich bestimmte Aufgaben einfacher erledigen? Es war für uns alle ungewohnt, aber wir machten uns Gedanken, und es sind bestimmt einige sehr gute Ideen herausgekommen. Die Auswirkungen dieser Maßnahmen gingen zwar nicht von heute auf morgen, ein paar Jahre dauerte es schon. Aber ein Erfolg war sichtbar. Wir in der Buchhaltung hatten unseren Personalhöchststand im Jahr 1990 mit 12 Mitarbeitern (einschließlich Teilzeitkräften) und sind inzwischen auf 8 geschrumpft. Die Erleichterungen durch EDV und Kalkulationsprogramme tragen einen großen Teil dazu bei. So arbeiten wir weiter mit verschiedenen Modellen von NCR. Die letzte Anlage war eine 10000/75.

Im Frühjahr 1996 wurde bei uns im Haus SAP R/3 vorgestellt, und wir sollten oder durften entscheiden, ob wir damit „leben" können. Wir konnten – und stiegen um auf eine Anlage von *SNI* (Siemens Nixdorf) und auf die Programme *SAP R/3*. Seit Juli 1996 waren wir mit der Umstellung auf SAP R/3 beschäftigt. Wir änderten Stammdaten, pflegten Post- und Bankleitzahlen, stimmten Zahlungsbedingungen der Lieferanten mit der Abteilung Einkauf ab. Ohne Hilfe von SNI-Mitarbeitern wäre so eine Umstellung unmöglich! Das sogenannte Customizing – das ist die Einstellung der verschiedenen Parameter genau auf unsere Firma und Abteilung abgestimmt – wurde mit Hilfe des SNI-Mitarbeiters vorgenommen. Übrigens kommen wir sehr gut mit Friedrich Heider, das ist der für uns zuständige Sachbearbeiter, zurecht. Die Sachbearbeiter in der Buchhaltung wurden Ende 1996 geschult, damit Kreditoren-Rechnungen und Debitoren-Zahlungen verbucht werden können. Man zeigte uns, wie der automatische Kreditoren-Zahlungslauf vor sich geht. Es wurden halt alle anfallenden Probleme erläutert und ausprobiert. Wir, die Buchhaltung, arbeiten zusammen mit Lohn-, Gehaltsbuchhaltung und der Abteilung BAB seit Januar 1997 mit SAP R/3. Im Rechnungswesen ist auch die Anlagenbuchhaltung eingeschlossen. Vertrieb und Materialwirtschaft kommen 1998 dazu und später dann auch Produktion. So hört das Lernen nicht auf!

Zur Anlagenbuchhaltung: Vor vielen Jahren sagte eine Mitarbeiterin von Dr. Sorg, unserem damaligen Wirtschaftsprüfer: „Die kaufen ja wie die Blöden" – damit meinte sie die Firma E–T–A. Wir hatten auch in den Jahren 1989/90 sehr viele Neuanschaffungen. Von der Anzahl und vom Wert her. Aber keine Anlagenbuchhaltung per EDV. Es war alles reine Handarbeit. Jede neue Investition wurde per Hand mit Anschaffungsdatum, Lieferant, Kostenstelle, Anschaffungswert eingetragen. Der Wert wurde addiert und mit dem jeweiligen Sachkonto pro Jahr abgestimmt. Das ging ja noch, aber dann, die Berechnung der AfA-Abschreibung. Die Nutzungsdauer, der Prozentsatz der Abschreibung, der Betrag der Abschreibung und der Restbuchwert wurden per Hand bzw. Rechenmaschine ausgerechnet und in das Anlagebuch eingetragen. Es war fast eine „Sträflingsarbeit". Wir hatten uns schon dran gewöhnt – aber, wie gesagt, oben erwähnte Mitarbeiterin von Dr. Sorg konnte es nicht fassen.

Doch dann – Fortschritt – kam die *OA (Open Access) Datenbank*. Wir gaben alle Daten der Investitionen ein und hatten auf diese Weise wenigstens eine ausgedruckte, mit den Sachkonten abgestimmte Liste aller Anschaffungen. Die Abschreibung selbst mussten wir zwar nach wie vor errechnen – aber wir wussten die OA Datenbank schon sehr zu schätzen. Gerd-Peter Behrendt (von NBU) als EDV-Fachmann wollte uns zwar zeigen, wie auch die Abschreibung zu rechnen ist – hat jedoch nach fast zweiwöchigem Versuch aufgegeben und war dann mit uns der Meinung, dass es per Hand fast schneller geht. Und nun ist auch in SAP eine Anlagenbuchhaltung integriert. Unsere Daten aus der OA Datenbank konnten mit Hilfe der EDV überspielt werden. Wenn alles richtig eingegeben und gepflegt wird – inzwischen ist das auch schon passiert – können wir bei Bedarf jederzeit einen Abschreibungslauf starten. Für unsere monatliche Erfolgsrechnung haben wir nun unter Abschreibungen keinen geschätzten Wert, sondern können die tatsächliche AfA berücksichtigen.

Ab 1.1.1997 war's dann ernst. Die Übernahme der Daten aus NCR hat geklappt, und es ging also los mit SAP R/3. An die neue Art zu arbeiten hat man sich inzwischen gewöhnt. Jeder Mitarbeiter hat seine Workstation (also einen Bildschirm) vor sich am Arbeitsplatz stehen und ist immer direkt Online. Ohne dies wäre das Arbeiten mit SAP R/3 nicht möglich. Inzwischen sind fast alle Schwierigkeiten der laufenden Arbeit beseitigt, die monatliche Erfolgsrechnung kommt nun „mit Druck auf das Knöpfchen" – wie Eberhard Poensgen vor vielen Jahren schon sagte – heraus und stimmt sogar. Doch auch ohne Nachprüfung geht es nicht, es schleichen sich viele Fehler ein, die man sonst nicht merken würde. Die Zahlen aus der Buchhaltung müssen nun von der Abteilung BAB nicht nochmals eingegeben werden – wie es früher bei NCR-Fibu nötig war -sondern fließen von der Buchhaltung direkt dorthin. Die Übernahme der Lohn- und Gehaltsdaten hat noch einige Schönheitsfehler, doch wir nehmen ganz fest an, dass auch diese in nächster Zeit beseitigt werden. Wenn 1998 Vertrieb und Materialwirtschaft hinzukommen, werden auch die Daten von diesen Abteilungen direkt in unser System eingespielt. Das erfordert noch viel Abstimm- und Prüfarbeiten, doch wir sind alle zuversichtlich, dass auch diese Einbindung klappen wird. Nun sind wir also weg vom Füllfederhalter und bei diesem modernen Hilfsmittel SAP R/3 gelandet. Wir hoffen und glauben, dass wir hiermit einen „guten Griff" getan haben und lange damit leben können – wie vorher mit *Kienzle* und NCR. Unser Ziel ist es, ohne größeren Personal- und Kostenaufwand möglichst frühzeitig und genau wichtige, notwendige und angeforderte Daten und Zahlen „liefern" zu können, um die Geschäftsleitung und alle Verantwortlichen bei ihrer Arbeit zu unterstützen und zu helfen, Entscheidungen leichter, genauer und sicherer treffen zu können.

2. BETRIEBSABRECHNUNG (BAB)

Von ELFRIEDE MÜLLER

Im Jahre 1976 wurde die Abteilung Betriebsabrechnung gegründet, da erkannt wurde, dass detailliertere Kenntnisse über die Entstehung und Zuordnung der Kosten für eine Firma von dieser Größenordnung sehr wichtig sind. Die alleinige Kostenerfassung nach Kostenarten in der Finanzbuchhaltung ohne gleichzeitige Zuordnung auf Kostenstellen sowie die Weiterverrechnung auf Kostenträger reichte nicht mehr aus, um ein Unternehmen wirtschaftlich zu führen.

Die neu geschaffene Position sollte intern durch eine geeignete Kraft, die spezielle buchhalterische Qualifikation besaß, besetzt werden. Erna Wirth, damalige Leiterin der Buchhaltung sowie Personalchefin, konnte für diese Aufgabe Gerdi Felsner, verheiratete Ringel, aus der Lohnbuchhaltung gewinnen. Diese nahm im Frühjahr 1976, unterstützt durch die Unternehmensberatung Weber, welche der Abteilung während der zweijährigen Anlaufphase beistand, die Arbeit auf. Primäre Aufgaben waren nun:
– Die einzelnen Bereiche mussten zu Kostenstellen zugeordnet und ein Kostenstellenplan erstellt werden.
– Der Kostenartenplan musste bei gleichzeitiger Aufteilung in fixe und variable Bestandteile überarbeitet werden.
– Eine Ablauforganisation war zu erarbeiten.
– Die Löhne sollten auf verschiedene Kostenarten bei Trennung von Lohnhaupt- und Lohnnebenkosten aufgeteilt werden.
– Die Kostenarten mussten in ihrer Höhe erfasst und auf die jeweilige Kostenstelle verteilt werden.
– Festlegung der Kostenarten, die monatlich verteilt und zur Finanzbuchhaltung (Fibu) abgegrenzt werden.
– Sämtliche Maschinen und Anlagen waren aufzunehmen, deren wirtschaftliche Nutzungsdauer zu bestimmen und eine Inventarnummer zu vergeben.
– Die Umlageschlüssel für die allgemeinen und die Fertigungshilfskostenstellen waren zu bestimmen sowie die Stundenaufschreibungen der Mitarbeiter im Fertigungshilfskostenstellenbereich einzuführen.
– Maschinenlaufzeiten in der Fertigung waren zu erfassen.

Nach wenigen Monaten, im September 1976 stand der Geschäftsleitung als Steuerungsinstrument die erste Kurzfristige Erfolgsrechnung, die Berechnung der Gewinnschwelle und der erste Kostenstellenbogen zur Verfügung. Die unterstützenden Analysen wurden in den folgenden Monaten weiter verfeinert, um eine genauere Kalkulation der Produkte sicherzustellen. Zu diesen im zwei- bzw. dreimonatigen Rhythmus erstellten Daten zählten die:
– Ermittlung der Zuschlagssätze für Verwaltung, Vertrieb, Material, Seriengeräte;
– Ermittlung des lohnabhängigen Gemeinkostenzuschlagssatzes;
– Ermittlung der Stundensätze für die Fertigungshilfskostenstellen.

Alle diese Zuschlagsätze bilden die Basis für unsere Gerätekalkulationen und werden bis heute an die Abteilung Kalkulation weitergeleitet. Weiterhin wurde zum damaligen Zeitpunkt ein für alle drei Werke einheitlicher Stundensatz auf Voll- und Grenzkostenbasis ermittelt.

Anfang der 80er Jahre wurden dann in der Arbeitsvorbereitung differenzierte Arbeitsplätze angelegt. So wurden beispielsweise Handarbeitsplätze, Stanzautomaten, Schweißmaschinen, Sondermaschinen und Prüfarbeitsplätze unterschieden. Gleichzeitig errechnete das BAB die Arbeits- und Maschinenstundensätze zu Voll- und Grenzkosten für jeden einzelnen dieser Arbeitsplätze. Dem jeweiligen Arbeitsplatz wurden die Maschinenabschreibungen, die kalkulatorischen Zinsen, die Raumkosten, die Personalkosten, der Stromverbrauch sowie fixe und variable Restgemeinkosten zugeordnet. Diese Stundensätze werden bis heute jeweils am Jahresanfang mit den Werten aus der Kostenplanung für das laufende Jahr errechnet und bei gravierenden Veränderungen erneut angepasst.

Ab diesem Zeitpunkt wurde auch ein jährlicher Inventurstundensatz zur handelsrechtlichen Bewertung unserer Halb- und Fertigfabrikate zum jeweiligen Jahresende errechnet. Ebenso wurden handelsrechtliche Stundensätze für die Fertigungshilfskostenstellen zur Bewertung unserer Selbsterstellten Betriebsmittel errechnet. Dieses Verfahren wurde 1994 nochmals verfeinert.

Nachdem Gerdi Ringel im Oktober 1988 in Mutterschaftsurlaub ging, galt es, die Stelle neu zu besetzen. Wie auch schon bei Gründung der Abteilung sollte die Position aus den eigenen Reihen besetzt werden. Die Wahl fiel auf mich, Elfriede Müller. So wechselte ich am 1.7.1988 von der Buchhaltung, in welcher ich bereits 17 Jahre tätig war, in die Betriebsabrechnung.

Primäre Aufgabe war es, die Monatsabschlüsse von einem zwei- oder dreimonatigen Turnus auf einen monatlichen umzustellen und die Daten tagesgeschäftsnäher fertigzustellen und nicht mehr mit mehrmonatiger Verspätung, wie bei Wechsel in die Abteilung. Weiterhin sollte der BAB die alte Papierform verlassen und mittels Datenverarbeitung aufbereitet werden. Zu Beginn des folgenden Geschäftsjahres erstellte die Abteilung erstmalig eine komplette Kosten-, Erlös- und Ergebnisplanung für das aktuelle Geschäftsjahr. Im Laufe des Jahres 1990 wurde der BAB in ein von der Unternehmensberatung Weber erstelltes PC-Programm übernommen, welches mit der Kostenstellenrechnung begann und 1994 um eine Maschinenstundensatzrechnung erweitert wurde. Mit Beginn des Geschäftsjahres 1993 wurden die Kostenstellenbögen an die jeweiligen Bereichsleiter verteilt, was bedingt durch erhöhte Transparenz und deren Einbeziehung in die Kostenplanung zu durchweg positiver Resonanz führte.

1992 übernahm das BAB von der Abteilung Kalkulation die Zeit- und Kostenanalyse für Neu- und Weiterentwicklungen von allen Gerätetypen. Diese Daten werden an die Abteilung Kalkulation weitergegeben, da dies auch die Grundlage für die Gerätekalkulation ist. Gleichzeitig wurden ab diesem Zeitpunkt halbjährlich die Entwicklungskosten und -zeiten pro Gerät an die jeweiligen Bereichsleiter übermittelt.

Die Entwicklungskosten wurden 1996 zu ca. 60% durch Seriengeräte bestimmt. Daher wurde mit den Entwicklungsabteilungen Konstruktionsbüro, Labor und Elektronik nach Möglichkeiten gesucht, die Entwicklungskosten der Seriengeräte zur Erhöhung der Transparenz und damit zur Schaffung besserer Ansatzpunkte der Kostenbeeinflussung weiter aufzusplitten. Die Kosten wurden 14 verschiedenen Kategorien zugeteilt, wie z.B. Änderungsdienst, Produktpflege, Reklamationen, usw. Diese Zuordnungen wurden im SAP-System hinterlegt und werden seit Einführung des neuen Systems gesondert erfasst, halbjährlich ausgewertet und an die entsprechenden Abteilungen weitergegeben.

Fünf umfangreiche Sonderprojekte kamen auf die Abteilung BAB mit Beginn der Beratungstätigkeit der Firma NBU im Herbst 1993 zu. Dabei handelte es sich um die Funktionskostenwertanalysen 1,2 und 3, das Projekt Betriebsmittelbau und die Erarbeitung eines Personalkennzahlensystems. Bei allen Funktionswertanalysen (FWA) war ich als Wertanalytikerin tätig, bei der FWA 1 für die Bereiche allgemeine Kostenstellen und Verwaltung und bei der FWA 2 für Hohenfels. Anfang 1996 wurden in Zusammenarbeit mit Herrn Weiß/NBU die tatsächlichen Kosteneinsparungen der FWA 1 und FWA 2 errechnet und mit den prognostizierten Kosteneinsparungen verglichen. Nach Präsentation der Ergebnisse wurde beschlossen, bei 3 Bereichen, die sich aufgrund der FWA 1 und FWA 2 verändert hatten, nochmals eine Kurzuntersuchung durchzuführen. Unsere Abteilung war ebenso wie andere von den Auswirkungen der FWA 1 betroffen. Es wurde entschieden, die Erfassung der Kosten für Neuerstellte Betriebsmittel nicht mehr in der Abteilung Kalkulation, sondern im BAB durchzuführen, was durch die Unterbringung der vielen Ordner zu noch größeren Raumproblemen führte. Auch hier werden für alle fertiggestellten Betriebsmittel Informationen über die Kosten, gegliedert nach verschiedenen Bereichen, an die verschiedenen Abteilungen verteilt.

Das Sonderprojekt Betriebsmittelbau sollte die Effektivität des Betriebsmittelbaus aufzeigen und Möglichkeiten zu deren Verbesserung bereitstellen, um auch zukünftig am Markt bestehen zu können. Zur Entscheidungsfindung mussten von der Abteilung BAB sämtliche Stundenzettel rückwirkend von Januar 1994 an schnellstmöglich in eine Datenbank eingepflegt werden. Mit dem Ausscheiden des Herrn Weiß bei der Firma NBU im Herbst 1996 war das Projekt Betriebsmittelbau vorläufig beendet.

Im Sommer 1995 begannen die Schulungen zur Einführung einer neuen Software von SAP. Diese sollte Zug um Zug in der gesamten Firma eingesetzt werden und das NCR-System bzw. in unserem Bereich die Kostenstellenrechnung der Firma Weber ablösen. Im 2. Quartal 1996 begannen die Buchhaltung und unsere Abteilung mit der Einführung der Anlagenbuchhaltung von SAP, wobei für das BAB speziell der kalkulatorische Bereich relevant ist. Hierzu konnten die Altdaten aus unserer Inventarliste, die als PC-Datenbank ca. 11.000 Datensätze umfasste, von der EDV-Abteilung in die SAP-Anlagenbuchhaltung eingespielt werden. Gleichzeitig begannen auch die Customizing-Einstellungen für den Bereich Gemeinkostencontrolling und Innenaufträge.

Ein größeres Problem ergab sich für das Gemeinkostencontrolling, da verschiedene größere Kostenarten in den allgemeinen Kostenstellen fixe und in den Fertigungskostenstellen variable Kosten darstellen. Da diese Kostenzuordnung die Grundlage für unsere Kalkulation ist, sollte dies durch die Einführung von SAP natürlich nicht grundlegend verändert werden. Nach Festlegung der Auftragsstrukturen im Bereich der Aufträge galt es, unterschiedliche Leistungsarten pro Fertigungshilfskostenstelle zu definieren und Tarife ins System zu stellen.

Für die beiden oben genannten Bereiche begann der Echtbetrieb mit SAP am 1.1.97. Problematisch gestaltete sich die automatische Übernahme der Lohn- und Gehaltsdaten, was aufwendige und zeitraubende Abstimmarbeiten notwendig machte. Aus diesem Grund verzögerte sich unser erster Monatsabschluss mit SAP.

Nach unserer Report-Painter-Schulung im April 1997 konnten wir mit diversen Berichten wie z.B. der Kurzfristigen Erfolgsrechnung, den KSt-Berichten, usw. beginnen. Anschließend besuchten wir die Schulung für den Sektor Marktsegment- und Ergebnisrechnung zur Ermittlung des Deckungsbeitrages pro Rechnungsposition. Die Customizing-Einstellungen für diesen Bereich erfolgten im Laufe des 2. Halbjahres 1997, so dass die Auswertungen gleichzeitig mit dem Start des Vertriebes am 1.1.1998 beginnen können. Der Vorteil dieses Bausteins liegt in der zukünftig größeren Transparenz der Vertriebsaktivitäten. So kann beispielsweise der Deckungsbeitrag pro Gerät, pro Kunde, pro Vertreter, usw. selektiert werden.

Zu Beginn des Jahres 1997 wurde das Projekt Betriebsmittelbau, begleitet durch die Unternehmensberatung Weber, wieder aufgenommen. Auf Grund diverser Analysen sowie der erhaltenen Informationen und Eindrücke während seines Besuches erarbeitete Herr Weber verschiedene Lösungen. Diese führten zu einer Neugliederung des Betriebsmittelbaus und der -konstruktion als Profitcenter innerhalb der E-T-A. Auf Basis der innerhalb der Abteilung vorgenommenen Einstellungen und Zuordnungen werden zukünftig die Daten im BAB verdichtet.

Zusätzlich wurden Schulungen für den Bereich Materialwirtschaft und Produktion besucht sowie die notwendigen Systemeinstellungen getroffen. Das BAB bezieht von diesen beiden Bausteinen ebenso wie von den oben genannten seine Daten, die zur Erfüllung der Aufgaben des BAB notwendig sind.

Zusammenfassend lässt sich festhalten, dass sich innerhalb des BAB speziell seit 1988 sehr viel verändert hat. Das Aufgabenspektrum erweiterte sich immer mehr, insbesondere durch die Erfassung der Entwicklungskosten, die Betriebsmittelbewertung, diverse Auswertungen für den Betriebsmittelbau, das Einrichten des Profitcenters und die Marktsegment- und Ergebnisrechnung. Zusätzlich wuchs die Zahl der Sonderprojekte, in die die Abteilung einbezogen wurde, enorm. Für die Zukunft lässt sich feststellen, dass das Aufgabengebiet noch umfangreicher werden wird, allein schon durch den enormen Informationsgewinn, der aus der Einführung von SAP resultiert.

3. KALKULATION

Von PETER RICKERT

Anfänge in Sachen Preisermittlung

Seit der Gründung der Firma im Jahre 1948 bis ca.1970 wurden unter der Regie von Harald A. Poensgen und Jakob Ellenberger die Preise der hergestellten Produkte ermittelt. Über die innerbetrieblichen Herstellkosten hat man damals noch nicht gesprochen. Aus den wenigen vorhandenen Stücklisten wurden die Einkaufspreise der Zukaufteile und des Rohmaterials vom Wareneinkauf ermittelt. Die Bearbeitungszeiten wurden geschätzt, Stundensätze und Nebenkosten, soweit überhaupt möglich, nach Gefühl ermittelt. Über eine spezielle Zuschlagsformel, die nur in der Chefetage bekannt war, kam man dann zum Verkaufspreis.

Entwicklung einer Abteilung

In den frühen 70er Jahren erkannte man, dass zur Preisbildung detaillierte Kostenkenntnisse erforderlich sind. Hinzu kamen die Erfahrungen des Rezessionsjahres 1975. Sie gaben den letzten Anstoß, preislich besser auf Veränderungen am Markt reagieren zu können, und man beschloss, auch im Hinblick auf das neue Datensystem, das installiert werden sollte, eine eigene innerbetriebliche Kostenrechnung aufzubauen. – Es entstand die Kalkulation! Die Wünsche und Ziele waren, erkennen zu können, wo in welcher Abteilung welche Kosten entstehen und wie diese in das einzelne

Produkt eingehen. Je exakter dies ermittelt wird, um so genauer lässt sich ein Preislimit für ein Produkt festlegen, um so im Wettbewerb bestehen zu können und Arbeitsplätze zu sichern.

Zunächst sollte es eine Ein-Mann-Abteilung sein, die innerhalb des Einkaufes tätig sein wird. Diese Aufgabe wurde Richard Kastl übertragen, einem Mann aus der Fertigung mit langjähriger Betriebserfahrung. Er holte sich vom Einkauf die Material- und Kaufteilpreise, erstellte seine Kalkulationsunterlagen selbst und besorgte sich aus der Fertigung einigermaßen realistische Daten, um so auf die Herstellkosten zu kommen, die für eine Preisbildung Voraussetzung sind. In dieser Zeit ist auch die Entwicklung eines einheitlichen Kalkulationsschemas erfolgt. Man setzte sich zusammen, holte alte Studienbücher hervor und besuchte diverse Kurse. Das Ergebnis war ein Kalkulationsschema, das heute noch gültig ist und jeder modernen Kostenrechnung standhält.

Sehr schnell erkannte man, dass sich die moderne Technik auch bei der Kalkulation einsetzen lässt. Es wurden kleine programmierbare Taschenrechner angeschafft, in welche man das erarbeitete Kalkulationsschema eingab, um so eine erste „Datenverarbeitung" in der Kalkulation zu erhalten. In dieser Zeit erkannte man auch, dass es von Vorteil ist, seine Herstellkosten von allen Produkten zu einem relativ frühen Zeitpunkt zu wissen.

1977 verdoppelte man die Mitarbeiter zu einer Zwei-Personen-Abteilung. Es wurde eine junge Sachbearbeiterin, Evelin Kellermann (verh. Zörnig), dem Kalkulator zur Seite gestellt. Sie absolvierte ihre Lehre im Hause E-T-A. In dieser Zeit übertrug man auch die Inventurverantwortung an die Kalkulation, bis 1982 allerdings mit Unterstützung des Einkaufs. Bedingt durch die Erweiterung der Produktpalette kam es im Jahre 1980 zu einer weiteren personellen Verstärkung. Eine zweite Sachbearbeiterin, Edeltraut Wittmann (verh. Thüringer), kam hinzu. Sie durchlief ebenfalls eine betriebseigene Ausbildung. Mit der Zeit kamen dann auch Betriebszahlen aus der Buchhaltung, Vorgaben aus der Arbeitsvorbereitung, Stücklisten aus der Konstruktion und verwertbare Zahlen aus der EDV. Mit dieser Basis konnte man sich schließlich auch an Vergleichskalkulationen, Nachkalkulationen und aussagefähige Vorkalkulationen wagen. Hierzu war es aber unumgänglich, die Abteilung ein weiteres Mal personell zu erweitern. Im Jahre 1984 holte man sich einen Sachbearbeiter mit Kalkulationserfahrung von außerhalb. Es wurde Manfred Link eingestellt. Die Abteilung sollte mit seiner Hilfe und mit modernen Arbeitsmitteln schlagkräftiger werden.

Etwa im Jahre 1990 wurde die Abteilung direkt der Geschäftsleitung unterstellt. Dies war der erste Schritt in Richtung „Controlling-Abteilung" mit disziplinärer Trennung von Fertigung und Einkauf. Im Jahre 1991 musste der damalige Abteilungsleiter, Richard Kastl, aus gesundheitlichen Gründen seinen Beruf aufgeben. Ein Jahr später, im Jahre 1992 übernahm Peter Rickert die Leitung der Abteilung. Im Jahre 1995 war man betriebsweit gezwungen, Kosten zu sparen. Dies ging auch an der Kalkulationsabteilung nicht spurlos vorbei. Die Abteilung wurde um eine Person verkleinert. Das waren immerhin 25%. Gleichzeitig kamen neue Aufgaben hinzu. Es musste die Elektronikfertigung kalkulatorisch mitversorgt werden. Die Herausforderung war stark, gab es dort doch keinerlei systematische Grunddaten, auf denen man hätte aufbauen können. Auch war das Fachgebiet Elektronik für die Abteilung noch fremd.

Eine EDV-Anlage ist im Hause zwar seit mehreren Jahren vorhanden, jedoch ist diese für die Kalkulation nur in äußerst geringem Umfang nutzbar, so dass sämtliche Kalkulationen nach wie vor von Hand bzw. mit PC-Insellösungen erstellt werden müssen.

Zukunft

Seit ca. 2 Jahren wird im Hause eine neue EDV-Anlage installiert. Die Kalkulation erhofft sich davon eine große Erleichterung. Voraussetzung ist allerdings, dass alle Stellen im Hause am gleichen EDV-Strang ziehen werden. Unser Wunsch ist es, dass in naher Zukunft eine automatische Vor- und Nachkalkulation, zumindest für die Seriengeräte laufen kann. Dann können wir uns mehr den Controllingaufgaben, Neuentwicklungen, konstruktionsbegleitenden Kalkulationen, Standortfragen und anderen planerischen, in die Zukunft weisenden Aufgaben widmen.

4. ELEKTRONISCHE DATENVERARBEITUNG (EDV)

Von GÜNTHER ROSENBERGER

1975: Gemessen an der Firmengröße begann bei E–T–A relativ spät das „EDV-Zeitalter". Zu diesem Zeitpunkt war Horst Ellenberger von seinem Freund Erwin Kipfmüller durch geduldige Diskussionen überzeugt worden, dass EDV sein muss und dass daran kein Weg vorbei führt. Da Erwin Kipfmüller für den EDV-Vertrieb von NCR zuständig war, war E–T–A, wie sich später herausstellte, bei ihm gut aufgehoben. Am 28.11.1975 wurde die erste EDV-Anlage angeschafft. Als Partner wählte man die Firma NCR GmbH in Augsburg, damals einer der weltweit fünf größten EDV-Hersteller. Die gekaufte Anlage, eine NCR 8200, Kaufpreis ca. 220.000,– DM, bestand aus:
- Hauptspeicher 64 KB (Kilobyte)
- Magnetplatten 20 MB (Megabyte)
- Drucker
- Lochkartenleser
- 3 Bildschirmen
- Betriebssystem NCR B1/B2

Als Software kam ausschließlich Standardsoftware von NCR zum Einsatz. Bei diesen Softwarepaketen handelte es sich um „lochkartengestützte Stapelverarbeitung". Mit EDV unterstützt werden seit damals:
- Buchhaltung (Debitoren-, Kreditoren- und Sach- oder Hauptbuchhaltung)
- Personal (Lohn- und Gehaltsabrechnung)
- Materialwirtschaft (Lagerhaltung und Disposition)
- Konstruktion (Stücklisten)

In die Mannschaft der EDV-Abteilung wurden ausschließlich E–T–A Mitarbeiter (somit also EDV-Laien) berufen. Daraus ergaben sich in den drei folgenden Jahren zunehmend Probleme.

1978: Die EDV wurde weiter ausgebaut. Eine zweite Anlage, eine NCR 8250, Kaufpreis ca. 160.000,– DM, kam am 31.03.1978 hinzu. Diese bestand aus:
- Hauptspeicher 96 KB (Kilobyte)
- Magnetplatten 30 MB (Megabyte)
- Drucker
- 5 Bildschirmen
- Betriebssystem NCR IMOS II, später NCR IMOS III

Auch die Softwareerweiterungen stammten aus dem Standardangebot von NCR. Für die neuen Programme, die den Vertrieb unterstützten, wurden die Daten nicht mehr auf Lochkarten erfasst, sondern direkt über Bildschirme „online" eingegeben. Die EDV-Mannschaft der „Ersten Stunde" stieß immer mehr an die Grenzen ihrer Möglichkeiten. Die Suche nach einem „berufserfahrenen und NCR-kundigen" EDV-Mann oder -Frau begann.

1979: Gesucht und gefunden. Am 01. Januar 1979 übernahm Günther Rosenberger die Leitung der EDV-Abteilung. Er verfügte zu diesem Zeitpunkt über 17 Jahre Berufspraxis mit IBM-, NCR- und TA-Anlagen. Die Buchhaltung wurde von der NCR 8200 auf die NCR 8250 übertragen und arbeitete nun auch mit Online-Datenerfassung. Das Ende des „Lochkarten-Zeitalters" zeichnete sich nun auch bei E–T–A ab. Die NCR 8250 war den Datenmengen aus Vertrieb und Buchhaltung nicht gewachsen. Die EDV-Einführung im Vertrieb verzögerte sich. Auch die installierten Bildschirme reichten nicht.

1980: Am 18.08.1980 löste eine NCR 8430 die älteren NCR 8200 und NCR 8250 ab. Der Kaufpreis betrug ca. 365.000,– DM. Diese Anlage beinhaltete:
- Hauptspeicher 1 MB (Megabyte)
- Magnetplatten 300 MB (Megabyte)
- Drucker
- 20 Bildschirme
- Lochkartenleser (von NCR 8200 übernommen)
- Betriebssystem NCR IRX

Die Gehaltsabrechnung, Materialwirtschaft und die Konstruktion wurden auf „Online-Programme" umgestellt. Einzige noch verbleibende „Lochkartenanwendung" war die Lohnabrechnung. Die eigene Datenerfassung (3 Datentypistinnen) wurde aufgelöst, die Lohndaten in einem Servicebüro in Nürnberg erfasst. Zuerst geschah dies noch auf Lochkarten und später dann auf Disketten. Für E–T–A hatte die Lochkarte endgültig ausgedient. Erstmals wurde das Werk Hohenfels mit HfD (Hauptanschluss für Direktruf = Standleitung) an die EDV angebunden. Es stand 1 Bildschirm in der Materialwirtschaft.

1984: Der PC hielt Einzug in die E–T–A. Die externe Datenerfassung hatte ausgedient, ebenso die herkömmlichen Stempeluhren in der Fertigung. Zur Lohndaten-Erfassung kamen PCs in Einsatz. Auch in anderen Bereichen begann der Einsatz von PCs. Hinderlich war jedoch der hohe Preis. Als Software fanden dBase II, Multiplan und Wordstar Verwendung, als Betriebssysteme CPM80, CPM 86 und MS-DOS.

Die Leistungsgrenze der NCR 8430 war wieder einmal erreicht. Am 20.08.1984 wurde sie durch eine NCR 9050 ersetzt. Der Kaufpreis betrug ca. 470.000,— DM. Die Konfiguration beinhaltete:
- Hauptspeicher 3 MB (Megabyte)
- Magnetplatten 1,38 GB (Gigabyte)
- Schnelldrucker 1.200 Zeilen/Minute
- 70 Bildschirmen
- Betriebssystem NCR IRX

1985: Erstmals kam es zur Installation eines lokalen Netzwerkes (LAN/Local Area Network). Die Wahl fiel auf das PLANET von *Racal-Milgo*. In der Konstruktion und Betriebsmittelkonstruktion wurde ein CAD-System angeschafft. Als Hardwarebasis dienten Rechner von *Hewlett-Packard* und als Betriebssystem UNIX. Nach relativ kurzer Starthilfe durch die EDV machte sich das Konstruktionsbüro selbständig und betreute seine CAD-Anlagen selbst. Die Rechner waren zuerst mit dem PLANET vernetzt, später wurde auf ein ETHERNET gewechselt. Als Firmenstandard fand bei PCs nunmehr die Software OA (OpenAccess) Verwendung.

1986: Erstmals wurde eine Anwendung in Eigenprogrammierung erstellt. Als Programmiersprache kam COBOL 74 zum Einsatz. Die Aufgabenstellung für die Programmierung erstellte Adolf Witka vom Werk Hohenfels. Mit Hilfe dieser Programme verwaltete er seine Montageabteilungen. Somit hielt erstmals DV-Unterstützung in der Fertigung Einzug, wenn auch nur im Werk Hohenfels.

1989: Auch die NCR 9050 konnte unsere Datenmengen nicht mehr bewältigen. Eine NCR 10000/75 sollte Abhilfe schaffen. Die ca. 1.400.000,- DM teure Maschine kam ab März 1989 zum Einsatz. Sie bestand aus:
- Hauptspeicher 24 MB (Megabyte)
- Magnetplatten 4,3 GB (Gigabyte)
- 102 Bildschirmen
- 1 Drucker 1.500 Zeilen/Minute
- 1 Drucker 1.200 Zeilen/Minute
- 33 Abteilungsdruckern
- Betriebssystem NCR ITX

Nun wurden die Druckdienste dezentralisiert, alle Abteilungen mit Druckern ausgestattet. In der EDV werden nur noch „lange Listen" gedruckt. Die Einführung der Gleitzeit erforderte ein geeignetes Hilfsmittel zur Abrechnung. Zum Einsatz kam das Nixdorf-Projekt TIME. Die Vernetzung erfolgte ebenfalls über das PLANET.

1991: Bei der PC-Software fand eine Orientierung in Richtung MS (MicroSoft) statt. Als Anwendung kam MS-Office, als Betriebssystem MS-DOS und als Bedienungsoberfläche MS-Windows zum Einsatz.

1992: Vorangetrieben durch das Projektteam um Prof. Dr. Schmidek wurde nun die EDV auch in der Fertigung in Altdorf genutzt. Als Programm diente eine Weiterentwicklung der Auftragsverfolgung Hohenfels, ergänzt um das „Arbeitsdatenblatt". Beide Projekte waren Eigenprogrammierung in COBOL 85. In der Teile- und Baugruppenfertigung nutzten wir das NCR-Standard-Programm IMMAC-I, ergänzt um RFP (Reihen-Folge-Planung), dessen Aufgabenstellung vom Projektteam kam und das ein Produkt der Eigenprogrammierung in COBOL 85 war.

1993: Es wurde beschlossen, eine EDV-gestützte Belegarchivierung anzuschaffen, ein entsprechender Auftrag an NCR vergeben.

1994: Es entstand unter Aufgabenstellung durch das Projektteam ein selbst erstelltes Programm zur Betriebsmittelverwaltung. Hier wurde bei der Sollanalyse wohl nicht sorgfältig genug gearbeitet. Die Programme mussten nach kurzer Testphase „eingestampft" werden und kommen nie zum Echteinsatz.

Im Juni 1994 bestätigte uns die NCR auf Anfrage, dass die bei uns eingesetzte NCR-Standard-Software keine Zukunft mehr habe. Nachfolgeprogramme würde es bei NCR nicht geben. Die NCR will zukünftig auf „neutrale Betriebssysteme (UNIX und MS WINDOWS NT) und Standard-Software von großen namhaften Softwarehäusern" setzen. Es zeichnete sich nun das Ende einer fast 20jährigen Partnerschaft mit NCR ab. Das Projekt EDV-gestützte Belegarchivierung musste gestoppt werden, da nicht abzusehen war, wie es sich in die zukünftige EDV integrieren würde.

Für uns war es erforderlich, sich vollkommen neu zu orientieren. Es stellte sich sehr bald heraus, dass nicht eine EDV-Umstellung sondern ein vollkommener EDV-Neubeginn notwendig sein würde. Die auszuwählende Software sollte, soweit man das im voraus absehen kann, für mindestens ein Jahrzehnt einsetzbar sein. Es kamen also nur große, namhafte Projekte in Frage. Erstmals bei E–T–A sollten alle betroffenen Abteilungen von Anfang an mitspracheberechtigt sein.

Es wurde beschlossen, dass sich die betroffenen Abteilungen zwischen zwei Software-Projekten entscheiden sollten. Zur Auswahl standen:
- SAP R/3, als Marktführer
- ISTEL CI, als besonders fortschrittliches Projekt

Beide Firmen wurden aufgefordert, ihre Programme unseren Abteilungen vorzustellen. Wer die Mehrheit der Abteilungen überzeugt, sollte den Zuschlag erhalten. Es kam jedoch anders, als wir uns das vorgestellt hatten. Die SAP-Abteilung M (M steht für Mittelstand) wurde kurzfristig aufgelöst. Der Mittelstand sollte nur noch von Partnerfirmen betreut werden. Das Projekt ISTEL CI erwies sich als Flop und wurde, wie es so schön heißt, „rückabgewickelt". Das Jahr 1994 war vorbei und wir keinen Schritt vorwärts gekommen. Nun brachte die NCR erhebliche Dynamik in die Sache. Die Firma teilte mit, dass die Software-Wartungsverträge zum Ende 1995 gekündigt werden. Jetzt hatten wir zwar keine Lösung, dafür aber ein Zeitziel. Wenn man annimmt, dass die NCR-Software nach Einstellung der Pflege vielleicht noch 3 Jahre einsetzbar ist, musste die Umstellung oder Neuschaffung einer EDV bis Ende 1998 abgeschlossen sein.

1995: Aus Zeitmangel musste die geplante Vorgehensweise geändert werden. Es gab keine Alternative mehr zwischen 2 Projekten, sondern nur noch die Überprüfung von SAP R/3 auf seine Brauchbarkeit und Akzeptanz in allen Abteilungen. Im Falle negativer Ergebnisse sollte eine andere Software auf Brauchbarkeit untersucht werden. Die Geschäftsleitung ließ von der Firma AIM Angewandtes Informations Management eine Untersuchung „über die Einsetzbarkeit des Standardsystems SAP R/3 bei E–T–A" durchführen. Es wurde festgelegt: Im firmeneigenen Schulungsraum werden für alle SAP Programm-Module, die zur Ablösung der NCR erforderlich sind, Lehrgänge abgehalten. Am Ende der Lehrgänge sollen die Abteilungsleitungen ihre Zustimmung oder begründete Ablehnung bekannt geben. Es herrscht in allen Abteilungen die Überzeugung, dass eine EDV-Zukunft mit SAP R/3 möglich ist.

Der Weg war nun frei für die Realisierung. Als wesentliche Forderungen für die Angebotsabgabe waren festgelegt:
- Alles aus einer Hand (Software, Hardware, Schulung, Netzwerk, Einführung)
- keine Generalunternehmerschaft, vollständige Durchführung durch den Anbieter
- Auslegung für 120 bis 150 Arbeitsplätze
- Mengengerüst definiert mit SAP Fragebögen
- Netzwerkgrobplanung für Altdorf und Hohenfels
- Zeithorizont: Ablösung der NCR bis Ende 1998
- Betriebssystem MS Windows NT auf Servern und Clients
- Betreuung aus der Nähe (also wenn möglich aus Nürnberg)
- Erfahrung mit SAP R/3-Projekten

Bedingt durch die Forderung „alles aus einer Hand" konnten nur EDV-Hersteller zur Angebotsabgabe aufgefordert werden. Ausgewählt wurden EDV-Hersteller mit Geschäftsstelle in Nürnberg, wobei nicht bekannt war, ob eine SAP R/3 Betreuung direkt von diesen Geschäftsstellen aus möglich sei. Folgende Firmen wurden zur Angebotsabgabe aufgefordert:
- AT & T GmbH (vormals NCR GmbH)
- Bull AG
- Digital Equipment GmbH
- Hewlett Packard GmbH
- Siemens-Nixdorf AG

Alle 5 Firmen reichten ein Angebot ein. Als wichtiges Instrument für die Vorbereitung der Umstellung auf SAP R/3 muss der innerbetriebliche Schulungsraum angesehen werden. Ausgestattet mit 19 PCs (18 Teilnehmer- und 1 Lehrerplatz) wird er zum absoluten Dreh- und Angelpunkt. Durchgeführt werden Lehrgänge zu folgenden Themen:
- MS-DOS
- MS-Windows 3.1
- MS-Word
- MS-Access
- MS-PowerPoint
- MS-Excel
- Lehrgänge zu den SAP R/3 Programmen

Durchgeführt werden an 130 Tagen 50 Lehrgänge. Im Durchschnitt ist jeder Lehrgang mit 11 Personen besetzt.

1996: In der Geschäftsleiter-Besprechung am 12.02.1996 wird beschlossen, die SAP R/3-Einführung mit Siemens-Nixdorf zu realisieren. Am 22.02.1996 wurden die Verträge unterzeichnet. Entsprechend den Vorschlägen von Siemens-Nixdorf wird für die Realisierung folgender Zeitplan festgelegt:
- 1996 Betriebliches Rechnungswesen, produktiv ab 01.01.1997
- 1997 Logistik (Vertrieb und Materialwirtschaft), produktiv ab 01.01.1998
- 1998 PP (Produktion), produktiv ab 01.01.1999

Die Vorgehensweise:
- Wiederholung der Lehrgänge, soweit erforderlich
- Life-Kit
- Customizing

- Einzel- und Systemtest
- Echteinsatz

Ein vollkommen neues Netzwerk wird installiert. Zwischen den Gebäuden werden Glasfasern, in den Gebäuden Kupferdraht verlegt. Das Netzwerk wird als ETHERNET mit 10 MB (Megabit/Sekunde) betrieben. Die in der EDV stehenden Server arbeiten dagegen mit 100 MB (Megabit/Sekunde). Die Verkabelung, sowohl Glasfaser als auch Kupferdraht, ist für Geschwindigkeiten bis 150 MB (Megabit/Sekunde) geeignet. Das Werk Hohenfels wird mit einer ISDN Standleitung angebunden.

Im Juli 1996 wird der erste Server, eine SNI 5 SMP, Kaufpreis ca.156.000,- DM, installiert. Die Maschine wird ausschließlich für Customizing und Test eingesetzt. Die technischen Daten:
- 2 Pentium 133 Prozessoren
- Hauptspeicher 512 MB (Megabyte)
- Magnetplatten 32 GB (Gigabyte)

Das Glanzlicht der Umstellung Rechnungswesen wird von der Buchhaltung gesetzt. Volle drei Monate vor geplantem Echteinsatztermin geht am 01.10.1996 die Anlagenbuchhaltung produktiv. Im Dezember 1996 erhält, gerade noch rechtzeitig, der Server Gesellschaft. Eine SNI Primergy, Kaufpreis ca. 231.500,- DM, wird installiert. Diese Anlage ist für den Echteinsatz Rechnungswesen vorgesehen. Die technischen Daten:
- 4 Pentium pro 200 Prozessoren
- Hauptspeicher 1 GB (Gigabyte)
- Magnetplatten 125 GB (Gigabyte)

Bis zum Jahresende sind 40 Workstations und 8 Drucker am neuen Netz. Der Betrieb im Schulungsraum geht auch 1996 voll weiter. Es finden Lehrgänge zu folgenden Themen statt:
- MS-Windows 3.1
- MS-Windows NT 3.51
- MS-Word
- MS-Access
- MS-PowerPoint
- MS-Excel
- Lehrgänge zu den SAP R/3 Programmen

Durchgeführt werden an 83 Tagen 42 Lehrgänge. Im Durchschnitt ist jeder Lehrgang mit 12 Personen besetzt.

1997: Die in den Jahren 1995 und 1996 durchgeführte Ausbildung und das Engagement aller betroffenen Mitarbeiter, aus Buchhaltung, Personalabteilung und Betriebsabrechnung, zeigen Erfolg. Pünktlich zum 01.01.1997 geht das gesamte Betriebliche Rechnungswesen produktiv (Debitoren-, Kreditoren- und Hauptbuchhaltung, Lohn- und Gehaltsabrechnung, Anwesenheitszeiterfassung und Teile der Kostenrechnung).

Im April wird, als Neuheit bei E-T-A, für alle schon am Netz befindlichen Workstations, e-Mail und Fax zur Verfügung gestellt. Im Juli 1997 erhalten die Server erneut Zuwachs. Eine weitere SNI Primergy, Kaufpreis 70.000,- DM, wird installiert. Diese Maschine wird ausschließlich für die Verwaltung von MS-Office-Dateien und

als Druckserver eingesetzt. Die technischen Daten sind, verglichen mit den bereits vorhandenen Servern, bescheiden:
- 1 Pentium pro 200 Prozessor
- Hauptspeicher 128 MB (Megabyte)
- Plattenspeicher 54 GB (Gigabyte)

Bereits im November 1997 wird ein weiterer Server angeschafft. Er dient als „Konsolidierungssystem", d. h. als Zwischenstation zwischen Testsystem und Produktivsystem. Der Kaufpreis beträgt ca. 196.000,—DM. Die technischen Daten:
- 4 Pentium pro 200 Prozessoren
- Hauptspeicher 1 GB (Gigabyte)
- Plattenspeicher 134 GB (Gigabyte)

Zum Jahresende sind 140 Workstations und 27 Drucker am Netz. Der Betrieb im Schulungsraum erreichte 1997 seinen Höhepunkt. Durchgeführt werden Lehrgänge zu folgenden Themen:
- MS-Windows NT 3.51
- MS-Word
- MS-Access
- MS-PowerPoint
- MS-Excel
- Lehrgänge zu den SAP R/3 Programmen

An 147 Tagen finden 58 Lehrgänge statt. Im Durchschnitt ist jeder Lehrgang mit 13 Personen besetzt.

1998: Die Mitarbeiter von Materialwirtschaft, Vertrieb und Versand folgen dem guten Beispiel ihrer Kollegen und Kolleginnen aus dem Betrieblichen Rechnungswesen. Nach einem arbeitsreichen und nicht ganz stressfreiem Jahr gehen pünktlich zum 01.01.1998 die entsprechenden Programm-Module produktiv.

Damit hat letztendlich auch SNI den Beweis erbracht, dass die Zeitplanung für die Umstellung auf SAP realistisch ist. Wir sind guter Hoffnung, dass auch die Produktion bis zum Jahresende 1998 fertig zur Umstellung ist und die NCR-Anlage Anfang 1999 abgeschaltet werden kann.

Im Laufe des 2. Quartal 1998 wird darüber zu entscheiden sein, ob mit SAP R/3 weitere Bereiche in die Zentrale EDV integriert werden. Denkbar ist hier das Qualitätsmanagement, die Betriebsmittelverwaltung und das Zeichnungs-Archiv. Weiterhin werden die 1994 auf Eis gelegten Gedanken zur Belegarchivierung wieder aufleben müssen.

20 Jahre EDV im Vergleich

Die erste, für den Bedarf bei E–T–A ausreichende Maschine war die 1980 angeschaffte NCR 8430. Sie hatte einen Hauptspeicher von 1MB (Megabyte) und 300 MB (Megabyte) Plattenkapazität. Der Kaufpreis betrug 365.000,- DM. Für die derzeit noch laufende Umstellung auf SAP R/3 sind 4 Server vorgesehen. In den Bereichen Büroarbeitsplatz (MS Office), Kommunikation (MS Exchange) und Druckdienste sind 2 Server vorgesehen. Diese 6 Server haben zusammen 4,25 GB (Gigabyte) Hauptspeicher und 644 GB (Gigabyte) Plattenkapazität. Der Kaufpreis beträgt zusammen 924.000,- DM. Es ergeben sich, von 1980 zu 1998 folgende Verhältnisse: Hauptspeicher 1 zu 4250 Magnetplatten 1 zu 2145 Kaufpreis 1 zu 2,53. Der enorme Anstieg beim Leistungsbedarf bei gleichzeitig moderatem Anstieg der Investitionssummen zeigt sehr deutlich die Produktivitätsentwicklung in der EDV-Industrie.

5. IN ZWEIEINHALB JAHREN 1,8 MIO. DM FÜR AUS- UND WEITERBILDUNG IN DER DATENVERARBEITUNG

Von Günther Rosenberger

In den Medien liest und hört man immer wieder: „Die Industrie bildet nicht mehr oder nur ungenügend aus". Und wie steht's bei E–T–A? Dazu nur ein paar Fakten: Allein im Bereich Bildung für DV und DV-Anwendungen wurden und werden im Zeitraum von Januar 1995 bis Juni 1997, also innerhalb von zweieinhalb Jahren, 1,8 Millionen DM investiert. Das Bildungsangebot reicht von Schulungen für Betriebssysteme (MS Windows 3.11 und MS Windows NT 3.51) über Arbeitsplatzsoftware (MS Word, MS Excel, MS Access und MS Power Point) bis hin zur Standardsoftware SAP R/3. Ab März/April 1997 werden zusätzlich Lehrgänge für ein Fax- und Mailsystem auf der Basis von MS Exchange angeboten. Geschult wird ausschließlich während der normalen Arbeitszeit mit Lehrkräften der Firmen Siemens Nixdorf AG und B.P.S Informatik GmbH. Für diese Schulungen wurde ein eigener Schulungsraum eingerichtet, der nach Meinung aller Experten, die dort unterrichtet haben, hervorragend ausgestattet ist. Dort stehen 18 Lehrgangsplätze zur Verfügung, an denen jeder Teilnehmer mit einem „eigenen" PC arbeiten kann. Als Hilfsmittel wurde eine Monitor-Zentralschaltung (= Pädagogisches Netzwerk) installiert. Alleine hierfür wurden DM 100.000,– investiert. Im Jahre 1995 wurden an 130 Arbeitstagen Lehrgänge durchgeführt (1996: 76). Für Lehrkräfte wurden ca. DM 300.000,– (1996: 140.000), für interne Personalkosten zusätzlich ca. DM 500.000 (1996: 240.000) ausgegeben.

Im ersten Halbjahr 97 gab es 69 Lehrgangstage. Die Kosten hierfür beliefen sich auf mehr als eine halbe Million DM. Schulungen für das Fax- und Mailsystem sind in dieser Kostenaufzählung nicht enthalten. Manch einer mag nun erschrecken angesichts dieser Summen und sich fragen: Ist es das wert? Diese Frage hat sich die Geschäftsleitung sicher vorher auch gestellt und sich trotzdem für diese weitreichenden Investitionen entschieden. Ich glaube zurecht! Denn gewinnbringender kann man eigentlich nicht investieren als in die Weiterbildung der eigenen Mitarbeiter – das wertvollste Kapital unseres Unternehmens. Nur wenn wir auch in dieser Beziehung am Ball bleiben, werden wir in der Zukunft eine Chance haben.

6. PERSONALWESEN

Von GERHARD STEGER

Die Entwicklung bis zur jetzigen Personalabteilung ist das Ergebnis verschiedener interner und externer Einflussfaktoren. Interne Einflüsse sind:
1. Die Wertvorstellungen der Gründer und Eigentümer.
2. Die Umsetzung dieser Wertvorstellungen durch die Mitarbeiter, Gruppenführer und Abteilungsleiter.

Externe Einflüsse sind:
1. Die Bundes- und Landesgesetze.
2. Die Verhandlungsergebnisse der tarifpolitischen Parteien (Gewerkschaften/Arbeitgeberverbände) auf Grund der Tarifautonomie (Lohn- und Manteltarif).

Die gesetzlichen Regelungen sind für jeden Unternehmer der Gestaltungsrahmen, die zum Teil auch als „Mindestbedingungen" anzuwenden sind. Beispiele sind die arbeitsrechtlichen Schutzgesetze. Nach der letzten Beck'schen Textsammlung sind dies rund 40 Gesetze. Da E–T–A nie einem Arbeitgeberverband angehört hat, wurden in Zusammenarbeit mit dem Betriebsrat aus den tariflichen Regelungen häufig analoge betriebliche Regelungen entwickelt. Auf der betrieblichen Ebene zählen wir zu den

1. externen Vorgaben:
1.1. Das Arbeitsentgelt
1.2. Das Lohnfortzahlungsgesetz
1.3. Die Entwicklung der Arbeitszeit

Die größeren Gestaltungsspielräume auf betrieblicher Ebene liegen mehr bei den internen Faktoren. Zu den wichtigsten rechnen wir:
2. interne Faktoren:
2.1. Die Entwicklung zur Personalabteilung
2.2. Die Personalzahlen
2.3. Die Lohn- und Gehaltsabrechnung
2.4. Betriebliche Altersversorgung (Direktversicherung)
2.5. Das Sparkonzept bei E–T–A
2.5.1. Die Kantine
2.5.2. Sparkonzepte
2.6. Die Neuorientierungen
2.6.1. E–T–A Extrablatt
2.6.2. Unternehmensleitbild
2.6.3. Kontinuierlicher Verbesserungsprozess
2.6.4. Laufende Projekte

Dazu gehört natürlich auch die Gründung und die Zusammenarbeit mit dem Betriebsrat. Die Zusammenarbeit ist sachlich, konstruktiv und gut.

1. Externe Vorgaben

1.1. Die Entwicklung des Arbeitsentgeltes

Von den im Herbst 1948 eingestellten ersten Mitarbeitern sind keine Angaben mehr vorhanden. Eine systematische Darstellung konnte erst ab der Lohnerhöhung vom 01.12.56 erstellt werden. Zu diesem Zeitpunkt hat sich der Fertigungslohn gegenüber dem Vorjahr von DM 1,10 auf DM 1,20 erhöht (+ 9,1%). Die höchsten Lohnerhöhungen waren ab Beginn der 70er Jahre:

01.10.69	+ 10,3%
01.01.70)	
01.11.70)	+ 18,7%
01.12.72	+ 7,9%
01.02.73	+ 12,2%
01.02.74)	
01.11.74)	+ 13,0%
01.02.75	+ 10,4%

Durch diese hohen Lohnerhöhungen ist sicherlich die Idee zu einer kostengünstigeren Produktion im Ausland entstanden. Das Werk in Tunesien wurde 1977 gegründet. Zu diesen Kosten kamen ab 01.07.1970 die Einführung der vermögenswirksamen Leistungen mit Arbeitgeberbeteiligung hinzu. Der größte Sprung in den Personalnebenkosten wurde durch das Lohnfortzahlungsgesetz für gewerbliche Arbeitnehmer vom 27.07.1969 ausgelöst.

1.2. Das Lohnfortzahlungsgesetz

Vor diesem Zeitpunkt war bereits die Entgeltfortzahlung für kaufmännische Angestellte im HGB, für technische Angestellte in der Gewerbeordnung und für die übrigen Angestellten im BGB geregelt. Mit diesem Gesetz wurde eine vergleichbare Regelung für die gewerblichen Arbeitnehmer geschaffen. Statt dem reduzierten Krankengeld bezahlte der Arbeitgeber den durchschnittlichen Lohn zu 100% in den ersten 6 Wochen. Ergebnis: Die Krankenquote stieg umgehend um durchschnittlich 3–4 Prozentpunkte! Reduziert haben sich diese erhöhten Krankheitsquoten nur in Zeiten der wirtschaftlichen Rezession in den Jahren 1973–1977 und in den letzten Jahren erhöhter Arbeitslosigkeit. Da die Firma E–T–A einen Großteil ihrer Mitarbeiter aus dem Altdorfer Umland beschäftigt, waren diese mehr großstädtischen Einflüsse auf den Krankenstand nicht so gravierend.

1.3. Die Entwicklung der Arbeitszeit

Nach dem Krieg war der Samstag regulärer Arbeitstag, d.h. 6 x 8 Stunden/Tag = 48 Stunden pro Woche waren normal! Es gab viel zu tun. Die Menschen waren froh, heil den Krieg überstanden zu haben. Die Entwicklung der Arbeitszeit bei E–T–A:

ab 1967	40 Stunden / Woche
ab 01.04.1972:	Arbeitsende am Freitag 14.00 Uhr

ab 01.04.1989:   39 Stunden / Woche
ab 01.11.1992:   37 Stunden / Woche
ab 01.04.1993:   36 Stunden / Woche

Beginn und Ende der Arbeitszeiten waren starr. Verspätungen hatte der einzelne Arbeitnehmer zu verantworten und wurden mit Lohnabzug geahndet. Dieses starre Modell der Arbeitszeit wurde mit der Einführung der Gleitzeit am 01.04.1988 für Angestellte und einen Teil der gewerblichen Mitarbeiter geändert. Unter Gleitzeit wird die tägliche Variation der Arbeitszeit (Beginn und Ende) um eine Kernarbeitszeit (Anwesenheitspflicht) verstanden. Durch die verstärkte Kundenorientierung, Ausgleich saisonaler Schwankungen und die notwendige tägliche Abarbeitung von Aufgaben mussten die Regelungen der Gleitzeit weiter verändert werden. Modewort ist jetzt die „flexible Arbeitszeit"! Hierunter versteht man größere Handlungsspielräume bei der täglichen, wöchentlichen bzw. monatlichen Arbeitszeit. Die im Vergleich zur wöchentlichen Sollarbeitszeit erbrachten Mehr-Stunden werden auf einem Zeitkonto geführt. Mehrarbeiten (Überstunden) werden nur noch in Ausnahmefällen bezahlt. Bei E-T-A gelten ab 01.03.1996 für die Mitarbeiter in Gleitzeit die halbjährlichen Zeitgrenzen – 15 Std / + 70 Std. Im Produktionsbereich ist eine variable Form der Arbeitszeit zwischen 32 und 42 Stunden mit dem Betriebsrat vereinbart. Mehrarbeit wird auf einem Zeitausgleichskonto geführt. Bei Rückgang der Auslastung kann ohne Lohnkürzung die Arbeitszeit reduziert werden. Durch stunden- bzw. tageweisen Abbau der Mehrarbeit hat der gewerbliche Leistungslöhner einen zusätzlichen individuellen zeitlichen Handlungsspielraum (vergleichbar der Gleitzeit). Die Gestaltung der jetzigen Arbeitszeitmodelle wird mit Einführung der Gruppenarbeit weiter zu entwickeln sein. Anregungen hierzu erwarten wir aus den seit 01.03.1996 begonnenen Pilotprojekten.

2. Innerbetriebliche Faktoren

2.1. Die Entwicklung zur Personalabteilung

In der Betreuung der Mitarbeiter wurde vor 1990 unterschieden nach der Betreuung in „gewerbliche Arbeitnehmer" bzw. „Angestellte". Die Einstellungen sowie die Betreuung der gewerblichen Arbeitnehmer war die Aufgabe des jeweiligen Betriebs-leiters. Die Betreuung der Angestellten wurde von Erna Wirth wahrgenommen, die in Personalunion auch die Finanzbuchhaltung führte. Mit dem Eintritt in den Ruhestand von Erna Wirth Ende 1990 wurde aus der Personalbetreuung „gewerbliche Mitarbeiter" und „Angestellte" mit der dazugehörigen Lohn- und Gehaltsabrechnung die Personalabteilung gebildet.

2.2. Die Personalzahlen

Von 43 Mitarbeitern im Gründungsjahr 1948 stiegen die Mitarbeiterzahlen kontinuierlich. Meilensteine sind: Stichtagsbelegschaft zum 31.12. des Jahres; Teilzeitbeschäftigte wurden auf Ganztagbeschäftigte umgerechnet.

1955	203 Mitarbeiter
1960	370 Mitarbeiter
1965	641 Mitarbeiter
1970	734 Mitarbeiter
1975	803 Mitarbeiter
1980	725 Mitarbeiter
1985	839 Mitarbeiter
1990	947 Mitarbeiter
1995	922 Mitarbeiter
1997	856 Mitarbeiter

Der Rückgang der Mitarbeiterzahlen resultiert aus dem Einstellungsstopp vom 20.09.1992. Hinzu kamen weitere Rationalisierungsmaßnahmen, die zu einem schrittweisen Rückgang der Mitarbeiter führten. Eine notwendige Maßnahme war die Schließung des Werkes in Kallmünz, das nach 11jährigem Bestehen 1988 geschlossen wurde. Den Mitarbeitern wurden Arbeitsplätze in Hohenfels angeboten. Der größte Teil hat dieses Angebot damals angenommen.

2.3. Die Lohn- und Gehaltsabrechnung

Die Lohn- und Gehaltsabrechnung wurde zu Anfang manuell erstellt. Auf perforierten, mit Kohlepapier unterlegten Abrechnungsbögen wurde hier auf rund 1 cm breiten Streifen das Bruttoentgelt, die einzelnen gesetzlichen Abzüge bis hin zum auszuzahlenden Nettobetrag im Durchschreibeverfahren – Kopieren war damals noch unbekannt – mit dem „Kopierstift" per Hand eingetragen. Der einzelne Streifen wurde dann am Ende so zusammengefaltet, dass der Name des Mitarbeiters oben ersichtlich war. Mit dem sorgfältig und zeitraubend abgezählten Geld in der „Lohntüte" wurde dieser Streifen dem Mitarbeiter durch die Lohn- und Gehaltsabrechnerin persönlich überreicht. Am Anfang wurde wöchentlich abgerechnet und ausbezahlt. Während bei den Angestellten diese Abrechnung schon früh auf einen monatlichen Rhythmus umgestellt wurde, erfolgte die monatliche Abrechnung im gewerblichen Bereich erst zu einem sehr viel späteren Zeitpunkt. Im Jahre 1959 wurde von der „Handabrechnung" auf den *Kienzle* Klein-Computer der Klasse 2800 umgestellt. Ab Oktober 1973 wurde die Lohntüte durch die bargeldlose Abrechnung ersetzt. Die Banken warben mit „kostenfrei" um die Gunst der Kontoführung, um dann später von ihren Kunden dafür eine entsprechende Gebühr zu verlangen. Seit dem BAG-Urteil aus dem Jahre 1997 sind pro Monat bestimmte Buchungen jedoch wieder gebührenfrei. Mit dem 01.01.1975 erfolgte die Umstellung der Abrechnung auf die EDV-Anlage von NCR-Century 8200. Die letzte Umstellung der Lohn- und Gehaltsabrechnung war zum 01.01.1997 auf das Abrechnungssystem von SAP R/3.

2.4. Betriebliche Altersvorsorge/Direktversicherung

Zur individuellen Altersvorsorge wurde ab 01.12.1985 für alle Mitarbeiter der Abschluss einer Direktversicherung (Lohn- bzw. Gehaltsumwandlung) ermöglicht. Der Mitarbeiter verzichtet auf Teile einer Einmalzahlung (Urlaubs- bzw. Weihnachtsgeld).

Der Beitrag der Firma besteht in der Übernahme der pauschalen Lohnsteuer mit z. Zt. 20%, der Kirchensteuer von 7% und des Solidaritätszuschlags von z. Zt. 5,5%. Angesichts der noch zu erwartenden künftigen Rentenkürzungen ein wichtiger Baustein zur individuellen Altersvorsorge.

2.5. Das Sparkonzept bei E–T–A

Bei einem Stichtagspersonalstand von 1086 wurde am 29.09.1992 durch die Geschäftsleitung ein Einstellungsstopp beschlossen. Ab diesem Zeitpunkt wurden die verschiedensten Sparmaßnahmen eingeleitet.

Die Kantine: Ab 1973 wurde ein warmes Kantinenessen eingeführt. Trotz guter Anfangserfolge gingen die Teilnehmerzahlen immer mehr zurück. Der Frühstücksverkauf war der zweite wichtige Verpflegungsservice. In diesen Verkaufswägen waren all die süßen kleinen und großen Dinge versteckt, die ein Mitarbeiterherz begehrte! An Vorschlägen, wie das Sortiment zu erweitern wäre, fehlte es nie! Zum Leidwesen der Frauen, die den Wagen ziehen und am Ende täglich auf Heller und Pfennig abrechnen mussten! Der tägliche Unterhaltungswert um den Kantinenwagen…, dem trauert auch heute noch so mancher nach! Im Frühjahr 1994 wurde die Kantine an einen Pächter vergeben! Einige Kantinenfrauen schieden aus. Den anderen Frauen wurde eine Tätigkeit in der Fertigung angeboten. Diese ehemaligen Kantinenfrauen haben sich immer gerne an ihre Zeit in der Kantine erinnert. Die Kaltverpflegung haben „Verpflegungsautomaten" übernommen. Ergänzt werden sie durch einen Verkaufswagen, an dem täglich zwei verschiedene warme Vesper gekauft werden können. Geblieben ist das warme Mittagessen. Nach einer Befragung zur Kantinenverpflegung im Oktober 1996 wurden einige Verbesserungen erzielt. Entscheidend verschönert wurde auch die Kantine. Die Holzverkleidung schafft mehr Atmosphäre. Mit der neuen Beleuchtung könnte man fast vergessen, wo man sitzt.

Sparkonzepte: In den Jahren 1993/1994 wurde jeder Bereich danach überprüft, an welchen Stellen gespart werden kann. Die dafür beauftragte Unternehmensberatung nannte dies „Funktionskosten-Wertanalyse". Die Maßnahmen im einzelnen müssen an dieser Stelle nicht dargestellt werden. Über viele Einzelgespräche und ohne Sozialplan wurde eine Personalreduzierung erreicht. Der Buszubringerdienst wurde endgültig zum 30.09.1993 eingestellt. Die Zahlung des Weihnachtsgeldes wurde 1993 ausgesetzt. Die Anzahl der Reinigungskräfte wurde reduziert und ab 03.04.1995 teilweise an eine Firma vergeben. Die Hybrid-Abteilung wurde aufgelöst. Dem Großteil der Mitarbeiter konnte ein anderer Arbeitsplatz angeboten werden. Der Wachdienst wurde zum 01.08.1994 durch eine externe Firma übernommen. Der zusätzlich gewährte Treueurlaub bis zu 5 Arbeitstagen wurde ab 1994 nicht mehr gewährt.

2.6. Die Neuorientierung

Veränderungen bieten auch Chancen zu einem Neuanfang. Beispiele dazu sind:

Das E–T–A Extrablatt: Es wurde im März 1995 zum ersten Mal verteilt und erscheint 3 x jährlich. Mit Stand Februar 1998 sind inzwischen 9 Ausgaben erschienen. Zum Konzept gehört:
– Abteilungen stellen sich vor

- Der Betriebsrat informiert
- Interessantes unserer Produkte
- Sonderthemen

Dieses „Extrablatt" ist eine zusätzliche abteilungsübergreifende Informationsplattform für alle Mitarbeiter, insbesondere zwischen den Werken Altdorf und Hohenfels.

E–T–A Unternehmensleitbild: In der zweiten Ausgabe der Mitarbeiterzeitung wurde das Unternehmensleitbild veröffentlicht. Unternehmenserfolg wird danach definiert als ein stabiles Gleichgewicht zwischen den Einflussgrößen Kunde, Mitarbeitern und Kapital.

Kontinuierlicher Verbesserungsprozess: Ein Dauerthema bei E–T–A und in unserer Hauszeitschrift ist der kontinuierliche Verbesserungs-Prozess. Die Grundideen sind:
- Es gibt nichts, was man nicht verbessern kann.
- Alle Mitarbeiter der E–T–A sind angesprochen.
- Jeder Mitarbeiter kennt seine Probleme am besten.
- Keiner weiß so viel wie alle.

Zwischenzeitlich sind dazu auf Dauer angelegte Strukturen geschaffen worden. Für diese Integration der Mitarbeiter in ein Unternehmensqualitätskonzept wurde die Firma im April 1997 mit dem Bayerischen Qualitätspreis 1997 ausgezeichnet.

Laufende Projekte: Hierzu gehören:
- Eine Trainingsreihe für Vorarbeiterinnen, Meister und Führungskräfte
- Die unternehmensweite Einführung von SAP/R 3
- Führung und Fehlzeiten: Das Rückkehrgespräch
- Die Pilotprojekte Gruppenarbeit bei E–T–A und die Schulungen zu den Themen: Grundlagen der Gruppenarbeit – soziale Kompetenzen – Moderationstechniken

Verglichen mit den Anfängen wurde aus der Personalabteilung eine wichtige Dienstleistungsabteilung für alle. Alle Mitarbeiter in der Personalabteilung stehen mit „Leib und Seele" hinter ihren Aufgaben.

7. DAS PROJEKTTEAM ALS KATALYSATOR DER MITARBEITER-IDEEN

Von JOACHIM SCHEEL

Unsere qualitativ und technisch hochwertigen Produkte und unsere rationellen Fertigungsmethoden sind das Ergebnis intensiver Entwicklungsarbeit aller Mitarbeiter unseres Unternehmens. Einen wesentlichen Beitrag dazu leistet die seit Jahren sehr erfolgreiche Zusammenarbeit mit dem Studiengang Wirtschaftsingenieur der TU/Uni/FH Hamburg. Unter der fachwissenschaftlichen Leitung von Prof. Dr.-Ing. Bernd Schmidek (FH Hamburg) und koordiniert durch Dipl.-Wirtsch.-Ing. Joachim Scheel, versteht sich das Projektteam, welches ausschließlich aus Diplomanden des oben erwähnten Studienganges besteht, als Moderator und Katalysator der Mitarbeiter-Ideen.

In enger Zusammenarbeit mit den Mitarbeitern unserer Fachabteilungen ist es seit 1989 gelungen, durch kontinuierliche Prozessverbesserung und die Einführung einer flussorientierten Logistik mit kurzen selbststeuernden Regelkreisen hervorragende Ergebnisse zu erzielen. So konnte beispielsweise, durch
- die Reorganisation des Auftragsdurchlaufes in Verkauf und Versand die Durchlaufzeit in diesen Abteilungen um 74% reduziert,
- die Einführung eines effizienten Steuerungsmoduls für unsere Teilefertigung, die Durchlaufzeit um 38% verkürzt und die Termineinhaltung um 60% verbessert,
- den Aufbau einer KANBAN-Steuerung für unsere wichtigsten Baugruppen und Zukauf-Teile die Lagerbestände um 60% reduziert, die Durchlaufzeit um 75% gesenkt und Engpasskapazitäten entlastet,
- die Verlagerung der Feinplanung und damit Terminverantwortung, unterstützt durch ein einfaches System zur Auftragsverfolgung und die Aufstellung von Kennzahlentafeln, in die Endmontagebereiche, die Durchlaufzeit um 30% reduziert und die Termineinhaltung um 40% verbessert,
- die freie Planung der Arbeitszeit zwischen 42 und 32 Stunden pro Woche in Verantwortung der Mitarbeiter die Flexibilität wesentlich erhöht und
- den Aufbau eines Luftfahrtzentrums eine kompakte und weitgehend autarke Fertigungseinheit geschaffen werden, die schnell und flexibel alle verfügbaren Ressourcen kundenorientiert einsetzen kann.
- die Voraussetzungen für eine lernende Organisation, die sich ständig weiterentwickelt und verbessert, zu schaffen, wurde 1994 unser kontinuierlicher Verbesserungsprozess-Programm gestartet, für das wir 1997 mit dem Bayerischen Qualitätspreis ausgezeichnet wurden.

Von dieser engen Zusammenarbeit profitiert das gesamte Unternehmen E–T–A und auch die Diplomanden. Die kreativen, an drei Hochschulen (TU/Uni/FH) hervorragend ausgebildeten Studenten lassen immer wieder interessante neue Ideen in das Unternehmen einfließen, die in konkreten Projekten in die Praxis umgesetzt werden. Gleichzeitig wird es den zukünftigen Wirtschaftsingenieuren ermöglicht, mit einer wissenschaftlich und anwendungsorientierten Diplomarbeit ihr Studium abzuschließen. Die E–T–A leistet damit auch einen erheblichen Beitrag zur praxisnahen Hochschulausbildung des zukünftigen Führungsnachwuchses. – Von den oben beschriebenen Projekten soll im folgenden das KVP-Programm näher erläutert werden.

Streben nach Perfektion: Das KVP-Programm

Das Streben nach Perfektion hat in unserem Unternehmen drei Buchstaben: KVP. Diese stehen für die Kontinuierliche Verbesserung aller Prozesse und Produkte, unter Einbeziehung aller Mitarbeiter, mit dem Ziel, die Flexibilität und Transparenz zu erhöhen, die Qualität zu steigern sowie Durchlaufzeiten und Kosten zu reduzieren. Man könnte auch sagen, wir haben damit der Verschwendung den Kampf angesagt – und das mit Erfolg! Die unserem KVP-Programm zugrundeliegenden Rahmenbedingungen sind der Schlüssel zu diesem Erfolg. Im Anschluss an eine 4-monatige Pilotphase in Teilen der Fertigung wurden sie in mehreren Workshops von unseren Mitarbeitern selbst entwickelt. Sie sind das Ergebnis der negierten Antworten auf die simple Frage: „Was muss passieren, damit Sie nie wieder einen Vorschlag machen?" Unser Ziel war

und ist es, nicht einfach zu kopieren, was andere Unternehmen mit mehr oder weniger großem Erfolg schon „ausprobiert" hatten, sondern unseren eigenen Weg zu gehen. Im Ergebnis heißt dies:
- dezentrale Verantwortung in den KVP-Bereichen,
- schnelle und unbürokratische Bewertung und Umsetzung der Vorschläge „vor Ort",
- ständige Information und Motivation der Mitarbeiter u.a. durch die Aufstellung von Tafeln für Verbesserungsvorschläge (VV) in allen Bereichen sowie die Einführung einer Mitarbeiterzeitung und kontinuierliche Weiterentwicklung des gesamten Systems.

Die unternehmensweite Einführung erfolgte dann im Anschluss an umfangreiche Schulungen aller Mitarbeiter in den KVP-Bereichen, der KVP-Beauftragten und -Koordinatoren sowie der KVP-Gruppen im Juli 1995. Von Beginn an geschah dies mit sehr großem Erfolg. Das gesamte Unternehmen ist heute in 37 KVP-Bereiche eingeteilt, in denen jeweils ein KVP-Beauftragter, zusätzlich zum Tagesgeschäft, für die Bewertung und schnelle Umsetzung der Verbesserungsvorschläge verantwortlich ist. Die Bewertung der VV erfolgt anhand einer einfachen Matrix, in der für verschiedene Kategorien Punkte vergeben werden. In Abhängigkeit von der Gesamtpunktzahl erhalten die Mitarbeiter eine Prämie von 50,-, 100,- oder 150,- DM pro VV, die sofort in bar ausgezahlt wird. Zusätzlich sammeln die Mitarbeiter ihre Punkte. Für die 25 Mitarbeiter mit den meisten Punkten findet einmal im Jahr eine große Tombola statt. Hauptgewinne sind beispielsweise hochwertige Reisen oder ein Motorroller.

Zur ständigen Information werden alle Vorschläge an den in allen Bereichen aufgestellten VV-Tafeln ausgehängt. Die Mitarbeiter können sich hier über den aktuellen Bearbeitungsstatus ihres VV's informieren oder sich Anregungen für neue Vorschläge holen. Gleichzeitig sind die Tafeln der „Treffpunkt" für die an der Umsetzung der Vorschläge arbeitenden Teams.

Die KVP-Bereiche wurden in 4 Gruppen eingeteilt, für die jeweils ein KVP-Koordinator zuständig ist. Wichtigste Aufgabe der Koordinatoren ist es, das Gesamtsystem kontinuierlich weiterzuentwickeln und das „KVP-Rad" ständig in Schwung zu halten. Das Resultat unseres KVP-Programms kann sich sehen lassen. Insgesamt wurden bisher mehr als 2.400 Verbesserungen von unseren Mitarbeitern vorgeschlagen. Davon sind über 63% auch umgesetzt worden. Die mittlere Bearbeitungsdauer aller Vorschläge, auch der komplexeren, liegt unter 3 Monaten. Worauf wir besonders stolz sind, ist unsere Beteiligungsquote. Es ist uns gelungen, sie kontinuierlich auf über 50% zu steigern. Als zweite Säule unseres KVP-Programms gelten unsere KVP-Gruppen. Hierbei handelt es sich um ausgewählte Mitarbeiter aus verschiedenen Unternehmensbereichen und „Hierarchiestufen", die besonders intensiv geschult wurden. Die erlernten KVP-Techniken (z.B. DFMA, PDCA-Zyklus, Ursache-Wirkungs-Diagramm oder Brainstorming) werden von diesen Gruppen zur Lösung komplexer Verbesserungsvorschläge eingesetzt. Zwei Beispiele:
- Durch die Arbeit einer KVP-Gruppe konnte die Variantenvielfalt einer kompletten Produktfamilie um mehr als 70% reduziert und dem Kunden gleichzeitig ein noch höherwertiges Gerät zur Verfügung gestellt werden.

– Eine andere Gruppe hat den innerbetrieblichen Transport komplett reorganisiert und durch die Einrichtung von farbcodierten „Bahnhöfen" erheblich vereinfacht und beschleunigt.

Zusätzlich fungieren diese Mitarbeiter als Multiplikatoren ihres KVP-Wissens, welches sie an alle Mitarbeiter weitergeben. Alles in allem befinden wir uns mit diesem Programm auf dem Weg zu einer lernenden Organisation, auch wenn es noch viel zu tun gibt.

Das Ziel für 1999: Noch mehr Flexibilität im Dienste des Kunden

Um zukünftig noch flexibler als bisher auf die Wünsche unserer Kunden reagieren zu können, haben wir Ende 1996 damit begonnen, das Potential aller Mitarbeiter in den Mittelpunkt einer intelligenten Organisation zu stellen. Der 1994 initiierte kontinuierliche Verbesserungsprozess ist für uns nur der erste Schritt auf unserem Weg in das nächste Jahrtausend. Die Einführung von Gruppenarbeit wird diesen Weg konsequent fortsetzen. Durch die Integration indirekter Funktionen, wie beispielsweise planerische und dispositive Tätigkeiten, in die Gruppe werden Schnittstellen abgebaut und neue Handlungs- und Entscheidungsspielräume für jeden Mitarbeiter geschaffen. Gleichzeitig wird der Gruppe die Kompetenz übertragen, ihre Arbeitsabläufe im Rahmen der gestellten Gruppenaufgabe weitgehend selbständig zu organisieren und zu optimieren. Die Einführung der Gruppenarbeit erfolgt unter Einbeziehung aller Mitarbeiter, die von der Einführung betroffen sind. Ziel ist es, Betroffene zu Beteiligten zu machen, um sicherzustellen, dass sie mit hoher Motivation und Identifikation am Aufbau neuer Strukturen mitarbeiten und die neue Form der Zusammenarbeit später gemeinsam tragen. Der Betriebsrat und die Mitarbeiter der für die Pilotphase ausgewählten Fertigungsbereiche wurden deshalb von Anfang an in das Projekt eingebunden. Diese Mitarbeiter leisten dabei „Pionierarbeit". Die in der Pilotphase gewonnen Erkenntnisse werden einen wertvollen Beitrag bei der Entwicklung eines unternehmensweiten Gruppenarbeitskonzeptes leisten. Die bisherigen Ergebnisse der Pilotgruppen zeigen uns, dass wir auf dem richtigen Weg sind.

8. MATERIALWIRTSCHAFT

Von Peter Achner

Die Materialwirtschaft (MW) ist die Abteilung bei der Fa. E–T–A, die für die Beschaffung, Lagerung und Bereitstellung von zugekauften Materialien und Dienstleistungen zuständig ist.

Ziel der Materialwirtschaft: Das benötigte Material zum günstigsten Preis, zum richtigen Zeitpunkt, in der richtigen Menge und Aufmachung, in der geforderten Qualität und Eigenschaft, am richtigen Ort der Firma zur Verfügung zu stellen.

Zur Entstehung der Materialwirtschaft bei E–T–A: Im Jahre 1980 wurde von der Geschäftsleitung beschlossen, die bislang eigenständigen Abteilungen Einkauf, Disposition, Lager für die Standorte Altdorf, Hohenfels und Kallmünz zur Materialwirtschaft für mechanische Schutzschalter zusammenzufassen. Die Leitung der Gesamtabteilung übernahm Dipl.-Ing. (FH) Peter Achner. Die einzelnen Versorgungsstätten waren jedoch noch räumlich getrennt. Der Einkauf im Verwaltungsgebäude, die Disposition im Mittelbau und die Lager über das gesamte Firmengelände verstreut. (Wer kann sich noch an das Lager im Keller der damaligen Stanzerei – „Vorsicht, Kopf einziehen" – oder an die ehemalige „Scheune" und die als „Baracke" bezeichnete Lagerstätte für Kunststoffteile erinnern?). Die Planungsmaßnahmen für ein neues, geräumiges und zentrales Gebäude waren jedoch bereits im Gange.

Ende 1981/Anfang 1982 wurde die bereits geplante Modernisierung der bestehenden Datenverarbeitung in Angriff genommen. Der Begriff IMMAC-I ist auch heute noch nicht vergessen. Für die noch junge Materialwirtschaft bedeutete das ein völliges Umdenken im Umgang mit den neuen Hilfsmitteln zur Materialdisposition und den Lagervorgängen. Die Lagerfachkarten, die von Hand geführt jede Lagerbewegung dokumentierten und als Grundlage für die Disposition ausgewertet wurden, hatten ausgedient. Lochkarten mussten noch gestanzt werden, um die Rückmeldung über die Kontoauszüge zu erhalten. Heute nicht mehr vorstellbar! Der Ausdruck der Kontoblätter war Auslöser für die Bestellungen. Der Einkauf, zuständig für zugekaufte Materialien, bekam seine Bestellhinweise über sogenannte „Pendelkarten". Auch der Einkauf wurde integriert und bestellte nun über Online-Terminals. Dies alles ging jedoch nicht ohne Schulungen der Mitarbeiter, Datenüber- und Datenneuaufnahme, manchmal auch mit Überstunden, Samstags- und Sonntagsarbeit. Aber gemeinsam wurden alle „Hürden" genommen und IMMAC-I im Bereich Materialwirtschaft konnte zu aller „Erleichterung" laufen.

Ein weiterer Meilenstein für die Materialwirtschaft war 1983 die bisherige Rechtssituation für „extern gelagerte" und produzierende Betriebsmittel (sprich Werkzeuge) auf eine neue Basis zu stellen. Mit den Betreibern wurden Werkzeugleihverträge vereinbart und abgeschlossen. Dies ist ein Vorteil für die Betreiber, aber auch eine Verpflichtung, die Betriebsmittel immer in einem einsatzfähigen Zustand zu halten, damit die Firma E–T–A jederzeit auf die daraus zu produzierenden Teile Zugriff hat (Ziel war und ist es, eine ungestörte Fertigung gewährleisten zu können).

Ab Mitte 1983 wurde die räumliche Zusammenführung der Funktionen Einkauf, Disposition, Lager, Wareneingangskontrolle in das neu errichtete Gebäude für Materialwirtschaft, Stanzerei, Schweißerei und Galvanik vollzogen. Die Umwandlung der Lager in ein Zentrallager war durch die räumlichen Gegebenheiten leider noch nicht ganz möglich. Aber der Anfang war gemacht! Die Büroräume und die Lager von Einzelteilen und Halbzeugen konnten auf einer Ebene untergebracht werden. Dadurch wurde die Materialbereitstellung wesentlich verbessert. Die Kunststoffteilelagerung musste nach wie vor dezentral abgewickelt werden, da im 1. Stock des neuen Materialwirtschaft-Gebäudes auch die Fertigung und die Betriebsmittelkonstruktion mit untergebracht waren. Die Gesamtkonstellation der Materialwirtschaft nahm jedoch die jetzigen Formen im Prinzip schon an. Die verkürzten Transportwege des Materials, die vor Ort vorgenommenen Wareneingangsprüfungen der Qualitätskontrolle und die

EDV-gestützt durchgeführten Lagervorgänge konnten dazu beitragen, dass die Versorgung des Fertigungsbetriebes verbessert werden konnte.

Der bereits damals vollzogene Prozess der kontinuierlichen Verbesserung der Arbeitsabläufe im Bereich Materialwirtschaft brachte ab 1985 durch Reduzierung des Materialausschusses bei den Lieferanten, neu getroffene und weiterentwickelte Qualitätsfestschreibungen mit Zulieferanten und in Zusammenarbeit mit den Entwicklungsabteilungen durchgeführte Entfeinerungen der Bezugsteile bei den Zulieferanten eine Verbesserung der Versorgung des Fertigungsbetriebes. Dadurch konnten die Bezugspreise gesenkt bzw. stabil gehalten werden.

Durch die ständig steigenden Bedürfnisse in der Materialversorgung und dem engen Raum der Fertigung wurden für diese neue Räumlichkeiten geschaffen und das Kunststoffteilelager konnte in die Räume im Bereich des Zentrallagers einziehen. Neue Ideen zur Lagerbestandsreduzierung waren jedoch immer gefragt!

Durch die Variantenvielfalt der Produktion – jeder Kunde bekommt das Produkt gemäß seinen Wünschen – drohte in den Jahren vor 1989 das neue Lager zu klein zu werden. Eine neue Idee wurde geboren! BNB: Bedarfs-Nahe-Belieferung der Fertigungsstätten! Diese Idee wurde nach gründlicher Vorbereitung eingeführt. Die Kunststoffzulieferanten, mit dem anteilig größten Einkaufsvolumen waren auserkoren, die Vorreiterrolle zu übernehmen. Am 24.7.1989 wurde das BNB-System vom ersten Zulieferanten für Kunststoffteile eingeführt und ein entsprechender Vertrag unterzeichnet. Der Vertrag verpflichtet den Zulieferanten zur Lieferung von Teilen innerhalb kürzester Lieferfrist in der geforderten Menge und in vereinbarter Qualität.

Ziel der Materialwirtschaft war es, mit diesem Vertrag die Lagerhaltungskosten zu senken. Immer mehr Zulieferanten folgten, und so waren Ende 1989 die Verträge unter „Dach und Fach". Im Rahmen der Vertragsabschlüsse wurden die entsprechenden Partnerfirmen aber auch mit Gesprächen und „Schulungen" auf ihre zukünftige Rolle als „System-Lieferant" vorbereitet. Der Teilelieferant muss sich mit den E–T–A Produkten und deren Produktion identifizieren können! Ein weiteres Ziel ist es auch heute noch, frühzeitig die Lieferanten mit den Erzeugnissen und Neuentwicklungen von E–T–A zusammenzubringen, und damit bereits im Entwicklungsstadium im gegenseitigen Einvernehmen herstellungs- und umweltfreundliche E–T–A Produkte entstehen zu lassen. Weiterhin ist es das vorrangige Ziel, durch eine flexible und kostengünstige Versorgung der Fertigung eine optimale Materialversorgung der Fa. E–T–A zu erreichen. Die Lagerumschlagshäufigkeit der Kunststoffteile konnte so wesentlich verbessert werden. Schon seit Jahren wird kontinuierlich an der Verbesserung der Materialwirtschaft und somit am Erfolg des Unternehmens gearbeitet. Im März 1993 wurde der Fa. E–T–A das Zertifikat nach ISO 9001 verliehen. Die Materialwirtschaft war auch mit dabei. Viele Abläufe wurden neu überdacht und dokumentiert. (Diese Abläufe müssen in regelmäßigen Abständen überprüft und dargestellt werden).

Die neuen Marktgegebenheiten bedingten aber auch bei der Fa. E–T–A Veränderungen. Es folgte die Zusammenführung von Mechanik- und Elektronikdisposition in die Materialwirtschaft Altdorf. Die Eigenteildisposition wurde mit den zuständigen Sachbearbeitern in die Arbeitsvorbereitung eingebunden. Durch Arbeitsverlagerung und neue Aufgabenverteilung fand eine Neustrukturierung innerhalb der Abteilung Materialwirtschaft statt. Das Jahr 1995 ist teilweise durch die Überleitung der BNB-Belieferung (Bedarfs-Nahe-Belieferung) in die KANBAN-Abwicklung geprägt. Die

BNB-Belieferung hat im Vorfeld die Voraussetzungen für „KANBAN" bereits geschaffen. Die Zulieferer waren bestens auf diese neue Strukturierung vorbereitet.

KVP: Der Kontinuierliche Verbesserungsprozess wird seit Anfang 1995 bei E-T-A noch bewusster durchgeführt. Die dokumentierten Ergebnisse der Materialwirtschaft können sich sehen lassen. 1996 wurde die Materialwirtschaft mit neuen Versorgungsaufgaben betraut. Neben dem Werk in Tunesien, der Versorgung der verbundenen Unternehmen in Übersee, übernahmen wir die Aufgabe, das neue Werk in Indonesien mit Material zu versorgen. Ab Anfang 1997 war eine weitere Aufgabe zu bewältigen! Das neue SAP-EDV- Programm wartete auf seine Anwendung in der Abt. Materialwirtschaft. Ab Januar 1998 hatte das 15 Jahre lang im Einsatz befindliche EDV-Programm IMMAC-I-Pakct ausgedient, und SAP trat an seine Stelle. In den letzten Jahren stieg der Warenfluss und damit das Einkaufsvolumen gewaltig an. Es mussten jeweils zeitgemäße Wege in Einkauf und Logistik gesucht werden, um die vielfältigen Anforderungen der E-T-A zu erfüllen. Diese Aufgabe fordert uns weiterhin täglich neu. Ausblick und Ziele für die kommenden Jahre:
– Materialversorgung gewährleisten
– Kürzere Lieferzeiten
– Schneller im Markt
– Günstigere Preise
– Marktgerechte Qualität, um die Unternehmensziele erreichen zu können.

II. TECHNISCHE LEITUNG: HORST ELLENBERGER

1. KONSTRUKTIONSBÜRO

Von FRITZ KRASSER

In der Chronik des Konstruktionsbüros wird die Geschichte der Konstruktion im Hause der Firma Ellenberger und Poensgen (ELPO) beschrieben. Es wurde versucht, möglichst viele Informationen zusammenzutragen. Viele Unterlagen konnten ausgewertet werden. Die Erinnerungen der Konstruktionsbüro-Mitarbeiter sind zusätzlich eingeflossen. Für die Abschnitte über die Geräteentwicklungen wurden die deutschen Patente als Leitlinie genommen. Die wichtigsten und interessantesten davon wurden herangezogen. Die Erstanmeldungen von Neuentwicklungen und Weiterentwicklungen wurden zuerst in der Bundesrepublik vorgenommen. Zusätzlich zu diesen Patenten gab es viele Auslandsanmeldungen. Es wurde immer vom Anmeldedatum ausgegangen. Die Entwicklung eines Gerätes begann aber schon vor dem Anmeldedatum. Man kann davon ausgehen, dass dies in der Regel ein bis zwei Jahre waren.

Im Abschnitt über den Arbeitsablauf im Konstruktionsbüro kann, über die Jahre betrachtet, deutlich der Wandel der Anforderungen an die Konstruktionstätigkeiten nachvollzogen werden. In einem eigenen Abschnitt wird auf die Räumlichkeiten des Konstruktionsbüros eingegangen. Gezeigt werden auch die Sitzanordnungen. Die neueren Techniken für Entwicklungsarbeiten werden von Lothar Hofmeister beschrieben. Für die Zukunft werden die dort beschriebenen Methoden für die Arbeit im Konstruktionsbüro wichtig. Im Anhang sind alle deutschen Patente der Firma Ellenberger & Poensgen vom Beginn, 1948, bis 1996 aufgelistet, soweit sie in die Oracle-Datenbank aufgenommen worden waren.

Die ersten Geräte vor 1948

Die Geschichte der Konstruktion begann schon vor der Gründung der Firma im Jahre 1948. Jakob Ellenberger beschäftigte sich bereits in den dreißiger Jahren mit der Konstruktion eines Leitungsschutzschalters. Aus seinen Erfahrungen bei den Firmen Stotz-Kontakt, Hauser und IG-Farben, Ludwigshafen, reifte der Gedanke, einen modernen Leitungsschutzschalter in verschiedenen Varianten zu konstruieren. Das Maßbild nach Abb. 1 stammt aus dem Jahre 1947. Daneben gibt es noch weitere Zeichnungen aus der Zeit vor 1948, die von der vielfältigen konstruktiven Aktivität Jakob Ellenbergers zeugen. Der gezeigte Leitungsschutzschalter wurde bis in die Einzelteile von ihm entwickelt.

Der ELPO Automat

Aus der Vielzahl der Gerätekonstruktionen wurde zuerst der sogenannte ELPO Automat fertigungsreif gemacht. Es war das erste Produkt der neu gegründeten Firma Ellenberger & Poensgen GmbH, das 1948 unter der Nummer 926 314 patentiert wurde. Abb. 2 zeigt eine Schnittzeichnung aus dieser Patentschrift. Der Leitungsschutzschalter konnte an Stelle einer Schmelzsicherung eingeschraubt werden. Die für die damaligen Verhältnisse moderne Konstruktion war platzsparend und robust. Der Schutzschalter besaß Freiauslösung und ein ausreichendes Schaltvermögen. Die Schaltmechanik war aufgebaut, um daraus verschiedene Bauformen abzuleiten. Die einzelnen Bauformen ergaben sich oft aus Kundenwünschen.

Geräteentwicklungen in den fünfziger Jahren

Der Firma war und ist es sehr wichtig, eine Rückkopplung mit dem Kunden zu haben. Wünsche und Reklamationen wurden sehr ernstgenommen. Im Laufe der Zeit wurden am ELPO Automaten Verbesserungen vorgenommen. Der schnelle Wiederaufbau der Energieversorgung nach dem Kriege führte zu immer starreren Netzen. Damit stiegen die möglichen Kurzschluss-Ströme. Das Schaltvermögen des ELPO Automaten reichte nicht mehr für alle Anwendungsfälle. Der Verkauf ging nach kurzer Blütezeit allmählich zurück. Große Aufmerksamkeit widmete die Firma dem Vertrieb. Der Großhandel war nicht vorteilhaft für unsere Produkte. Es fehlte hierbei der, sehr wichtige, direkte Kontakt mit dem Kunden. Aus diesen Erkenntnissen heraus wurde nach gewisser Zeit die Fertigung des Automaten eingestellt.

Neben dem ELPO Automaten wurden verstärkt auch andere Produkte entwickelt. So zum Beispiel der Überstromschutzschalter, der nur ein Bimetall als Auslöser besaß. Die Konstruktion war einfach und für den Einsatz in Kraftfahrzeugen vorgesehen. Schon bald konnte er auch als Geräteschutzschalter im Haushaltbereich eingesetzt werden. Für diesen Schutzschalter prägte sich der Name Steatit-E–T–A ein. Der Name kam durch die Verwendung von Keramik als Trägermaterial für das Bimetall. Steatit war das Warenzeichen der Firma Stettner & Co in Lauf. Über Harald A. Poensgen waren beide Firmen familiär miteinander verbunden. In der damaligen Zeit traute man in Verbindung mit Wärmeentwicklungen der Keramik mehr zu, als den Duroplasten.

Das erste Patent eines Steatit-E–T–A nach Abb. 3 hatte die Patentnummer 964 619 und stammt aus dem Jahre 1950. Die gezeigte Bauform war für den Einsatz in Fahrzeugen vorgesehen. Die Konstruktion bestand aus einer Kernbaugruppe und einem Klemmsockel. Die Kernbaugruppe war vielseitig einsetzbar. Alle Funktionsteile derselben waren am Steatitsockel befestigt. Das L-förmige Bimetall wurde am Sockel angeschraubt. Das freie Ende trug die Kontaktnase. Daran rastete die Kontaktbrücke im eingeschalteten Zustand des Schutzschalters ein. Die Kontaktbrücke gehörte zur Druckknopfbaugruppe. Die Kontaktbrücke war mit einem Steatitträger fest verbunden. Dieser wiederum wurde zusammen mit dem Druckknopf in einem Metallrahmen geführt. Der U-förmige Metallrahmen war am Steatitsockel befestigt. Der Gegenkontakt zur Kontaktbrücke befand sich ebenfalls am Sockel. Ein Ende der Kontaktbrücke tauchte beim Einschalten in die Lyrafeder ein. Die Stromführung war denkbar einfach. Durch Überstrom wurde das Bimetall erwärmt. Es bog sich aus und löste die Raststelle zwischen Kontaktbrücke und Kontaktnase. Dabei wurde die Druckknopfbaugruppe durch die Druckfeder nach oben geführt. Wurde der Druckknopf festgehalten, so löste sich zwar die Raststelle, aber nach Abkühlung des Bimetalls schloss sich der Kontakt wieder. Man sprach hier von einer bedingten Freiauslösung. Bei anstehendem Überstrom „pumpte" das Gerät.

Die Anwendung des neuartigen Überstromschutzschalters war damals dem Markt noch nicht so geläufig. Das Gerät musste an den Mann gebracht werden. Intensive Kundengespräche waren nötig. Freie Handelsvertreter, unterstützt durch Werksingenieure, leisteten diese Einführungsarbeit. Dazu wurde passendes Informationsmaterial bereitgestellt. Skizze 38 (Abb. 4) ist ein Beispiel dafür.

Die Informationsschrift beschrieb die Vorteile des ELPO Thermo-Automatic für die Anwendung in Kraftfahrzeugen. Aus den Anfangsbuchstaben leitete sich das Warenzeichen, „E–T–A", ab. Diese Buchstaben wurden mit der Zeit zum Inbegriff für Überstromschutzschalter und gleichzeitig Synonym für die Firma Ellenberger & Poensgen GmbH. In Abb. 5, Skizze 40, werden die Auslösekennlinie der Schmelzsicherung, die Strom-Zeitkennlinie des E–T–A und die Belastbarkeitskurve der verwendeten Leitungen miteinander verglichen. Damit wurde gezeigt, dass mit dem Schutzschalter die Leitung besser ausgenützt und dabei sicher geschützt werden konnte.

Interessant erscheint das Preisblatt TM 4 aus den fünfziger Jahren (Abb. 6). Neben den drei Gerätevarianten wurden zwei Klemmbretter gezeigt. Auffallend war bereits der große Nennstrombereich; bemerkenswert auch die Brutto-Preise. Schon bald kam zum manuell rückstellbaren Überstromschutzschalter ein Bimetallrelais. Man dachte zunächst an thermische Zeitrelais, aber bald wurde daraus, wie wir noch sehen werden, der APS (Anlauf-Phasen-Schalter). Die Patentschrift, Nummer 959 837 (Abb. 7), mit dem Titel: „Anwendung eines Bimetallschalters als Zeitrelais" wurde 1952 von der Firma zum Schutz angemeldet.

Die sehr einfache Konstruktion konnte durch eine Justierschraube, die gleichzeitig auch Festkontakt war, auf verschiedene Auslösezeiten eingestellt werden. Die möglichen Schaltzeiten lagen etwa zwischen 10 und 60 Sekunden. Die Heizwicklung wurde meist stromabhängig ausgelegt. Nach der Öffnung der Kontakte hielt der Strom in der Heizwicklung diese weithin offen. Die Anwendungen zeigten aber bald, dass dies nicht ganz unproblematisch war. Das Bimetall konnte überlastet werden. In Folge der Weiterentwicklung des Steatit-E–T–A wurden auch die Wünsche des Exports berücksichtigt. In den USA wurde für die Motoren im Haushaltbereich die Spannung 110V verwendet. In Europa herrschte dagegen die Spannung 220V vor. Um sowohl für die USA, als auch für Europa in den Maschinen den gleichen Motor einsetzen zu können, brauchte man einen Motorschutzschalter, der bei beiden Spannungen die Wicklung sicher vor Überlast schützte. Mit der Einführung des sogenannten A3-Anschlusses konnte dies gelöst werden. Die Erweiterung des Steatit-E–T–A wurde 1952 unter der Patentnummer 960 299 (Abb. 8) geschützt.

Der dritte Anschluss (28) war über die Kupferfolie (33), unter der Kontaktnase (19), mit dem Bimetall fest verbunden. Den eigentlichen Trick des umschaltbaren Motorschutzes zeigt Abb. 9. Die Motorwicklung für die Hauptphase war in zwei Teile (39, 40) geteilt. Für die Betriebsspannung 220V waren die zwei Hälften hintereinander geschaltet. Der Anschluss A3 (42) blieb frei, wie dies Figur 3 zeigt. Für 110V-Betrieb waren die beiden Hälften parallel geschaltet. Nun trat der A3-Anschluß in Aktion. In beiden Fällen floss über das Bimetall der gleiche Strom, denn jede Wicklungshälfte war für 110V ausgelegt. Für jede Spannung war somit der gleiche Motorschutz gewährleistet.

Der Automobilsektor hatte es unserer Firma in den fünfziger Jahren besonders angetan. Man unternahm viele Versuche, um dort Fuß zufassen. Ein Versuch war die Entwicklung eines Blinkrelais auf Bimetallbasis. Die Konstruktion wurde in der Patentschrift, Nummer 948 309 (Abb. 10), dokumentiert. Dieser Entwicklung war kein Erfolg beschieden. Das Blinkrelais war zu aufwendig. Dies war einer der ersten Flops.

Ganz anders war dies bei der Entwicklung eines dreipoligen Motorschutzschalters. Der Steatit-E–T–A wurde sozusagen verdreifacht. Geschützt wurde diese Erfindung unter der Patentnummer 958 035 im Jahre 1953 (Abb. 11). Die Konstruktion war im Prinzip vom einpoligen Schutzschalter abgeleitet. Auf einem gemeinsamen Steatitsockel waren die drei Bimetalle aufgeschraubt. Die Druckknopfbaugruppe besaß ebenfalls eine Steatitplatte, die die drei Kontaktbrücken trug. Die Druckknopfbaugruppe wurde im Metallrahmen geführt. Eine einwandfreie Auslösung bei Überstrom war nur bei dreipoliger Überlast möglich. Blieb ein Bimetall kalt, dann konnte der Triplex nicht auslösen. Der Einsatz dieses Schutzschalters war somit nur bei solchen Anwendungen möglich, bei denen nur dreipolige Überlast auftreten konnte. Auf der anderen Seite sprach der günstige Preis im Vergleich zu den üblichen Motorschutzschaltern für seinen Einsatz in Haushaltsgeräten.

Bei Gesprächen mit den Kunden wurde immer wieder der Wunsch nach einem Schutzschalter mit Hilfskontakten geäußert. Das Auslösen sollte durch einen Hilfskontakt angezeigt werden. Damit konnte z.B. ein optisches oder akustisches Signal eingeschaltet werden. Dazu war noch die Bedingung gekoppelt, den Signalstromkreis unterbrechen zu können, ohne den Hauptstromkreis wieder zu schließen. All diese Forderungen wurden in der Erfindung von 1953 unter der Patentnummer 965 943 berücksichtigt (Abb. 12). Die bekannte Konstruktion des Steatit-E-T-A wurde erweitert. Der Metallrahmen wurde an der Druckknopfseite unterbrochen. Auf dem Träger für die Kontaktbrücke befand sich eine zusätzliche Kontaktbrücke. Sie war zur Hauptkontaktbrücke elektrisch isoliert. Auf der Anschluss-Seite waren die zwei Metallrahmenhälften nach unten für die Hilfskontaktanschlüsse verlängert worden. Der Kontaktbrückenträger besaß an der Bimetallseite eine angeformte Zwischenrastnase. Diese verrastet in der sogenannten Zwischenstellung mit der Bimetallkontaktnase, ohne dabei jedoch den Hauptkontakt schon zu schließen. Der Hilfskontakt blieb geöffnet. Wie schon erwähnt, konnte das Bimetall des Zeitrelais nach Patentnummer 959 837 (Abb. 7) leicht überlastet werden. Besonders bei Anwendung als Anlaufphasenschalter für Einphasen-Wechselstrommotoren war dies ein entscheidender Nachteil.

Man fand aber 1953 Abhilfe durch die Einführung der sogenannten Kurzschluss-Schiene. Diese Erfindung wurde durch die Patentschrift Nummer 1 173 579 geschützt (Abb. 13). Die Kurzschluss-Schiene lag parallel zur Heizwicklung. Sobald sich das Bimetall ausreichend weit ausgebogen hatte, wurden die Kontakte 5 und 11 geschlossen und die Heizwicklung somit kurzgeschlossen. Das Bimetall konnte sich wieder abkühlen. Bei Dauerbetrieb stellte sich ein Schaltzyklus ein, der die Überhitzung des Bimetalls verhinderte. Mit dieser Erfindung waren dem APS die Türen für den Einsatz geöffnet.

Zu Beginn der fünfziger Jahre beschäftigte man sich auch mit Konstruktionen, die mit dem Überstromschutz eigentlich wenig zu tun hatten. Eine davon war die Erfindung eines Anzeigeinstruments auf Bimetallbasis. Wenn man wollte, könnte man dieses als Vorläufer der E-T-A Messinstrumente sehen. Patentiert wurde diese Erfindung 1954 unter der Patentnummer 949 011 (Abb. 14).

Zu den eigenen Patenten erwarb man auch Fremdpatente, die in unser Programm passten und die man als sogenannte Sperrpatente verwendete. Eins davon war das AEG-Patent (Abb. 15) aus dem Jahre 1955. Es hatte die Patentnummer 1 003 327 und trug folgenden Namen: „Installationsselbstschalter in Schmalbauform mit magnetischer und thermischer Auslösung, mit einem oder mehreren abschaltbaren Hilfskontakten für allgemeine Leitungsschutz- oder Spezialzwecke". Es war unschwer zu erkennen, dass dieser Überstromschutzschalter die Merkmale des viel später entwickelten 2210 besaß. Das Schaltschloss war in viele Konstruktionen unseres Schaltprogramms eingeflossen. Im Anhang findet sich ein Gesamtverzeichnis aller weiteren, in der Bundesrepublik angemeldeten, zugekauften und E-T-A-eigenen Patente. Etwa 1956 begann die Phase, in der das Steatit durch Duroplaste ersetzt wurde. Auf Grund der Erfahrungen traute man sich jetzt zu, als Trägermaterial für die Bimetalle Formstoffe der Typen 12 und 31 einzusetzen.

Eine der ersten Konstruktionen war ein Kombigerät aus Motorschutz und Anlaufphasenschalter. Diese Konstruktion wurde in der Patentschrift 1 091 210 festgehalten (Abb. 16). Die APS/MR-Kombination besaß zwei Kunststoffgehäuse aus Formstoff. Die Baugruppen waren noch im Gehäuseunterteil angeschraubt bzw. festgenietet.

Zur wichtigen Umstellung der Trägerwerkstoffe kam 1956 eine bahnbrechende Erfindung, die die weitere Entwicklung der Firma entscheidend beeinflusste. Es war dies die Erfindung der schwenkbaren Kontaktbrücke und das Einlegen der Teile in ein Gehäuseunterteil. Der E-T-A Magnetic war geboren. Die Erfindung wurde 1956 durch die Patentschrift Nummer 1 051 951 geschützt (Abb. 17). Mit der schwenkbaren Kontaktbrücke war die absolute Freiauslösung mit gleichzeitiger Moment-Ein-und-Ausschaltung verwirklicht. Des weiteren war ab diesem Zeitpunkt ein justierbares Bimetall im Einsatz. Statt Zangenjustierung erfolgte die Einstellung über eine Justierschraube. Mittels des Kegels und eines Feingewindes konnte die Justierung sehr feinfühlig vorgenommen werden. Der Justiervorgang war damit kostengünstiger und schneller geworden. In dieser Konstruktion waren aber auch noch andere Aspekte enthalten, die für die Montage große Vorteile brachte. Intensive Gespräche mit allen betroffenen Stellen waren nötig, um diesen neuen Weg zu ebnen. Das Einlegen der Teile in die dafür vorgesehenen Aufnahmebereiche im Gehäuse war damals nicht ganz einfach. Die großen Toleranzen führten zu Schwierigkeiten und ausgiebigen Diskussionen. Bis dahin passte man die Stanzteile jeweils den Presschargen der Steatit-Teile an. Dieses aufwendige Verfahren konnte jetzt verlassen werden. Diese Umstellung muss als ausgesprochen wichtig und zukunftsweisend bezeichnet werden.

Die schwenkbare Kontaktbrücke neigte sich in der Ausstellung des Schutzschalters um etwa 12. Nur in dieser Stellung konnte der Druckknopf die Kontaktbrücke mitnehmen. Sobald sie unter der Kontaktnase einrastete, schwenkte sie in die 12 Grad-Position. Hier hatte der Druckknopf keinen Einfluss mehr auf die Kontakte. 1957 wurde die Erfindung nach Abb. 18 unter der Patentnummer 1 058 616 angemeldet. Vom magnetischen Schutzschalter wurde nur ein Handmuster angefertigt und nicht weiter verfolgt, er war aber hochinteressant. Zur Begrenzung des abzuschaltenden Kurzschluss-Stromes besaß dieser magnetische Selbstschalter einen Vorkontakt. Vor der endgültigen Trennung des Stromkreises wurde erst ein Vorwiderstand in Reihe geschaltet. Dieser dämpfte den Kurzschluss-Strom. Das Ansprechverhalten der Magnetspule bereitete allerdings einige Schwierigkeiten. Man fand nur sehr mühsam ein Verfahren, dies in engen Grenzen zu halten. Legt man allerdings nur die Kurzschlussabschaltung zugrunde, dann waren sehr wohl brauchbare Ergebnisse zu erzielen. Nach Erfindung der schwenkbaren Kontaktbrücke wurden nicht alle E–T–A Schutzschalter schlagartig umgestellt. Es wurden weiterhin auch Verbesserungen oder Umsetzungen von Kundenwünschen am Steatit-E–T–A bzw. am 1-E–T–A, vorgenommen. Eine dieser Verbesserungen fand im sogenannten Bresges Schutzschalter ihre Umsetzung. Abb. 19 zeigt eine Figur der Erfindung aus der Patentschrift, Nummer 1 199 380, aus dem Jahre 1957. Wichtige Erkenntnisse flossen in diese Konstruktion ein. Steatit wurde durch Kunststoff ersetzt. Die Teile wurden am Sockel eingelegt und das Bimetall durch die Justierschraube eingestellt. Außerdem war das Gehäuse auf beiden Schmalseiten offen. Die Kühlluft des Motors wurde zusammen mit dem Motorstrom für den Schutz herangezogen. Der Schutzschalter reagierte flinker, sobald die Kühlluft bei Motorblockierung ausfiel.

Der Versuch, auf dem Gebiet der Thermostate Fuß zu fassen, scheiterte. Im Jahre 1957 wurde das Patent Nummer 1 170 500 angemeldet (Abb. 20). Der Anlegethermostat besaß einen Bimetallfühler. Auf dem Markt gab es eine Fülle von Thermostaten. Wir konnten keine Marktlücke entdecken. Dies war der Hauptgrund, warum die Erfindung nicht zur Fertigungsreife gebracht wurde. Ganz anders war dies auf dem Gebiet des E–T–A. Dieses war unsere Domäne. Nach dem thermisch/magnetischen Überstromschutzschalter E–T–A Magnetic folgte 1958 die rein thermische Version. Die folgende Gewindehalsversion nach Abb. 21 wurde 1958 unter der Patentnummer 1072 717 geschützt. Nach dem Steatit-E–T–A und dem 1-E–T–A in der Kunststoffversion war der 2-E–T–A geboren. Alle Merkmale des E–T–A Magnetic wurden übernommen. Der 2-E–T–A fand bald rege Anwendung und damit auch sehr bald Nachahmer. Die Konstruktion konnte sich aber auf Grund seiner Genialität und Einfachheit durchsetzen. Auffallend bei dieser Gewindehalsausführung war der Handauslöser. Dieser wurde eigentlich nur bei der Flansch- und bei der Steckausführung verwendet. Die Moment-Ein-und-Ausschaltung des E–T–A brachte entscheidende Vorteile für das Trennen und Verbinden der Stromkreise. Insbesondere beim Schalten von Gleichstrom war dies von großem Vorteil. Es entstand der Wunsch, auch für das Motor-schutzrelais MR mit bisher schleichender Kontaktgabe, eine Moment-Ein-und-Ausschaltung zu entwickeln. Dies führte zu einer Konstruktion nach der Patentschrift, Nummer 1 083 413, aus dem Jahre 1958. Abb. 22 zeigt eine Figur aus dieser Patentschrift. Das Bimetall steuerte über ein Kippstück die Kontaktfeder. Erst nach Überwindung des Totpunktes durch das Bimetall wurde der Kontakt geschaltet. Dies galt sowohl für die Erwärmphase als auch für die Abkühlphase. Der Motorschutz für Einphasenmotoren, die ohne Aufsicht betrieben werden, war jetzt möglich. Bis zu 100.000 Schaltspiele wurden ohne weiteres möglich. Das reichte bis zu 28 Tagen bei gestörtem Betrieb.

Auch beim APS suchte man nach einer Lösung, die die sofortige Wiedereinschaltung möglich machte. Die Abkühlphase des Bimetalls verhinderte dies. Die Entwicklung führte zum sogenannten Spannungs-APS (Abb. 23). Der thermisch/magnetische Anlaufphasenschalter wurde 1958 unter der Patentnummer 1 186 135 geschützt. Unser APS und die magnetischen Anlaufphasenschalter waren beide stromabhängig. Bei dieser Konstruktion war es anders. In der Hochlaufphase wurde zwar die Hilfswicklung nach wie vor vom Bimetall abgeschaltet; gleichzeitig wurde dabei aber eine Magnetspule betätigt, die dafür sorgte, dass die Hilfsphase abgeschaltet blieb und sich das Bimetall wieder abkühlen konnte. Wurde nun der Motor abgeschaltet, dann konnte er sofort wieder starten. Diese Funktion wird durch das nebenstehende Schaltbild (Abb. 24) näher erläutert. Wie beim thermischen APS besaß auch der Spannungs-APS drei Anschlüsse. An Klemme 1 wurde die Netzzuleitung angeschlossen. An Klemme 2 lag die Hilfsphase, an Klemme 3 die Hauptphase. In der Hochlaufphase schloss das Bimetall den Kontakt für die Magnetspule. Diese öffnete den Stromkreis für die Hilfsphase und gleichzeitig schloss sie den Haltekontakt. Wie die Zeichnung aus der Patentschrift zeigt, mussten wir für die Lösung unserer Aufgabe großen Aufwand betreiben. Der dafür notwendige Verkaufspreis war die sicherste Auftragsabwehr.

Im ersten Moment erschien die Entwicklung eines Mikroschalters recht abwegig. Er war für den Anbau an Schutzschalter gedacht. Die Patentschrift Nummer 1 144 362 aus dem Jahre 1959 zeigt diese Erfindung. Abb. 25, eine Draufsicht, wurde diesem Dokument entnommen. Der Mikroschalter war justierbar und besaß Momentschaltung. Ausgerüstet wurde er mit einem Wechsler. Sein Hauptanwendungsgebiet war der später entwickelte Luftfahrt-Triplex. Ein großer Renner wurde der 1959 entwickelte E–T–A 2-5100. Er war zwar ursprünglich für den Einsatz in Fahrzeugen vorgesehen, fand seine Hauptanwendung jedoch im Haushaltssektor. Er wurde in sehr großen Stückzahlen gefertigt (Abb. 26). Die Konstruktion wurde 1959 unter der Patentnummer 1 129 602 geschützt. Seine Bauform eignete sich vorzüglich für das direkte Einlegen in entsprechende Hohlräume in Haushaltgeräten. Die Kontaktbrücke des E–T–A Magnetic wurde verwendet. Die Gehäusegröße konnte verkleinert werden. Dieser Schutzschalter wurde bis Ende der achtziger Jahre gefertigt.

Die Entwicklungen in den sechziger Jahren

Eine neue Ära begann in den sechziger Jahren. Wir unternahmen den Einstieg in die Produktion von Bordnetzschutzschaltern für Flugzeuge und Fahrzeuge. Für den Bordnetzschutz brauchte man Überstromschutzschalter mit höherem Schaltvermögen. Der mögliche Kurzschluss-Strom war begrenzt und abhängig von der Kapazität der Bordbatterien. Es gab Vorläufertypen, die für die eigentlichen Bordnetzschutzschalter die Wegbereiter waren. Der Vorläufer war der E–T–A Typ 443, der für die USA und Kanada entwickelt worden war. Die Gewindehalsausführung besaß bereits eine Kupferlitze, die die Kontaktstelle zwischen Bimetall und Kontaktbrücke kurzschloss. Die Gehäusehälften hatten auf den Breitseiten Öffnungen für den freien Austritt des Lichtbogens. Eine weitere Variante zeigte die Patentschrift Nummer 1 189635 von 1960. Daraus wird in Abb. 27 die Figur 1 wiedergegeben. Beim Flanschtyp des E–T–A 401 sieht man deutlich die Überbrückung der Kontaktstelle zwischen Kontaktnase und Kontaktbrücke. Bei größeren Überströmen, etwa ab 200 A, wurde besonders diese Kontaktstelle stark beansprucht. Die Stromführung im Gerät war ähnlich einer Stromschleife. Bei großen Strömen half die dynamische Wirkung des Stromes für die beschleunigte Auslösung. Stromunterbrechungen innerhalb von 3 ms wurden durchaus möglich. Der dargestellte E–T–A war zwar noch kein Bordnetzschutzschalter, er hatte aber bereits alle entsprechenden Merkmale.

Für Anwendungen in den USA wurde das Motorschutzrelais MR verbessert und in die Form eines Konkurrenzproduktes gebracht. Deshalb nannte man dieses MR auch Klixon-MR. Anstelle des Kunststoff-Kippstückes wurde eine Metallkippfeder eingesetzt. Abb. 28 zeigt die Figuren 5 und 6 aus der Patentschrift Nummer 1 105 505. Die besondere Form wurde den Einbauverhältnissen des Motors angepasst. Abschalt- und Rückstellzeit waren über Justierschrauben einstellbar.

Der Einsatz von E–T–A Überstromschutzschaltern kam immer mehr ins Rollen und damit auch die Nachfrage nach kleineren Geräten. Die erste Entwicklung in diese Richtung war die Typenreihe 2-4700. Diese Erfindung fand ihren Niederschlag in der Patentschrift Nummer 1 134 149 von 1961. Daraus sind die Figuren 5 und 6 in Abb. 29 zu sehen. Die Breitseite des 2-E–T–A wurde praktisch halbiert, alle seine Merkmale waren aber enthalten. Die gezeigte Bauform war zum Einlegen in entsprechende Aussparungen, z.B. in Haushaltsmaschinen, geeignet. Von dieser Grundkonstruktion wurde eine Gewindehalsversion abgeleitet. Außerdem gab es Bauformen mit geöffneten Gehäusen. 1962 ging man daran, den Triplex grundlegend zu verbessern. Der bisherige Typ war überholt und entsprach nicht mehr den Anforderungen des Marktes. Es wurde eine vollkommene Neukonstruktion durchgeführt, die mit Patentschrift Nummer 1 203 867 geschützt wurde. Abb. 30 zeigt eine Draufsicht daraus. In den äußeren Abmessungen des alten Triplex wurde ein vollkommen neues Schaltwerk eingebaut. Der Gedanke der schwenkbaren Kontaktbrücke wurde verwendet, allerdings in abgewandelter Form. Auf einem Isolationsträger wurden die drei Kontaktbrücken befestigt und die doppelte Kontaktunterbrechung auf eine Seite gerückt. Der Isolationsträger rastete in den Verklinkungshebel ein, der sich auf den Auslösehebel abstützte. Alle drei Bimetalle arbeiteten gegen diesen Auslösehebel. Die Moment-Ein-Ausschaltung sowie absolute Freiauslösung waren verwirklicht. Die Auslösung bei einpoliger Überlast war möglich, allerdings mit späterer Auslösung im Vergleich zur dreipoligen Überlast.

Für Bordnetzschutzschalter in Flugzeugen gibt es sogenannte MIL-Normen (US Military Specification) und MS-Blätter (Military Standard der USA). Diese US-Normen lagen bei E–T–A vor und waren Richtschnur für die Entwicklung solcher Schutzschalter. So war dies auch für den E–T–A Typ 412. Allerdings nahmen wir es am Anfang nicht so genau mit der Umsetzung der Anforderungen. Vielmehr versuchten wir unsere Vorstellungen einzubringen (Abb. 31). Die wesentlichen äußeren Merkmale der Bordnetzschutzschalter waren Gewindehals und Zug-Druck-Betätigung. Der 2-4200, wie ihn die Patentschrift Nummer 1 463 114 von 1963 zeigt, hatte die schwenkbare Kontaktbrücke und zusätzlich integrierte Hilfskontakte. Die Hilfskontakte waren ebenfalls mit der Freiauslösung gekoppelt. Er war für die Telekommunikationsindustrie entwickelt worden. Mit diesem Typ konnten wir aber noch nicht bei der Luftfahrtindustrie landen. Das lag nicht allein an den nicht voll eingehaltenen Bestimmungen, sondern auch daran, dass wir für den USA-Markt noch ein unbeschriebenes Blatt waren.

Anders war es beim E–T–A 412. Dieser Schalter kam als Bordnetzschutzschalter in deutschen Kettenfahrzeugen zum Einsatz. Zuvor waren intensive Gespräche mit der einschlägigen Industrie und dem Bundeswehr-Beschaffungsamt notwendig. Durch Vorträge und eindrucksvolle Vorführungen konnten wir den Vorteil der Schutzschalter, im Gegensatz zu den Schmelzsicherungen, für den Schutz von Leitungen herausstellen. Der erste Bordnetzschalter, den wir patentieren ließen, war der E–T–A 412. Seine Patentschrift trägt die Nummer 1 463 115 und stammt aus dem Jahre 1963 (Abb. 32). Die bewährte E–T–A Konstruktion war den Anforderungen der Bordnetzschutzschalter angepasst. Zur Verwirklichung der Zug-Druck-Betätigung wurde die Kontaktnase umgestaltet. Ihre Schräge erlaubte bei entsprechendem Zug das Ausschalten. An der Kontaktnase war auch ein Ende der Kupferlitze angeschweißt. Die wirksame Bimetallänge wurde damit vergrößert. Das Keramikstück am Justierkegel sollte verhindern, dass durch die Justierschraube ein Teilstück des Bimetalls überbrückt wurde. Beim Bordnetzschutzschalter wurden auch Anforderungen erfüllt, die man aus der Zeichnung nicht entnehmen kann. Das waren beispielsweise die große Festigkeit der Gehäuse, Staubdichtigkeit, Schutz gegen Pilzbefall oder 6000 A Schaltvermögen bei 32V Gleichspannung.

Auch am bestehenden E–T–A Programm wurden 1963 Verbesserungen zum Patent angemeldet. Ein Beispiel dafür war der E–T–A Magnetic 3600. Die steckbare Ausführung des E–T–A Magnetic wurde mit der Patentschrift Nummer 1 463 116 geschützt (Abb. 33). Auf den ersten Blick schien sich nichts geändert zu haben, aber der Schein trog. Die Steckanschlüsse wurden in gleichen Abständen herausgeführt. Sie waren symmetrisch angeordnet, d. h. der Schutzschalter konnte auch um 180 gedreht eingesteckt werden, ohne dass sich die Funktionsweise der Kontakte änderte. Zum 3600 gehörten auch zweipolige und sechspolige Steckbretter. Zwischen der Kontaktbrücke und der Hilfskontaktbrücke war eine Abschirmung eingebaut worden. Ein Lichtbogenüberschlag vom Hauptstromkreis zu den Hilfsstromkreisen wurde so weitgehend verhindert. Diese Verbesserung kam allen E–T–A Magnetic-Typen zugute.

Die Strom-Zeitkennlinien der E–T–A Schutzschalter waren dem Geräteschutz angepaßt und deshalb meist träge. Der Wunsch nach einer flinken Kennlinie wurde mit Typ 9000 erfüllt. Die Typenbezeichnung änderte sich später zum Typ 834. Die Erfindung wurde uns im Jahre1964 unter der Patentnummer 1 463 122 geschützt (Abb. 34). Die Stromüberwachung wurde allein von der Magnetspule übernommen. Das Schaltschloss war dem neuen Triplex nachempfunden. Die integrierten Hilfskontakte waren mit der Freiauslösung gekoppelt. Die Zug-Druck-Betätigung war aufwendig verwirklicht, wie dies unschwer auf Abb. 34 zu erkennen ist.

Im Zuge der Entwicklung der Bordnetzschutzschalter für Kettenfahrzeuge wurden auch Schalter mit größeren Nennströmen gefordert. In Anlehnung an NH-Sicherungen haben wir den Typ 447 entwickelt. Die Neuentwicklung wurde 1964 unter der Patentschrift Nummer 1 463 121 angemeldet. Daraus zeigt Abb. 35 die Figur 3. Für den hohen Nennstrom von 400 A war eine geteilte Stromführung notwendig. Hierzu sahen wir eine Parallelschaltung von Bimetall und Spule vor. Der größere Teil des Stromes floss direkt vom Flachanschluss zur Kontaktstelle. Die verengte Stelle der Stromschiene war schleifenförmig gebogen und diente als Windung für die magnetische Auslösung. Der kleinere Teil des Stromes floss für die thermische Auslösung durch das Bimetall. Mit dieser Stromteilung konnten die Abmessungen des Bimetalls günstig gewählt werden. Eine abgewandelte schwenkbare Kontaktbrücke sorgte für Moment-Aus-und-Einschaltung. Für die manuelle Betätigung waren größere Kräfte nötig.

Die Zug-Druck-Betätigung war darum nicht möglich. Um aber eine zufällige manuelle Auslösung zu verhindern, waren zwei Schieber konstruiert worden, die für eine Auslösung zunächst aneinander geschoben werden mussten.

Für den Bordnetzschutz in Kettenfahrzeugen wurde ein weiterer Schutzschalter für den Nennstrombereich 35 – 50 A entwickelt. Er fand seinen Niederschlag in der Patentschrift Nummer 1 216 976 aus dem Jahre 1964 (Abb.36). Wie Abb. 36 zeigt, entsprach Typ 413 im wesentlichen dem Typus 412. Die Strombahnen wurden verstärkt und die Federanordnung verändert. Die Feder unter der Kontaktbrücke wurde eine Schenkelfeder. Diese Schenkelfeder bewirkte eine Vergrößerung der Federkräft bei Freiauslösung. Die Feder stützte sich direkt im Gehäuse ab, so dass jetzt die größere Kraft direkt unter der Kontaktfeder war. Ansonsten besaß der Schutzschalter die gleichen Merkmale wie Typ 412.

Der Bordnetzschutzschalter mit der Typenbezeichnung E–T–A 452 wurde nach einer MS-Bestimmung entwickelt. Seinen ersten Einsatz fand er in Kettenfahrzeugen. Angemeldet wurde er 1965 unter der Patentnummer 1 292 728. Figur 1 aus der Patentschrift zeigt die Abb. 37. Die kompakte Konstruktion besaß eine thermisch-magnetische Auslösung. Wie schon beim Typ 447 war auch hier eine Parallelschaltung zwischen Verbindungsschiene und Bimetall vorgesehen. Die Verbindungsschiene war zu einer Stromschleife geformt. Durch sie wurde bei hohen Überströmen die magnetische Auslösung bewirkt. Das Schaltschloss besaß wieder eine schwenkbare Kontaktbrücke, allerdings in vom Typus 447 abgewandelter Art. Die Langlebigkeit unserer mechanischen Konstruktionen zeigte sich darin, dass der Typ 452 seit Mai 1997 in größeren Stückzahlen an die Firma Boeing geliefert wird.

In den sechziger Jahren wurde auch intensiv an Verzögerungsschaltern auf thermischer Basis gearbeitet. Zwei Beispiele sollen stellvertretend erwähnt werden. Das erste entstammt der Patentschrift Nummer 1 279 192 von 1965, woraus Abb. 38 die Figur 1 zeigt. In einem topfförmigen Gehäuse waren die Einzelteile eingelegt und befestigt. Das Verzögerungsrelais hatte einen Wechselkontakt. Die Schaltzeiten waren einstellbar. Die Einstellung wurde allein werksseitig vorgenommen. Veränderungen durch den Anwender waren nicht vorgesehen. Für den Energiekonzern OBAG wurde speziell ein Verzögerungsrelais entwickelt. Die Umschaltung wurde zentral über eine Rundsteueranlage vorgenommen. Die Entwicklung führte zu zwei Patenten. Das waren die Nummern 1 283 392 und 1 301 859. Die folgende Figur 1 entstammt der letzteren Patentschrift aus dem Jahre 1965 (Abb. 39). Zwei Bimetalle waren in einem drehbaren Isolierklotz befestigt. Beide trugen eine Heizwicklung. Das Ende des oberen Bimetalls war über eine Justierschraube am Gehäuse fixiert. Das untere Bimetall betätigte den Mikroschalter. Bei Erregung des unteren Bimetalls wurde der Mikroschalter umgelegt. Die Erregung der Wicklung blieb erhalten. Wurde das obere Bimetall angesteuert, wurde die Wicklung des unteren Bimetalls durch die Drehbewegung abgeschaltet. Bei dessen Abkühlung wurde der Mikroschalter wieder zurückgestellt.

Die Bestrebungen, die Bedingungen der Luftfahrtindustrie zu erfüllen, fanden in verschiedenen Entwicklungen ihren Niederschlag. Die Erfindung des Bordnetzschutz-schalters nach der Patentschrift Nummer 1 538 452 von 1966 kann als Vorläufer des E–T–A 483 angesehen werden (Abb. 40). Zum erstenmal wurde für das Schaltschloss ein Kniegelenk eingesetzt. Die Momenteinschaltung war bei derartigen Schaltschlössern etwas problematisch. Durch einen besonderen Hebel wurde kurz vor der Kontaktschließung die Kontaktbrücke zurückgehalten. Mit der Streckung des Kniegelenks wurde die Verklinkung wieder gelöst. Durch die Streckung des Kniegelenks wurde die Feder am Hebel, der den Druckknopf in seiner Einstellung festhielt, gespannt. Durch Zug am Druckknopf konnte diese Feststellung gelöst werden. Der Schalter besaß noch keine Temperaturkompensation. Von der Konstruktion wurden nur Muster gefertigt. Diese Versuche waren aber für den nachfolgenden Typ 483 von Bedeutung.

Das neue Kniegelenkschaltschloss reizte auch zu Anstrengungen, den rein magnetischen Überstromschutzschalter zu verbessern. Das führte zu der Studie, die in der Patentschrift Nummer 1 538 453 ihren Niederschlag fand. In einer Aussparung am unteren Ende des Gehäuses war der Einbau des E–T–A Mikroschalters vorgesehen.

Das erste Patent des E–T–A 808 hat die Nummer 1 538 456 und wurde 1966 angemeldet (Abb. 41). Mit diesem Schalter wurde ein ganz neues Gebiet betreten. In der Einschaltstellung wurde die Kontaktbrücke durch einen Dauermagneten festgehalten. Für die Auslösung brauchte man eine Magnetspule. Sie hatte die Aufgabe, den Dauermagnetfluss im Überstromfalle so umzusteuern, dass die Gegenfeder am Druckknopf die Haltekraft des Magneten überwinden konnte. In Figur 5 aus der Abb. 42 ist der Magnetflussverlauf zu sehen. Zur Umsteuerung des Dauermagnetflusses war eine relativ kleine Magnetkraft der Magnetspule erforderlich. Eine Justiermöglichkeit war bei dieser Version noch nicht vorgesehen.

Im Jahre 1966 wurde in den 2-E–T–A ein Hilfskontakt integriert. Dieser E–T–A erhielt die Typenbezeichnung 2-5400. Die Erweiterung wurde unter der Patentnummer 1 538 457 geschützt (Abb. 43). Damit der Hilfskontakt auch Freiauslösung besaß, stützte sich der Hilfskontaktschieber an der Kontaktbrücke ab. Die Feder unter dem Führungsstück sorgte für den nötigen Kontaktdruck für die Hilfskontaktbrücke und glich die Maßtoleranzen aus.

Der erste kompakte, dreipolige Bordnetzschutzschalter mit der Typenbezeichnung 582 wurde 1966 entwickelt. Der thermisch/magnetische Schutzschalter wurde unter der Patentnummer 1 538 466 geschützt (Abb. 44). Wir benutzten bei dieser Konstruktion wieder das Kniegelenk, wie es schon bei vorausgegangenen Schutzschaltern angewendet worden war. Die Verrastung erfolgte an einer Halbwelle, die sich über die drei Pole erstreckte. Über die Halbwelle war jeweils ein Hebel gesteckt. Mit deren Hilfe wurde die Halbwelle sowohl durch das Bimetall, als auch durch die Magnete zur Auslösung gedreht. Die Justierung des Bimetalls erfolgte über den Isolierschieber. Das Problem bei den einpoligen Bordnetzschutzschaltern mit der schwenkbaren Kontaktbrücke war die Kupferlitze. Die geforderten Schaltspiele konnten nur schwer erreicht werden. Das Problem konnte durch eine Doppelkontaktbrücke umgangen werden. Aber auf eine schwenkbare Kontaktbrücke sollte nicht verzichtet werden.

1967 wurde die Erfindung des Typ 482 unter der Nummer 1 588 146 zum Patent angemeldet (Abb. 45). Die Doppelkontaktbrücke steckte im schwenkbaren Brückenträger aus Isolierstoff. Das U-förmige Bimetall trug an seinem freien Ende die besonders geformte Rastnase. Der Brückenträger wurde im Druckknopf geführt. Beide Federn waren direkt im Gehäuse abgestützt. Die Schenkelfeder umgriff das Bimetall und sorgte für den nötigen Kontaktdruck. Der Gedanke, den Überstromschutzschalter auch gleichzeitig als Ein/Aus-Schalter zu benützen wurde immer intensiver. 1967 wurde von Horst Adam das Patent Nummer 1 588 338 angemeldet, welches von uns aufgekauft wurde (Abb. 46). Das Prinzipbild zeigte den Schutzschalter mit einer Schaltwippe. Durch sie wurde ein Kontakthebel bewegt. Er stützte sich auf einer Seite auf das Bimetall ab, auf der anderen Seite schloss er den Kontakt. Diese Konstruktion zeigte alle Merkmale der späteren E–T–A Geräteschutzschalter.

Neue Bestimmungen für Schutzschalter im Haushaltsbereich verlangten in den sechziger Jahren im Betätigungsbereich eine zusätzliche Schutzmaßnahme gegen elektrischen Schlag. Berührbare Metallteile mussten geerdet werden, Isolieroberflächen mussten zu aktiven Teilen durch doppelte oder verstärkte Isolierung geschützt werden. Zur gleichen Zeit wurde auch verstärkt nach kleineren Schutzschaltern gefragt. Wir kamen diesen Wünschen mit einer Erfindung nach, die in der Patentschrift Nummer 1 588 167 aus dem Jahre 1967 dokumentiert wurde (Abb. 47). Diese, sehr erfolgreiche, Typenreihe 104 war eine Weiterentwicklung des E–T–A. Für die Verkleinerung mussten besondere Maßnahmen ergriffen werden. Mit der Gehäusekappe wurde die doppelte Isolierung erreicht. Die wirksame Bimetallänge konnte nicht verkürzt werden. Dafür wurde eine besondere Kontaktnase entwickelt, deren Raststelle für die Kontaktbrücke über die Bimetallwicklung ragt. Außerdem wurde das abgewinkelte Bimetallende an die untere Seite des Sockels gelegt. Mit dem Festschrauben des Bimetalls konnte gleichzeitig die Justierung vorgenommen werden. Auch bei diesem Typ stützten sich die beiden Federn im Sockel ab. Neben der hier gezeigten Gehäuseform gab es die Gewindehals- und die Flanschversion mit Schnapphaken zum Einschnappen in vorgesehene Aussparungen.

Die bis jetzt beschriebenen Überstromschutzschalter hatten entweder einen Bimetall- oder einen Bimetall/Magnet-Auslöser. Diese Auslöser reagierten auf Überstrom mit einer gewissen Verzögerung, die für Halbleiter in elektronischen Einrichtungen zu lange dauern. Einen elektronischen Überstromschutzschalter meldeten wir z.B. 1968 an. Die Patentschrift hat die Nummer 1 763 282. Geschützt wurde die Schaltung, welche auf Abb. 48 wiedergegeben wird. So richtig zum Einsatz kam diese Erfindung aber nicht. An den Klemmen 3 und 4 wurde der Verbraucher angeschlossen. Der von ihm aufgenommene Gleichstrom wurde von der Elektronik im Schutzschalter überwacht. Bei Überschreitung eines bestimmten Sollwertes wurde das Auslöseorgan des mechanischen Schutzschalters angesteuert und die Auslösung freigegeben. Der Schutzschalter repräsentierte eine Kombination aus Mechanik und Elektronik.

Der E–T–A Typ 808 aus der Patentschrift Nummer 1 538 456 wurde 1968 durch eine Justiereinrichtung erweitert. Dies fand seinen Niederschlag in der Patentschrift Nummer 1 810 676 (Abb. 49). Wie aus Abb. 49 zu sehen ist, wurde der Magnetfluss des Dauermagneten am Anker (6) durch den Nebenschluss beeinflusst. Durch die Stellung der Justierschraube konnte er und damit die Ansprechzeiten des Überstromschutzschalters, in engen Grenzen eingestellt werden.

Die Kabel von Elektro-Rasenmähern waren besonders durch Abschneiden oder Beschädigung der Isolation durch die Mähermesser gefährdet. Auf Grund einer Kundenanregung wurde ein eigenes Schutzgerät für den entsprechenden Kabelschutz entwickelt. Diese Erfindung aus dem Jahre 1969 bekam die Patentnummer 1 953 984. Abb. 50 zeigt daraus ein Schnittbild. Der Elekro-Rasenmäher wurde über ein Sicherheitskabel ans Netz angeschlossen. Dieses hatte im Isolationsmantel einen zusätzlichen Schutzleiter. Sobald das Kabel durch die Mähermesser beschädigt wurde und eine Verbindung mit einem aktiven Leiter und dem zusätzlichen Schutzleiter zustande kam, wurde die Magnetspule im E–T–A Schalter erregt, und er löste aus.

Eine weitere Kundenentwicklung wurde für ein Vielfach-Messinstrument durchgeführt. Die Erfindung wurde 1969 unter der Nummer 1 955 306 patentiert. Abb. 51 zeigt eine Draufsicht aus der Patentschrift. Der Messgeräteschutzschalter erhielt die Typenbezeichnung 811. Der magnetische Auslöser musste für geringe Ansprechleistung ausgelegt werden. Dies war nur unter der Verwendung eines Dauermagneten möglich. In der Einschaltstellung war der magnetische Kreis geschlossen. Wie beim Typ 808 löste beim Überschreiten eines Sollwertes die Spulenwicklung den Magnetanker aus und der Schalter öffnete. Das Bimetall war zum Schutz des Messgerätes bei Überschreiten seines Messbereichs vorgesehen.

Neue Entwicklungen in den siebziger Jahren

Die Verriegelung der Waschmaschinentüren trat immer mehr in den Vordergrund. Einschlägige internationale Bestimmungen verlangten für den Personenschutz eine Türverriegelung im Schleudergang. Aber auch im Waschgang sollte das Auslaufen von heißer Waschlauge durch ein Öffnen der Türe verhindert werden. Mit unserem Typ 680 stellten wir dem Markt ein Türverriegelungsrelais auf Bimetallbasis zur Verfügung. Die Zeichnung entstammt der Patentschrift Nummer 2 051 335, welche 1970 angemeldet wurde (Abb. 52). Das Relais besaß zwei beheizte Bimetalle. Beim Einschalten des Schleudergangs oder durch Vorgabe des Programmschaltwerks wurde der Verriegelungsvorgang eingeleitet. Der Stößel (25) griff in die Verriegelungseinrichtung der Türe ein und verhinderte das Öffnen der Türe. Nach der Beendigung der Bimetallerregung wurde die Verriegelung verzögert aufgehoben. Die Entriegelungszeit war verhältnismäßig lang. In dieser Zeit sollte der Motor bzw. die Trommel zum Stillstand kommen. Der Kontakt im Relais diente dem Schutze der Bimetallwicklungen vor Überlastung im Falle einer Bewegungsblockierung des Stößels.

Für den Bordnetzschutz wurden immer wieder Neuentwicklungen durchgeführt, um zu wirksamen und preiswerten Lösungen zu kommen. Eine derartige Studie zeigt Abb. 53 aus der Patentschrift Nummer 2 052 261 von 1970. Bei dieser Entwicklung setzte man die schwenkbare Kontaktbrücke in etwas modifizierter Form ein. Der zugrundeliegende Gedanke war die Momenteinschaltung. Bei der Entwicklung des Bordnetzschutzschalters mit dem Kniegelenk war die Momenteinschaltung nur mit größerem Aufwand zu erreichen. Die Abmessungen entsprachen schon einer zutreffenden MIL-Spezifikation. Von diesem Schalter wurden nur Muster angefertigt. Die gestellten Bedingungen konnten nicht einwandfrei erfüllt werden. Aus diesem Grund verfolgte man diese Entwicklung nicht mehr weiter. Der Wunsch nach noch kleineren E–T–A Schutzschaltern führte zur Entwicklung des E–T–A Typ 113. Diese Erfindung wurde unter der Patentschrift Nummer 2 052 433 geschützt, welche 1970 angemeldet wurde. Abb. 54 zeigt die Einschaltstellung. Dieser kleinste E–T–A besaß jedoch alle Merkmale eines richtigen E–T–A Überstromschutzschalters. Problematisch war nur der Sitz der einzelnen Teile im zweiteiligen Gehäuse. Besonders die Bimetallbaugruppe war nicht fest genug im Gehäuse zu verankern. Die Folge war ein größeres Streuband der Auslösekurve. Für enge Toleranzen war der Montageaufwand verhältnismäßig groß. Der Preis musste höher angesetzt werden. Die Folge war, dass wir keine Käufer fanden. Dies war eigentlich schade. Mit den heutigen Methoden sollte diese Konstruktion nochmals aufgenommen werden.

Mit dem Bordnetzschutzschalter Typ 483 gelang uns schließlich der große Wurf. Die Konstruktion erfüllte alle Forderungen und hatte zudem noch Vorteile zu Konkurrenzprodukten. Die Erfindung wurde 1971 angemeldet und erhielt die Patentnummer 2 123 765. Abb. 55 zeigt die Draufsicht der Kontaktebene. Der Schutzschalter besaß zwei übereinanderliegende Kammern. Abb. 55 zeigt die Kammer mit den Schaltkontakten. In der dahinterliegenden Kammer war der Bimetallauslöser untergebracht. Die Form des Kniegelenks war aus früheren Entwicklungen schon bekannt. Es wurde hier den besonderen Platzverhältnissen angepasst. Die Momenteinschaltung wurde durch ein Hemmnis kurz vor der eigentlichen Kontaktschließung verwirklicht. Mit der Streckung des Kniegelenks wurde das Hemmnis überwunden. Das Schaltschloss erfüllte sicher die harten Bedingungen bei Stoß und Beschleunigung. Auch der sogenannte Gunfire-Effekt (einer starken Grundvibration sind hohe mechanische Stöße im Rhythmus der Feuergeschwindigkeit überlagert) stellte kein Problem dar. Der Schutzschalter besaß Temperaturkompensation. Das Gehäuse war für hohe Festigkeit ausgelegt, um den großen Schaltdruck – erzeugt durch die schlagartige Ionisierung der Luft im Plasmakanal des Lichtbogens – bei Kurzschluss-Stromauslösungen auszuhalten. Der Spalt zwischen Druckknopf und Gewindehals war eng ausgelegt, damit keine heißen Gase des Schaltlichtbogens austreten konnten. Die Entzündung eines eventuell vorhandenen Treibstoff-Luftgemisches wurde dadurch verhindert. Kurzschluss-Ströme bis 6000 A bei 28 V Gleichstrom wurden innerhalb weniger Millisekunden sicher abgeschaltet. Auch bei 120 V Wechselstrom, 400 Hz konnten 2500 A abgeschaltet werden. Anfang der siebziger Jahre wagte man auch die Entwicklung größerer Leistungsschalter. Abb. 56 der Figur 1 aus der Patentschrift Nummer 2 132 738 von 1971 zeigt den schematischen Aufbau eines E–T–A Leistungsschalters. Dieser besaß alle Merkmale eines modernen Leitungsschutzschalters. Durch die größere Bauform waren Nennströme bis 125 A möglich. Das Schaltschloss besaß ein anders aufgebautes Kniegelenk. Der Verrasthebel war im Abknickgelenk gelagert. Der Magnetauslöser griff nicht nur in die Entriegelung ein, sondern stieß auch den Kontakthebel zur schnelleren Auslösung auf. Dies war insbesondere für die frühzeitige Trennung des Schaltlichtbogens wichtig. Die Abb. zeigt nicht, dass der Schutzschalter auch integrierte Hilfskontakte besaß.

Die Waschmaschinen wurden lange Zeit ortsfest installiert. Der Trend ging aber in Richtung befestigungsloser Maschinen. Um das Wandern der Maschinen bei großen Unwuchten zu verhindern, wurden sogenannte Unwuchtschalter eingesetzt. Sie hatten die Aufgabe, den Schleudergang ab einer bestimmten Unwucht zu unterbrechen. Auch wir entwickelten solche Unwuchtschalter. Eine Entwicklung davon fand ihren Niederschlag im Patent Nummer 2 153 380 von 1971 (Abb.57). Im Prinzip bestand der Schalter aus einem Pendel. Das Gewicht (9) arbeitete gegen die Feder (20). Durch die Einstellung des Federdrucks wurde die Empfindlichkeit z.B. auf 5 g eingestellt. Der Schalter war lageabhängig. Dies erforderte einen lageabhängigen Einbau.

Den ersten größeren Entwicklungsauftrag für einen Kunden aus den USA, die Firma Leviton, erhielten wir 1973. Geschützt wurde uns die Entwicklung unter der Patentnummer 2 338 738 (Abb. 58). Für Fehlerstromüberwachung suchte die Firma Leviton einen mechanischen Schutzschalter für die Stromunterbrechung im Fehlerfalle. Es mussten die Einbauverhältnisse der Steckdose berücksichtigt werden. Für den zweipoligen Schutzschalter wählten wir eine Magnetspule für die Auslösung. Ange-

Abb. 1

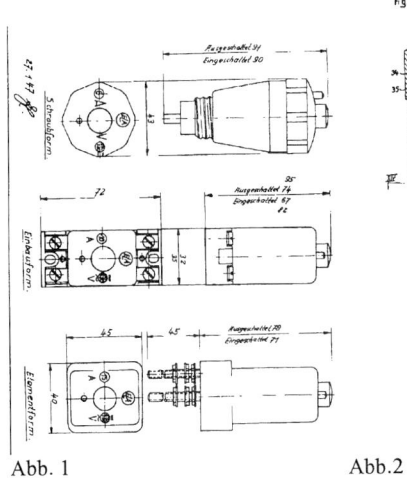

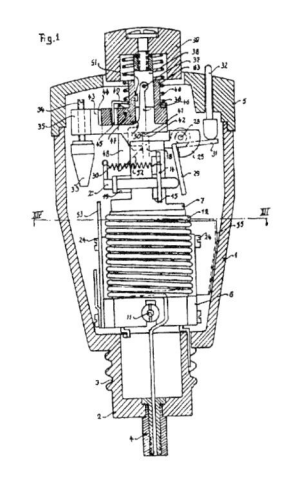

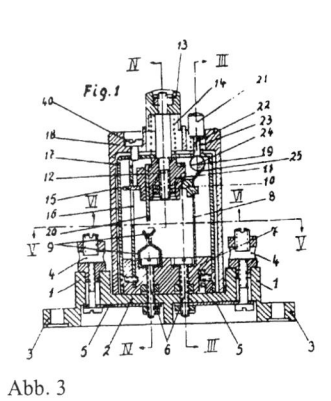

Abb. 2

Abb. 3

Abb. 4

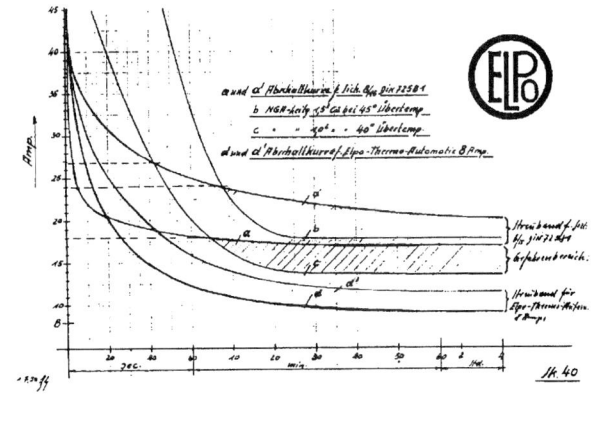

Abb. 5

Abb. 6

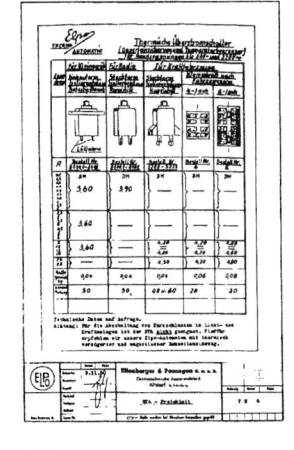

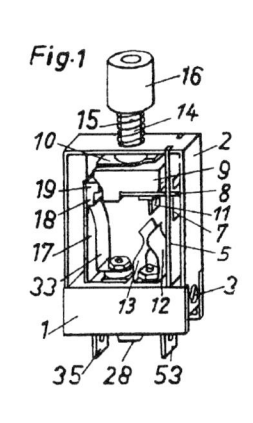

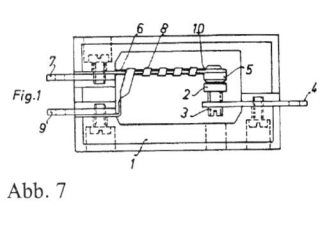

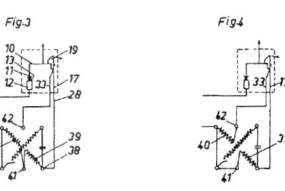

Abb. 7

Abb. 8

Abb. 9

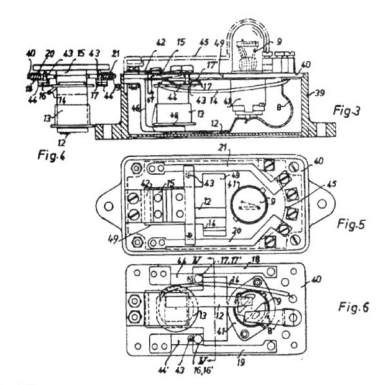

Abb. 10

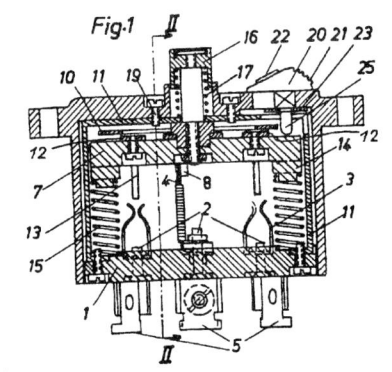

Abb. 11

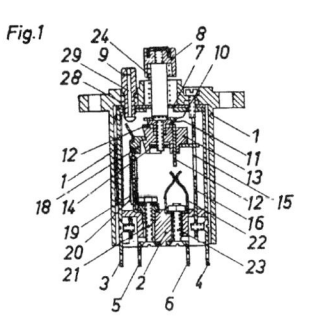

Abb. 12

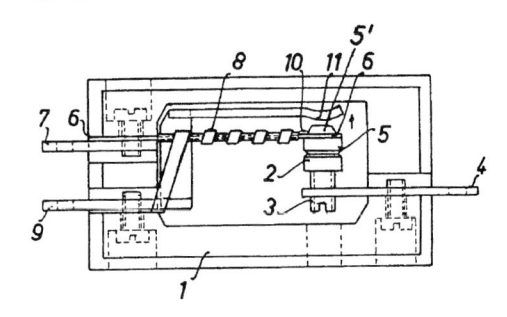

Abb. 13

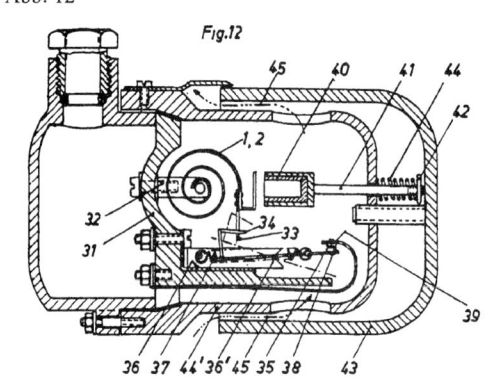

Abb. 14

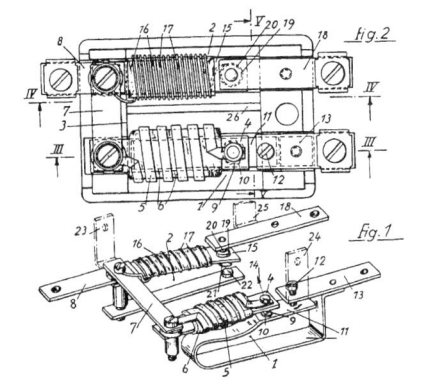

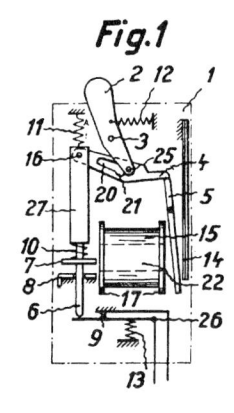

Abb. 15

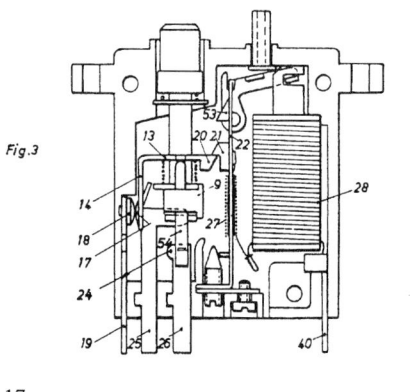

Abb. 16

Abb. 17

fig. 4

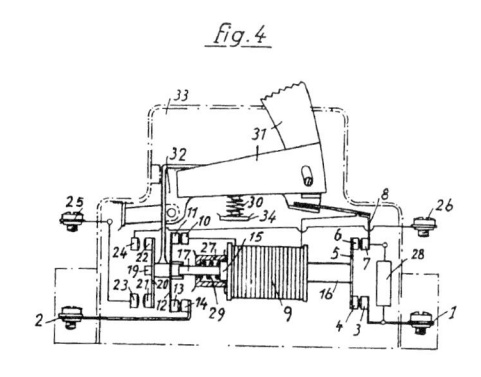

Abb. 18

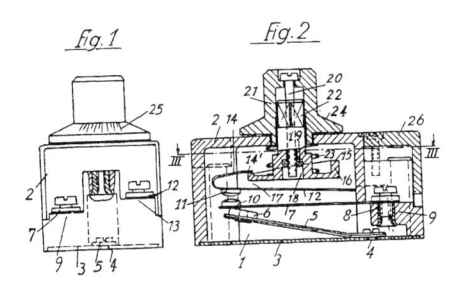

Fig. 1　Fig. 2

Abb. 20

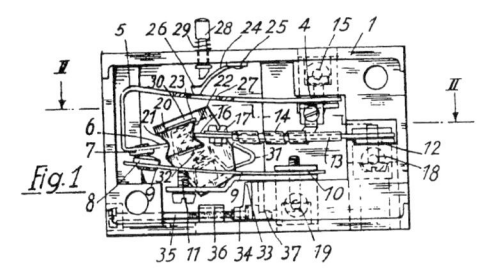

Fig. 1

Abb. 22

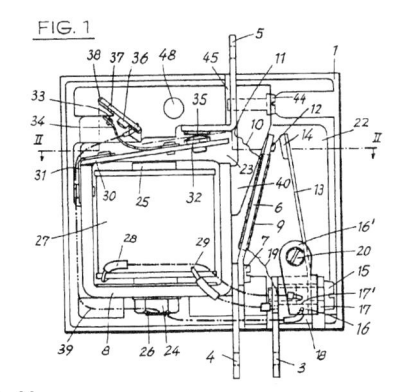

FIG. 1

Abb. 23

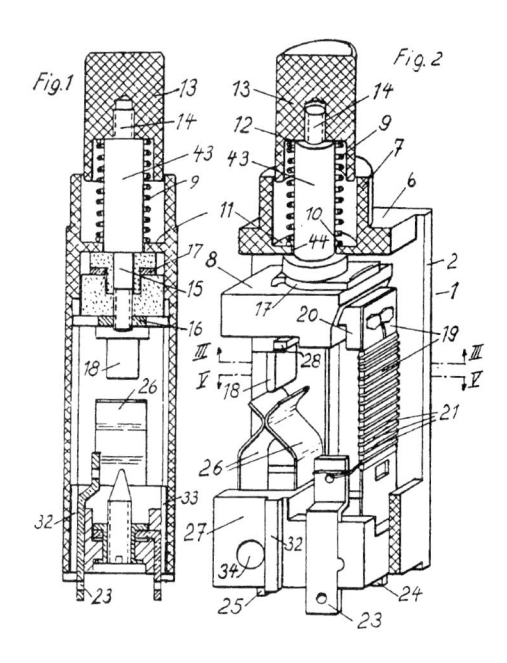

Fig. 1　Fig. 2

Abb. 19

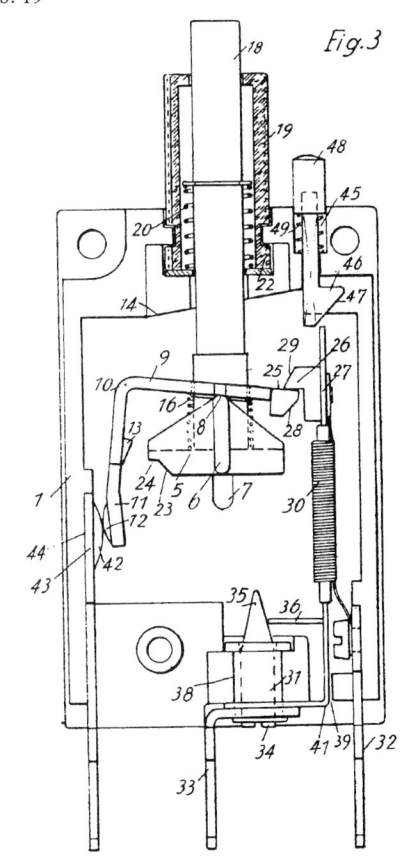

Fig. 3

Abb. 21

Abb. 24

Abb. 25

Abb. 26

Abb. 27

Abb. 28

Abb. 29

Abb. 30

Abb. 31

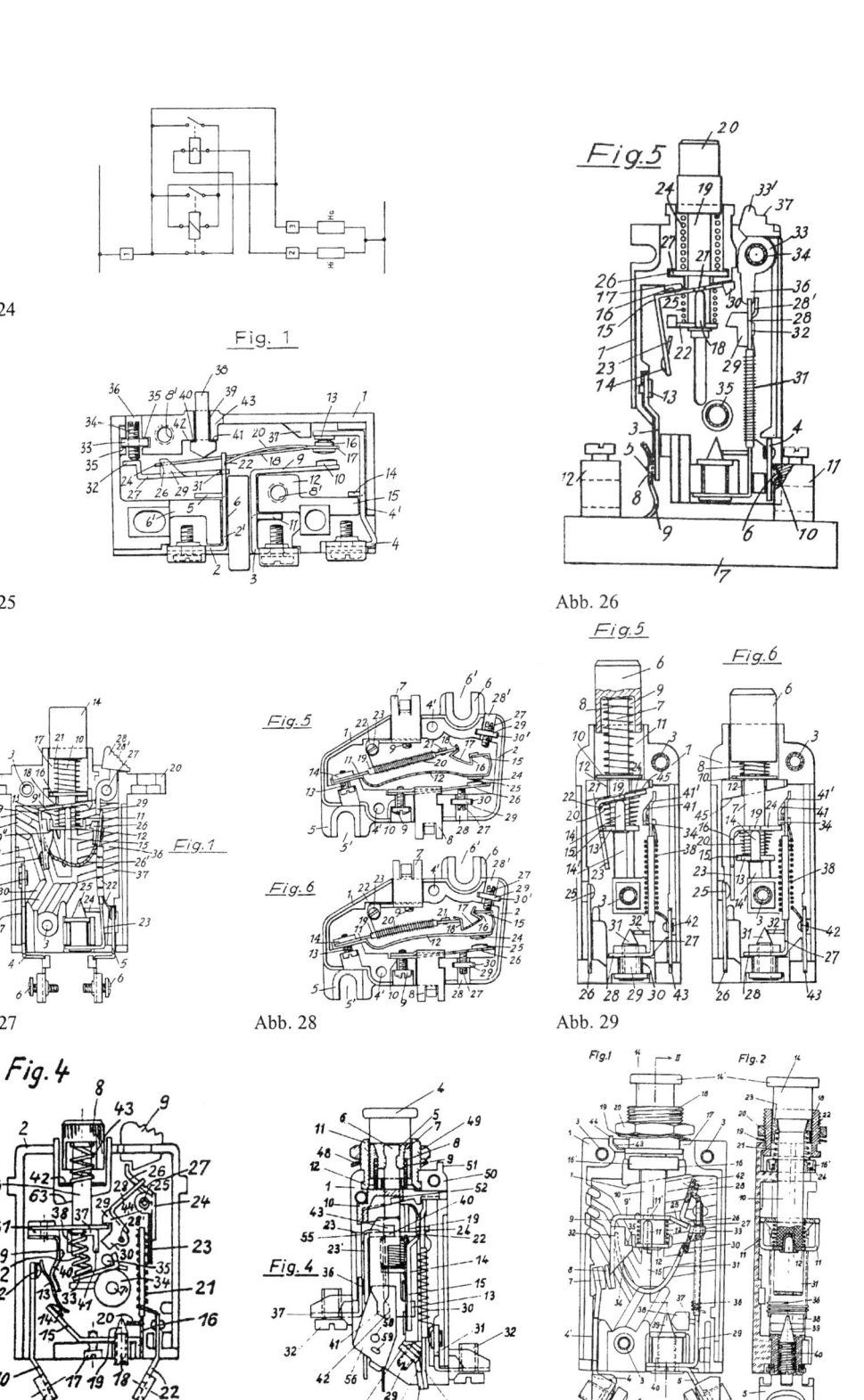

Abb. 32

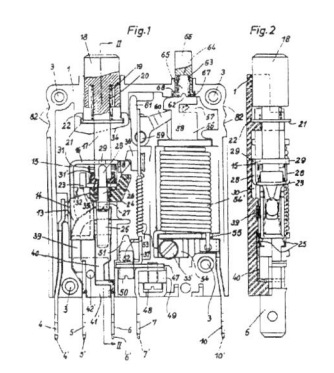

Abb. 33

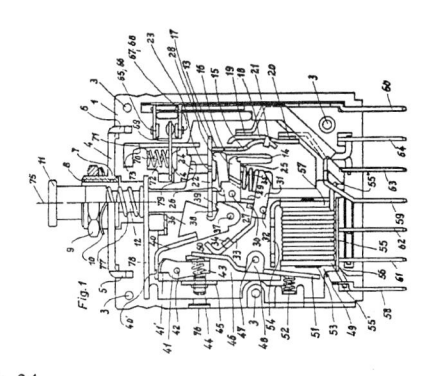

Abb. 34

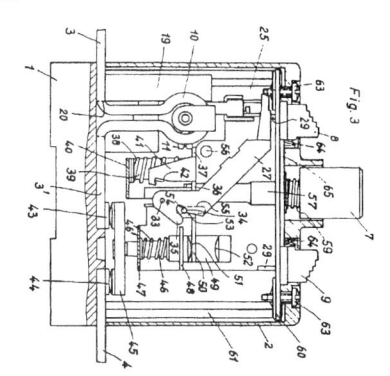

Abb. 35

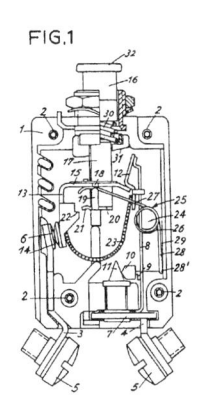

Abb. 36

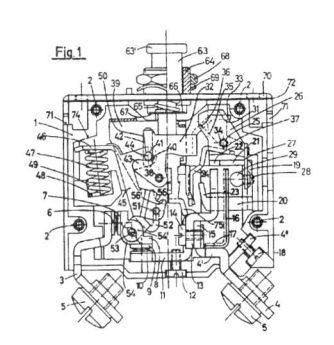

Abb. 37

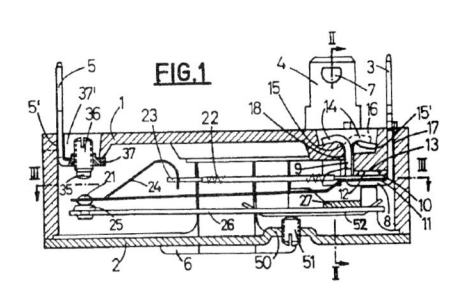

Abb. 38

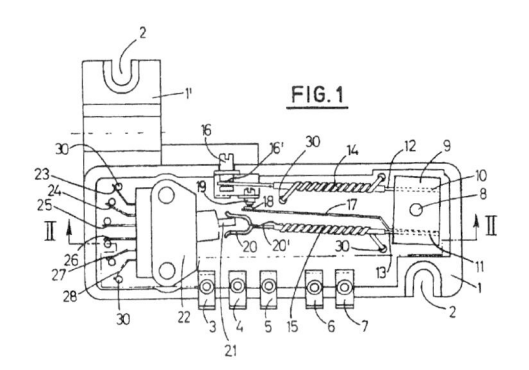

Abb. 39

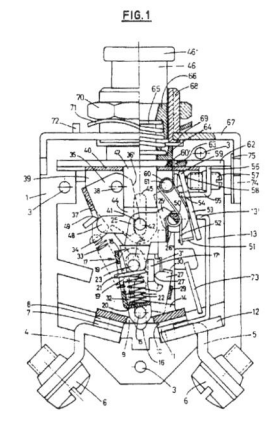

Abb. 40

Abb. 41

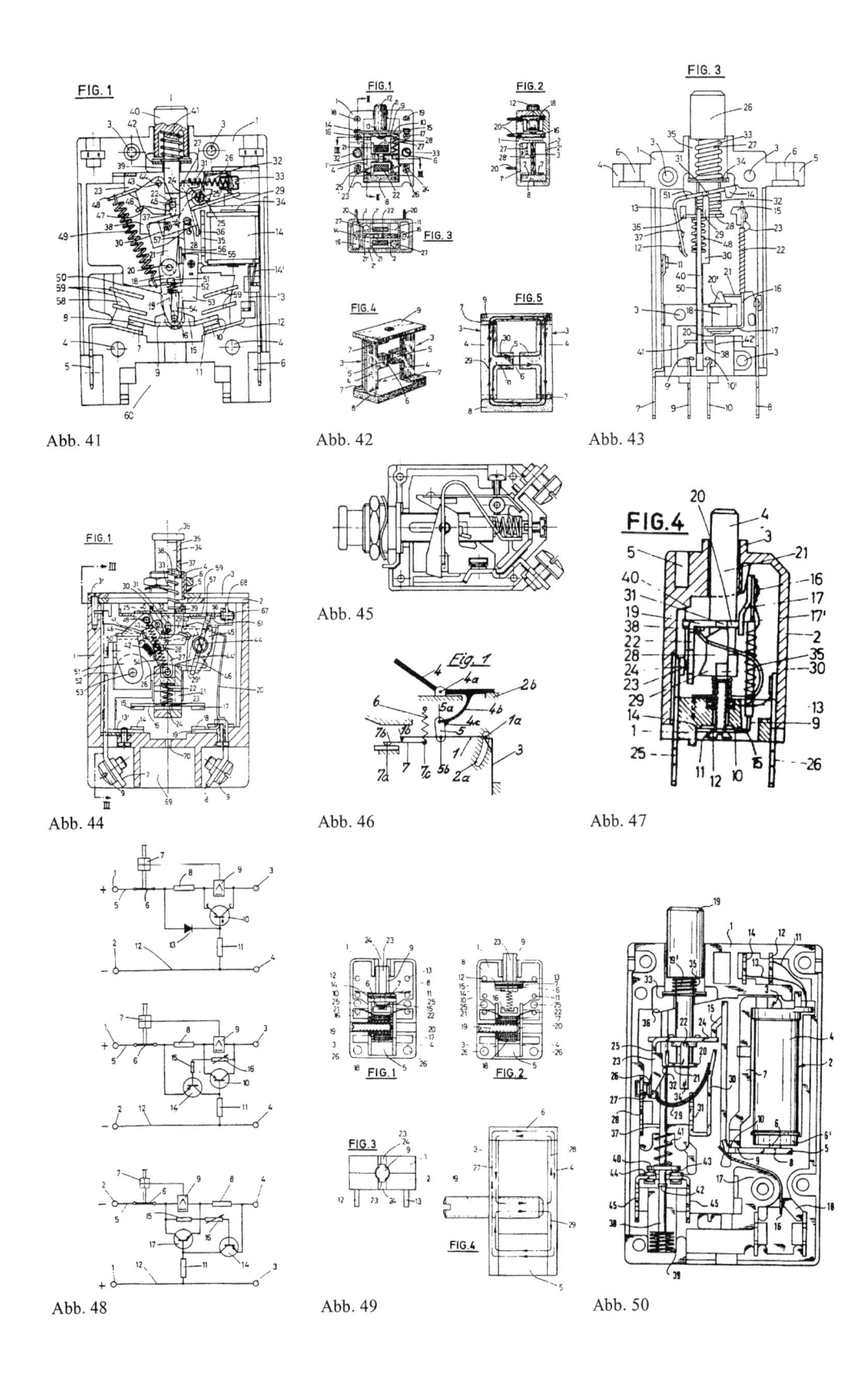

Abb. 42

Abb. 43

Abb. 44

Abb. 45

Abb. 46

Abb. 47

Abb. 48

Abb. 49

Abb. 50

Abb. 51

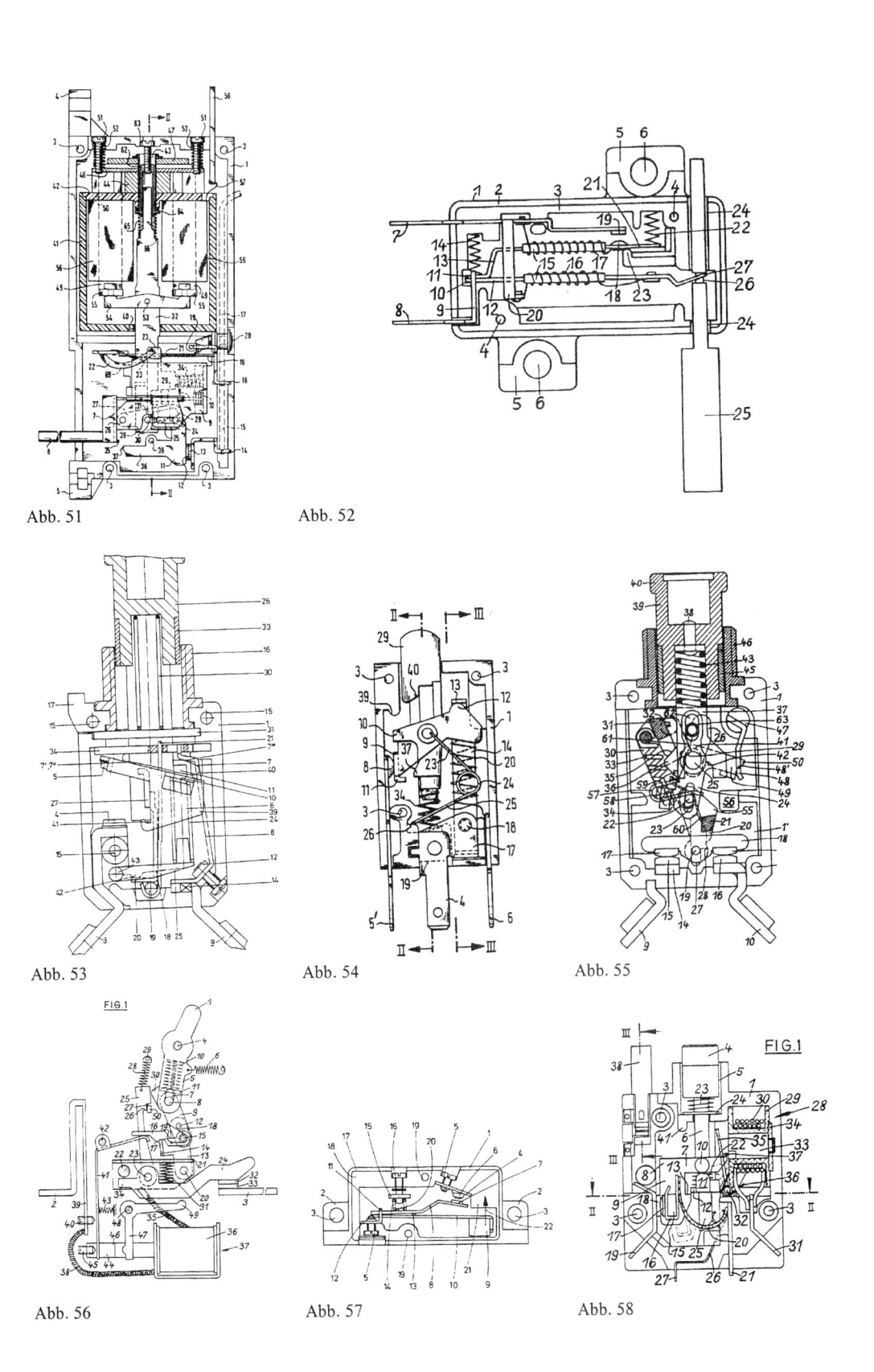

Abb. 52

Abb. 53

Abb. 54

Abb. 55

Abb. 56

Abb. 57

Abb. 58

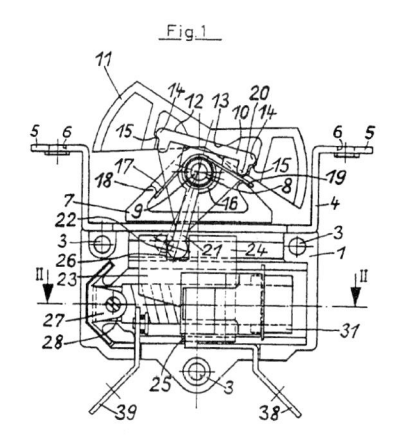

Abb. 59

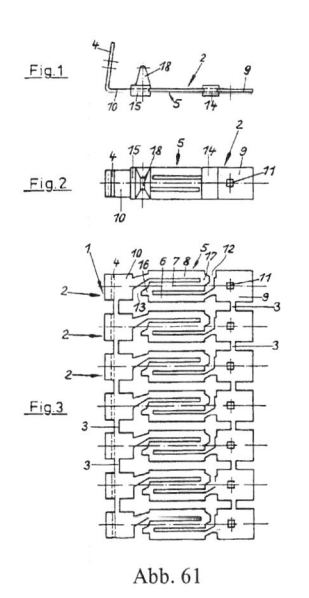

Abb. 60

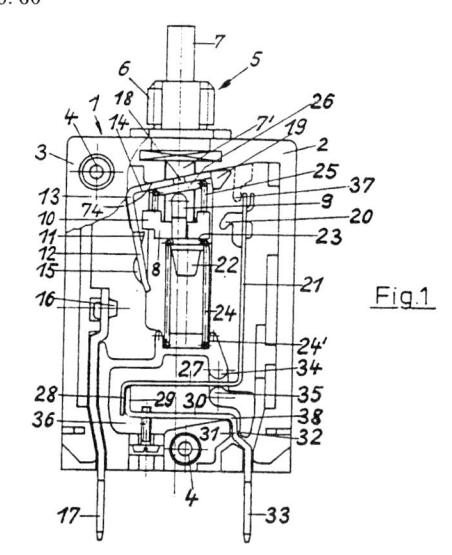

Abb. 61

Abb. 62

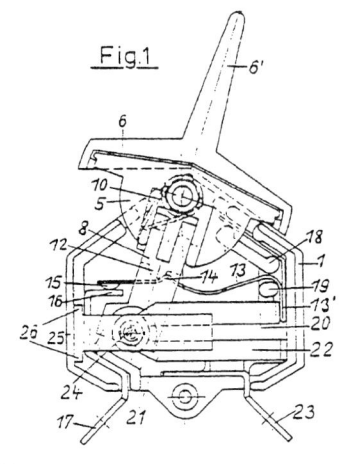

Abb. 63

Abb. 64

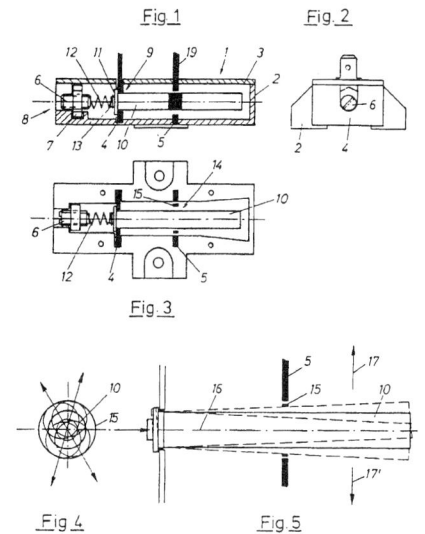

Abb. 65

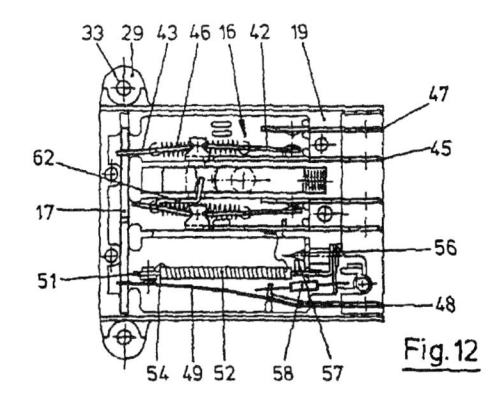

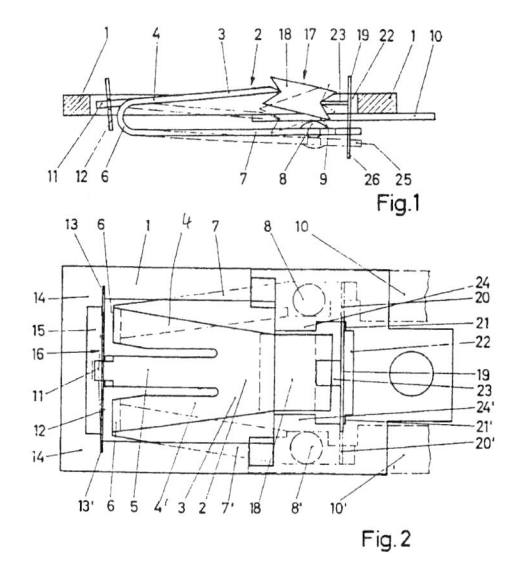

Abb. 66

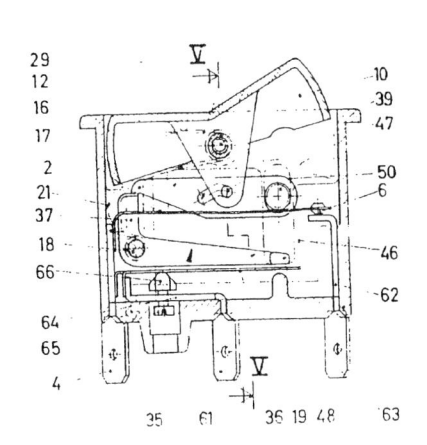

Abb. 67

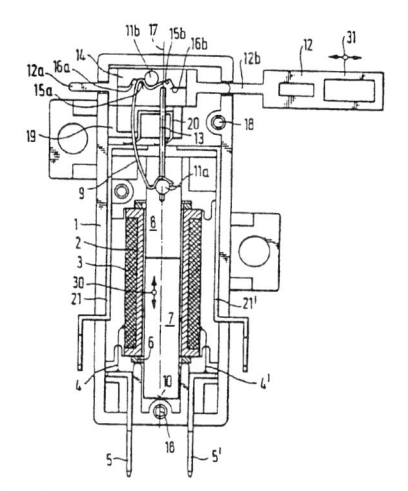

Abb. 68

Abb. 69

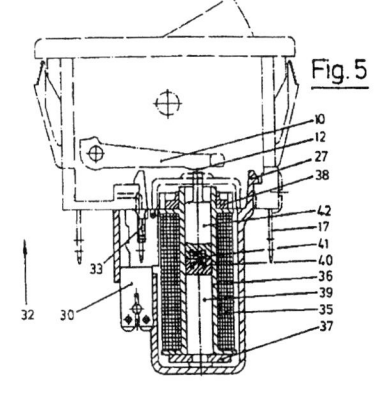

Abb. 70

Abb. 71

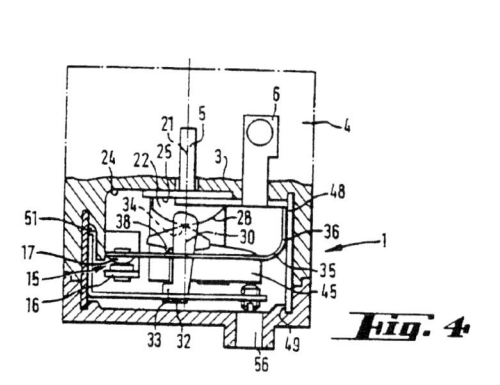

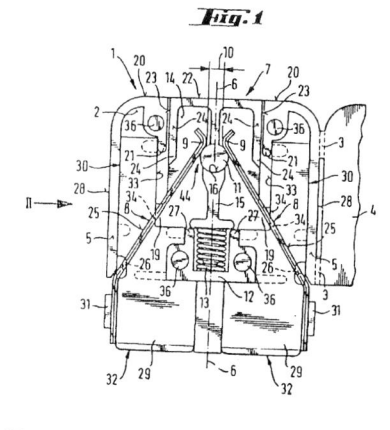

Abb. 72

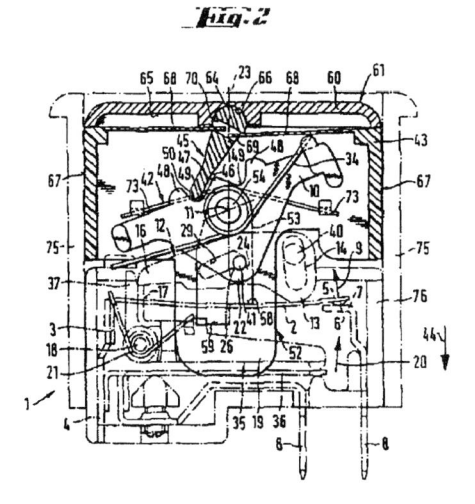

Abb. 73

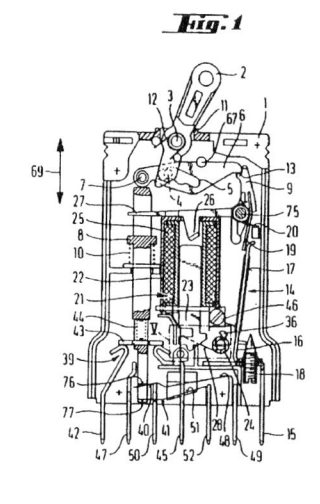

Abb. 74

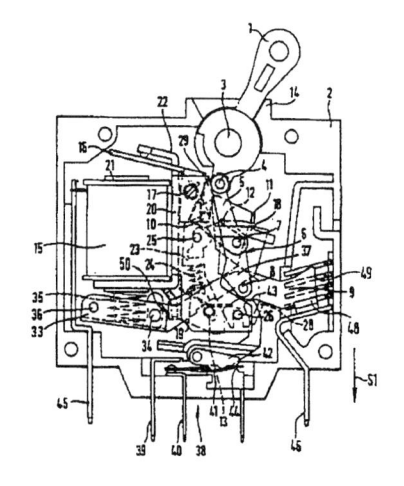

Abb. 75

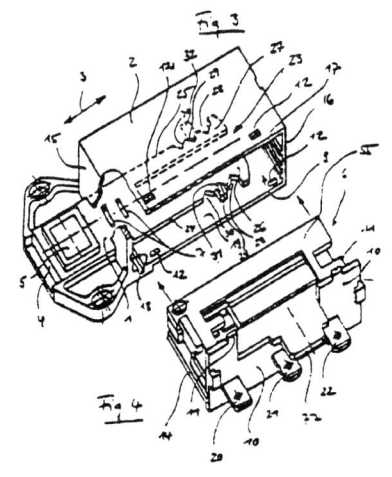

Abb. 76

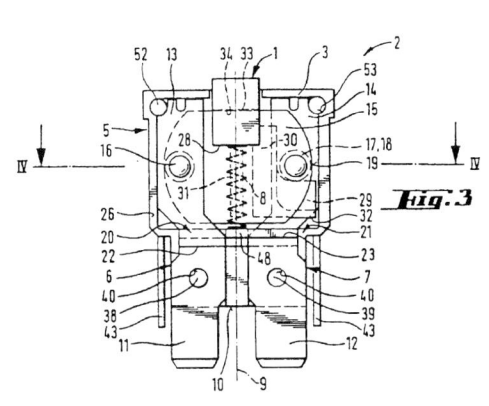

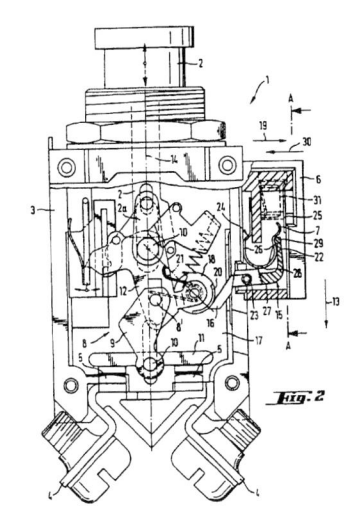

Abb. 77

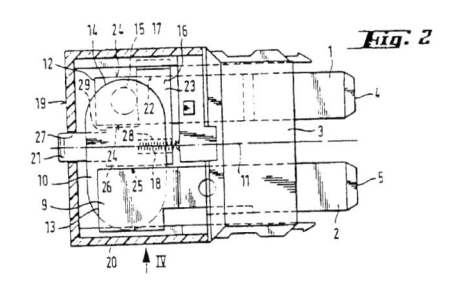

Abb. 78

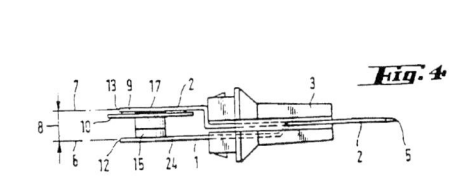

Abb. 79

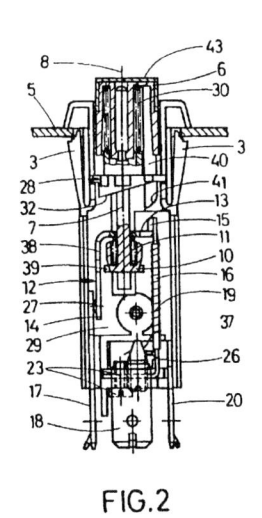

Abb. 80

Abb. 81

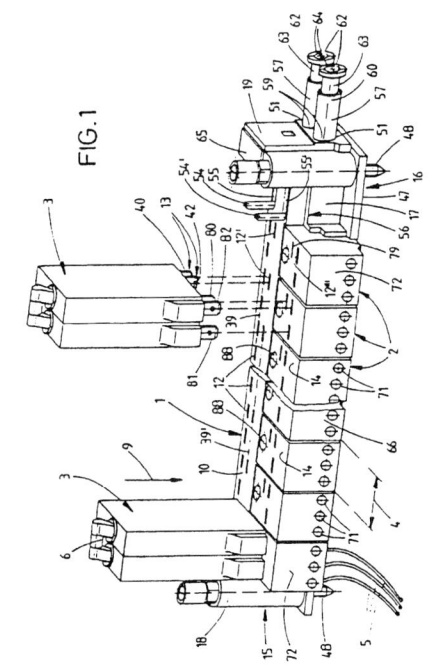

Abb. 82

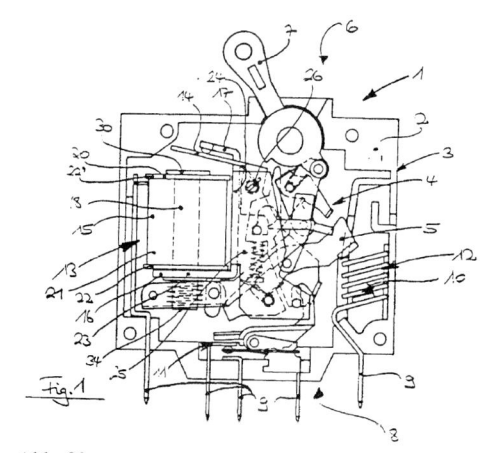

Abb. 83

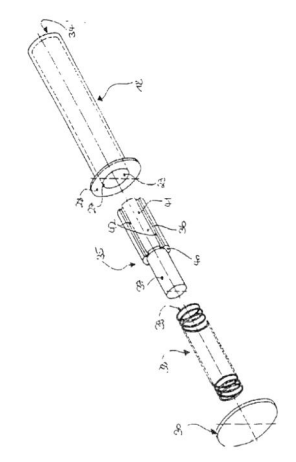

Abb. 84

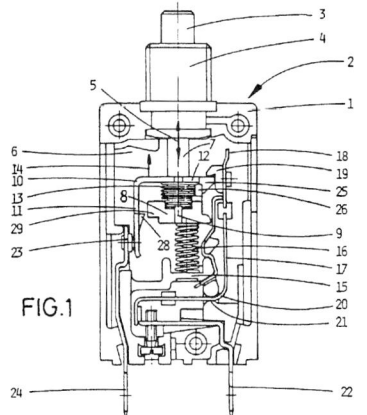

Abb. 85

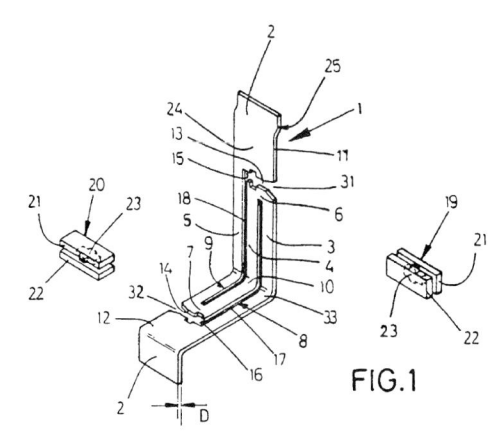

Abb. 86

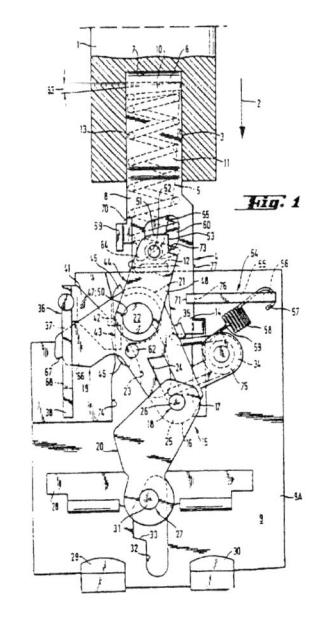

Abb. 87

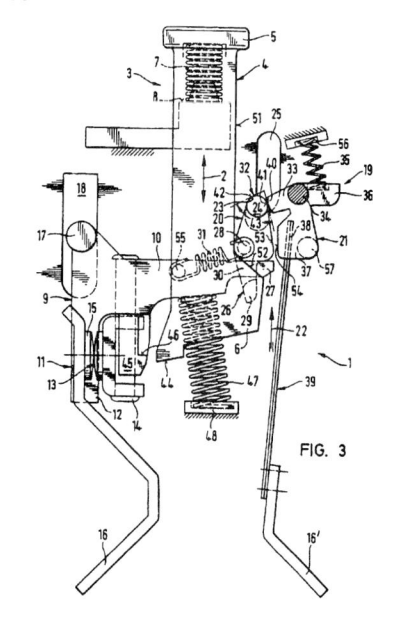

Abb. 88

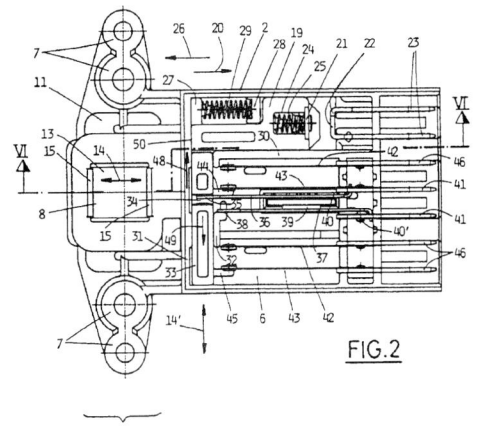

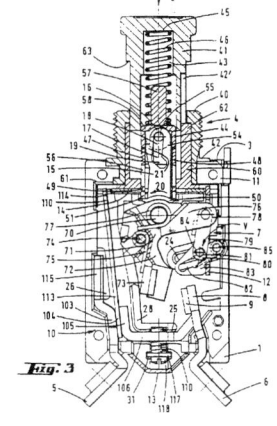

Abb. 89

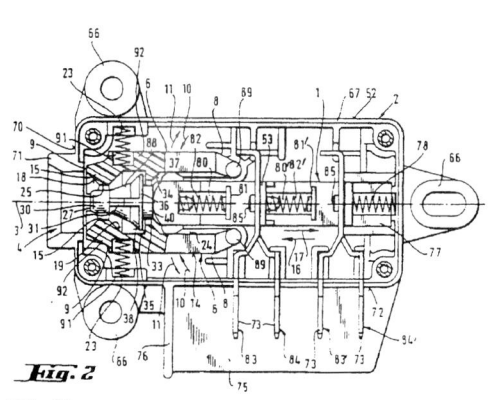

Abb. 90

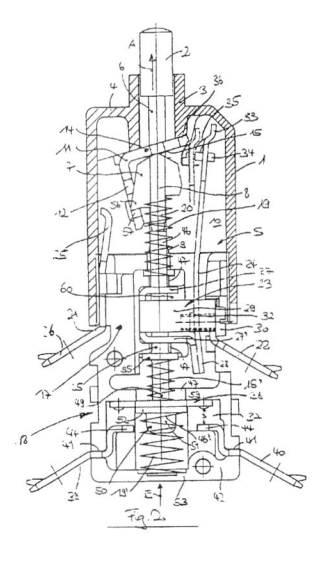

Abb. 91

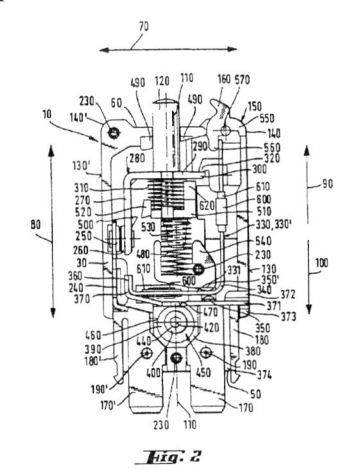

Abb. 92

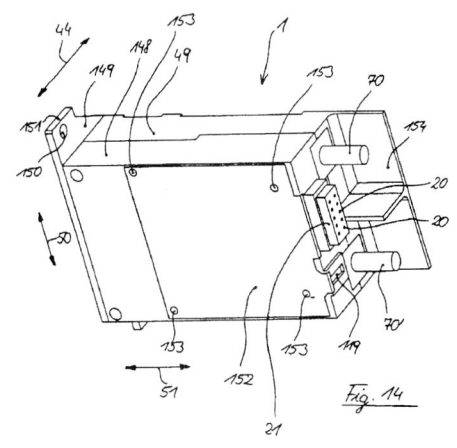

Abb. 93

Abb. 94

Abb. 95

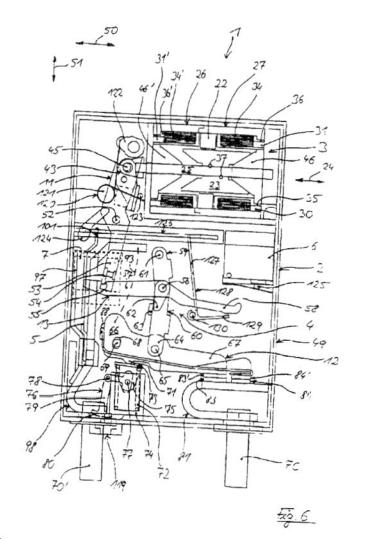

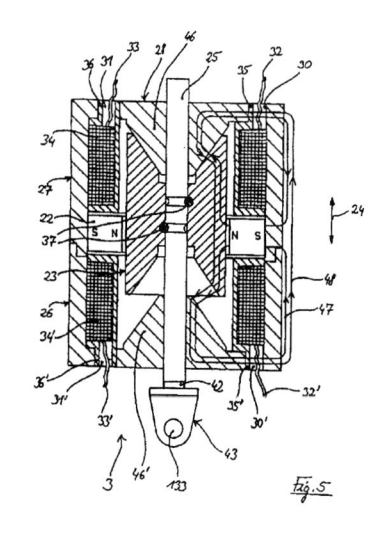

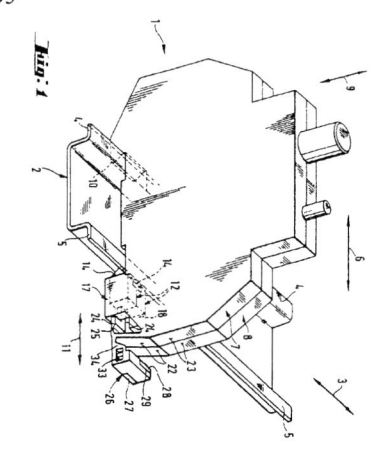

Abb. 96

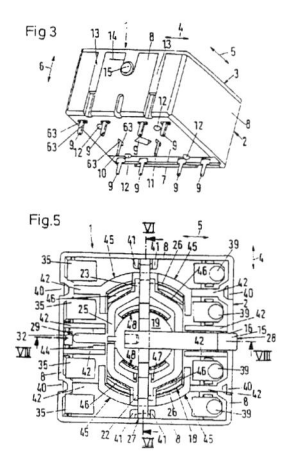

Abb. 97

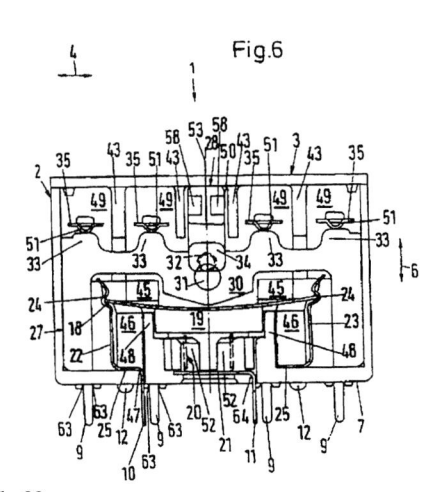

Abb. 98

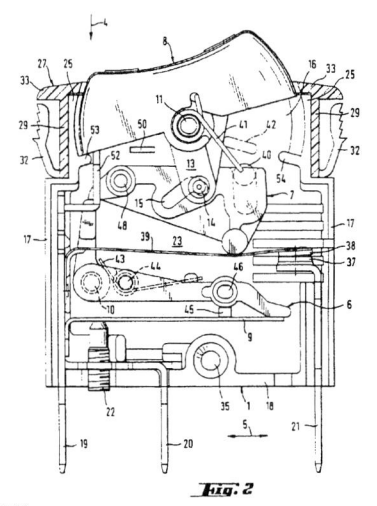

Abb. 99

Abb. 100

Abb. 101

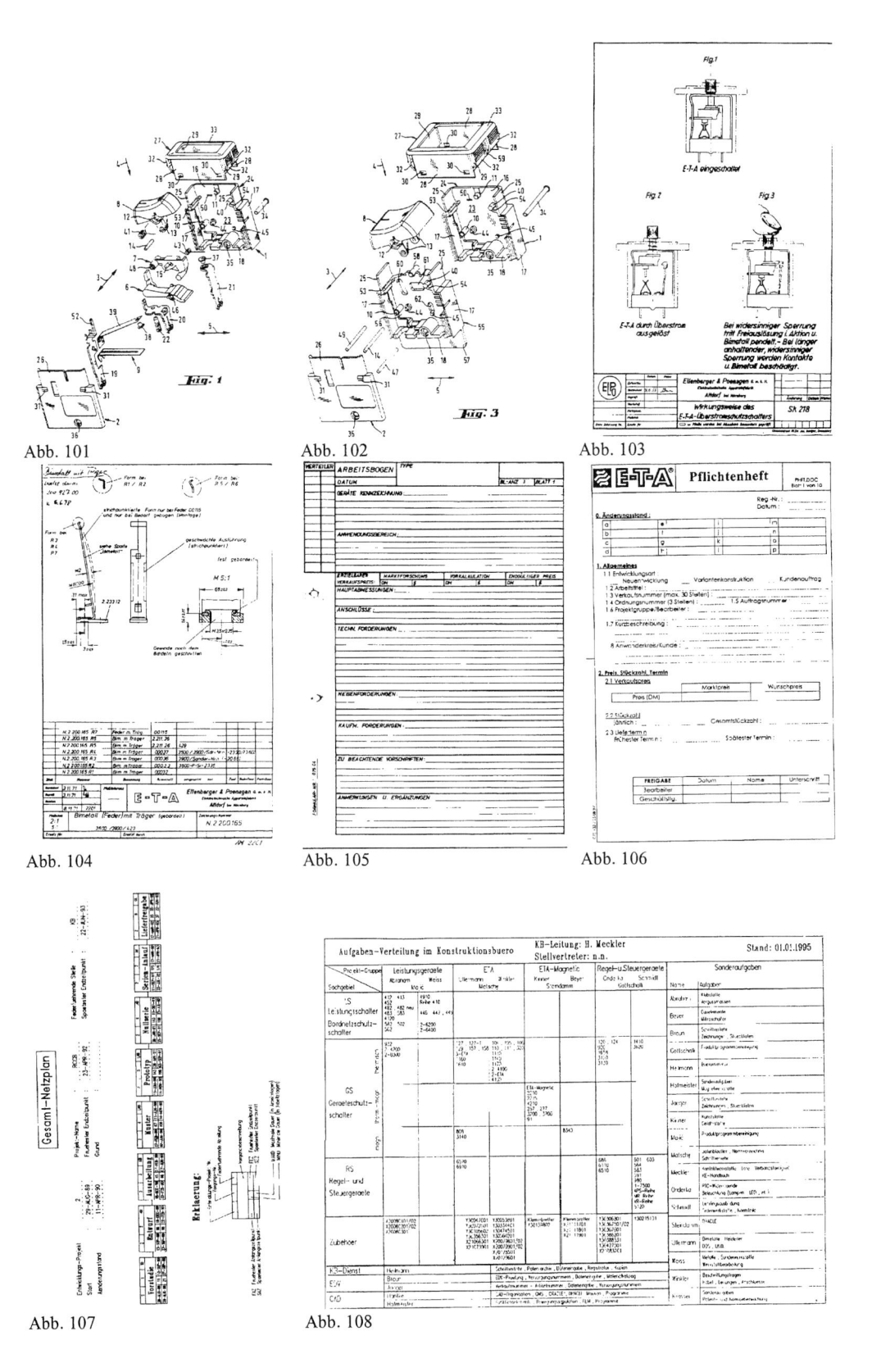

Abb. 102

Abb. 103

Abb. 104

Abb. 105

Abb. 106

Abb. 107

Abb. 108

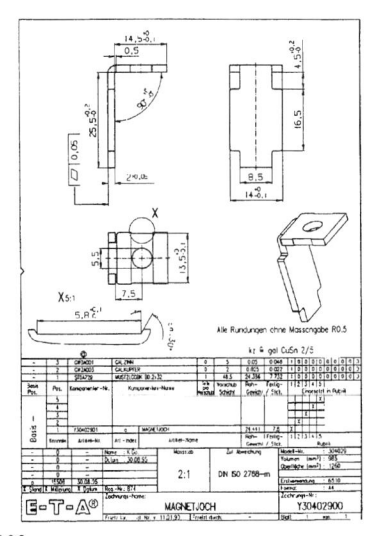

Abb. 109

Abb. 110

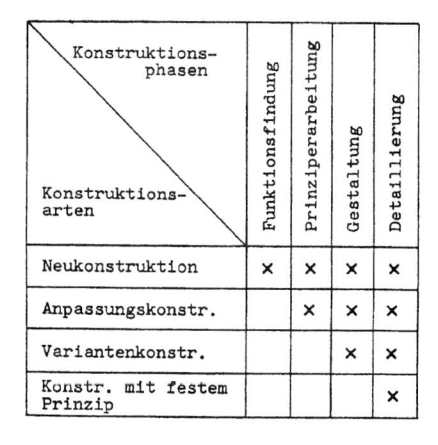

Zuordnung von Konstruktionsarten zu den Konstruktionsphasen

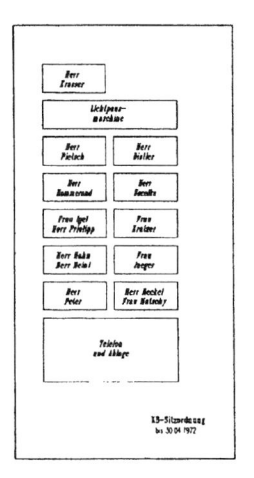

Abb. 111

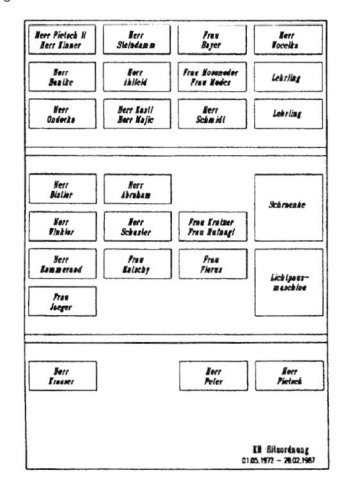

Abb. 112

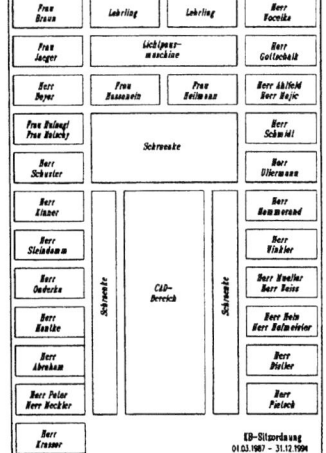

Abb. 113

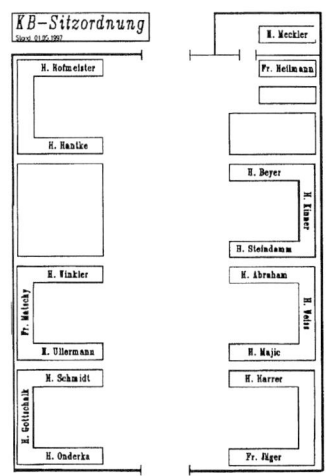

Abb. 114

steuert wurde diese von der Steuerelektronik in der Steckdose. Außerdem wurde eine Prüftaste integriert für die Prüfung der Funktion der Steckdoseneinheit. Einige Jahre lang konnten wir diesen Schalter in großen Stückzahlen verkaufen.

Der erste einsatzfähige Geräteschutzschalter wurde 1973 entwickelt und erhielt die Patentnummer 2 353 415 (Abb. 59). Für den Überstromschutz wählte man die bewährte E–T–A Konstruktion. Die Betätigung der Kontaktbrücke erfolgte über die Schaltwippe. Die Ein- und Ausschaltung war gewährleistet. Die möglichen Schaltspiele lagen bei 10.000 Zyklen. Das Ziel waren aber höhere Schaltspiele. Man suchte also nach weiteren Lösungen und verwirklichte deshalb diese Konstruktion nicht. Figur 1 zeigt die Entwicklung aus der Patentschrift 2 353 415 (Abb. 59). Die Heizwicklung der E–T–A Bimetalle konnte in der Regel nur bis zum 10-fachen des Nennstromes überlastet werden. Bei größeren Strömen konnte die Wicklung durchbrennen. Die direkt beheizten Bimetalle waren höher belastbar. Der kleinste auslegbare Nennstrom lag bei etwa 8 A.

Um zu kleineren Nennströme zu kommen, musste man auf sogenannte Mäanderbimetalle zurückgreifen. 1974 meldeten wir eine derartige Konstruktion an. Die Patentschrift bekam die Nummer 2 448 026 (Abb. 60). Beim Mäanderbimetall waren drei aktive Abschnitte hintereinander geschaltet. An den Aussparungen 10 und 11 mussten die Abschnitte fest zu einer Einheit verbunden werden. Dies geschah durch Umpressen dieser Stellen mit Kunststoff. Kurz vor der abgewinkelten Bimetallseite war gleichzeitig die Justiernase mit angeformt. Die Umspritzung erfolgte nicht an den Einzelbimetallen, sondern es wurden mehrfach Streifen in die Spritzmaschine eingelegt, wie dies Abb. 61 aus der Patentschrift Nummer 2 520 884 zeigt.

Die Entwicklung des E–T–A ging weiter. 1975 wurde der sogenannte 3-E–T–A entwickelt. Figur 1 in Abb. 62 entstammt der Patentschrift Nummer 2 502 579. Die Bimetallbaugruppe war verändert worden. Das Bimetall konnte jetzt direkt in das Gehäuse eingelegt werden, was für die mechanisierte Fertigung wichtig war. Die Wirklänge des Bimetalls war verlängert worden. Verändert war auch die Anordnung der Druckfedern. Diese Maßnahme war für die doppelte Isolierung im Betätigungsbereich notwendig. Die Neugestaltung des Druckknopfes erlaubte auch den Wegfall des Führungsstückes. Statt eines Metallgewindehalses wurde ein Kunststoff-Gewindehals eingebaut. Neben der gezeigten Ausführung gab es weitere Bauformen des Überstromschutzschalters. Ergänzt wurde eine Temperaturkompensation wie sie Abb. 63 aus der Patentschrift Nummer 2 511 223 zeigt.

1975 war das Geburtsjahr des Geräteschutzschalters vom Typ 110. Geschützt wurde er durch die Patentschrift Nummer 2 558 942. Abb. 64 zeigt die Einschaltstellung. Mit dieser Konstruktion konnten nun die gewünschten 30.000 Schaltzyklen erreicht werden. Bei der normalen Ein- und Ausschaltung wurde nur die Kontaktfeder betätigt. Das Bimetall blieb unbeeinflusst. Erst bei Überstrom wurde der Betätigungshebel an der Schaltwippe vom Bimetall ausgeschwenkt. Dabei öffnete sich der Schaltkontakt. Die Abb. zeigt einen Kipphebel, der aber ohne weiteres durch eine Schaltwippe ausgewechselt werden konnte.

Auf dem Gebiet der Unwuchtschalter wurden weitere Entwicklungen durchgeführt. Eine davon zeigt die Patentschrift Nummer 2 702 299 aus dem Jahre 1977 (Abb. 65). Dieser Unwuchtschalter konnte lagenabhängig eingesetzt werden. Das massive Pendel war in einer ringförmigen Aussparung gelagert und wurde von der Druckfeder mit seinem Bund gegen die Aussparung gedrückt. Je nach Federdruck konnte die Ansprechschwelle des Pendels eingestellt werden.

Eine interessante Entwicklung eines Schutzrelais zeigt die Patentschrift Nummer 2 702 851 aus dem Jahre 1977 (Abb. 66). Die sehr kleine, offene Bauform des Schutzrelais eignete sich gut zum integrierten Einbau in zu schützende Einrichtungen. Das U-förmige Bimetall war über ein Kippstück im Kunststoffrahmen eingespannt. Es wurde direkt vom Strom durchflossen und durch Überstrom erwärmt. Das Kippstück sorgte für die Momentschaltungen. Von der Konstruktion wurden nur Muster gefertigt. Es konnte kein konkreter Anwendungsfall gefunden werden.

Der krönende Abschluss der Entwicklungen in den siebziger Jahren war der Geräteschutzschalter 3120. Sein Patent wurde 1977 angemeldet und erhielt die Nummer 2 721 162. Abb. 67 zeigt die Ein-Stellung dieses Geräteschutzschalters. Der Schalter war zweipolig aufgebaut. Wie beim Typ 110 wurde auch bei ihm mit der normalen Ein- und Ausschaltung nur die Kontaktfeder betätigt. Bei der Einschaltung wurde der Schalthebel von der Wippe nach unten gegen die Kontaktfeder gedrückt. Der Schalthebel stützte sich mit einer Seite auf dem Auslösehebel ab, mit der anderen Seite drückte er gegen die Kontaktfeder. Die Hebelverhältnisse waren dabei so, dass am Kontakt die größere Kraft anlag. Am Auslösehebel lag die kleinere Kraft. Der Auslösehebel selbst bewirkte ebenfalls eine Übersetzung der Kräfte. Das Bimetall musste somit eine verhältnismäßig kleine Kraft aufbringen, bei relativ hoher Kontaktkraft. Mit der Ausschaltung durch das Bimetall wechselte die Schaltwippe in ihre Aus-Stellung. Eine Besonderheit beim 3120 war die Anbaumöglichkeit von Modulen, wie Nullspannungsauslöser, Magnetauslöser, Signalkontakte, Verriegelungseinheit etc.

Die Türverriegelung der Waschmaschinen durch thermische Geräte hatte den Nachteil, dass die Verriegelung erst nach einer gewissen Zeitverzögerung stattfand. In bestimmten Einsatzfällen verlangte man aber die Sofortverriegelung. Wir entwickelten ein Türverriegelungsrelais mit Sofortverriegelung. Diese Erfindung meldeten wir im Jahre 1978 beim Patentamt an. Sie erhielt die Nummer 2 833 860 (Abb. 68). Die Magnetspule war für Impulsbetrieb ausgelegt. Der biegsame Teil 18 des Magnetankers schaltete den Stößel schlagartig in zwei mögliche Schaltstellungen. Der eine Impuls verriegelt, der nachfolgende Impuls entriegelt wieder usw. Das folgende Stößelrelais wurde zusammen mit dem Türschloss in die Waschmaschine eingebaut. Der Gedanke lag nahe, ein Verriegelungssystem zu schaffen, das Schloss und Verriegelung vereinte.

Unser erster Schritt in diese Richtung wurde in Patentnummer 0 004 012 aus dem Jahre 1979, festgehalten (Abb. 69). Das Verriegelungssystem hatte die Typenbezeichnung 6700. Die in Fig. 12 gezeigte Funktionseinheit war, zusammen mit einem Metallriegel, auf eine Metallplatte montiert. Den Antrieb für die Verriegelung stellte das Bimetall zur Verfügung. Die Heizwicklung war für 220 V ausgelegt. Das Bimetall bewegte den Schieber (17), der den Riegel blockierte und gleichzeitig den oberen Schnappschalter betätigte. Der darrunterliegende Schnappschalter wurde vom Riegel betätigt. Von dieser Einheit konnten wir nur eine geringe Stückzahl verkaufen.

Für den Nullspannungs-Anbau an den E–T–A Geräteschutzschalter 3120 erhielten wir ein eigenes Patent mit der Nummer 2 928 277, das wir 1979 anmeldeten (Abb. 70). Die Magnetspule im Anbau war für Wechselstrom ausgelegt. Sobald Spannung anlag, wurde der Anker angezogen, und der 3120 konnte eingeschaltet werden. Durch

Spannungsausfall oder Absinken der Spannung unter einem vorbestimmten Wert löste sich der Anker, und der Schutzschalter schaltete aus. Abb. 70 zeigt die angezogene Magnetspule. Der Auslösehebel des Schalters wird in seiner Ein-Stellung angedeutet. Für Geräteschalter der Firma Bär in Schalksmühle entwickelten wir Schutzschalter, die in diese eingebaut wurden. Unsere Typen erhielten die Bezeichnungen 931 und 932. Die erste Schutzschaltereinheit meldeten wir 1979 unter der Patentnummer 2 949 874 an, die zweite im Jahre 1980 unter der Nummer 3 025 013. Abb. 71 aus der Patentschrift Nummer 3 025 013 zeigt unser Produkt in der Ein-Stellung. Der Drehschalter hatte seine eigenen Schaltkontakte. Normale Ein- und Ausschaltungen nahm der Drehschalter vor. Nur bei Überstrom unterbrach das Bimetall den Stromkreis. Der Auslösehebel (45) löste die Verklinkung, die Kontakte öffneten sich. Zur Wiedereinschaltung musste der Drehschalter zuerst manuell in die Ausstellung gebracht werden. Dann konnte unsere Einheit zurückgestellt werden.

Entwicklungen der achtziger Jahre

Auf dem Fahrzeugsektor waren wir auch in den achtziger Jahren weiterhin aktiv. Die Suche nach kleinen und preiswerten Schutzschaltern führte 1980 zu einer Studie, die wir uns unter Patentnummer 3 038 512 schützen ließen. Zwei Bimetalle, die direkt mit den Anschlüssen verbunden waren, lagen unter Vorspannung an einer Metallachse an. Die Metallachse steckte im Schieber, der in der Einstellung nicht über das Gehäuse hinausragte. Durch die Vorspannung hielten die Bimetalle den Schieber fest. Erst mit dem Ausbiegen der Bimetalle löste sich der Schieber, und er ging in die Ausstellung.

Auch der Typ 124 wurde für den Fahrzeugsektor entwickelt. Auf der Basis des 3120 wurde speziell für einen bestimmten Fahrzeugtyp der passende Druck/Druck-Schalter entwickelt (Abb. 73). Die Schaltwippe hatte an ihrer Stirnseite zwei Einbuchtungen, die über eine dreieckförmige Erhebung von einander getrennt waren. In diese Einbuchtungen griff, je nach Schaltstellung, der schwenkbare Hebel (45) beim Niederdrücken ein. Ein Problem bei der Konstruktion war die entsprechende Schaltstellung des Druckknopfes. Es musste die Schaltstellung der Kontakte angezeigt werden.

Der thermisch/magnetische Überstromschutzschalter wurde 1982 in verschiedenen Punkten verbessert. Die Konstruktion erhielt die Typenbezeichnung 2210. Das Deutsche Patent Nummer 3 211 246 wurde 1982 angemeldet. Abb. 74 zeigt Figur 1 aus der Europäischen Patentschrift Nummer: 0 090 176, die als Priorität die Deutsche Patentschrift anzieht. Die Neukonstruktion besaß eine Kontaktbrücke mit Doppelkontaktunterbrechung. Das Prinzip des Schaltschlosses vom Typ 3120 wurde verwendet. Bei der schwenkbaren Kontaktbrücke war bekanntlich die Kontaktnase am Bimetall der kritische Punkt. Dies lag nicht nur am Kontaktabbrand, sondern auch an den damit verbundenen Schaltzeitveränderungen. Vom Anker wurde bei der Auslösung auch die Kontaktöffnungsgeschwindigkeit unterstützt. Temperaturkompensation war ebenfalls integriert. Wesentlich bei der Konstruktion war auch die Kopplung zu mehrpoligen Einheiten. Zum einen konnte die manuelle Betätigung über die Kopplung der Kipphebel erfolgen, zum anderen war die elektrische Kopplung vorgesehen. Löste ein Bimetall oder eine Magnetspule aus, dann wurden die anderen Pole über die Schaltschlösser ausgelöst. Dies bedeutete, dass bei mehr- oder einpoliger Überlast immer zur gleichen Zeit ausgelöst wurde. Zu erwähnen wäre noch, dass die magnetische Auslösung nicht mehr von der Vorbelastung des Bimetalls abhängig war, wie noch beim vorhergehenden E-T-A Magnetic der Reihe 3500.

Zum thermisch/magnetischen Schutzschalter kam 1982 ein hydraulisch/magnetischer Schalter hinzu. Dieser Typ 8340 erhielt die Patentnummer 3 212 474 (Abb. 75). Vor dieser Konstruktion hatten wir einen kompletten Schalter von der Firma Croven aus den USA gekauft. Es zeigte sich aber, dass diese Konstruktion Merkmale des Airpax-Patentes benutzt. Aus diesem Grunde entwickelten wir ein eigenes Schaltschloss. Beim hydraulisch/magnetischen Auslöser bauten wir für den Anker einen magnetischen Nebenschluss ein. Dieser bewirkte einen bestimmteren Schaltpunkt. Die äußeren Abmessungen entsprachen den Konkurrenzgeräten. Der Schutzschalter war mit und ohne integrierte Hilfskontakte lieferbar. Das erste Türverriegelungssystem, von dem wir große Stückzahlen verkaufen konnten, wurde 1982 angemeldet. Die Patentschrift hatte die Nummer 3 214 436 (Abb. 76). Im Grundgehäuse befand sich der Riegelschieber. Er wurde vom Türkloben bewegt und konnte in zwei Raststellungen gebracht werden. Verriegelt wurde er von der Verriegelungseinheit, die in Schubkastenform seitlich ins Gehäuse eingeschoben wurde. Die Verriegelung nahm ein Bimetall vor, das durch einen PTC-Widerstand beheizt wurde. Dieser Widerstand hatte die Eigenschaft, im kalten Zustand verhältnismäßig gering zu sein. Bei Anlegen der Netzspannung floss deshalb im ersten Moment ein großer Strom, der das Bimetall rasch aufheizte. Mit zunehmender Wärme stieg der Widerstand schnell an. Der nun fließende Strom reichte aus, um das Bimetall in seiner ausgebogenen Stellung zu halten, ohne dabei überlastet zu werden. Das Bimetall war mit dem Schnappkontakt verbunden, der gleichzeitig mit der Verriegelung einen Stromkreis schloss.

Der erste Fahrzeugschutzschalter, der anstelle einer sogenannten Messersicherung in deren Steckaufnahme eingesetzt werden konnte, wurde 1983 angemeldet. Er erhielt die Typenbezeichnung 1610. Abb. 77 entstammt der zugehörigen Patentschrift Nummer 3342 144. Zum ersten Male wurde ein Schnappbimetall verwendet. Dieses war auf einer Seite fest mit einem Anschluss verbunden. Das freie Ende trug den Kontakt. Auf der anderen Anschlussfahne befand sich der Festkontakt. Zwischen beide Kontakte schob sich die Fahne des Druckknopfes im Auslösefall. Durch Drücken des Knopfes konnte wieder eingeschaltet werden. Die Einzelteile lagen zwischen zwei Gehäusehälften, die am Schluss zusammengenietet wurden. Bei diesem Vorgang wurden auch die Anschlüsse fixiert.

Beim bewährten Luftfahrtschutzschalter 483 kam 1984 als Ergänzung ein Hilfskontaktanbau hinzu. Geschützt wurde diese Konstruktion unter der Patentnummer 3 428 637 (Abb. 78). Im sogenannten Rucksack war der Signalkontakt untergebracht. Er besaß Steckanschlüsse, wie sie in der Luftfahrt zugelassen waren. An das Kontaktsystem wurden hohe Anforderungen gestellt. Der Kleinspannungsstromkreis musste unter allen Bedingungen sicheren Kontakt geben. Die Betätigung wurde über das Kniegelenk vorgenommen. Der integrierte Anbau konnte sowohl am einpoligen, als auch am dreipoligen Gerät vorgesehen werden.

Bereits 1985 wurde der Fahrzeugschutzschalter 1610 verbessert. Die Abbildungen 79 und 80 entstammen der entsprechenden Patentschrift Nummer 3 526 785. Beim Vorgänger 1610 war der feste Sitz der Anschlüsse nur mit Aufwand herzustellen. Daneben wurde eine bessere Führung des Druckknopfes gewünscht. Die neue Konstruktion berücksichtigte diese Wünsche. Die Anschlüsse waren fest im Sockel eingepresst und bildeten mit ihm eine Einheit (vgl. Abb. 80). Beide Anschlüsse waren für den Pressvorgang noch im Stanzstreifen miteinander verbunden. Ein Streifen mit mehreren Einheiten wurde in die Pressform eingelegt. Erst nach dem Pressvorgang wurden die einzelnen Baugruppen getrennt. Die Bimetallbaugruppe wurde anschliessend angeschweißt, der Druckknopf auf den Kontaktanschluss aufgesteckt, und über das Ganze wurde schließlich eine Gehäusekappe gestülpt. Für die Justierung war eine Sollbiegestelle vorgesehen. Die Justierung wurde mit einer speziellen Vorrichtung durchgeführt, die von einer eigenen Steuerung beeinflusst war.

1985 meldeten wir einen Druck/Druck-Schutzschalter an, der in die Einbauöffnungen für Geräteschutzsicherungen passte. Das Gerät bekam die Bezeichnung 1110. Die Erstanmeldung erfolgte zunächst in einem Gebrauchsmuster mit der Nummer 8 530 597. In diesem Zusammenhang soll erwähnt werden, dass zu dieser Zeit immer zuerst ein Gebrauchsmuster angemeldet wurde, dem später eine Europa-Patentanmeldung folgte. Die Priorität lag also beim Gebrauchsmuster. Abb. 81 zeigt die bewährte E-T-A Konstruktion. Für die manuelle Ausschaltung befand sich am Druckknopf eine verlängerte Nase, die beim Niederdrücken des Druckknopfes das Bimetall wegdrückte und dabei die Verklinkung löste. Die Gehäusehälften bildeten zusammengebaut im Querschnitt einen Kreis, der auf zwei gegenüberliegenden Seiten abgeflacht war.

Eine sehr interessante Entwicklung wurde zusammen mit einer anderen Firma für die Post durchgeführt. Es handelte sich um einen Stromverteiler mit aufsteckbaren Schutzschaltern der Reihe 2210. Die Erstanmeldung in Form eines Gebrauchsmusters erfolgte 1986 unter der Nummer 8 618 540. Abb. 82 zeigt die Figur 1 aus derselben Patentschrift. Die Mehrfach-Steckverbindungseinheit wurde in Stromversorgungen für Fernmeldeanlagen der neueren Art eingesetzt. Mit zur Aufgabe gehörte die Möglichkeit des gefahrlosen Anschlusses der Verbraucher unter anliegender Spannung. Im Grundkörper der Einheit befanden sich die Stromschienen für Haupt- und Hilfsstrom. An den Stromschienen befanden sich Steckanschlüsse für die Verbindung zu Adaptern und Schutzschaltern. Vor dem Aufstecken eines Adapters (72) konnten an ihm die Leitungen des Verbrauchers angeschlossen werden. Der Adapter wurde anschließend auf dem Grundkörper aufgesteckt und festgeschraubt. Jetzt war das Steckbild zum Aufstecken des Schutzschalters komplett. Mit der Montage der Steckeinheit auf einem Rahmen war gleichzeitig die sichere Verbindung des Erdanschlusses hergestellt. Mehrere Steckeinheiten konnten aneinandergereiht werden. Neben der federführenden Firma verwendeten weitere Postzulieferer diese Einheit. Wir mussten uns gegen die Weltfirma Siemens behaupten. Die Steckeinheit wurde postzugelassen.

Am hydraulisch/magnetischen Auslöser des 8340 wurde 1987 eine Verbesserung unter der Gebrauchsmuster-Nummer 8 702 840 angemeldet. Der Kern lag in einer verschlossenen Hülse, die mit einem Hydrauliköl gefüllt war. Mit in die Hülse war eine Feder eingebaut, die den Kern in seine Ruhestellung brachte. Wurde der Kern durch das Magnetfeld angezogen, dann musste er das Hydrauliköl verdrängen. Zu diesem Zweck war zwischen dem Kern und der Hülse ein Spalt vorgesehen. Der Drahtdurchmesser der Feder war aber in der Größenordnung des Spaltes, so dass die Feder bei Kurzschluss den Kern verklemmen konnte. Um das Klemmen zu verhindern und die gewünschte Verzögerung der Kernbewegung beizubehalten, wurden in den Kern Längsriefen eingebracht.

Eine weitere Ergänzung am bestehenden 3-E-T-A zeigt Abb. 85 aus dem Gebrauchsmuster Nummer 8 705 587 aus dem Jahre 1987. Den 3-E-T-A gab es bis zu diesem Zeitpunkt nicht in der Druck/Druck-Ausführung. Seine 2-E-T-A Vorgänger hatten diese Variante. Im Wesentlichen konnte die Konstruktion des 2-E-T-A übernommen werden. In die Patentanmeldung war das Mäanderbimetall mit eingeflossen. Auch bei diesem abgewinkelten Bimetall konnte die wirksame Bimetallänge vergrößert werden. Abb. 86, Teil der Anmeldungs-Nummer 8 707 719, zeigt das zugehörige Mäanderbimetall.

Für den Bordnetzschutzschalter, Typ 483, lag im Jahre 1987 eine Kundenanfrage nach Druck/Druck-Betätigung vor. In einer Studie fanden wir für diese Aufgabe eine Lösung, welche wir auch anmeldeten. Abb. 87 verdeutlicht einen entsprechenden Ausschnitt aus der Patentschrift Nummer 8 710 812. Verändert wurde nur der Fixpunkt der Druckknopfbaugruppe. Der Verbindungshebel zwischen Druckknopf und Kniegelenk stützte sich in der Ein-Stellung direkt im Gehäuse ab. Die Achse im Verbindungshebel lief in einer Kulisse des Druckknopfes. Beim Niederdrücken des Druckknopfes wurde der Hebel aus seinem Gehäusestützpunkt herausgedrückt. Das Kniegelenk öffnete die Kontakte selbst dann, wenn der Druckknopf noch festgehalten wurde. Nach dem Freilassen wechselte er in seine Aus-Stellung.

Das Konstruktionsbüro erhielt 1987 den Auftrag, den Bordnetzschutzschalter 482 zu verbessern. Man entschied sich für eine Neukonstruktion. Sie wurde von uns unter der Patentnummer 0 263 331 angemeldet (Abb. 88). Für die Neukonstruktion wurde ein schwenkbarer Hebel verwendet. Er trug eine Doppelkontaktbrücke auf der einen Seite. Die andere Seite rastete unter einem Zwischenglied ein. Dieses war in einer Gehäusenut geführt. Die Gehäusenut war leicht L-förmig. In der Ein-Stellung wurde das Zwischenglied in der Schräge und vom Auslösehebel festgehalten. Der Winkel der Schräge und der Angriffspunkt des Auslösehebels lagen so, dass sich die Stützkräfte günstig verteilten. Am Auslösehebel lag z.B. nur die Hälfte der Stützkraft an. Dies bedeutete, dass das Bimetall nicht die volle Stützkraft aufbringen musste. Der Zwischenhebel hatte aber auch noch eine zweite Funktion. Wurde am Druckknopf gezogen, dann sorgte eine Schräge am Druckknopfschaft für das Verdrehen des Zwischengliedes. Er drehte sich dabei um die Achse im Stützpunkt. Mit der Drehung wurde die Hebelverklinkung gelöst, und die Kontakte öffneten. Der neue Typ 482, wird mittlerweile in großer Stückzahl an die Firma Boeing geliefert.

Eine neue Türverriegelungsvorrichtung wurde 1988 entwickelt. Sie erhielt die Typenbezeichnung 6110, und sie wurde unter der Patentnummer 8 806 999 geschützt (Abb. 89). In das Grundgehäuse waren sowohl der Riegelschieber als auch die Einzelteile eingebaut. Mit der Einführung des Türklobens in den Riegelschieber wurden Kontakte geschlossen und eine Aussparung für den Verriegelungsschieber freigemacht. Der Verriegelungsschieber wurde vom PTC-beheizten Bimetall bewegt. Mit der Schieberbewegung wurden weitere Kontakte betätigt. Der Kontaktträger, der vom Riegelschieber bewegt wurde, besaß eine Sollbruchstelle. Sie hatte die Aufgabe, die Kontakte bei gewaltsamer Öffnung der Türe zu unterbrechen. Die Steckanschlüsse lagen alle auf einer Seite und waren nach den Regeln der Rast-5 Norm ausgelegt. Diese Norm wurde von der Haushaltsgeräteindustrie für Waschmaschinen festgelegt. Sie bedeutet, dass die Steckanschlüsse 6,3 mm im Abstand von 5 mm in Reihe angelegt sein müssen. Es gibt zwei-, drei- oder mehrpolige Versionen mit entsprechender Codierung.

Ein neuer Bordnetzschutzschalter entstand 1989. Er erhielt die Typenbezeichnung 4120. Die Entwicklung gipfelte in drei Patentanmeldungen. Diese trugen die Patentnummern 8 904 063 – „Bimetallbaugruppe", 8 904 064 – „Schaltschloss" und 8 904 065 – „Druckknopfbaugruppe". Abb. 90 gilt für alle drei Anmeldungen. Das Besondere der Bimetallbaugruppe war die zusätzliche Stromschleife zum U-förmigen Bimetall. Die Stromschleife lag in Reihe zum Bimetall, und sie verstärkte magnetisch die Ausbiegung des Bimetalls bei hohen Überströmen. Die Stromschleife verstärkte aber auch den Sitz des Anschlusses im Gehäuse. Das neuartige Schaltschloss bestand aus einem Winkelhebel, der auf der einen Seite die Doppelkontaktbrücke trug. Die andere Seite stützte sich über ein Zwischenglied in einer Gehäusenut ab. Das mögliche Abgleiten der Achse im Zwischenglied wurde vom Auslösehebel verhindert. Mit dieser Anordnung wurde wiederum, wie beim 482-neu, eine Kräfteteilung vorgenommen. Bei der Gestaltung der Druckknopfbaugruppe wurde eine neuartige Zug/Druck-Betätigung verwirklicht. Wie beim 483-DD stützte sich auch hier ein Hebel, der sich zwischen Druckknopf und Winkelhebel befand, im Gehäuse ab. Diese Abstützung wurde aber hier durch Zug am Knopf wieder gelöst.

Ein eigenes Sicherheitstürschloss für Pyrolyse-Herde wurde speziell für eine Firma entwickelt. Die Türverriegelung sollte das Öffnen der Herdtüre während der Pyrolyse verhindern. In der Herdmuffel waren zu dieser Zeit etwa 500°C, und die austretenden Gase hätten sich beim Öffnen auch noch entzünden können. Das Sicherheitstürschloss erhielt die Typenbezeichnung 6510. Die Erstanmeldung erfolgte 1989. Das Gebrauchsmuster erhielt die Nummer 8 904 660 (Abb. 91). Für die Konstruktion wurden zwei Konstruktionsebenen gewählt. In der unteren Ebene lag das eigentliche Türschloss. Ein kegelförmiger Türkloben wurde stirnseitig eingeführt und durch seine Einkerbung festgehalten. Die Haltekraft konnte durch Zug überwunden werden. Dies war die normale Gebrauchssituation. Mit dem Türkloben wurde ein Stößel bewegt, der zwei Stromkreise schloss. Zwei schwenkbare Backen umschlossen den Türkloben. Sie waren mit Druckfedern vorbelastet für die notwendige Haltekraft. Im ausgeschalteten Zustand wurde der Stößel von den beiden Backen zurückgehalten. Nur mit dem Original-Türkloben konnte diese Sperre überwunden werden. Durch unsachgemäßen Gebrauch konnte der Herd somit nicht in Betrieb genommen werden. In der oberen Ebene war ein Elektromagnet untergebracht, der durch Stromimpulse betätigt wurde. Der erste Stromimpuls drehte die Riegel in die untere Etage, die die Drehbewegung der Backen blockierten. Der zweite Impuls löste diese Blockade wieder.

Das Nachfolgegerät des 104 bekam die Typenbezeichnung 1140. Im Jahre 1989 erhielt dieser Typ eine Ergänzung. Statt des normalen Sockels wurde ein neuer Sockel mit zusätzlichem Pol eingesetzt. Er stellte einen Hilfskontakt oder zweiten Pol zur Verfügung. Unter der Gebrauchsmuster-Nummer 8 907 154 wurde der erweiterte Typ 1140 zum Patent angemeldet (Abb. 92). Über den Druckknopfschaft wurde der zusätzliche Kontakt betätigt. Bei festgehaltenem Druckknopf während der Auslösung blieb der Kontakt allerdings geschlossen.

Neue Geräte zu Beginn der neunziger Jahre

Der E–T–A Schutzschalter 1610, der anstelle von Messersicherungen in Fahrzeugen eingesetzt wurde, hatte ein begrenztes Kurzschluss-Schaltvermögen. Hier hat das bewährte E–T–A Schaltschloss mit seiner Momentschaltung einen entscheidenden Vorteil. Nichts war näher als der Versuch, diese Konstruktion so anzupassen, dass sie in die Steckaufnahmen für Messersicherungen hineinpasste. Diese Entwicklung fand in zwei Gebrauchsmusteranmeldungen mit den Nummern 9 004 31 und 0 017 292 im Jahre 1990 ihren Niederschlag (Abb. 93). Das Gerät bekam die Typenbezeichnung 1170. Der Aufbau ähnelte dem 3-E–T–A, allerdings in sehr verkleinerter Abmessung. Die Anschlussfahnen entsprachen den Messersicherungen. Ebenso entsprach die Gehäuseform im Steckbereich der Einbauöffnung im Stecksockel. Die Justierung des Bimetalls erfolgte über einen Justierexzenter. Der Einbau eines Handauslösers war vorgesehen. Damit der Sitz des Schalters im Klemmsockel ausreichend gut war, wurden neben den Anschlussfahnen zwei Rasthaken in den Anschluss integriert. Die Haken verrasteten mit dem Stecksockel.

Die Arbeiten am fernsteuerbaren Überstromschutzschalter RCCB waren schon einige Jahre im Gange. In den neunziger Jahren fand die Konstruktion zu ihrer endgültigen Form. Die Entwicklung wurde 1992 anhand von Gebrauchsmustern angemeldet. Deren Nummern waren 9 204 342, 9 207 762 und 9 208 010. Abb. 94 aus dem Europapatent 0 563 774, das sich auf die zitierten Gebrauchsmuster stützt, zeigt den Schutzschalter in der Gesamtansicht. Die einpolige Einheit konnte zum mehrpoligen Schalter gekoppelt werden. Die Erfindung war patentmäßig unterteilt. Das Schaltschloss, die Bimetallanordnung sowie die elektronische Steuerung wurden einzeln geschützt. Inzwischen läuft aber die Anmeldung zusammengefasst unter einer neuen Platznummer. Abb. 95 zeigt den mechanischen Aufbau des RCCB. Im unteren Bereich war das Schaltschloss untergebracht. Die Ein- und Aus-Schaltung wurde vom Magnetantrieb vorgenommen. Dieser lag im oberen Bereich des Schaltergehäuses. Die Bimetallbaugruppe links unten trat nur dann in Aktion, wenn im Stromkreis ein Überstrom floss. Die zwei möglichen Schaltstellungen wurden der elektronischen Steuerung über einen Mikroschalter mitgeteilt. Auch die Auslösung durch Überstrom wurde durch diese Steuerung erkannt. Abb. 96 stellt insbesondere den magnetischen Antrieb heraus. Bei diesem Antrieb handelte es sich um einen bistabilen Magneten. Der ringförmige Dauermagnet umschloss den zylindrischen Anker. Das Ganze wurde von einem topfförmigen Gehäuse umschlossen. Der Magnetfluss des Dauermagneten hielt den Anker in der jeweils vorgesehenen Stellung fest. Mit den eingebauten Magnetspulen konnte der Dauermagnetfluss umgesteuert werden. Im Bereich des anliegenden Ankers wurde durch den Magnetfluss der Spule der Magnetfluss des Dauermagneten geschwächt, auf der anderen Seite aber unterstützt. Dabei wird der Anker auf die andere Seite gezogen. Der Antrieb war direkt mit dem Schaltschloss verbunden. Diese Verbindung war aber so gestaltet, dass bei Überstromauslösung das Schaltschloss öffnete. Der Antrieb stand noch in der Ein-Stellung, er wurde über die elektronische Steuerung in die Aus-Stellung gebracht.

Im Zuge der notwendigen Rationalisierungen wurde versucht, bei allen Geräten Teile einzusparen. Ein Beispiel dafür war die lösbare Schnappverbindung des Sockel-E–T–A Magnetic auf Montageschienen. Abb. 97 entstammt der Europa-Patentschrift

Nummer 602 305 von 1993. An jeder Gehäusehälfte war eine Hälfte der Schnappeinheit direkt angeformt. Beim Zusammenbau wurden die Klemmbacken in entsprechende Gehäuseführungen eingeschwenkt. Die beiden Hälften verrasteten miteinander und bildeten somit eine Einheit. Die Stege (22) bildeten das Federelement.

Im Jahre 1992 haben wir eine Gemeinschaftsentwicklung mit der Firma Wilo durchgeführt. In drei Patenten wurde die Erfindung niedergelegt und endgültig mit dem Europa-Patent Nummer 655 166 im Jahre 1993 geschützt (Abb. 98). Figur 3 aus Abb. 98 zeigt die Gesamtansicht des Schutzschalters. Sein Einsatzgebiet war der Schutz von Umwälzpumpen in Heizungsanlagen. Er war Bestandteil einer Steuerung, die direkt am Motor eingebaut wurde. Bei Überschreitung eines vorgegebenen Temperaturwertes wurde ein PTC-Widerstand im Schalter angesteuert, der schließlich das Schnappbimetall zum Umschalten brachte. Auf Abb. 99 ist der Aufbau zu erkennen. Man erkennt, dass der PTC-Widerstand die Nummer 19 trug. Darüber lag das scheibenförmige Schnappbimetall. Beim Umschnappen betätigte es einen Schieber, der gleichzeitig vier Strombahnen unterbrach. Der Schieber wurde in der Ausstellung vom Rückstellknopf festgehalten.

Ein kleinerer Geräteschutzschalter als der Typ 3120 wurde in den neunziger Jahren entwickelt. Er bekam die Typnummer 3130. Er wurde 1994 zum Patent angemeldet. Das entsprechende Europa-Patent bekam die Nummer 616 347 (Abb. 100). Auf den ersten Blick sah die Konstruktion genau so aus, wie beim Typ 3120. Lediglich die Bauform wurde verkleinert. Es war das Ziel, möglichst die gleichen Teile des Vorgängers zu verwenden. Der Unterschied lag in den möglichen Bauformen. So konnte man bei der neuen Konstruktion ein einpoliges Gerät, aber auch mehrpolige Geräte bauen. Wie das möglich war, zeigen die Abb.en 101 und 102. Abb. 101 stellt die einpolige Version dar. Zwischen zwei äußere Gehäusehälften war das Schaltschloss mit dem Bimetall eingebaut. Wurde nun ein zweipoliger Geräteschutzschalter gewünscht, dann wurde zwischen den äußeren Gehäusehälften noch ein Innengehäuse eingefügt. Zwischen den Kammern waren für die Mechanik besondere Verbindungen vorgesehen, mit deren Hilfe beide Pole gemeinsam geschaltet werden konnten und die sich bei Überstromauslösung auch gemeinsam öffneten. Auf die gleiche Weise konnten dreipolige Schutzschalter zusammengesetzt werden.

Konstruktionsbüro-Mitarbeiter

Im Jahre 1948 konnte man noch nicht von einem Konstruktionsbüro sprechen. Die ersten Erfindungen stammten von Jakob Ellenberger. Seine Entwürfe wurden zum größten Teil von ihm selbst zu Papier gebracht. Ein technischer Zeichner hat ihn wahrscheinlich unterstützt.

Die ersten ELPO Mitarbeiter, die sich konstruktiv betätigten, waren Herbert Beier und Heinrich Hofmann. Letzterer brachte auch einige Patente mit ein, z.B. die Nummern 948 309 und 949 011. Herbert Beier fertigte viele Zeichnungen, die besonders dem Vertrieb der Produkte dienten. Ein Beispiel dafür ist Skizze 218. Am 1. September 1955 wurde Josef Peter als erster ausschließlicher Konstrukteur eingestellt. Vor ihm lag ein schwieriger Anfang. Für viele bereits vorliegende Teile gab es keine verbindlichen Zeichnungen. Toleranzangaben waren nicht eingetragen. Auf Handzettel oder nur im Gedächtnis der Mitarbeiter in der Fertigung waren Daten über Heizwicklungen, Bimetallqualitäten, etc. vorhanden. Mühsam musste er diese Daten in sogenannte Aufbaudaten zusammentragen. Mit seiner sorgfältigen Arbeit schuf er die Basis für eine erfolgreiche Konstruktionsbüro-Arbeit. Daneben mussten aber auch Neu- und Weiterkonstruktionen erstellt werden. Am Anfang waren es Ausarbeitungen der Entwürfe von Jakob Ellenberger. Bald kamen aber auch eigene Entwürfe hinzu.

Zum Beispiel hatte er einen wesentlichen Anteil an der Neukonstruktion des E-T-A Magnetic. Dieser thermisch/magnetische Überstromschutzschalter gehörte zu den Meilensteinen unserer Produktpalette. Bei diesem Schalter wurde zum ersten mal ein neuer Weg beschritten. Die Press- und Stanzwerkzeuge wurden gleichzeitig in Angriff genommen. Ein derartiges Vorgehen kannte man in der „Steatit-Zeit" nicht. Die Stanzwerkzeuge wurden erst nach Vorliegen der Steatit-Teile angefertigt. Intensive Gespräche mit den Werkzeugherstellern wurden geführt. Die Frage war: Wie eng konnten die Toleranzen festgelegt werden, um das zuverlässige Zusammenspiel der Funktionsteile zu gewährleisten? Er musste große Überzeugungsarbeit leisten, die er in seiner langen Betriebszugehörigkeit fortsetzte. Zu den Höhepunkten seiner Tätigkeiten zählten insbesondere die Luftfahrtschutzschalter, wie die Typen 483, 583 und der RCCB.

Im Laufe der Zeit nahmen die Arbeiten immer mehr zu. Am 1. Juli 1958 erhielt Josef Peter Unterstützung durch Karl Hammerand. Der war ein fleißiger Mitarbeiter, welcher sehr bald selbständig arbeitete. Berühmt war sein großes Zahlengedächtnis. Er wusste fast alle Artikelnummern auswendig. Mit ihm gewannen wir einen langjährigen Mitarbeiter, der viele Spuren hinterließ. Im Laufe der Zeit wurde sein Hauptaufgabengebiet der E-T-A. Als nächster Konstrukteur wurde Oswald Onderka eingestellt. Sein erster Eintritt war am 1. April 1959. Er schied zwar am 31. März 1961 wieder aus, kam aber 1977 wieder ins Konstruktionsbüro zurück, um hier seine berufliche Heimat endgültig zu finden. Oswald Onderka war ein kreativer und gewissenhafter Konstrukteur. Viele Geräte trugen seine Handschrift. Zu seinen Hauptgebieten wurden die Stößelrelais und die Geräteschutzschalter.

Am 1. September 1960 wurde das Konstruktionsbüro eine selbständige Abteilung. Mit ihrer Leitung wurde Fritz Krasser beauftragt. Er war am 1. Oktober 1959 als Vertriebsingenieur zur Firma gekommen. Zu Beginn seiner Zeit als Konstruktionsbüro-Leiter bearbeitete er noch zwei Vertriebsgebiete. Aber schon bald widmete er sich ganz der Konstruktion und trug durch viele eigene Entwicklungen zum Aufstieg der Firma bei. Josef Peter war sein Stellvertreter.

Mit der Fortentwicklung der Firma nahmen die Konstruktionsarbeiten immer mehr zu. Neue Produkte wurden entwickelt. Die Zeitfolge der Entwicklungen kann aus den Patentanmeldungen in der Bundesrepublik im Anhang ersehen werden. Im Jahre 1961 wurden gleich drei neue Mitarbeiter eingestellt. Im April kam Conrad Heckel zu uns. Leider konnte er nur 10 Jahre bei uns sein. Ein heimtückisches Leiden setzte seinem Leben ein frühzeitiges Ende. Der Hitzdraht APS war eines seiner Produkte. Hier betraten wir Neuland. Erst viel später wurde die Dehndrahttechnik wieder aufgenommen. Der zweite Mitarbeiter kam im Juli. Sein Name war Erich Wocelka. Mit ihm fand die Firma einen weiteren wertvollen, langjährigen Mitarbeiter. Schon bald wurden die Bordnetzschutzschalter für Kettenfahrzeuge sein konstruktives Hauptgebiet. Besonders der Typ 447 wäre hier hervorzuheben. Dieser Schutzschalter blieb bis heute derjenige mit dem höchsten Nennstrom. Mit der Zeit kam ein weiteres wichtiges Arbeitsgebiet auf ihn zu. Er war zuständig für die Ausbildung des Nachwuchses. Hier leistete er ebenfalls Großartiges. Der Beweis dafür wurde der sehr erfolgreiche Abschluss der Ausbildung unserer technischen Zeichner. Daneben befasste er sich auch mit Normung und Überwachung der EDV-Daten. 1994 ging er in seinen wohlverdienten Ruhestand.

Die dritte im Bunde wurde Marianne Kratzer, die im Oktober zu uns kam. Ihre Hauptaufgaben waren die Maßbilder, Datenblätter und Strom-Zeit-Kennlinien. Viel Geduld verlangten von ihr auch die Siebvorlagen für die Gerätebedruckung. Sie arbeitete zuverlässig, und man konnte sich auf sie verlassen. 1982 verließ sie uns, um sich nun ganz ihrer Familie zu widmen. Die ersten Lehrlinge wurden 1963 eingestellt. Diese waren Gisela Igel und Reinhold Hahn. Beide schlossen ihre Lehrzeit mit großem Erfolg ab. Sie wurden als technische Zeichner übernommen. Reinhold Hahn schlug den zweiten Bildungsweg ein und schaffte es bis zum Arzt. Er verließ uns 1968. Gisela Igel war bis 1971 bei uns. Während ihrer Zeit als technische Zeichnerin unterstützte sie die Konstrukteure mit Detailzeichnungen.

Ein wichtiges Datum war auch das Jahr 1968. Ingenieur Erhard Pietsch kam zu uns. Seine ersten Erfahrungen sammelte er bei den Firmen Siemens und Klöckner Moeller. Er war eine Bereicherung für die Firma. Neben vielen Produkten wurde der Typ 410 mit seinen Varianten zu seinem Hauptgebiet. In diese selbständige Entwicklung brachte er seine ganze Erfahrung ein. Seine letzte große Neuentwicklung war der Typ 482. Viel Ausdauer verlangte auch die Verwaltung und Registrierung unserer Bundeswehrgeräte. 1993 ging er in den wohlverdienten Ruhestand.

Zur Übernahme der Leitung des Konstruktionsbüros kam 1994 Diplom-Ingenieur Peter Meckler. In die Firma E-T-A war er bereits 1980 eingetreten. Er arbeitete zunächst im Labor. Schon damals bestanden enge Beziehungen zum Konstruktionsbüro. Am 1. Januar 1995 wurde er Leiter desselben. Fritz Krasser war noch zwei Jahre für spezielle Aufgaben im Konstruktionsbüro zuständig. Er konnte sich in dieser Zeit wieder ausschließlich mit Entwürfen von Schutzschaltern beschäftigen. Auch die Aufgaben, welche sich aus dem Patentwesen ergaben, wurden von ihm weiter erledigt.

Arbeitsablauf im Konstruktionsbüro

Am Anfang wurden mit einfachsten Mitteln, der Zeit entsprechend, die Fertigungsunterlagen erstellt. Die Zeichnungen wurden auf einem selbst gebauten Zeichenbrett mit Hilfe einer Zeichenmaschine angefertigt. Die Erstellung der Zeichnungspausen war schon komplizierter. Auf einer entsprechenden Unterlage wurden die Transparente auf Pauspapier gelegt und in der Sonne belichtet. Je nach Helligkeit des Tageslichtes mußte die Belichtungszeit gewählt werden. Es waren immer individuelle Kopien. Nach der Belichtung wurden die Kopien in einen Behälter mit Ammoniak gesteckt. Wegen des Gestanks fand die Entwicklung in der Regel im Freien statt. Trotz des umständlichen Verfahrens bekam man einwandfreie Pausen.

Die Zeichnungen wurden mit fortlaufenden Nummern mit teilklassifizierender Einteilung versehen. Die Nummernvergabe erfolgte durch den Einkauf. Der Konstrukteur mußte sich für jede Zeichnung die Artikelnummer im Einkauf holen. Erst mit der Gründung der selbständigen Konstruktionsabteilung am 1. September 1960 wurde die

Artikelnummerfestlegung geändert. Von Fritz Krasser wurde eine klassifizierende Artikelnummer eingeführt. Sie bestand aus drei Hauptgruppen.

In der ersten Gruppe wurden die Grundtypen des Fertigungsprogramms verschlüsselt. Beispiel: 1 E–T–A, 2 E–T–A Magnetic, 3 Triplex, usw. Damit wurden die Zeichnungen nach Artikel bzw. jenem Grundtyp vorsortiert, bei dem sie zum ersten Mal eingesetzt wurden. Die zweite Gruppe umfasste sogenannte Gattungen. Hierin wurden gleichartige Artikel zusammengefasst, die hierdurch schneller identifiziert werden konnten:

000–099: Allgemeine Gattungen für Maßbilder, Schaltbilder, Kennlinien etc.
100–199: Alle Teile, die zum Schaltwerk bzw. zur Mechanik gehörten. So gehörten die Druckknöpfe in die Gattung 110, darin waren unter 116 die Zug- und Druckknöpfe enthalten.
200–299: Alle Teile, die zur Auslösung der Mechanik oder zum automatischen Betätigen der Kontakte dienten, u.a. Bimetalle, Magnetspulen etc.
300–399: Darin waren die Anschlüsse enthalten, welche in Löt-, Schraub- und Steckanschlüsse unterteilt waren. Auch die Stromschienen waren darin zu finden.
400–499: Alle Kunststoffteile, wie Gehäuse, Spulenkörper, Abdeckungen etc.
500–599: Rohmaterial und Halbzeug

Die dritte Gruppe stellte eine dreistellige Zählnummer dar. Jede einzelne Gattungsnummer hatte ihre eigene fortlaufende Zählnummer. – Zu den neuen Artikelnummern gab es ein Zeichnungsbuch, das vom Konstruktionsbüro geführt und gepflegt wurde. Die Einführung der neuen Artikelnummern ging nicht reibungslos vonstatten. Schon vorhandene Artikel wurden nicht umbenannt. Aber schon bald zeigte sich der Vorteil der neuen Nummerierung. Auch andere Abteilungen übernahmen sie für ihre Zwecke. Abb. 104 gibt eine Baugruppenzeichnung wieder, in der man in der Stückliste alte und neue Nummerierung erkennen kann.

Mit dem Wachstum der Firma stieg auch der Umfang der Konstruktionsbüro-Aufgaben. Dies führte zur Arbeitsteilung. Einzelne Grundtypen wurden nun von eigenen Sachbearbeitern betreut. Hinzu kamen noch Sachbearbeiter für Maßbilder, Datenblätter und für sonstige Aufgaben im Konstruktionsbüro. Die Entwürfe neuer Geräte oder von Varianten von vorhandenen Geräten wurden schon von Anfang an im Maßstab 10:1 gezeichnet. Diese bewährte Methode hat sich bis heute erhalten und wird jetzt allmählich von der CAD abgelöst. Die vergrößerte Darstellung hatte den Vorteil, dass auch Passungen, Spiele und Toleranzen mit berücksichtigt werden konnten.

In den Anfängen wurde der Entwurf des Konstrukteurs der Geschäftsleitung vorgestellt. Jakob Ellenberger beurteilte den Entwurf und diskutierte darüber mit dem Konstrukteur in der Absicht, eine optimale Lösung zu finden. Immer häufiger wurde der Entwurf im größeren Kreise diskutiert. Jede Fachabteilung beurteilte die Konstruktion und brachte dazu ihre eigenen Vorschläge und Wünsche ins Gespräch. Diese Vorgehensweise wurde erforderlich, damit alle Erfordernisse der Fertigung, des Vertriebs und des Prüflabors und auch die Erfahrungen der Abteilungen mit in das Produkt einfließen konnten. Nach Freigabe des Entwurfs wurde eines oder mehrere Muster angefertigt. Auch diese wurden auf beschriebene Weise diskutiert. Alle Abteilungen waren erneut daran beteiligt und trugen mit dazu bei, ein optimales Gerät zu entwickeln. Erst nach Freigabe der Muster wurden die Fertigungswerkzeuge in Auftrag gegeben. Auch die Nullserie aus den Fertigungswerkzeugen empfing das Plazet der Versammlung erst in einer eigens dafür angesetzten Arbeitssitzung. Dieser Entwicklungsablauf verlief nicht immer ohne Eingriffe, so dass die Konstrukteure regelmäßig gezwungen waren, in den Prozess einzugreifen bzw. nachzubessern. Auch mit Anlauf der Serienfertigung wurde der Konstrukteur nicht aus der Verantwortung für das Produkt entlassen. Solange das Gerät hergestellt wurde, blieb er für dessen Betreuung zuständig.

Um ein neues Produkt schon von Anfang an optimal auszulegen, wurden mehrere unterstützende Maßnahmen eingebaut. Anfangs vom Konstruktionsbüro allein erstellt, beteiligten sich im Laufe der Zeit schließlich alle Abteilungen daran. Schon sehr früh gab es den sogenannten Arbeitsbogen. Er bestand aus mehreren Blättern, die dem Konstrukteur Hinweise für seinen Entwurf gaben. Aus dem Arbeitsbogen entwickelte sich das Pflichtenheft. Abb. 106 zeigt Blatt 1 des Pflichtenheftes in seinen Anfängen. Die Eintragungen sind heute umfangreicher, es stiegen aber auch die Anforderungen an unsere Überstromschutzschalter. Mit den Angaben im Pflichtenheft allein war es aber nicht getan. Für die Entwicklung eines neuen Produktes wurde es zwingend, auch die Reihenfolge der einzelnen Arbeitsschritte und die dafür vorgesehene Zeit einzuhalten. Diese Aufgabe übernahm schließlich der Netzplan. Einen allgemeingültigen, der für jede Neuentwicklung individuell eingerichtet werden mußte, entwickelte das Konstruktionsbüro. Innerhalb des Gesamtnetzplanes wurden acht Meilensteine vorgesehen. Jeder Meilenstein war seinerseits in Unternetzpläne differenziert, unter Angabe der wichtigsten Arbeitsschritte, der vorgesehenen Zeit und der verantwortlichen Abteilungen. Die wichtigsten Meilensteine für das Konstruktionsbüro waren der Entwurf und die Ausarbeitung. Aber auch bei den anderen Knoten war die Mitarbeit des Konstruktionsbüros gefordert. Die Akzeptanz des Netzplans wurde erst in den 90er Jahren erreicht. Davor war allein das Konstruktionsbüro dafür verantwortlich, die Entwicklung zu straffen. Es versuchte, die einzelnen Abteilungen für eine freiwillige Mitarbeit zu gewinnen. In neuerer Zeit wurde der Netzplan in das Qualitätssicherungshandbuch aufgenommen und die Anwendung für die Abteilungen verbindlich. Für die Umsetzung wurden Projektgruppen verantwortlich, die auch den Ablauf der Entwicklung protokollierten. Mit Hilfe des EDV-Programms „Projektmanagement" konnte der Entwicklungsablauf nach Vorgabe und tatsächlichem Verlauf verwaltet werden.

Für die Aufgabenverteilung im Konstruktionsbüro entwickelte man den Organisationsplan, den Abb. 108 zeigt. Wie zu sehen, gab es Projektgruppen für die Leistungsgeräte E-T-A, E-T-A Magnetic sowie für die Regel- und Steuergeräte. Jede Projektgruppe bestand aus drei Mitgliedern. Daneben gab es Sonderaufgaben, die auf die einzelnen Mitglieder des Konstruktionsbüros aufgeteilt wurden. Besondere Sachgebiete, wie Konstruktionsbüro-Dienst, EDV und CAD wurden eigenen Sachbearbeitern anvertraut.

Im Arbeitsablauf des Konstruktionsbüros waren auch die verwendeten Daten, insbesondere für die EDV, sehr wichtig. Für die Erstellung dieser Daten wurde die Oracle-Datenbank aufgebaut. Das Schnittstellenprogramm GMSORA ermöglichte, diese Daten in Symbole auf die Zeichnung zu übertragen. Die Übertragung direkt in das EDV-Programm IMMAC konnte leider nicht verwirklicht werden. Zur Aufarbeitung der Konstruktionsbüro-Daten für die EDV waren gewisse Vorarbeiten nötig. So mussten in entsprechende Tabellen der Datenbank alle Angaben der bei E-T-A eingesetzten Werkstoffe und Halbzeuge eingegeben werden. Zur Gewichtsbestimmung wurde eine Tabelle als Schlüssel herangezogen, in welche alle Abmessungen der eingesetzten Halbzeuge eingegeben worden waren. Mit dem Eintrag des Vorschubs bei Halbzeug oder der Schichtdicke des galvanischen Überzuges, zusammen mit dem Volumen und der Oberfläche, konnte das Roh- und das Fertiggewicht einer geometrischen Gestalt für bestimmte Werkstoffe ermittelt werden. Wenn der selben geometrischen Gestalt verschiedene Werkstoffe zugeordnet wurden, konnten daraus ganz unterschiedliche Artikel entstehen. Abb. 109 zeigt ein Beispiel in Form der Zeichnung Y 304 029 00. Sie stellt die geometrische Gestalt eines Einzelteils dar. Mit der Zuordnung des Materials nach Rubrik 1 wurde das Ganze zum Artikel Y 304 029 01 mit der Benennung „Magnetjoch". Um die Daten in die Symbole auf der Zeichnung hineinzubringen, waren entsprechende Daten in Tabellen der Datenbank einzugeben. Für den Zeichnungskopf am unteren Ende der Zeichnung existierte die Tabelle mit dem Namen Kopf. Das Volumen und die Oberfläche wurden von der CAD-Software berechnet und konnten nur über die Datenbank in das Zeichnungssymbol eingebracht werden. Oberhalb des Zeichnungskopfes befand sich die Artikelliste. In der Zeichnung war nur ein Artikel eingetragen. Seine zugeordneten Materialien standen in Rubrik 1 in der darüber befindlichen Stückliste. Die entsprechenden Tabellen zu den Symbolen waren durch Rechenprogramme miteinander verbunden. Wurde zu einer Komponente der Vorschub oder die Schichtdicke des galvanischen Überzuges eingetragen, dann errechnete sich dazu automatisch das Gewicht. Das Rohgewicht einer Komponente wurde aus Halbzeugquerschnitt, Vorschub und spezifischem Gewicht bestimmt, das Fertiggewicht aus dem Volumen und dem spezifischen Gewicht. Das Fertiggewicht einer galvanischen Schicht berechnete sich aus der Oberfläche, der Schichtdicke und dem spezifischen Gewicht. Aus der Summe der Gewichtsangaben der Komponenten ließ sich das Roh- und Fertiggewicht des Artikels errechnen. Im Anschluss wurde es in die Artikelliste eingetragen. Fand das Einzelteil Verwendung in einer Baugruppe, wurden seine Gewichte übernommen. Die Tabellen waren auch mit den Tabellen des Änderungssystems verbunden, so dass sich in der Zeichnung der Änderungsstand aktualisieren ließ.

Einführung der EDV im Konstruktionsbüro

An der elektronischen Datenverarbeitung kam auch das Konstruktionsbüro nicht vorbei. Zur maschinellen Bearbeitung von Arbeitsvorgängen in einer Firma waren eingebbare Daten notwendig. Die von der Konstruktion bereitzustellenden Daten waren die sogenannten Artikelstammdaten. Sie waren für Endprodukte, Baugruppen, Einzelteile und Materialien zu erfassen. Diese Daten wurden vom Materialwesen ergänzt, um sie für ihre Belange nutzen zu können. Kamen dann noch die Angaben der Arbeitsvorbereitung hinzu, erweiterte sich das Anwendungsgebiet. Wir wollen aber in diesem Abschnitt nur auf den Bereich der Konstruktion eingehen.

Die ersten Andeutungen zur Einführung der EDV in unserer Firma wurden im Februar 1975 von Horst Ellenberger gemacht. Konkret wurde die Angelegenheit bei einem Gespräch im größeren Kreise, Anfang März 1975. Am 10. Februar 1975 war unser sehr geschätzter Chef, Jakob Ellenberger, gestorben. Horst Ellenberger trat die Nachfolge im technischen Bereich an. Seine erste große Aufgabe war die Einführung der EDV. Zunächst sollten die Belange des Materialwesens durch die EDV-Software berücksichtigt werden. Aktuell wurde die Einführung beim Besuch der Firma NCR am 19. März 1975. Ausführlich erläuterten Herr Neuberger und Herr Kottmair ihr EDV-Programm IMMAC. Ausgehend vom Auftrag des Kunden wurde die Hierarchie bis hinunter zum Einzelteil besprochen. Es wurde schnell deutlich, dass auf das Konstruktionsbüro eine wichtige, aber auch immense Arbeit zukam. In mehreren Gesprächen mit Herrn Kottmair wurden die notwendigen Schritte besprochen.

Den E–T–A Stücklistenaufbau konnten wir belassen. Zum Glück hatten wir die sogenannten Baukasten-Stücklisten schon früher im Konstruktionsbüro eingeführt. Diskussionspunkt war eigentlich die Nummerierung der Artikel. Unsere klassifizierende Artikelnummer eignete sich nicht für die EDV. Am Besten war eine fortlaufende Zählnummer. In Zusammenarbeit mit den Abteilungen und nach Rücksprache mit NCR einigten wir uns auf folgende Artikelnummern:
Reihe 100 000: Endprodukte,
Reihe 200 000: Baugruppen,
Reihe 300 000: Einzelteile und
Reihe 400 000: Halbzeug, Normteile, Rohmaterial etc.

Aus Sortiergründen wurden den Reihen 200 und 300 ein X bzw. ein Y vorangestellt. Diese Maßnahme erfolgte, um bei den Geräten die Typenbezeichnung in der Artikelnummer verwenden zu können. Das hatte die Folge, dass die Artikelnummern für die Geräte immer mit einer Ziffer begannen und für alle anderen Artikel immer am Anfang ein Buchstabe stand. Die erste Musterdatenerfassung fand im Juli 1975 statt. Von einem Gerätetyp wurden bis hinunter zum Material alle Unterlagen erstellt. Die Eingabe der Daten erfolgte damals noch über Lochkarten. Ende September war dann der erste Probelauf bei NCR in Augsburg. Im großen und ganzen waren die Konstruktionsbüro-Daten in Ordnung. Bereits im Oktober begannen wir mit den Vorbereitungen für die praktische Einführung der EDV. Das Konstruktionsbüro begann intensiv mit der Erstellung der Daten. Diese wurden durch das Materialwesen ergänzt. Die Eingabe erfolgte über zwei Locher im Hause. Inzwischen wurde auch die eigene EDV-Hardware installiert. Auf ihr lief im Januar der Probelauf mit den eingegebenen Daten. Er war positiv und nur geringe Korrekturen bzw. Ergänzungen waren nötig. Ein weiterer Probelauf fand im März 1976 statt. Diesmal wurden Stücklisten ausgedruckt und es wurde ein Teileverwendungs-Lauf durchgeführt.

Die IMMAC-Software bot einen vorgegeben Rahmen für die Datenorganisation. Unsere Organisation war darin nicht vollkommen spiegelbildlich wiedergegeben. Der Versuch war groß, eigene Vorstellungen in die Software einzubringen. Leider waren derartige Maßnahmen kostenintensiv, und sie wurden bei der Fortentwicklung der Software zu wenig berücksichtigt. Eine wichtige Erfahrung für die Zukunft war, immer die Standardausführung zu übernehmen. Die Datenverarbeitung wurde bald zur Routine. Es reifte der Gedanke, auch unser Patentarchiv datenmäßig zu erfassen. Im Oktober 1976 wurde die Patentdatenerfassung verwirklicht. Im März 1977 wurde zum erstenmal mit NCR das Kapazitätsproblem besprochen. Unsere Typenvielfalt war bestens geeignet, das Fassungsvermögen der IMMAC-Software zu sprengen. Bis dahin hatten wir schon 7.500 Stammdaten eingegeben, 24.000 waren noch möglich. Ebenso wurden 24.000 Stücklistenadressen eingegeben. Die Grenze lag bei 90.000. Für 250 Geräte waren aber schon 150.000 Stücklistenadressen erforderlich. Im Laufe des Jahres 1977 wurden die Daten nicht mehr über Lochkarten eingegeben, sondern direkt am Bildschirm.

1980 wurden die Vorbereitungen für die Einführung von IMMAC-I unternommen. Das neue Programm brachte wesentliche Verbesserungen. Für die Übernahme ging man diesmal einen anderen Weg. Die erste Einführung machten wir aus eigener Kraft und verursachten dabei Fehler. Diesmal sollte es besser werden. Wir holten uns einen EDV-Berater ins Haus. Das erste Gespräch mit Dr. Fuchs fand am 9. September 1980 statt. Ein Lenkungsausschuss wurde aus Mitgliedern der betroffenen Abteilungen gebildet. Zunächst wurde der Ist-Zustand ermittelt und einschlägige Literatur beschafft. Parallel dazu wurden Schulungen über Materialwesen und Bedarfsermittlung durchgeführt. Die ersten Sitzungen des Lenkungsausschusses fanden im Oktober 1980 statt. Es ging unter anderem um die Stücklisten. Der Stücklisten-Aufbau konnte erhalten bleiben. Neu war, dass jeder Artikel seine eigene Artikelnummer und -benennung erhielt. Die Benennung sollte außerdem elektronisch sortierbar sein. Wir mussten unsere Artikel mit neuen Namen versehen. Um z.B. alle Federn beisammen zu haben, mußte aus der Blattfeder eine „Feder, Blatt-" werden, der Druckfeder eine „Feder, Druck-" etc. Um für jeden Artikel einen eigenen Namen zu haben, mußte z.B. bei mehreren „Federn, Blatt-" noch eine Zählnummer ergänzt werden.

Neu war auch der A/N-Key. Das 10-stellige Feld mußte gefüllt werden. Dazu entwarf das Konstruktionsbüro einen Schlüssel. Der Schlüssel diente zur Suche von bereits bestehenden, gleichen Teilen. Bei der Verschlüsselung lehnte man sich stark an die DIN 4000 Sachmerkmalleisten an. Die Unterlagen waren in einem Katalog zusammengefasst und standen dem Konstrukteur zur Verfügung. Mit der Eingabe einer Schlüsselnummer konnten am Bildschirm alle ähnlichen Teile abgelesen werden. Die Arbeiten des Lenkungsausschusses unter der Leitung von Dr. Fuchs waren sehr erfolgreich. Die Arbeiten mit IMMAC-I verliefen reibungslos. Die Kapazität des Fassungsvermögens der Software war aber immer noch begrenzt. In den neunziger Jahren kam nun eine neue, andere Software ins Gespräch. Das IMMAC-Programm wurde von NCR nicht mehr weitergepflegt. Die neue Software kam von SAP und nannte sich R/3. Sie hatte einen ganz anderen Aufbau. Die Einführung hatte schon begonnen. Die Schulung des Konstruktionsbüros begann im September 1997. Die Stückliste eines Gerätes war nicht mehr körperlich gespeichert, sondern sie wurde mit dem Aufruf ihrer Identifikationsnummer, sprich Bestellbezeichnung, aus der Datenbank mit Hilfe des gespeicherten „Beziehungswissens" generiert, am Bildschirm angezeigt und konnte ausgedruckt werden. Mit der neuen Software konnten alle Abteilungen arbeiten, und die notwendigen Daten wurden nur einmal eingegeben. Die Auswahl von SAP R/3 war ein wichtiger Schritt für die Zukunft der Firma.

Einführung von CAD, Computer Aided Design.

Lange vor der praktischen Einführung der computerunterstützten Konstruktion war im Konstruktionsbüro schon großes Interesse für diese neue Technik vorhanden. Durch Beobachtung der einschlägigen Literatur, bei Besuchen von Anbietern auf Messen und der Teilnahme an Seminaren verschaffte man sich Informationen. Ob die neue Technik für uns einsetzbar wäre, erforschten wir durch verschiedene Erhebungen.

Zunächst stellten wir fest, wie viele Zeichnungen sich im Konstruktionsbüro in der Ablage befanden. Die Zählung fand im November 1982 statt. Unterschieden wurde zwischen Zeichnungen für Einzelteile, Baugruppen, Zusammenbau, Skizzen, Maßbildern etc. Insgesamt zählten wir: 120 Zeichnungen A0, 370 Zeichnungen A1, 160 Zeichnungen A2, 2211 Zeichnungen A3, 11985 Zeichnungen A4, 3397 Zeichnungen A5. Sie gliederten sich in: 4321 Zeichnungen für Einzelteile, 2277 für Baugruppen, 4419 für Zusammenbau und Stücklisten, 7226 für sonstige Projekte. Daneben wurden auch die, auf den Zeichnungen enthaltenen, Varianten gezählt. Schließlich interessierte z.B. bei den Einzelteilen, wie viele Schnitteile (Stanzteile), Rotationsteile (Drehteile), Formteile und Normteile darin enthalten waren.

Eine weitere Erhebung beschäftigte sich mit den wichtigsten Tätigkeiten im Konstruktionsbüro. Die Protokolle erstreckten sich über neun Wochen und zwar zwischen Ende 1982 und Anfang 1983. Die Auswertung wurde am 26.1.1983 durchgeführt. Der Anteil der wichtigsten Tätigkeiten in Prozent betrugen für: Neukonstruktion 13,3%, Anpassungskonstruktion 6,5%, Variantenkonstruktion 18,5%, EDV-Erfassung 19,6%, EDV-Eingabe 4,0%, Normung 0,2%, Geräte-Betreuung 30,7%, Elektronik 1,1%, Allgemein 6,1%. Bei einer anderen Aufgliederung der Aufschreibungen ergab sich folgendes Bild: Konzipieren 2,6%, Entwerfen 7,1%, Berechnen 0,8%, Detaillieren 39,0%, Ändern 20,3%, Indirekte Arbeiten 29,8%, Schulung 0,4%. Diese Beobachtungen waren für die Einführung eines CAD-Systems wichtig.

Im Jahre 1983 hatte die Elektronikabteilung engen Kontakt mit dem Beraterbüro „Scientific Consulting, Dr. Schulte-Hillen, Köln". Dr. Weyer erarbeitete für das Konstruktionsbüro den Antrag für die Beschaffung eines CAD-Systems. Es gab damals einen Zuschuss vom Bundesforschungsministerium für die Anschaffung von CAD, der auf maximal 400.000 DM begrenzt war. Die besondere Bedingung dafür war, dass der Einsatz von CAD im Elektronikbereich stattfinden sollte. Nach Ansicht von Dr. Weyer bestanden für uns durchaus Aussichten, die Bedingungen zu erfüllen. Wir stellten die notwendigen Unterlagen für einen entsprechenden Antrag zusammen. Dieser wurde im Juni 1984 auch tatsächlich mit dem Maximalzuschuss von 400.000 DM bewilligt. Für die praktische Einführung eines CAD-Systems fand am 21. September1984 die erste Sitzung mit den Herren Dr. Weyer und Schwarz von der Scientific Consulting statt. Für die Sitzung lag als Diskussionsgrundlage ein Anforderungskatalog von Horst Ellenberger vor. Daneben wurden allgemeine Gesichtspunkte besprochen. Als „Hausaufgabe" wurde vom Konstruktionsbüro eine funktionelle Gliederung unserer Geräte verlangt. Für ein Beispiel wurde die Typenreihe 104 ausgewählt. Die Konstruktionsbüro-Mitarbeiter wurden am 28. September über das CAD-Projekt informiert. Abb. 110 zeigt ein Schriftstück über Konstruktionsphasen und Konstruktionsarten, welches damals verteilt und erläutert wurde.

In der Folgezeit fand ein reger Gedankenaustausch mit Herrn Schwarz statt. Die von ihm verlangten Unterlagen deckten sich weitgehend mit unserem Stücklistenaufbau. Dazu passte ausgezeichnet unser A/N-Key vom IMMAC-Programm. Allerdings dauerte es, bis auch Herr Schwarz erkannte, dass wir seine theoretischen Vorstellungen bereits praktisch vorliegen hatten. Unabhängig von Herrn Schwarz informierten wir uns auch selbst über CAD. So besuchte uns z.B. Herr Sulk von der Firma General Electric und stellte uns sein CAD-System CALMA vor. Im November 1984 besuchten wir ein CAD-Seminar in Karlsruhe über Einführungsstrategien. Konkreter wurde die

Einführungsphase im Januar 1985. Herr Schwarz besuchte uns und erläuterte anhand unserer Gespräche, welche CAD-Systeme für unsere Firma am besten geeignet wären. Er kam zu dem Schluss, dass für uns nur ein 3-D System in Frage käme. Die Daten müssten außerdem vom Entwurf bis zur Zeichnung durchgängig sein. Aus einer großen Auswahl schlug er uns schließlich fünf Fabrikate vor. Es waren dies: Applikon, Calma-Geomod, Graftek, Autotrol und Matra-Datavision. Für die Datenverwaltung schlug er uns die Datenbank ORACLE vor. Für die Suche des für uns besten Systems wollte er sogenannte Benchmarktests durchführen. Dazu erarbeitete er ein umfangreiches Test-Konzept mit eingebauten Schikanen. Es wurden schließlich mit drei Firmen Benchmarktests durchgeführt.

Der erste Test fand am 4. Februar 1985 bei General Electric statt. Getestet wurde die Software CALMA. Sie bestand aus zwei Paketen: DDM und Geomod. Die beiden Programme zeigten sich sehr leistungsfähig. Ihre Daten waren aber nicht direkt miteinander verbunden. Die Bedingung der durchgängigen Daten wurde nicht erfüllt. DDM war ein 3-D Draht- und Flächenmodell, und Geomod ein reines 3-D Volumenmodell. Der zweite Benchmarktest fand bei der Firma Applikon statt. Getestet wurde die Bravo-Software. Das Bravo-Paket absolvierte unseren Test schneller und reibungsloser. Das Klima war allerdings etwas gestört. Der Geschäftsführer von Applikon war mit den Methoden des Herrn Schwarz nicht einverstanden, so dass schließlich der Test von ihm abrupt beendet wurde. Wir nahmen aber einen sehr positiven Eindruck vom Bravo-Paket mit nach Hause. Der dritte Test wurde bei der Firma „Informatik Forum" in Aachen durchgeführt. Getestet wurde das Graftek-Paket. Der Test dauerte zwar lange, der Verlauf war aber nicht besonders gut. Die Software hatte einige Fehler. Was jedoch funktionierte, beeindruckte uns sehr.

Die Erstbewertung der Benchmarktests fand im März statt. Sie wurde von Herrn Schwarz durchgeführt. Zwei Systeme liefen auf mehreren Computern. Das war ein wichtiger Aspekt für uns. Es waren dies Graftek und Applikon. Von Applikon erhielten wir alsbald ein Angebot, ebenso von Hewlett-Packard über ihre Rechner. Die endgültige Bewertung der Tests fand im April 1985 statt. Durchgeführt wurde sie von Dr. Hadrian von Scientific Consulting. Von den drei Firmen kam Graftek am besten weg. Es wurde beschlossen, Graftek auf HP-Rechnern zu verwenden. Oracle wurde als Datenbank ausgewählt. Parallel zur Auswahl des CAD-Systems mussten für den Zuschussantrag die aufgewendeten Zeiten für die Einführung aufgeschrieben werden. Dabei mussten wir zwischen Akademiker- und Techniker-Stunden unterscheiden. Für diese erste Phase wurden die Berichte im Mai 1985 abgeschlossen. In unserer Begeisterung für die neuen Techniken interessierten wir uns schon damals für das Kinematik-Paket ADAMS von der Firma Tedas. Herr Bartels stellte uns die Software vor. Eine Verknüpfung mit dem Graftek-Paket war nicht vorgesehen und, wie wir heute wissen, auch jetzt noch nicht vorhanden. Im Mai 1985 wurde ein größerer Kreis von Mitarbeitern über CAD durch Dr. Hadrian informiert. Zur Vorbereitung der CAD-Einführung gehörte auch ein Besuch der Firma HP. Wir konnten uns im Detail die Fertigung der HP-Computer, die wir einsetzen würden, ansehen. Auch wurde uns dabei das Betriebssystem UNIX erläutert.

Die Einführung von CAD wurde erstmals bei dem Besuch des „Informatik Forum" in Aachen am 4. Juli 1985 richtig konkret. Es lag ein Angebot vor, das wir besprachen und zum Teil modifizierten. Wir erhielten die Zusage, dass „Informatik Forum" eine Schnittstelle zwischen GMS und Oracle zur Verfügung stellen würde. Gleichzeitig lag auch ein Angebot von HP vor. Herr Lintl gab uns über den vorgesehenen Computer, HP 9000/550, Auskunft. Das überarbeitete Angebot von „Informatik Forum" erhielten wir am 16. Juli 1985. Mit dem HP-Computer belief sich das Auftragsvolumen auf 1,1 Millionen DM. Der Betrag lag über unseren Erwartungen, wurde aber schließlich genehmigt. Die Inbetriebnahme der Anlage wurde zum 6. Dezember 1985 in Aussicht gestellt. In der Zwischenzeit wechselte Herr Schwarz zu „Informatik Forum". Er befasste sich dort mit Graftek. Für die Einführung von CAD würde er die Betreuung und Schulung bei uns durchführen. Sein Stundensatz betrug 200 DM plus Spesen. Die Handbücher für GMS und für Oracle trafen ein. Das waren 15 kg Papier. Den endgültigen Auftrag für die CAD-Anlage erteilten wir Ende Juli 1985. Das Volumen desselben belief sich auf 950.000 DM. Für die Verbindung der einzelnen Arbeitsplätze einschließlich Plotter etc. mit dem HP-Computer mußte noch eine Ringleitung installiert werden. Spezielle Computermöbel wurden bestellt. Mit der Mitarbeiterschulung wurde es jetzt ernst. Zuerst wurde Oracle in Aachen geschult. Die CAD-Schulung wurde an unserer Anlage durchgeführt.

Für die Bewilligung unseres Zuschusses kam am 5. November 1985 aus dem Kernforschungszentrum Karlsruhe Herr Weik, der zuständige Sachbearbeiter für die Bewilligung von Zuschüssen für CAD-Anlagen. Er teilte uns mit, dass wir keinen Zuschuss erhalten könnten, weil wir etwas anderes beantragt hätten als ausgeschrieben war. Wir verständigten sofort Herrn Dr. Schäfer von Scientific Consulting. Herr Weik kündigte seinen Besuch an, der schließlich am 15. November stattfand. Unser Antrag auf die mechanische Konstruktion wurde gestrichen, weil ausschließlich jener Anteil für Elektronik bewilligt werden sollte. Dazu mussten wir aber beschleunigt Unterlagen über die Elektronik-Anwendungen nachreichen.

Diese Hiobsbotschaft stoppte aber nicht den weiteren Verlauf unserer Vorbereitungen. Bei HP in Bad Homburg wurde am 18. und 19. November 1985 die Unix-Schulung durchgeführt. Die CAD-Anlage wurde zwischen dem 9. und 11. Dezember installiert. Sie wurde vorläufig in Raum 04 im Verwaltungsgebäude aufgestellt. Wie üblich, lief nicht alles gleich. Das eine und andere mußte nachgebessert werden. Die größten Startprobleme lagen bei der Software-Installation. Eine entsprechende Schulung konnte erst im Januar 1986 beginnen. Sie dauerte mehrere Tage und wurde von Herrn Schwarz durchgeführt. Danach wurde fleißig geübt. Dabei lief nicht immer alles glatt. Auch das gehörte mit zum Lernprozess. In die Unterweisungen wurden praktisch alle Mitarbeiter des Konstruktionsbüros einbezogen. Die Übungszeit wurde immer wieder durch Nachschulungen mit Herrn Schwarz unterbrochen. Bei den Nachschulungen im März deutete es sich an, dass dieser künftig nicht mehr zur Verfügung stehen würde. Im April 1986 wurde das Volumenmodell Romulus geschult. Auch das Symbolmanagement wurde im April installiert.

Die Frage unseres Zuschusses für die CAD-Anlage war immer noch nicht geklärt. Zu diesem Zweck besuchten uns am 29. April 1986 Herr Weik und Herrn Gengenbach vom Kernforschungszentrum Karlsruhe. Wir mussten alles aufbieten, um den Zuschuss zu bekommen. Die Oracle-Datenbank wurde herausgenommen. Wir mussten eine Erklärung abgeben, dass wir die Anlage zu 50% für die Elektronik nutzen. Nach Überwindung dieser Hürden bekamen wir dann doch die 400.000 DM.

Seit dem 1. Juli 1986 arbeitete Herr Schwarz nicht mehr für „Informatik Forum". Er hatte große Schwierigkeiten mit der Geschäftsführung, den Herren Merz und Porstendörfer. Letzterer übernahm nun unsere Betreuung. Mit ihm kam ein kompetenter Mann, der uns gut unterstützte. Von ihm wurde im Juli die weiterentwickelte CAD-Software, Release 2.1, eingespielt. Diese Software war bedeutend schneller. Leider mussten wir dabei feststellen, dass die Arbeitsspeicher der HP-Maschine für diese Software zu klein waren. Wir mussten die HP 9000/550 aufrüsten. Zu einem weiteren Problem entwickelte sich die Datensicherung. Die Datenmenge war in der Zwischenzeit schon so groß, dass die Sicherung sehr viel Zeit in Anspruch nahm. Es wurde ein Bandlaufwerk angeschafft. Die Daten wurden täglich gesichert, wobei dies die neuen und die modifizierten Daten waren. Zum Wochenende wurde dann die Gesamtsicherung durchgeführt. Anfang September bekamen wir Besuch von Graftek-USA. Ein Software-Entwickler gab uns wertvolle Hinweise zum neuen Release. Wir konnten ihm aber auch unsere Verbesserungswünsche mitteilen sowie etliche Fehler in der Software aus eigener Erfahrung aufzeigen.

Im September 1986 stand der Umzug des Konstruktionsbüros in neue Räume an. Die ersten Vorbereitungen dafür wurden getroffen. Auf die einstöckige Fertigungshalle des ersten Neubaus der Firma wurde eine weitere Halle aufgesetzt. Diese wurde unser neues Büro. Wir waren anfangs nicht so recht begeistert. Die Platzeinteilung konnte nicht sehr vorteilhaft vorgenommen werden. Um die CAD-Anlage vor hellem Licht zu bewahren, legten wir diese in einer Zeile zwischen den Aktenschränken an. In dem so entstandenen Schlauch fand die Anlage einen lichtgeschützten Standort. Gleichzeitig wurde sie um weitere Meteorstationen erweitert. Mit der Betriebsmittelkonstruktion waren wir über eine Ringleitung verbunden. Die Seele der Anlage, der HP-Computer, stand in der EDV-Abteilung. Das Umzugsdatum war der 19. Februar 1987. Bereits am 23. Februar war das Konstruktionsbüro wieder voll einsatzfähig.

Im Dezember 1986 wurde bei einem Besuch von „Informatik Forum" über die Übertragung der Oracledaten in Symbole der CAD-Software gesprochen. Das Schnittstellenprogramm erhielt den Namen „GMSORA". Beim ersten Versuch lief es zwar noch nicht optimal, aber nach einer gewissen Zeit und nach Berücksichtigung einiger Wünsche von unserer Seite war es voll einsatzfähig. Das Programm diente zum Beispiel für die Übernahme der Artikeldaten aus der Oracle Datenbank in den Zeichnungskopf mit der Stückliste. Unser Wunsch, diese Daten auch ins IMMAC-Programm einlesen zu können, konnte leider nicht umgesetzt werden.

1988 wechselte die Betreuung der CAD-Software von „Informatik Forum" zu UNISYS. Der neue Kontaktmann war Herr Gutsmiedl vom Nürnberger UNISYS Büro. Die uns betreffenden Übernahmemodalitäten wurden am 23. 6. 1988 in unserem Hause mit den Vertretern von „Informatik Forum" und UNISYS besprochen. Es wurde auch über Workstations gesprochen, da in Zukunft die Meteorstationen nicht mehr unterstützt werden sollten. Wir erhielten probeweise eine Workstation. Die Übernahme der Software durch UNISYS brachte uns keinen Fortschritt. Es fand keine Weiterentwicklung mehr statt. Trotz hoher Wartungsgebühren wurden keine Verbesserungen an der Software vorgenommen. Und wurde doch mal ein neues Release vorgestellt, so war dieses meist so fehlerhaft, dass wir es nicht übernehmen konnten.

Kein Wunder, dass bei uns der Gedanke an einen Systemwechsel aufkam. Wir besuchten mehrere Firmen und sahen uns deren CAD-Software an, z.B. bei der Firma

HP. Wir sahen das Programm ME 30. Es war für uns sehr eindrucksvoll und zeigte ein wesentlich besseres Verhalten als unser Graftek. Es bestand die Möglichkeit, eine Workstation mit der entsprechenden Software für monatlich 10.000 DM zu mieten. Der Mietpreis wäre beim späteren Kauf angerechnet worden. Dieser Systemwechsel war uns dann doch zu teuer. Im Oktober 1989 erhielten wir von UNISYS das neue Release 2.3.1. Auch dieses war wieder fehlerhaft, und wir blieben beim alten. Wir machten unseren Unmut bei UNISYS deutlich. Eine daraufhin anberaumte Aussprache brachte letzten Endes keine wesentliche Verbesserung. Wir machten uns wieder auf die Suche nach neuen Anbietern und besuchten Siemens, MCS-Anvil, McDonnell Douglas usw.

Trotz der Software-Schwierigkeiten kamen die Verbesserungen der Hardware besser voran. Die Unterstützung der CAD-Software auf der alten HP-Maschine war in nächster Zukunft nicht mehr vorgesehen. Es mußte Ersatz beschafft werden. Dafür war ein sogenannter Fileserver vorgesehen, zusammen mit neuen Workstations. Die Verbindung untereinander erfolgte über das Ethernet-Netz. Für die Datensicherung war ein Gigatape vorgesehen. Bis zur Umsetzung der Überlegungen vergingen noch einige Monate. Im April 1990 wurden im 1. Abschnitt die ersten Stationen installiert. Im 2. Abschnitt wurden Ethernet und Fileserver verwirklicht. Im Oktober 1990 wurden schließlich der 3. und 4. Abschnitt bestellt. Gleichzeitig war die Installation der Oracle-Datenbank auf dem UNISYS-Fileserver vorgesehen. Das gesamte Liefervolumen belief sich auf etwa 750.000 DM. Für die optimale Nutzung der neuen Anlage wurde im Dezember 1990 bei UNISYS eine 5-tägige Schulung durchgeführt. Jede Fortentwicklung der Software hinterließ bei uns Unzufriedenheit. Die neu übergebenen Releases waren meist fehlerhaft und wurden nicht übernommen. Schließlich wurde im Juni 1991 eine Beta-Version des Release 2.5 auf zwei Sun-Stationen eingespielt. Viele Punkte waren verbessert, aber Restfehler blieben zurück. Bei der dabei stattgefundenen Sitzung wurde ein ausführliches Protokoll angefertigt, mit entsprechenden Auflagen. Wir gewannen den Eindruck, dass die Firma UNISYS-Nürnberg aus den USA nicht die perfekte Unterstützung erhielt. Dazu kam noch, dass unser Betreuer, Gutsmiedl, die Firma UNISYS verließ.

Unsere Informationsreisen zu anderen Herstellern wurden wieder aufgenommen. Wir besuchten erneut HP, aber auch ISICAD. Dort sahen wir den neuartigen Volumenmodeler Pro-Engineer. Ein sehr fortschrittliches Programm, das parametrisierbar war. Dies bedeutete leichtere Änderbarkeit im Volumenmodell. Im Juli 1991 erreichte uns die Nachricht, dass UNISYS das Graftek-Paket an das Systemhaus C-Tech, Wien, übergeben würde. Der neue Besitzer war Herr Haberbusch. Mit ihm bekamen wir, wie wir später erkannten, einen kompetenten Betreuer. Nach einer Auswertung unserer Besuche und der Analyse der gesehenen Produkte und deren Preise waren wir übereingekommen, vorerst nichts zu unternehmen und die Entwicklung mit Herrn Haberbusch abzuwarten. Das endgültige Release 2.5 wurde schließlich Ende August 1991 von uns übernommen. Herr Haberbusch bemühte sich sehr, die noch vorhandenen Mängel zu beseitigen und auch Wünsche zu erfüllen. Ein parametrisierbares Volumenmodell wurde in Aussicht gestellt. Leider stand es bis Ende 1997 noch nicht zur Verfügung. Anders war es mit der Hardware. Diese wurde im Laufe des Jahres 1994 aufgerüstet. Es wurden neue SUN Sparc20-Stationen angeschafft, die vorhandenen Sparc 2 wurden aufgerüstet und eine Sparc-Station wurde als Fileserver eingesetzt.

Mit der Aufrüstung wurde die Anlage schneller. Die alte HP-Maschine konnte nun stillgelegt werden.

2. NEUE TECHNIKEN IM KONSTRUKTIONSBÜRO

Von Lothar Hofmeister

Mechanische Simulation: Sie umfasste die Visualisierung des Zusammenspiels von Bauteilen eines Mechanismus unter der Einwirkung von äußeren Kräften und eingeprägten Bewegungen sowie die Ermittlung und Ausgabe aller Bauteilzustände, wie Ort, Geschwindigkeit oder Beschleunigung und aller auftretenden Kräfte und Momente. Begonnen wurde mit der Einführung der mechanischen Simulation Ende 1994 mit der Installation einer Testlizenz des Programmpakets ADAMS (Automatic Dynamic Analysis of Mechanical Systems). Dieses Simulationswerkzeug mit einer umfangreichen Referenz aus der gesamten Industrie wurde von Mechanical Dynamics Inc., Ann Arbor, Michigan, entwickelt. Die deutsche Vertretung, damals noch TEDAS, Marburg, ermöglichte die Installation und führte eine kostenpflichtige Anfängerschulung durch. In der Testphase bis zum Ende des Jahres sollte geprüft werden, ob das Programmpaket für unsere Anwendungen geeignet wäre. Als „elektronischer" Prüfling wurde ein Modell des Schaltgeräts 8340 erstellt, um zu verifizieren, ob man auch in der Simulation, die beim realen Gerät beobachteten Leer-Einschaltungen aufdecken könne. Zu diesem Sachverhalt lagen bei uns auch Hochgeschwindigkeitsfilme vor. Mit dem Wissen um die damaligen Schwachstellen des Schaltgeräts und trotz der bislang geringen Kenntnisse entsprechender Computer-Modellierung konnten die Leerschaltungen nachvollzogen werden. Das veranlasste uns, mit ADAMS in die standardmäßige konstruktionsbegleitende Simulation einzusteigen. Zum Jahresanfang 1995 wurde eine vollständige Lizenz erworben, die auch noch einige andere Werkzeuge, wie Datenübertragung ADAMS-CAD enthielt.

Seitdem wurde ADAMS regelmäßig eingesetzt, wenn neue Mechanismen entwickelt oder bereits bestehende überarbeitet wurden. Bisher wurden bei etlichen Projekten Simulationen durchgeführt, z.B. 4910 (RCCB) und 6910, um nur die wichtigsten zu nennen. Von letzterer Simulation wurden Videoaufnahmen angefertigt, um sie beim Kunden demonstrieren zu können. Zur Veranschaulichung der Möglichkeiten von ADAMS werden im folgenden einige Grafiken gezeigt und beschrieben.

Abb. 1 zeigt einen typischen Bildschirmabzug zur Visualisierung des Bewegungsablaufes in der Darstellungsart „Schattiert" (hier 6920). Es ist auch aus ADAMS heraus möglich, Modell und Modelldaten in Postscript oder HPGL-Plottersprache auszugeben. Beispiele hierfür sind die darauffolgenden Abb.en. Modelldaten sind in den Abb.en 2 und 3 zu sehen (4910 RCCB und 6910). In Abb. 2 war der Verrastungswinkel Gegenstand weiterer Untersuchungen, und zwar sollte dessen Einfluss auf die Aufreißkraft des Mechanismus bestimmt werden. Die Ergebnisse werden durch die Abb.en 4 und 5 dargestellt. Zunächst sind mehrere Kurven für die Aufreißkraft über der Zeit dargestellt, jeweils für verschiedene Verrastungswinkel, dann die Maxima der Kraft über dem Parameter „Verrastungswinkel". Diese Art der Untersuchung wurde „Designstudie" genannt.

Mathematische Berechnungen mit MATHCAD

Um anfallende Berechnungsaufgaben schnell und effektiv und mit einer ordentlichen Dokumentation lösen zu können, wurde das PC-Programm MATHCAD angeschafft. Mit diesem Werkzeug ließen sich, wie auf einem Konzeptpapier, das die Fähigkeiten eines programmierbaren Taschenrechners hat, mathematische Berechnungen aller Art durchführen. Zusätzlich konnten überall zur Dokumentation Texte und Grafiken eingefügt werden. MATHCAD wurde seit der Anschaffung für kleinste Aufgaben, wie die Berechnung einer Wertetabelle für eine Funktion, wie auch für größere Projekte, beispielsweise die Kräfteberechnung in einem bistabilen Magnetsystem (z.B. 4910) regelmäßig eingesetzt. Magnetsystem 4910 (RCCB): In diesem Dokument wurde das Verhalten des Magnetantriebs im fernsteuerbaren Schutzschalter 4910 (RCCB) mit mathematischen Mitteln untersucht. Diese Untersuchung diente dazu, durch den Vergleich der ermittelten theoretischen Kennwerte mit den bereits in der Praxis durch Versuche gewonnenen Ergebnissen, eine Aussage über die Güte des verwendeten Rechenmodelle zu erhalten.

Elektronische Archivierung und Bearbeitung von Altzeichnungsbeständen

Im Zuge der Einführung eines neuen Firmen-EDV-Systems und der damit verbundenen Möglichkeit, Zeichnungsdaten auf elektronischem Wege firmenweit zur Ansicht zur Verfügung zu stellen, wurde entschieden, auch noch alle aktiven Altzeichnungen dafür vorzubereiten. Die Altzeichnungen wurden dazu einem Verfahren unterzogen (Scannen), das Zeichnungselemente auf dem Papier oder Transparent in Bildpunkte zerlegt (Rasterung). Die in Bildpunkte zerlegten Grafiken werden dann in einem kompakten Datenformat auf einem Datenträger gespeichert. Die Umwandlung in großem Umfange (ca. 18.000 Zeichnungen) konnte rationell nur von einem Dienstleister durchgeführt werden. Zum Ansehen der Bestände und zur Bearbeitung der eingescannten Altzeichnungen war ein elektronisches Werkzeug notwendig, das ebenfalls über den Dienstleister angeschafft wurde. Mit diesem Programm, Imagination der Firma Spicer Corp., konnten Rasterzeichnungen wie mit einem einfachen CAD-System bearbeitet (Löschen, Einfügen von Text und anderen Grafikelementen, Markieren, Kopieren usw.), wieder abgespeichert und ausgegeben werden. Endgültiges Ziel war auch, alle mit CAD erstellten Zeichnungen ins Rasterformat umzuwandeln und alle Rasterzeichnungen in einem gemeinsamen Datenarchiv firmenweit zum Abruf bereit zu stellen.

3. RÄUME DES KONSTRUKTIONSBÜROS IM WANDEL DER ZEITEN

Von FRITZ KRASSER

Der erste Raum, in welchem Konstruktionsarbeit stattfand, befand sich in einer Baracke. Die Baracke befand sich abseits des U-förmigen Fertigungsgebäudes. Sie war ein Überbleibsel der letzten Benutzer des Geländes, der amerikanischen Armeezeitschrift „Stars and Stripes". Hier waren zuletzt vier Arbeitsplätze untergebracht. Ein Ofen heizte den Raum im Winter mehr schlecht als recht. Für die Lichtpausen war im Fabrikgebäude eine kleine Kammer vorhanden. Bis zur Fertigstellung des ersten Fabrikneubaus mit Verwaltungsgebäude hausten die Konstrukteure in dieser Baracke. Endlich konnte ein schöner, heller Raum bezogen werden. Er bot auch Platz für neue Mitarbeiter, die mit dem Wachsen der Firma gebraucht wurden. Ab 1960 war dies auch das Büro für die nun selbständige Konstruktionsabteilung.

Mit der Firma ging es steil aufwärts. Die Zahl der Konstruktionsbüro-Mitarbeiter wuchs, und man brauchte mehr Platz. Im Mai 1972 zog das Konstruktionsbüro in das neue Verwaltungsgebäude um. Zunächst bezog man einen großen Raum mit einer Unterteilung für die Konstrukteure Josef Peter, Erhard Pietsch sowie Fritz Krasser. Schon bald kam ein angrenzender Raum hinzu, so dass das Konstruktionsbüro nun eine ganze Fensterfront belegte.

Zur Sicherheit vor Sabotageanschlägen wurde für das Konstruktionsbüro über der ersten erbauten Fertigungshalle ein neues Stockwerk errichtet. Von der Quadratmeterzahl war der neue Saal zwar ebenso groß wie die Räume im Verwaltungsgebäude, aber jetzt waren die beiden Längsseiten mit Fenstern versehen worden und der Raum darum lichtdurchflutet. Hinsichtlich der CAD-Anlage gab es darum Bedenken, man könne die Bildschirme nicht mehr befriedigend einsehen. Auf der anderen Seite wollte man aber die Fenster nicht je nach Bedarf verdunkeln. Man entschloss sich, die CAD-Arbeitsplätze zwischen den beiden Aktenschrankzeilen zu platzieren.

Im Zuge der, auf eine Analyse des Unternehmensberaters folgenden Maßnahmen und durch Ausscheiden von drei Mitarbeitern wurde das Konstruktionsbüro umgestaltet. Im Laufe der Jahre zeigte sich, dass die Sonnenlichteinwirkung nicht so störend war, wie wir befürchtet hatten. Somit konnte eine offene Sitzordnung gewählt werden. Zum weiteren wurden Arbeitsgruppen gebildet, die schwerpunktmäßig bestimmte Grundtypen bearbeiteten.

Tabelle 15: Stand der Patente, Gebrauchs- und Geschmacksmuster Anfang 1998

	Laufende Patente	Verfallene Patente
Patente	86	623
Europa-Patente	22	4
Gebrauchsmuster	23	123
Geschmacksmuster	16	42
Internationale Anmeldungen	4	4

4. KONSTRUKTIONSBÜRO – GEGENWART UND ZUKUNFT

Von Peter Meckler

Die Chronik des Konstruktionsbüros ist in dem Beitrag von Fritz Krasser so ausführlich beschrieben, dass auf die Zeit von 1948 bis 1994 nicht mehr näher eingegangen werden muss. Hier soll versucht werden, die strukturellen und organisatorischen Veränderungen seit 1995 zu beschreiben und im Anschluss daran einen kleinen Ausblick in die Zukunft zu geben, wie die Konstruktions- und Entwicklungsarbeit noch effektiver gestaltet werden kann, um dem immer größer werdenden Marktdruck gerecht zu werden.

Organisation in Teams

Da nach wissenschaftlichen Untersuchungen technische Probleme in der Konstruktionsarbeit selten Hemmnisse darstellen, sondern da vielmehr Effizienz und Erfolgsmängel eher im zwischenmenschlichen Bereich liegen[1], wurde als erster Schritt eine Neugestaltung der Sitzordnung im Konstruktionsbüro vorgenommen. Ziel war es, eine lockere, entspannte Atmosphäre zu schaffen, die einerseits die Zusammenarbeit in Teams fördert und zum anderen die Kommunikationsbarrieren zwischen den Teams abbaut. Da keine finanziellen Mittel für neue Büromöbel ausgegeben werden sollten, entstand dann die neue Sitzordnung nur durch Umgestaltung des vorhandenen Mobiliars. Als Anpassung an die immer stärkere Verlagerung der Konstruktionsarbeit vom Zeichenbrett an den Bildschirm, wurden von den vorhandenen 24 Zeichentischen 13 „verschrottet", d. h. sie wurden für DM 100,- an interessierte E–T–A Mitarbeiter abgegeben. Das Interesse war so groß, dass ohne weiteres die doppelte Anzahl von Zeichenbrettern hätte abgegeben werden können. Nachdem die Planung stand, wurden die Installationen für die CAD-Arbeitsplätze und die Datenverarbeitungsbildschirme entsprechend geändert. Das Umstellen der Möbel wurde noch im Jahr 1994 von allen Konstruktionsbüro-Mitarbeitern gemeinsam innerhalb eines Arbeitstages vorgenommen. Auch Fritz Krasser wirkte tatkräftig mit und wurde noch monatelang durch einen „blaugequetschten" Daumen an dieses ungewohnte körperliche Engagement erinnert.

In den Jahren 1993 bis 1996 fand ein Generationswechsel in der Abteilung Konstruktion statt: Im April 1993 verabschiedete sich Josef Peter nach 38 Jahren prägender Konstruktionsarbeit für E–T–A in den wohlverdienten Ruhestand. Nach 25 Jahren Tätigkeit für E–T–A ging auch Erhard Pietsch Ende 1993 in den Ruhestand. Im März 1994 folgte ihm Erich Wocelka, der auf 33 Jahre E–T–A zurückblicken konnte. Reinhard Schuster wechselte Anfang 1995 in die Abteilung Elektronik, und Stefan Distler widmet sich seit 9/92 hauptamtlich seiner Tätigkeit als Betriebsrat.

Die Zahl der Konstruktionsbüromitarbeiter sank somit von ursprünglich 24 auf 18. Die mit dem Generationswechsel verbundene Personalreduzierung machte es einfacher, den vorhandenen Raum etwas großzügiger aufzuteilen. Durch zusätzliche

---

1 „Effizienter Entwickeln und Konstruieren", VDI Berichte 1169, Düsseldorf 1995, S. 56f.

Grünpflanzen, die von den Mitarbeitern gespendet wurden und um die sich Christa Heilmann inzwischen liebevoll kümmert, wurde dem Raum zusätzlich etwas von seiner sterilen Arbeitsplatzatmosphäre genommen und ein Klima geschaffen, das der Kreativität hoffentlich förderlich ist. Die Abteilung Konstruktion besteht heute aus 17 Mitarbeiten, die in Teams aufgeteilt sind.

Freisetzen von ungenutzten Potentialen

Nach Prof. Pahl besitzen erfolgreiche Konstrukteure die Fähigkeit, ihre Arbeitsweise und ihr Vorgehen der jeweiligen Problemsituation selbständig und flexibel anpassen zu können[2]. Er bezeichnet diese Eigenschaft als „heuristische Kompetenz". Da andererseits ein Großteil unserer Handlungen intuitiv gesteuert wird[3], benötigt ein Konstrukteur bestimmte rationale Methoden zum Problemlösen, und er benötigt auch entsprechend Zeit, um sich in das Problem vertiefen zu können. Momentan haben die Konstrukteure bei E-T-A nur ca. 20% ihrer Zeit für Neuentwicklungen zur Verfügung, verbrauchen aber ebensoviel Zeit für Änderungen an bestehenden Produkten. Dies spiegelt in etwa das Verhältnis von Änderungen zu Neuentwicklungen auch in anderen mittelständischen Unternehmen wieder[4]. Da Änderungen nicht nur Geld, sondern auch Zeit kosten, ist dies ein wichtiger Ansatzpunkt, um dem Konstrukteur mehr Freiraum für Neukonstruktionen zu schaffen.

Als erster Schritt wurde und wird deshalb das Änderungsmanagement etwas gestrafft. Jede gewünschte Änderung muss zunächst mit einem Änderungsantrag der Konstruktion mitgeteilt werden. Nach Beurteilung durch den zuständigen Konstrukteur durchläuft dieser Antrag alle betroffenen Fachabteilungen, die neben der grundsätzlichen Realisierungsmöglichkeit auch die Kosten abschätzen müssen. Diese werden dann von der Abteilung Kalkulation zusammengefasst, und der Antrag geht an die Konstruktionsleitung zurück. Ist die Änderung fachlich durchführbar und liegen die geschätzten Kosten nicht über DM 5.000,–, entscheidet die Konstruktionsleitung über die Umsetzung der Änderung, andernfalls entscheidet die Geschäftsleitung. In jedem Fall, auch bei Ablehnung des Antrags, wird eine Änderungsmitteilung herausgegeben, um den Antragsteller und die Fachabteilungen über das Ergebnis des Antrags zu informieren. Diese Verfahrensweise vermeidet unnötige Änderungen, wie es in der Vergangenheit oft durch „Zuruf" geschah und hilft somit, Zeit und Geld zu sparen.

Um den Durchlauf des Antrags zu beschleunigen, wurde ein Formular in MS-WORD erstellt, so dass in Zukunft über das firmeninterne e-Mail-System die Anträge schnell weitergeleitet und effektiv bearbeitet werden können. Da immer noch viele Änderungen ohne Antrag durchgeführt werden, wird das Änderungsmanagement in einer neuen QSV (Qualitätssicherungsverfahrensanweisung) in Anlehnung an DIN 199 Teil 4 nochmals exakt definiert[5] und somit sichergestellt, dass keine Änderung ohne Antrag durchgeführt wird. Durch die elektronische Verteilung ist es in Zukunft

---

2 Ebd., S. 33.
3 Ebd., S. 66.
4 Ralf REICHWALD, Kosten, Ursachen und Vermeidung von technischen Änderungen. Empirische Studie der Technischen Universität München, SFB 336, München 1995.
5 Horst WIDEMANN, Änderungsmangement, München ^{5}1997.

auch ausgeschlossen, dass Anträge auf dem Weg zwischen den Abteilungen verloren gehen und eine schnelle Bearbeitung durch den zuständigen Sachbearbeiter ist garantiert, da der Absender eine Rückmeldung verlangen kann. Somit können auch Änderungen, die sofort durchgeführt werden müssen, beantragt werden, da sie problemlos innerhalb eines Arbeitstages von allen Abteilungen bearbeitet werden können. Eine spürbare Reduzierung des Änderungsaufwandes in der Konstruktion hat sich bisher noch nicht gezeigt, was zum einen daran liegt, dass die „Antragsdisziplin" bei weitem noch nicht 100% beträgt, zum anderen aber in der gestiegenen Anzahl von Anträgen bedingt durch unser seit zwei Jahren eingeführtes KVP-System (Kontinuierlicher Verbesserungsprozess). Die Zukunft wird aber sicherlich zeigen, dass mit den eingeleiteten Maßnahmen der Änderungsaufwand in der Konstruktion gesenkt werden kann.

Schon 1989 wurden Entwicklungsteams für jede Neuentwicklung eingeführt, bestehend aus zunächst je einem Mitarbeiter aus den Abteilungen Konstruktion, Entwicklungslabor und Vertrieb, die dann im Laufe der Entwicklung durch Mitarbeiter aus den anderen benötigten Fachabteilungen ergänzt wurden. Die damals eingeführten Netzpläne haben sich als zu umfangreich erwiesen, um ein effizientes Projektmanagement durchführen zu können. Deshalb wird z. Zt. eine Projektdatenbank mit der sehr verbreiteten Software MS-PROJECT erstellt, in der die Einzelprojekte relativ grob strukturiert sind, so dass der Pflegeaufwand gering ist, die Kontrolle des Projektstandes jedoch jederzeit möglich ist. Da in dem Programm auch eine Kapazitätsplanung integriert ist, kann die Arbeitszeit der Konstrukteure effizienter eingesetzt werden. Da immer wieder notwendige, unvorhergesehene Arbeiten die Zeitpläne verschieben, ist eine laufende Pflege unabdingbar. In einem zweiten Schritt ist geplant, auch diese Netzpläne jedem Teammitglied über das firmeninterne DV-Netz zur Verfügung zu stellen, so dass Engpässe frühzeitig erkannt werden können und entsprechend reagiert werden kann. Dies wird auch dem Konstrukteur helfen, eine systematische Aufgabenbewältigung durchzuführen und nicht schon morgens vor dem „Problemberg" auf dem Schreibtisch zu resignieren.

Um den Entwicklungsprozess in den Teams systematischer und effizienter zu gestalten, werden in den letzten zwei Jahren verstärkt Methoden wie Brainstorming, DFMA (Design for Manufacturing and Assembly), FMEA (Failure Mode Effect Analysis) und Morphologischer Kasten eingesetzt. Es wurden auch zusammen mit der Fachhochschule Nürnberg (Prof. Jäger) und der Universität Erlangen (Prof. Meerkamm) Arbeiten begonnen mit dem Ziel, einen Konstruktionskatalog für Geräteschutzschalter zu erstellen. Diese Bemühungen mussten jedoch vorläufig auf eine niedrigere Prioritätsstufe gesetzt werden, da momentan wichtige Neuentwicklungen keinen Spielraum für derartige Grundsatzuntersuchungen lassen.

Neben der beschriebenen organisatorischen Entlastung spielt natürlich auch die Motivation der Mitarbeiter eine entscheidende Rolle für erfolgreiche Konstruktionen. In den Konstruktions- und Entwicklungsteams arbeiten die Mitarbeiter daher mit mehr Eigenverantwortlichkeit als bisher an den Projekten. Verstärkt wurden auch die Abteilungen Werkzeugbau und Betriebsmittelkonstruktion frühzeitig in den Entwicklungsprozess mit einbezogen. Nur so wird auf Dauer die notwendige Identifizierung mit dem Projekt bei Teammitarbeitern erreicht, werden Barrieren zwischen den Abteilungen abgebaut und können Terminprobleme ohne „Eingriff von oben" gelöst werden.

Um die versteckten Kreativitätspotentiale bei allen E–T–A Mitarbeitern noch besser ausschöpfen zu können, wird als zusätzlicher Ansporn im laufenden Jahr eine Regelung in Kraft gesetzt, die bei Ideen, die zu einem Patent führen, den beteiligten Mitarbeitern eine Prämie in Anlehnung an das Arbeitnehmererfindergesetz sichert.

Durch die Verlagerung des Patentarchivs vom Keller im Verwaltungsgebäude in einen freigewordenen ehemaligen Fertigungsraum in demselben Gebäude und auf gleicher Ebene wie das Konstruktionsbüro, werden noch im laufenden Jahr Patentrecherchen und Patentarchivierung wesentlich vereinfacht. Durch die nunmehr kurzen Wege ist es möglich, schnell ein bestimmtes Patent mit Hilfe der Datenbank zu suchen oder neu hinzugekommene Patente abzulegen.

Kapazitätserweiterung durch moderne Konstruktionshilfsmittel

Im modernen Konstruktionsprozess ist der Computer nicht mehr wegzudenken. Die Umsetzung der Entwurfsidee in eine Zeichnung ist hierbei zwar der wichtigste Schritt, doch ist dieser erst einmal vollzogen, stehen dem Konstrukteur eine Vielzahl von Hilfsmitteln zur Verfügung, seine Konstruktion zu überprüfen und zu optimieren, und zwar ohne Musterbau, was die Entwicklungszeit deutlich verkürzt und die Änderungskosten, die ja mit fortschreitender Entwicklungsphase steigen, minimiert. Aufwendige Versuchsreihen werden durch „virtuelle Tests" ersetzt. Zur dynamischen Simulation von mechanischen Abläufen wird bei E–T–A seit 1995 das Programmpaket ADAMS eingesetzt. Die Einzelteile eines Gerätes werden als Solids vom CAD-System übernommen oder neu erstellt und zu einem mechanischen Modell zusammengefügt. Daran werden die Bewegungsabläufe, die sich im Millisekunden-Bereich abspielen, studiert, werden Kollisionsanalysen durchgeführt, und es können eventuelle Probleme bei hochdynamischen Vorgängen erkannt werden, die in der Vergangenheit oft erst bei Nullserien-Teilen zutage traten.

Federberechnungen werden mit dem Programm MEDesign von TEDATA schnell und wirkungsvoll durchgeführt. Druck-, Zug- oder Schenkelfedern werden so in kurzer Zeit und sicher der jeweiligen Problemstellung angepasst. Für kompliziertere Geometrien wird das FEM (Finite Element Method) Programm ANSYS verwendet. Kritische Materialbelastungen können so im Frühstadium einer Entwicklung erkannt und eliminiert werden. Zusätzliche Berechnungen jeglicher Art werden mit der Software MATHCAD durchgeführt, die z.B. auch das Lösen von nichtlinearen Differentialgleichungssystemen erlaubt.

Für das laufende Jahr ist die Anschaffung der Vollversion des FEM-Programms ANSYS geplant, womit dann auch elektromagnetische und thermische Felder berechnet werden können. Die Ergebnisse der damit möglichen Berechnungen dienen dann als Eingangsgrößen für die Mechaniksimulation in ADAMS. Ist die Konstruktion am Bildschirm „ausgereizt", werden von den Kunststoffteilen Muster in einem sogenannten Rapid Prototyping Verfahren hergestellt. Die CAD-Daten werden einem Anbieter dieser Dienstleistung (momentan vor allem die Firma PROKON in Lauf) per Diskette oder e-Mail übersandt. Mit Hilfe von Stereolithographie oder Hochgeschwindigkeitsfräsen werden innerhalb von wenigen Tagen (!) erste Funktionsmuster erstellt. Werden mehr Muster für Laborversuche benötigt, können auch Aluminiumwerkzeuge gefräst werden, die das Abspritzen von mehreren 1000 gleichwertigen Teilen ermöglichen und die deutlich billiger sind als die endgültigen Werkzeuge aus Spezialstahl. Die Zeitersparnis, die mit dieser Vorgehensweise erreicht wird, ist enorm und sichert E-T-A auch in Zukunft einen Platz unter den Marktführern in einer Zeit, in der der Faktor „Time to Market" eines Produktes immer mehr ausschlaggebend über Erfolg oder Misserfolg einer Neuentwicklung wird.

Zuletzt soll hier noch auf die elektronische Archivierung unserer Altzeichnungsbestände hingewiesen werden, die in den Jahren 1996 und 1997 durchgeführt wurde. Alle noch „lebenden" Altzeichnungen (ca. 16.000), die noch nicht als CAD-Zeichnung zur Verfügung standen, wurden auf Mikrofilm aufgenommen – das Durchlichtverfahren ermöglicht bessere Kontraste auch bei großen Helligkeitsunterschieden – und insgesamt als Rasterdaten (gleiches Verfahren, wie es z.B. beim FAX verwendet wird) gespeichert. Jede Zeichnung lässt sich über ihre Nummer, die Seite, den Änderungsindex und das Datum exakt identifizieren und somit leicht im Archiv wieder auffinden. Mit einer zusätzlichen Software Imagination (Firma Spicer Corp.) lassen sich diese Rasterzeichnungen in einem gewissen Umfang bearbeiten und ändern. Das zeitaufwendige Radieren mit Glasfaserstift, Radiergummi oder Rasierklinge gehört somit der Vergangenheit an. Auch alte Tuschezeichnungen werden jetzt schnell am Bildschirm geändert bzw. ergänzt.

Ein weiterer, noch entscheidenderer Vorteil ergibt sich bei der geplanten Kopplung des Rasterarchivs mit dem neuen DV-System SAP-R/3[6], was voraussichtlich im Jahr 1999 in Angriff genommen werden kann. Von jedem SAP-Bildschirm in der Firma kann bei Aufruf einer bestimmten Artikel-/Materialnummer die zugehörige Zeichnung betrachtet werden, und zwar die aktuellste(!). Bei Änderungsmitteilungen müssen die Zeichnungen nicht mehr als Kopie verteilt werden. Zeichnungskopien kann sich jeder Mitarbeiter selbst am Arbeitsplatz ausdrucken (zumindest DIN A4), und die Gefahr des Verwendens von ungültigen Zeichnungen sinkt auf ein Minimum.

Das Kopieren von Zeichnungen als Dienstleistung für die anderen Fachabteilungen wird sich daher in Zukunft in der Konstruktion auf die Formate A3 (bedingt), A2, A1 und A0 beschränken. Mit der Bearbeitungssoftware können auch jederzeit Zeichnungsausschnitte oder verkleinerte Darstellungen ausgedruckt werden.

Zusammenfassung

Alle beschriebenen Maßnahmen tragen dazu bei, auch in Zukunft die Funktion der Abteilung Konstruktion ohne Personalaufstockung zu gewährleisten. Sie schaffen dem Konstrukteur mehr Freiraum für seine eigentliche Aufgabe – den kreativen Prozess des Konstruierens. Zusätzlich wird ihm durch modernste technische Hilfsmittel die theoretische Kleinarbeit erleichtert bzw. abgenommen. Die Arbeit des Konstrukteurs findet schon jetzt bei E-T-A fast ausschließlich am Bildschirm statt; die verbliebenen Zeichenbretter werden nur noch als „Pinwand" für Zeichnungen und Skizzen benutzt. Mit der vorhandenen und geplanten Ausstattung im CAD und CAE-Bereich ist die Konstruktion von E-T-A bestens für die Zukunft gerüstet; es liegt jetzt an uns Menschen, was wir mit Hilfe der elektronischen Hilfsmittel zu vollbringen imstande sind.

---

6 „Effiziente Anwendung und Weiterentwicklung von CAD/CAM-Technologien", VDI Berichte 1289, Düsseldorf 1996, S. 425-439.

5. E–T–A ERINNERUNGEN

Von Konrad Heydner

1948 war ein Jahr, das für Deutschland nach dem vernichtenden Krieg eine schicksalhafte Bedeutung hatte. Die großen Städte waren durch die „Trümmerfrauen" teilweise aufgeräumt und auch Wohnungen mit primitiven Mitteln wieder bewohnbar gemacht worden. Altdorf hatte zwar keine Gebäudeschäden, aber es fehlte überall am Nötigsten. Die Bekleidung der Menschen ließ vielfach noch den Ursprung ehemaliger Uniformen erkennen. Die damals noch primitiv eingerichteten Häuser waren mit Evakuierten und Flüchtlingsfamilien überbelegt.

Am 20. Juni dieses Jahres wurde die wertlose Reichsmark durch die Deutsche Mark ersetzt. Der einschneidende Übergang erfolgte durch die Ausgabe des sogenannten Kopfgeldes von 40,- DM pro Person. Kaum war die Deutsche Mark geboren, füllten sich die Läden mit Gütern, die vorher nicht bzw. nur auf dem Schwarzmarkt zu bekommen waren. Aber wie lange reichte für eine Familie dieses Erstkapital? Die Ersparnisse waren auf ein Zehntel abgewertet, und auch dieser Rest war teilweise gesperrt. Betriebe konnten ihren Mitarbeitern vielfach erst nach einigen Wochen Löhne bezahlen, soweit überhaupt gearbeitet werden konnte.

Arbeitsplätze für technische Berufsgruppen waren in dieser Zeit noch rar. Alte Firmen hatten aufgrund von Materialmangel und Kriegsschäden nur begrenzte Produktionsmöglichkeiten, und sie waren mit der Aufnahme ihrer nach und nach aus der Kriegsgefangenschaft heimkehrenden Mitarbeiter meist ausreichend besetzt. Das Vertrauen in neu gegründete Firmen war gering, denn viele dieser, auf dem Scheinbedarf der Nachkriegsjahre laufenden Produktionen mussten schließen. Das jetzt noch zur Verfügung stehende Geld wurde nur für die lebenswichtigsten Gebrauchsgüter eingesetzt. Aber allmählich stellte sich wieder Hoffnung ein.

Am 1. August 1948 begann die Produktion des Unternehmens Ellenberger & Poensgen GmbH. Harald A. Poensgen, Kaufmann, „und" Jakob Ellenberger waren die Gründer. Die Gründungsmitarbeiter sind gewesen: Andreas Aschka, Betriebsleiter, Fertigungsleiter sowie Hausmeister und Heizer. Er war mit Jakob Ellenberger aus einer früheren, gemeinsamen Tätigkeit bekannt. Erna Wirth, zuständig für alle Büroarbeiten. Ernst Franke, zuständig für Verpackung und Versand der Produkte. Er transportierte alles mit dem Handwagen zum Bahnhof und Postamt. 7–8 Frauen wurden zur Montage der Baugruppen angelernt. Die Vorbereitungsarbeiten begannen schon wesentlich früher, denn am 1. August 1948 wurde bereits mit der Fertigung begonnen. Zuvor schon mußte der Fertigungsraum mit Nebenräumen, das Büro und die Einrichtung erstellt sein. Auch ein entsprechender Materialbestand, bzw. Einzelteile, hatten zur Verfügung zu stehen.

Die Firmenräume waren in der gemieteten Mittelhalle der aufgelassenen Druckerei der amerikanischen Armeezeitung „Stars and Stripes" eingerichtet. Das Gebäude wurde 1943/44 überwiegend von russischen Kriegsgefangenen für den Nürnberger „Willmy-Verlag" als Ersatz für die bombenzerstörten Gebäude in Nürnberg errichtet. Bauleiter war der Weißenbrunner Zimmermeister Brunner, der bei seinen Bekannten, trotz des strengen Verbotes, Lebensmittel für die Gefangenen erbettelte. Das Baumaterial, insbesondere das Stahlskelett, soll von einem in Belgien abgebrochenen Kinogebäude gestammt haben. Im Ostflügel des Gebäudes stand bis 1947 die damals größte Rotationsmaschine Europas. Der Ostflügel war 1948 durch die Firma Zippel belegt. In einem Teil des Westflügels arbeitete die Firma Dötsch, und etwas später die mechanische Werkstätte Hofmann. Ein kleines Häuschen am Grundstückseingang (ursprünglich Pförtnerhaus oder Wache) sowie zwei baufällige Baracken waren durch die Flüchtlingsfamilien Huber und Rust belegt.

Der Fertigungsraum in der Mittelhalle erschien am Anfang sehr groß. Die recht einfache Einrichtung mit einer Reihe gezimmerter Holztische und lehnenloser Hocker für die Montagearbeiten füllte nur einen Teil aus. Auch das Teilelager, der Verpackungs- und Versandbereich brauchten nur einen kleinen Teil des Raumes. In abgeteilten Räumen waren das Chefbüro, ein Konstruktionsbüro und ein Firmenbüro untergebracht. Der kleine Eingangsraum vor dem Firmenbüro diente lange Zeit als Besprechungszimmer. Die Büros waren meist mit Möbelstücken aus dem Privatbesitz der Chefs eingerichtet.

Die Fertigungseinrichtungen waren noch sehr provisorisch. Haltevorrichtungen für die Montage waren in Nagelkonstruktion auf Holztafeln hergestellt worden. Das Montagewerkzeug bestand aus Spitzzangen, sogenannten Telefonzangen und Uhrmacherschraubenziehern. Für Drück- und Nietvorgänge wurden kleine Spindelpressen, sogenannte Schuhmacherpressen, verwendet. Motorgetrieben waren lediglich zwei Gewindeschneidemaschinen. Die Prüfeinrichtung für die Produkte war in offener Bauweise auf einer Holztafel aufgebaut. Stromquelle war ein alter Auftautransformator, der für die Stromregelung mit einem Schiebetransformator angesteuert wurde. Für die Strommessung waren Aufbauamperemeter in alter Bauart angebracht sowie eine mechanische Stoppuhr für die Zeitmessung. Alle Einzelteile für die Geräte wurden am Anfang von Zulieferfirmen bezogen.

Das Produktionsprogramm zur Gründung waren Sicherungsautomaten in Schraubausführung für Sicherungselemente E27 (= Elektrogewinde 27 mm). Das Markenzeichen wurde unser ELPO Automat. ELPO war abgeleitet worden von den Anfangsbuchstaben der Gründer-Familiennamen Ellenberger und Poensgen. Die Isolierteile, Gehäuse und Deckel, wurden aus Porzellan hergestellt, wobei sich die Maßhaltigkeit dieser Teile als sehr mangelhaft herausstellte. Deshalb waren an den Systemteilen oft aufwendige Korrekturen erforderlich. An den Porzellanteilen war eine Nacharbeit nicht möglich. Erst die Umstellung der Gehäuse auf Bakelit brachte formgenaue Teile und damit eine flüssigere Fertigung.

Das Funktionssystem der ELPO Automaten unterschied sich in wesentlichen Punkten von der Funktionsweise der Konkurrenzgeräte der Firmen Stotz, Siemens oder AEG. Diese steuerten die Kontaktbewegung über ein Kniehebelsystem. Das ELPO System hatte eine direkte Verrastung von Kontaktführungsplatte und Stützhebel. Dadurch war die Kontaktbewegung beim Ausschaltvorgang im Kurzschlussfall wesentlich schneller, wodurch eine kürzere „Eigenzeit" entstand. Aber die Verrastung erforderte höhere Kraft für die Auslösung, und veränderliche Oberflächen der Raststelle verursachten besonders bei thermischer Auslösung größere Schaltzeitstreuungen.

1948/49

Die Wochenarbeitszeit betrug regulär 48 Stunden. Bedingt durch Stromabschaltungen mußte die festgelegte Arbeitszeit oft verlegt oder auch eingeschränkt werden. Das war besonders für die aus der Umgebung kommenden Mitarbeiter eine große Belastung, denn der Weg zur Arbeit mußte meist zu Fuß zurückgelegt werden. Außer dem Zugverkehr in großen zeitlichen Abständen gab es kaum Fahrmöglichkeiten. Begrenzte Mitfahrgelegenheit von den umliegenden Dörfern nach Altdorf boten nur die Milchbauern.

Schon lange vor Beginn der Arbeitszeit war Andreas Aschka in der Firma. Er setzte die Heizung in Gang und reparierte die anfälligen Montagevorrichtungen bis zum Arbeitsbeginn. Auch Jakob Ellenberger hatte bereits lange Zeit am Prüfbrett zugebracht, um Schaltzeitkennlinien aufzunehmen und danach Justierwerte festzulegen oder Funktionsmängel zu untersuchen. Harald A. Poensgen machte jeden Morgen nach seiner Ankunft aus Lauf, von wo er mit dem Taxi kam, erst einen Gang durch die Fertigungshalle und begrüßte jede Mitarbeiterin und jeden Mitarbeiter mit einigen persönlichen Worten.

Am 1. November 1948 wurde bereits mit der Ausbildung von Nachwuchs begonnen. Luise Link wurde als Lehrling für den Beruf des „Industriekaufmanns" eingestellt. Anfang 1949 wurde mit Peter Kaldenbach eine Lagerverwaltung und Beschaffungsabteilung eingerichtet. Für Andreas Aschka war das unnötige Bürokratie. Wahrscheinlich wegen des forschen Auftretens von Peter Kaldenbach, der einen Anzug trug, welcher aus einer noch deutlich erkennbaren Offiziersuniform gefertigt war, gab es immer wieder kleine Reibereien.

Zur Beseitigung festgestellter Mängel mussten Teile geändert werden oder Teile in ganz neuer Form hergestellt werden. Dazu wurde etwa zum Jahreswechsel 1948–49 in einem Nebenraum eine mechanische Werkstatt geschaffen. Die einzige Maschine, nach einigen Wochen neu angeschafft, war eine Tischbohrmaschine. Diese wurde neben ihrer Verwendung als Bohrmaschine auch als Fräsmaschine und als Drehbank eingesetzt. Natürlich waren die Arbeiten zeitaufwendig, aber es gab keine andere Möglichkeit für eine kurzfristige Herstellung von Musterteilen, die meist nur nach mündlicher Angabe oder nach Handskizzen gefertigt wurden.

Bald wurden neben den Schraubautomaten auch Sockelautomaten und eine Schalttafelausführung mit gleichem Funktionssystem hergestellt. Weiter kamen von den Anwendern Wünsche für zusätzliche Anschlussvarianten und Befestigungsausführungen. Die für eine Bemusterung erforderlichen Teile wurden in der Werkstatt mit den vorhandenen einfachen Mitteln hergestellt. Bald folgten dann Bestellungen auf kleinere Stückzahlen, für die Sonderteile ebenfalls in mühsamer Handarbeit gefertigt werden mussten, soweit die Werkzeuge dafür noch nicht hergestellt waren. Teilweise wurden Schablonen und Hilfswerkzeuge hergestellt, um die Produktion schneller und gleichmäßiger zu ermöglichen. Dafür kam durch Verbindung mit der Werkstätte Hofmann aus der Zeit vor der Firmengründung die Möglichkeit zugute, dort manchmal Maschinenarbeiten auszuführen, auch außerhalb der normalen Arbeitszeit.

Mit steigender Fertigung wurde auch der Bedarf an Hilfsmitteln und Musterteilen größer. Aber es mußte sehr sparsam gewirtschaftet werden. Das zeigte sich auch in den Anschaffungen. Für die Werkstatt wurde eine uralte Drehbank gekauft. Wenn auch schwierig, so waren darauf doch viele Arbeiten auszuführen und Verbesserungen an den Fertigungseinrichtungen möglich. Die schwierige Situation in der Anfangszeit wurde deutlich, als für die Musterteilefertigung eine Tafel Ferrozell, das war gewebeverstärkter Kunststoff, gekauft wurde. Wahrscheinlich wurde vorher nicht nach dem Preis gefragt, denn die Rechnung von etwa 700,- Mark brachte Jakob Ellenberger fast zur Verzweiflung. Er ermahnte immer wieder, das Material sehr sparsam zu verwenden.

Der Wiederaufbau machte sich auch in der Elektrotechnik bzw. Versorgung bemerkbar. Die Leistung konnte allmählich erhöht werden, und der ebenfalls steigende Energiebedarf wurde sicherer gedeckt. Die in verschiedenen Bereichen erhöhte Leistung und stabilere Versorgung brachte die ELPO Automaten an ihre Leistungsgrenze. Als ein Hotel in Nürnberg über einen neuen Transformator versorgt wurde, reichte die Schaltleistung bei Kurzschluss nicht mehr aus. Als Notlösung, um Schäden zu verhindern, mußte kurzfristig ein Dämpfungswiderstand angefertigt werden, der im Versorgungsnetz des Hotels eingebaut wurde. Änderungen an den Geräten waren aber unumgänglich. Als wichtigste Änderung wurde die Mechanik von den stromführenden Teilen isoliert, damit die Überschlagstrecken vergrößert wurden. Dazu war es erforderlich, die Kontaktbrücke mit einer Isolierhülle zu umpressen. Es mussten viele Versuche durchgeführt werden, bis die mechanische Festigkeit und thermische Beständigkeit erreicht war.

Lebensdauerprüfungen, d. h. mechanische Schaltungen, wurden bei jeder Gelegenheit von Hand durchgeführt. Nacharbeiten an der Führungsplatte im Haltebereich führten zu weniger Abrieb. Die thermische Beständigkeit wurde durch Langzeitbelastung, überwiegend nachts und übers Wochenende, überprüft. Aber diese Maßnahme reichte allein noch nicht für die erforderliche Schaltleistung. Es mussten die Kontakte plattiert werden, um ausreichende Sicherheit für die Abschaltung der erhöhten Kurzschluss-Ströme zu bekommen. Das Verfahren war aber sehr teuer. Die technischen Probleme sowie auch der Druck der wirtschaftlich stärkeren Konkurrenzfirmen mit bekannten Namen machte den Verkauf der ELPO Automaten immer schwieriger.

1950–1954

In dieser Situation entwickelte Jakob Ellenberger einen kleinen, thermischen Schutzschalter. Dieses Gerät war für die Absicherung von Fahrzeugstromkreisen gegen Überlastung und Kurzschluss vorgesehen. Also eine Verbesserung der damals noch recht einfachen Auto-Elektrik. Das Markenzeichen war E–T–A. Diese Abkürzung stand für ELPO Thermo-Automatic.

Der Aufbau des „E–T–A" war sehr einfach. Das Thermobimetall, Funktionsteil für die Auslösung bei Überstrom war auf einem Sockel aus Steatit, das war Elektrokeramik, starr befestigt. Im Bügelrahmen und dem Führungssteg wurde das bewegliche Kontaktsystem geführt. Das Gehäuse aus Bakelit wurde über den Bügelrahmen geschoben und festgeschraubt. Die Justierung auf die Schaltzeit nach der gewünschten Kennlinie mußte durch Verbiegen des Bimetalles im offenen Zustand durchgeführt werden. Sehr oft veränderten sich jedoch die Werte nach dem Aufsetzen des Gehäuses. Der Zeitaufwand für die Justierung wurde dadurch sehr hoch. Auch der Versuch, eine Voreinstellung des Bimetalles auf selbstgebauten Messvorrichtungen vorzunehmen, scheiterte an den ungenauen Anlagepunkten des Steatitsockels für den Vorrichtungsanschlag sowie auch für den Führungssteg und Rahmen. Auch die aufgrund ihrer Form sehr unterschiedliche Vorspannung der Kontaktfeder, der sogenannten „Lyra-Feder", erforderte grundsätzlich eine Nachjustierung.

Der vorgesehene Einsatz in der erst langsam anlaufenden Autoindustrie kam nicht oder nur in sehr geringem Ausmaß zustande. Statt dessen interessierte sich die Haushaltsgeräteindustrie für das kleine Schutzgerät. Vor allem im württembergischen Raum entwickelten sich viele Firmen, die sich mit dem Bau von Wäscheschleudern, Waschmaschinen, Mixern usw. befassten. Die Geräte waren allgemein mechanisch sehr robust gebaut, und auch die motorische Ausstattung war leistungsmäßig hoch. Trotzdem wurde allgemein ein Überstromschutz verlangt. Viele dieser Firmen entstanden aus mechanischen Betrieben, so dass für die Elektrik Beratung durch die Zulieferer der elektrischen Bauteile gefragt war. Mit provisorischen Mitteln wurden bei ELPO Messungen der Erwärmung und Stromstärke an Motoren zur Bestimmung der Schutzschaltergröße durchgeführt. Die sehr verschiedenen Einbauplätze in den Motoren und Geräten erforderten bald Varianten in der Bauform und bei den Anschlussarten sowie auch eine fein gegliederte Nennstromreihe. Der Bedarf an Musterausführungen wuchs enorm, so dass die Arbeit der mechanischen Werkstatt sehr stark zur Mustermacherei wurde. Zusätzlich mußte auch ein Teil der Versuche und Messungen in der Werkstatt durchgeführt werden. Der Werkstattraum wurde sehr unübersichtlich durch die verschiedenartigen laufenden Arbeiten. Da die elektrischen Versuche alle offen aufgebaut waren, sah es oft gefährlich aus. Nach heutigen Sicherheitsbestimmungen dürfte niemand einen solchen Raum betreten.

Unsere enge Zusammenarbeit mit den Anwendern brachte auch Anregungen für weitere Schaltgeräte. Für die Wechselstrommotoren mit Hilfsphase wurde ein Anlaufphasenschalter (E-T-A APS) entwickelt mit Thermobimetall als Steuerelement. Das Gehäuse wurde aus Steatit hergestellt. Die Befestigung eines Thermobimetalls in einem Kunststoffteil war zu dieser Zeit nicht denkbar. Dieses Gerät hatte ein bis dahin unbekanntes Funktionsprinzip: Die Hilfswicklung blieb bei Blockierung abgeschaltet, während die üblichen Magnetrelais die sehr überlastempfindliche Hilfswicklung bei Blockierung wieder zuschalteten. Aber der thermische Anlaufschalter hatte den Nachteil, dass nach Abschaltung eine Wartezeit bis zur Wiedereinschaltbereitschaft vorhanden war. Besonders bei Erwärmung an der Einbaustelle, z.B. bei Einbau in den Motor, machte sich die Verlängerung der Wartezeit nachteilig für den Anwender bemerkbar, denn bei vorzeitiger Wiedereinschaltung konnte der Motor nicht anlaufen und verharrte im blockierten Zustand. Aber der Überlastschutz in Kombination mit dem E-T-A Überstromschutzschalter sicherte den Motor vor Übererwärmung.

Zu einer Begrenzung in der Anwendung führte auch die geringe Überlastbarkeit der APS-Heizwicklung auf dem Bimetall, die maximal das vierfache des Nennstromes betrug. Der Anlaufstrom der Motoren war aber meist der sechs- bis achtfache Nennstrom. Auch schwer anlaufende Maschinen und Geräte, z.B. Wäscheschleudern, erforderten eine Sonderabstimmung des Schutzschalters und Anlaufphasenschalters. Damit auch für diese Antriebe der Einsatz des APS möglich war, wurden verschiedene Schaltungsvarianten ausgearbeitet und für die besonderen Anwendungsfälle in eigenen Versuchen geprüft.

Bei einem Grenzfall in der Belastbarkeit des APS zeigte sich die Schwäche der eigenen provisorischen Prüfeinrichtungen. Die Lebensdauer sollte bei einem 110-Volt-Motor geprüft werden. Der Versuch wurde mit einem Transformator aufgebaut, wobei die geteilte Primärwicklung in Sparschaltung verwendet wurde. Die Spannung bei Normalbetrieb des Motors konnte mit einem normalen Voltmeter gemessen und laufend überwacht werden. Aber beim Anlauf ergab sich durch den hohen Einschaltstrom eine kurze Spannungsabsenkung, die das Voltmeter nicht anzeigte. Dadurch war auch der Anlaufstrom niedriger und die Heizwicklung des APS war nicht überlastet. Der eigene, falsche, Versuch zeigte ausreichende Lebensdauer. Aber im Betrieb am starren 110-Volt-Netz trat schon nach kurzer Zeit Ausfall ein und führte zu einer harten Reklamation.

Die Entwicklung elektrischer Geräte wurde immer vielseitiger, auch für ELPO. Parallel zum Überstromschalter und APS wurde für automatisch bzw. unbeaufsichtigt arbeitende Geräte ein Motorschutzrelais (E-T-A MR) gebaut. Das Funktionssystem wurde in das Gehäuse des APS eingebaut und dadurch gut kombinierbar mit dem APS. Funktionsglied war ebenfalls ein Thermobimetall mit Heizwicklung. Am freien Ende des Bimetallstreifens war der Schaltkontakt aufgenietet. Bei Erwärmung durch Überlast öffnete sich der Kontakt schleichend, d. h. ohne Schnappbewegung. Die Rückstellung nach überlastbedingter Stromunterbrechung erfolgte sehr schnell, wodurch bei weiter anhaltender Überlast kurze Schaltintervalle folgten. Das Ein/Aus-Verhältnis konnte den Temperaturanstieg in der Motorwicklung nicht ausreichend begrenzen. Auch konnte selbst bei Beseitigung der Blockierung oder Überlast ein Anlauf nicht erfolgen, da der APS in der kurzen Zeit die Hilfsphase nicht zuschalten konnte. Durch ein Isolierpaket aus Asbest zwischen Bimetall und Heizwicklung konnte ein besseres Schaltverhältnis der Ein/Aus-Zeiten erreicht werden. Insbesondere mußte die Öffnungszeit bei jeder Überlast so lange andauern, bis der in Kombination arbeitende APS wieder zurückgestellt war. Weiter war das Intervallverhältnis wichtig, um bei Dauerüberlast oder Blockierung die Temperatur der Motorwicklungen auf einen durch die zutreffenden Gerätevorschriften festgelegten Maximalwert zu begrenzen. Hermetisch gekapselte Kühlaggregate waren typisch für den Einsatz der APS/MR-Kombination, mit denen in Zusammenarbeit mit dem damals größten Hersteller, der Firma Stempel-Hermetik in Offenbach, viele langwierige Versuchsreihen durchgeführt wurden. Dazu ist noch zu bemerken, dass eine Reise nach Offenbach zu dieser Zeit aufgrund der Verkehrsverhältnisse immer zwei Tage beanspruchte. Eine kleine Rationalisierung und Hilfestellung für die schnellere Bestimmung der Temperatur in den Motorwicklungen brachte eine Temperaturskala für Kupferwicklungen auf dem Rechenschieber, die von dem Labortechniker bei Stempel-Hermetik, der mit ELPO die Versuche durchführte, entwickelt und zur Verfügung gestellt wurde. Das war ein deutliches Signal für das Interesse, anstehende Probleme gemeinsam zu lösen.

Die Typenzahl der E-T-A Geräte hatte sich inzwischen schon erweitert. Der Überstromschalter wurde als Steckausführung (Typ 5200), Flanschausführung (Typ 5000), mit Zentralbefestigung (Typ 5700), und Anbauform (Typ 6000) geliefert. Dazu der APS (Typ 7000) und das MR (Typ 6500). Alle Geräte konnten mit Lötfahnen oder Schraubklemmen in verschiedenen Formen bereitgestellt werden. Dazu kamen noch Sonderabstimmungen aufgrund durchgeführter Versuchsreihen. Daraus ist zu ersehen, dass die Anwenderwünsche weitgehend und schnell erfüllt wurden. Dieses kundenfreundliche Prinzip führte zum erfolgreichen Aufstieg von ELPO E–T–A.

Es wurde noch einmal versucht, in der Fahrzeugindustrie Fuß zu fassen. Durch Ingenieur Heinrich Hofmann wurde ein Blinkrelais entwickelt. Die sogenannten „Winker" an den Kraftfahrzeugen für die Fahrtrichtungsanzeige wurden durch Blinkleuchten ersetzt. Das Blinkrelais war mit einem fremdbezogenen, internen, glasgekapselten Intervallschalter ausgestattet, der das Schaltrelais ansteuerte. Der gesamte Aufbau war gegenüber den E–T–A Geräten recht aufwendig und kompliziert. Andreas Aschka sträubte sich gegen die Fertigung. Es ging ihm dabei nicht allein um die Kompliziertheit des Gerätes, sondern auch darum, dass Heinrich Hofmann die Entwicklung, Werkzeugherstellung usw. allein durchführte, ohne sich mit ihm zu besprechen. Heinrich Hofmann nannte in einem Streitgespräch Andreas Aschka den „Schmied von Kochel". Diese Bezeichnung blieb im geheimen lange Zeit bestehen, auch für Heinrich Hofmann. Sie wäre mit Bezug auf die Körpergröße Heinrich Hofmanns für diesen passender gewesen, denn wenn der in den von Jakob Ellenberger als Dienstwagen zur Verfügung gestellten Opel-Olympia, Baujahr 1936, einstieg, stellte sich das Auto bedenklich in Schräglage. Seine Blinkrelais-Entwicklung fand keine große Anwendung.

Die Osthalle wurde durch den Auszug der Firma Zippel frei und von ELPO übernommen. Inzwischen hatte sich auch unsere maschinelle Ausrüstung erweitert. Auf einer gebraucht gekauften Exzenterpresse wurden die Stanzteile zum Teil selbst hergestellt. Auch eigene Stanzwerkzeuge konnten in der Werkstatt gebaut werden, wenn auch noch mit sehr einfachen Mitteln und viel Handarbeit, z.B. der Stahl für die Werkzeuge mußte mit der Handsäge abgeschnitten und plan gefeilt werden. Bei Abmessungen von ca. 60 x 25 mm oder 30 x 30 mm eine mühselige Arbeit. Zur Abhilfe wurde versucht, eine Bügelsäge selbst zu bauen. Aber die Möglichkeiten dazu waren sehr mangelhaft und dementsprechend auch die Funktion der Maschine. Bei einer Anregung zur Verbesserung quetschte sich Andreas Aschka einige Finger fast ab. Er arbeitete trotz dieser nicht unerheblichen Verletzung weiter, nachdem notdürftig ein Verband angelegt worden war – ein typisches Beispiel für seine Einstellung zur Pflichterfüllung.

Wegen der immer noch auftretenden Stromabschaltungen wurde ein Notstromaggregat angeschafft. Es war ein ehemaliges Wehrmachtsgerät mit BMW-Boxermotor. Die Leistung betrug sechs KW. Es konnte, mit kleinen Einschränkungen, unseren Energiebedarf decken. Aber der Handstart war meist sehr mühevoll, so dass dennoch erhebliche Ausfallzeiten zu verzeichnen waren. Auch eine kleine Galvanik mit zwei Galvanikglocken wurde zu dieser Zeit in der vorderen Osthalle eingerichtet. In einer Glocke wurde verzinkt, in der anderen versilbert. Dazu gehörte noch eine Scheuertrommel aus Holz. Die Steuerung für die Galvanik wurde in Eigenarbeit erstellt und auch die Bedienung erfolgte lange Zeit ohne weiteres Fachpersonal neben den anderen Arbeiten. Dadurch gelang die Herstellung der Galvanikschichten nicht immer gleichmäßig in der gewünschten Dicke. Manchmal wurden Teile auch verätzt oder auf andere Art unbrauchbar und mussten kurzfristig in Sonderarbeit nachgefertigt werden.

Im Keller der Osthalle, wo früher die Rotationsmaschine stand, wurde die Fertigung des E–T–A Perlastik-Schlauches eingerichtet. Der Schlauch bestand aus sogenannten Steatit-Perlen (Hülsen) die mittels Kunststoff-Schrumpfschlauch zu einem feuersicheren Isolierschlauch zusammengefügt wurden. Die Perlen wurden auf einen Eisendraht, 4–6 mm Durchmesser, je nach lichter Weite der Perlen, aufgefädelt. Dann wurde der Kunststoffschlauch übergezogen. Mit Strom wurde der Eisendraht erwärmt und damit die Schlauchkombination, bis der Kunststoffschlauch sich soweit zusammenzog, dass er die Steatit-Perlen fest zusammenhielt. Zur richtigen Bestimmung der Schrumpftemperatur mußte viel Erfahrung gesammelt werden. Der Perlastik-Schlauch diente zur absolut feuersicheren Isolierung der damals noch überall vorhandenen Dachständerleitungen.

Die Fertigungsstückzahlen der E–T–A Geräte wurden größer, so dass auch die Einrichtungen erweitert werden mussten. Die Prüfbretter wurden auf Dreifach-Prüfung erweitert. Dabei mußte nach Abschaltung eines Gerätes der Stromkreis möglichst schnell mit einem Hebelschalter wieder geschlossen werden und gleichzeitig die Schaltzeit von der mechanischen Uhr abgelesen werden. Es war eine erhebliche Belastung für die Prüferinnen. Auch auftretende Stromänderungen ließen sich nicht ganz ausregeln und verursachten unregelmäßige Schaltzeitergebnisse, die vermehrte Nachprüfungen verursachten. Zur Arbeitserleichterung und Verbesserung des Prüfvorganges wurde dann ein Prüfbrett mit automatischer Überbrückung entwickelt. Auf dieser Grundlage folgten bald weitere Prüfeinrichtungen, die, mit Ausgleichswiderständen ausgestattet, bessere Stromkonstanz hatten. Bei kleinen Stromstärken führte allerdings, erst nach einiger Zeit bemerkt, der parallel fließende Steuerstrom zu Fehlern. Zur Vermeidung dieser Fehler mußte mit Korrekturtabellen gearbeitet werden, bis empfindlichere Steuerrelais beschafft waren.

Inzwischen waren 100.000 E–T–A Überstromschutzschalter gefertigt. Das Jubiläumsgerät wurde durch die Außendienst-Repräsentanten vergoldet und der Geschäftsleitung überreicht. 100.000 war damals noch eine stolze Zahl für die Fertigung.

Zu den einpoligen Schutzschaltern wurde eine dreipolige Ausführung gewünscht. Als Handmuster wurden einige Versuchsmuster nach Skizzen und mündlichen Vorschlägen hergestellt, immer dem einfachen Prinzip des E–T–A folgend. So auch ein Muster mit einer Dreiecksanordnung der Bimetalle. Die Kontaktbrücken sollten sich nach dem Prinzip des Kraftausgleiches in der Dreipunktauflage gleichmäßig an die Bimetallkontaktnasen anlegen. Die Bimetalle waren um den Schaltweg verlängert worden und am Ende mit einer Schiebeplatte verbunden. Damit sollte auch bei einoder zweipoliger Überlast eine dreipolige Auslösung erreicht werden. Dieses Prinzip wurde von der Geschäftsleitung als E–T–A Triplex, Typ 8300, in Serienfertigung gebracht. Das Gerät fand bei Kunden großes Interesse, denn es gab zu dieser Zeit kein dreipoliges Schutzgerät in dieser Baugröße.

Aber die Funktion in der Praxis war nicht einwandfrei, denn die Bimetalle waren überlastet, besonders bei zwei- und einpoliger Auslösung. Auch mechanische Störungen durch zu hohe Reibungskräfte und Verklemmung des Kontaktbrückenträgers führten zu Fehlverhalten. Es wurden viele Änderungen durchgeführt, von denen eine bessere Funktion erhofft wurde, denn der scheinbar einfache Aufbau faszinierte, konnte aber nicht zu einer zufriedenstellenden Funktion gebracht werden. Es gab viele Reklamationen durch die Kunden. Besonders bei einer Pumpenfabrik kam es zu drastischen Ausfällen, da die Pumpen in bestimmten Betriebszuständen bei Ausfall einer Phase mit Überstrom weiterliefen, der Schutzschalter aber oft nicht auslöste. Bei dieser Firma mußte eine ganze Serie kurzfristig ausgetauscht werden. Da die Fertigung die erforderlichen Geräte nicht rechtzeitig fertig stellen konnte, setzte sich an einem Abend eine Gruppe Techniker und Ingenieure an die Prüfbretter und Justiereinrichtungen, bis um Mitternacht eine ausreichende Stückzahl fertig justiert und geprüft war. Die Sonderverpflegung übernahmen die Ehefrauen.

Das Gerät brachte während seiner Laufzeit viel Ärger und wurde viel zu lange in Fertigung gehalten. Es wurde sogar, neben der Einbauform, durch eine Anbauvariante erweitert. Die einpoligen Schutzschalter wurden in gleicher Bauform durch eine neue Variante schrittweise ersetzt, die sogenannte 1-E-T-A Ausführung. Als wesentliche Änderung wies das neue Produkt eine von außen, d. h. im geschlossenen Zustand, bedienbare Justierung des Bimetalls auf. Außerdem entfiel der Bügelrahmen. Die Kontaktbrücke wurde im aufgesetzten Gehäuse geführt. Mit dieser Ausführung konnte die Fertigung wesentlich verbessert werden, und auch die Schaltzeittoleranz konnte enger gehalten werden. Aber einige Varianten der alten Ausführungen konnten damit nicht ersetzt werden, z.B. der „Fluor-E-T-A ein Schaltgerät zum Überstrom- und Überhitzungsschutz für die neuen Neonleuchten.

Auch der vielfache Einsatz der APS/MR-Kombination, zusammengenietete Geräte der Steatitausführung, führte zu neuen Überlegungen. Die beiden Geräte wurden in einer gemeinsamen Bauform mit der Typenbezeichnung APS-MR 1-7500-00 vereinigt. Die äußere Form dieser Gerätekombination mit einem guten Aussehen brachte vor allem bessere Einbaumöglichkeiten in der Anwendung. Aber das MR hatte ebenfalls wieder Schleichkontaktfunktion mit den gleichen Nachteilen wie beim Steatit-MR. Lediglich der Wärmestau durch die gute Kapselung des Gehäuses brachte einen kleinen Vorteil für die Schaltintervalle, gleichzeitig aber ein schlechteres Rückstellverhalten des APS. Die Fertigung wurde auch komplizierter, da immer beide Funktionseinheiten MR und APS in der richtigen Nennstromkombination gemeinsam gefertigt und in der Kombination justiert und nachgeprüft werden mussten, bis beide Teile richtig arbeiteten. Für die Erfüllung der Bedingungen in der Anwendung waren weiterhin viele Versuche und Abstimmungsvarianten nötig. Dennoch, das gute Aussehen der Gerätekombination konnte seine technischen Defizite nicht ausgleichen.

Als gut funktionierendes Handmuster existierte bereits ein Überstromrelais mit Schnappkontakt. Obwohl damit erkennbar die technischen Probleme der bisherigen MR leicht zu lösen gewesen wären, wurde die serienmäßige Übernahme lange Zeit, d. h. einige Jahre, hinausgezögert. Der Geschäftsleitung erschien der Aufbau zu teuer, und wahrscheinlich wollte oder konnte man vor einer patentrechtlichen Absicherung nicht an die Öffentlichkeit.

In dieser Zeit wurde in Hannover die Industriemesse eingeführt. Auch ELPO stellte das damals laufende Programm aus. Die Anfahrt nach Hannover beanspruchte zwei Tage, so dass der Aussteller von ELPO, Jakob Ellenberger und auch die Besucher aus dem süddeutschen Raum, im Bereich Fulda/Röhn übernachten mussten. Die Straßen waren nur zum Teil asphaltiert und die Fahrzeuge, einschließlich Eisenbahn, langsam.

1955-1959

Der Betriebsbereich hat sich auch auf die Hälfte der Westhalle ausgedehnt, nachdem die Firma Hofmann ihren Standort zurück nach Nürnberg verlegt hatte. Die Organisation unserer Firma teilte sich bereits in folgende Bereiche auf: Montage, Teilefertigung, Einkauf, Versand, Konstruktion und Kaufmännisches. Mitte des Jahres 1955 wurde die Betriebswerkstatt zum Werkzeugbau eingerichtet. Die Mustermacherei, elektrische Versuche intern und für Kunden sowie der Bau von Prüfanlagen, wurden dem in einem kleinen Raum der Westhalle neu etablierten Labor übertragen. Die Einrichtungen der beiden neuen Abteilungen waren noch recht einfach, aber bald konnten einige neue Einrichtungen angeschafft werden. Für den Überstromschutz in Telefonanlagen wurde ein thermisch-magnetisch gesteuertes Überstrom-, bzw. Kurzschluss-Schutzgerät als Ersatz für die sogenannten „Schmelzlotsicherungen" angeregt. Es gab schon einen Telefon-Schutzschalter, ein thermisches Gerät mit der Bezeichnung E-taphon, eine Sonderausführung des E–T–A 5000. Das Pflichtenheft der Post stellte aber andere Bedingungen an Baugröße und Funktion, beispielsweise die Einbaubreite mußte den eingesetzten Schmelzlot-Sicherungssystemen entsprechen.

Bei allen E–T–A Schutzschaltern der bisherigen Ausführungen war der große Mangel, dass sie keine richtige „Freiauslösung" hatten. Bei festgehaltenem Druckknopf erfolgte zwar Stromunterbrechung am Bimetallkontakt. Aber nach kurzer Abkühlung schloss sich der Kontakt wieder. Der noch größere Nachteil war aber, dass dieser Kontakt wegen der starren Verbindung von Kontaktbügel und Druckknopf durch Drücken des Knopfes immer unterbrochen wurde, wenn das Gerät etwas erwärmt war. Dies war schon nach kurzer Betriebsdauer mit Nennlast gegeben. Neben den unerwünschten Stromunterbrechungen für den Verbraucher, verursachte die Unterbrechung auf der Kontaktfläche Einbrennstellen, teilweise sogar Verschweißungen. Diesen großen Funktionsmangel sollten Schutzgeräte der Zukunft nicht mehr aufweisen. Als Gedanken-Handmuster entstand ein mechanisches System mit Kippkontaktbrücke. Dieses System zeigte auch die Eigenschaft, dass die Kontaktschließung immer schlagartig erfolgte, unabhängig von der Betätigungsgeschwindigkeit. Auch eine weitere Beeinflussung des Kontaktzustandes und des Kontaktdruckes von außen wurde durch diese Mechanik verhindert.

Mit Einbeziehung dieses Systems einer „echten Freiauslösung" wurde der „E–T–A Magnetic" entwickelt, vorerst nach den Anforderungen der Post. Die Bimetallform und -anordnung mit Justierung war dem 1-E–T–A entnommen, angepasst an die Ergänzung mit einem Zuganker-Magnetauslöser. Entsprechend den Postforderungen enthielt das Gerät elektrisch getrennte Signalkontakte (Schließen/Öffnen). Eine Besonderheit war noch der laut Pflichtenheft begrenzte Widerstand bzw. Spannungsfall bei Nennstrom des Schutzschalters. Für die erforderlichen Versuche mussten auch entsprechende Prüfeinrichtungen geschaffen werden. Außer serienmäßigen Messgeräten wurden viele Einrichtungen selbst gebaut.

Die elektrischen Versuche wurden intern durch Neuentwicklungen und extern durch neue Anwendungsbereiche immer umfangreicher. So mußte für den Einsatz in tropischen Ländern das Verhalten in höherer Umgebungstemperatur geprüft werden. Diese Forderung wurde für Kälteaggregate und Telefongeräte erhoben. Dazu wurde von einer Schreinerei eine Kammer mit gut isolierenden Wänden gebaut und mit einer regelbaren Heizung versehen. Die Temperaturregelung wurde noch mit Quecksilber-Kontaktthermometern ausgeführt. Die Kammer besaß eine Größe, dass ein bis zwei komplette Kühlaggregate betriebsmäßig darin aufgestellt und bedient werden konnten. Bei Kontrollmessungen, die in der Kammer bei über 40°C Grad durchgeführt werden mussten, rann oft der Schweiß. Das führte bald zum Einbau von Durchführungen für Strom- und Messleitungen.

Die immer häufiger geforderten Funktionsbedingungen bei hohen und auch tiefen Umgebungstemperaturen waren harte Auflagen für die thermisch arbeitenden Überstromschutzgeräte und erforderten etliche Änderungen im elektrischen Aufbau und dem eingesetzten Material. Vor allem die bis dahin noch fast unbekannten Eigenschaften der Kunststoffe führten zu einer engen Zusammenarbeit mit den Isolierteile-Herstellern. Neben dem Einkauf wurden Konstruktion und Labor stark in diesen, für alle sehr nützlichen, Erfahrungsaustausch einbezogen. Diese Verbindungen wurden dann auch auf die Hersteller des für die Geräte sehr wichtigen Thermobimetalls und die Kontakthersteller ausgedehnt. Daraus ergaben sich Anregungen für die Verbesserung der Funktionseigenschaften unserer Bauteile und Geräte, auch für die zukünftigen Entwicklungen.

Insbesondere das Thermobimetall war bei den E–T–A Geräten aufgrund der kleinen Bauweise und der direkten Verrastung am Bimetallkontaktstück bis zur äußersten Funktionsgrenze belastet. Daher wirkten sich Fertigungsdifferenzen beim Rohmaterial und in der Walztechnik oft nachteilig aus. In vielen Gesprächen wurde die Einwirkung von Fertigungsverfahren und Kontrollmessungen besprochen. Im eigenen Labor wurden entsprechende Messeinrichtungen gebaut und Vergleichsmessungen durchgeführt.

Die Neuentwicklung des E–T–A Magnetic fand bald auch außerhalb der Post einen großen Anwendungsbereich. Unser neues Kontaktsystem bewährte sich verstärkt bei industriellen Steuerungsanlagen. Deshalb wurden auch die thermischen Schutzschalter auf diese Ausführung erweitert. Es entstanden die Geräte der dritten Generation weitgehend mit den gleichen Einbaumaßen und Bauformen der 1-Ausführungen. Zusätzlich wurden auch thermische Geräte (2-6200 und 2-6400) mit Signalkontakten gebaut. Die Aufgaben des Labors wurden immer mehr erweitert. Es wurden Untergruppen für Mustermacherei, Entwicklungsversuche, Kundenversuche und Prüfanlagenbau eingerichtet. Zum Teil waren die im Labor Beschäftigten wegen der noch kleinen Mitarbeiterzahl und der entstandenen Raumnot mit mehreren Aufgaben gleichzeitig betraut. 1958 wurde mit allen Mitarbeitern im Betrieb und den Vertretungen das 10-jährige Bestehen der Firma gefeiert. Zu diesem Fest waren auch die im Ausland wirkenden Repräsentanten anwesend und konnten sich über die Firma informieren. In den USA und in Kanada waren eigene Firmenbüros gegründet worden. In Erinnerung sind noch die ersten Leiter dieser Büros, H. Keller in den USA und H. Solzman in Kanada.

Seit 1963 wird durch unsere Firma die Ausbildung zum Elektromechaniker angeboten, die bislang annähernd 100 Lehrlinge erfolgreich abschließen konnten. Ein großer Teil der Absolventen blieb der Firma bis heute treu, viele von ihnen stiegen nach Weiterbildung in maßgebliche Positionen auf.

1960–1969

Bis zum Ende der 50er Jahre wurden die Räume für sämtliche Abteilungen zu eng. Zur Lösung der durch die Ausweitung der Fertigung entstandenen Raummenge wurde ein Neubau erstellt. Architekt Fritz Schmidt plante in der modernen Betonskelettbauweise mit Flachdach. Der Bau entstand an der Nordgrenze des Grundstückes. Das 4-

geschossige Vordergebäude war für die Büros vorgesehen. Im daran anschließenden 2-geschossigen Gebäude wurde im Parterre ein Fertigungsraum eingerichtet und im Tiefgeschoss die Werkskantine. Für die Energieversorgung wurde ein eigener Energieraum eingerichtet, der auch mit einem Diesel-Notstromaggregat ausgerüstet wurde. Es war vorgesehen, damit auch Schaltleistungsprüfungen durchzuführen, um die Stromversorgung des Betriebes nicht zu stören. Entsprechende Schalteinrichtungen und ein abgeschirmter Prüfstand wurden eingebaut, konnten aber wenig zur Anwendung gebracht werden, da die Entwicklungen bereits höhere Schaltströme erforderten.

Das Obergeschoss teilten sich das Labor und das technische Vertriebsbüro. Für das Labor brachte diese Umsiedlung beträchtlichen räumlichen Gewinn zur Verbesserung der gewachsenen Einrichtungen. Auch die räumliche Nähe zum technischen Vertrieb wirkte sich vorteilhaft aus. Anstehende Probleme bei den Kunden wurden sofort besprochen und kurzfristig entsprechende Versuche eingeleitet. So wurde auch in diesem Bereich das Labor in direkten Kontakt mit den Anwendern der E–T–A Geräte gebracht. Eine Vorschrift in Kanada schrieb die Absicherung der in Küchenherden eingebauten Steckdosen vor. Einbaumäßig war das Gerät 2-5700 für den zur Verfügung stehenden Raum geeignet. Aber es mußte bei 115 Volt, 60 Hz, 5000 A Kurzschluss-Strom dreimal abschalten. Diese Schaltleistung war für einen thermischen Schutzschalter in der Baugröße des E–T–A 2-5700 unvorstellbar. Schon die mit den vorhandenen Mitteln erreichbaren Stromwerte von einigen hundert Ampere führten zu Kontaktverschweißung und besonders zur Zerstörung der Verrastung an der Bimetallkontaktstelle. Es erschien aussichtslos, die gestellten Bedingungen zu erfüllen.

Intensive Versuche führten zur Entwicklung des E–T–A Leistungsschutzschalters Typ 443. Durch flexible Verbindung der Kontaktbrücke mit dem Bimetall wurde die Verrastungskontaktstelle überbrückt und damit die Zerstörung an dieser Stelle ausgeschaltet. Der Trennkontakt wurde mit Spezialkontakten, die in Zusammenarbeit mit der Firma Doduco entwickelt wurden, verschweißsicher ausgestattet. Eine besondere Winkelstellung der Schaltkontakte und die Verkleinerung der Verrastung bewirkten die Abschaltleistung bis 5000 A. Aber das Gehäuse hielt den Druck bei der Abschaltung nicht aus. Deshalb wurden Ausblasschlitze angebracht, und zwar in Verbindung mit Löschrippen, die den leitfähigen Verbrennungsniederschlag zerteilten und verringerten, so dass auch die Isolationsfestigkeit nach drei Abschaltungen noch weitgehend vorhanden war. Dieses Gerät erhielt nach erfolgreicher Prüfung bei der Kanadischen Prüfstelle CSA die Einbaugenehmigung und die Berechtigung, mit dem CSA-Prüfzeichen gekennzeichnet zu werden. Es war ein großer Erfolg für ELPO.

Die Entwicklung dieses Gerätes setzte auch die Ausstattung des Labors mit entsprechenden Prüf- und Messeinrichtungen voraus. Es wurde mit einem, von der Firma Tramag eigens hergestellten, Prüftransformator und dem ersten Kathodenstrahloszillographen ausgestattet. Stolz demonstrierten wir anhand dieser Installation unseren Besuchern immer wieder Kurzschluss-Schaltungen. Eindrucksvoll wurde das Verhalten eines Kabels bei Kurzschluss mit und ohne Schutzschalter vorgeführt. Die Einrichtung war auch deshalb erforderlich, weil in regelmäßiger Wiederholung die Qualität der Leistungsschutzschalter gegenüber der Prüfstelle nachgewiesen werden mußte. Damit waren bereits Maßnahmen zur Qualitätssicherung eingeleitet, die immer weiter ausgebaut wurden.

In Fortführung der Entwicklung von Leistungsgeräten wurden nach dem System des E–T–A 443 auch die thermischen Überstromschutzschalter und thermisch-magnetischen Geräte mit Leistungstypen 401, 402, 421, 428 usw. erweitert. Der alte E–T–A Triplex 8300 wurde durch Typ 2-8300 mit richtiger Freiauslösung auf der Grundbasis der Kippbrücke ersetzt. Auch das Motorschutzrelais mit Schleichkontakt wurde endlich durch die 2-Ausführung mit Schnappkontakt ersetzt, gleichzeitig mit dem 2-APS in formgleichen, kombinierbaren Isolierstoffgehäusen: MR 2-6500 und APS 2-7000. Ein 3-poliges Motorschutzrelais konnte ebenfalls auf der Messe in Hannover als Neuheit vorgestellt werden, das „MR-3-polig, TYP 8800" (MR = Motorschutzrelais).

Die Gründung der Bundeswehr erforderte mit der Entwicklung neuer Fahrzeuge und Flugzeuge ebenfalls Schutzschalter. Da am Anfang meist Material der amerikanischen Armee eingesetzt wurde, übernahm man für Neuentwicklungen die bestehende amerikanische Normung MIL-Standard. Dadurch waren Bauformen und grundsätzliche Funktionseigenschaften vorgegeben. Durch Umbau des E–T–A 402 auf „Zug/Druck-Betätigung" wurde der erste „Luftfahrt-Schutzschalter", Typ 412 geschaffen. Die technischen Anforderungen an dieses Gerät waren nach den angewendeten MIL-Vorschriften sehr umfangreich, wobei vor allem die Umweltbedingungen im Labor nicht simuliert werden konnten. Selbst die Temperaturprüfungen von -40 bis +70 °C waren nicht möglich. Provisorisch wurden Versuche mit vorhandenen Kühlaggregaten durchgeführt und die vorhandene Wärmekammer über ihre Belastungsgrenze aufgeheizt. Aber Beschleunigung, Vibration, Feuchtigkeit, Sand und Staub oder Explosionssicherheit waren vollkommen unbekannte Begriffe. Durch Vermittlung von Diplom-Ingenieur Stippler vom Luftfahrt-Bundesamt, Braunschweig, und Ingenieur Rüdiger von der Musterprüfstelle der Luftwaffe, München, wurden Prüfungen bei der Physikalisch-Technischen Bundesanstalt in Braunschweig und bei der damals noch kleinen Industrieanlagen Betriebsgesellschaft IABG in München-Ottobrunn durchgeführt und konnten dort auch beobachtet werden. Auch im größten Umweltlabor Süddeutschlands, bei Telefunken in Ulm, konnten durch die Vermittlung der Geschäftspartner aus den verschiedenen Telefunken-Bereichen E–T–A 412-Prüfungen durchgeführt werden. Durch die Hilfsbereitschaft der dort tätigen Techniker wurde viel Erfahrung, sowohl für die Auswirkung der Beanspruchung, als auch für die Beschaffung und Einrichtung eigener Laboreinrichtungen gesammelt.

Die Durchführung von Prüfungen in fremden Einrichtungen war sehr zeitaufwendig und zum Feststellen und Beheben auftretender Schwachstellen ungeeignet. Deshalb begann mit der Entwicklung der Schutzschalter für die militärische Technik auch der intensive Ausbau des eigenen Labors mit entsprechenden Einrichtungen. Etliche Prüfanlagen wurden nach eingehenden Informationen aus Vorschriften und Literatur selbst gebaut, z.B. eine Explosionsprüfanlage. Es wurde die erste, im geschlossenen Raum arbeitende Anlage dieser Art im süddeutschen Raum. Die Durchführung der Musterprüfungen für Geräte der militärischen Anwendung setzte die Erstellung von Prüfplänen voraus. Auch diese Thematik war für ELPO neu und führte deshalb wiederholt zu Korrekturen durch die Beamten der offiziellen Prüfstellen. Doch in kurzer Zeit funktionierte auch der „Papierkrieg" einigermaßen.

Mit dem Aufbau der Bundeswehr mußte die Logistik geschaffen werden, die die Normung der eingesetzten Teile erforderte. Dazu wurden Arbeitsgruppen gebildet, welche die entsprechenden Normen auszuarbeiten oder bestehende, anwendbare Normen dem technischen Stand anzupassen hatten. Die Mitglieder der Arbeitsgruppen waren Vertreter der Behörden, der Anwenderindustrie und der Bauteilehersteller. Auch ELPO war von Anfang an in der Normungsgruppe für Bordnetz-Schutzschalter im Luftfahrtbereich tätig und etwas später auch für die Erstellung und Bearbeitung der VG-Normen (Verteidigungsgeräte-Norm) für Fahrzeugschutzschalter. Die Mitarbeit in den Normungsgruppen brachte viele Informationen technischer Art. Außerdem erleichterte sie ELPO die Planung. Auch das persönliche Kennenlernen wirkte sich für viele Geschäftsverbindungen positiv aus. Natürlich war auch viel Arbeit damit verbunden, denn die Normen für Schutzschalter mussten weitgehend von ELPO bearbeitet werden. Dazu zeigte sich die Kenntnis aus den eigenen Versuchen sehr hilfreich und bestimmend.

1970–1979

Im E-T-A Programm waren schon seit längerer Zeit Verzögerungsrelais (Zeitrelais) mit Schleichkontakt und Schnappkontakt auf der Grundlage von APS und MR. Dazu kam auf Anregung des Ostbayerischen Energieversorgungsunternehmens OBAG ein Steuerrelais für die sogenannten Rundsteueranlagen zur Fernsteuerung der Doppeltarifzähler und Alarmanlagen. Die Funktion des „Impuls-Relais" war bestimmt für die Umschaltung des Zählers und Steuerung eines Schaltgerätes für tarifgekoppelte Verbraucher. Es mußte mit einem Steuerimpuls bestimmter zeitlicher Länge gezielt in eine Richtung schalten, bei einem Impuls anderer zeitlicher Länge in die andere Richtung. Steuerspannung war die Netzspannung, 220 Volt, wobei bei möglicher Unterspannung 187 Volt und Überspannung 242 Volt, und bei jeder Umgebungstemperatur von -30°C bis +40°C Grad, die der Impulslänge zugeordnete Schaltrichtung garantiert sein mußte.

Zur Beheizung der Bimetalle mußte eine sehr feindrahtige Heizwicklung aufgebracht werden. Die feinen Drähte ließen sich auf einer Glimmerisolation oder einem Glasseidenband nicht wickeln. Andere Isolationen schieden wegen der mangelnden Temperaturfestigkeit oder wegen zu hoher Wärmedämmung aus. Auf der Hannovermesse wurde damals die neue Kaptonfolie gezeigt, ein bis dahin geheimes Produkt für die US-Airforce. Diese Folie besaß ausreichende Temperaturfestigkeit, Elastizität und eine glatte Oberfläche zum Bewickeln. Nur unter Einsatz dieses neuen Isoliermaterials war die Fertigung des Gerätes möglich. Aber die Einhaltung der Zeitwerte für die jeweilige Impulslänge konnte bei dem großen Spannungsbereich nicht voll sichergestellt werden. Es gab immer wieder Rückläufe. Auch die anderen Zeitrelaistypen litten in ihrer Funktion unter den in der Praxis auftretenden Spannungs- und Temperaturdifferenzen; vor allem, wenn längere Zeiten, d. h. über dreißig Sekunden, gesteuert werden sollten. Vom technischen Vertrieb kamen immer wieder Anforderungen, die umfangreiche Versuche verursachten, aber nicht zu einer befriedigenden Lösung führen konnten. Das gleiche traf auch zu, wenn, wie oft angefragt, ein thermischer Schutzschalter als Zeitschalter eingesetzt werden sollte. Unter dem Druck des Vertriebes wurde viel Zeit im Labor aufgewendet für Versuche zur Abstimmung solch aussichtsloser Geräte. Auch ein auf der Grundbasis des Impulsrelais gebautes Zeitrelais mit Temperaturkompensation, Typ 664, konnte die Hoffnung auf die Beherrschung längerer Funktionszeiten nicht erfüllen.

Ein weiterer Entwicklungsversuch wurde mit einem sogenannten Langzeitschalter als Sicherheitsschalter für Standheizungen unternommen. Dazu wurde das System des 2-E-T-A mit einem Bimetall-Heizsystem über einen metallischen Wärmespeicher und Spannungskompensation durch einen Unterbrecherkontakt ergänzt. Die Schaltzeiten sollten zwischen 120 und 180 Sekunden liegen. Der Bereich konnte selbst mit großem Aufwand nur labormäßig eingehalten werden.

Neben den Luftfahrt- und Fahrzeug-Geräteprüfungen, die technisch überwiegend bestimmend waren, wuchsen auch die Genehmigungsprüfungen nach zivilen Vorschriften: VDE für Deutschland, UL für USA, CSA für Kanada, KEMA für Holland, DEMKO, NEMKO und SEMKO für Skandinavien, und noch andere Länder. Die Entwicklung neuer Bundeswehrfahrzeuge brauchte sehr schnell Schutzschalter im Nennstrombereich bis 400 Ampere für die Batteriespannung 24 Volt. Bis 25 A stand der Luftfahrt-Schutzschalter, Typ 412, zur Verfügung und brauchte nur den Bedingungen angepasst zu werden. Für 35 und 50 A wurde Typ 413 geschaffen, eine etwas vergrößerte Version des E-T-A 412. Der Nennstrombereich 80-100 A wurde mit der Neukonstruktion des Typs 452 und der Bereich 125-400 A durch E-T-A, Typ 447, abgedeckt. Der Nennstrombereich von über 25 A war vollkommen neu für die ELPO Technik. Hierfür mussten neue Techniken in der Konstruktion der Geräte und später auch in der Prüftechnik angewendet werden. Die Entwicklung erforderte eine sehr enge Zusammenarbeit mit Fahrzeugentwicklern und Behörden.

Da viele Anwendungsparameter der Fahrzeugelektrik noch nicht bekannt waren, wurden Messungen in den Fahrzeugen unter Einsatzbedingungen durchgeführt: Die Situation erforderte für das Laborpersonal zu jeder Jahreszeit Einsätze auf Übungsplätzen, bei Bundeswehr-Erprobungsstellen, in Wartungshallen der Kasernen sowie in befahrbaren Temperaturprüfkammern bei Fahrzeugfirmen. Oft waren mehrere Firmen und Institute an den Messungen und Versuchen beteiligt. Aber der Firma ELPO wurde wiederholt bescheinigt, dass sie sich am schnellsten und unbürokratisch mit den entstehenden Problemen befasste und die erforderlichen Anpassungen durchführte.

Die Einführung der neuen Gerätereihe brachte für die Produktion die Notwendigkeit, neue Fertigungsmethoden unter Einsatz neuer Anlagen einzuführen. So wurde für die Kontaktlötung der Leistungsgeräte ein Hochfrequenz-Lötautomat eingesetzt. Eine weitere Folge war eine Prüfmöglichkeit für die Güte der Lötung, denn bei nicht vollflächiger Verbindung konnte die geforderte Schaltleistung bis 6000 A nicht erfüllt werden. Neben mikroskopischer Schliffbilduntersuchung an Stichproben wurde an einer Widerstands-Meßmethode für Serienmessung gearbeitet, die aber keine volle Sicherheit aufzeigen konnte. Auch die Prüfeinrichtungen für die thermische Auslösung mit Strömen bis 1200 A und der magnetischen Auslösung bis 8000 A waren Neuentwicklungen, die bereits mit Bauteilen der Leistungselektronik ausgeführt wurden. Natürlich flossen die Erkenntnisse daraus, soweit erforderlich und möglich, in die Gesamtfertigung ein.

Obwohl in der Fertigung noch sehr viel Handarbeit erforderlich war, hatte sich die Produktion von Improvisation und Provisorium der ersten Jahre in allen Bereichen zu einer industriellen Fertigung gewandelt. Auch an Teilautomatisierung wurde gedacht. Dazu wurde 1962 das erste halbautomatische Prüfgerät in Karussell-Bauweise in Betrieb genommen, dem bald weitere folgten. Auch das Labor mußte mit den geeigneten Mitteln ausgerüstet werden, damit die verlangten Musterprüfungen weitgehend im eigenen Hause durchgeführt werden konnten. Außerdem wollten wir selbst die Einhaltung der Funktionswerte anhand turnusmäßig durchzuführender Prüfungen mit entsprechender Protokollierung nachweisen können.

Für die Weiterentwicklung und den Bau der Prüfanlagen für Labor und Fertigung entwickelte sich die Laborwerkstatt zu einer gut ausgestatteten, vielseitigen Laborabteilung, die auch die Energieversorgung der Firma betreute. Durch Anwendung der Leistungselektronik wurde die manuelle Stromregelung automatisiert und dadurch die Prüfeinrichtungen effektiver. Auch optische Gestaltung und ergonomischer Aufbau wurden nach den Erkenntnissen der Prüferinnen laufend verbessert. Verschiedene Anlagen wurden mit Zähleinrichtungen für statistische Auswertung ausgestattet, die aber, wegen der noch manuell durchzuführenden Auswertung zu wenig genutzt wurden.

Für die laufenden Kontrollprüfungen wurde im Labor die Gruppe „Serienüberwachung" eingerichtet. Der Energiebedarf für diese Prüfungen wurde im Laufe des Aufbaues sehr hoch, da alle Prüfungen mit Nenn- bzw. 10% Überspannung durchzuführen waren. Die laufend steigenden Anforderungen in diesem Bereich machten die Verlagerung in einen eigenen Raum nötig. Auch die Laborwerkstatt brauchte mehr Platz, überwiegend für den Anlagenbau, und wurde in die Mittelhalle des Altbaues verlagert. Damit konnte im Labor der Leistungsprüfraum vergrößert und neu eingerichtet werden. Die Energieversorgung dafür wurde mittels eines besonders kurzschlussfesten Prüftransformators mit Einspeisung aus dem 20 KV-Netz hergestellt. Die Sekundärspannungen wurden den gerätespezifischen Prüfspannungen angepasst. Mit den dazu erstellten Schalteinrichtungen waren ausreichend hohe Schaltleistungsprüfungen für fast alle Bereiche durchzuführen, wobei allerdings die Grenzwerte nur außerhalb der Betriebszeit möglich waren. Zu dieser Zeit wurden einige Varianten elektronischer Schutzschalter entwickelt. Sie waren noch auf einfachen Transistorschaltungen aufgebaut und zum Teil mit mechanischen Schutzschaltern zur galvanischen Trennung kombiniert. Diese Entwicklungen blieben jedoch vorerst im Laborstadium stecken.

Die Firma wuchs, indem sie durch neue Gebäude sowie einen Fertigungsbetrieb im alten Schulhaus von Hohenfels erweitert wurde. Die Verwaltung, das Technische Büro, das Konstruktionsbüro und der Einkauf konnten die Räume des neuen, viergeschossigen Verwaltungsgebäudes beziehen. Das Labor siedelte um, in die Halle zwischen Verwaltung und Fertigung. Im zweiten Stock des ehemaligen Verwaltungsgebäudes richtete sich die neu geschaffene Elektronikabteilung ein. Das Entwicklungsprogramm dieser Abteilung verließ die bisherige Themenrichtung Geräteschutz und folgte der Richtung Steuerungstechnik. Die räumliche Ausdehnung erforderte auch eine Anpassung der Organisation. Dabei blieb aber im Schutzschalterbereich die enge Verbindung zwischen Vertrieb, Entwicklung und Fertigung erhalten. Auch die Verbindung der technischen Abteilungen zu den Anwendern sowie die technische Kommunikation mit Materiallieferanten wurde weiter nutzbringend gepflegt.

Bei ELPO galt immer das Prinzip, gestellte Aufgaben zunächst mit einem vorhandenen Gerät zu lösen. Daraus entstanden viele Varianten zu den Seriengeräten, von denen einige lange Zeit in Großserien gefertigt wurden. Manche Sondergeräte kamen aber oft in den Grenzbereich ihrer Funktionsfähigkeit und mussten durch Neuentwicklungen abgelöst werden. Typisch dafür sind die Verriegelungsrelais für Waschautomaten. Die ersten Geräte dieser Art wurden aus dem Verzögerungsrelais durch Einbau eines mechanischen Schiebers auf einfachste Weise realisiert. Doch bald wurde festgestellt, dass sich bei mechanischen Hemmnissen für den Schieber die Heizwicklung überhitzte und zur Zerstörung führen konnte. Auch die Isolation des Schiebers entsprach nicht den zutreffenden VDE-Vorschriften. In der Folge entstanden blockierungssichere Verriegelungsrelais mit zwei Bimetallen. Es folgten Geräte in längerer Bauform mit einem ausreichend langen Bimetall zum überlastfreien Erreichen des geforderten Verriegelungsweges und mit spannungserregter Heizwicklung. Diese Relais mussten noch durch einen Schaltkontakt ergänzt werden. Nachdem die bisher vorliegende Schleichbewegung sowohl für den Schieber wie auch für den Kontakt nicht mehr akzeptiert wurde, entstand ein Relais mit Sprungfunktion und in dessen Folge Verriegelungssysteme mit erweiterten Funktionseigenschaften.

Jede dieser Entwicklungen wurde über eine gewisse Zeitspanne, entsprechend dem Stand der Waschgeräteentwicklung, serienmäßig eingesetzt. Das zeigt auf, wie die E-T-A Entwicklung immer mehr der Maschinenentwicklung folgen mußte. Die Entwicklungszeiten bis zur Fertigungseinführung wurden dadurch kürzer. Und während in früheren Jahren E-T-A fast allein im Überstromschutz der Haushaltgeräte tätig war, bewarben sich immer mehr Firmen um diesen Sektor. Auch in anderen Anwendungsgebieten zeigte sich diese Tendenz. Allerdings blieb auch ein großer Anteil der alten Schutzgerätereihen, vom Grundsystem her unverändert, in hohen Stückzahlen im Einsatz.

Die Feier zum 25-jährigen Firmenbestehen im Sommer 1973 demonstrierte durch die Teilnahme aller Mitarbeiter aus vielen Ländern die erreichten weltweiten Verbindungen. Als Symbol übergaben die Mitarbeiter den Chefs eine Weltzeituhr. 1975 wurde ein Jahr der Trauer. Am 10. Februar verstarb Jakob Ellenberger. Schon lange Zeit war er durch eine schwere Krankheit in seinem früheren Elan gehemmt worden. Aber er blieb trotzdem mit seiner Willensstärke aktiv im Firmengeschehen bis in die letzten Wochen. Die gesamte „E-T-A Familie" und viele Freunde aus den Firmenverbindungen, Behörden und Vereinen gaben ihm das Geleit auf seinem letzten Wege. Die Straße zum von ihm geschaffenen Schützenhof in der früheren Gemeinde Röthenbach wurde nach Jakob Ellenberger benannt. Jetzt, nach der Gemeindereform, ist diese Straße Stadtgebiet, aber weit außerhalb. Eine Straße im Altstadtgebiet würde Jakob Ellenbergers Leistung für Altdorf besser würdigen.

Seit 1980

Der Übergang in der Geschäftsleitung auf die junge Generation verlief ohne sichtbare Komplikationen. Die gemeinsame Arbeit für die Firma E-T-A – seit 1. Januar 1979 offizieller Firmenname für den Fabrikationsbereich – lief in gewohnter Intensität weiter. Erst nach einigen Jahren wurden Neuerungen unter dem Einfluss externer Beratungsfirmen eingeführt. Für die technischen Abteilungen führte dies zu Spezialisierung und Abgrenzung. Dokumentationen über Prüfungen und Fertigungsabläufe mussten aufgrund gestiegener Forderungen der Großfirmen immer umfangreicher durchgeführt werden. Das Computerzeitalter war auch bei E-T-A mit vielen Vorteilen, aber auch großem zusätzlichem Zeitaufwand eingedrungen. Das E-T-A Geräte-Programm wurde weiter ausgebaut und die Fertigung mit neuen Arbeitsmitteln, halbautomatischen Montagestraßen und modernen Maschinen ausgestattet. Die Produktion von E-T-A Geräten erreichte enorme Stückzahlen für eine weitverzweigte Anwendungspalette.

1983/84 erfolgten Konstruktion und Bau einer eigenen Zentrifuge für Konstantbeschleunigung. Der Maximalwert betrug ca. 25 g, die Belastbarkeit der Schleifringe einzeln ca. 100 A und im Parallelbetrieb bis ca. 500 A. Der Grund für den Eigenbau war, dass die Zentrifugen in den anderen Prüflabors, bei Telefunken in Ulm und der IABG in Ottobrunn, nur zu geringe Strombelastung gestatteten. In beiden Prüflabors wurden bei Prüfungen für E-T-A die Schleifringe beschädigt. Die Größe der Firma und die Lieferverpflichtung gegenüber den Kunden machte Sicherungsmaßnahmen gegen Gefahren notwendig. Begonnen wurde mit Brandmeldeanlagen und in der Folge auch Einbruchsicherungen. Die am Anfang der technischen Entwicklung stehenden Meldesysteme kosteten viel Zeit bis zum Funktionieren einer laufenden Überwachung. Aber einige Schadensfälle konnten durch die frühzeitige automatische Meldung auf ein Minimum begrenzt werden.

Das 40-jährige Firmenbestehen wurde 1988 im großen Stil gefeiert. Auf dem Grundstück oberhalb des Werkzeugbaues, auf dem anschließend das modernste E-T-A Fertigungsgebäude erstellt wurde, war ein Festzelt aufgebaut. Neben Harald A. Poensgen und der Witwe Jakob Ellenbergers waren auch drei Angestellte seit ihrem Gründungsjahr in der Firma tätig. In Anlehnung an die Weltzeituhr, die der Geschäftsführung 15 Jahre zuvor überreicht worden war, hatten sich die Mitarbeiter diesmal für eine Sonnenuhr als Geschenk entschieden. Diese sollte die fruchtbare Verbindung von Tradition und Fortschritt symbolisieren.

Das hervorstechende Merkmal der weiteren Firmenentwicklung seit diesem Fest wurde insbesondere der Ausbau des Qualitätsmanagements mit seinen Auswirkungen auf alle Bereiche. Wenn auch für viele unbeliebt, so wurde es doch eine dringende Notwendigkeit für die Sicherheit der durch unsere Produkte geschützten Geräte in ihren oft lebenswichtigen Anwendungen. Die Anerkennung der ELPO /E-T-A Produkte bei Anwendern, Prüfstellen und Behörden, die anerkannte Qualität der Fertigung, die Akkreditierung des Prüflabors mit seiner umfangreichen und vielseitigen Einrichtung, wurden der Lohn für intensive Aufbauarbeit und immerwährende Orientierung an den Bedürfnissen des Marktes. Der Blick auf 50 Jahre ELPO /E-T-A zeigt, dass der „Pioniergeist" der Gründungsjahre weiter wirkt in Richtung eines modernen und fortschrittlichen Unternehmens.

6. LABOR (ENTWICKLUNGS- UND PRÜFLABOR)

Von ULRICH REICHERT und GÜNTHER DENZER

Am 1.Juli 1955 wurde in einem kleinen Raum des Altbaus, in dem heute die Abteilung BAT (Betriebs- und Anlagentechnik) untergebracht ist, das Labor als eigene Betriebsabteilung gegründet. Als Hilfsmittel standen nur eine Bohrmaschine, ein Schraubstock und eine UWG2-Fräsmaschine zur Verfügung. Vorerst war es nur eine

1-Mann-Abteilung (Konrad Heydner), dessen Aufgabe es war, Prototypen anzufertigen und auf ihre Funktion und Tauglichkeit zu prüfen. Anhand solcher Erstmuster wurden viele mechanische und elektrische Entwicklungsversuche durchgeführt um die Schutzschalter immer weiter zu verbessern, bis sie schließlich den gewünschten Vorgaben entsprachen. Die Vorgaben wurden sehr stark vom Kunden bestimmt. Es wurden auch Versuche nach speziellen Forderungen und Gegebenheiten durchgeführt und die Schutzschalter entsprechend weiterentwickelt. Auch wurden dann bei Bedarf sogenannte Kundenmuster angefertigt, die dem Kunden zur Verfügung gestellt wurden, der dann in seiner Anwendung das gewünschte Verhalten überprüfen konnte.

Um all die Tests für die Entwicklungsarbeit durchführen zu können, mussten die entsprechenden Prüfeinrichtungen geschaffen werden. Es wurde deshalb dringend mehr Personal benötigt, so dass im September 1955 die Abteilung schon auf 4 Personen angewachsen war und ein Raum von 30 qm zur Bewältigung all der Aufgaben zur Verfügung stand. Die ersten selbst gebauten Prüfvorrichtungen waren einfache Sperrholzaufbauten, auf die ein paar Strippen aufgenagelt waren und die eine Anschlussmöglichkeit hatten, um sich die Prüfarbeit zu vereinfachen. Diese Prüfbretter – der Name hat sich bis heute erhalten, obwohl es mittlerweile komplexe Anlagen sind – wurden stetig weiterentwickelt. Bei den ersten Prüfbrettern mußte man noch manuell schalten. Als technische Verbesserung wurde dann die automatische Überbrückungsschaltung ausgeführt, so dass sich mehrere Schutzschalter gleichzeitig in Reihenschaltung prüfen ließen und der Stromfluss nicht durch einen auslösenden Prüfling unterbrochen wurde. Schließlich war der Prüfbrettbau soweit vorangeschritten, dass im Jahr 1960 die erste Prüfanlage mit Synchronmotor (1 Umdrehung pro Minute), automatischer Schaltung und Zeitmessung über Impulszähler in Betrieb genommen wurde. Damit waren genauere und reproduzierbarere Messergebnisse möglich, was natürlich auch zur Steigerung der Qualität der Schutzschalter führte.

Der kleine Raum platzte mittlerweile aus allen Nähten, so dass ein Umzug in das 1. Obergeschoss des neuen Betriebsgebäudes, über dem heutigen Lebensdauerprüfraum, längst fällig war. Hier konnte man sich dann auf eine Fläche von 135 qm ausbreiten. Hier wurde auch eine spezielle Abteilung zur Fertigung von Kleinserien aufgebaut, um die Kunden schnell mit Mustergeräten zu bedienen. Service und Schnelligkeit wurde auch damals schon groß geschrieben. Immerhin wurden monatlich 2000 bis 3000 Geräte der unterschiedlichen Typen im Labor gefertigt.

Die Nähe zum technischen Vertriebsbüro, das direkt neben dem Labor angesiedelt war, wirkte sich sehr vorteilhaft aus. Beim Kunden anstehende Probleme konnten sofort besprochen werden und kurzfristig entsprechende Versuche eingeleitet werden. So entwickelte sich auch der direkte Kontakt zum Kunden, wenn zur Klärung von Problemen Messungen vor Ort erforderlich wurden.

Die Entwicklung ging in großen Schritten voran, und der Platz wurde für die mittlerweile ca. 20 Mitarbeiter im Jahre 1962 bald wieder zu eng. Eine Erweiterung auf 420 qm im 1. Obergeschoss des 2. Betriebsgebäudes war dringend erforderlich.1966 bezogen die Mechaniker die Kellerräume des 2. Betriebsgebäudes.

In den 60er Jahren ging es Schlag auf Schlag mit den Investitionen zum intensiven Aufbau der Laboreinrichtungen. Ein Spartransformator, der es erlaubte, alle weltweit üblichen Spannungsnetze mit hohen Kurzschluss-Strömen zu realisieren, wurde 1964 bei der Firma Tramag in Auftrag gegeben. Zum Messen der Kurzschluss-

Ströme wurde auch ein Kathodenstrahloszilloskop angeschafft, das es überhaupt erst erlaubte, die kurzzeitigen, transienten Vorgänge zu messen und auszuwerten. Für Gleichspannungsanwendungen brauchte man noch einen Gleichrichter, der selbst gebaut wurde und auch hohe Kurzschluss-Ströme ermöglichte.

Seit der Gründung der Bundeswehr Mitte der 1950er Jahre wurde in enger Zusammenarbeit an der Entwicklung von Schutzschaltern für Fahrzeuge und Flugzeuge gearbeitet. In dieser Zeit wurden auch viele Messungen vor Ort bei den unterschiedlichsten Klimaten, auch bei eisiger Kälte, zur Klärung der elektrischen Gegebenheiten unter diesen Bedingungen durchgeführt, um die Anforderungen an die Schutzschalter möglichst genau und praxisnah zu erhalten. Um reproduzierbare Versuche durchführen zu können, mussten Normen erarbeitet werden, für die als Grundlage der amerikanische MIL-Standard herangezogen wurde. Das Labor war von Anfang an in den Normungsgruppen für Bordnetzschutzschalter im Luftfahrtbereich und etwas später auch bei der Erstellung der VG-Normen (Verteidigungsgeräte-Norm) für Fahrzeugschalter stark involviert. Es kamen neben den elektrischen Forderungen viele neue Forderungen, die die Simulation von Umweltbedingungen immer notwendiger machten.

In den 60er Jahren wurden parallel zur Schutzschalterentwicklung auch Vorrichtungen für Umweltprüfungen erworben oder selbst gebaut, wie eine Vibrationsanlage zur Simulation von mechanischen Schwingungen, ein Stoßtisch zur Simulation von Stößen und ein Klimaschrank zur Simulation unterschiedlicher Temperaturen und Luftfeuchtigkeiten. Auch ein Röntgengerät wurde 1968 erworben, das zur Unterstützung der Schutzschalterentwicklung und auch der Reklamationsbearbeitung hilfreiche Dienste erwies und heute immer noch im Einsatz ist.

Immer mehr mußte jetzt auch die Leistungsfähigkeit der Schutzschalter gegenüber den Prüfstellen nachgewiesen werden. Im Mai 1964 wurde die Ausgangskontrolle eingeführt, bei der in Stichproben die korrekte Funktion der Schutzschalter überprüft wurde. Somit waren bereits die ersten Maßnahmen zur Qualitätssicherung eingeleitet, die immer mehr ausgebaut wurden und im Jahr 1970 zur Einführung der Abteilung Serienüberwachung führte. Hier wurden und werden heute immer noch in einem vorgegebenen Zyklus die wichtigsten Daten der Schutzschalter wie Lebensdauer, Schaltvermögen, mechanische Festigkeit usw., die über die Prüfungen der Qualitätskontrolle hinausgehen, überprüft. Damit wird sichergestellt, dass sich die Qualität der Schutzschalter seit der ersten Typprüfung nicht verschlechtert hat und gegebenenfalls Gegenmaßnahmen eingeleitet, um die Qualität zu sichern.

1972 zog das Labor wieder um; diesmal in die 800 qm große ehemalige Fertigungshalle der Kleiderfabrik Klug, in der zuletzt die Fertigung der VR-, MR- und APS-Geräte untergebracht war. In dieser Halle befinden sich heute der Kurzschlussprüfraum, der Prüfraum für die Kennlinienaufnahme und die Büroräume des Entwicklungslabors. Auch die Räume der Hausmeisterwohnung wurden 1979 dazu gewonnen. Der Anfang der 70er Jahre gekaufte 400 Hz-Generator ermöglichte endlich die praxisnahe Prüfung von Luftfahrtschutzschaltern, von kleinen Strömen bis hin zu den im Flugzeug auftretenden Kurzschluss-Strömen.

Zum Nachweis der Funktionstauglichkeit der Schutzschalter unter den extremen Bedingungen, wie sie in sehr großen Höhen auftreten, wurde 1957 eine selbst gebaute Unterdruckkammer, die die Simulation von Höhen bis zu 30.000 m ermöglicht, in Betrieb genommen. Eine Explosionskammer zur Prüfung der Ex-Dichtheit von Schutzschaltern, die im Bereich explosionsgefährlicher Stoffe, wie z.B. Benzin, eingesetzt werden, war ebenfalls erforderlich, um die strengen Bedingungen zu verifizieren. Die 1976 selbst gebaute Kammer war die erste in geschlossenen Räumen arbeitende Anlage dieser Art in Süddeutschland. Auch gewannen die Werkstoffprüfungen, die schon seit vielen Jahren durchgeführt wurden, immer mehr an Bedeutung. So dienten mikroskopische Untersuchungen an Schliffbildern der Ermittlung und Steigerung der Qualität von Schweiß- und Niet-verbindungen. Ebenso wichtig war und ist die Messung von Schichtdicken bei Kontaktmaterialien und das Überprüfen des thermischen und mechanischen Verhaltens von Thermobimetallen zur Unterstützung der Entwicklung und Sicherstellung gleichbleibender Qualität.

Für die Weiterentwicklung und den Bau der Prüfanlagen für das Labor und die Fertigung entwickelte sich die Laborwerkstatt immer mehr zu einer gut ausgestatteten und vielseitigen Laborabteilung, die auch die Betriebsinstallation und Stromversorgung der Firma betreute. Aufgrund der stetig steigenden Anzahl der immer vielfältigeren Prüfungen erhöhte sich auch die Zahl der Labormitarbeiter. Im Jahre 1980 hatte das Labor bereits 52 Mitarbeiter und 10 Auszubildende. Die Lehrlingsausbildung für elektromechanische Berufe war bereits seit 1963 (erster Azubi Günter Hengelein) dem Labor unterstellt. Ebenso waren die Betriebselektriker dem Labor zugeordnet.

Im August 1984 zog die Laborwerkstatt in die Mittelhalle des Altbaus, in dem zuvor der Werkzeugbau war und die Firma gegründet wurde. Dies vergrößerte die Laborfläche auf ca. 1.250 qm. Der dadurch freigewordene Raum wurde als Kurzschlussprüfraum und Raum für Langzeit- und Lebensdauerprüfungen eingerichtet.

Um die schnellen Vorgänge, wie sie während des Schaltvorgangs in Schutzschaltern auftreten, sichtbar und somit nachvollziehbar zu machen, wurde 1984 eine Hochgeschwindigkeitskamera gekauft, die es ermöglicht 10.000 Bilder pro Sekunde aufzunehmen. Dies hatte einen großen Einfluss auf die Optimierung der Schutzschalter, da Abläufe jetzt besser aufeinander abgestimmt werden konnten. Zur Simulation von Konstantbeschleunigungen wurde 1984 die selbstgebaute Zentrifuge, die eine Prüfung bis zur 25-fachen Erdbeschleunigung bei Lastströmen bis 500 A zulässt, in Betrieb genommen.

Am 1.11.1988 gab Konrad Heydner nach langer und erfolgreicher Arbeit, sei es die Schutzschalterentwicklung, der mess- und prüftechnische Aufbau des Labors oder das Einführen und Vorantreiben von Qualitätssicherungsprozessen, nach seinem 40-jährigen Betriebsjubiläum die Laborleitung an Ulrich Reichert ab. Konrad Heydner arbeitete noch weitere 4 Jahre an unterschiedlichen Projekten und als Berater, bis er im Juni 1992 nach 44 Jahren E-T-A in den wohlverdienten Ruhestand ging.

Im Jahre 1990 hatte das Labor mit 87 Mitarbeitern seinen höchsten Personalstand. Um immer auf dem laufenden Stand der Entwicklung und der erforderlichen Anwendungen zu sein, waren Mitarbeiter des Labors schon immer in der Normung tätig, seien es die VG- oder IEC-Normen (Internationale Elektrotechnische Kommission) für technische und Umweltbedingungen, oder AECMA (Association Européenne des Constructeurs de Matériel Aérospatial), speziell für EN-Normen für den Luftfahrtbereich. So führte auch eine bei uns im Hause, maßgeblich von Konrad Heydner entwickelte Vorrichtung zur Prüfung der Abriebfestigkeit von Beschriftungen, dem „Heydner'schen Daumen", zur 1995 veröffentlichten internationalen Norm IEC 60 068-2-70

Prüfung Xb: Beständigkeit von Aufschriften gegen Abrieb. Die selbstentworfene Prüfvorrichtung war Pate mehrerer Nachbauten.

Zusätzliche Beteiligungen von Labormitarbeitern an Forschungsvorhaben lassen E–T–A auch hier die Nase vorn haben. So wurde in den 80er Jahren beim vom ZVEI initiierten Forschungsvorhaben „Kriechstrecken", einem Großversuch zur messtechnischen Ermittlung von in der Praxis erforderlichen Luft- und Kriechstrecken zur richtigen Dimensionierung elektrotechnischer Produkte mitgearbeitet, deren Erkenntnisse in die IEC-Normung z. T. schon einflossen und noch einfließen. Seit 1990 beteiligt man sich auch beim Forschungsprojekt „Einfluss des Kleinklimas auf den Kontaktwiderstand" an der TU Wien, das seit Mai 1994 im Folgeprojekt „Kontaktverträglichkeit organischer Dämpfe II" weitergeführt wurde, um Phänomene der Problematik hoher, durch Umwelteinflüsse hervorgerufener Kontaktwiderstände zu erforschen, und um zukünftig Abhilfemaßnahmen einleiten zu können.

Im Zuge der Europäisierung, wo die Prüfzulassungen nicht mehr nach den vielen nationalen Normen erfolgen, sondern nur noch nach den jeweils zutreffenden harmonisierten Euro-Normen, und dem Gedanken, dass die Prüfzulassungen von allen Ländern gegenseitig anerkannt werden und nicht in jedem einzelnen Land, in dem das jeweilige Prüfzeichen beantragt wird, die Typprüfung erfolgen muss, wurden vom ZVEI (Zentralverband der Elektroindustrie) 1989 die Weichen zur Gründung einer deutschen Akkreditierungsstelle für den eigenverantwortlichen Normenbereich der industriellen Niederspannungsschaltgeräte gestellt. E–T–A ist Gründungsmitglied dieser 1990 gegründeten Akkreditierungsstelle ALPHA (Gesellschaft zur Prüfung und Zertifizierung von Niederspannungsgeräten). Sie ist die deutsche, von der Elektroindustrie getragene Zertifizierungsstelle und Mitglied bei der europäischen Zertifizierungsstelle LOVAG (Low Voltage Agreement Group). Das von der deutschen Akkreditierungsstelle DAE (Deutsche Akkreditierungsstelle Elektrotechnik), heute DATech (Deutsche Akkreditierungsstelle Technik), am 18. Dezember 1991 für Leistungsschalter und am 24. Februar 1993 für Umweltprüfungen akkreditierte E–T–A Labor wurde bei ALPHA als zweites Prüflabor gelistet. Das E–T–A Labor kann somit Zertifizierungsprüfungen für Leistungsschalter und Umweltprüfungen durchführen, für die die Zertifizierungsstelle ALPHA ein ALPHA-Zertifikat oder ein europaweit anerkanntes LOVAG-Zertifikat ausstellen kann. Die Akkreditierung wurde im Februar 1998 noch auf die Bereiche Geräteschutzschalter nach IEC 60934 und Leitungsschutzschalter nach IEC 60898 erweitert.

Als akkreditiertes Labor mußte jedoch die Unabhängigkeit und Unbeeinflussbarkeit von Prüfung und Entwicklung sichergestellt werden, auch im Hinblick auf Zertifizierungsprüfungen als Dienstleistung für andere Firmen. Dies führte am 1.10.1991 zur Aufteilung des Labors, das zu diesem Zeitpunkt 70 Mitarbeiter und 12 Azubis beschäftigte, in ein Entwicklungslabor mit 54 Mitarbeitern und 12 Azubis, und ein Prüflabor mit 14 Mitarbeitern. Peter Meckler wurde Leiter des P-Labors. Am 1.3.1994 übernahm Günther Denzer die Leitung des Prüflabors, und Peter Meckler wurde, als Nachfolger von Fritz Krasser, Leiter des Konstruktionsbüros.

Aufgrund der Akkreditierung und unserer Zuverlässigkeit bei Zertifizierungsprüfungen erhielt das E–T–A Labor, als erstes Prüflabor in Deutschland, am 5. Dezember 1994 von der amerikanischen Prüfstelle UL (Underwriters Laboratories) das UL-Zertifikat „Certificate of Qualification" nach dem Client Test Data Program, das es dem Labor erlaubt, eigenständig der amerikanischen Norm UL 1077 entsprechende, UL-Zertifizierungsprüfungen durchzuführen. Dies ermöglicht es wesentlich schneller, eine beantragte UL- und somit auch CSA-Zulassung (Canadian Standards Association) für neue Schutzschalter oder erweiterte Zulassungen zu erhalten; mußte doch früher extra ein UL-Inspektor aus den USA anreisen, um die Zertifizierungsprüfungen zu beaufsichtigen und abzunehmen.

Da immer mehr Platz für die immer vielfältigeren und umfangreicheren Prüfungen benötigt wurde, dehnten sich im Januar 1994 die zwei Labors auf das Erdgeschoss des ersten und zweiten Betriebsgebäudes auf ca. 2.100 qm weiter aus. Im ersten Betriebsgebäude wurde die Kalibrierstelle des Prüflabors und ein Prüfraum für die Lebensdauer- und Langzeitversuche eingerichtet. Diese Verlagerung führte zu mehr Platz im bisherigen Raum, in dem jetzt mehr Platz für Kurzschlussprüfungen und 400 Hz-Prüfungen zur Verfügung steht, was die Versuchsdurchführungen noch sicherer macht. Im zweiten Betriebsgebäude wurde die Bereiche Prüftechnik und Qualitätssicherung des Prüflabors, die für die Serienüberwachung, Reklamationsbearbeitung, Bearbeitung von Fertigungsschwierigkeiten, Kundenversuche, Güteprüfung und Typprüfungen zuständig sind, untergebracht.

Die seit 1993 spürbar gewordene Rezession erforderte auch im Labor einen Personalabbau. 1994 waren im Entwicklungslabor und in der Laborwerkstatt noch 48 Mitarbeiter und 8 Azubis beschäftigt und in Prüflabor noch 12 Mitarbeiter. Außerdem erfolgten auch Umstrukturierungen in der Firma. Der Bereich Anlagentechnik, der für den Prüfmittelbau, die Elektroinstallation und die Ausbildung der Azubis zuständig ist, wurde am 1.1.1995 vom Entwicklungslabor abgespalten und dem Betrieb zugeordnet. Das Entwicklungslabor schrumpfte so auf 25 Personen und der Laborbereich auf ca. 1.350 qm.

Ein Problem war schon immer das Prüfen hoher Kurzschluss-Ströme. Es konnte nicht immer ein ungewünschtes Auslösen des Mittelspannungsleistungsschalters ausgeschlossen werden. Deshalb wurden solche Prüfungen außerhalb der regulären Arbeitszeit durchgeführt, um die Fertigungsabteilungen nicht zu stören. Doch nachdem in der Fertigung immer mehr auf Schichtbetrieb umgestellt wurde, standen für Schaltversuche mit Kurzschluss-Strömen über 3 000 A kaum noch Zeiten zu Verfügung. Doch insbesondere für UL-Zertifizierungsprüfungen wurden immer häufiger Versuche mit 3 500 A und 5 000 A gefordert. Im September 1996 wurde dann der schon lang benötigte separate 20kV-Schalter für die Laborstromversorgung installiert, so dass ohne Störung der Fertigungsabteilungen, auch während der regulären Arbeitszeit Kurzschluss-Ströme bis über 10.000 A geprüft werden können.

Auch wurde der Kurzschlussprüfstand quasi stationär aufgebaut und ermöglicht jetzt einen schnelleren Versuchsaufbau und noch bessere produzierbare Versuchsergebnisse. 1997 wurde die Lichtwellenleiter-Messtechnik am Kurzschlussprüfstand installiert, die eine potentialfreie Messung aller Ströme und Spannungen auch bei 3-phasigen Kurzschluss-Schaltungen ermöglicht. Die Versuchsauswertung wird bereits am PC durchgeführt, und die Installation der Steuerung und Sicherheitsüberwachung erfolgt zur Zeit.

In den über 43 Jahren hat sich das Labor stetig weiterentwickelt, um die vielfältigen Aufgaben zu bewältigen. Doch immer neue Anforderungen, seien sie technischer Art oder rein qualitätsbezogen, werden auch zukünftig an uns gestellt. So sollen die

Prüfungen zur Serienüberwachung häufiger durchgeführt werden, so dass die Behebung eventuell auftretender Mängel schneller und konsequenter umgesetzt werden, um die ohnehin geringe Reklamationsrate noch weiter zu reduzieren.

Im Entwicklungslabor sind heute noch 24 Personen tätig. Die Neu- und Weiterentwicklungen nehmen zwangsläufig die meiste Zeit in Anspruch. Zur Zeit laufen 25 Projekte mit unterschiedlichen Prioritäten. In Projektgruppen werden die Arbeiten mit anderen Abteilungen abgestimmt. Die Entwicklungsfortschritte werden mit Netzplänen überwacht. Die Zusammenarbeit mit dem Konstruktionsbüro nimmt dabei eine besondere Stellung ein. Mit den Zeichnungen vom Konstruktionsbüro stellen die Mustermacher die Einzelteile her, aus denen in einer der Entwicklungsgruppen die ersten Handmuster montiert werden. Komplizierte Kunststoffteile lässt man zum Teil bei Fremdfirmen über Rapid Prototyping anfertigen. Die Handmuster werden nach dem Pflichtenheft, so weit wie möglich, geprüft. Von Fall zu Fall werden verschiedene Arbeitstechniken, wie FMEA, DFMA und Simultaneous Engineering verwendet.

Die Qualitätssicherung beginnt bereits in der Entwicklung. Erst wenn alle Vorgaben erfüllt sind, werden die Werkzeuge für die Nullserie in Auftrag gegeben. Auch mit den Nullserien-Geräten müssen unzählige Prüfungen durchgeführt werden. Viele Versuche können erst in diesem Stadium gemacht werden. Jetzt können auch die Zulassungsprüfungen mit den Prüfstellen beginnen. Mit den umfangreichen Prüf- und Messeinrichtungen, die im Laufe der Jahre angeschafft wurden, können fast alle Kundenanforderungen selbst geprüft werden. Die Ergebnisse werden meist mit dem PC ausgewertet. Alle Versuche laufen im Sekretariat zusammen, werden dort protokolliert und archiviert. Auf- und Prüfdaten, Prüfpläne und Datenblätter müssen erstellt werden. Viele Besprechungen sind notwendig, und erst wenn alles passt, erfolgt die Lieferfreigabe.

Auch wenn das Gerät in der Fertigung läuft, hat das Labor Patenpflichten, d. h. es betreut und pflegt die Geräte und ist bei größeren Problemen gefordert. Das Labor ist auch Ansprechpartner für den Vertrieb, wenn der Kunde eine maßgeschneiderte Lösung (Sondernummer) oder irgendwelche ausgefallenen Versuche haben will oder ein Schutzschalter optimal an den Verbraucher angepasst werden soll. Darüber hinaus werden Konkurrenzgeräte analysiert und mit unseren verglichen, externe und interne Mitarbeiter geschult, sowie Kontakte zu den Prüfstellen und Normengremien gehalten. Weil das Tagesgeschäft einmal Vorrang hat, bleibt leider nur wenig Zeit, Grundlagenentwicklung und Forschung zu betreiben. Mit dem Konstruktionsbüro zusammen laufen jedoch einige Projekte mit Hochschulen und Universitäten in Nürnberg, Erlangen, Braunschweig und Wien. Wie man sieht, sind die Aufgaben des Labors nach wie vor vielseitig, anspruchsvoll und interessant.

Das Labor hat erfahrene und kompetente Mitarbeiter in einer gesunden Altersstruktur, die Verantwortung übernehmen. Mit den vorhandenen Stärken kann den Veränderungen des globalen Marktes zielgerecht begegnet werden. Es gilt
- die Technologieführerschaft durch Neu- und Weiterentwicklungen von marktorientierten Produkten zu erhalten und auszubauen;
- die Entwicklungszeiten und -kosten durch Einsatz moderner Arbeitsmethoden und -werkzeuge zu reduzieren;
- die Überarbeitung vorhandener Produkte zu forcieren und kontinuierlich Produktpflege zu betreiben;

- die Leistungsbereitschaft (Motivation), die Qualifikation (Weiterbildung) und die soziale Position (Selbstwertgefühl) der Mitarbeiter zu fördern;
- die allgemeinen Dienstleistungen und Arbeiten zu optimieren.

Man ist zuversichtlich, den hohen Qualitätsansprüchen und gestiegenen Marktanforderungen des 21. Jahrhunderts gerecht zu werden.

7. ENTSTEHUNG UND WERDEGANG DER „ELEKTRONIK" (1969–1997)

Von Hans Schopp und Gerhard Endner

Die Geschäftsleitung der Firma Ellenberger & Poensgen GmbH beschloss im Jahre 1968, das wachsende Geschäft mit Schutzschaltern auch auf elektronische Produkte auszudehnen. Erste Zielsetzung war ein Geräteprogramm, das neue Anwendungen für Schutzgeräte erschloss. Zu diesem Zweck wurde Hans Schopp eingestellt und mit der Umsetzung beauftragt. Für die Geschäftsleitung übernahm Norbert Ellenberger die Betreuung.

Die „Stunde Null" und die ersten Jahre

In einem kleinen Zimmer vor dem Eingang zur damaligen Triplex-Fertigung begann am 1. April 1969 der Werdegang der Elektronikabteilung. Bereits nach drei Monaten wurde die erste Musterserie elektronischer Überstromschutzaggregate (Stromstärke 0,25 A und 4,5 A) für gepanzerte Kettenfahrzeuge nach kundenspezifischen Anforderungen entwickelt, gefertigt und sofort zur Erprobung ausgeliefert.

Nach erfolgreicher Freigabeprüfung bekam die junge Abteilung ihre erste Kleinserienfertigung. Diese bestand aus einem Arbeitstisch in der Triplex-Fertigung, der direkt am Verbindungsfenster (auch als Durchreiche benutzt) zwischen Entwicklung und Triplexraum stand. Die erste Mitarbeiterin, die Bestückungs- und Handlötarbeiten ausführte, war Sieglinde Lipp. Im Oktober 1969 kamen Brigitte Neudert und wenige Monate später – parallel zu neuen Aufträgen – weitere Kolleginnen hinzu. Dies hatte natürlich zur Folge, dass wir als Gäste in der Triplex-Fertigung dort immer mehr Raum in Anspruch nahmen. Der Fertigungsmeister Richard Kastl und seine Vorarbeiterin Hermine Lades blieben uns trotz der ziemlich beengten Raumverhältnisse immer wohlgesonnen. Als erste Verstärkung für die Entwicklung wurde am 01.01.1970 Johannes Frenzel eingestellt. Kurz danach übernahm Leonhard Kupfer als Meister die Fertigungsleitung.

In den Jahren 1970/71 vergrößerte sich nicht nur die Anzahl der Personen, auch die Produktpalette der elektronischen Überstromschutzgeräte wurde immer größer. Der Strombereich wurde auf 20 A erweitert und die Geräte für den Einsatz bei extremen Umweltbedingungen optimiert. In der Folgezeit entwickelte sich aus diesem Programm auch ein breites Anwendungsfeld für die Industrie, und zwar über das elektronische Überstromschutzgerät mit Speicherzeitcharakteristik bis hin zum steuerbaren Elektronik-Schutzschaltrelais.

Auch die Entwicklung erfuhr nun personelle Aufstockung, und so zog die Abteilung im Frühjahr 1973 in größere Räumlichkeiten um. Diese fanden wir in den freigewordenen Büros von Erna Wirth und ihrer Personal- und Buchhaltungsabteilung, die Ende 1972 in das neu erbaute, heutige Verwaltungsgebäude wechselte.

Wenige Monate nach diesem Umzug (Juli 1973) wandten wir uns einem neuen Geschäftsfeld, der Strömungsüberwachung, zu. Von Anfang an wurden die Medien Wasser/wässrige Flüssigkeiten, Granulate, Gase und Öle berücksichtigt. Diese Entwicklung begleitet uns noch heute. Der erste Strömungswächter, der Typ A-3-U-2R, war innerhalb von 7 Monaten „geboren" und konnte verschiednen Kunden vorgestellt werden. Das Gerät, bestehend aus Auswerteelektronik und einem Messkopf mit bis zu 50 m langem Kabel, hatte Relaisausgänge für Strömung, Drahtbruch und optional für die Mediumstemperatur. Der überraschend schnelle Erfolg mit unserem Strömungswächter rechtfertigte nachträglich diesen Entwicklungsschritt und brachte der Abteilung einen sichtbaren Aufschwung.

Nun zeigte sich in der Folgezeit deutlich, wie „lebensnotwendig" der Neueinstieg in einen weiteren Markt war, denn der Umsatz mit dem elektronischen Überstromschutz stieg durch den weltweiten rasanten Wechsel von der Einzeltransistorschaltung zum integrierten Schaltkreis (IC) durch geänderte Kundenanforderungen langsamer als ursprünglich angenommen. Trotzdem blieben spezielle Märkte für Sonderausführungen nach Spezifikationen für Verteidigungsgeräte und in der Medizintechnik vorerst erhalten und expandierten. Nun folgten nach und nach weitere Überwachungs- und Sondergeräte:

– Spannungswächter für Gleich- und Wechselspannung mit einstellbarer Zeitverzögerung
– Batterie-Tiefentladesignalgeber für Kehrmaschinen, usw.

Inzwischen schrieben wir das Jahr 1976, und unser breites Strömungswächterprogramm konnte sich mit einem von der Physikalisch Technischen Bundesanstalt (PTB) geprüften Gerät für den explosionsgeschützten Bereich schmücken. Eine weitere Besonderheit war der Strömungswächter mit Schifffahrtszulassung. Auch der Strömungswächter auf Europakarte für Messkopfkabellängen bis 200 m war seinerzeit eine Marktneuheit. Nicht zu vergessen ist, dass wir ab 1971 auf allen namhaften Messen auch mit unseren Elektronikprodukten auf dem E–T–A Stand vertreten waren.

Ende 1976 zählten wir 18 Mitarbeiter in der Elektronikabteilung, und weitere Verstärkung war im „Anmarsch". Dies bedeutete, dass im Oktober 1976 die Zeit für einen weiteren Umzug reif war. Pünktlich zum Weihnachtsfest 1976 konnten die Räume im 2. Stock des neu errichteten Gebäudes über dem Werkzeugbau, wo heute die Abt. Elektronik-Entwicklung untergebracht ist, bezogen werden.

Die gestiegenen Anforderungen und der rasante technische Fortschritt bei den Elektronikkomponenten führte zu einem ersten Generationswechsel bei den Strömungswächtern. Der SW 101 und der SW 10 wurden entwickelt und enthielten bereits verschiedene Optionen, die nach Kundenwunsch eingebaut werden konnten. Die Messköpfe (Strömungssensoren) wurden fertigungstechnisch verbessert und für verschiedene Anwendungen optimiert. Als technische Erweiterung sei nur der Analogausgang für Strömung und Temperatur sowie der Ermeto-Messkopf zum direkten

Einbau in Schlauchleitungen erwähnt. Im Jahr 1979 wurden erstmals digitale Messgeräte in das Produktprogramm aufgenommen. Diese eigneten sich zum Einbau in Paneele bzw. Frontplatten und brachten Messwerte für Spannung, Strom, Druck und Temperatur zur Anzeige. Diese neue Produktgruppe war die erste Entwicklung, die zusammen mit einem externen Ingenieurbüro (Fa. Tesar) durchgeführt wurde.

Ab 1980 konnte auch die Deutsche Bundesbahn als Kunde gewonnen werden. Die neue E-Lok wurde mit vier SW 105 zur Überwachung der Kühlkreisläufe in den Wechselrichtern ausgerüstet. Obwohl der Schwerpunkt bei den Strömungswächtern lag, wurde das übrige Programm nicht vernachlässigt. Ein Äquivalent-Gerät für den mechanischen Schutzschalter 3600, jedoch mit elektronischen Komponenten (Speicherzeit-Charakteristik, geringer Spannungsabfall), wurde für Gleichspannungsapplikationen 5–60 V und Nennströme 0,3–0,8 A aufgebaut und beim TÜV Essen für Kernkraftwerke zugelassen. Blinkgeber und kleine Überstromschutzmodule zum direkten Einbau in Leiterplatten nach Spezifikationen für Kettenfahrzeuge sicherten über Jahre hinweg ein gutes Auftragsvolumen.

Mit dem Elektronik-Schutzschaltrelais 1071-05/06 wurde der Grundstein für eine bis in die Gegenwart reichende Marktpräsenz gelegt. Natürlich gab es auch Rückschläge. Für einen druckluftgesteuerten elektronischen Bremslichtschalter erhielt ein Wettbewerber den Zuschlag, obwohl wir als einzige Firma die Anforderung nach Kurzschluss-Sicherheit erfüllten.

1980 war ein Meilenstein für innovative Fertigungstechnologie im Hause E–T–A. Mit dem Aufbau der Dickschichtfertigung durch die „Elektronik" wurde dem Drang nach Miniaturisierung und Zuverlässigkeit von elektronischen Schaltkreisen Rechnung getragen. E–T–A war damals als eine von wenigen Firmen in der Lage, Keramiksubstrate mit Widerstands- und Leiterbahnpasten zu bedrucken und ungehäuste Halbleiter (Chips) zu verarbeiten. Die Gesamtabteilung nannte sich von nun an „Elektronik/Hybrid". Die Strömungswächter-Produktpalette wurde erweitert. Erwähnt werden sollte hier besonders die Entwicklung strahlungsfester Messköpfe für Kernkraftwerke, die besondere Anforderungen an Konstruktion und Materialauswahl stellten. Die Hybridfertigung konnte nach einer schwierigen, auch durch Rückschläge geprägten Aufbauphase eine qualitativ hochwertige Produktionslinie etablieren.

Dies war auch das Geburtsjahr der Füllstandssensoren für Nutzfahrzeuge, die sich bis heute zu einem wesentlichen Umsatzträger entwickelt haben. Die erste Anwendung war zwar denkbar einfach, die Problemlösung gestaltete sich aber äußerst kompliziert. Durch Einschrauben des Sensors in den Ausgleichsbehälter sollte sofort ein Mangel an Kühlflüssigkeit detektiert werden. Schwierigkeiten bereiteten aber der große Temperaturbereich von -40 bis 125°C, die Zusätze im Frostschutzmittel und die Dichtheit des Sensors gegen Wasserdampf. Nach umfangreichen Testserien konnte der erste Prototyp ausgeliefert werden.

Mit der Entwicklung der ersten Generation von Notausschaltern konnte durch das Zusammenwirken von mechanischen und elektronischen Komponenten ein Synergieeffekt genutzt werden. Diese Geräte werden in Nutzfahrzeugen eingesetzt, die gefährliche Güter transportieren (brennbare, giftige, explosive Stoffe etc.). Den Vertrieb dieser Geräte übernahm wegen der guten Kontakte zur Nutzfahrzeugindustrie die Firma Schlemmer. Der Kundenwunsch nach Schutzschaltern für 19-Zoll-Systeme wurde umgesetzt und Einschübe mit jeweils zwei ein- oder mehrpoligen Schutzschaltern in das Lieferprogramm aufgenommen (E-2210 und E-2215).

1982 startete die Hybridfertigung richtig durch. Mit vielen geleisteten Überstunden konnte die erforderliche Stückzahl von Schaltungen für den Unterdrucksensor (Benzinverbrauchsmessung) an Firma Motometer geliefert werden. Für weitere Projekte wurden Muster aufgebaut. Der Maschinenpark wurde um ein elektronisches Lasertrimmsystem, sowie halbautomatische Bestücker und Bonder (verbinden Halbleiterchips mit dem Trägersubstrat durch dünne Golddrähte) beträchtlich erweitert. Natürlich wurden auch neue Ideen aufgegriffen, um diese Technik für eigene Produkte sinnvoll zu nutzen. Dies bedeutete gleichzeitig einen verstärkten Entwicklungseinsatz in dieser zukunftsträchtigen Technologie. Die Füllstandssensoren wurden weiter modifiziert und konnten nun auch zur Ölüberwachung eingesetzt werden.

Mit einem Umsatzzuwachs von 20% wurden 1983 die ersten Früchte aus dem Vorjahr geerntet. Der kleine Luftströmungswächter SLW 112 und der kompakte SFW 104 für flüssige Medien wurden auf den Markt gebracht. Der Füllstandssensor für Kettenfahrzeuge, Erweiterungen des bestehenden Programms und viele kundenspezifische Produkte aus der Hybridfertigung trugen ebenfalls deutlich zur Ergebnisverbesserung bei. Weitere Aktivitäten wurden von der Geschäftsleitung beschlossen und gestartet. Eine neue Gruppe unter eigener Leitung begann im Souterrain des Verwaltungsgebäudes die Entwicklung einer Mikroprozessorsteuerung, deren wesentlicher Vorteil die kompakte Bauform und einfache Programmierung sein sollte. Gleichzeitig wurden Entwickler der bestehenden Abteilung beauftragt, die erforderlichen Ein- und Ausgangsstufen in möglichst miniaturisierter Bauform zu realisieren. Zu diesem Zweck wurde ein neuer Mitarbeiter eingestellt und das entsprechende Werkzeug – eine Workstation mit Software für IC-Design in I2L-Technik – angeschafft.

Obwohl auch 1984 wieder 20% an Umsatz zugelegt wurde, waren doch die Auswirkungen dieser Entwicklungsunterstützung zu spüren. Besonders die mit Überstromschutzgeräten und Füllstandssensoren betraute Gruppe mußte Kapazität zur Verfügung stellen und verlor so an Schwung. Die Entwicklung der integrierten Schaltkreise ging aber zügig voran und in der Hybridfertigung wurden die ersten Muster verarbeitet. Ein weiterer integrierter Schaltkreis (IC) für die Fa. Porsche war bereits in Vorbereitung, um das Konzept eines dezentralen Verkabelungssystems im Fahrzeug zu realisieren. Nach Fertigstellung wurden vorerst 3 Fahrzeuge des Typs 928 ausgerüstet. Die Strömungswächtergruppe konnte mit dem SW 107 sowie SW 108/109 Nachfolgegenerationen vorstellen. Der SW 11, ein sehr komfortables, mit Leuchtbalkenanzeigen und linearisierten Ausgängen versehenes Gerät, wurde ebenfalls fertigungsreif.

1985 erfolgte die Gründung einer zweiten Elektronikabteilung. Mit dem Bezug der renovierten Räume (heute Werbung und Betriebs- und Anlagentechnik/BAT) wurde die Abteilung DE (Digitalelektronik) unter Leitung von Arnulf Hinney aus der Taufe gehoben. Damit verbunden war der Aufbau einer modernen Serienfertigung mit Prüffeld nach neuesten Gesichtspunkten. Die Steuerungen MPC 210 und MPC 301 wurden dort produziert. Bis 1990 erfolgte der weitere Ausbau des Steuerungsprogramms mit einem Maximumwächter zur Steuerung und Überwachung des Strombedarfs von Großverbrauchern, einer Schrittmotorsteuerung sowie weitere analoge Schnittstellen.

Die Elektronik/Hybrid baute ihr Programm weiter aus. Der SW 11 war in 12 Varianten für unterschiedlichste Anwendungen lieferbar, und mit dem SFW 120 wurde ein neues Kompaktgerät im Edelstahlgehäuse auf den Markt gebracht. Die Schutzschaltrelais erhielten Zuwachs durch eine Doppelausführung, und für Siemens wurde der Funktionsumfang durch Stör- und Betriebsmelder erweitert. Wie sich bald zeigen sollte, wurde mit diesen zusätzlichen Eigenschaften der Zugang zu einem neuen Marktsegment für sicherheitsrelevante Anlagen gefunden. Die Füllstandssensoren für Fahrzeuge wurden für industrielle Anwendungen überarbeitet. Dazu mußte die Gehäuse- und Anschlusstechnik den Erfordernissen angepasst werden. Die Sensoren erhielten die Bezeichnung NR.

Die Hybridfertigung lieferte zwischenzeitlich auch Widerstandsnetzwerke, Teile für Belichtungsmesser in hochwertigen Kameras (Leica), Klangregelstufen für Bassgitarren u.v.m. 1986 wurden in der Hybridfertigung umfangreiche Umbaumaßnahmen durchgeführt, um den gestiegenen Qualitätsanforderungen des Marktes Rechnung tragen zu können. Mit dem Einbau einer Klimaanlage wurden die Voraussetzungen zur Herstellung hochwertiger Produkte unter Reinraumbedingungen geschaffen. Bei den Strömungswächtern erfolgten weitere Modifizierungen, so z.B. für Anwendungen im Ex-Bereich (Schlagwetterschutz) und für die Schiff-Fahrt. Für die Entwicklung eines integrierten Schaltkreises zur Verbesserung und Kostenreduzierung der gesamten SW-Produktpalette wurden erste Grundsatzüberlegungen angestellt. Neue Messkopfvarianten brachten wesentliche Fortschritte. Das Schutzschaltrelaisprogramm wurde weiter ausgebaut, es entstand eine Variante, mit der es möglich war, induktive Verbraucher, in der Regel Magnetventile, mit überhöhter Betriebsspannung anzusteuern und nach dem Schaltvorgang nur noch mit der Halteleistung zu versorgen. Auch diese Entwicklungsergebnisse findet man heute noch im Verkaufsprogramm.

1987 startete eine mehrere Jahre währende Entwicklung, die als Zielsetzung miniaturisierte elektronische Relais für Anwendungen in der Militärtechnik und der Luftfahrt hatte. Es sei vorweggenommen, dass die Entwicklungsziele zwar in Form von Demonstrationsmustern erreicht wurden; wegen der knappen Haushaltsmittel des Bundes wurde das Projekt aber nicht der Aufgabe entsprechend mit den nötigen Entwicklungskapazitäten ausgestattet und kam folgerichtig nie über dieses Stadium hinaus. Realisiert wurden jedoch elektronische Relais für Bootsanwendungen bis 10 Ampere. Die Gruppe IC-Design (IC = Integrated Circuits) wurde erweitert und auf die Entwicklung von modernen CMOS-IC's umgestellt. Mit Schaltkreisen für Strömungswächter und Niveausensoren wurden erste Projekte realisiert.

Bei den Niveausensoren brachte eine neue Generation den Durchbruch. Mit Komponenten aus der Hybridfertigung konnte weiter miniaturisiert werden. Mit der im benachbarten Weißenbrunn angesiedelten Firma BEDIA wurde ein kompetenter Partner gefunden, der bis in die heutige Zeit für eine positive Umsatzentwicklung für diese Produkte sorgt. Nicht gerade rentabel, aber zumindest prestigefördernd wurde die ERNO-MBB in Bremen mit einem Miniaturströmungswächter bemustert, der die Tauglichkeit für Satelliten erfüllte. Dieser kurze Ausflug in höhere Sphären behinderte uns aber nicht weiter. Im gleichen Jahr erfolgte die Zulassung des BSFW 120 durch die Schifffahrtsklassifizierungsgesellschaft Germanischer Lloyd. Der SW 11-TU für die Auswertung eines Flügelradsensors entstand, um auch Anwendungen für Mediumstemperaturen bis 300 °C unterstützen zu können.

Der erste selbstentwickelte integrierte Schaltkreis für einen Strömungswächter wurde 1988 im SW 301 eingesetzt. Der Analogausgang war linearisiert und die Grenzwerte innerhalb des Überwachungsbereiches konnten mittels Codierschalter direkt eingestellt werden. Der SFW 130 für kleinste Durchflussmengen wurde ebenfalls fertiggestellt. Durch die deutsche Behörde (PTB) erfolgte die Zulassung des SW 11-Ex für Anwendungen in explosionsgefährdeten Bereichen. Die Schweizer Zulassung (SEV) folgte bald darauf. Weitere Zertifikate wurden für die Niveausensoren NR 100 und NR 150 durch den Germanischen Lloyd (Schifffahrtklassifizierung) ausgestellt. In der Dickschichtfertigung beherrschte eine Hybridschaltung für die Telekommunikation das Tagesgeschehen. In Spitzenzeiten wurden davon 4000 Schaltungen pro Woche ausgeliefert.

Die Abt. DE schaffte im selben Jahr einen SMD-Bestückautomaten an. Damit konnte auch die neue Bauteilegeneration ohne Anschlussdrähte verarbeitet werden. Mit der Bestückung von Leiterplatten für die Zeitschaltrelais erfolgte die Inbetriebnahme. Zur Abrundung des Motorsteuer- und Regelungsprogramms wurde der modulare Achskontroller MODAK mit bis zu 24 Eingängen und 24 Leistungsausgängen entwickelt. Die ersten eigenen Digitalmessgeräte konnten ins Lieferprogramm aufgenommen werden, darunter kleine Anzeigegeräte und ein Frequenzmessgerät mit einem speziell entwickelten Impulsgeber zur Drehzahlerfassung. Diese Produkte ersetzten nach und nach die zugekauften Messgeräte. Rowenta ließ eine Sicherheitsabschaltung für Bügeleisen entwickeln. In Auftrag der Abt. DE entwarf die Fa. ELMOS einen Schaltkreis, der bei uns zusammen mit den diskreten Bauteilen zu einer Baugruppe montiert wurde. Im ersten Jahr lieferten wir ca. 100 000 Geräte aus.

Zur Stärkung und Sicherung des Geschäftszweiges Elektronik erfolgte 1990 die Integration der Abteilung Digital-Elektronik in die Elektronik/Hybrid. Die Gesamtleitung wurde Hans Schopp übertragen. Sichtbares Zeichen war die räumliche Zusammenlegung. Die beiden Fertigungen zogen gemeinsam in Räume des neu errichteten Fertigungsgebäudes, und die Entwicklungsgruppen teilten sich die infolge der Fertigungsverlagerung freigewordenen und neuen Räumlichkeiten im 2. Obergeschoss.

Die Steuerungs- und IC-Entwicklungen wurden bei dieser Aktion aufgegeben. Weiter betreut wurden das Messgeräteprogramm und die MODAK. Die Entwicklung einer Leistungselektronik mit Schnittstellen, die direkt in einen Servomotor integriert war, wurde noch zum Abschluss gebracht. Der SW 301 hatte alle von der KWU (Kraftwerkunion) geforderten Qualitätsprüfungen bestanden und konnte in Zukunft in allen Kraftwerken eingesetzt werden. Wir haben uns damit gegen den Wettbewerb behauptet. Erstmals interessierte sich auch unsere US-Tochter für Strömungswächter, so dass die spezielle Anpassung einiger Geräte an den US-Markt erfolgte. Die Bezeichnung für diese Exportvarianten war SU 1001/1002. Einen Verkaufsschlager landeten wir mit den Niedervolt-Stromwächtern E-1078. Diese kleinen Geräte werden in Transformatoren für Halogenleuchten eingebaut und reagieren auf Unterlast, Überlast und Kurzschluss. Diese Sicherheitselemente wurden nach Forderungen des VdS (Verband der Schadensversicherer) gebaut und in mehreren Generationen immer wieder dem Markt angepasst. Das Halbleiterrelais RPC 48 für Kampffahrzeuge wurde bemustert und die Industriegeräte technisch überarbeitet. Ein umfangreiches Programm zur Drucküberwachung wurde dem Vertrieb vorgestellt. Die Geräte waren wahlweise mit Balkenanzeige, Digitalanzeige und/oder Grenzkontakten ausgestattet.

1991 wurde ein gemeinsames Projekt unter Zusammenarbeit von Konstruktionslabor, E-Labor und Elektronikentwicklung ins Leben gerufen. Mit dem Remote Control Circuit Breaker (RCCB) sollte ein fernsteuerbarer Schutzschalter nach MIL-Standards und Boeing-Spezifikation entstehen. Zur vollelektronischen Lüftersteuerung in PKW's und Nutzfahrzeugen begann die Entwicklung der Type E-1047. Der Steuerteil wurde in einer Hybridschaltung umgesetzt. Für den Einsatz im Industriebereich wurde die Produktpalette mit dem Schutzschalterrelais E-1071-603 mit vorwählbarem Laststrom als neue Variante sowie einem kleinen, kostengünstigen Schutzrelais, dem 1048-600, ergänzt. Kundenspezifisch entstand der Diesel-Motor-Monitor (DMM 062). Diese in einem Rundinstrumentengehäuse eingebaute Elektronik überwacht gleichzeitig die Signale von 5 Sensoren und bringt auftretende Fehler zur optischen Anzeige bzw. meldet diese über zusätzliche Relaisausgänge dem externen Motormanagement. Der Kunde vergab an uns auch den Entwicklungsauftrag für einen Temperatursensor zur Ladeluftüberwachung von Turbomotoren. Muster des TÜR 100 wurden noch im selben Jahr ausgeliefert. Für die MODAK wurden neue Module entwickelt und zuerst für Anwendungen in Bühnensteuerungen verwendet. Die Hybridgruppe bearbeitete neue Anfragen und erstellte Musteraufbauten, wurde aber immer mehr mit der Erstellung von Baugruppen für eigene Produkte beschäftigt.

1992 erfolgte die Fertigstellung eines neuen Füllstandssensors, der physikalisch auf der Leitfähigkeit von wässrigen Flüssigkeiten beruht. Unsere kapazitiven Sensoren NU 60 wurden nun auch in den US-Markt eingeführt. Die Sensoren der Strömungswächter wurde um Flanschmessköpfe für die Chemische Industrie erweitert und einige Strömungswächter in Kassettenbauform gefertigt, z.B. der SWK 210. Die Messgeräteentwicklung wurde zum Abschluss gebracht. Obwohl bereits ein sehr umfangreiches Konzept für ein neues modulares Meßsystem ausgearbeitet war, wurden vorerst weitere Entwicklungstätigkeiten zu Gunsten des Strömungswächterprogramms eingestellt. Nachdem bereits im Vorjahr die Weichen zur kompletten Übernahme der Fertigungslinie für Drucksensoren von Motometer gestellt wurden, erfolgte nun bei uns die Installation des kompletten Maschinenparks. Diese Sensoren erhielten die Verkaufsbezeichnung MSR 200/250. Die Hybridfertigung übernahm dabei auch den bestehenden Kundenstamm. Ein weiterer Großauftrag, die Temperaturanzeigeplatine für Mercedes-Benz, wurde ebenfalls übernommen. Die Fertigung von Kleinserien der Leistungssteuergeräte für Gleichstrommotoren (RPC 48 und E-1047-051) wurde in Angriff genommen.

Seit 1993 wird der Fa. E–T–A durch das Zertifikat der DQS ein Qualitätssicherungssystem bescheinigt, das die Forderungen der DIN ISO 9001 voll erfüllt. Alle für die Entwicklung erforderlichen Dokumente wurden erstellt. Die Fertigungsprobleme mit den Drucksensoren reduzierten sich zwar durch den Erfahrungsgrad und durch Verbesserungen am Maschinenpark, aber grundsätzliche Probleme und neue Anforderungen führten zu der Entscheidung, diesen Sensor komplett zu überarbeiten. Der Strömungstransmitter SiAE 11 wurde für die Verkehrsbetriebe zugelassen, und mit den Strömungswächtern SW 118/119 folgte nun eine überarbeitete Generation an kleinen Wächtern. Die ersten Grundlagen für ein Gerät mit Mikrocontroller wurden erarbeitet. Auch die Füllstandssensoren wurden überarbeitet und erhielten durch die Implementierung eines kurzschlussfesten Schaltausganges für bis zu 1 A-Verbraucher eine weitere Verbesserung der Funktionalität.

Im April 1994 gab es Anlass zum Feiern. Die Abteilung konnte auf ihr 25-jähriges Bestehen zurückblicken, und nur einen Monat später beging Hans Schopp seinen 65. Geburtstag. Mit großem Dank und vielen guten Wünschen wurde er zum Jahresende in den wohlverdienten Ruhestand verabschiedet. Nachfolger wurde sein langjähriger Stellvertreter Gerhard Endner. Am 20. September 1994 konnte der Geschäftsleitung und dem Vertrieb der erste Strömungsmesser auf Mikrocontroller-Basis vorgestellt werden. Aus der Projektbezeichnung SWMC wurde später der FM 1. Die Notaus-Steuerelektronik E-1032-10-24 V wurde überarbeitet und durch das BWB (Bundeswehr-Beschaffungsamt) freigegeben.

Erstmalig wurde ein Gerät für den privaten Anwender auf den Markt gebracht. Wer im Badezimmer oder Keller nur einen Stromkreis mit 16 A hat, konnte ab sofort mit dem Kombisicherungsschutz E-1078-911 Waschmaschine und Trockner trotzdem gleichzeitig betreiben. Dank unserer holländischen Vertriebspartner fanden wir in den Folgejahren reißenden Absatz. Die Entwicklung der Steuerelektronik für das RCCB-Projekt nahm konkrete Gestalt an. Unter Berücksichtigung von diversen Vorschriften konnte der Funktionsnachweis erbracht und die Hybridbaugruppen in Auftrag gegeben werden. Zum Jahresende standen die ersten Prototypen zur Verfügung. Der neue Drucksensor MSR 300 wurde mit viel Schwung angegangen, so dass Ende des Jahres bereits Muster angeboten werden konnten. Die Geschäftsleitung genehmigte die erforderlichen, neuen Fertigungseinrichtungen.

Das Jahr 1995 brachte gravierende organisatorische Änderungen. Die Fachgruppen Einkauf, Lager, Arbeitsvorbereitung und Fertigung wurden in die Fachabteilungen des Werkes integriert. Für die Produktentwicklung entstand die Abteilung Elektronik-Entwicklung (E-E) mit der angegliederten Gruppe Prüfmittelplanung. Die neuen Schnittstellen mussten definiert und umgesetzt werden. Dies bedeutete unmittelbar einen enormen „Papierkrieg" und auch zukünftig mehr Zeitaufwand für die Erstellung und Pflege aller relevanten Daten.

Eine zusätzliche Belastung für die Entwicklungstätigkeit war die termingerechte Umsetzung einer EG-Richtlinie. Ab 1.1.1996 schreibt die sogenannte EMV-Richtlinie 89/336/EWG (bzw. das für Deutschland relevante EMV-Gesetz) vor, dass alle Elektronikprodukte für den freien Warenverkehr innerhalb der EG mit der CE-Kennzeichnung versehen werden müssen. In der Regel können Firmen in Eigenverantwortung die erforderlichen Konformitätserklärungen ausstellen, wenn sie den messtechnischen Nachweis zur Einhaltung der EMV-Anforderungen erbringen (EMV = Elektromagnetische Verträglichkeit). Für die fachliche Umsetzung wurde dazu ein Mitarbeiter abgestellt und intensiv geschult. Die logische Folgerung daraus war eine umfangreiche Investition in EMV-Prüfequipment. Zu diesem Zeitpunkt mußte die ab 1997 in Kraft tretende Niederspannungs-Richtlinie ebenfalls berücksichtigt werden. Viele neue Entwicklungsprojekte konnten daher, wegen der notwendigen Untersuchungen bzw. Überarbeitungen des bestehenden Programms, erst später zum Abschluss gebracht werden.

Unter Moderation des Projektteams entwarfen Vertrieb und Entwicklung gemeinsam das Konzept „Elektronik 2000". Darin wurden u. a. mit den beiden Säulen „Sensorik" und „Schalten; Schützen; Überwachen" die generellen Produktlinien vorgegeben. Durch Übernahme eines Mitarbeiters und einer Workstation aus dem Konstruktionsbüro erhielten wir mit Jahresbeginn einen direkten Zugriff auf die CAD-Anlage.

Die erste Messepräsentation des FM1 auf der Interkama in Düsseldorf stieß sowohl in technischer als auch preislicher Hinsicht auf eine sehr positive Resonanz. Infolge der menügeführten Bedienung und der fertigungsfreundlichen, modularen Bauweise wurde ein Strömungsmessgerät geschaffen, das richtungsweisend für Weiterentwicklungen wurde. Beim RCCB-Projekt wurden trotz nachträglicher Forderungen alle Hürden gemeistert. Die EMV-Messungen bei Boeing/USA bestätigten die Einhaltung aller relevanten Vorschriften. Die Steuerungsplatine wurde dem letzten Stand angepasst und neue Prototypen gebaut. Notausschalter müssen ab 1997 der Schutzart IP 65 (ADR) entsprechen. Gemeinsam mit Konstruktion und E-Labor wurden die erforderlichen Änderungen angegangen. Durch Verbesserung der Fertigungstechnologie konnten bei den NV-Stromwächtern der 3. Generation nochmals die Kosten reduziert werden und sich damit gegen den Wettbewerb behaupten.

Der 19. Februar 1996 war ein „Schwarzer Montag" für die Hybridfertigung und die Elektronik-Entwicklung. Die Geschäftsleitung reagierte auf den wachsenden Kostendruck und beschloss, die Hybridfertigung einzustellen sowie die Entwicklungskapazität zu reduzieren. Innerhalb kurzer Zeit wurde ein Konzept ausgearbeitet und am 27. März vorgestellt. Die Entscheidung fiel so aus, dass die Dickschichtfertigung zum Jahresende eingestellt und nur die SMD-Leiterplattenbestückung weitergeführt werden sollte. Die Entwicklung wurde um 4 Mitarbeiter reduziert. Zur Absicherung des Geschäftsfeldes Strömungssensorik konnte ein Physiker zur Planung und für den Aufbau neuer Mess-Strecken eingestellt werden. Prüfstände für Wasser, Öle und Luft wurden mit Unterstützung der Gruppe Betriebs- und Anlagentechnik und des Sondermaschinenbaus begonnen. Die Schulungsmaßnahmen für den Vertrieb wurden intensiviert und seither in einer quartalsmäßig zusammentreffenden Arbeitsgruppe „Strömungssensorik" weitere Vorgehensweisen und Maßnahmen abgestimmt.

Die Arbeiten am FM1 gingen zügig voran, die Software wurde um die Funktion „Volumenmessung" erweitert, Handbücher und Inbetriebnahmeanweisung erstellt, usw. Mehrere Muster für Messemodelle mussten aufgebaut und erste Vorführkoffer angefertigt werden. Zur Vertriebsunterstützung wurde ein Videofilm für unsere Außendienstbüros gedreht. Der SLW 112 wurde überarbeitet und in wesentlichen Eigenschaften verbessert. Neu entwickelte Sensoren zur analogen Ölstandsüberwachung in Nutzfahrzeugmotoren vom Typ NLD wurden unter Berücksichtigung zusätzlicher fahrzeugspezifischer Anforderungen bemustert. Für einen großen Teil der Produktpalette konnten nach umfangreichen Prüfungen Konformitätserklärungen im Rahmen der CE-Kennzeichnung ausgestellt werden. Die Fertigungseinrichtungen für den Drucksensor MSR 400 wurden in Betrieb genommen. Die ersten Mustersensoren für verschiedene Druckbereiche konnten produziert werden. Die Membran-Bedruckung wurde einem externen Dienstleister übergeben, was zusätzliche umfangreiche Freigabe-prüfungen nach sich zog.

1997 war immer noch ein großer Teil der Entwicklungskapazität durch Abstimmungen mit externen Lieferanten und durch Freigabeprüfungen von Hybridschaltungen gebunden. Die im Vorjahr begonnene Entwicklung des FM1-Ex wurde mit der Zulassung durch die Physikalisch-Technische Bundesanstalt erfolgreich abgeschlossen, und die Fertigung von Mustergeräten veranlasst. Für den FM1 wurde eine spezielle Software, die CC-Version (Customer Calibration) entwickelt, mit der es möglich ist, kundenspezifische Anpassungen im Hause oder in Anlagen beim Kunden durchzuführen. Mit einer ausgeklügelten Schraub-/Klebetechnik ist es gelungen, die Ausbeute und Reproduzierbarkeit der CST-Meßköpfe (Strömungssensoren) wesentlich zu verbessern. Diese neue Fertigungstechnik wird nach und nach für alle Mess-Sensoren eingeführt. Der Modelwechsel für den SW112 wurde zum Jahresende durchgeführt. Die erfolgreiche Zulassung unserer Füllstandssensoren durch 10 Schifffahrtsklassifizierungsgesellschaften, inkl. Russland, China und Korea, lässt uns weitere Ergebnisverbesserungen erwarten. Der überarbeitete Notausschalter E-1032 wurde für den Vertrieb freigegeben. Die Fertigungseinrichtungen und -methoden für den Drucksensor wurden mit tatkräftiger Unterstützung der Entwicklung in einen serienreifen Zustand gebracht. Neue Varianten mit Stromausgang in 2- und 3-Leitertechnik sind in der Prototypenphase. Nach vielen kleineren und größeren Problemen mit Lieferanten erfolgt endlich der Serienanlauf des RCCB. Im Sommer '97 kam dann der unerwartete Rückschlag, da sich herausstellte, dass der Kunde diese Geräte teilweise außerhalb der Spezifikation betreibt und zwischenzeitlich auch neue Anforderungen an dieses Produkt gestellt werden. Die Entwicklung wird damit wieder gefordert.

Zum Abschluss des Berichts sollte auch nicht unerwähnt bleiben, dass ungezählte Versuchs- und Prüfeinrichtungen geplant und gebaut werden mussten, damit die Funktionssicherheit und Qualität der gefertigten Produkte vor der Auslieferung an unsere Kunden zu 100 Prozent sichergestellt ist. Einige Entwicklungsprojekte, die nicht weiter erwähnt wurden, mussten auch aus unterschiedlichen Gründen abgebrochen werden. Darunter fallen diverse Förderprojekte, für deren Ergebnisse wir nicht den Marktzugang fanden. Stellvertretend sollen hier der Gasanalysator und der Forth-Prozessor genannt werden. Unser ganz besonderes Engagement galt und gilt auch weiterhin der Betreuung und Unterweisung unserer Auszubildenden und vieler Hochschulpraktikanten, die bei uns ihre Semester- oder Diplomarbeiten durchführen konnten und den guten Kontakt zu Forschung und Lehre nicht abreißen lassen.

8. E–T–A QUALITÄTSWESEN

Von Heinz Kürschner

Die Kontrolle

Vertrauen in die Produkte und deren Herstellung trägt wesentlich zur Kaufentscheidung bei. So verwundert es nicht, dass schon die Firmengründer der Qualität und Zuverlässigkeit von ELPO Produkten einen hohen Stellenwert beimaßen. Von Anfang an halfen Kontrolleure in der Montage mit, diese Ziele zu erreichen. Sie kontrollierten Arbeitsergebnisse und sonderten misslungene Waren zur Nachbesserung aus.

Die Qualitätskontrolle

Ende der 60er Jahre verlangte der Markt, insbesondere behördliche und militärische Abnehmer sowie deren Zulieferer, die Einrichtung eines industriellen Qualitätssicherungssystems nach AQAP1 (Allied Quality Assurance Publication). So entstand im Februar 1970 eine eigene Abteilung und in den folgenden Jahren das erste Handbuch der Qualitätssicherung mit Beschreibung der Aufbau- und Ablauforganisation, das 1974 in Kraft gesetzt wurde.

Der Wandel

In dieser Zeit wandelte dich die Qualitätskontrolle, die überwiegend mit Prüfungen und Soll-Ist-Vergleichen bei Zukaufmaterial und der Fertigung befasst war, zur Qualitätssicherung mit Schwerpunkt Fehlerverhütung und der Einbeziehung von Konstruktion, Labor und Produktion.

Das Qualitätssicherungssystem

Im Handbuch der Qualitätssicherung wurde das System beschrieben, nach dem allgemein die Qualität der E-T-A Produkte sichergestellt wird. Es diente als Anleitung für die mit der Qualitätssicherung beauftragten Abteilungen und deren Bereiche, und als Nachweis, dass die Organisation mit den Grundsätzen von AQAP1 übereinstimmt und die Verfahrensgrundsätze zur Erfüllung vertraglicher Qualitätssicherungsforderungen ausreichen. In der Qualitätssicherung waren nun erstmals alle organisatorischen, technischen und sonstigen Maßnahmen zusammengefasst, die die Qualität der Planung, Entwicklung, Erzeugung und Kontrolle auf Übereinstimmung sicherstellen. Sie sollte gewährleisten, dass die Erzeugnisse von E-T-A den zugesicherten Qualitätsforderungen der Käufer entsprechen. Die Geschäftsleitung legte die Richtlinien fest und sorgte für die wirksame Einhaltung. Die Konstruktion war mitverantwortlich für die Planung und Sicherung der Qualität im konstruktiv festlegbaren Bereich, einschließlich Änderungsdienst, und das Labor für die Sicherung der Qualität des elektrisch funktionellen Bereiches, einschließlich Bauzustandsprüfung, Zuverlässigkeitsprüfung und Reklamationsbearbeitung. Die Betriebsleitung war verantwortlich für die Qualität der Ausführung einschließlich Betriebsmittel und geschultem Personal. Nach den Fertigungsvorschriften wurden Verfahren, Werkzeuge, Arbeits- und Montagepläne erstellt und Prüfstationen in den Arbeitsablauf integriert. In Verfahrensanweisungen wurden erstmals Abläufe transparent und verbindlich festgelegt und Zuständige benannt. Kontrollkarten, Fehlermeldeverfahren und Messmittelkalibrierung wurden eingeführt.

Weitere Kundenforderungen folgten nach: Sicherheitsregeln für Kerntechnische Anlagen, Qualitätssicherungsforderungen der Luftfahrt, Automobilindustrie, von Zulassungsstellen und von ausländischen Abnehmern.

Die Weiterentwicklung

Die Qualitätsphilosophie entwickelte sich zunehmend und wurde inzwischen eine eigenständige Wissenschaft. Durch die Teilnahme an Schulungen der Deutschen Gesellschaft für Qualität als nationale Dachorganisation gelangten auch die neuen Techniken zu E-T-A, so dass z.B. mit Prüfplänen, Stichprobenprüfungen, statistischen Auswertungen, Fehleranalysen, etc. wirtschaftliche Verfahren zur Qualitätssicherung angewandt wurden. Die frühzeitige Entdeckung von Mängeln hatte Vorrang, um unnötige Kosten einzusparen. So wurden Neuwerkzeuge erst nach Gutbefund von Musterteilen in der Serie eingesetzt, und Einstell- sowie Laufkontrollen bei der Teilefertigung verhinderten, dass Fehler erst am Fertigungsende auffielen. Nur geprüfte Zukaufteile wurden vereinnahmt, um deren Verwendbarkeit sicherzustellen. In regelmäßigen Produktionsbesprechungen wurden Qualitätsbelange erörtert und protokolliert.

Die inzwischen auf 22 Kontrolleure angewachsene Qualitätskontrolle war auch für die Fertigungsstätten Hohenfels und Kallmünz zuständig. Mit nachgewiesenen Endkontrollen konnten Werksprüfzeugnisse für die Kunden ausgestellt werden, was die Abnahmen erleichtert. Revisionsprüfungen an Geräten aus Tunesien gewährleisteten das gleiche Qualitätsniveau wie in Germany. Neue Fertigungstechniken erforderten eine ständige Anpassung der Qualitätssicherungsmaßnahmen zur störungsfreien automatischen Verarbeitung an Verbundwerkzeugen, Sondermaschinen und Montagebändern. Bei der Messtechnik wurden Profilprojektoren lange Jahre wirtschaftlich eingesetzt. 1986 wurde zur präziseren und schnelleren Messung von Formstoffteilen eine CNC 3-Koordinatenmeßmaschine gekauft. Damit war eine hohe Reproduzierbarkeit der einige hundert Maße umfassenden Messprotokolle möglich.

Im eigenständigen Fachbereich Elektronik wurde die Qualitätssicherung vom Prüffeld betrieben, mit Beratung durch die Qualitätsabteilung. 1980 wurden Wareneingangskontrolle, Prüfmittelüberwachung und Datenblätter für Bauelemente eingeführt zum Erhalt der ersten Werkszulassung für Kernkraftwerke. 1983 folgte die Benennung von Werkssachverständigen. Im separaten Digitalelektronikbereich wurde die Qualitätssicherung entsprechend der Elektromechanik eingerichtet. 1987 wurden mit einem Qualitätssicherungsplan die Abläufe in der Hybridabteilung transparenter und projektbezogen ausgeweitet.

Die Normung

Erst im Mai 1987 wurde im Hinblick auf die EG Harmonisierung die ISO 9000 Reihe in Deutschland übernommen. Damit stand erstmals eine nichtmilitärische, einheitliche internationale Empfehlung für das Qualitätssicherungssystem, ab 1994 zum Qualitätsmanagement erweitert, zur Verfügung.

Das Qualitätsmanagement

Auch bei E-T-A entwickelten sich die Qualitätssicherungsaktivitäten entsprechend den Marktforderungen sowie aus Gründen der verschärften Produkthaftung und notwendigen Kosteneinsparung, so dass es notwendig wurde, das Qualitätssicherungssystem anzupassen. Lag zu Anfang der Schwerpunkt bei der Prüfung von Produkten mit der Erweiterung zur Fehlerverhütung, so mussten nun für alle Unternehmensbereiche Verfahren und Abläufe beschrieben, Zuständigkeiten festgelegt sowie die Dokumentation und Nachweisführung vervollständigt werden. Hinzugekommen sind Managementelemente wie Qualitätsziele, kontinuierliche Verbesserung, Kundenzufriedenheit etc. Der handelnde Mensch wurde umworben. Die 2. Ausgabe des Qualitätshandbuches wurde im September 1989 durch die Geschäftsleitung in Kraft gesetzt und gliedert sich in die 20 Kapitel der inzwischen eingeführten ISO 9001. Im Qualitätsmanagementhandbuch sind erstmals auch Qualitätssicherungsaktivitäten der Vertriebsbereiche und Auditverfahren festgelegt, die als Wirksamkeitsnachweise für die Geschäftsführung und die Organisationseinheiten dienen. Während im Qualitätsmanagementhandbuch mehr die Aufbauorganisation beschrieben ist, sind in Qualitätsverfahrensanweisungen, Arbeitsanweisungen, Prüfplänen, Arbeitsplänen etc. die Abläufe festgelegt. Durch die systematische Beschreibung der Abläufe im Unternehmen und deren Darstellung wird die Reproduzierbarkeit bei gleichzeitiger Optimierung sichergestellt, und Zufälligkeiten werden weitgehend verhindert.

Die Zertifizierung 1993

Mit der Zertifizierung durch die DQS (Deutsche Gesellschaft zur Zertifizierung von Qualitätsmanagementsystemen), einer unabhängigen und international anerkannten Institution, wurde E–T–A Altdorf und Hohenfels bescheinigt, dass das eingeführte und angewandte Qualitätsmanagementsystem der DIN EN ISO 9001 entspricht. Es gilt für elektromechanische und elektronische Schalt-, Schutz- und Steuergeräte. Erstmals wurde das umfangreiche Audit, also der Nachweis der Konformität, am 9.3.1993 bestanden. Damit war E–T–A unter den ersten 500 von der DQS zertifizierten Unternehmen in Deutschland.

Warum der Aufwand?

Ein Unternehmen, noch dazu eines, das Produkte zum Schutz von Leben und Sachwerten herstellt und vertreibt, ist ohne sein international anerkanntes Qualitätsmanagementsystem als Basis für Vertrauen und Kundenzufriedenheit nicht marktfähig. So werden die Transparenz der Unternehmensabläufe sowie rückverfolgbare, belegbare und gleichbleibende Produktqualität gefördert. Firmen-Know-how wird durch die Dokumentation gesichert und Wirtschaftlichkeit sowie Termintreue gesteigert. Waren zuvor monatliche Kundenaudits üblich, so reduzierte das Zertifikat diese auf einige wenige. E–T–A wird als qualitätsfähig in den Lieferantenlisten geführt – der Schlüssel zu Aufträgen. Aber alle Planungen und Methoden zur Qualitätssicherung greifen nicht ohne motivierte Mitarbeiter. Die im Handbuch ausgegebene Qualitätspolitik der Geschäftsleitung richtet sich an alle mit dem Ziel, darauf hinzuwirken, dass Umstände, welche die Herstellung von Produkten mit einwandfreier Qualität verhindern, beseitigt werden. KVP, der Kontinuierliche Verbesserungsprozess, ist ein Weg dazu. Somit ist die Verantwortung für Qualität auf alle Mitarbeiter übertragen.

Die Methoden

Lieferantenbewertung, BNB: Qualitätsfähige Lieferanten sichern die Verfügbarkeit zeichnungskonformer Kaufteile, wodurch die Auslieferqualität der E–T–A Produkte stark beeinflusst wird. Qualitätsabsprachen und monatliche Bewertungen setzen Schwerpunkte zu Verbesserungen. Voll integriert sind Lieferanten mit BNB (Bedarfsnahe Belieferung), die 1988 begonnen wurde. Ausgangsprüfungen und Freigaben wurden diesen autorisierten Herstellern übertragen.

SPC 1992: Ansätze dazu waren schon frühzeitig mit Kontrollkarten und integrierter Qualitätskontrolle gegeben. SPC, die statistische Prozesslenkung, erfolgt während des Herstellprozesses mit kleinen Stichproben. Damit werden Korrekturen ausgelöst, bevor Fehlerteile entstehen. Mit der Anschaffung spezieller Erfassungs- und Auswertprogramme auf PCs wird SPC wirtschaftlich in den Fertigungsbereichen eingeführt zur Qualitätsüberwachung und Dokumentation.

FMEA 1995: Wie viel Aufwand an Zeit, Kosten und Ärger fällt durch nachträgliche Änderungen, Korrekturen und Reklamationen an? Um dies zu reduzieren, wurde von der Geschäftsleitung vorgegeben, die FMEA durch Schulung bei E-T-A einzuführen. FMEA, die Fehlermöglichkeits- und Einflussanalyse zur Risikoreduzierung, erfolgt über die Abteilungsgrenzen hinweg im Team. Mit der FMEA lassen sich zuverlässig potentielle Fehler bei der Entwicklung, Konstruktion und der Prozessplanung systematisch erfassen und bewerten. Sehr frühzeitig können so notwendige Maßnahmen zur Verringerung von Risiken und damit zur Kostensenkung eingeleitet werden.

Fortbildung: Sich verändernden Aufgaben stellen und mit Effektivität erfüllen, erfordert Engagement und Wissen. Die Schulung in neuen Methoden ist unerlässlich, um künftigen Ansprüchen zu genügen und wettbewerbsfähig zu bleiben. Die Mitarbeiter im Qualitätswesen sind überwiegend extern geschulte und geprüfte Qualitätsfachkräfte, Qualitätsassistenten, Qualitätstechniker, Qualitätsmanager und Auditoren.

Wiederholungsaudit 1996

Neben jährlichen Überwachungsaudits durch die Zertifizierungsstelle muss nach 3 Jahren erneut der Nachweis erbracht werden, dass sich das installierte Qualitätsmanagementsystem weiterentwickelt und gelebt wird. Dieser Nachweis wurde durch ein dreitägiges Audit bestätigt und das Zertifikat bis 1999 verlängert.

BOEING D1-9000 AQS

Der bedeutendste Flugzeugbauer BOEING sprach E-T-A 1996 nach umfangreichen Audits die Lieferzulassung aus. Dies wirkt sich verkaufsfördernd im Geschäftsfeld Luftfahrt aus.

Bayerischer Qualitätspreis 1997

Der Bayerische Qualitätspreis ist die erste nationale Auszeichnung dieser Art in Deutschland und wird seit 1993 jährlich von der Bayerischen Staatsregierung in 9 Kategorien verliehen, zur Anerkennung bayerischer Unternehmen, die herausragende Leistungen im Bereich Qualität und Qualitätsmanagement aufweisen. Bewertet wurden der wirtschaftliche Erfolg und Wettbewerbsvorteile durch die wirksame Anwendung der ISO 9001 und darüber hinaus die Mitarbeiterintegration im kontinuierlichen Verbesserungsprozess. Ein Expertengremium hat anhand der umfangreichen Bewerbungsunterlagen und eines eintägigen Audits E-T-A den begehrten Preis zugesprochen in der Kategorie „Integration der Mitarbeiter in ein Unternehmensqualitätskonzept". Die blauweiße Pyramide als Symbol wurde durch den Bayerischen Staatsminister Dr. Wiesheu anlässlich der Preisverleihung am 22.4.97 feierlich der Geschäftsleitung überreicht. Qualität findet letztlich in den Köpfen der Mitarbeiter statt. Es gilt, das Problemlösungspotential aller Mitarbeiter zu erschließen und ständig weiterzuentwickeln. E–T–A setzt diesen Gedanken konsequent in die Mitarbeiter einbeziehende Aktivitäten um.

Bereiche und Aufgaben

Das Qualitätswesen hat heute 27 Mitarbeiter und gliedert sich auf in funktionale und ortsgebundene Bereiche mit folgenden Aufgaben:
- Qualitäts- und Messtechnik: Qualitäts-Analysen, -Planung und -Dokumentation; Umsetzung von Prüfstellen- und Kundenforderungen; Audits, Statistik und Berichtswesen; Musterprüfungen und -freigaben, Prüfbestätigungen und weitere auf Fehlerverhütung ausgerichtete Tätigkeiten sowie die Prüfmittelkalibrierung.
- Wareneingangskontrolle: Zusammen mit der Materialwirtschaft die Versorgung qualitativer Zukaufteile sicherstellen. Eingehende Waren beurteilen, freigeben und Abweichungen klären.
- Qualitätssicherung Eigenteile und Baugruppen Altdorf: Einzelteile, Schweißbaugruppen und Baugruppen sollen möglichst alle verwendungsfähig sein. Fertigungsbegleitende Prüfungen und viele Problemlösungen helfen, diesem Ziel möglichst nahe zu kommen.
- Qualitätssicherung Montage und Endfertigung Altdorf: Prüfpläne erstellen, Qualitätsstand feststellen, Probleme lösen, Prüfungen im Kundenauftrag durchführen sowie für die Beseitigung latenter Fehlerquellen sorgen.
- Qualitätssicherung Werk Hohenfels: Fertigungsbegleitend wird für die Herstellung einwandfreier Baugruppen und Geräte gesorgt, inklusive aller dazu notwendigen Aktivitäten.
- Qualitätssicherung Fachbereich Elektronik, inkl. Reparaturen: Dieser Bereich kam erst 1995 durch Umstrukturierung zum Qualitätswesen und ist für die Qualitätssicherung im Fachbereich zuständig. Auch die Reparatur von Elektronikgeräten sowie Reklamationsbearbeitung erfolgt dort.

Die Zukunft

E–T–A Ziele sind: höchste Flexibilität und Qualität bei kurzen Lieferzeiten, hoher Variantenvielfalt und großer Fertigungstiefe. Kunden reagieren immer sensibler darauf, wie und in welcher Weise die Produkt- und Prozess-Stabilität sichergestellt wird. Diese Forderungen sollen mit einem modernen Qualitätsmanagement im Sinne von TQM, in dem jeder Mitarbeiter Qualitätsverantwortung trägt und die Kundenzufriedenheit Leitbild ist, erfüllt werden. Dazu gehören optimierte Vorgaben und Abläufe, die Sicherstellung von beherrschten Prozessen, eine interne Kunden/Lieferantenbeziehung und die Erweiterung der Selbstprüfung. Dieser Herausforderung stellen wir uns täglich.

9. BAYERISCHER QUALITÄTSPREIS 1997

Von Joachim Scheel

Dank der herausragenden Beteiligung am Kontinuierlichen Verbesserungs-Programm (KVP) konnten die Verantwortlichen bei der Verleihung des Bayerischen Qualitätspreises nicht an der E–T–A vorbei: Wir alle können stolz darauf sein, uns jetzt als Träger des Bayerischen Qualitätspreises 1997 zu bezeichnen. Der Schlüssel zum Erfolg war zum einen unser vorbildliches Qualitätsmanagement und zum anderen unser permanentes Streben nach Perfektion oder kurz KVP. Denn im Gegensatz zu anderen Unternehmen reden wir nicht nur darüber, sondern verfolgen seit Jahren konsequent den Weg der kontinuierlichen Verbesserung. Welche Bedeutung hat nun dieser Preis und welchen Nutzen kann das Unternehmen daraus ziehen? Der Bayerische Qualitätspreis wird jedes Jahr an Unternehmen verliehen, die besondere Erfolge auf dem Gebiet des Qualitätsmanagements erzielt haben. Die Bewertung erfolgt dabei durch ein Expertengremium, das uns in diesem Jahr nach umfangreichen Befragungen und einer Betriebsbesichtigung aus ca. 100 Bewerbern ausgewählt hat. Verliehen wird dieser Preis von der Bayerischen Staatsregierung. Unseren Kunden gegenüber dokumentieren wir mit diesem Preis ein weiteres Mal unser außerordentliches Qualitätsniveau. Eine Auszeichnung, die bei Kaufentscheidungen den Ausschlag geben kann. Der Preis wurde am 22.04.1997 anlässlich eines Empfanges in der Bayerischen Staatskanzlei von Herrn Dr. Otto Wiesheu überreicht. Stellvertretend für alle Mitarbeiter wurde er von der Geschäftsleitung entgegengenommen.

10. WERKZEUG- UND FORMENBAU: VON DER MECHANISCHEN WERKSTATT ZUM BETRIEBSMITTELBAU

Von Georg März

Zum Jahreswechsel 1948/49 wurde in einem Nebenraum eine mechanische Werkstatt eingerichtet. Als einzige Maschine wurde eine Tischbohrmaschine angeschafft. Diese wurde zum „Bohren, Drehen und Fräsen" verwendet. Die damaligen Fachleute mussten wahre Improvisationskünstler sein. Nach einiger Zeit kamen dann Schleifständer, eine gebrauchte, belgische Drehmaschine und eine Hobelmaschine hinzu.

Eine Kuriosität muss an dieser Stelle erwähnt werden: an einer alten Hobelmaschine wurde auf dem Tisch eine Elektromagnetplatte befestigt, am Stößel wurde im Stahlhalter eine Art Schleifflex eingespannt, und dieses „Wunderwerk der Technik" diente einige Jahre als Flächenschleifmaschine.

Im Juli 1955 wurde die Werkstatt in eine elektrische und eine mechanische Abteilung aufgeteilt. Das war die eigentliche Geburtsstunde des Werkzeugbaus. Ab August 1955 bestand das Personal aus dem Meister Heinz Schienhammer, Formenbauer

Adolf Lades und Werkzeugmacher Georg März. Der Raum war relativ klein und befand sich genau in der Südhälfte der heutigen Elektromechanischen Werkstatt. Im Laufe der folgenden Jahre wurden immer wieder dringend benötigte Maschinen angeschafft, so dass sämtliche Werkzeuge, Vorrichtungen und Hilfsmittel ausschließlich bei ELPO hergestellt werden konnten.

Am 29. August 1955 wurde der erste „Lehrling" eingestellt. Es war der Beginn der eigenen Ausbildung. Allerdings war dieser erste Versuch prompt ein Reinfall. Der Lehrling hatte nach kurzer Zeit die Lehre abgebrochen. Aber schon der zweite Versuch im Jahr darauf war ein Volltreffer. Der Lehrling hieß Viktor Maresch und ist nun schon seit vielen Jahren Abteilungsleiter der Betriebsmittelkonstruktion. Bis heute wurden 76 Werkzeugmacher und Formenbauer ausgebildet, von denen ausnahmslos jeder seine Facharbeiterprüfung mit Erfolg ablegte. Viele von ihnen haben durch Weiterbildung den Handwerksmeister- oder Industriemeistertitel erworben. Vier davon sind heute Diplomingenieure. Z. Zt. stehen noch 6 in der Ausbildung. Interessant ist, dass von den oben genannten heute noch 43 Personen bei E-T-A beschäftigt sind. Sei es als Werkzeugmacher, Formenbauer oder Sondermaschinenbauer im Betriebsmittelbau, als Einsteller in der Stanzerei, Schweißerei und in der Fertigung, sowie als Meister oder Abteilungsleiter.

Bereits im Jahre 1954 hat Jakob Ellenberger die Absicht erklärt, dass er in nicht allzu ferner Zeit einen eigenen Formenbau einrichten möchte. Dies war auch der Grund, warum Adolf Lades nach Beendigung seiner Lehrzeit in Nürnberg zur Fa. ELPO wechselte. Zwischen der Familie Ellenberger und der Familie Lades bestand ein sehr enger Kontakt, denn Familie Ellenberger wohnte zu dieser Zeit im Hause von Herrn Lades sen. Endlich, im Jahre 1962, stellte der damalige Betriebsleiter Aschka Adolf Lades die Frage, ob er sich in der Lage sähe, Formen zur Herstellung von Pressteilen im eigenen Hause herzustellen. Obwohl der damals vorhandene Maschinenpark für einen guten Start nicht geeignet erschien, bejahte Lades die Frage.

Hätte er allerdings gewusst, dass als erste Pressform ein 3-poliger Sockel für das Gerät KR (Kontroll-Relais, ein relativ großes Teil, ca. 50 x 30 x 80 mm) hergestellt werden mußte – wer weiß, wie dann die Entscheidung ausgefallen wäre. Am 10.01.1963 war es soweit, das erste Pressteil aus dem Formenbau der Fa. ELPO wurde bei der Fa. Pohl in Nentershausen bei Kassel abgepresst. Adolf Lades litt bei dieser Prozedur Höllenqualen, denn beim ersten Pressenhub war die Form festgefahren. Doch durch die Umsicht und Erfahrung der dortigen Fachleute wurde daraus noch ein glückliches Ende, so dass alle Beteiligten sehr zufrieden sein konnten. Somit kann man dieses Datum als die Geburtsstunde des Formenbaus bezeichnen. Die Räumlichkeiten wurden um die Nordhalle im Werkzeugbau erweitert. Am 01.01.1965 wurde Lades zum Vorarbeiter dieser neuen Abteilung ernannt.

Es sei noch erwähnt, dass die erste Form fast ausschließlich auf einer einzigen Maschine gefertigt wurde, nämlich einem „UWG" (Universalwerkstattgerät). Diese Maschine wurde umgebaut zum Fräsen, Drehen und Bohren. Im weiteren Verlauf der Entwicklung wurden immer mehr moderne und relativ teuere Maschinen angeschafft. Die Anzahl der Facharbeiter wurde durch Ausbildung und auch vereinzelt durch Fachleute von fremden Firmen vergrößert.

Ab 02.01.1969 übernahm Georg März die Leitung des Werkzeugbaues. Die Firmenleitung wurde immer aufgeschlossener in Bezug auf technische Investitionen.

Zwangsläufig platzte die Werkstatt aus allen Nähten. Es mussten sogar Maschinen in die Stanzerei ausgelagert werden. Etwa 1971-1972 erklärte Jakob Ellenberger freudestrahlend: „Wir bauen einen Werkzeugbau auf der grünen Wiese". Alle Planungen liefen für einen Flachbau. Aufgrund der damaligen wirtschaftlichen Lage gab es kurzfristig von der Regierung eine sog. Investitionszulage. Herr Ellenberger änderte sofort die Planung, und es entstand der heutige 3-geschoßige Bau. Im Sommer 1975 konnte der Neubau bezogen werden. Plötzlich war Platz in Hülle und Fülle vorhanden.

Die Anforderungen wurden immer größer, die Geräteproduktion wuchs von Jahr zu Jahr, so dass der Werkzeugbau in Punkto Qualität, Service, Änderungsdienst und immer komplexer werdender Betriebsmittel mithalten mußte. Der Maschinenpark wurde kontinuierlich erweitert und die Personalstärke vergrößert.

Ganz ohne Absicht entstand in den siebziger Jahren der Sondermaschinenbau aus kleinen Anfängen wie Sondervorrichtungen und halbautomatischen Rationalisierungsmaßnahmen bis hin zu den heutigen millionenteuren, automatischen Fertigungsanlagen. Dadurch wurde aus der Mechanischen Werkstatt von 1948 bei ELPO der heutige Betriebsmittelbau von E-T-A (1979) mit 45 Fachkräften inkl. 6 Auszubildenden. Der Betriebsmittelbau war verantwortlich für die Herstellung, Wartung und Änderung sämtlicher, in der Teilefertigung und Produktion benötigter Betriebsmittel. Ausgerüstet mit allen Maschinen der modernen Fertigungstechnik wie Diaformschleifen, Koordinationsschleifen, Senkerodieren, und CNC-Fräs- und Drahterodiermaschinen mit CAD-Anbindung. Kurzfristig ist vorgesehen, CAD-Daten und Programme online direkt an die CNC-Fräsmaschinen und an die Drahterosionsmaschinen zu übertragen. Zeichnungen und Konstruktionen werden nur noch mit Kontrollmaßen versehen, um die Betriebsmittel noch rationeller zu fertigen. Mittelfristig ist geplant, den Betriebsmittelbau als Profit-Center zu führen.

Zum Schluss noch eine Anekdote, die den damaligen Betriebsleiter Aschka betrifft: Als Aschka eines Tages an der Bügelsäge Material für seine schon allseits bekannten Spezialmontagevorrichtungen abschneiden wollte, geriet er durch eine Unachtsamkeit mit der Fingerspitze an das laufende Sägeblatt. Als der hinzukommende Stanzer, Lades sen., sah, was passierte und Mitleid zum Ausdruck brachte, sagte Aschka in seinem Ur-Schwäbisch: „Nun mache sie kein solches Getue, und schneide sie dieses Drum gar weg.", was dann auch geschah. Aschka wickelte einen Putzlappen um den Finger und verschwand. Er hatte an diesem Nachmittag die Arbeit nicht wieder aufgenommen. Vermutlich war dies der einzige Krankheitstag in seiner Dienstzeit bei ELPO.

11. ARBEITSVORBEREITUNG

Von Hans Roth

Unsere weltweit am Markt operierende Firma entwickelt, produziert und vertreibt seit 50 Jahren auf den verschiedensten Geschäftsfeldern viele Typen mit sehr vielen Varianten.

1948: Der Bereich „Produktion" entwickelte sich aus den Anfängen heraus kontinuierlich aufwärts. Verstärkt durch viele patentrechtlich abgesicherte und auch funktionell umgesetzte Ideen standen bis weit in die 60er Jahre hinein Umsatz, Erlös und Herstellkosten im richtigen Verhältnis. Ab Mitte der 60er Jahre traten erstmals Mitbewerber am Schutzschaltergerätemarkt auf.

1960: Dies war der Zeitpunkt, die in der Fertigung praktizierten Produktionsabläufe, Produktionsverfahren und Produktionsmethoden zu erfassen, sie zu dokumentieren und anschließend zu kalkulieren, um einen Ist-/Sollkostenvergleich durchführen zu können.

1970: Dies war auch der Start der Kalkulations- und ab 1970 der Arbeitsvorbereitungsabteilung (damals Rationalisierungsabteilung genannt). Sie wurde von Anfang an eingebunden in die monatlich stattfindenden Konstruktions- und Produktionsbesprechungen mit dem Schwerpunkt „Rationalisierung". Zum gleichen Zeitpunkt wurde durch Schaffung einer Betriebsmittelkonstruktionsabteilung und durch Gliederung des Werkzeugbaus und Formenbaus sowie des Sondermaschinenbaus der Grundstein für eine produktive zukunftsweisende Entwicklung gelegt. Die Produktion in den Werken Altdorf, Hohenfels und Kallmünz lief auf vollen Touren.

Die Montagevorgänge wurden überwiegend manuell durchgeführt. Die Aufnahmevorrichtungen für die Endmontage waren aus „Holzbrettchen mit Nägeln bestückt" und dienten zur Aufnahme der Gehäuseteile in den Bohrungen. Die Einzelteil- und Baugruppenfertigung wurde manuell bzw. mechanisiert mit Hilfswerkzeugen, kleinen und großen Biegepressen, Handwickelmaschinen, Widerstandsschweißmaschinen usw., ausgeführt. Die Geräteend- bzw. -ausgangsprüfung (Schaltzeit, Widerstand, Durchgang usw.) wurde mit selbsterstellten Prüfeinrichtungen (Prüfbrettern usw.) erledigt. Das Gerätespektrum war vielseitig, jedoch die großen Produktionsstückzahlen lagen im thermischen bzw. im thermischmagnetischen Bereich. Die Gerätetypen 630 / 680 / 683 / 4100-4700 / 2-5700 / 3500 / 4000 usw. waren die Hauptumsatzträger. Es ergab sich hier und speziell beim Gerätetyp 2-5700 mit täglich ca. 4000 Stück = 80 000 Stück pro Monat = ca. 1 Mio. pro Jahr für diese junge Rationalisierungsabteilung (Arbeitsvorbereitung) ein enormes Betätigungsfeld. Die im Vorfeld erforderlichen Arbeitsfolge-, Arbeitsablauf- und Arbeitsplatzbedarfsanalysen wurden nach „Refa-Methoden" durchgeführt. Mit MTM – ein Verfahren vorbestimmter Zeiten – wurde erstmals ein modernes Instrument des Arbeitsstudiums zum Analysieren der produktiven Arbeit (Arbeitsplatzgestaltung und Zeitwerte für manuelle Bewegungen) und zum Zweck der arbeitstechnischen Rationalisierung angewandt. Es wurden Reihenfertigungen (Flussprinzip) für Typen 2-5700 / Magnetic und 685 eingeführt.

Neue Betriebsmittel, wie Montagevorrichtungen, Kontaktdruckprüfvorrichtungen, pneumatische Mehrfachschrauber, zwei- bis vierfach Gehäuse-Nietvorrichtungen usw. wurden konzipiert, konstruiert, im Betriebsmittelbau erstellt und nach und nach in der Fertigung installiert. Parallel wurden auch für die Einzelteilfertigung rationelle Betriebsmittel erstellt. Verbundwerkzeuge ersetzten einfache Schnitt- und Biegewerkzeuge. Die zeitaufwendigen Biege- und Einlegearbeiten konnten somit entfallen. Beispiel: Die Betriebsmittelkonstruktion entwickelte 1974 ein Folgeverbundwerkzeug für das Beschneiden und Trennen von Kupferkontaktstücken – eingesetzt in zwei Drittel aller thermischen Geräte.

Es wurden damals und auch heute noch mit dieser Art von Werkzeugen ca. 1000 Teile in 7,5 Minuten hergestellt. Bisher waren allein im Werk Kallmünz (ehemaliger Tanzsaal) für diese Ausklinkvorgänge 10 bis 12 Personen täglich beschäftigt. Das Rationalisierungsergebnis war kaum vorstellbar und die Stückkosten sanken um ein Vielfaches.

Anzumerken wäre auch, dass in diesem Zeitraum zum ersten Mal bei der Neuentwicklung des Gerätes 483 (Luftfahrtgerät) ein Projektteam aus Konstruktion, Labor, Arbeitsvorbereitung, Qualitätskontrolle und Vertrieb mit turnusmäßigen Besprechungen, Aktivitäten und Ergebnisanalysen installiert wurde.

1975: Die Aufgaben dieser jungen Arbeitsvorbereitungs-Abteilung wurden immer umfangreicher und waren somit nicht mehr zu bewältigen, deshalb wurden Zug um Zug neue Mitarbeiter eingestellt. Auch die Fertigungsabteilung erweiterte sich ständig, und damit stieg der produktive Personalanteil auf ca. 70% = 600 bis 650 Mitarbeiter. Um den großen Anteil der Lohn- und Lohnnebenkosten (Zeitlohn) zu senken, wurde für den Produktionsbereich für alle manuellen Arbeiten ein „Leistungslohnsystem" angedacht. Am 1.7.1976 wurden die ersten „Verteilzeitstudien" nach der „Multimomenthäufigkeitsstudie" durchgeführt. Anschließend sind unter der beratenden Begleitung der Unternehmensberatung Weber die Art und Vorgehensweise für die Prämienentlohnungssysteme festgelegt worden.

Wir begannen in der Abteilung Schweißerei mit dem Pilotprojekt. Zeit- und Kalkulationstabellen wurden erstellt und eingeführt, Mengen- und Qualitätsleistungsprämien für Einsteller und Mitarbeiter erarbeitet. Für die Zeit- und Datenerfassung wurden Stempeluhren und Monatsprämiendatenblätter eingeführt. Die nächste Abteilung war die Stanzerei und Biegerei. Im Bereich Stanzautomaten wurde eine Qualitätsleistungs- und Maschinennutzungsprämie für die Einsteller angewandt. Ganz besonders zu erwähnen wäre, dass diese Prämie eine Kollektivprämie ist und bereits damals die erste praktizierte Gruppenarbeit in der Firma E-T-A war. Sie funktioniert nach nunmehr 20 Jahren immer noch.

Die Leistungsentlohnung wurde immer mehr ausgebaut, und es kamen weitere Baugruppen-, Montage- und Bedruckabteilungen in Altdorf, Hohenfels und Kallmünz hinzu. Mit der letzten Abteilung Versand wurde im Juli 1980 dieses weitreichende und produktivitätssteigernde Projekt abgeschlossen. Mit der Verlagerung der kompletten Magnetic Baugruppen- und Endmontage nach Hohenfels ging für uns ein lang gehegter Wunsch in Erfüllung. Erstmals konnten wir für diesen leer werdenden Raum unsere Vorstellungen für eine zeitgemäße, humane Arbeitsplatzgestaltung verwirklichen. Diese Luftfahrtgeräte-Abteilung (483/583) wurde mit ergonomisch aufgebauten und modularen Sitz-Steh-Arbeitstischen, mit verstellbaren Fußstützen und mit einem

Kästchen für den Privatbereich ausgestattet. Die Tische konnten je nach Anforderung in Reihen bzw. in Gruppen zu 2 bzw. 4 Tischen zusammengestellt werden. Die Arbeitsplätze wurden mit Beidhandmontagevorrichtungen und ergonomisch aufgebauten Greifbehältern sowie mit pneumatischen Schraubern usw. bestückt.

1980: Bis weit in die 80er Jahre hinein war dieser orange abgetönte Raum mit seinen grünen Montagetischen, Regalen, Prüfbrettern und orangenen Teiletabletts nicht nur ein beruhigendes Umfeld, sondern auch für die damalige Zeit ein richtungsweisendes, humanes, ergonomisches – dem menschlichen Bewegungsmuster angepasstes – Vorzeigeobjekt. Diese Art der Montage- und Fertigungsräume wurde bis in die heutige Zeit hinein Zug um Zug umgesetzt (siehe heutiges Luftfahrtzentrum usw.).

Die Baugruppen-, Montage- und Prüfvorgänge standen von je her in einem sehr hohen zeit- und damit kostenaufwendigen Verhältnis zu den gesamten Herstellkosten. Um die am Markt bereits vorhandenen taktunabhängigen Montagesysteme wirtschaftlich einsetzen zu können, bedarf es hoher Stückzahlen mit geringer Variantenvielfalt. Es gelang uns mit Unterstützung der Entwicklungsabteilungen, die Funktionselemente in den Geräten zu vereinheitlichen (Baukastensysteme). Dabei blieben die geometrischen äußeren Gehäuseformen der Gerätetypen 127, 129, 157, 158, 5200, 5700 erhalten. Wir erreichten damit unsere benötigten Planstückzahlen von ca. 8000 bis 10000 Stück täglich.

Für diese 3-E-T-A Fertigung war angedacht und geplant, eine Abteilung zu schaffen, die bereichsunabhängig ihre Kundentermine erfüllen kann. Dies lösten wir mit einem hohen Rationalisierungsgrad, und zwar mit dem Bau von Sonderwickelmaschinen, Baugruppen-Drehtellermaschinen und automatischen Kontaktanschluss und Knopfmontage-Drehtelleranlagen. All diese Anlagen wurden Anfang 1983 parallel zum taktunabhängigen Montageband gebaut. Dieses Montageband wurde unter wirtschaftlichen Gesichtspunkten von der Arbeitsvorbereitung geplant, ausgestattet mit vier manuellen und fünf automatischen Stationen mit Werkstückträgern zum Bestücken von zwei Geräten (Beidhandarbeit), in der Betriebsmittelkonstruktion konstruiert, im Werkzeug- und Sondermaschinenbau gebaut und mit eigenen Steuerungen und Programmen von unserer Spezialabteilung ausgestattet. Im September 1984, nach einer längeren Testphase, wurden diese Anlagen bis Ende 1984 Zug um Zug in der neuen kleinen Fertigungshalle (1. Stock), Kostenstelle 350, installiert. Die Investition für das taktunabhängige Montagesystem lag bei ca. 400.000 DM. Die Amortisationsdauer betrug zwei Jahre. Besonders zu bemerken: bis heute wurden die Geräte auf dieser Anlage gefertigt.

Für alle diese logistischen, organisatorischen und produktiven Verbesserungen wurden Wirtschaftlichkeitsvergleiche durchgeführt, mit der Geschäftsleitung besprochen und von ihr mitgetragen. Diese Maßnahmen waren und sind für unsere Wettbewerbsfähigkeit notwendig, und sie sichern uns auch langfristig unsere Arbeitsplätze.

1985: In den Zeitraum 1985 bis 1990 fiel auch die Planung und Anschaffung neuer Fertigungsmaschinen für die Einzelteil-, Baugruppen- und Gerätefertigung. Mit dem Kauf von rationellen, schnellen und werkzeugschonenden Stanzautomaten, Bearbeitungszentren, Laserschweißmaschine, Gerätebeschriftungsanlagen bzw. mit Laser orientierten wir uns immer am neuesten Stand der Technik.

Durch diesen hohen Rationalisierungs- und Automatisierungsgrad in der Produktion verringerte sich im Laufe der Jahre die Zahl unserer produktiven Mitarbeiter um ca. 30% auf ca. 450 Personen. Die Verlagerung von planerischen, verfahrenstechnischen, logistischen und steuerungstechnischen Aufgaben wurde Zug um Zug auf die Fertigungshilfskostenstellen wie Arbeitsvorbereitung, Betriebsmittelkonstruktion, Werkzeugbau und Sondermaschinenbau übertragen. Das gesamtwirtschaftliche Ergebnis konnte sich sehen lassen. Die Personalkosten, speziell im produktiven Bereich, sanken um ca. 7 Mio. DM. Die mittlerweile 12 Mitarbeiter in der Arbeitsvorbereitung waren nicht nur mit der Erstellung von Arbeitsplänen, Arbeitsbegleitpapieren (Ormig-Verfahren), Betriebsmittelplanung bzw. Zeitstudien usw. beschäftigt, sondern wurden auch immer mehr eingebunden in bereichsübergreifende Projekte. Wir konnten unsere Erfahrungen und unser Know-how über fertigungsmontagegerechte Verfahren und Methoden auch bei der Geräteneuentwicklung und bei Änderungen mit einbringen (z.B. Magnetic / 3120 / 1610-Geräte usw.). Die in Wertanalyse, DFMA, Refa-Fachkursen, MTM, PPS und weiteren Fachkursen ausgebildeten technischen Mitarbeiter gingen mit Elan in die 90er Jahre.

1990: Ein neuer Rationalisierungsschwerpunkt war bereits seit 1989 in Planung, und zwar ein flexibles, taktunabhängiges modular aufgebautes Montagesystem für die Typen 201 / 201-T2 / 3600 / 3900 usw. Der Endausbau war mit 15 Modulen z.B. fünf manuellen Arbeitsplatz-, acht Automatikmodulen und zwei automatischen Prüfplatzmodulen und ca. 60 Werkstückträgern festgelegt. Das erste Mal wurde für die beiden Automatik-Lötstationen je ein „Schwenkarmroboter" für das Verlöten der Spulendrahtenden mit dem Verbindungsstück bzw. Anschluss eingesetzt. Planung, Bau und Programmierung der benötigten Betriebsmittel wurde wiederum, wie bereits beim 1. Montageband praktiziert, von E–T–A Mitarbeitern durchgeführt.

Die erste Ausbaustufe wurde im November 1991, die zweite im August 1992 in unserer neuen großen Montagehalle (Kostenstelle 325) realisiert. Die Zeiteinsparung betrug ca. 45%, dies entspricht ca. 1 Minute pro Gerät. Die Investitionssumme lag bei ca. 2 Mio. DM, die Amortisationsdauer bei ca. vier Jahren. Beachtenswert, und fast nicht vorstellbar, ist der Rationalisierungsgrad bei diesem Gerät. Vom Zeitraum 1972 bis heute wurde die Endmontagezeit von durchschnittlich 4,7 Minuten auf durchschnittlich 1,2 Minuten pro Stück reduziert. Dies entspricht einer Zeiteinsparung von 3,5 Minuten pro Stück = 75%. Nach und nach wurden die von der Arbeitsvorbereitung geplanten Produktionsräume in der neuen großen Halle ausgebaut und mit Anlagen, Maschinen und sonstigen Betriebsmitteln bestückt. Heute sind alle Baugruppen- und Montageabteilungen in dieser Halle untergebracht. Gleichzeitig siedelte auch die Betriebsmittelkonstruktion und die Arbeitsvorbereitungs-Abteilung Mitte 1991 in den ersten Stock dieses Neubaus um.

Neben den allgemein und turnusmäßig anfallenden Arbeitsvorbereitungs-Tätigkeiten blieb weiterhin die Rationalisierung ein Schwerpunkt unserer Arbeit. Ein 3. Montageband wurde im Oktober 1992 in der Kostenstelle 325 installiert. Der Typ 3120 läuft auf dieser Anlage in vielen Ausführungen und Varianten. Auf manuellen, automatischen und mit Sensoren bestückten Montagestationen fertigen wir mit zwei Personen im Zweischichtbetrieb durchschnittlich 3.000 Geräte täglich. Um die Geräte 3120 wirtschaftlich endprüfen zu können, wurde parallel zu dem Montageband eine automatische Prüfanlage mit Palettenspeicher entwickelt. Sie ist mit
– 5 Prüfeinsätzen inkl. Nachjustiereinrichtung
– 28 Paletten mit je 50 Geräten im Paternoster

- 1 Portal-Linearachsen-System
- 2 Schaltschränke für Leistungsteil
- 2 Steuerschaltschränke
- 1 Dateneingabe- und Bedienerplatz
- Rechner / PC / Drucker ausgestattet.

Die Anlage prüft und justiert rund um die Uhr die Geräte und gibt nach Abschluss pro Palette ein Prüfprotokoll heraus. Nicht in der Schaltzeit liegende Geräte werden markiert. Diese Prüfeinrichtung ist sowohl von ihrem Planungskonzept wie auch in ihrer technischen Ausstattung und in der Steuerungs- und Programmierausführung auf dem höchsten bisher gebauten Stand. Investitionssumme ca. 1 Mio. DM. Bis heute wurden mehr als 3 Millionen Geräte geprüft.

Weitere Rationalisierungsobjekte waren das Prüf- und Fertigungszentrum für unsere Schnappscheibengeräte 1610-90/21 (ersetzt Schmelzsicherung im Auto). Eine sehr diffizile auf hohem Fertigungs- und prüftechnischen Niveau aufgebaute Anlage. Die Investitionssumme lag bei ca. 1,4 Mio. DM.

1995: Eine Vorzeigeanlage für die Montage des Typs 1170 wurde 1995 hergestellt und 1997 erweitert. Hier werden diese thermischen Geräte von vier Personen montiert und über ein Band einer Ultraschallschweißmaschine zugeführt. Beide Gehäusehälften werden thermisch verschweißt und nicht mehr wie bisher vernietet. Investitionssumme ca. 150.000 DM. Fertigungskapazität ca. 5000–6000 Stück täglich. Um diese Stückzahl auch wirtschaftlich prüfen zu können, ist von unserer Seite eine automatische Prüfanlage geplant. Wir rechnen mit ca. 15 Stunden Zeiteinsparung pro Tag.

Bereits im Jahre 1995 erfolgte die Übernahme und Einbindung der Elektronik-Fertigung in die vorhandene Produktionsorganisation. Im Juni 1995 liefen die Raumplanungen für unsere Fertigungshalle in Surabaya (Indonesien) an. Ein Teil des Gerätespektrums Typ 104 bis 106 / 1410 / 1160 usw. soll hier gefertigt werden. Sämtliche benötigten Betriebsmittel, Maschinen und Prüfgeräte usw. wurden geplant und gebaut bzw. aus vorhandenen Beständen abgezogen. Die hergestellten Produktionsmittel wurden bis Oktober 1996 im Werk Altdorf zusammengestellt, verpackt und anschließend nach Surabaya verschifft. Der Produktionsbeginn war Januar 1997 mit den Gerätetypen 104 bis 106. Parallel lief auch ab Februar 1996 die Planung der Produktionsverlagerung des Gerätetyps 8340 an. Sämtliche Betriebsmittel wurden erfasst, katalogisiert und fotografiert. Alle benötigten Fertigungsunterlagen wurden kopiert sowie Produktionsmethoden und Vorgänge mit den Verantwortlichen von CBI durchgesprochen. Seit Juli 1997 fertigt CBI diesen Gerätetyp für E–T–A.

Die 90er Jahre brachten auch eine zusätzliche Umstrukturierung der Arbeitsvorbereitungs-Abteilung. Im Januar 1991 bis 1992 wurde mit Unterstützung von Prof. Schmiedek eine „Fertigungssteuerung" für hausgefertigte Einzelteile in der Arbeitsvorbereitung installiert. Die benötigten NCR-Module wurden beschafft, Fertigungsaufträge sowie Eigenfertigungseinzelteile werden verwaltet.

Unter Zusammenarbeit mit der Unternehmensberatung Binke & Partner wurde 1994 auch die Lagerhaltung der hausgefertigten Baugruppen in das System aufgenommen. Anschließend wurde der Bereich Dispo für hausgefertigte Einzelteile und Baugruppen sowie Dispo für Rohmaterial in die Arbeitsvorbereitung verlagert. Im Jahr 1995 wurde auch der Dispo-Bereich für chargenpflichtige Einzelteile und Baugruppen für die Luftfahrtgeräte in der Arbeitsvorbereitung installiert.

In den Jahren 1996 und 1997 wurde Zug um Zug die Kostenstelle 330 zu einem Luftfahrtgerätezentrum umgebaut. Das fertigungsnahe Lager wird von der Arbeitsvorbereitungs-Steuerung verwaltet.

Bereits 1996 wurde von der Geschäftsleitung die Weiche für das 21. Jahrhundert gestellt. Die bisherige Hard- und Software von NCR wird umgestellt. Die neue Hardware kommt von Siemens Nixdorf und ist vernetzt in allen Abteilungen abrufbar. Die Software kommt vom führenden Softwarehaus SAP und wird seit Anfang 1997 bereits im Bereich Materialwirtschaft und Dispo in Kursen geschult und auf unsere Bedürfnisse und Anwendungen eingestellt. Diese komplexen und bereichsübergreifenden Programme benutzen die Bedieneroberfläche „MS-Windows". Die Bedienungsvoraussetzungen wurden seit 1991 mit den Kursen für MS-Dos / Windows / Word / Excel / Access / Powerpoint usw. für alle in der Arbeitsvorbereitung zuständigen Mitarbeiter geschult. Ab September 1997 laufen die Kurse für PP (Produktionsplanung und Steuerung) an. Somit wird Zug um Zug dieses moderne EDV-Hilfsmittel in der Arbeitsvorbereitung eingesetzt.

Die vorhandenen Daten, wie Stücklisten, Arbeitspläne und Laufkarten, Prüfpläne, Beschriftungsanleitungen usw. sind mit dem stets aktuellen Stand nicht nur für die Arbeitsvorbereitung abruf- und für Fertigungsaufträge usw. umsetzbar, sondern auch in allen Produktions- und sonstigen tangierenden Abteilungen verfügbar. Ein System für alle, das unserer Abteilung speziell noch viel Arbeit (in der Planung und Steuerung) aber auch in gewissen Bereichen (Dispo) Erleichterungen bringt.

Unsere Abteilung ist seit nunmehr 27 Jahren in der Firma E–T–A integriert und beschäftigt zur Zeit 15 Personen. Wir sind stolz auf das, was wir gemeinsam geleistet haben. Wir werden uns weiterhin anstrengen, um unser Erfahrungspotential auch in der Zukunft für die Firma und ihre Mitarbeiter nutzbringend anzuwenden. Wir gratulieren recht herzlich zum 50jährigen Firmenjubiläum.

12. 50 JAHRE E–T–A PRODUKTION

Von Heinz Kandzora

Seit dem Jahr 1948 lief die Produktion ständig ansteigend und erfüllte die vielfältigsten Kundenwünsche in aller Welt für die vielen Gerätetypen und der sich ergebenden Anzahl von Arten und Varianten. Dass dies natürlich mit möglichst kurzen Lieferterminen vollzogen werden sollte, stellte die Fertigung (Einzelteile-, Baugruppen- und Gerätemontagen) vor scheinbar unüberwindbare Hürden. Im Oktober 1970 wurde mir die Verantwortung für die Produktion Altdorf und, im Zusammenwirken mit der Werksleitung, auch für Hohenfels und Kallmünz als Betriebsleiter übertragen. Mein Wissen und Erfahrung aus vorheriger verantwortlicher Tätigkeit konnte ich umgehend anwenden und einbringen, da der Arbeitsplatz durch meinen Vorgänger bereits verlassen war. Erforderliche Änderungen und Umstellung der Organisation in der Produktion waren bald erkannt und die notwendigen Schritte eingeleitet.

Um diese Organisationsveränderungen, hervorgerufen durch das schnelle Wachsen der Firma E–T–A, durchführen zu können, wurde als erstes die Arbeitsvorbereitung (AV) gegründet. Um die Kalkulation für unsere Produkte zu unterstützen, mußte zur Sicherung der Soll-Zeitwerte ein Ist-Zeitwert erarbeitet werden, damit der Kalkulation eine Sicherheit ihrer Daten gegeben werden konnte. Aber nicht nur für die Kalkulation, sondern vor allem um eine gerechtere, individuellere Entlohnung durchführen zu können, wurde eine Leistungsermittlung erarbeitet und in Form einer Prämie an unsere Mitarbeiter gegeben. Bei der Einführung der Leistungsentlohnung (Prämie) half uns anfangs die Unternehmensberatung Weber und zeigte unserer neu gegründeten Arbeitsvorbereitung die richtige weitere Vorgehensweise.

Diese erstellte Leistungsentlohnung (Prämie) wird den Mitarbeitern entsprechend ihrer Anforderungslohngruppe (Grund- bzw. Stundenlohn) gemäß ihrem Leistungsergebnis zusätzlich ausbezahlt. Die Mitarbeiter können sich nun ein gutes zusätzliches Geld erarbeiten. Dies ist bei unterschiedlichen Leistungen bei Mehrleistung gegenüber weniger leistungsbereiten Mitarbeitern auch gerecht und als solches zu vertreten. Gerade für unsere guten und treuen Mitarbeiter in der Produktion war es an der Zeit, etwas finanziell zu tun, denn sie halfen uns als aufgeschlossene Belegschaft, in Samstags- oder Sonntagsarbeit, kürzere Kundenwünsche zu erfüllen für Qualität und Liefertermin. Sie waren immer da, wenn wir sie riefen oder es erforderlich wurde. Diese Aufgaben der Leistungserfassung erforderte von der Arbeitsvorbereitung sorgfältiges Arbeiten und neben ihren weiteren Aufgaben wie Rationalisierung und Aufgaben anderer arbeitstechnischer Art auch eine ständig wachsende Mitarbeiterzahl.

Um unseren Mitarbeitern ihre manuelle erschwerende Arbeitsweise zu erleichtern, wurde die Betriebsmittelkonstruktion (BMK) gegründet und erweitert. Es wurden neue Vorrichtungen und Werkzeuge konstruiert und gebaut, um das Arbeiten an den einzelnen Plätzen mit weniger Belastung ausführen zu können. Andere Arbeiten wurden ganz von Sondermaschinen übernommen. Die BMK bewährte sich bald als Kostenreduzierer für die Produktion, denn es entstanden viele Folge-Verbundwerkzeuge, Vorrichtungen und Sondermaschinen, die zur Verringerung der Herstellkosten für unsere Produkte und zur Erleichterung der Arbeit führten. Diese selbsterstellten Anlagen als Sondermaschinen in der Produktion wurden immer mehr verbessert, und so konnten wir als Krönung für unsere Gerätemontage taktunabhängige Montagebänder in Betrieb nehmen. Für diese Prodel-Montagebänder wurden von unseren eigenen Fachabteilungen für den Einsatz in der Produktion alle Werkzeuge und Vorrichtungen konstruiert, gebaut und in Betrieb genommen. Dies bewirkte natürlich, dass die manuellen Arbeiten in der Teilefertigung, vor allem in Kallmünz, immer weniger wurden. Der Betrieb Kallmünz, der überwiegend Einzelteile bearbeitete, war nicht mehr ausgelastet und wurde, da er wirtschaftlich nicht mehr zu halten war, aufgelöst (angemietete Räume). Alle Mitarbeiter wurden nach Hohenfels verlegt und kostenfrei an ihren neuen Arbeitsort gefahren. Aber die BMK für Sondermaschinen zeichnete auch verantwortlich für viele neue Arbeitsplätze:

    a) im Werkzeugbau für die Herstellung von Sondermaschinen
    b) bei Gründung einer neuen Abteilung „Produzieren mit Sondermaschinen".

Hochwertigere Werkzeuge, Vorrichtungen und Sondermaschinen erforderten natürlich eine Modernisierung im Werkzeugbau bei der Herstellung von Werkzeugen und Einrichtungen. Einzelteile und Baugruppen mit höherer Genauigkeit und besserer

Qualität können nur mit qualitativ besseren Werkzeugen erstellt werden. Es wurde mir möglich, hierzu kurzfristig die Weichen zu stellen, indem eine neue Profilschleifmaschine angeschafft wurde. Wir verließen die herkömmliche manuelle Werkzeugherstellung, und so folgten im Werkzeugbau bald weitere moderne Maschinen, wie z.B. Senkerodier- und Drahterodiermaschinen, Koordinaten-Schleifmaschinen und CNC-Fräsmaschinen. Alles teure Einrichtungen, aber gemäß Stand der Technik notwendig. Denn diese Investitionen bringen bedeutende Einsparungen in der Produktion.

Mit der Bereitstellung dieser neuen besseren Werkzeuge wurde nun an die Stanzerei herangegangen. Von Exzenterpressen mit Bedienung durch eine Person konnten wir weggehen, um mit Stanzautomaten, bei Mehrmaschinen-Bedienung und wesentlich höheren Hubzahlen, mit schonendem Werkzeugeinsatz, beträchtliche Kosten in der Stanzerei einzusparen. Die gleichen Überlegungen standen Pate bei der Anschaffung der Stanz- und Biegeautomaten, jedoch hier für die maschinelle Herstellung von Baugruppen. Auch die Hydraulikpressen erbrachten Vorteile gegenüber den Exzenterpressen. Weniger Pressenschlag sondern gleichmäßiger Druck schonen Werkzeuge und erzeugen vor allem weniger Lärm für unsere dort arbeitenden Mitarbeiter. Die neuen Stanzautomaten erforderten natürlich einen höheren Kapitaleinsatz durch die Firma. Aber sie brachten eine bessere Qualität der Teile bei schonenderem Werkzeugeinsatz (höhere Standzeit) und vor allem die Möglichkeit des Mehrschichtbetriebes.

Bei allen Überlegungen über Veränderungen in der Fertigung standen natürlich immer die Belange unserer Mitarbeiter im Vordergrund, so auch bei der Abschaffung der Exzenterpressen und Ersatz durch die Stanzautomaten, denn wir konnten damit die Unfallgefahr an Pressen mindern und die Lärmbelastung für die in der Stanzerei arbeitenden Mitarbeiter wesentlich herabsetzen. Dies wurde auch mit dem Einsatz der Hydraulikpressen statt Exzenterpressen noch verstärkt. Eine weitere Verringerung der Umweltbelastungen in Bezug auf „Lärm" wurde durch den Einbau der Lärm-Absorber in der Stanzerei und in einigen Abteilungen der neuen Halle erzielt.

Auch für die Mitarbeiter der erforderlichen, angrenzenden Abteilungen – ob produktionsabhängig oder nicht – machten wir uns Gedanken über eine leistungsgerechtere Entlohnung. Mitarbeiter des Werkzeugbaus, des Formenbaus oder Labors sowie alle anderen Facharbeiter wurden nach der Grundeinstufung in ihrer Anforderungs-Lohngruppe entsprechend ihrer Erfahrung und Verhaltensweise unterschiedlich in der Lohngruppe eingeordnet und bezahlt. Also wurde auch hier dem Gedanken einer Leistungsentlohnung nach einem Gedankenaustausch mit dem Abteilungsleiter oder Meister etwas näher gekommen. Später wurde für den Werkzeugbau in Altdorf und Hohenfels eine Prämie in Anlehnung an die Stanzerei eingeführt. Die Produktionsabhängigkeit bei Werkzeugreparaturen und Ersatzstellung erforderte diese Prämie.

Die Widerstandsschweißerei bildete im Altbau mit der Stanzerei eine gemeinsame Abteilung. Jede dieser beiden Bereiche forderte infolge ihres Wachsens eine Trennung, und so entstanden bei der Verlagerung in den Lager-Neubau zwei unabhängige Kostenstellen. In der Schweißerei verarbeiten unsere Mitarbeiter Einzelteile zu Baugruppen auf Widerstandsschweißmaschinen und Hochfrequenzlötmaschinen. Laser-Schweißmaschinen kamen hinzu und gaben uns neue Herstellungsmöglichkeiten für unsere Produkte. Einige Gerätetypen wären ohne diese Laser-Schweißmaschinen gar nicht zu fertigen.

Alle Montage-Abteilungen zogen in den vergangenen Jahren in die neue Fertigungshalle, und so blieb auch die Schweißerei nicht verschont und mußte einen nochmaligen Umzug an ihren jetzigen Standort durchführen. Die gemeinsame Wasserrückkühlung für die Produktionsmaschinen machte diesen Umzug mit notwendig.

Mit der Erweiterung der Galvanik im Lager-Neubau wurde die Kapazität abgestimmt auf die vergrößerten Fertigungsbereiche und Produktionszahlen. Hier in dieser Abteilung sind neben der gewissenhaften Durchführung der Produktion auch die Erfordernisse der Umwelt von größter Wichtigkeit. Die Ableitung des Abwassers nach erfolgter Neutralisation wird automatisch über 24 Stunden/Tag überwacht und dokumentiert. Außerdem unternehmen die hierfür verantwortlichen Stellen (Behörden) ständig Überprüfungen durch Stichproben. Der anfallende Galvanikschlamm wird zur Beseitigung zum Sondermüll-Zweckverband gebracht. Um den Galvanikschlamm kostengünstiger zu entsorgen, wurde eine Schwermetall-Rückgewinnungsanlage (Silber) angeschafft und in Betrieb genommen.

Deshalb möchte ich hier an dieser Stelle einmal unseren dort arbeitenden und verantwortlichen Mitarbeitern einen besonderen Dank sagen für ihre gewissenhafte und fachlich korrekte Arbeit in Sachen Umwelt. Die vergangenen 50 Jahre hatten wir keine Beanstandung beim Abfall und Sondermüll durch die kontrollierenden Behörden. Die Per-Waschanlage zum Waschen von Einzelteilen und Baugruppen wurde verschrottet und durch eine umweltfreundliche Waschanlage ersetzt. Auch die Gerätebeschriftung mittels Siebdruck (Farben und Behälter sind auch Sondermüll) wurde weitgehendst von Laser-Beschriftungsanlagen übernommen.

Noch viele Aufgaben wurden gelöst, aber vor allem wurde mit tatkräftiger Hilfe unserer Mitarbeiterinnen die tägliche Produktion regelmäßig gemäß den Kundenwünschen erfüllt. Das gute Einvernehmen und Miteinander kamen zum Ausdruck bei unseren privaten Zusammenkünften, und das gute Betriebsklima bestätigte sich bei den jährlich stattgefundenen Vorweihnachtsfeiern in unserer Kantine.

Ich glaube abschließend feststellen zu können, dass unsere Mitarbeiter in Verwaltung und Produktion einen guten Anteil zur erfolgreichen Entwicklung der Firma in den vergangenen 50 Jahren beigetragen haben. Dafür unseren Mitarbeitern in der und für die Produktion arbeitenden ein herzliches „Dankeschön".

Dies soll aber auch Ansporn sein an unsere jetzt schaffenden Mitarbeiter ebenso für die Zukunft in der Firma weiterhin gute Arbeit zu leisten. Mögen die kommenden Jahre der Firma E–T–A einen weiteren Aufschwung und wirtschaftlichen Erfolg bringen. Denn dies allein sichert die Arbeitsplätze aller Mitarbeiter für die Zukunft. Die Aufbauarbeit der vergangenen 50 Jahre wurde erfolgreich vollzogen. Der Firma E–T–A wünschen wir weiterhin „Glück auf" und von allen Mitarbeitern der Produktion zum Jubiläum auch für die Zukunft Glück und Erfolg!!!

13. PRODUKTION

Von REINHOLD PALMER und OTTO LEPSINGER

Politisch und wirtschaftlich war die Zeit vor den 80er Jahren geprägt durch feste Systeme und geordnete Märkte. Hervorgerufen durch die politischen Veränderungen Anfang der 90er Jahre veränderten sich auch die wirtschaftlichen Bedingungen für die Industrie. Die Öffnung der Ostgrenzen brachte den Arbeitsmarkt der westlichen Industrieländer durcheinander. Viele Produktionsunternehmen investierten in die sogenannten Billiglohnländer oder verlagerten die Produktion dorthin. Dies führte auch bei uns in Deutschland zum Anstieg der Arbeitslosigkeit, die bis heute auf den höchsten Stand seit Bestehen der Bundesrepublik anwuchs. Etwa gleichzeitig begann in Fernost und im südpazifischen Raum ein Wirtschaftswachstum einiger Staaten. Die in diesen Ländern produzierten Waren veränderten ebenso die wirtschaftliche Situation bei uns. Es entstand mehr Konkurrenz und Preisdruck.

Um diesen Herausforderungen bei E–T–A zu begegnen, wurden neben Investitionen für Rationalisierung auch ablauforganisatorische Veränderungen durchgeführt. Nach Abschluss der Untersuchung über den Auftragsdurchlauf (Auftragseingang Vertrieb bis Auslieferung Versand) wurde dieser durch Verringerung von Schnittstellen und Brachzeiten erheblich reduziert. Mit Einführung der Fertigungssteuerung für Einzelteile und Baugruppen konnte die Teileverfügbarkeit der Fertigung verbessert werden, d. h. weniger Unterbrechungen, weniger Teillieferungen. Die Einführung von Kanban für regelmäßig abfließende Teile, Auftragsverfolgung und genauere Kapazitätsplanung, brachte zusätzliche Verbesserungen, so dass die Durchlaufzeit der Aufträge in der Fertigung wesentlich verringert und die Termintreue erheblich gesteigert werden konnte. Die Verlagerung und Konzentration der gesamten Fertigung in den Bereich Neubau brachte kürzere Transportwege und schnellere Kommunikation. Ein weiterer Schritt zur Verbesserung der Akzeptanz unserer Produkte durch die Kunden war 1993 die Zertifizierung des Qualitätsmanagements nach ISO 9001.

Durch Einführung von KVP (Kontinuierlicher Verbesserungsprozess) wurden alle Mitarbeiter in die Weiterentwicklung und Optimierung von Fertigungsprozessen und organisatorischen Abläufen mit einbezogen. Für diese Art der Mitarbeiterbeteiligung zur Steigerung der Qualität und Produktivität erhielten wir 1997 den Bayerischen Qualitätspreis durch den Wirtschaftsminister verliehen. Um flexibler und schneller auf Wünsche unserer Kunden zu reagieren, wurde gemeinsam mit dem Betriebsrat die flexible Arbeitszeit verabschiedet. So können Schwankungen im Auftragseingang ausgeglichen werden, und die Mitarbeiter haben einen größeren Spielraum bei der Gestaltung der eigenen Arbeitszeit.

Durch steigende Nachfrage an Geräten für die Luftfahrt wurden Maßnahmen erarbeitet, nach deren Umsetzung das heutige Luftfahrtzentrum entstand. Die Produktionskapazität wurde von 8.000 Polen pro Monat auf 25.000 erhöht. Der Fertigungsablauf wurde prozessorientiert gestaltet, die Verringerung von Kostenstellenwechsel brachte eine Verkürzung der Durchlaufzeit. Um dies zu realisieren, wurde ein neuer Beschriftungslaser angeschafft. Ultraschallwaschen, Vergießen der Geräte usw. wird in der Montage erledigt. In der Schweißerei kam eine neue Laserschweißmaschine zum Einsatz und in der Stanzerei ein neuer Stanzautomat sowie ein Bearbeitungszentrum für Baugruppen.

Um die Mitarbeiter in Entscheidungsprozesse einzubeziehen und deren Motivation zu verbessern, wurde ein einfaches Gruppenarbeitsmodell an der Fertigungsanlage für den Typ 1610 getestet. Das Resultat aus diesem Projekt: bessere Qualität, höhere Produktivität, geringere Kosten und vor allem motivierte und zufriedene Mitarbeiter. Bedingt durch rückläufige Stückzahlen für dieses Gerät mußte diese Gruppe leider aufgelöst werden. Das bedeutete aber nicht, dass die Gruppenarbeit beendet ist. In Altdorf und Hohenfels wurden weitere Gruppen gebildet, wobei sich einige Probleme herausstellten, an deren Lösung gemeinsam gearbeitet wird. Die Einführung von SAP-R/3 macht natürlich nicht vor der Fertigung halt. Nachdem die Module HR (Lohn und Gehalt), SD (Vertrieb), CO (Controlling) und MM (Materialwirtschaft) bis Anfang 1998 eingerichtet wurden, steht die Einführung des Moduls PP (Fertigung) bis Ende 1998 an. Die Anforderungen an alle Beteiligten sind dabei gewaltig. Riesige Datenmengen z.B. Stücklisten, Arbeitspläne usw. müssen vorbereitet, bearbeitet und eingespielt werden. Aber das Ziel, das hinter der Einführung steckt, lohnt die Anstrengung. Wir alle werden durch PP flexibler und in den Aussagen unserer Kunden gegenüber genauer und zuverlässiger. Zufriedene Kunden, motivierte Mitarbeiter und ein intaktes Arbeitsumfeld sichern unser aller Arbeitsplätze.

Darum – mit Mut und Fleiß – auf zu neuen Zielen!

14. GALVANIK

Von GÜNTHER HAAS

1950 wurde eine Kleingalvanik mit Glockengalvanisierung eingerichtet, zu deren Leitung Josef Krug sen. ernannt wurde. 1963 trat Günther Haas ein und errichtete eine größere Galvanik mit Entgiftungsanlage, die dem Stand der Technik entsprach, um alle Teile im Hause zu veredeln (Beschichtungsverfahren Silber, Kupfer, Nickel, Zinn und Zink). Kupfer und Nickel wurden als Trommelgalvanisierung durchgeführt. 1969 wurde wegen Fertigungsengpässen Versilberung und Verzinnung auf Trommel umgebaut. Dadurch verkürzte sich die Expositionszeit von 3 Stunden pro Charge auf 10–20 Minuten und dreifacher Menge pro Charge.

1970, nach langjährigen Bemühungen des Galvanikleiters, konnte der erste Qualitätsstandard eingeführt werden. Es wurden entsprechende Schichtdicken für Schaltkontakte, Ruhekontakte, Anschlüsse festgelegt, die dann auf den Zeichnungen als Mindestschichtdicke eingetragen waren. Bis 1970 wurde nach dem Motto: „Der Haas macht das schon, dass es passt" (O-Ton Konrad Heydner und Fritz Krasser) gearbeitet. Durch steigende Produktion, höhere Schichtdicken und wesentlich mehr galvanisierte Teile pro Gerät, war 1975 die Kapazität der Galvanik erschöpft. Günther Haas warb bei Geschäfts- und Betriebsleitung um die Errichtung einer größeren Galvanik, lange Jahre ohne Erfolg, so dass Teilmengen in Lohngalvaniken vergeben werden mussten. 1981 gab es endlich grünes Licht, dass Günther Haas eine neue Galvanik mit Entgiftungsanlage planen konnte. 1982 wurde die entsprechende Halle in Angriff genommen. Im Juni 1983 wurde die Galvanik mit Entgiftungsanlage bezogen und in Betrieb genommen, die dem neuesten Stand der Technik entsprach. Zunächst wurde eine Kupfer-Nickel-Zinnstraße eingerichtet, zwei Jahre später auch die Silberstraße auf Großtrommel umgebaut. Die Kosten für Galvanik betrugen ca. 400.000 DM, die für Entgiftung ca. 200.000 DM, ohne Gebäude. Es waren für Produktionssteigerungen erhebliche Reserven vorhanden.

1985 waren die Kapazitäten in verschiedenen Bereichen wieder erschöpft, weil wegen schlechter Lieferqualität die Fertigung von sämtlichen Rohrnieten im Hause nachgalvanisiert wurde. 1985 wurde eine Brünier- und Schwarzfärbeanlage eingerichtet. Somit war E-T-A komplett eingerichtet für den anfallenden Bedarf. Es konnte eine gleichbleibende Qualität hergestellt werden. Die Entgiftungsanlage wurde zur Zufriedenheit der Behörden betrieben, Auffälligkeiten sind nicht aufgetreten.

Aufgrund verschärfter Grenzwerte beim Abwasser mußte 1990 eine Ionentauscheranlage nachgerüstet werden, Kostenpunkt ca. 80.000 DM, welche aus Sicherheitsgründen 1995 um eine Ionentauschersäule erweitert wurde, Kosten ca. 15.000 DM. Alle Anlagen entsprechen dem Stand der Technik.

1991 wurde Kostenstelle 306 (Waschanlage, Trowal und Ultraschallreinigung) der Galvanik zugeordnet. Wegen gesetzlicher Vorschriften mußte 1992 die Per-Anlage ausgemustert werden, da chlorierte Kohlenwasserstoffe als krebsfördernd eingestuft wurden. Die Räumlichkeiten wurden vergrößert und eine automatische Reinigungsanlage auf wässriger Basis eingerichtet (ohne Gefahrstoffe, biologisch abbaubar), Kosten ca. 110.000 DM – 1 Mitarbeiter. Alle Teile aus der Stanzerei werden dort gewaschen, ein großer Teil trowalisiert (Abschleifen des Stanzgrates). Der Galvanikleiter bewältigt die Sammlung und vorschriftsmäßige Entsorgung des Sondermülls, und mit 2 Mitarbeitern werden pro Monat 5–7 Millionen Teile für die Fertigung veredelt. Mit dem Firmenjubiläum 1998 endet die Ära Haas. Die Nachfolge ist bereits geregelt.

15. DIE CHRONIK DER WERKE HOHENFELS UND KALLMÜNZ AUS DER SICHT EINES DIREKTBETEILIGTEN UND MIT DEN ERINNERUNGEN EINES 80JÄHRIGEN

Von Kurt Weihrauch

1960

In dieser Zeit boomte die Wirtschaft, in den Ballungsgebieten mangelte es jedoch an Arbeitskräften. Es war die Hochkonjunktur der Pendler. Die teueren Arbeitsplätze in den Städten bewogen die Industrie, den Arbeitskräften entgegen zu gehen und Arbeitsräume auf das Land zu verlegen. Rührige Bürgermeister entdeckten ihre Chance und bewarben sich.

Die Marktgemeinde Hohenfels hatte viel anzubieten: Das Angebot umfasste die Bereitstellung der Gebäude sowie den Bau von Straßen und billigen Grundstücken. Die Kontaktaufnahme mit den Herren J. Ellenberger und H. Poensgen ergab, dass das alte Schulhaus mit zwei Stockwerken geeignet wäre, dort Fertigungsräume einzurichten. Bürgermeister Inzenhofer berief eine Bürgerversammlung ein, in deren Verlauf sich spontan 42 Frauen für die sofortige Arbeitsaufnahme meldeten. Die Pendler waren das Potential für später. Der gesamte Gemeinderat war sich nach Besichtigung des Werkes Altdorf einig, eine entsprechende Firma gefunden zu haben.

Und nun begann der Wettlauf mit der Zeit. Das Hauptwerk Altdorf hatte das Gründungsdatum 01.08.1948, und Hohenfels sollte am 01.08.1961 den Betrieb aufnehmen. Architekt Schmidt oblag die schier unlösliche Aufgabe, aus einem 150 Jahre alten Gebäude in kurzer Zeit einen Umbau zu bewerkstelligen, der auch den Vorschriften der Gewerbeaufsicht entsprach. Man bedenke, dass das ehrwürdige Gebäude aus Felssteinen in mehreren Etappen gebaut wurde.

Die Umbauarbeiten erwiesen sich, angefangen vom Plumpsklo bis zu den 60 cm dicken Zwischenmauern als sehr schwierig, denn die Balken von 50 x 50 cm hatten nur eine Auflage von der Dicke eines Besenstieles. Kabelverlegung war nur mit Mauerdurchbrüchen möglich. Mit Handlampen, zwei Maurern und einem Elektriker wurden bis spät in die Nacht die notwendigen Installationen immer unter Zeitdruck getätigt. Die Zeit wurde knapp, und die Installation der Toiletten wurde unterbrochen, weil der ganze Bereich in das Erdgeschoss durchbrach. Die verlorene Zeit mußte nachgeholt werden, also war Tag- und Nachtarbeit angesagt – aber pünktlich am 30.07.1961 war es soweit: Abgelegte Stempeluhren von Altdorf warteten auf den Einsatz der ersten Frauen. Kniehebelpressen und Wickelmaschinen waren installiert, und der große Augenblick war gekommen. Täglich mussten zwei neue Frauen in ihre Tätigkeit eingearbeitet werden. Überfällige Terminarbeiten (Baugruppen) häuften sich so, dass die Arbeitskraft der ersten 30 Frauen nicht mehr ausreichte, und die Kapazität des Schulhauses nicht mehr erweitert werden konnte: also noch eine Fertigungsstätte für 20–25 Frauen einrichten. Es bot sich der Saal des Gasthauses „Zur Post" der Familie Rödl an. Der Umzug der Abteilung Einzelteil/Baugruppenfertigung in das nahegelegene Gasthaus war wie eine Befreiung aus dem mittlerweile zu eng gewordenen ehemaligen Klassenzimmer. Wieder gab es Umbauarbeiten, die Architekt Schmidt durchführen mußte: z.B. der 10 m lange Balkon, der direkt in den Pfarrgarten ragte und den Frauen einen Platz für die Freizeiten in den Pausen bot. Selbst der Kaplan legte seine Brevier-Lesezeit im Garten mit unseren Arbeitspausen zusammen, ein Auge dem Buch zugewandt, mit dem anderen wohlgefällig das Seelenheil seiner ihm anvertrauten Schäfchen überwachend.

1961

Für einen Ein-Mann-Betrieb war die Arbeit nicht mehr zu bewältigen. Von Altdorf wurden all die manuellen Arbeiten nach Hohenfels verlegt, deren Termine meistens schon um Wochen überzogen waren. Herr Witka wurde eingestellt. Um die räumlichen Engpässe zu überwinden, wurde in der Mitte des Ortes der Bogner-Saal als 3. Fertigungsstätte bezogen. So dezentralisiert war das Arbeiten natürlich sehr schwierig, und ein eigener Bau wurde erwogen.

Zur Gründung wurde im Auftrag von Herrn Ellenberger in Hohenfels zusammenhängender Baugrund gekauft, der aus kleinen Parzellen, Waldstücken und Wegrändern bestand. Für eine Straßenzuführung mussten kleine Grundstücke erworben werden, was mit vielen Schwierigkeiten verbunden war (wie z.B. Weizenpreise), und wenn es sich um Besitz der Kirche handelte. Die Probleme kamen auch daher, dass die Besitzurkunden noch aus dem alten Katasteramt Velburg stammten, die gültigen dagegen in Hemau lagen. So kam es, dass manche Grundbesitzer schnell noch ein fremdes Waldstück abholzten. Dabei ging natürlich so mancher Schuss nach hinten los, da es sich bei dem vermeintlichen „Nachbarholz" um das eigene handelte.

Wir hatten den Bürgermeister und den Gemeinderat zur Unterstützung, und so wurden unklare Besitzverhältnisse bestens geklärt. Zum Schluss wurde ein ansehnliches Grundstück erstellt (ca. 6 ha), und Architekt Schmidt konnte mit der Planung beginnen. Die Firma Weiß, Burglengenfeld, bekam den Zuschlag für den Bau, die Firma Fruth, Parsberg, den Straßenbau. Der 1. Spatenstich war ein großes Ereignis für Hohenfels. Eine riesige Baustelle, alles funktionierte so, dass in einer Bauzeit von nur einem Jahr das Werk bezogen werden konnte.

1965

Umzug in das neuerrichtete Gebäude. Schon bald platzte auch hier die Fertigung aus allen Nähten. Aufträge häuften sich, Termine waren nicht mehr einzuhalten, nun konnte mit der bereits geplanten Erweiterung begonnen werden. Nachdem wir gute Erfahrungen hatten, war alles in kürzester Zeit möglich. Und die Aufträge jagten sich. Als jedoch der Raum Hohenfels keine Arbeitskräfte mehr bot, wurde im nahegelegenen Kallmünz um Arbeitskräfte geworben. Gleichzeitig wurden die Gemeinden des oberen Vilstales von Rohrbach in Richtung Dietldorf, Schmidmühlen bis Rieden erschlossen. Eine Buslinie mußte geschaffen werden. Sofort wurde mit der Bahndirektion Regensburg verhandelt. Die Buslinie Amberg – Regensburg war das Privileg der Bahn, wir beanspruchten jedoch das Mittelstück Rieden – Rohrbach. Nach teils zähen umfangreichen Verhandlungen und mehreren persönlichen Vorsprachen war dies auch in die Reihe gebracht. Bürgermeister Weiß, Kallmünz, was sehr behilflich. Als sich nach einer Befragung 52 Frauen zur Verfügung stellten, war Weiß bereits von anderen Gemeinden mit dem Motto „Jedem Bürgermeister eine Fabrik" angesteckt.

1969

Der Druck der vielen Aufträge zwang uns, die Baugruppen-Fertigung nach Kallmünz zu verlagern. Also wie gehabt: Geeignete Räume suchen. In Kallmünz eine Fertigung ins Leben zu rufen, hatte auch noch einen anderen Grund. Die Firmen Siemens und Grundig hatten in diesem Gebiet bereits Erkundigungen eingezogen, wenn sich ein anderes Unternehmen dort niedergelassen hätte, wäre uns auch das Arbeitskräftepotential in Richtung Amberg verlorengegangen.

Also ein Grund, mit diesem Standort anderen Firmen den Zugang Richtung Amberg zu sperren. Im Ort bot sich der ehemalige Kinosaal an. Die vorhandene Warmluftheizung gab den Ausschlag, die Fertigung dorthin zu verlegen. Hohenfels hatte ja Erfahrung im Errichten derartiger Räumlichkeiten. Im April 1969 konnte der Betrieb aufgenommen werden. Kallmünz entwickelte sich sehr gut, doch fehlten die entsprechenden Sozialräume. Nach Kontrolle der Gewerbeaufsicht mußte eine Lösung gefunden werden. Hinzu kam, dass die Mietforderungen nicht mehr akzeptabel waren. Das mehrmalige Hochwasser bot uns damals eine ganz neue Art von Erfahrung. Aus den äußersten Ecken des Vilstales mussten die Frauen mit Kähnen und sogar mit den gemeindlichen Streu- und Räumwagen abgeholt werden.

Es wurde wieder ein Ausweg gesucht und gefunden: Das stillgelegte Gebäude der Klosterschule war eine Möglichkeit. Erneut wurden verschiedene Umbauten erforderlich. Erhöhung der Treppengeländer sowie Vergitterung zu niedriger Fensterbänke, Abzüge für Zinnbäder, noch eine Heizung und Räume für die Öltanks mussten geschaffen werden.

1969–1982

Es war eine hektische Zeit. Hohenfels erlebte ein Wechselbad von Überlastung und Mangel an Aufträgen. Die Geschäftsleitung beurteilte die Lage immer nach dem Zustand von Altdorf. Hohenfels konnte nicht disponieren, weder mit Arbeitskräften noch mit Aufträgen. Altdorf benutzte Hohenfels/Kallmünz als Ventil. Alle Arbeiten, welche die Kapazität von Altdorf überstiegen, wurden nach Hohenfels verlegt, die Aufträge wurden jedoch sofort wieder entzogen, wenn Altdorf sie zur Auslastung brauchte. Die Akquisition und das Terminbüro bedrängten Hohenfels oft unqualifiziert, so dass wir danach strebten, selbständig Gerätetypen zu fertigen.

Mit Unterstützung des Labors (Konrad Heydner) und der Junioren kam der große Umbruch. Die Typen 2-5000 und 2-5700 waren die ersten Geräte, deren Fertigung nach Hohenfels verlegt wurde. Das Einrichten von Prüfgeräten und Arbeitsplätzen für den Siebdruck wurde wieder in Tag- und Nachtarbeit bewältigt.

Die Hohenfelser Belegschaft war hoch motiviert. In der Freizeit wurde sehr viel unbezahlte Arbeit geleistet, damit nicht alle Schwierigkeiten in die oberen Etagen gelangten. Kallmünz erwies sich jetzt als der notwendige Baugruppen-Lieferant. Altdorf nahm Kallmünz voll in Anspruch, und Hohenfels benötigte die Baugruppen gleichermaßen. Also wieder Hektik und Streit.

Viele Vertreter nahmen Kontakt mit Hohenfels auf, so dass wir immer einen Ansporn hatten, das Beste zu geben. Wir hatten einen guten Werkzeugbau zur Verfügung, der sich nach Verlegung in den Anbau erst so richtig entfalten konnte. Auch eine Werkstatt für die Elektriker ermöglichte uns ein gewisses Maß an Selbstständigkeit. Der Ehrgeiz von Hohenfels öffnete natürlich alle Türen für Sonderwünsche von Labor, Konstruktion und Akquisition. Bald zeigte sich, dass Altdorf mit der Fertigung von Magnetic-Geräten in Rückstand geraten war. Daraufhin bekam Hohenfels einen geeigneten Kundenkreis für die Geräte 3500/4000. Das neu entwickelte OBAG-Gerät, das kurzfristig geliefert werden sollte, wurde sofort nach Hohenfels verlegt und von uns sogar direkt an den Kunden ausgeliefert.

Ab dieser Zeit war an unserer Selbständigkeit nicht mehr zu rütteln. Es war eine wunderbare Zeit, einen Kundenstamm zu haben und die ersten thermisch-magnetischen Geräte komplett selbst zu fertigen, statt die Arbeiten zugeteilt zu bekommen. Hohenfels wurde ein Faktor, der auch Altdorf belebte. Es war ein Konkurrieren, weil das Stammwerk befürchten mußte, dass Arbeiten, die dort nicht rechtzeitig geschafft wurden, nach Hohenfels verlagert würden. Ein eigenes Terminbüro mit gutem Draht nach Altdorf war für den Arbeitsablauf notwendig. Durch die Einführung des Leistungslohnes wurde auch eine eigenständige Arbeitsvorbereitung erforderlich. Das Betriebsklima aus der Gründerzeit hatte sich stark verändert, die Leitung verbesserte sich jedoch sehr. Auch die Rationalisierung zeigte bereits messbare Ergebnisse. Mit der Anschaffung der ersten EDV-Geräte begann eine neue Phase. Neue Maßnahmen und automatische Arbeitsmittel hatten zur Folge, dass mit weniger Arbeitskräften eine größere Leistung erzielt wurde. So lief bis 1982 alles in geordneten Bahnen. Hohenfels mußte endlich nicht mehr die abgelegten Hosen des großen Bruders tragen.

1982

Fast 67 Jahre alt, ging ich in den Ruhestand und glaube, das Werk in gutem Zustand hinterlassen zu haben. Es war eine wunderbare, arbeitsreiche Zeit. Heute 80jährig denke ich gerne zurück und danke der E–T–A für 21 erlebnisreiche Jahre, die mir viele persönliche Freundschaften schenkten, die heute noch bestehen.

16. WERK HOHENFELS/KALLMÜNZ VON 1961 BIS 1998

Von Adolf Witka

1961: Fristgerechte Gründung

Am 1. 8. Gründung und Eröffnung des Zweigwerkes Hohenfels durch Jakob Ellenberger und Harald A. Poensgen. – Montage von Baugruppen im angemieteten ehemaligen alten Schulhaus mit einer Belegschaft von ca. 30 Mitarbeitern. – Das alte Gebäude muss in relativ kurzer Zeit für die Produktionsstätte umgebaut und renoviert werden. Pünktlich zum vorgesehenen Termin wird die Produktion aufgenommen.

1964: Weitere Produktionsräume werden benötigt

Die Fertigungskapazität muss erhöht werden, die Wirtschaft ist im Aufschwung. Vom Stammwerk müssen noch mehr und andere Baugruppen nach Hohenfels verlagert werden. Aus diesem Grunde werden im Februar 1964 als Produktionsräume ehemalige Tanzsäle angemietet (Gasthaus zur Post und Gasthaus zum Schwan). Die Belegschaft wird auf ca. 70 Mitarbeiter aufgestockt.

1964: Neubau eines firmeneigenes Gebäudes

Gleichzeitig wird ein firmeneigenes Gebäude zur Planung freigegeben, und am 19.5.64 kann der erste Spatenstich für den Neubau mit ca. 1600 qm von Büro-, Sozial- und Fertigungsräumen erfolgen.

23.10.1964: Richtfest für das neue Gebäude

Geladene Gäste: Vertreter von Staatsregierung, Landratsamt, Gemeinde, US-Behörde, am Bau beteiligter Firmen und Vertretungen der E–T–A Werke Altdorf und Hohenfels.

1965: Umzug in das neue Gebäude

Nach genau einjähriger Bauzeit: Fertigstellung und Umzug in das neue Gebäude am 18.5.1965. Arbeitskräfte aus dem Raum Hohenfels stehen nicht mehr zur Verfügung, und wir müssen in die Räume Amberg und Parsberg ausweichen. Die Region Amberg – Hohenfels ist noch nicht durch das öffentliche Verkehrsnetz erschlossen. Nach anfänglichen Schwierigkeiten mit der Bahndirektion Regensburg wird eine eigene Buslinie eröffnet. Die bestehende Postlinie aus dem Raum Parsberg wird genutzt, die Fahrzeiten unseren Bedürfnissen geringfügig angepasst.

1966: Erste Azubis werden ausgebildet

In Hohenfels werden ein selbständiger Werkzeugbau und eine Elektrowerkstatt eröffnet. Die ersten Auszubildenden werden eingestellt, bis zur Facharbeiterprüfung ausgebildet und als Facharbeiter übernommen. Der kleine Markt Hohenfels hat spätestens ab diesem Zeitpunkt gute wirtschaftliche Perspektiven.

1968: Hohenfels mit eigenständigem Fertigungsprogramm

Erster Höhepunkt des Werkes Hohenfels ist Anfang 1968 die Übernahme eines eigenen Fertigungsprogramms von thermischen und thermisch-magnetischen Überstromschutzschaltern mit der Vorfertigung von Einzel- und Baugruppenteilen, versandfertig in Eigenverantwortung. Qualitätssicherung wird eingeführt, und Hohenfels mausert sich zu einem anerkannten und qualitätsbewussten Werk. Die Belegschaft wächst auf ca. 180 Mitarbeiter.

1969: Zweigwerk Kallmünz wird gegründet

Die Wirtschaft boomt weiter, Kapazitäten reichen nicht mehr aus, Fertigungstermine können nicht mehr eingehalten werden. Lieferzeiten verlängern sich, für die Wirtschaft und für unsere Kunden eine unzumutbare Situation. Arbeitsräume werden in Hohenfels sehr knapp, eine Ausweitung der Produktion ist nicht mehr gegeben. Ausreichendes Potential an Arbeitskräften ist nur noch im Raum Kallmünz vorhanden.

Der Bürgermeister von Kallmünz, Heinrich Weiß, legt der Geschäftsleitung eine Liste von ca. 50 weiblichen interessierten Personen vor. Aus diesem Grunde wurde der Entschluss gefasst, ein Zweigwerk Kallmünz in einem angemieteten Kinosaal (Bayerl-Saal) zu eröffnen. Produktionsaufnahme war am 21.4.1969. Kallmünz wird der Werksleitung Hohenfels unterstellt. Belegschaftstärke ca. 70 Mitarbeiter.

Anbau am firmeneigenen Gebäude

Gleichzeitig wird im selben Jahr die Produktionsstätte Hohenfels durch einen Anbau von 1200 qm erweitert und 1970 bezogen.

1976: Hohenfels erhält eine EDV-Standleitung

Hohenfels wird durch eine Poststandleitung mit der EDV-Anlage des Hauptwerkes Altdorf vernetzt. In der Materialwirtschaft wird mit einer rechnergestützten Materialbestandsführung (INMAC-N) gearbeitet.

1977: Umzug Werk Kallmünz

Die Produktionsstätte Kallmünz wird zu klein, Räume der alten Klosterschule werden angemietet und in die neue Betriebsstätte umgezogen. Die Belegschaft der Werke Hohenfels und Kallmünz wächst auf 420 Mitarbeiter.

1978: Prämiensystem wird eingeführt

Einführung und Abschluss der Erfassung für das Prämien-Ermittlungssystem, was sich später mit der Rationalisierung auf den Personalstand enorm auswirken sollte.

1978: Firma E–T–A wird eine 100% Tochter der Fa. Ellenberger & Poensgen GmbH

Am 11.12.1978 Trennung der Firma Ellenberger & Poensgen GmbH in Ellenberger & Poensgen GmbH und die 100% Tochter der Produktions- und Vertriebsfirma E–T–A Elektrotechnische Apparate GmbH.

1982: Sintflutartige Regenfälle überfluten die Kellerräume des Werkes Hohenfels

Horrorvision jeder Produktionsstätte, sintflutartige Regenfälle überfluten am 4.8.82 das Kellergeschoss – Sozialräume, Teilefertigung und Werkzeugbau. Vier benachbarte Feuerwehren sind mit fünf TS8/8 Pumpen und einer TLF16 Pumpe im Einsatz, um die Kellerräume vor dem eindringenden Wasser zu schützen, können jedoch eine Überflutung in Höhe von ca. 1,20 m nicht verhindern. Glück im Unglück, dass es der zweite Tag des Betriebsurlaubes ist.

Mit Hilfe aus dem Urlaub zurückgeholter Mitarbeiter der Werke Altdorf und Hohenfels muss eine ca. 10–15 cm hohe Schlammschicht aus dem Kellergeschoss entfernt werden. Motoren und Steuerungen der Anlagen, Schweiß- und sonstiger Maschinen müssen ausgebaut, gereinigt und zur Überprüfung bzw. Reparatur zum jeweiligen Hersteller gebracht, komplett zerlegt, vom Schlamm befreit und gegen Korrosion geschützt werden. Ebenfalls müssen die Stanz- und Biegewerkzeuge, Schweißvorrichtungen sowie Prüfmittel teilweise zerlegt, gereinigt und eingeölt werden.

In der zweiten Urlaubswoche wird geheizt und die Räume gelüftet. In den letzten Urlaubswochen werden die Maschinen und Anlagen wieder zusammengebaut, zwischenzeitlich überprüfte Steuerungen und Motoren wieder eingebaut, Arbeitsplätze mit neuem Material und teilweise neue Einrichtungen vorbereitet, so dass nach dem Betriebsurlaub die volle Produktion wieder aufgenommen werden kann.

Nur durch den engagierten Einsatz der Mitarbeiter kann der Schaden in Grenzen gehalten werden (ca. 100.000,– DM), ansonsten wäre der Schaden um ein Vielfaches höher ausgefallen.

1984: Das Prämien-Ermittlungssystem wird auf PC umgestellt

Die manuelle Erfassung des Prämienlohnsystems und die zur Auswertung einer Fremdfirma übergebenen Daten werden auf ein eigenes PC Software-Programm umgestellt. Kosten und Zeit werden durch dieses System eingespart.

1986: 25 Jahre Hohenfels

Am 18. Juli 1986: Hohenfels feiert sein 25jähriges Jubiläum, zwei Tage wird gefeiert. Freitag, den 18.7.86, Jubilarfeier für alle Hohenfelser Mitarbeiter, Geschäfts- und Betriebsleitung Altdorf, sowie Vertreter der Werke Altdorf und Kallmünz. Geladene Gäste: Vertreter der Ämter und Behörden, Kirchenvertreter, Gemeinden, Polizei, Schule und ausgeschiedene Gründungsmitarbeiter. Die Feierlichkeiten finden in einem auf dem Betriebsgelände errichteten Festzelt statt.

Samstag, den 19.7.86, war Tag der „Offenen Tür". Für unsere kleinen Besucher wird in der Kantine ein Kindertag mit Zauberer und Betreuung durch Kindergärtnerinnen veranstaltet. Die organisierte Luftballon-Wettflugaktion für Kinder findet großen Beifall, die ersten fünf Gewinner haben die Chance, einen Rundflug über Hohenfels und Umgebung zu gewinnen. Der von Herrn Horst Ellenberger gestiftete Rundflug wird auch von ihm persönlich mit seiner Privatmaschine durchgeführt.

Zur Besichtigung der Produktionsräume werden diese für die sehr zahlreichen Besucher vormittags mit den verantwortlichen Mitarbeitern zur Information und Demonstration besetzt. Alle Mitarbeiter der Werke Altdorf und Kallmünz, Vertreter von Ämtern und Behörden, Bevölkerung von nah und fern sind zu diesem Tag eingeladen. Die Mitarbeiter der Werke Altdorf und Kallmünz werden mit Bussen nach Hohenfels gebracht. Nachmittags werden unsere Gäste im Festzelt zum gemütlichen Beisammensein mit musikalischer Unterhaltung und gegen ein kleines Entgelt zu einem echt bayerischen Essen eingeladen.

1986: Hohenfels erhält Auftragsverfolgungsprogramm (HOHAUF)

Ein Schritt in das moderne Zeitalter der EDV. Schnelle Übersicht, Flexibilität und Reaktionen auf Kundenwünsche, aufwendige manuelle Tätigkeiten werden vereinfacht. Kapazitätsplanung, Statistiken, Auftragsverzug, Auftragsbestand und Bauzustand werden maschinell abgefahren bzw. ausgewertet.

1989: Werk Kallmünz wird aufgelöst

Im Februar 1989 muss das Werk Kallmünz aufgelöst werden, die Mitarbeiter werden in einem bereits leer stehenden Fertigungsraum in Hohenfels integriert. Moderne halbautomatische Wickelsondermaschinen und Anlagen benötigen Wartungen und Betreuung von Fachpersonal. Da in Kallmünz kein Werkzeugbau vorhanden ist, wird dieser Entschluss aus wirtschaftlichen Gründen erforderlich. Der Mitarbeiterstand schrumpft auf ca. 260, Prämienentlohnung und Rationalisierungsmaßnahmen zeigen erste Auswirkungen.

1991: Das rechnergestützte Auftragsverfolgungsprogramm wird überarbeitet

Das rechnergestützte Auftragsverfolgungsprogramm (AUVER) wird überarbeitet, mit dem Verkaufssystemprogramm (INMAC-VAS) gekoppelt, Werk Altdorf schließt sich dem System an, die spezifischen Anforderungen von Altdorf werden angepasst. Verkaufsdaten, Arbeitsanweisungen werden direkt in die AUVER eingespielt.

1992: EDV Programm ADB wird neu eingeführt

1992 wird für die Werke Altdorf/Hohenfels zur Erstellung der Arbeitsbegleitpapiere bzw. des Arbeitsdatenblattes (ADB) ein Softwareprogramm mit der Anbindung an das Verkaufsprogramm (INMAC-VAS) und das Auftragsverfolgungsprogramm (AUVER) erstellt. Weitere sehr zeitaufwendige manuelle Tätigkeiten können dadurch eingespart und die Fertigungsdurchlaufzeit optimiert werden. Technische Daten wie Stückliste, Arbeitsplan, Verkaufs- und Versanddaten werden maschinell erstellt. Fertiglager-Geräteverwaltungs-Programm, Materialbedarfsauflistung und sonstige Komponenten werden ergänzt.

1995: Kontinuierliches–Verbesserungs–Vorschlagwesen (KVP) eingeführt

Mitarbeiterideen werden umgesetzt und prämiert. Neue Ziele werden gesteckt: Auftragsdurchlaufzeit auf 15 Tage reduzieren, bei 80% der Aufträge kann die DLZ verwirklicht werden. Engpässe von Kapazitäten und Materialbeschaffung haben den 100% Erfolg bis Dato scheitern lassen.

1996: Im März wird Pilotgruppe für Gruppenarbeit gestartet

Ausgewählt wird die Type 6110 (Türverriegelungsrelais) für einen bekannten Waschmaschinenhersteller. Mitarbeiter (7 Personen) werden durch Gruppenarbeit über ihren Aufgabenbereich, Verantwortungsaufgaben sowie den Umgang der Mitarbeiter in der Gruppe geschult. Vor dem Start wird zwischen der Geschäftsleitung und der Arbeitnehmervertretung eine befristete Betriebsvereinbarung abgeschlossen. Wegen eventl. Verdienstausfalles für die Pilotphase wird jedem einzelnen Mitarbeiter der persönliche Durchschnitt garantiert.

1997: Hohenfels heute

Im Werk Hohenfels sind zur Zeit 230 Mitarbeiter beschäftigt. Die Produktivität wurde um ein Vielfaches gesteigert. Hohenfels nimmt heute im Firmenverbund der Firma E–T–A einen festen Platz ein und stellt sich allen neuen Aufgaben. Qualitäts- und Kostenbewusstsein haben im Werk Hohenfels oberste Priorität.

1998: Einführung SAP/R3-PPP, Hohenfels 2000

Ziele für das Jahr 2000:
1. 20% Produktivitätssteigerung
2. Die Durchlaufzeit soll für 80% der Geräte bei 100% Verfügbarkeit aller Materialien erheblich verkürzt werden.
3. Alle Typen sollen, wenn möglich, in Gruppenarbeit gefertigt werden.
4. Fließ-/Linienfertigung für den Großteil der Gerätetypen, Schnittstellen (Bereichswechsel) meiden.
5. Materialflussoptimierung mit Hilfe SAP/R3
6. Lagerkosten nicht erhöhen, wenn möglich, eher senken.

17. AUS- UND WEITERBILDUNG HOHENFELS: TRAININGSREIHE FÜR VORARBEITERINNEN UND MEISTER

Von OTTO LEPSINGER und RAINER THEILE

Um Veränderungen umsetzen zu können, müssen insbesondere die Führungskräfte der mittleren Ebene motivierend auf die Mitarbeiter einwirken können. Diese Signale wurden ernst genommen. Eine Trainingsreihe für unsere Meister und Vorarbeiterinnen begann deshalb nach entsprechender Abstimmung im Januar 1994.

Umschalten können – aus der Fabrikhalle in den Seminarraum

Der Trainer, Herr Rainer Theile, gab zu Beginn des Seminars die Devise aus: Umschalten und nicht abschalten – von Alltagsroutine und Stress entfernt, sich mal zwei Tage mit Themen der Führung und Kommunikation auseinander zusetzen.

Für viele Teilnehmer war es sicherlich ungewohnt, von früh bis abends zu diskutieren. Und da gab's natürlich auch einige Vorbehalte, was das denn überhaupt bringen soll. Doch schnell liessen sich unsere Meister und Vorarbeiterinnen auf diese veränderten Aufgabenstellungen ein und brachten mit ihren Praxisbeiträgen viel Schwung in den Seminarablauf.

Dialog und Erfahrungsaustausch

Nach dem ersten Theorieteil zur gemeinsamen Sprachregelung lockerte sich die Stimmung, und die Bereitschaft, auch mal über sich und die Führungssituation zu reden, stieg deutlich an. Jetzt wurde es auch richtig praxisnah – was der Trainer so bezweckte – und jeder, der bereit war, sich einzubringen, konnte auch eine Menge Anregungen für seine tägliche Arbeit mitnehmen.

Keine Scheu vor der Geschäftsleitung

So war es allzu verständlich, dass der Themenkatalog für Fragen an die Geschäftsleitung langsam Gestalt bekam und auch die Bereitschaft stieg, darüber mit der Geschäftsleitung zu diskutieren. Jeder wollte seine Fragen loswerden und war natürlich auf die Antworten des Chefs gespannt. Die Herren Ellenberger und Poensgen standen bei den Meistern bis spät in den Abend zur Diskussion zur Verfügung.

Mit ebenso großem Engagement und der Offenheit, auch schwierige Themen anzusprechen, gingen unsere Vorarbeiterinnen bei den Abschlussgesprächen im letzten November auf Herrn Palmer und Herrn Steger zu. Hier mußte zwar der Trainer noch etwas mehr aufgemuntert werden, aber einmal in Fahrt, wurden sehr aktuelle Themen und auch Wünsche nach Veränderungen angesprochen.

Was wir mit der Seminarreihe erreichen wollen:
- Vermittlung und Anwendung von Techniken zur Führung von Mitarbeitern,
- Veränderung im Bewusstsein der Meister und Vorarbeiterinnen – weg von der Haltung, alles selbst am besten zu können,
- Entwicklung von mehr Selbstverantwortung und Kreativität,
- die Erkenntnis, dass wir nur als Ganzes funktionieren und jeder an seiner Stelle den besten Beitrag leisten muss,
- durch mehr Eigenmotivation auch Mitarbeiter/innen in schwierigen Situationen gut motivieren,
- Zeit für Mitarbeitergespräche nehmen – lieber ein intensives als zehn oberflächliche Gespräche,
- Stärkung der Selbstsicherheit und Eigeninitiative,
- Verbesserung des Zusammengehörigkeitsgefühls unter den Mitarbeitern, auch standortübergreifend Altdorf–Hohenfels.

18. HEUSSINGER GMBH, NÜRNBERG

Von AXEL HEUSSINGER und DIETRICH BRAUN

Zur Einführung

Wenn unser Jahrhundert gelegentlich als Kunststoffzeitalter, ja als „Plasticaeum" bezeichnet wird, dann darf doch nicht vergessen werden, dass die Vor- und Frühgeschichte der Kunststoffe sehr weit zurückreicht. Schon immer hat die Menschheit nach gut zugänglichen und leicht bearbeitbaren Werkstoffen gesucht, um mit möglichst geringem Aufwand technische Probleme lösen oder künstlerische Wirkungen erzielen zu können. So wurden Milcheiweißprodukte als Ersatz für natürliches Horn für Intarsien oder kleine Medaillons verwendet, und dieses Material begegnete unseren Urgroßeltern später in Form der Bauklötzchen in Steinbaukästen wieder.

Die sich rasch entwickelnden und ständig verändernden sozialen Strukturen im 18. und 19. Jahrhundert führten dann zu einer Fülle von Imitationen und Surrogatstoffen, die dem Bürger Zugang zu bis dahin nur wenigen, meist wohlhabenden Schichten vorbehaltenen Gegenständen ermöglichten. Beispiele hierfür sind Möbel, Puppenköpfe und Ornamente aus Pappmaché, später Linoleum (mit Korkmehl gefülltes Leinöl auf einer Gewebeunterlage) als Bodenbelag und Ersatz für einfache Holzböden und schließlich das Celluloid als künstliches Elfenbein. Das erste technisch brauchbare Kunststofferzeugnis im heutigen Sinne war wohl der vulkanisierte Naturkautschuk, der als Hartgummi (Ebonit) ein Surrogat für Ebenholz wurde und zum Teil auch natürliches Schildpatt ersetzte.

Diesen modifizierten Naturstoffabkömmlingen aus Kasein, Zellulose und Naturkautschuk folgte etwa um die Jahrhundertwende als erstes vollsynthetisches Produkt das nach Leo Hendrik Baekeland benannte und bis heute bedeutsame Bakelit, ein Polymer aus Phenol und Formaldehyd, das schon 1872 entdeckt wurde, aber zunächst keine Anwendung fand. Mit den sogenannten Phenolharzen beginnt die Entwicklung zahlreicher synthetischer Kunststoffe; in diesem Zusammenhang sind nicht nur die klassischen Standardprodukte wie Polystyrol, Polyvinylchlorid und Polyethylen zu nennen, die ihren Ursprung in den 20er und 30er Jahren unseres Jahrhunderts haben und trotz aller späteren Neuentwicklungen auch heute noch ihren Platz behaupten.

Das bessere Verständnis der chemischen und physikalischen Natur makromolekularer Stoffe – hier sollen nur die Namen der deutschen Nobelpreisträger Hermann Staudinger und Karl Ziegler erwähnt werden – führte nach dem Zweiten Weltkrieg zu faserverstärkten Kunststoffen und auch zu Polymeren, die nicht nur Werkstoff, sondern zugleich auch Funktionsträger sind und ihren Einsatz zum Beispiel in der Datenverarbeitung oder in der Medizin gefunden haben.

Durch das Zusammenwirken der wissenschaftlichen Grunddisziplinen im Bereich der Kunststoffe gelang es dann auch, die in der Anfangszeit zunächst nur empirisch ermittelten Beziehungen zwischen chemischer und physikalischer Struktur von Polymeren und ihren Werkstoffeigenschaften auf eine wissenschaftliche Basis zu stellen. Gleichzeitig entwickelten sich die Verfahren zur Formgebung von Kunststoffen zu einem eigenständigen Zweig der Ingenieurwissenschaft, so dass heute Chemie, Physik und Verarbeitungstechnik gemeinsam die drei Säulen dieser von Menschenhand geschaffenen jüngsten Werkstoffgruppe in der Geschichte der Technik bilden.

Appendix plasticus – Wie alles begann

Es ist Zeit, sich selbständig zu machen! Ein junger Ingenieur der Elektrotechnik, eine große Arbeitslosigkeit, Geld ist knapp und schwer zu beschaffen ... aber eine gute Ausbildung, Beharrlichkeit zur Sache und neue Technologien in Werkstoff, Fertigungstechnik, Datenübertragung, Verkehrstechnik ... Dies beschreibt eine besondere Lebenssituation im Jahr 1937. Der junge Ingenieur Hans Heussinger hat die Chancen eines neuen Werkstoffes erkannt, dass Bakelit ein Werkstoff mit einem facettenreichen Anwendungsspektrum war, im Jahr 1908 durch Baekeland erfunden. Jetzt war es soweit prozessfähig, dass gestalterisch und funktionell eine völlig neue Möglichkeit der industriellen Vervielfältigung entstanden war. Nürnberg als Standort hatte eine große Anzahl elektrotechnischer Betriebe, die die Anwendung des Werkstoffes zum Prinzip machten. War es doch eine tolle Sache, Funktion, Form, Isolation und Dekoration in ein Bauteil zu integrieren.

Ein Zulieferbetrieb entsteht

Am 26. Mai 1937 gründete Hans Heussinger, Nürnberg, ein Geschäft „zum Zwecke der Fabrikation von Kunstharzgegenständen". Die Messinstrumentenfertigungsbetriebe der Region waren wichtige Auftraggeber. Die beeindruckenden Schalttafeln der Maschinenhersteller verlangten nach vielen und auch sehr großen Zeigerinstrumenten. Geräte mit 14 cm Tafelmaß waren keine Seltenheit. Das macht uns bewusst, wie auch hier sich die Verkleinerung der Produkte bis in die Gegenwart entwickelt hat.

Hier ein Blick zurück in die Fertigung: Die Verarbeitung des Bakelits erforderte Hitze und Druck. Die hochglänzenden Gehäuse, die komplizierten Grundplatten und Spulen der Instrumente wurden damals aus dem schwarzen, hornähnlichen Kunststoff Bakelit hergestellt. Um die Presswerkzeuge auf eine Temperatur von 160 Grad zu bringen, wurden diese meist mit Widerstandheizbändern beheizt. Nachdem diese Werkzeuge mit dem körnigen, rieselfähigen Kunststoff befüllt worden waren, mussten sie je nach Werkzeuggröße mit einer Schließkraft bis zu 80 t geschlossen werden. Die Maschine in ausreichender Größe war damals zwar vorhanden, es gab aber keinen Druckknopf „Presse ab". Statt dessen gab es ein komfortables rhönradgrosses Handrad, seitlich an der staubig heißen Maschine. Mit geschicktem Einsatz von 80 kg Körpergewicht konnte man dieses über Hebelkraft und Räderwerk in stattliche Druckleistungen übersetzen. Der Maschinenkatalog der Firma Battenfeld beschrieb dies so: Handkniehebel Kunstharzpresse.

Menschliches Komfortdenken und Erfindergeist brachten bald einen Elektromotor zwischen Mensch und Maschine und damit auch wieder Messinstrumente in Bakelitgehäusen. Allerdings, da nach 1945 so mancher Elektromotor an den Maschinen fehlte, kamen auch die Rhönräder wieder zu Ehren und wurden aufgesetzt.

Neue Produkte und eine neue Personalstruktur waren Kennzeichen der Nachkriegszeit. Filterlose und wertvolle Zigaretten konnten jetzt mit einer Zigarettenspitze aus Bakelit vollständig verraucht werden. Für den kultivierten Raucher gab es den reich verzierten Aschenbecher aus Phenolharz oder Harnstoffpressmasse hinzu.

Personalstruktur – spröder Begriff, lebendiger Inhalt. Alte schwarz-weiße Bilder beweisen, dass ausschließlich weibliches Personal, also Kunstharzpresserinnen, die schweren Maschinen bedienten. Sie bearbeiteten die Formteile nach, verpackten diese versandfertig und „verifizierten" diese Prozesse mit ihren Kurzzeichen. Das war ISO 9000 in Reinkultur!

Gearbeitet wurde von Montag – Samstag Mittag, 45 Stunden und darüber war die Regel. Im übrigen, die 80t-Presse mit dem Handrad war auch noch da – 80 kg Körpereinsatz, hungrig und ohne Carepaket bei einer Fleischration von 500 g (im Monat) – zu zweit gelang auch dies. Zusammenhelfen, in diesem Fall durch den Maschinentakt, so alle 4 Minuten, war wichtig. An dieser Stelle ist Gelegenheit, unsere hohe Achtung über diese erbrachte Leistung auszudrücken. Marshallplan und ERP beeinflusste die Wirtschaft, so manch' fescher Amerikaner unsere noch fescheren Mädchen. Darunter auch einige Kunstharzpresserinnen, die kurz darauf nach Virginia oder Kansas auswanderten. Zigaretten hatten jetzt Filter, oder man schnippte diese gönnerhaft, handlich abgeraucht, in den Rinnstein. Also kamen Zigarettenspitzen bei den Herren völlig aus der Mode, und die wenigen Damen, welche diese langzügigen benutzten, konnten zumindest die Kunststofffertigung nicht aufrechterhalten.

Kunststoff, 2. Teil

Eine neue Formstoffgruppe brachte wieder einmal den Impuls. Die Thermoplaste wie Nylon (Polyamid 6) und Polystyrol waren die Lösung auf viele Anforderungen. Die Verarbeitungsprozesse waren leichter zu automatisieren, und sie waren vor allem wesentlich schneller abgeschlossen. Die Arbeitsteiligkeit nahm zu und nannte sich jetzt Teamwork. Obwohl auch die Kunstharzverarbeitung immer stärker automatisiert werden konnte, begann der Siegeszug der thermoplastischen Werkstoffe.

Messinstrumente konnten kleiner und leichter konstruiert werden. Vor allem aber auch schneller, denn die Märkte prosperierten und wollten schnell bedient werden. Kunststoffe hielten ihren Einzug in fast alle Lebensbereiche. Gerade recht für die beginnende und wachsende Konsumgesellschaft. Die Technologie der Verarbeitung wurde immer stärker durch die gemeinsamen Entwicklungen der Formstoffhersteller, der Maschinenbauer und der Verarbeiter entwickelt. Bald standen die ersten vollautomatischen Spritzgießmaschinen im Betrieb. Drei-Schichtbetrieb war die Regel, Personal wurde knapp, die Automation noch stärker erarbeitet. Die Elektroindustrie ist und bleibt der wichtigste Kundenkreis der Firma „Ing. Hans Heussinger Thermo- und Duroplastische Formteile", wie sie nun hieß. Neben der industriellen Fertigung wurde der handwerkliche Teil des Stahlformenbaues aufgebaut.

Die Kunststoffformmassen wurden zu immer höheren technischen Fähigkeiten entwickelt. Deshalb heißen sie jetzt, neudeutsch, Engineering Plastics. Die Fertigung wurde kapitalintensiv und personalarm. 1971 verstarb Hans Heussinger. Obwohl die Nachfolge, in technischer Kompetenz, durch seinen Sohn Axel Heussinger gut vorbereitet war, erbrachte eine ungeschickte Nachlassregelung große familiäre Reibereien in den laufenden Betrieb. 1974 entschloss sich deshalb Axel Heussinger, den Schritt in die Selbständigkeit zu gehen. 1975 löste sich die Firma Ing. Hans Heussinger auf, und

Axel Heussinger kaufte einen Teil der Maschinen, er konnte vor allem alle wichtigen Kunden übernehmen.

Einige Jahre später wurde deutlich, dass die Kapitaldecke für notwendige Erweiterungen eng wurde und notwendige Vorausinvestitionen sich allein kaum noch finanzieren ließen. Dies war der Zeitpunkt, als sich wichtige Kunden entschlossen, in die Firma mit einzusteigen. Horst Ellenberger gründete unter der aktiven Mithilfe von Armin Rehmann und Axel Heussinger die Heussinger GmbH: formell ein Gesellschafter-Vertrag zwischen E-T-A und Axel Heussinger; gelebt aber als persönliche und wirtschaftliche Einheit mit Vertrauen, Erwartung, Hoffnung und Erfüllungen in eine neue alte Idee, der Kunststoffverarbeitung.

1979 konnten neue und technisch gut nutzbare Räume in Nürnberg in der Bernhardstr. 12 angemietet werden. Danach wurde 16 Jahre lang in die Fertigung, den Formenbau, die Organisation, die Logistik (just-in-time-Lager gehörten jetzt zur Verarbeitung), die EDV und nicht zuletzt in Personal und Ausbildung investiert. Die Betriebsfläche war schon mehrmals mit Maschinen nachverdichtet worden, als bekannt wurde, dass ein Gebäude in unmittelbarer Nachbarschaft zum Verkauf stand.

Mittelständisch schnell, weil entschlussfähig, wurde diese Gelegenheit genutzt, um einen weiteren bedeutenden Schritt in der Entwicklung zu gehen. Das Gebäude wurde großzügig den technischen Erfordernissen angepasst. Damit ist eine Kunststoffteilefertigung ermöglicht worden, die wohl im Grundsatz der dem Stand von 1937 entspricht, aber in einer Verfahrensentwicklung, wie bei Druck und Hitze, die beeindruckend ist. Diese Ziele sind nur erreicht worden durch die in allen Bereichen vertrauensvolle und offene Zusammenarbeit der Firmen E-T-A und Heussinger GmbH.

Ganz besonders freuen sich sicher auch die Gründer, welche die Entwicklung beeinflussten, so dass aus einer Firmenneugründung ein integraler Bestand wurde, eben ein Appendix plasticus.

19. AUFBAU EINER FERTIGUNGSSTÄTTE IN TUNESIEN 1976/78

Von HORST ELLENBERGER

Kurz nach meiner Rückkehr im September 1972 aus den USA, wo ich ein Jahr bei E-T-A Chicago gearbeitet hatte, bin ich mit Eberhard Poensgen, Norbert Ellenberger und William F. Sell nach Singapur geflogen, um dort eine Firma zu gründen und eine Fertigungsstätte aufzubauen. Die Gründung wurde durchgeführt.

Den Aufbau der Fertigungsstätte sollte ich übernehmen, da ich künftig für die Fertigung zuständig sein sollte. Von mir selbst wurde eine gewisse Verweigerungshaltung eingenommen, da ich zu diesem Zeitpunkt eine Fertigungsstätte in Singapur für Zeitverschwendung gehalten habe. Der Grund war, dass die Reise nach Singapur mit Zwischenlandung fast zwei Tage in Anspruch nahm, dazu noch einen Tag die Zeitumstellung und das Ganze noch einmal bei der Rückreise, so dass man sagen konnte, es vergeht dabei eine Woche, ohne dass etwas gearbeitet wurde. Dies war aus meiner

Sicht der Hauptnachteil. Bei unserem Besuch in Singapur wurde vor allem das Kamerawerk von Rollei besucht, das seine Fertigung von Deutschland nach Singapur verlegt hatte. Im Endeffekt wurde die Firmengründung nie richtig aktiviert, so dass sie im Laufe der Jahre wieder gelöscht wurde. Von Norbert Ellenberger und William F. Sell wurde immer wieder stark eine ausländische Fertigungsstätte gefordert, um vor allem unserer Konkurrenz Weber/Schweiz, begegnen zu können. Nachdem ich am 26. August 1974 das Arbeitsgebiet von meinem Vater übernommen hatte und für die Entwicklung und u.a. die Fertigung zuständig war, bin ich im Jahr 1975 über die Anzeige einer Unternehmerreise nach Tunesien gestolpert und nahm mit Norbert Ellenberger an dieser Reise teil. Es wurden verschiedene Fertigungsstätten besucht, Informationen eingeholt. Insgesamt erhielten wir einen sehr positiven Eindruck von Tunesien. Die Ursache, warum mir die Anzeige von Tunesien auffiel, war meine Reise im Juli/August 1967 im VW-Käfer über Marokko, Algerien nach Tunesien und zurück. In dieser Zeit sind wir als Deutsche in Tunesien, im Gegensatz zu anderen Ausländern, sehr freundlich behandelt worden, und somit war immer eine positive Erinnerung an Tunesien vorhanden. Diese Erinnerung wurde 1975 bei der Unternehmerreise überprüft.

In der Geschäftsleitersitzung vom 12. Dezember 1972 waren Jakob Ellenberger, Harald A. Poensgen, Eberhard Poensgen, Norbert und Horst Ellenberger sowie William F. Sell der Ansicht, dass „unter Berücksichtigung der derzeitigen Geschäftslage sich zur Zeit keine Notwendigkeit für die Errichtung von Fertigungsstätten ergibt". Die exorbitanten Lohnerhöhungen 1973–76 führten aus Konkurrenzgründen im Oktober 1976 zu dem einstimmigen Beschluss der Geschäftsleitung, eine Produktionsstätte in Tunesien zu errichten. Als für die Fertigung zuständiger Geschäftsleiter war es meine Aufgabe, diese Fertigungsstätte aufzubauen.

Die Ansiedlung sollte in Tunis sein. Eine anzumietende Fertigungsstätte wurde gefunden, aber durch verschiedene einzelne Personen, die für die Genehmigung zuständig waren, bin ich irgendwie an die sogenannte „Tunis-Mafia" geraten. Man versuchte, mich wie eine Weihnachtsgans auszunehmen. Die Folge war, dass ich eine Fertigungsstätte im Bereich Sousse, mit Flughafen Monastir, gesucht und auch gefunden habe, so dass die Gründung am 4. Mai 1977 erfolgen konnte. Der Standort sollte nicht in der Nähe von Großstädten sein, um bei Unruhen (Gewerkschaften – Regierung – Bevölkerung) möglichst abseits zu stehen und nicht alles erleben zu müssen.

Deshalb war ein Standort auf dem Land gesucht worden. Der Fertigungsstandort war nun Akouda, eine Nachbarortschaft von Sousse. Den Mietvertrag zu bekommen, war ein verzweifelter Kampf, den mein Schwager William F. Sell (Bill) und ich mit dem Vermieter ausfochten. Das Objekt von Abdel Hedí Dorgham in Akouda bestand zu diesem Zeitpunkt nur aus vier Wänden mit einem Blechdach, keine Türen und Fenster. Zwischen den vier Außenwänden befanden sich Schafe.

Die Einweihung war im Juni 1978, und die Produktionsstätte wurde von Michel Daumin geleitet, der bei uns im Labor als Meister tätig und bereit war, als gebürtiger Franzose diese Aufgabe zu übernehmen. Er siedelte mit seiner Familie im Sommer 1977 nach Sousse um, und war mit viel Engagement und guter Leistung am Aufbau beteiligt. Bereits in der Vorbereitungsphase war er mit mir des öfteren in Tunesien.

Bei der Suche nach einem geeigneten Standort im Bereich Sousse war Jallel Belkhodja sehr hilfreich, so dass ich seinen Bruder Larbi als Fertigungsmeister einstellte, da er lange Jahre in Deutschland gearbeitet hatte und gut deutsch sprach. Zu irgendeinem Zeitpunkt wollte Jallel Belkhodja mehr als Fertigungsmeister sein, so dass wir uns von ihm im Dezember 1978 trennen mussten. Im Herbst 1977 wurden vier bis fünf Arbeiterinnen eingestellt, die angelernt wurden und fleißig und schnell die einzelnen Arbeitsgänge erledigten. Bald konnten fertige Geräte nach Deutschland geschickt werden. Elisabeth Daumin war etwa ein Jahr Alleinkraft im Büro. Im Sommer wurde Nadra Bouslama eingestellt, die sich als exzellente und verlässliche Kraft bis heute erwies. Auf meiner Reise mit dem Unimog durch Afrika – Deutschland/Kenia, und auf der Rückfahrt durch William und Marga Sell Kenia/Deutschland – trafen letztere in Kenia auf einem Campingplatz Gerd Wilbois, der als deutscher Ingenieur in der Entwicklungshilfe tätig war. Er wollte zurück nach Deutschland und suchte einen Arbeitsplatz. Ich bot Gerd Wilbois einen Arbeitsplatz „fast in Deutschland", und zwar in Tunesien als Nachfolger von Michel Daumin an, er akzeptierte und fing im Januar 1980 in Tunesien an. Michel Daumins Familie wollte unbedingt wieder zurück nach Deutschland, so dass sein größter Wunsch, in Tunesien zu bleiben, nicht erfüllt werden konnte. Im Sommer 1980 kehrte die Familie nach Altdorf zurück. Gerd Wilbois hatte sich zuerst für fünf Jahre verpflichtet, aber aus den fünf wurden zehn, 15, und er ist noch immer – bis zum heutigen Tage – als Betriebsleiter mit seiner Frau Doris sehr erfolgreich für uns tätig.

20. 20 Jahre E–T–A TUNESIEN: VON 1977 BIS 1997

Von GERD WILBOIS

E–T–A Tunesien feierte 1997 sein 20jähriges Bestehen. Hier ein bisschen zur Geschichte von E–T–A Appareils Electriques:

Standortwahl

Tunesien bot sich an durch einen günstigen Arbeitsmarkt, die Nähe zu den europäischen Absatzmärkten und einer guten Infrastruktur. Es siedelten sich viele deutsche Unternehmen, besonders in der verarbeitenden Industrie im Bereich Elektrotechnik, Leder und insbesondere Textil an. Tunesien zählt schon heute zu den wichtigsten deutschen Außenwirtschaftspartnern. Die Wahl fiel auf Akouda, einen Ort mit etwa 10 000 Einwohnern – zehn Kilometer von Sousse und vier Kilometer vom Meer entfernt; empfohlen auch von Maître Bargui, dem Anwalt der Deutsch-Tunesischen Industrie- und Handelskammer.

Firmengründung

Am 4. Mai 1977 wurden die Statuten mit acht Aktionären und einem Startkapital von 10 100 Dinar durch Horst Ellenberger bei der Finanzbehörde in Kalaa-Kebira deponiert. Die offizielle Einweihungsfeier fand am 16. Juni 1978 unter Anwesenheit des tunesischen Wirtschaftsministers und des Gouverneurs von Sousse sowie etlichen Gästen aus Altdorf statt. Zuerst wurde ein Gebäude von Abdel Hedí Dorgham gemietet. Dieses konnte im September 1979 nach abenteuerlichen Verhandlungen durch William F. Sell und Horst Ellenberger käuflich erworben werden. So stand späteren baulichen Erweiterungen nichts mehr im Wege. Größe des Gebäudes: 400 Quadratmeter auf einem 1332 Quadratmeter grossen Grundstück.

Arbeitsbeginn und Produktion

Mit tatkräftiger Unterstützung und Beratung des Mutterhauses E–T–A Altdorf und seinen Mitarbeitern wurden die Installationsarbeiten sowie die Herstellung aller benötigten Betriebsmittel und der Transport von Maschinen und Material in eigener Regie vorgenommen. Die Firmenleitung übernahmen Michel und Elisabeth Daumin. Beschäftigte insgesamt 1977: drei Angestellte, zwölf Mädchen produktiv, ein Nachtwächter und eine Putzfrau, also insgesamt 17 Personen. Das Gebäude wurde aufgeteilt in Fertigungshalle, Prüfraum, Lager, Büro, Zollbüro und Erste-Hilfe-Raum.

Der erste Export erfolgte am 5. Dezember 1977 mit 6.000 Geräten vom Typ 104-2, 2A. Der damalige Wechselkurs von einem tunesischen Dinar zur D-Mark betrug: 1 TD = 5,41 DM. Zum Vergleich 1996: 1 TD = 1,50 DM. Der Export erfolgte per Luftfracht von Tunis nach Nürnberg. Die Pakete wurden auf dem Firmengelände verzollt und zum Flughafen gebracht – beim Import in umgekehrter Reihenfolge. Die Firma hat einen firmeneigenen Zöllner, da das ganze Firmengelände samt Inventar unter Zollaufsicht steht. Abfälle müssen unter Zollaufsicht vernichtet werden. Für jede Maschine und jedes Ersatzteil war eine Einfuhrgenehmigung in Tunis beim Amt für Wirtschaftsförderung (API) zu beantragen, die dann einige Tage später dort abzuholen war.

Im Jahr 1980 lösten Gerd und Doris Wilbois Michel und Elisabeth Daumin bei E–T–A Tunesien ab. Die Bekanntschaft mit E–T–A entstand auf einem Campingplatz in Kenia, wo Familie Sell und das Ehepaar Wilbois, die als Entwicklungshelfer in Ruanda tätig waren, zufällig zusammentrafen und Bekanntschaft schlossen. Nach einjähriger Einarbeitungszeit bei E–T–A Altdorf und Hohenfels begann Gerd Wilbois im Januar 1980, ebenso wie Mohamed Lahiani, der Larbi Belkhodja ablöste. Als erste bauliche Veränderung wurde in der Halle eine isolierende Zwischendecke eingezogen, da in den Sommermonaten doch Temperaturen um 40 Grad in den Montageräumen vorherrschen. Es begann eine aktive Bautätigkeit, die sich im ganzen mit Unterbrechungen über zehn Jahre hinzog. Es entstanden zuerst ein Neu- bzw. Erweiterungsbau, der ebenerdig die Kantine, Zoll- und Arztraum und die sanitären Anlagen umfasst, und im ersten Stock eine neue Produktionsfläche von 750 Quadratmetern einschloss.

Im Jahr 1984 wurde der Betrieb in Tunesien aus Platzgründen und besonders zur besseren Auslastung der teueren Betriebsmittel auf Zwei-Schicht-Betrieb umgestellt. In der Übergangszeit übernahm Gerd Wilbois neben der Betriebsleitung eine Schicht als Schichtleiter. Am 1. Januar 1985 begann Mattar Slama seine Arbeit bei E–T–A Tunesien. Er ist der Hausbesitzer des Ehepaares Wilbois und lebte 20 Jahre in Hamburg. E–T–A Tunesien bot ihm eine neue Perspektive und die Möglichkeit, in sein Heimatland zurückzukehren, eine gelungene Reintegration eines deutschen Gastarbeiters. Beschäftigte Personen 1985: 84. Kapazität: 200.000 Geräte im Monat. Neue Arbeitszeit – bis heute gültig: 1. Schicht: 6 bis 13.10 Uhr, 2. Schicht: 13.20 bis 20.30 Uhr bei Sechs-Tage-Woche. Der Exportversand wurde von Luftfracht auf Lkw per Spedition umgestellt. Lkws laden den Export und den Import unter Zollaufsicht auf E–T–A Firmengelände. So entfallen die An- und Abfahrten zum Flughafen. Die Lkws werden per Fähre von Tunis nach Marseille oder Genua verschifft – 24 Stunden Meerüberfahrt – und sind vier Tage später bei E–T–A Deutschland. Am 24. September 1987 feierte E–T–A Tunesien sein zehnjähriges Bestehen in Anwesenheit der Geschäftsleitung von Deutschland bei arabischer Musik, Bauchtanz und einem reichhaltigen Buffet. Um den zukünftigen Anforderungen an Produktionsablauforganisation und Qualitätswesen zu entsprechen, wurde Ende 1990 beschlossen, die bauliche Betriebsgröße zu verdoppeln auf etwa 1.500 Quadratmeter, so dass in dieser Produktionseinheit insgesamt 180 bis 200 Personen (100 pro Schicht) arbeiten können. Da das Haupt-gebäude 45 x 12 Meter mit Produktionssaal im ersten Stock geplant wurde, fielen selbst die Grundmauern der alten Halle den Fundamenten des neuen Haupttraktes zum Opfer. Während dieser Bauzeit wurden auf ungefähr 400 Quadratmetern einschließlich Kantine, Sanitärraum etc. monatlich oft über 200.000 Schutzschalter zur Zufriedenheit unserer Kunden gefertigt. Die Aufstockung begann am 2. Mai 1991.

Zweiter Bauabschnitt: Mai/Juni 1992

Die neue Gebäudeaufteilung beherbergt im Erdgeschoss das Lager von 330 Quadratmetern, aufgeteilt in Verpackungs-, Metallteile- und Kunststofflager sowie Versand, dazu im ersten Stock eine reine Produktionsfläche von 760 Quadratmetern. Vom Erdgeschoss führt eine hydraulische Hebebühne, zugelassen für 2.000 Kilogramm, sowie ein kleiner Personenaufzug in den ersten Stock. Auf dem Dach entsteht ein Auditraum nebst kleinem Appartement. Die Einweihung des neuen Gebäudes fand am 19. Oktober 1992 mit Hammel am Spieß statt. Als Ehrengäste durften wir die Miteigentümer Horst und Edda Ellenberger begrüßen, welche aus Freude über die Fertigstellung des Gebäudes im reinsten Sinne des Wortes vom Himmel fielen.

Ferner wurde ein Nachbargrundstück von 10 x 20 Metern für 10.000 TD erworben, auf dem heute das Zollbüro und der Unterstellplatz für die Fahrzeuge der Firmenmitarbeiter zu finden sind. Im Jahr 1992 erfolgte die Verlagerung der Gerätetypen 1140/1110. Der Personalstand betrug 102 Personen. Aufgrund der gesteigerten Qualitätsanforderungen wurde 1993 Jallal Sougir zur Qualitätssicherung eingestellt. Kapazität: 220 000 Geräte im Monat. Typenpalette: 104/105/106/1140/1110/4100/2-6400. Durchschnittlich alle zwei bis drei Jahre wird jeweils zum 1. Mai ein Betriebsausflug durchgeführt. Mit einem gemieteten Bus geht es mit der kompletten Belegschaft entweder in Richtung Norden mit seinen Obstbäumen, seinen römischen Ausgrabungsstätten wie Karthago, Dougga, seiner Hauptstadt Tunis, oder in den Süden mit seiner Wüstenlandschaft. So lernen die Mädchen, die meist noch nie aus Akouda herausgekommen sind, ihr Land kennen. Immer wird viel gesungen, getrommelt, getanzt und natürlich viel eingekauft. Das Alter der Mädchen bzw. Frauen bewegt sich zwischen 18 und 30 Jahren. Des öfteren nehmen auch Gäste aus Altdorf an diesen Fahrten teil.

Wirtschaftliche Zusammenhänge und Zukunftsperspektiven

E-T-A Tunesien fertigt Geräteschutzschalter verschiedenster thermischer Varianten bzgl. Bauform-Auslösespannung oder Stromstärken. Diese Schutzschalter kommen in einer Vielzahl von elektrischen Geräten zum Einsatz und sind noch ausschließlich für den Export bestimmt. Seit der Gründung 1977 wurde E-T-A Tunesien ständig im Hinblick auf Gebäudeumfang, Personalstand-Produktspektrum und Betriebsmittel erweitert. Neben angepasster Technologie (einfache Handarbeits- und Maschinenarbeitsplätze sowie Widerstandsschweißtechnik) kommen auch verstärkt aufwendige, moderne Produktionstechnik wie Laserbeschriftungsanlage, steuerungsbetriebene Druck-, Schneid-, Biege- und Montagewerkzeuge und Wickelmaschinen zum Einsatz. Mittlerweile sind etwa 50% der elektrischen Prüfanlagen vernetzt, und die Datenpflege erfolgt zentral. Ein wichtiger Meilenstein im Produktionsfortschritt war die frühe Einführung eines Zwei-Schicht-Betriebes (schon 1984) auf der Basis einer Sechs-Tage-Arbeitswoche mit täglicher Arbeitszeit von 400 Minuten, wöchentlich wechselnden Schichten und zweiwöchentlich wechselndem Führungspersonal. Dieses E-T-A Tunesien-eigene Arbeitszeitmodell ist ein wichtiger Faktor zur Sicherung unserer Wettbewerbsfähigkeit. Neben guten, korrekten Arbeitsplätzen schätzen unsere meist weiblichen Mitarbeiter diese Arbeitszeit, die noch Zeit für die Familie lässt. E-T-A Tunesien ist sowohl Hauptkunde, als auch einer der wichtigsten, wenn nicht der wichtigste Zulieferer von E-T-A Elektrotechnische Apparate GmbH, Altdorf. Aus diesem Verhältnis resultiert eine intensive Zusammenarbeit beider Unternehmen, sowohl im kaufmännischen als auch im technischen Bereich. Im Rahmen dieser engen Kooperation nutzen beide Firmen die Stärken des anderen. E-T-A Tunesien nutzt das Know-how von E-T-A Deutschland insbesondere bezüglich Arbeitsvorbereitung (AV), Qualitätswesen, Konstruktion, Labor, Ein- und Verkauf, und honoriert dieses Engagement mit höchster Termintreue, weltmarktfähigen Verkaufspreisen sowie Entgegenkommen und Investitionen bezüglich der ständig steigenden Qualitätsanforderungen. Traditionsgemäß steht die Qualität und Funktionsfähigkeit als hervorragendes Produktmerkmal im Vordergrund. Da E-T-A Elektro-technische Apparate GmbH, Altdorf, als zertifiziertes Unternehmen großen Wert auf die hohe Qualität der kooperierenden Firmen legt, möchte E-T-A Tunesien das durch 20 Jahre gute Geschäftsbeziehungen entgegengebrachte Vertrauen mit einer Zertifizierung gemäß ISO 9002 noch im Jahr 1997 weiter festigen. Die Einführung eines EDV-gestützten Produktions-Informations-Systems (PRINS) samt integriertem Qualitäts-Dokumentations-System (QDOCS) sollen schnellstmögliche Belieferung unserer Kunden und die bestmögliche reproduzierbare Qualität unserer Schutzschalterpalette garantieren. Die von E-T-A Tunesien insbesondere in den letzten fünf Jahren getätigten Investitionen werden sicherlich zum Wohl der kooperierenden Unternehmen die Wettbewerbsfähigkeit auf den Weltmärkten erhalten beziehungsweise verbessern. Die Arbeitsteilung und Kooperation auf den Weltmärkten wird unsere Zukunft bestimmen. E-T-A Tunesien versucht, seiner Rolle diesbezüglich gerecht zu werden. Was wir in Tunesien am besten und preiswertesten leisten können (produzieren), sind wir mit unserer 120 bis 150 Mitarbeiter zählenden, eingearbeiteten Belegschaft bereit zu leisten. Es kann davon ausgegangen werden, dass auch in Zukunft die benötigten Vormaterialien und hochwertigen Zulieferteile in Tunesien nicht vorhanden sein werden und weiterhin von E-T-A Altdorf bezogen werden. Beschäftigte insgesamt 1997: 130 Personen. Monatliche Kapazität: 350.000 Geräte.

21. GRÜNDUNG UND AUFBAU EINER FERTIGUNGSSTÄTTE IN SURABAYA (INDONESIEN) VON 1994 BIS 1997

Von HORST ELLENBERGER

Im Herbst 1994 beschlossen die Geschäftsführer William F. Sell, Carl Horst Poensgen und Horst Ellenberger eine weitere Fertigungsstätte – ähnlich der in Tunesien – aufzubauen. Die ständige Ermordung Andersdenkender barg die Gefahr in sich, dass Algerien fundamentalistisch werden könnte. Tunesien hätte – eingekeilt zwischen Algerien und Libyen – dann wenig Überlebenschancen, und es bestand dann die Gefahr, dass die Fertigungsstätte Tunesien zumindest zeitweise aufgegeben werden müsste.

Man war sich einig, dass eine weitere Fertigungsstätte, bezogen auf Lohn und Gehalt, auf jeden Fall so günstig sein muss wie Tunesien, eventuell noch günstiger. Des weiteren war man sich einig, dass durch solch einen Aufbau in Deutschland keine Arbeitsplätze abgebaut werden sollten, sondern der prinzipielle Beschluss weiterhin bestehen bleibt, dass die Firma in Deutschland mit 800 bis 1.000 Personen ideal besetzt ist. Durch den Vorsatz, den Umsatz möglichst in 7–10 Jahren zu verdoppeln und somit mehr zu produzieren, muss diese Mehrproduktion im kostengünstigen Ausland durchgeführt werden, so dass aus dem teuren Standort Deutschland, dem kostengünstigen Standort Tunesien und einer weiteren Fertigungsstätte eine Mischung erreicht wird, die einen finanziellen Ertrag zulässt und somit auch die Arbeitsplätze in Deutschland sichert. Bei der Überlegung hinsichtlich eines weiteren Standortes war ein kleines Büchlein von der Schweizer Union Bankgesellschaft mit dem Titel „Preise und Löhne rund um die Welt", Ausgabe 1994, sehr hilfreich. Hier ist unter anderem eine Lohn-Niveau-Tabelle für alle möglichen Berufe enthalten, wie z.B. für Lehrer, Autobusfahrer, Mechaniker usw. sowie eine Tabelle über Einkommen und Arbeitszeiten von Arbeitnehmerinnen, die für uns besonders wichtig ist. Die niedrigsten Werte in dieser Tabelle hat Nairobi mit einem Bruttoeinkommen pro Jahr von 500 Schweizer Franken, Jakarta mit 1.000, Lagos 1.300, Caracas 1.500, Prag 1.900, Bombay 1.900, Bangkok 2.800 und Rio de Janeiro mit 3.100.

Durch die vielfältigen Reisen von William F. Sell rund um den Globus und den sehr eigenwilligen Reisen von Horst Ellenberger (auf eigene Faust), wurde der billigste Standort Nairobi sofort gestrichen, Südamerika gestrichen, Indien gestrichen, denn hier hatten wir fast 7 Jahre lang versucht, eine Firma zu gründen und aufzubauen, aber es war nicht möglich, alle Geschäftsanteile in unseren Händen zu halten. Das naheliegende Osteuropa wurde ebenfalls gestrichen, da hier sehr schnelle Lohn- und Gehaltssteigerungen befürchtet wurden, so dass der strategisch wichtige Raum Asien – Südostasien – Pazifik übrigblieb.

Es wurde beschlossen, dass wir in diesem starken Wachstumsmarkt vertreten sein wollen und müssen. Eine eigene Vertriebstochter wurde am 04.12.1994 in Japan über die USA gegründet, um dort die Vertriebsaktivitäten zu verstärken. Folgende Länder wurden nun in die engere Wahl gezogen: China, Indonesien, Malaysia, Philippinen, Thailand, Vietnam. Davon waren die kostengünstigsten Länder China, Vietnam und Indonesien. Alle anderen Länder haben Lohn- und Gehaltskosten, die mindestens doppelt so hoch oder noch höher liegen. Da wir für den Aufbau mindestens 5 Jahre benötigen würden, bis die Firma in einer sinnvollen Größe arbeitet, war die kostengünstigste Fertigungsstätte von Vorteil.

Es spielte auch eine Rolle, dass z.B. auf den Philippinen eine politische Unsicherheit herrscht, und kein Geldtransfer möglich ist. Dies als Beispiel, da in den Auswahlkriterien noch weitere Checkpunkte bestanden. China selbst wurde nicht ernsthaft in Erwägung gezogen, da die dortige Geschäftsmoral nicht mit unseren Geschäftsgrundsätzen vereinbar ist. Vietnam war noch eine gute Alternative, aber zu diesem Zeitpunkt herrschte dort eine Art Goldgräberstimmung, die Infrastruktur ist nicht so gut wie in Indonesien, und die Bestechungen sind harte Bestechungen, nicht wie in Indonesien, wo man ohne „Bakschisch" auch weiterkommt, allerdings etwas langsamer.

Zur Überprüfung der Lage in Indonesien, das uns als Nummer 1 erschien, reisten im Januar 1995 William F. Sell und Horst Ellenberger dorthin. Es wurden in einer Woche 30 Informationsgespräche mit IHK, DEG, Banken, Firmen geführt, alles was überhaupt möglich war, und so Informationen über das Leben und Arbeiten in Indonesien gesammelt. Von großem Vorteil war, dass 1994 eine Deregulierung durchgeführt wurde, die besagt, dass eine Produktionsstätte mit 100% ausländischer Beteiligung gegründet werden kann, was bis dahin nicht möglich war.

Im Frühjahr 1995 beschloss die Geschäftsleitung, in Indonesien eine Firma aufzubauen. Da diese eine Produktionsstätte werden sollte und für die Produktion in der Geschäftsleitung Horst Ellenberger zuständig ist, war es seine Aufgabe, dies zu tun.

Im August 1995 erfolgte die Beauftragung der Außenhandelskammer Deutschland – EKONID – durch Horst Ellenberger, die papiermäßige Gründung durchzuführen, und zwar mit allen Unterschriften, die nötig sind, Erstellung der Satzung usw. Die Gesamtkosten, einschließlich Notar, betrugen ca. DM 30.000. Im Herbst 1995 und Frühjahr 1996 begann die Suche nach einem geeigneten Grundstück, nach einem Architekten für die Bauplanerstellung und Baudurchführung. Dies alles ohne eine eigentliche Firma. Über den Chef der Deutschen Bank, Niederlassung Surabaya, Herrn Hinze, wurden wir auf Roland Hermann aufmerksam gemacht, der seit 6 Jahren als deutscher Ingenieur in Surabaya tätig war und der eventuell an der Aufgabe „Aufbau und Führung einer Produktionsstätte" im Bereich Surabaya interessiert wäre.

Erstes Treffen war am 19.5.1995 in Altdorf, und die Einstellung von Roland Hermann über E-T-A Altdorf erfolgte am 01.01.1996. Die Lebensgefährtin von Roland Hermann, Mariana Ibrahim, war für uns durch ihre Kontakte und Aktivitäten in dieser Aufbauphase sehr hilfreich. Die Gründung selbst war am 6.3.1996 abgeschlossen, und wir erhielten endlich die langersehnte Steuernummer, ohne die ein Arbeiten in Indonesien sehr schwierig ist. Jetzt konnte das Grundstück gekauft, Baufirmen beauftragt und alle anderen Aktivitäten entwickelt werden. Im Herbst 1996 war der Bau fertiggestellt, und somit konnte die Trockenzeit ausgenutzt werden, so dass der Aufbau der Fertigung im November/Dezember 1996 durchgeführt werden konnte und mit einigen Personen im Januar 1997 die Fertigung anlief. Inzwischen ist auch noch der ehemalige Assistent von Roland Hermann, Anjar Widyasmoro zu uns gestoßen. Beide wurden in Altdorf, Hohenfels und Tunesien für die Fertigungstätigkeit geschult.

Mit ca. 15 Personen in der Fertigung und weiteren 15 Personen für verschiedene Bereiche, z.B. davon allein 10 Personen für die Wachmannschaft rund um die Uhr, konnte am 10.3.97 die Einweihung gefeiert werden. Probleme gab es in dieser Aufbauphase ganz allgemein keine nennenswerten, der Verlauf war überraschend gut, und ob diese Entscheidung die Richtige ist, wird sich langfristig herausstellen.

Die Firma E–T–A ist die erste deutsche Firma, die in Indonesien mit 100% ausländischem Kapital gegründet wurde. Der Standort der Firma ist 50 km südöstlich von Surabaya, nahe der Straße von Surabaya nach Bali gelegen. Roland Hermann wohnt in Surabaya und hat täglich eine 50-minütige Anfahrt zur Firma. Das Gebiet ist eine zollfreie Zone in einer Industriezone, die in erster Linie von der Kreditanstalt für Wiederaufbau, Deutschland, finanziert wurde. Infrastrukturmäßig war alles vorhanden, das Grundstück mußte nur noch bebaut werden.

Warum Surabaya und nicht Jakarta? Die allgemeinen Kosten sind in Jakarta mindestens 50% höher als in Surabaya. Jakarta ist sehr, sehr stark mit Autoverkehr frequentiert, so dass viel Zeit auf der Straße verloren geht. Ein weiteres Risiko wäre, dass bei Unruhen diese meistens in der Hauptstadt ausgetragen werden und nicht irgendwo auf dem Land. Andererseits war es in Surabaya etwa 2°C wärmer als in Jakarta. Gegenüber anderen Standorten hat Surabaya den Vorteil eines internationalen Flughafens und Hafens. Surabaya selbst hat offiziell 4 Mio. Einwohner, inoffiziell aber 7 Mio. Die Gesamteinwohnerzahl von Indonesien beträgt 192 Mio., was auf einen guten zukünftigen Binnenmarkt schließen lässt.

III. VERTRIEB EUROPA: CARL HORST POENSGEN

PERSÖNLICHE ANGABEN: CARL HORST POENSGEN

Geburtsjahr/-ort:	1947 in Lauf an der Pegnitz
Eltern:	Harald Arthur und Rosl Poensgen
Ausbildung:	
1966:	Abitur am Willstätter-Gymnasium, Nürnberg (neusprachlich)
1966–1968:	Wehrdienst bei der Luftwaffe in Roth (Wachbataillon)
1968–1973:	Studium der Elektrotechnik mit Spezialgebiet Elektrophysik und elektronische Bauelemente an der Technischen Universität München mit Abschluss zum Diplom-Ingenieur.
1973–1975:	Arbeits- und Wirtschaftswissenschaftliches Aufbaustudium mit Abschluss zum Diplom-Wirtschafts-Ingenieur
1975–1983:	Wissenschaftliche Arbeiten am Institut für Technische Elektronik der Technischen Universität München über Auger-Spektroskopie, Graphit-Einlagerungsverbindungen und den Hall-Effekt im Hochfrequenzbereich. Praktika in Entwicklungslabors der Firmen Blaupunkt in Hildesheim und Nordmende in Bremen, Siemens in München, Auslandspraktikum bei Fa. Isolantite in Paris (Industriekeramik)
März 1983:	Eintritt Fa. E-T-A Elektrotechnische Apparate GmbH
bis 1984:	Ausbildung in verschiedenen Abteilungen der Firma, besonders im Entwicklungs- und Prüflabor sowie im Konstruktionsbüro
1984:	Besuch der Tochterfirma in Chicago
1985:	Aufnahme in die Geschäftsleitung; Verantwortlichkeitsbereiche: Zunächst im Vertrieb für die Länder Frankreich, Italien, Spanien, Belgien, später durch Übernahme von E. Poensgen für Kalkulation und BAB
1993:	Reorganisation in der Geschäftsleitung mit dem Ergebnis der Geschäftsführung bei ELPO und E-T-A gemeinsam mit William F. Sell und Horst Ellenberger. Operative Verantwortung für den Vertrieb in Europa einschließlich mittel- und osteuropäische Länder ohne Vereinigtes Königreich (UK) sowie Abt. Werbung
Mitgliedschaften:	VDI / VDE, ZVEI (Vorstandsmitglied der Landesstelle Bayern seit 1997), Handelskammern von Österreich, Frankreich, Spanien, Belgien und Italien
Sprachkenntnisse:	Französisch, Englisch, Italienisch
Hobbies:	Photographie, Boot, Reisen

1. ERINNERUNGEN

Von Luise Plarré

Die Anfangszeit

In die Anfangszeit unserer Firmengeschichte reicht auch der Beginn meines Berufslebens zurück. Es war der 1. November 1948, als ich bei der erst wenige Monate zuvor gegründeten Firma Ellenberger & Poensgen GmbH als erster Lehrling, wie es damals noch hieß, eintrat. Die Firma wurde von den beiden Gesellschaftern und Inhabern, Jakob Ellenberger und Harald A. Poensgen gegründet. Jakob Ellenberger war für den technischen Bereich sowie für die Produktion und alle betrieblichen Belange zuständig und Harald A. Poensgen seinerseits für den kaufmännischen Teil, die Akquisition und insbesondere für den Verkauf im Inland und im gesamten Ausland. Das Fertigungsprogramm umfasste seinerzeit ELPO Schraubautomaten.

Bei meinem Eintritt beschäftigte die Firma erst wenige Mitarbeiter. Zu diesen ersten gehörte Erna Wirth, welche für die gesamte Buchhaltung, für die meisten kaufmännischen Bereiche und für die Belange der Belegschaft zuständig war. Ebenfalls zu den ersten Mitarbeitern gehörten Andreas Aschka, Meister und Betriebsleiter, Konrad Heyder, welcher im Betrieb arbeitete, Ernst Franke, zuständig für den Versand. Ferner erinnere ich mich an die Herren Roß und Hofmann; sie waren jedoch nur für kurze Zeit im technischen Bereich für uns beschäftigt. Erika Brugger (verh. Kandzora) arbeitete als Sekretärin für Harald A. Poensgen. Bereits Anfang Januar 1949 trat Peter Kaldenbach in die Firma ein. Er war zuerst im Lager beschäftigt und später für den Einkauf zuständig. Kurze Zeit danach wurde Alma Holz als Sekretärin für Jakob Ellenberger eingestellt. Nach ihrem Ausscheiden aus familiären Gründen folgte auf ihrer Stelle Gertrud Hendelmeier.

Nochmals kurz zu meiner Person: Unter Erna Wirths sachkundiger und liebevoller Leitung wurde ich in allen kaufmännischen Bereichen umfassend ausgebildet und legte nach einer dreijährigen Ausbildung als Industriekaufmann die IHK-Abschlussprüfung ab. Der Verdienst im ersten Lehrjahr betrug DM 25,00, im zweiten DM 35,00 und zuletzt DM 45,- heute nicht mehr vorstellbar! Welche riesige Freude und Überraschung war es für mich, als ich bereits kurz nach meinem Eintritt Weihnachtsgeld von DM 20,00 bekam! Mit einem solchen Geschenk hatte ich nicht gerechnet. Bereits vor Beendigung meiner Ausbildung trat Inge Knieling als zweiter Lehrling bei uns ein. Wir beide wurden u. a. beauftragt, das Bargeld für die Löhne und Gehälter von der Sparkasse Altdorf abzuholen – natürlich zu Fuß; die damaligen Zeiten waren sicherer als heute.

Bis zum Jahr 1950 arbeiteten wir auch samstags. Nach Abschluss der Berufsausbildung war ich ca. neun Jahre lang unter Leitung von Erna Wirth in der Buchhaltung tätig. Die Buchungen wurden mit dem Taylorix Handdurchschreibeverfahren durchgeführt. Nachdem die Firma sich rasch aufwärts entwickelte, mußte die Belegschaft bald vergrößert werden. Im Technischen Büro arbeiteten die Ingenieure Herbert Beier und Heinrich Hofmann, nach dessen Ausscheiden der älteste Sohn von Harald A. Poensgen, Dipl.-Ing. Eberhard Poensgen, am 01. Januar 1956 in die Firma eintrat. Die beiden, Eberhard Poensgen und Herbert Beier, arbeiteten zuerst in einem gemeinsamen Büro, bis sich die Firma auch räumlich erweitern konnte. Als Mitarbeiter bei Ernst Franke im Versand kam bald Ernst Schönweiß hinzu. Auch Herta Stoye (verh. Schmid) gehörte zu den frühen Mitarbeitern und erledigte damals, wie ich mich zu erinnern glaube, die Lohnabrechnung. Räumlichkeiten und Büroeinrichtungen waren am Anfang äußerst bescheiden. Selbst unsere beiden Chefs teilten sich ein gemeinsames Arbeitszimmer! Die Möbel kamen teilweise aus ihrem Privatbesitz.

Das Sekretariat der kaufmännischen Geschäftsleitung

Nach Ausscheiden von Erika Kandzora aus der Firma aus familiären Gründen wurde mir zu Beginn des Jahres 1962 die Stelle der Sekretärin von Harald A. Poensgen angeboten. Eine für mich sehr ehrenvolle Aufgabe und gleichzeitig eine Herausforderung, denn das Arbeitsgebiet war für mich völlig neu. Der gesamte kaufmännische Bereich einschließlich Export-Europa und -Übersee sowie die Akquisition lagen in den Händen von Harald A. Poensgen. Er hatte zu dieser Zeit bereits weltweit agierende nationale und internationale Vertretungen aufgebaut. Die heutige Firma Kilian & Gans GmbH & Co, Nürnberg, gehörte zu unseren ersten Vertretungen aus der Gründerzeit und ist noch heute für uns tätig. Seit 1949 arbeiten wir auch mit der Firma Jasc. Koopman, Holland, zusammen. Im Jahr 1950 wurde mit der Firma Jörgensen, Dänemark, ein Vertretungsvertrag abgeschlossen, welcher bis Januar 2003 bestand. Mit der Firma Österlinds, Schweden, arbeiten wir ebenfalls seit 1951 zusammen; die Geschäftsbeziehungen zur Grandjean, Schweiz, begannen 1958. In Indien werden wir seit vier Jahrzehnten von der Firma R. G. Keswani vertreten.

Aus den ersten Jahren meiner Tätigkeit bei Harald A. Poensgen sind mir noch viele Namen ehemaliger Vertretungen im Gedächtnis, wie z.B. Ernst Schürmeister, München, Herr Moritz, Berlin, Carl Muncke, Hannover, Firma Roskowski, Dortmund, Firma Hermann, Mannheim. Im fernen Australien war damals Herr Luka für uns aktiv, in Neuseeland die Firma Gordon Anderson, in Mexiko die Herren Simonett und Kiel, in Brasilien die Firma Hobeco, Ernesto Sichel in Argentinien, usw. Es würde zu weit führen, alle Namen aus der frühen Firmengeschichte zu erwähnen. Auf der Hannover- Messe, das sei noch erwähnt, hatte ich die Gelegenheit, viele dieser Herren persönlich kennenzulernen.

Schon im Jahr 1955 hatten unsere beiden Firmenchefs eine Tochtergesellschaft in Chicago/USA gegründet; bereits zwei Jahre später folgte in Montreal/Kanada die Gründung einer weiteren Niederlassung. Diesen beiden Tochtergesellschaften sollten noch viele weitere Verkaufsniederlassungen im Laufe der Firmengeschichte folgen.

Das Fertigungsprogramm der Firma umfasste zu dieser Zeit bereits E-T-A Schalt-, Schutz- und Steuergeräte in allen Variationen und Nennstromstärken. Die vielen patentierten Geräte-Erfindungen kamen von Jakob Ellenberger. Unser Kundenkreis war bereits international, so dass die Korrespondenz auch in englischer und französischer Sprache, mit einigen Ländern auch auf Spanisch, geführt werden mußte. Harald A. Poensgen beherrschte diese Sprachen sehr gut. Ich selbst hatte schon immer

Interesse an Fremdsprachen und konnte nun meine vorhandenen Kenntnisse in der Praxis anwenden. Da mir die Tätigkeit, mit ausländischen Gesprächspartnern in deren Sprache zu korrespondieren, sehr gut gefiel, bildete ich mich in berufsbegleitenden Abendkursen in Englisch und Französisch weiter und legte in diesen Sprachen die Wirtschaftskorrespondenten-Prüfung sowie das Dolmetscherexamen in Englisch ab. Die gesamte kaufmännische Eingangspost wurde, nach Abteilungen in Mappen sortiert, Harald A. Poensgen zur Durchsicht vorgelegt, ebenso alle ausgehenden Angebote, Auftragsbestätigungen und Rechnungen.

Es wurde neben DM in englischen Pfund und in US-$ fakturiert, später dann nur noch in DM. Auf unsere Grundpreise boten wir in allgemeinen Angeboten fertigungskalkulatorisch errechnete Mengennachlässe an. Sonder-Netto-Preise gab es erst ab mindestens 5.000 Stück gleicher Type und Nennstromstärke. Preisliste-Ausnahmen und Sonderkonditionen waren die Seltenheit. Ein Zeichen dafür, dass wir uns damals noch nicht mit so vielen Konkurrenten auseinander zusetzten hatten. Zu meinem Aufgabengebiet gehörten ferner die Akkreditiv- und Inkasso-Bearbeitung in Zusammenarbeit mit den Auslandsbanken.

Besonderer Höhepunkt des jeweiligen Geschäftsjahres war das Dinner-Meeting auf der Hannover-Messe, das im festlich geschmückten Spiegelsaal der Stadthalle stattfand. Neben den firmeneigenen Messebesuchern wurden alle Außendienst-Mitarbeiter aus dem Inland, dem europäischen Ausland und aus Übersee zu dieser Veranstaltung eingeladen. Die beiden Herren der Geschäftsleitung berichteten anlässlich dieses Meetings ausführlich über die technischen und wirtschaftlichen Entwicklungen der Firma und sprachen über Ausblicke und Zukunftspläne unseres Hauses sowie der Weltwirtschaft. Nach diesen Vorträgen gab es ein herrliches Festmenü, bestehend aus mehreren Gängen mit den jeweils dazu passenden Getränken. Getränke und Speisenfolge wurden von Harald A. Poensgen persönlich zusammengestellt. An das Menü anschließend fand in einem anderen Festsaal ein großer Ball statt. Jedes Dinner-Meeting war ein großartiges Ereignis und gleichzeitig ein wunderschönes, unvergessliches Erlebnis.

Im Laufe der folgenden Jahre wurden bzw. werden natürlich auch heute weiterhin viele nationale und internationale Messen und Ausstellungen beschickt oder auch nur besucht. Es ist sehr wichtig, präsent zu sein, um den schon lange bestehenden Bekanntheitsgrad der Firma als bedeutender Hersteller von E–T–A Schalt-, Schutz- und Steuergeräten sowie Elektronik-Produkten beständig auszuweiten, bestehende Kontakte zu pflegen oder neue Geschäfte anzubahnen.

Inzwischen war William F. Sell, Schwiegersohn von Jakob Ellenberger, am 1. Januar 1964 in die Firma eingetreten. Harald A. Poensgen übergab im Laufe der Zeit die Bearbeitung des englischsprachigen Marktes einschließlich der Überseegebiete an William F. Sell.

Im Februar 1975 verstarb Jakob Ellenberger, dessen früher Tod uns alle sehr bewegte. Trotz seiner schweren Krankheit hatte er sich immer noch intensiv mit dem Firmengeschehen beschäftigt. Nach dem Tod des Vaters übernahm sein Sohn Horst Ellenberger in noch sehr jungen Jahren die nicht leichte Aufgabe der technischen Firmenleitung. Im Jahr 1978 erfolgte die Trennung zwischen der Ellenberger & Poensgen GmbH und der E–T–A GmbH. Die E–T–A GmbH ist die Produktions- und Vertriebsfirma und 100%ige Tochter der ELPO.

Ausscheiden von Harald A. Poensgen und Übernahme der Kaufmännischen Geschäftsführung durch Eberhard Poensgen

Harald A. Poensgen war bis zum Jahr 1981 aktiv in der Firma tätig. Im November 1987 verstarb unser verehrter Seniorchef und Mitbegründer der Firma nach kurzer Krankheit. Viele Mitarbeiter gaben ihm das letzte Geleit. Nach dem Ausscheiden von Harald A. Poensgen aus dem aktiven Geschäftsleben übernahm sein Sohn Eberhard Poensgen die kaufmännische Leitung für Deutschland und Europa ohne England sowie die Geschäftsführung der Firma. Eberhard Poensgen brachte viele neue Ideen und Arbeitsmethoden ein und verwirklichte sie. Ein neues Verkaufsabwicklungsprogramm wurde eingeführt. In seinem Auftrag wurden erstmals Vertreter-Seminare veranstaltet, um alle entsprechenden Mitarbeiter intensiver und gezielter für den Vertrieb unserer Produkte zu schulen. Unter seiner Leitung wurde die Marketing-Abteilung Europa ins Leben gerufen. Die Außendienstmitarbeiter im Inland und im europäischen Ausland erhielten ausführliche Informationen über neuentwickelte Geräte, welche zum Verkauf freigegeben werden konnten. Mit den Jahresabschlußberichten gab Eberhard Poensgen den Vertretungen und E–T–A Büros immer einen ausführlichen Rückblick über die firmeninternen Ereignisse des vergangenen Geschäftsjahres, verbunden mit dem Dank für die geleistete Arbeit. Die E–T–A Mitarbeiter wurden über diese Geschehnisse anlässlich der Jahresabschlußfeiern informiert.

Neben seinen verantwortungsvollen Aufgaben in der Geschäftsleitung war Eberhard Poensgen jahrelang erster Vorsitzender des Vereins Deutscher Elektrotechniker (VDE) und leistete für den VDE viel Verbandsarbeit. Durch die persönlichen Verbindungen zu den VDE-Mitgliedsfirmen entstanden auch enge geschäftliche Kontakte zu E–T–A. Im Juli 1993 trat Eberhard Poensgen in den wohlverdienten Ruhestand.

Eintritt von Carl Horst Poensgen in die Firma E–T–A

Am 01. März 1983 trat der jüngste Sohn des Firmengründers Harald A. Poensgen, Carl Horst Poensgen, in die Firma ein. Nach dem Ausscheiden seines Bruders Eberhard Poensgen übernahm Carl Horst Poensgen dessen Aufgabenbereiche. Er ist heute ebenfalls Geschäftsführer der E–T–A GmbH und Chef des Vertriebs Europa, der Werbung sowie der Versandabteilung. Im regelmäßigen Rhythmus werden unter seiner Leitung mehrtägige Vertriebsseminare zur Weiterbildung aller Mitarbeiter aus ganz Europa in Altdorf abgehalten.

Wie bereits erwähnt, beteiligen wir uns auch weiterhin an zahlreichen Fachmessen und besuchen viele Fachausstellungen im In- und Ausland. In den Ländern Frankreich, Italien und Spanien gründete Carl Horst Poensgen eigene Tochtergesellschaften. Diese Neugründungen machten anfangs häufige Reisen zu den jungen Töchtern notwendig, denn viele Formalitäten mussten erledigt werden. Es galt auch, die dortigen Mitarbeiter einzuarbeiten und mit den E–T–A Richtlinien vertraut zu machen. Als Geschäftsführer auch unserer verschiedenen anderen europäischen Niederlassungen ist die Anwesenheit von Carl Horst Poensgen dort immer wieder erforderlich.

Firmenerweiterung

Durch den erfreulichen ständigen Aufwärtstrend der Firma vergrößerte sich die Belegschaft enorm, und es wurden bald bauliche Erweiterungen notwendig. Im Jahr 1959 wurde in Altdorf ein großer Bau für die Verwaltung und Montage errichtet. Zu Beginn der 70er Jahre konnte ein weiteres großes Verwaltungsgebäude gebaut und bezogen werden. Im Mai 1991 fand im großen Rahmen die Einweihungsfeier des jüngsten Neubaus mit modernst eingerichteten Fertigungshallen statt.

Umorganisation

Das Jahr 1994 brachte eine vollständige Um- und Neuorganisation der Firma mit sich. Die Unternehmensberatung Norbert Binke & Partner wurde mit dieser Aufgabe betraut. Aus dieser Umstrukturierung gingen u. a. durch Zusammenlegung der Abteilungen Verkauf und Versand mit dem Technischen Büro der heutige Vertrieb Europa sowie der Vertrieb Übersee hervor.

Rückblick und Neuzeit

Im Verlauf der langjährigen ELPO /E–T–A Geschichte feierten wir viele schöne Feste miteinander: Neben den Einweihungen der verschiedenen Neu- und Erweiterungsbauten insbesondere die Feiern zum 10-jährigen, 25-jährigen und zum 40-jährigen Firmenbestehen. Viele der Jubilare sind heute in bedeutenden Positionen noch immer bei E–T–A beschäftigt.

E–T–A heute

Aus jüngster Zeit sind folgende Ereignisse zu berichten:
    März 1996: Einweihung eines weiteren Fertigungsbetriebes in Indonesien. Somit bestehen nun Herstellungswerke in Hohenfels/Opf., in Tunesien, in den USA und in Indonesien.
    April 1996: Abschluss eines Kooperationsvertrages mit der Firma CBI. Das Computer-Zeitalter hielt bereits vor längerer Zeit in unserer Firma Einzug: PCs beinahe an allen Arbeitsplätzen, E-Mail, Einführung der Software SAP/R3 in den meisten Abteilungen. Durch enorme Zielstrebigkeit, große Risikobereitschaft, viel Fleiß und Können der Firmengründer und unserer heutigen Geschäftsführer Horst Ellenberger, Carl Horst Poensgen und William F. Sell ist mit Unterstützung der Mitarbeiter aus den kleinsten Anfängen ein weltweit eingeführtes und international bedeutendes, zukunftsorientiertes Unternehmen entstanden. Mit der Verleihung des Bayerischen Qualitätspreises 1997 hat unsere Firma eine hohe Auszeichnung und Anerkennung erfahren, auf die wir alle stolz sein können.
    Höhepunkt der E–T–A Firmengeschichte war zweifelsohne das 50jährige Jubiläum, das im Juli 1998 im großen Stil gefeiert wurde.

2. DIE ERSTEN VERTRIEBLICHEN ORGANISATIONSMASSNAHMEN

Von EBERHARD POENSGEN

Terminbüro

Aufgrund der seinerzeitigen großen Nachfrage und produktionstechnischen Schwierigkeiten in den 60er Jahren wurden die Einkäufer unserer Kunden immer mehr verärgert! Dies besonders dadurch, dass die Kunden aufgrund unserer damaligen sehr starken Marktposition nicht auf andere Hersteller ausweichen konnten. Es gab täglich eine Menge verärgerter Anfragen nach dem Verbleib der Waren bzw. nach dem Stand der Fertigung.

Erste Hilfe: Gründung einer „Sonderfertigung" für eilige Kunden (gegen Aufpreis) mit Heiner Lades, welcher aufgrund seiner universellen Kenntnisse von der Montage aller unserer Geräte die Leitung übernahm. Es wurde laufend improvisiert.

Zweite Hilfe: Ich übernahm gezwungenermaßen die Aufgabe eines Terminjägers, der (ungebetenen) Zugang zur Fertigung hatte. Mit dem Ergebnis, dass ich für alle Fehlschläge den Kopf hinhalten mußte („Telefonseelsorge" am laufenden Band). Erboste Einkäufer kamen persönlich, und ich war derjenige, der mit ihnen verhandeln mußte. Mir wurde mit Gewalt Psychologie und Menschenkenntnis beigebracht.

Dritte Hilfe: Einrichtung eines Formularblocks in Handarbeit mit der wertvollen Hilfe von Ernst Schönweiß, der seinerzeit der einzige Vollkaufmann unter den Angestellten war. Es wurden alle Auftragsdaten erfasst und die betreffenden Daten per Durchschlag an die zuständigen Abteilungen weitergeleitet – durch Boten. Nach Einkauf von zwei großen, fahrbaren Karteitrögen landete zwecks Überwachung zunächst ein Durchschlag in dieser Ablage. Zu meiner großen Erleichterung konnte ich einen Terminjäger bekommen – Herrn Schmidt, der durch sein unerschütterliches ruhiges und sachliches Wesen enorm zur Beruhigung des Marktes und der Fertigung beitrug. Die übrigen im Hause verteilten Durchschläge landeten nacheinander im Termintrog, so dass man jederzeit einen Überblick über den Fortgang der Produktion bis zur Auslieferung des jeweiligen Produktes (einschließlich Erkennung von Störungen im Ablauf) besaß. Die Gestaltung der einzelnen Papiere gelang so gut, dass alles ohne spätere Änderungen glatt funktionierte.

Kalkulation

Die AEG Hausgerätefabrik in Nürnberg (unser damaliger größter Kunde) begann allmählich, unsere Preisgestaltung zu kritisieren – das Kostendenken wurde überall intensiviert. Man drohte mit billigerer Eigenfertigung und mit der Suche weltweit nach eventuellen Konkurrenzgeräten. Zum ersten Mal hatte ich mit dem Begriff der Wertanalyse zu tun, die AEG hatte bereits ihre eigene Abteilung. Dann war es schließlich soweit, und wir verloren diesen wichtigen Kunden. Inzwischen holte ich mir Ernst Schönweiß als meinen Berater vom Versand, dem Ende der Kette, wo er Schreibarbeiten erledigen mußte, in mein Arbeitsfeld.

Er machte mir die Vor- und Nachteile der Vollkosten-Rechnung klar, lehrte mich die Grundzüge der Deckungsbeitragsrechnung und überhaupt das Wesen des kaufmännischen Denkens. So begann ich, ein neues Kalkulationsformular zu entwerfen, einzusetzen, laufend zu verbessern und anzupassen. Auf diese Weise – und mit Hilfe genauerer Kostenerfahrungsmaßnahmen – wurde unsere Preisgestaltung flexibler. Ich konnte dann später in direkten Verhandlungen die AEG wiedergewinnen – dazu noch manchen anderen ehemaligen Kunden. Auch neue Kunden konnten, trotz der inzwischen stärker gewordenen Konkurrenz, hinzugewonnen werden.

Das Nummern-System

Es wurde in dieser Zeit dringend notwendig, alle Produkte in einer nach einem festen Schema gestalteten Produkt-Gruppenordnung zusammenzufassen. Die kennzeichnenden Nummern (1–9) wurden der Bestellnummer des betreffenden Geräts vorangestellt. Die folgenden Ziffern bezeichnen typische technische Eigenschaften. So entstand eine sog. vierstellige Stammnummer für jedes Gerät. Weitere spezielle kennzeichnende Ziffern und Buchstaben wurden, wenn nötig, hinten angehängt. Alles ist so gestaltet, dass eine EDV-mäßige Erfassung und Bearbeitung (z.B. Statistik) möglich wurde.

Werbung

Im Zuge der nun einsetzenden „Feinarbeit" im Vertrieb wurde, zunächst mit Herbert Beier als Leiter unserer „Werbeabteilung", später dann mit Ernst Schönweiß als erstem Leiter die Abteilung „Marktforschung" ins Leben gerufen. Das nötige Sammeln von Kundendaten, d. h. zunächst von Prospekten u. a., dann das Auswerten geschah anfangs mühsam „von Hand". Im Zuge modernisierter Büromittel und verbesserter Büroorganisation wurden später Computer eingesetzt. Ab diesem Zeitpunkt wurde Thomas Schmid als Nachfolger von Ernst Schönweiß und mir die Leitung dieser nun stark vergrößerten Abteilung übergehen. Durch eine schnelle, genaue und zeitgerechte Information des Verkaufs mit seinen Reiseingenieuren konnte der Vertrieb weltweit intensiviert werden. Zusammen mit marktgerechten Produkten, flexibler Preisgestaltung, pünktlicher Lieferung, guter Qualität, Liefertreue und engen Kontakten zu unseren Abnehmern konnten wir im Laufe der Zeit zu der jetzigen Weltgeltung gelangen.

3. VERTRIEB – DIE LETZTEN 17 JAHRE

Von Ernst-Wolfgang Möller

1981: Einen Vertrieb im heutigen Sinne gab es nicht

Es gab eine Auftragsabwicklung oder auch Verkauf unter der Leitung von Ernst Schönweiß, der Eberhard Poensgen unterstellt war. Außerdem existierte das Technische Büro (TB) unter der Leitung von Norbert Ellenberger sowie eine Reihe von Außendienstmitarbeitern und in-/ausländischen Vertretungen. Darüber hinaus gab es den Übersee-Export unter Leitung von William F. Sell. Schon aufgrund der organisatorischen Gliederung war eine Zusammenarbeit zwischen dem rein kaufmännisch orientierten Verkauf, der für die Entgegennahme und Verarbeitung der Aufträge sorgte und dem Technischen Büro (TB), das für die technische Problemlösung und Beratung zuständig war, schwierig.

Man arbeitete oft nebeneinander. Kaufmännische Probleme mit Kunden standen im Hintergrund. Alles war rein technisch orientiert. Technik war schön! – Dann wurde die Konkurrenz aktiv, die es bislang nur eingeschränkt gab. Der kaufmännische Gedanke gewann an Bedeutung. Im Verkauf wurde das Angebotswesen zentralisiert, die flexible Preispolitik entstand. Geräte, die früher nach Beratung „zugeteilt" wurden, mussten plötzlich unter Preisdruck gegen stärker werdende Mitbewerber verkauft werden.

Der Verkauf und das Technische Büro (TB) machten schüchterne Annäherungsversuche, es fanden sogar gemeinsame Kundenbesuche statt. Der Übersee-Export spielte weiter eine getrennte Rolle. Die EDV wurde für die Auftragsbearbeitung immer wichtiger. Der Verkauf bekam eine neue NCR-Software, die wesentlich komfortabler war und mit Hilfe eines Beraters (Dr. Fuchs) eingeführt wurde. Die Arbeitsabläufe Verkauf-Versand-Packerei wurden neu organisiert und rationalisiert. Durchlaufzeiten wurden erheblich verkürzt. Eine Absatz- und Umsatzplanung wurde eingeführt.

1994: Die totale Umorganisation

Verkauf und Technisches Büro (TB) wurden zum Vertrieb unter einheitlicher Leitung einschließlich Versand und Packerei zusammengelegt. Der Vertrieb organisierte sich in insgesamt fünf Teams mit regionaler Zuständigkeit, die jeweils aus den Vertretern und den entsprechenden Innendienstmitarbeitern bestehen. Es bestehen zwei Vertriebsbereiche: Vertrieb Europa, d. h. Inland plus europäisches Ausland (ohne Vereinigtes Königreich) unter Leitung von Ernst-Wolfgang Möller – Zuständigkeit in der Geschäftsleitung: Carl-Horst Poensgen, sowie Vertrieb Export Übersee unter der Leitung von Ingrid Steininger – zuständig in der Geschäftsleitung: William F. Sell. Es werden Produktmanager installiert, die für die Vermarktung bestimmter Produktgruppen verantwortlich sind, die aber auch auf die Entwicklung dieser Produkte Einfluss nehmen bzw. diese je nach Marktanforderung veranlassen. Der Marketinggedanke tritt sehr stark in den Vordergrund.

Die E–T–A formiert sich zu einem vom Markt gesteuerten Unternehmen. In Zusammenarbeit mit einer Beratungsfirma, die auch die Umorganisation begleitet hat, werden neue Strategien zur Bearbeitung des in- und ausländischen Marktes entwickelt. Die Grundidee ist die Aufteilung der Aktivitäten in 16 verschiedene Geschäftsfelder (Branchen), für die jeweils spezielle Strategien entwickelt werden. Geschäftsfeldmanager sind für diese Strategien verantwortlich. In folgendem Diagramm sind die Umsatzanteile der Geschäftsfelder in Europa dargestellt.

Eine Portfolioanalyse der 8 wichtigsten Geschäftsfelder gibt Auskunft über deren Bedeutung für die E–T–A. Werbung und sonstige akquisitorische Maßnahmen werden geschäftsfeldbezogen ausgerichtet und koordiniert. Der Videofilm wird als Kommunikationsmittel zwischen Altdorf und den Vertretungen sowie Kunden eingesetzt. Die

Teamarbeit soll in der Zukunft den Vertrieb noch näher an den Markt und noch näher an den Kunden führen und eine noch intensivere Bearbeitung erlauben.

Die SAP-Software, die gerade eingeführt wurde, kann den Vertrieb in Zukunft mit effektiveren Informationen und vor allem schnellerem Zugriff auf bestimmte Informationen weiterhin verbessern. Sämtliche Außenbüros sind einzubinden, so dass ein Kommunikations- und ein Informationsaustausch über Bildschirm möglich wird. Die Marktforschung trägt ihrerseits ergänzende Informationen (auch über die Konkurrenz) zusammen, die den Vertrieb bei seiner Arbeit unterstützt. Nachdem der Inlandsmarkt eine hohe Marktsättigung erreicht hat, sind Zuwächse hauptsächlich im Ausland zu holen. Die Zukunft in Europa dürfte vorwiegend in Frankreich, Italien, Skandinavien und vielleicht einigen Ostländern liegen.

4. VERTRIEBSSCHULUNG

Von RUDOLF WACHTER

Fitness-Programm für den Vertrieb

Jedes Unternehmen „lebt" im wesentlichen von seinen Kunden, Aufträge sind lebenswichtig. Dabei spielt der Vertriebsapparat eine wichtige Rolle, denn ohne eine gut ausgebildete Mannschaft lassen sich keine E-T-A Geräte verkaufen. So ist es nur konsequent, dass wir regelmäßig für eine gründliche Weiterbildung der Vertriebsmitarbeiter sorgen. Fast 90 Mitarbeiter des Innen- und Außendienstes aus allen Teilen Europas hatten in drei aufeinander folgenden Wochen 1996 ein 2-tägiges Fitness-Programm zu absolvieren, das es in sich hatte. Es wurden Produktkenntnisse vertieft und zu aktuellen Aufgabenstellungen Lösungen erarbeitet. In Rollenspielen wurde richtiges Beraten und Verkaufen beim Kunden geübt. Bei diesen simulierten Gesprächen haben sich dankenswerterweise Kolleginnen und Kollegen aus der Materialwirtschaft, dem Labor, dem Konstruktionsbüro und der Elektronik aktiv beteiligt.

Das Seminar wurde durch Sachvorträge und Statistiken sinnvoll abgerundet. Teamarbeit war gefragt, und zwar in vielfacher Hinsicht. In gemeinsamer Arbeit wurde dabei Kreativität geweckt und Erfahrungen besser ausgetauscht als im Stil früherer Seminare mit Themen-Referaten möglich war.

Alles in allem: Wir konnten ein Stück mehr Gemeinsamkeit erfahren und sind somit noch schlagkräftiger geworden. Die Erfolge werden wohl nicht lange auf sich warten lassen. Last not least darf noch erwähnt werden, dass die Seminare nach Meinung aller Beteiligten professionell organisiert und moderiert wurden.

Vertriebsmitarbeiter aus ganz Europa trainieren in Altdorf

Die Anforderungen des Marktes sind hoch und steigen weiter. Die Kunden werden anspruchsvoller und auch der Wettbewerb schläft nicht. So ist es nur konsequent, dass

E–T–A auch für die Weiterbildung der Vertriebsmitarbeiter sorgt. Denn ohne einen gut ausgebildeten Vertrieb lassen sich heute und später keine Geschäfte machen.

Im Mittelpunkt der dreitägigen Vertriebsschulung 1997 stand neben Produkt- und Konkurrenzinformationen und solchen über strategische Geschäftsfelder das Thema „Richtiges Verhandeln bei Preisgesprächen". Peter Schreiber, externer Experte in Sachen Vertriebs- und Management-Training, zeigte den fast 90 zum Teil aus ganz Europa angereisten Mitarbeitern des Innen- und Außendienstes, wie man es richtig macht. Und dies nicht nur theoretisch. An Hand von Beispielen aus dem Alltag des E–T–A Vertriebs übte er praktikable Lösungen. Wolfgang Möller ist voller Erwartungen: „Bei der nächsten Preisverhandlung wird sich zeigen, wer das Klassenziel erreicht hat". Der breite Informationsaustausch aus den einzelnen Vertriebsgebieten ist mittlerweile zur ständigen Einrichtung geworden. Carl Horst Poensgen: „Die unterschiedlichen Erfahrungen und Anregungen der Kollegen aus fast 30 Vertriebsgebieten in Europa sind für uns hier in der Hauptverwaltung unentbehrlich, denn niemand kennt die Wünsche der Kunden besser als der Außendienst".

5. VOM TECHNISCHEN BÜRO ZUM VERTRIEB

Von Herbert Beier

Abteilung Vertrieb (vormals TB)

Bei dem Beginn meines E–T–A Lebens – 1.11.1954 – gab es das Technische Büro (TB). Eine Vertriebsabteilung sollte sich daraus erst viel später entwickeln. Im TB arbeiteten zwei Ingenieure (Heinrich Hoffmann und Herbert Beier). Für kurze Zeit war Heinrich Hoffmann mit der Entwicklung eines Kfz-Blinkgerätes beschäftigt. Ferner sollte auch ein Temperaturregler konstruiert werden. Meine Arbeit bestand hauptsächlich in der Herstellung von Konstruktionszeichnungen und technischen Unterlagen der größtenteils bereits gefertigten Geräte, insbesondere der ELPO Automaten.

Nach dem Ausscheiden von Heinrich Hoffmann und dem Eintritt von Josef Peter (1955) erfolgte die intensive Weiterkonstruktion der E–T–A Überstromschutzschalter 1- und 3-polig. Mit meiner Bearbeitung von Reklamationen (insbesondere bei ELPO Automaten) entstanden direkte Kontakte vom Werk zum Kunden. Die Probleme ließen sich im Allgemeinen telefonisch oder brieflich erledigen. Gelegentliche Besuche bei Kunden fanden durch Jakob Ellenberger und Harald A. Poensgen statt.

Bis zu diesem Zeitpunkt war Vertrieb die Tätigkeit der Vertretungen. Von Anfang an wurden von Harald A. Poensgen Vertreter-Gebiete geschaffen. Es waren freischaffende Handelsvertreter, die namhafte Firmen der Elektroindustrie repräsentierten. Sie verfügten alle über entsprechendes Fachwissen und konnten somit ohne besondere Betreuung durch E–T–A zunächst auf ihre Weise akquirieren. Von einem organisierten Vertrieb konnte aber noch nicht gesprochen werden. Die Hannover-Messe ab 1951 war für das bekannt werden von E–T–A die wichtigste Veranstaltung. Mit der Begegnung von Kunden und Interessenten bildeten sich Verbindungen, die für die Weiterentwicklung des E–T–A Programms von Bedeutung waren. Selbstverständlich machte es diese Entwicklung erforderlich, diese Kundenkontakte durch entsprechende Fachgespräche so eng wie nur möglich zu gestalten. Dafür war nun das TB zuständig.

Die Mitarbeiter waren Dipl.-Ing. Eberhard Poensgen, Ing. Herbert Beier und der Konstrukteur Josef Peter. Für Eberhard Poensgen und Herbert Beier wurden die Vertretergebiete Nord und Süd geschaffen. Eberhard Poensgen betreute die Kunden und Vertretungen in Nord-Deutschland und Nord-Europa, Herbert Beier entsprechend Süd-Deutschland und Süd-Europa. Josef Peter war weiterhin mit Konstruktions-Arbeiten beschäftigt. Dies geschah in enger Verbindung mit dem Labor, mit Konrad Heydner. Eberhard Poensgen und Herbert Beier waren nun die Vertriebs-Ingenieure.

Im Dreieck E–T–A Geschäftsleitung – Vertretung – Kunde standen sie jederzeit dem jeweiligen Partner zur Verfügung. Bei der kontinuierlich zügigen Weiterentwicklung der E–T–A Geräte war Betreuung der Vertretungen besonders wichtig. Regelmäßige, von den Vertretungen gut vorbereitete Kundenbesuche bildeten einen wesentlichen Anteil der Außendienstmitarbeit. Betriebsintern bestand eine enge Zusammenarbeit mit dem Labor – Konrad Heydner. Dies kam bei auftretenden technischen Problemen und deren Lösung dem Kunden zugute.

Bei manchen Gesprächen beim Kunden, wie auch bei Kundenbesuchen im Hause E–T–A, entstanden durch die unkomplizierte Zusammenarbeit entsprechende Weiter- und Neuentwicklungen. Durch die stete Zunahme der Anwendungen von E–T–A Geräten, besonders des E–T–A Überstromschutzschalters, konnte die dadurch entstandene Mehrarbeit von zwei Vertriebsingenieuren nicht mehr bewältigt werden. Zwei weitere Vertriebsingenieure, Erich Himmler und Fritz Krasser, verstärkten die Abteilung TB bzw. Vertrieb. So konnte die Betreuung der Vertretungen und Kunden im In- und Ausland deutlich und gezielt ausgebaut werden. Gleichzeitig erfolgte die Spezialisierung auf die nachstehenden Anwendungsgebiete: Fahrzeugtechnik Land, Luft und Wasser; Nachrichtentechnik (Fernmeldeanlagen, Ortungsgeräte); Hausgerätetechnik; elektrische Werkzeuge; Werkzeugmaschinen. Unabhängig von den Vertretergebieten erfolgte die Kundenbetreuung durch die zuständigen Sachbearbeiter.

Auf eine Besonderheit in der E–T–A Vertriebspolitik sei noch hingewiesen: Während in Westeuropa der Kundenstamm kontinuierlich zunahm, war es sehr schwierig, Kontakte in Osteuropa herzustellen. Interessenten gab es wohl, jedoch verlangte der Charakter der sogenannten sozialistischen Länder eigene Arbeitsmethoden. Hier zeigte die österreichische Vertretung, Ing Konrad Herndl, besonders viel Geschick. Auf dem jugoslawischen Markt hatte E–T–A schon einige Erfolge zu verzeichnen. Anwendungsgebiete waren Waschautomaten, Omnibusse der Verkehrsbetriebe, allgemeine Elektromotoren und Transformatoren. Allmählich entwickelte sich auch ein Markt in Ungarn. Gelegentliche gemeinsame Besuche von Konrad Herndl und E–T–A Sachbearbeitern zeigten Erfolge. Mit Angehörigen der Sowjet-Handelsmission in Wien – es waren Ingenieure – fanden verschiedene Gespräche statt. Interesse war vorhanden. Dies zeigte sich auch bei einem Besuch in Moskau anlässlich einer internationalen Fachausstellung mit dem Thema »Automation«. Aufträge kamen nicht zustande. Die Sowjet-Union verlangte die Produktion im eigenen Lande. Die E–T–A Geschäftsleitung lehnte dies ab. Danach fanden keine Gespräche mehr statt.

Durch die stetige Zunahme des E–T–A Programms zeigte sich bei der Außendiensttätigkeit immer wieder das Fehlen einer fest umrissenen Firmendarstellung. So entstand zusehends der Ruf nach einer professionellen Werbung. Doch die Entstehung dieser Abteilung ist eine andere spannende Geschichte.

6. EINE SPANNENDE GESCHICHTE: WIE AUS DEM TECHNISCHEN BÜRO DIE MODERNE E–T–A WERBEABTEILUNG HERVORGING

Von HERBERT BEIER und HARALD GROSCHUP

Waren das Zeiten ... Einer, der sich ganz genau daran erinnert, ist Herbert Beier. Er baute 1954 das Technische Büro von E–T–A auf und gilt sozusagen als geistiger Vater der heutigen Werbeabteilung. Doch bis zu ihrem professionellen Start als eigenständige und leistungsfähige Abteilung brauchte es noch 32 Jahre. Und die waren geprägt von einer bewegten Pionierzeit, in der auf verschiedenste Weise versucht wurde, die E–T–A Produkte erfolgreich an den Kunden zu bringen.

Dabei bediente man sich im TB (Technisches Büro) natürlich noch keiner modernen Vertriebsstrategie – und auch planmäßige Kundenbesuche gab es so gut wie nicht. Vor allem aber kochte man in Sachen klassischer Werbung auf Sparflamme. Doch das sollte sich mit der Zeit gewaltig ändern.

Nachdem die Produktion der ELPO Automaten eingestellt wurde, begann 1955 der Siegeszug der ein- und mehrpoligen E–T–A Schutzschalter. Die Zeit war günstig, denn es begann die große Elektrifizierungswelle in Deutschland. So verlangte der Verbraucher vehement nach mehr Komfort, zum Beispiel bei elektrischen Haushaltsgeräten: allen voran Mixgeräte, Küchen- und Waschmaschinen. Jedes dieser Geräte war damit auch ein potentieller Anwender von E–T–A Schutzschaltern. Ein weites und fruchtbares Feld, was es da zu bearbeiten galt. Erstmals entstanden daher die notwendigen Kundenkontakte direkt vor Ort durch den Einsatz von Vertretungen. Eine Aufgabe, die von einem technisch versierten Mitarbeiter – idealerweise von einem Ingenieur – wahrgenommen wurde. Zudem erwies sich schon seit 1951 die Präsentation von E–T–A auf der Hannover-Messe als erfolgreiche Kontaktbörse.

Dennoch konnte hier von einem organisierten Vertrieb noch längst nicht gesprochen werden. In den ersten Aufbaujahren für das Geschäft mit Schutzschaltern erfolgten die technischen und produktrelevanten Informationen durch gelegentliche Kundenbesuche von Jakob Ellenberger und Harald A. Poensgen. Das Technische Büro bestand zum damaligen Zeitpunkt aus Eberhard Poensgen und Herbert Beier, die sich den Außendienst teilten, sowie aus Josef Peter, der als Konstrukteur die Fäden zog.

Was sich in Westdeutschland gut – wenn auch mühsam Kunde für Kunde – verkaufen lässt, das müsste man doch eigentlich auch in anderen europäischen Ländern erfolgreich absetzen können. Gedacht – getan. Also stürzte sich das TB-Team voller Tatendrang auf die neuen Märkte. Nord-, West- und Südeuropa waren kein Problem, diese Länder hatte man rasch im Griff. Auch Kunden aus Ungarn und Jugoslawien zählten dank intensiver Betreuung durch Konrad Herndl in Wien bald zu guten Abnehmern, beispielsweise in der Hausgeräte-, Fahrzeug- und Nachrichtentechnik.

Als weitaus schwieriger erwiesen sich dagegen die Verkaufsbemühungen in der damaligen UdSSR, denn Glasnost und Perestroika waren 1967 noch Fremdwörter und lagen abseits jeglicher Vorstellungen. Zudem wollten die Russen die E–T–A Produkte im eigenen Land fertigen. So etwas hatte damals gerade noch gefehlt – die Antwort war natürlich ein klares „njet".

Mit den jetzt europaweiten Aktivitäten stiegen auch die Anforderungen ans TB-Team. Das wurde zunächst um zwei weitere Ingenieure verstärkt und dann in Zuständigkeiten aufgeteilt. Nun waren Spezialisten für die einzelnen Anwendungsbereiche tätig; zum Beispiel in der Fahrzeugtechnik (Land–Luft–Wasser), in der Nachrichten- und Hausgerätetechnik ebenso wie im Bereich Werkzeuge und Werkzeugmaschinen.

Besondere Anlässe wie Reklamationen im Zusammenhang mit der Installation von Neuentwicklungen machten auch praktische Versuche vor Ort beim Kunden erforderlich. Und dabei mußte so manche Hürde genommen werden, die aber letztlich doch zum Erfolg führte. Hier erinnert Herbert Beier sich an eine äußerst spannende, fast dramatische Begebenheit, die trotzdem ein gutes Ende fand.

Immerhin ging es um den Großkunden Bauknecht in Schorndorf. Bis spät in die Nacht waren die E–T–A Spezialisten am Werk, führten Untersuchungen mit Einspeisen durch, um dem Fehler auf die Spur zu kommen. Endlich die erlösende Feststellung, dass alle E–T–A Geräte vollständig in Ordnung sind – und der Fehler bei einer Glimmlampe lag, die fälschlicherweise der Bauknecht-Einkauf beschafft hatte. Und das gute Ende der Geschichte? E–T–A blieb ohne Schuld und Tadel, die Kontakte nahmen sogar freundschaftliche Formen an, und es kamen weitere, sichere Aufträge ins Haus. Also: Über die Reklamation zum dauerhaften Verkaufserfolg! Es führen eben viele Wege nach Rom …

Episoden wie diese verdeutlichen das Arbeitsspektrum des Technischen Büros von damals. Und da blieb die Zeit keinesfalls stehen, dafür sorgte schon die ständige Erweiterung des E–T–A Schalterprogramms, insbesondere bei den Überstromschutzschaltern. All das erforderte immer häufigere Gespräche und eine viel intensivere technische Beratung beim Kunden. Dabei zeigte sich, dass eine höhere Betreuungsqualität in Zusammenarbeit mit der zuständigen Vertretung einfach unerlässlich ist.

Wie wahr – auch ein halbes Jahrhundert später …

Daraus folgte aber noch eine andere wichtige Erkenntnis für das erfolgreiche Umwerben eines Kunden: In erster Linie muss das Gespräch mit den Technikern, beispielsweise in der Entwicklungsabteilung des Kunden, gesucht werden. Anfangs erwies sich das als sehr schwierig, weil der Weg zum verantwortlichen Techniker in der Regel ausschließlich über den Einkäufer führt. Erst allmählich wurde auch ihm klar, dass nur gemeinsame und konstruktive Gespräche am Runden Tisch zwischen Einkauf und Technik sowie E–T–A als Lieferant den beiderseitigen Erfolg bringen. Egal, ob es dabei um Reklamationen oder neue Anwendungsbereiche für E–T–A Produkte geht.

Und noch eines wurde deutlich: Je enger die Kontakte und intensiver der Dialog mit dem Kunden, desto häufiger resultieren daraus entscheidende Anregungen und Impulse für die Weiter- und Neuentwicklungen bei E–T–A. Letztlich auch zum Nutzen des Kunden, der auf diese Weise von den individuellen E–T–A Lösungen nur profitieren kann. Das war schon damals so und hat sich bis heute nicht geändert.

Der Schritt zur planmäßigen Vermarktung: Weg frei für eine professionelle Werbeabteilung

Mit steigender Kundenzahl, breiter gefächerten Zielgruppen, größerer Produktvielfalt und neuen Technologien wuchsen gleichermaßen die Anforderungen an das Technische Büro – und damit an den Vertrieb. Wie also Techniker, Einkäufer, Mitentscheider, Entscheidungsvorbereiter, technische Leiter, Geschäftsführer, Meinungsbildner u.v.a. bei der Akquisition erfolgreich unter einen Hut bringen? Wie alle wichtigen Botschaften und Produktinformationen kostengünstig und effizient zum Anwender transportieren? Auf welche Weise kann man schneller und gezielter auf veränderte Marktsituationen reagieren? Und das im eigenen Land, in Europa und auf der ganzen Welt? Fragen über Fragen und zugleich komplexe Anforderungen für die Zukunft, denen man gerecht werden mußte. Immer mehr beschäftigten diese Dinge Herbert Beier bei seiner täglichen Arbeit. Die Lösung der vielen Fragen hieß schließlich planmäßige, strategische und flächendeckende Kommunikation zum Kunden – neudeutsch ausgedrückt. Und dazu hatte Herbert Beier die Initialzündung mit positiven und nachhaltigen Folgen. Eines Tages schlug er der E–T–A Geschäftsleitung kurzentschlossen und voller Überzeugung den Aufbau einer Abteilung vor, die zukünftig all diesen Anforderungen gerecht wird. Nämlich den Vertrieb strategisch unterstützt, einheitliche Argumentationen vornimmt, Produktinformationen steuert und vertieft, Vertreterarbeit vorbereitet, neue Märkte aufbereitet und bearbeitet, und bestehendes Kundenpotential pflegt – rund um den Globus und zu jedem Anlass. Das war die Geburtsstunde der E–T–A Werbeabteilung.

Die neue Werbeabteilung: Personality von damals bis heute

Man schrieb inzwischen das Jahr 1970, aber der Anfang war erst einmal geschafft. Schrittweise baute Herbert Beier neben seiner Außendiensttätigkeit die Werbeabteilung auf, tatkräftig unterstützt von Margit Knieling. Ein paar Jahre gingen noch ins Land, bis 1977 endlich personelle Verstärkung anrückte: Reinhard Brandl kümmerte sich fortan um Messebau, Muster usw., Ingeborg Brandl um die Messeanmeldung und Abwicklung sowie um das allgemeine Werbegeschäft. Margit Knieling und Diethild Niebler sorgten zusammen mit Norbert Ellenberger dafür, dass die Werbeprospekte für Mechanik- und Elektronikprodukte rechtzeitig auf den Markt kamen.

1986 – Die Wende: Profis ans Kommando

Inzwischen hatte E–T–A sich zu einem bedeutenden weltweiten Anbieter für Geräteschutzschalter und elektronische Überwachungsgeräte entwickelt. Im Klartext hieß das: Werbung total als modernes und effizientes Marketinginstrument wurde unumgänglich. Auch für Herbert Beier eine klare Sache – denn „nebenher" war dieses Geschäft nicht mehr zu handhaben. Und so machte er sich auf die Suche nach einem geeigneten „Nachfolger", der die Abteilung hauptamtlich führen sollte. Ende 1986 stieß mit Harald Groschup ein erfahrener Grafik-Designer zu E–T–A, der sein Werbehandwerk verstand und damit die Voraussetzungen für eine professionelle Kommunikations- und Gestaltungsarbeit schuf. Mit der Fülle der Aufgaben wuchs notwendigerweise auch das Team in der Werbeabteilung. 1988 stieg Markus Gleißner ein, 1991 gefolgt von Roland Lang im Bereich Grafik. Ab 1990 kam Verstärkung für Werkstatt und Messebau durch Erich Schaudig. Da Technische Dokumentationen immer breiteren Raum einnahmen, übertrug man diese Aufgaben ab 1992 an Rosalia Schuster. Seit 1994 kümmert sich Waltraud Schötz um die steigende Anzahl der Prospekte für Elektronik-Produkte. Und last but not least liegt die Zusammenstellung des Presse-Echo seit 1996 in den Händen von Ingeborg Brandl. Damit auch die reprotechnische Abwicklung wie am Schnürchen klappt, steht natürlich ein entsprechendes Equipment zur Verfügung. So zum Beispiel ein hochmodernes Desktop-Publishing-System und Apple/Macintosh-Gestaltungscomputer der neuesten Generation.

Erarbeitung der visuellen E–T–A Corporate Design-Strategie oder:
Wie die Firmenphilosophie Gestalt annimmt

Das ist auf den Punkt gebracht die Hauptaufgabe der modernen E–T–A Werbeabteilung. Was sich in einem knappen Satz umreißen lässt, entpuppt sich in der Praxis als eine Vielzahl facettenreicher Kommunikationsbausteine. Sprechen wir ganz einfach vom Unternehmensdesign, also dem Erscheinungsbild, wie sich E–T–A nach außen und innen darstellen will. Das wird nicht nur in einem unverwechselbaren Firmenzeichen/Logo ausgedrückt, sondern in der Summe aller Erscheinungsformen. Dabei reicht die Palette von der konsequent eingesetzten Hausfarbe in Prospekten, Katalogen und Anzeigen bis hin zur Mitarbeiter- und Kundenzeitschrift; von der Designlinie des Fuhrparks und Architektur der Gebäude bis zur Einrichtung und einheitlichen Arbeitskleidung, und von der technischen Zeichnung über Diagramme bis zu Organigrammen.

E–T–A setzt ein Zeichen für die Zukunft

Neue Technologien, brillante Weiterentwicklungen und expandierende Märkte in Südost-Asien sind die treibenden Kräfte bei E–T–A. Und vielfältige Aktivitäten begleiten den Weg des Unternehmens ins neue Jahrtausend. Dass dabei eine ganze Menge in Bewegung ist, soll unter anderem das neue, 1997 eingeführte markantinnovative Logo dokumentieren. Hier zeugen die fließenden Elemente von Bewegung, Durchgängigkeit und Kommunikation und gleichermaßen vom Messen und Überwachen flüssiger Medien. Durch diagonale Linien verbundene Pfeilspitzen symbolisieren Überstrom und Spannung. Und genauso die homogene Einheit von Elektromechanik und Elektronik. Das ganze natürlich in der E–T–A typischen Hausfarbe Blau. So entstand das neue internationale Markenzeichen für Sicherheit.

Bilder sagen mehr als 1.000 Worte ...

Auch der Fotoauftritt mit seinen charakteristischen Stilrichtungen ist ein wichtiges Merkmal im Erscheinungsbild von E–T–A. So wurden spezielle Fotografiestrategien entwickelt, nach denen alle Sach-, Milieu- und Reportagefotos „geschossen" werden.

Quasi eine unverkennbare Fotohandschrift, die sich wie ein roter Faden durch alle E–T–A Prospekte, Kataloge, Anzeigen und Publikationen zieht.

Lasst Formen, Farben, Schriften und Texte sprechen!

Gleiches gilt sinngemäß für andere einheitliche Gestaltungsmerkmale wie bestimmte Schrifttypen, Layoutformen oder eben die E–T–A Hausfarbe Blau. Beispielsweise bei Mitarbeiter- und Kundenzeitschriften, Ergänzungsschriften und internen Wegweisersystemen. Selbst die werbenden Texte bei allen E–T–A Prospekten, Broschüren und Anzeigen weisen eine ganz bestimmte, charakteristische Linienführung in punkto Aussage und Tonality auf. Unternehmensspezifische visuelle Identifikationsmerkmale lassen sich am ehesten über die illustrative Grafik realisieren. Nicht nur in gedruckter Form, sondern vor allem auch in vielfältigen mehrdimensionalen Darstellungen. Hier konnte E–T–A sich erfolgreich mit seinem Produktdesign profilieren. So wurden zwei wichtige Auszeichnungen an E–T–A verliehen: „if '89" (der Preis für die besondere „industrieform" auf der Hannover Messe 1989) und „Gutes Design" auf der Leipziger Messe 1990.

Von Mensch zu Mensch: Imagebildung durch die E–T–A Messestände

Apropos Messen: Das attraktive Messe- und Ausstellungsdesign auf allen bedeutenden Messeplätzen trug von Anfang an wesentlich zur positiven Imagebildung von E–T–A bei. Nicht zuletzt untermauert durch die respektablen Besucherzahlen auf den Ständen. Und damit der Messebesucher sich auf dem E–T–A Stand noch besser zurechtfindet, wurde 1997 eigens eine hochmodische Designer-Kollektion für das Standpersonal kreiert! Sehen und gesehen werden – das ist hier keine Frage ...

Überhaupt stellt das Thema Messen und Ausstellungen höchste Anforderungen an das E–T–A Werbeteam. Dafür sorgen allein etwa 15–20 Messen pro Jahr – von Hannover bis Singapur. Und für jede Messe wird ein individuelles Standkonzept erarbeitet. Da ist ein flexibles Standsystem ebenso gefordert wie eine perfekte Logistik. Zudem gibt es auch bei Messeständen so etwas wie gestalterische Innovationen. Angepasst an den jeweiligen visuellen Trend und zugeschnitten auf die Lösung spezieller Präsentationsaufgaben.

Das Gesicht nach draußen

Was die durchgängige, einheitliche Gestaltung des Messestandes im Kleinen ist, das setzt sich bei der Gebäudearchitektur des Unternehmens im Großen fort – und umgekehrt. Hier gilt es, architektonische Erscheinungsbilder in Einklang zu bringen, von Teppichböden und Sitzmöbeln auf dem Messestand bis zu solchen im Eingangsbereich der E–T–A Hauptverwaltung.

Ein Corporate Design zum Anfassen

Auf Schritt und Tritt begleitet die praxisgerechte CD-Strategie von E–T–A die Mitarbeiter ebenso wie Kunden und Zulieferer. Beginnen wir mit einheitlich gestalteten Organisationsmitteln wie Briefbögen und Umschlägen, internen Organisationspapieren, Bestellformularen, Ringheftern, Mappen und Ordnern, Gebäudekennzeichnungen und Wegweisersystemen – und nicht zu vergessen das Outfit des Fuhrparks.

Die Anzeige: Der globale Weg zur Zielgruppe

Im Gegensatz dazu die Aktiv-Komponenten des Marketing als Eckpfeiler für Interessenserzeugung und Kundengewinnung. Breite Zielgruppenansprache national wie international gewährleisten die E–T–A Produktanzeigen in allen führenden Fachmedien der Elektrotechnik und Elektronik. Eingearbeitete Coupons sorgen dabei für die wichtige Resonanzerzeugung: Prospekte, Kataloge oder Vertreterbesuche sind dann das umgehende follow-up beim Interessenten. Und schließlich übernehmen großformatige Imageanzeigen in branchenübergreifenden Medien die Kommunikation zu Entscheidungsträgern auf allen Managementebenen.

Tue Gutes und rede darüber

Wie wichtig die Printmedien als Sprachrohr zur Öffentlichkeit sind, macht die intensive Presse- und Öffentlichkeitsarbeit von E–T–A deutlich. Hier unterstützt die E–T–A Werbeabteilung Rudolf Wachter und das Pressebüro Kruschel mit aussagekräftigen und auf das jeweilige Sujet zugeschnittenen Pressefotos.

Ohne Alternative: Direktwerbung

Sehr viel gezielter geht's mit Direktwerbeaktionen zur Sache. Beispielsweise spezielle E–T–A Produktvorstellungen oder Messeeinladungen wie zur bedeutenden „Elektrotechnik" im September 1997. Hier lud E–T–A auf den neuen Messestand in neuer Halle ein und informierte kurz über Produkt-Highlights. Gleichzeitig wurden auf Anforderung Eintrittskarten vergeben und feste Gesprächstermine vereinbart. Fazit: Erfreulich hohe Rückläufe und eine Menge guter Fachgespräche auf dem E–T–A Messestand!

Roadshow: Der mobile Musterkoffer

Mit großem Erfolg rollt er durch nationale und internationale Lande: der E–T–A Musterkoffer auf Rädern. Dieser komplett eingerichtete Großraum-Lkw, ausgestattet mit dem gesamten E–T–A Produktspektrum, bietet Interessenten direkt vor Ort Informationen und Beratung aus erster Hand. Wem also der Zeit- und Kostenaufwand zum Besuch von Messen und Ausstellungen zu groß ist, der ist durch diesen Service optimal informiert und beraten.

Unverzichtbar: Prospekte und Kataloge als Basisinformationen

Auf welche Weise auch immer das Interesse des potentiellen Kunden geweckt wurde, auf Messen und Ausstellungen, durch den Außendienst, über Anzeigen und Presseinformationen: Prospekte und Kataloge von E–T–A bilden die breite Informations- und Argumentationsplattform und dienen als effizientes follow-up bei jeder Werbeaktion. Was heute den E–T–A Kunden als nach modernen CD-Gesichtspunkten gestaltete Prospekte und Kataloge auf den Tisch kommt, sah damals vergleichsweise bescheiden aus. Ab 1967 kamen als erste Übersichten noch einfache schwarz/weiße DIN A4-Faltprospekte heraus. Ab 1973 wurden sie werbewirksamer und bekamen erstmals „Farbe". Und ab 1980 entstanden daraus DIN A4-Hefte. Zudem gab es ab 1975 farbige Einzelblätter für die verschiedenen Produkte. Auf Schmalspur liefen seinerzeit auch die Kataloge im kleinen DIN A5-Format. Doch auch das sollte sich grundlegend ändern ...

Der Durchbruch 1994: der erste gebundene Mechanik-Katalog!

Premiere auf der Hannover-Messe im April 1994: Horst Ellenberger wurde zum ersten Mal in der E–T–A Geschichte ein gebundener Katalog für den Mechanik-Bereich präsentiert. Bis Anfang 1997 folgten entsprechende Ausgaben in Englisch, Französisch und Amerikanisch. Im März 1997 dann ein weiteres E–T–A Highlight: Der erste gebundene Elektronik-Katalog geht an die Kunden. Im selben Jahr folgen noch die englische und amerikanische Ausgabe. Und aktuell in Vorbereitung befinden sich der gebundene Mechanik-Katalog in Italienisch und Spanisch sowie der gebundene Elektronik-Katalog in Französisch.

Neu: Geschäftsfeld-Prospekte

Eine Reihe von Innovationen entwickelte die Werbeabteilung gemeinsam mit dem Vertriebsmarketing auch im Prospekt-Bereich. Dazu ein kurzer Rückblick in die Historie: Ab 1970 informierte ein schwarz-weißer Folder über E–T–A Anwendungen auf dem Boots/Schiffs-Sektor, gefolgt 1977 von einer farbigen Version.

Die innovative Phase bei der Prospektkonzeption begann 1995. Moderne Geschäftsfeld-Prospekte lösten die Anwendungsprospekte von damals ab. Jetzt stehen dem Kunden zeitgemäße Informationen für die E–T–A Geschäftsfelder Anlagenbau, Medizin- und Verkehrstechnik, Telekommunikation sowie Haushalt, Hobby, Garten zur Verfügung. Mehr noch: Zur Unterstützung aktueller verkaufsorientierter Aktionen wurden von Werbung und Product-Management aktuelle 4-farbige Flyer realisiert.

Im Aufwind: PR-Kommunikation

Überhaupt hatte es das Jahr 1995 in sich. Da entstanden genauso neue Ideen zur Förderung und Aktivierung der in- und externen Kommunikation. Und zwar in Form von Kunden- und Mitarbeiter-Zeitungen. Anfang 1995 kam mit Current die erste deutsche Kundenzeitung von E–T–A auf den Markt. Und ein dreiviertel Jahr später hatte jeder

E–T–A Mitarbeiter sein Extra Blatt auf dem Tisch. Damit sollte die E–T–A Werbeabteilung ein weiteres Bündel an klassischen Aufgaben packen.

Jede Menge drumherum um die E–T–A Werbung

Dieser Part in der E–T–A Werbung wird keineswegs so einfach nebenher betrieben. Im Gegenteil: Viele neue Ideen, Engagement, Zeit und Kosten sind notwendig, um hier Jahr für Jahr neue Nägel mit Köpfen zu machen. Umfassende Technische Dokumentationen, präzise Montageanleitungen und Gebrauchsanweisungen sowie attraktive Verpackungen zählen nun mal zu den „Brotarbeiten" in der Werbeabteilung. Gleiches gilt bei der Konzeption und Erstellung von Schulungs-, Demonstrations- und Außendienstunterlagen. da ist Praxisnähe ebenso gefragt wie didaktische Qualität.

Als gerechten Ausgleich dafür das Salz in der Werbesuppe

Sehr viel mehr Kreativität und Spaß an der Sache erfordert natürlich die Realisierung von Dia-, Video- und Filmproduktionen. Beispielsweise für Firmenpräsentationen bei den Kunden oder auch für interne Produkt-Neuvorstellungen. Keine Frage, dass sich über diese visuelle Schiene die Vorteile der E–T–A Produkte optimal darstellen lassen. Ein breites Feld im Werbe-Mix sind wie eh und je die Werbegeschenke – einfache Give-aways wie anspruchsvolle Präsente. Bei beidem beweist E–T–A Profil und Geschmack. Ob praktischer Regenschirm, luxuriöses Schreibset, Designer-Armbanduhr oder exklusiver Leibniz-Taschenrechner – immer erwartet den Kunden ein besonderes Geschenk. Und die Kunstliebhaber unter ihnen kommen mit der beliebten E–T–A Kalender-Vernissage des bekannten Malers Professor Heinz Schillinger voll auf ihre Kosten: Eine Sammlung einmaliger Aquarelle mit Motiven aus europäischen Metropolen. Damit möchte E–T–A sein Engagement für ein geeintes Europa ebenso dokumentieren wie seine Stellung als bedeutender internationaler Hersteller.

Für die E–T–A Werbeabteilung hat die Zukunft schon begonnen. In noch kürzeren Intervallen werden sich im nächsten Jahrzehnt die Märkte verändern. Da ist die schnelle Reaktion darauf ebenso gefragt wie ein noch engerer Dialog zwischen dem Vertrieb und der Werbung als ihr Sprachrohr. Und Zukunft bedeutet für die E–T–A Werbeabteilung Schaffung eines weltweiten Corporate Design im Rahmen der durchgängigen Corporate Identity. Damit gehen auch entscheidende Impulse aus auf alle internationalen E–T–A Tochterfirmen, Produktionsstätten und Niederlassungen. Schon jetzt spielen die Neuen Medien eine wichtige Rolle und werden zukünftig voll in die Werbelinie integriert. So erleichtern Teile der E–T–A Kataloge auf CD-ROM die Produktauswahl beim Kunden ganz erheblich. Er kann zudem beliebig im Internet surfen und hat im Handumdrehen Zugriff auf die Web-Sites und damit auf hochaktuelle Informationen über E–T–A Produkte. Oder er sendet seine Nachrichten und Anfragen einfach per E-Mail. Für die Kommunikation des nächsten Jahrzehnts ist man bestens gerüstet. Für die E–T–A Werbeabteilung hat also die Zukunft schon begonnen. Und zum Schritt ins neue Jahrtausend sind alle Voraussetzungen gegeben. Auch die volle Bereitschaft der Mitarbeiter, sich dieser Herausforderung mit Engagement und Flexibilität zu stellen. Dass auch diese neue Geschichte wieder interessant und spannend verläuft, dafür ist mit Sicherheit gesorgt.

7. TERMINBÜRO

Von Hans Schmidt

Die Firma Ellenberger & Poensgen GmbH suchte einen kaufmännischen Angestellten zur Unterstützung des Versandleiters. Am 1. Oktober 1964 trat ich diese Stelle an. Der Versandleiter, Ernst Schönweiß, machte zu dieser Zeit auch noch die terminliche Bearbeitung der Kundenaufträge. Wir hatten damals 12 Wochen Lieferzeit, bei den Magnetic-Geräten waren es 15 Wochen. Leider wurden diese Lieferzeiten in den meisten Fällen noch um 3–4 Wochen überzogen, die Fertigung schaffte es einfach nicht. Im August kamen noch zusätzlich 3 Wochen Betriebsurlaub dazu. Die Lieferzeit bei Aufträgen für USA und bei Kleinstückzahlen (5 -10 Stück) war 5–6 Wochen. Ich habe einem Kunden einmal geraten, statt 20 Stück 2 x 10 Stück zu bestellen – der Kunde hat das lange Zeit beibehalten. Nach 12 Wochen haben die Kunden dann nachgefragt, wann denn die Lieferung komme. Auf Anmahnung in der Fertigung in Altdorf haben wir meistens die Auskunft erhalten, dass sich der Auftrag in Hohenfels (Bimetall bzw. Einbau etc.) befindet: Termin kann nicht benannt werden. Fertigungsleiter in Altdorf war damals Kurt Müller. Laut Betriebsleiter Andreas Aschka war es nicht erlaubt, in Hohenfels nachzufragen. Ernst Schönweiß rief aber trotzdem in Hohenfels bei Kurt Weihrauch an, erhielt meistens die Auskunft, dass der Auftrag erst gestern nach Hohenfels gekommen sei, „den kannst Du morgen wieder haben". Aber die Geräte mussten dann in Altdorf noch nachgeprüft werden, bemuttert, Endkontrolle usw. – es dauerte noch etwas. Bei den ganz eiligen Aufträgen ging ich zu Jakob Ellenberger, und es wurde dann von oberster Stelle eine Entscheidung getroffen. Kurt Müller hatte in der Fertigung in Altdorf auch eine Dauerserie eingerichtet, für große Kunden (AEG, Bauknecht, Miele). Wöchentlich sollte eine bestimmte Stückzahl gefertigt werden. Aber da waren wir auch im Rückstand, und es drohte öfter mal Fertigungsunterbrechung bei diesen Kunden. Besser wurde es dann mit den Lieferzeiten, als Gerhard Minski als Fertigungsleiter auch in Hohenfels die Geräte komplett fertigmachen ließ. Schon 1965 kam das Terminbüro unter der Leitung von Eberhard Poensgen in eigene Räume. Außer mir waren da noch Inge Baumgart und Gisela Thutewohl beschäftigt. Als Inge Baumgart in eine andere Abteilung kam, wurde Erika Adler für sie eingestellt. Für alle Aufträge, die in die Fertigung gingen (vom Verkauf ausgeschrieben), wurden im Terminbüro nochmals Unterlagen erstellt, die Aufträge wurden bis zur Auslieferung durch den Versand terminlich überwacht. Es wurden dann auch Listen geführt, was in den einzelnen Fertigungsabteilungen pro Woche an Stückzahlen ungefähr gefertigt werden kann, und die eingehenden Aufträge eingetragen.

Als Gerhard Minski als Betriebsleiter kam, übernahm dieser das Terminbüro; Gerhard Minski wurde von Heinz Kandzora abgelöst. Das Terminbüro in den extra Räumen wurde irgendwann wieder aufgelöst, Gisela Thutewohl und ich (Erika Adler war inzwischen ausgeschieden) kamen, nach Fertigstellung des neuen Verwaltungsbaus, mit dem Verkauf zusammen in ein Großraumbüro. Die Unterlagen für die laufenden Aufträge brauchten dann nicht mehr extra ausgeschrieben werden, wir konnten für die Terminbearbeitung die Unterlagen der einzelnen Sachbearbeiterinnen im Verkauf verwenden, nur die Kapazitätsliste wurde noch geführt. Nach dem Ausscheiden von Gisela Thutewohl kam Rita Fersch zu mir. Das Terminbüro unterstand danach wieder der Verkaufsleitung. Als Wolfgang Möller Ernst Schönweiß als Verkaufsleiter ablöste, wurde die EDV umgestellt und auf den neuesten Stand gebracht. Von da ab machte ich die Terminbearbeitung wieder alleine. Man konnte alles über Computer abfragen, wie Auslastung der einzelnen Fertigungsabteilungen, Fertigungsstand des Auftrages etc. Seit meinem Ausscheiden aus der Firma Ende Juni bzw. Ende September 1996 macht die Terminbearbeitung der Aufträge Miroslav Haberl bzw. Berta Gründl.

8. VERSAND: BERICHT EINER „EHEMALIGEN"

Von Hildegard Zantner

Februar 1958 – Der Wunsch, zurück in den Beruf zu gehen. Anlaufstelle Arbeitsamt Altdorf, Amtsleiter Erich Vlcek, bekannt und geschätzt aus einer „Stempel"-Periode 1953/1954. Er hatte nichts im kaufmännischen Bereich und meinte, seine Frau arbeite schon längere Zeit bei ELPO in der Fertigung, und es wäre dort ein sehr ordentliches Betriebsklima. Wieder Nürnberg? Zu lange Wegezeit – die 5 km von Altenthann nach Altdorf ließen sich mit dem Fahrrad besser bewältigen, und es arbeiteten schon einige Frauen aus dem Dorf bei ELPO.

Mit etwas bangem Herzen Anmeldung an dem kleinen Fensterchen beim Eingang zum Büro (damals noch an der Hofseite im Mittelbau der alten Werksanlage). Erste Begegnung mit Andreas Aschka. Einstellungsgespräch kurz und rau, doch irgendwie Vertrauen erweckend. Arbeitsbeginn kommenden Montag 7 Uhr. Einige Tage bei Marie Hauenstein Druckknöpfe für Triplex auf Funktionsfähigkeit prüfen, dann in den Mittelbau zu Betty Röhrer, geb. Eckstein – APS/MR Geräte – fünftes Prüfbrett links außen. Platznachbarin Marianne (gelernte Verkäuferin) und etwas später Ehefrau von Richard Kurzendörfer. Mit ihm war wenige Monate danach in der Versandabteilung für lange Zeit gute Zusammenarbeit möglich. Trotz guter Einweisung war in den nächsten Tagen das Empfinden – Büroarbeit ist leichter. Bis alles Routine wurde, und die Zeiger der Uhr an der Stirnseite der Halle über der Tür zu den Büros von Harald A. Poensgen und Jakob Ellenberger mitunter sehr langsam voranrückten.

Einige Lose Stempelhermetik (zum Beispiel), die Konrad Heydner zum Nachprüfen brachte und die in allen Rotfarben glühten, das faszinierte und weckte Interesse an technischen Dingen. Gerätekenntnis setzten Harald A. Poensgen und Jakob Ellenberger voraus, wie die spätere Erfahrung zeigte. Den Kopf wenden und Schwätzen war nicht erlaubt, wohl aber Singen. „Das muntere Rehlein ..." sprang häufig durch die Halle, und sehr viele echte Volkslieder waren im Repertoire. Den einen oder anderen Film hat man sich dennoch gegenseitig erzählt. Ein Spiegel am Prüfbrett (für Rücken frei) und gut abgelieferte Arbeit schützten vor Ärger. Unmittelbar nach der letzten Montagereihe (insgesamt in der Halle etwa 12 Prüf- und Montagereihen à 5–6 Arbeitsplätze) hatte Andreas Aschka seinen Schreibtisch. Sein „Brummen" war gelegentlich zu hören, und mit Sicherheit hat er auch unsere Spiegelchen bemerkt, doch nicht beanstandet. Er wurde sehr respektiert, seine eigene Arbeitsdisziplin und sein Gerechtigkeitssinn erforderten Achtung. Die Zeit in der Fertigung war heilsam, hat sie doch vor Hochmut bewahrt und Verständnis geweckt für andere Bereiche. Gegen Ende des Jahres eine Anzeige in der Heimatzeitung: ‚ELPO sucht Buchhalterin'. Nach Feierabend Vorstellung bei Erna Wirth (Prokuristin und Personal-Chefin) – beidseitig recht zuversichtlich. Die Buchhalterin blieb bei der Firma, dafür ein Angebot von Jakob Ellenberger, im Versandbüro die Kartei zu übernehmen. Gewiss nicht das, was man wollte, doch Jakob Ellenberger verstand es, „die Leiter nach oben" aufzuzeigen. Also ja – zum Jahresanfang 1959 – Monatslöhnerin.

Das Versandbüro (ca. 16 qm) im westlichen Teil der alten Werksanlage. Ernst Franke (Versandleiter), ihm gegenüber eine junge Mitarbeiterin – zuständig für Export- und Versandpapiere. An der Rückseite der Karteiplatz. An der Rückseite außerhalb unseres Büros, innerhalb der Fertigungshalle (Westflügel) einige Packfrauen, welche die aus der Fertigung kommenden Geräte je nach Type und Größe in entsprechende Wellpapierzuschnitte wickelten und mit Klebeband verschlossen. Vorarbeit für die Männer im Packraum: Michael Roth, Richard Kurzendörfer und zwei weitere. Büro und Packerei waren durch einen schmalen Gang getrennt, jedoch war durch große Glasfenster Sicht und Zwischensprache möglich. Die Lieferscheine wurden noch mit Kopierstift im Durchschriftverfahren mit der Hand geschrieben. Die letzte Kopie verblieb im Buch und wurde zum Fakturieren weitergegeben. Grundlage für die Ausstellung des Lieferscheines waren die vom Verkauf erstellten und bei Ernst Franke in drei Leitz-Ordnern (2 Inland, 1 Ausland) auf dem Fußboden – für ein Regal war kein Platz – deponierten Lieferanweisungen. Als Gegenstück die aus der Fertigung eingegangenen Los- bzw. Arbeitszettel. Ernst Franke war also auch die Stelle, die extern und intern Auskunft geben konnte, ob schon geliefert worden war. Wenn nicht, holte er über Kurt Müller – Fertigungsleiter – Auskunft ein bzw. Terminzusage.

Sommer 1959 – die junge Mitarbeiterin ging aus familiären Gründen, eine andere aus dem Betrieb inzwischen an der Kartei. Ich selbst war jetzt an der einzigen Schreibmaschine – Export- und Versandpapiere. Arbeit und Enge waren erdrückend. Hier fand auch die erste Begegnung mit Harald A. Poensgen statt, welcher gelegentlich die Post selbst brachte und freundliche Worte an uns richtete. Endlich – der junge Versandmitarbeiter Ernst Schönweiß war wieder gesund. Ernst Franke, längst überreif, will seine Heimat (Sebnitz, Sachsen) besuchen. Wieder zurück – kein Platz mehr für Ernst Schönweiß. Seine Zwischenstation im Verkaufsbüro im fast fertigen Verwaltungsneubau. Wann wird die dort angrenzende Fertigungshalle bezugsfertig? Das Büro von Kurt Müller, gegenüber unserem, wird frei für uns. Ernst Schönweiß zurück im Versand.

Es begann eine Zeit des Umbruchs. Die Kartei wurde aufgelöst. Die zweite Schreibmaschine und zwei elektrische Rechenmaschinen im Einsatz. Zwischenzeitlich war auch der handgeschriebene Lieferschein passé. 1963 erkrankte Ernst Franke und starb nach längerem Leiden als erster aus der Gründerzeit. Die Produktion war in die neuen Fertigungshallen verlegt, Werk Hohenfels und später auch Kallmünz decken uns mit Geräten aller Art ein. Inzwischen war der ganze Trakt geräumt – alles wurde Versanddomäne. An der Westseite entstanden drei Büros, eines davon Fakturenbüro –

aus dem Neubau zurückverlegt – kürzere Wege, bessere Absprachen. Eine neue Fakturiermaschine (Vorzeigeobjekt, wenn Jakob Ellenberger Firmenbesuch hatte) wurde gekauft. Später alles ein Büro. Die Versandleitung jetzt in einem kleinen Kabinett, dem Packraum abgerungen. Zu dieser Zeit lag die Terminbeobachtung noch im Versandbüro, wie Vertretergebiete – jeweils In- und Ausland – dem einzelnen Mitarbeiter zugeordnet. Durch verschiedenfarbige Bereiterung der Lieferanweisungen, die jeweils in Kästen auf Beistellwägelchen lagerten, war der Termin und Überfälligkeit zu ersehen. Der im Oktober 1964 eingestellte Hans Schmidt bekam mit seiner Mitarbeiterin im Neubau ein eigenes Büro. Die Leitung hatte Eberhard Poensgen.

Die Firma wuchs, suchte Arbeitskräfte, Busse wurden eingesetzt, die Kosten übernahm die Firma. Personalmangel – nicht immer klappte das Anlernen einer Nichtfachkraft, doch die meisten haben sich prächtig gemacht. Wir arbeiteten inzwischen mit mehreren Spediteuren für Land- und Lufttransport zusammen. Es kann nicht einer für alles gut sein. Spezialisierte waren fürs Ausland sehr wichtig. Luftfracht nach USA, Kanada, England, Japan regelmäßig und auch sonst Sendungen in alle Welt. Die raffinierte Paket-Signierung, telefonische Voravise an den Spediteur mit späteren Angaben für jedes Paket (Signum, Maße, Gewichte, Gesamtwert, Netto- und Bruttogewichte) machten es möglich, bis zum letzten Moment einzupacken. Oft wartete der LKW schon im Hof. Das ermöglichte auch dem Spediteur, Luftfrachtbrief und Ladeplan auszustellen, während die Fracht noch von Altdorf zum Flughafen unterwegs war. Eine mitverladende Firma, die Musikinstrumente herstellte (leichte Fracht, sehr voluminös – unsere kompakt und schwer), ermöglichte beste Luftfrachtbedingungen auszuhandeln. In Zeiten der Hochkonjunktur – liefern, liefern und nochmals liefern. Ziemlich oft mußte die Buchhaltung die Ausfuhrunterlagen für ihre Arbeit anmahnen. Doch die Zusammenarbeit war gut, auch mit anderen Abteilungen. Selbst die Fertigungsleitung wusste inzwischen: Auftrag mit Akkreditiv – unbedingt termingerechte Auslieferung im Versand. Im Packraum schon lange anderes Verpacken – Schachteln mit Schaumstoff. Links und rechts der Röllchenbahn die Frauen. Danach die Männer – sie arbeiten nach Modulsystem. Alle Planungen und Umstrukturierungen im Versand-Vertriebsbereich Ernst Schönweiß. Der Exportanteil war groß. Neue Zollrichtlinien, Ursprungsregeln, EG-Bestimmungen. Wir waren gut vorbereitet. Ernst Schönweiß hatte die Zustimmung der Geschäftsleitung erwirkt, die ganze Schriftenreihe des Finanzministeriums für Einfuhr-, Ausfuhr-, Ursprungsregeln anzuschaffen. Was bei einer Zollprüfung im Hause der Beamte ganz toll fand, und er, wie er bei späterer Gelegenheit berichtete, anderen Firmen empfohlen hat.

Für uns war die kaufmännische Direktion zuständig. Harald A. Poensgen hatte für alle Exportbelange (Akkreditiv-Bearbeitung, IHK, Zoll) ein offenes Ohr und jederzeit Rat bereit. Das dürfte etwa die Zeit gewesen sein, in der die Straße nach Lauf gesperrt und Harald A. Poensgen mit seinem Cadillac seine Fahrt über Feucht nahm. Es war ein seltsames, fast stolzes Gefühl, heimwärts beim Überholen am Weinhofer Berg vom Chef gegrüßt zu werden und dieser Firma anzugehören. Viele Mappen mit Ursprungszeugnissen, Zollrechnungen und dergleichen mussten zur rechtsverbindlichen Unterschrift vorgelegt werden. Später dann Eberhard Poensgen – seinem Sohn.

1973 – 25-jähriges Jubiläum – sehr gelungen – nicht nur, weil zwei Mädchen aus der Abteilung hier ihre Ehemänner kennenlernten. Es bedeutet auch Trennung. Der Versandleiter und vier Damen übersiedelten in den Verkauf/Hauptverwaltung. Ernst

Schönweiß übernahm eine Position im Geschäftsleiter-Verkaufsbereich von Eberhard Poensgen. Anfang der siebziger Jahre hört man immer öfter EDV! Datenverarbeitung! Wie auf die später in alle Bereiche einbrechende „Moderne" vorbereiten? Bei uns war das ein großer fortschreibender Nummernstempel aus Metall. Je nach Einstellung druckte er mehrmals dieselbe Nummer. Für die vielen Teillieferungen (aus der Fertigung) zu einem Auftrag, eine gute Identifizierung im Termin-, Verkaufs-, Versandbereich. Überlegungen aus allen Richtungen zur kommenden Datenverarbeitung waren gefragt.

1976 – die ersten Lieferscheine und Rechnungen aus dem Computer in „Ziehharmonika-Form" – sensationell! Nicht zu glauben, dass es einmal einen handgeschriebenen Lieferschein gegeben hat. Die langen Wege vom Versand über den verglasten Übergang – die Seufzerbrücke – zur Hauptverwaltung kosteten viel Zeit. Da war die Rohrpost mit Stationen in allen inzwischen weit verstreuten Bereichen eine große Entlastung; wenn auch das Gerumpel in dem kleinen Raum mitunter nervtötend war.

1977! Eine ungewöhnlich Aufgabe – es soll in Tunesien gefertigt werden. Die ganze Fertigungs- und Büroausstattung (und später Teile hin und Geräte zurück) sollte mit firmeneigenem Fahrzeug besorgt werden. Mit Messeausstattungen hatten wir ja im In- und Ausland ausreichend Erfahrung. Inzwischen macht das eine eigene Werbeabteilung – Leiter Herbert Beier. Aber Tunesien? Erschwerte Einfuhrbedingungen! Auto zollsicher präparieren! Fenster vergittern! Laschen und Vorhangschlösser an den Frachtraumtüren! Die je Fahrt versiegelt wurden. Fotos von allen Seiten! Fahrer: evtl. Impfungen nötig? Führerschein? Grüne Versicherungskarte? Inzwischen Anlieferung vom Labor – Konrad Heydner, Gerd Spieler. Materialwesen, Prüfvorrichtungen, Prüfgeräte, Werkzeuge aller Art. Jeder Kabelkanal, jeder Schraubstock, alles einzeln erfassen – lange Listen – und dann, oh Schreck – alles nochmals in französisch.

Wir haben ein Übersetzungsbüro in Feucht ausfindig gemacht. Später bei den laufenden Lieferungen konnten wir das im Haus erledigen. Zweimalige Zollbeschau von Transportgerät und Auto in Altdorf. Zur Versiegelung jeweils nach Nürnberg. Dank unserer in langen Jahren gepflegten, korrekten und guten Zusammenarbeit mit IHK und Zollamt war es fast so weit. Die dämliche Fähre DSF von Genua nach Tunis – es sollte gebucht werden. Pech – unser Fahrzeug war einige Zentimeter zu hoch. Da war doch A. Hartrodt in Hamburg? Wir hatten zwar keine Seeverladungen mehr, doch ein Außendienstler kam in alter Verbundenheit immer mal wieder vorbei. Er half mit seinem Hinweis, versuchen Sie es bei Günther und Co. in Frankfurt! Und Tunesien lief auf den Tag genau an. In den folgenden Jahren übernahm dann ein Nürnberger Spediteur die laufenden Sendungen. Die gute Verknüpfung Verkauf-Termin-Versand-Fakturen machte einen reibungslosen Ablauf möglich. Das Versandbüro war mit überwiegend jungen Frauen besetzt, was bei der dritten Schwangerschaftsmeldung innerhalb vier Wochen fast einen Schwächeanfall auslöste, und nur der Gedanke tröstete: „E–T–A braucht auch in 20 Jahren Mitarbeiter!"

9. VERSAND

Von Gerlinde Kotzur und Walter Link

Ab 3. März 1986 übernahmen Gerlinde Kotzur und Walter Link von Hildegard Zantner die Versandleitung. Die Versandabteilung bestand zu diesem Zeitpunkt aus 11 Mitarbeitern. Zu dieser Zeit wurde bereits eine EDV-Abfertigung vorbereitet. Die Einführung zur Erstellung der Rechnungen und Lieferscheine über EDV erfolgte Ende 1987. Am Anfang mussten die Papiere durch Boten von der EDV-Abteilung abgeholt werden, was einen hohen Zeitaufwand erforderlich machte. Anfang '89 erfolgten die ersten Gespräche, die gesamte Versandabfertigung über EDV abzuwickeln. Mitte '89 wurde der Kauf einer Versandabwicklungs- Hard- und Software beschlossen. Ab Mitte '90 konnte die Versandpapiererstellung komplett über diese Anlage abgewickelt werden. Die Abfertigung der Außenhandelsdaten konnte Ende 90 eingeführt werden. Anfangs mussten die gesamten Informationen über Datenträger eingespielt werden. 1991 wurde eine Schnittstelle für die direkte Einspielung aller Daten eingerichtet. Anfang '91 wurde auch ein Formulardrucker in der Abteilung installiert, der die Botengänge überflüssig machte. Durch die reibungslose Abfertigung über die EDV wurde die Mitarbeiterzahl auf 10 Mitarbeiter und der Durchlauf auf 4 Tage reduziert. Durch die Einführung der EDV war das Versandbüro räumlich absolut ausgefüllt. Ab 1989 wurde die Abteilung Versand/Zoll in getrennte Abteilungen aufgeteilt: Abteilungsleiterin Versand: Gerlinde Kotzur, Zollbeauftragter: Walter Link.

Durch immer kürzere Liefertermine kristallisiert sich die Abteilung Versand immer mehr zur Feuerwehr der Firma heraus. Im Mai '92 erfolgte endlich der Umzug in das neue Gebäude, was ein viel besseres Betriebsklima zur Folge hatte. Die Erstellung der Rechnungen und Lieferscheine in der Versandabteilung war der nächste Schritt. Es wurden VAS-Bildschirme installiert. Der nächste Schritt war das Buchen der angelieferten Geräte aus der Fertigung in der Packerei über EDV, was einen noch schnelleren Durchlauf ermöglichte. Durch den verbesserten, EDV-gesteuerten Ablauf des Versandes war es möglich, das Personal auf 7 Mitarbeiter zu reduzieren. 1996 wurde dann die Anzahl der Mitarbeiter auf Grund einer externen Betriebsberatung auf 6 Mitarbeiter begrenzt, was gewisse Tätigkeiten nicht mehr möglich machte (z.B. Ausgangskontrolle, Rechnungskontrolle, Lieferscheinkontrolle).

Für die Einrichtung der neuen Tochterfirma in Indonesien wurden Ende 1996 die Vorbereitungen für die Versendung der Fertigungsmaschinen getroffen. Im Oktober 1996 wurde der erste 40 Fuß-Container beladen und nach Indonesien verschickt. Seit Ende 1996 laufen die Vorbereitungen für eine Umstellung des EDV-Systems auf SAP R3, was wieder eine gewisse Änderung des Arbeitsablaufes bedeutet.

10. VERTRETER SÜDBAYERN

Von WERNER HEISIG

Am 1.10.1966 übernahm ich als selbständiger Handelsvertreter die Vertretung der Fa. Ellenberger & Poensgen GmbH, die spätere Fa. E–T–A Elektrotechnische Apparate GmbH, für Südbayern. Einige Umsätze und Kontakte zur Industrie waren durch meinen Vorgänger, Ernst Schürmeister, vorhanden. Meine Tätigkeit wurde nacheinander von Herbert Beier, Heinz Wagner und Herrn Christel technisch unterstützt. Rückblickend kann man sagen, dass seit Mitte der sechziger Jahre die industrielle Entwicklung und Konjunktur immer rascher voranschritten. Im folgenden will ich kurz die Vorgehensweise für den Verkauf bzw. Einsatz unserer Bauelemente schildern.

Der größere Teil des Umsatzes bestand aus Sonderausführungen gemäß den Kundenspezifikationen. Diese, aber auch die Katalogteile, konnten nicht über den Einkauf verkauft werden, sondern nur über die Entwicklungsabteilungen der jeweiligen Firmen. Die Aufgabe bestand also darin, dass E-T-A Bauelemente bei der Entwicklung oder Umkonstruktion von vornherein eingeplant werden würden.

Nach Abschluss der Entwicklung befassten sich die Konstruktions- und die Bauelementeabteilungen mit dem Gerät und mit dem E-T-A Bauelement. Die letztere erstellte eine Spezifikation, die dem Einkauf als Unterlage für die Beschaffung diente. Auf Grund dieser Spezifikation konnte er auch Konkurrenzangebote einholen. Zu diesen Dienststellen – Entwicklung, Konstruktion, Bauelementeabteilung und Einkauf - musste ein enger Kontakt bis zur Auftragserteilung hergestellt und aufrechterhalten werden, der auch danach für zukünftige Anwendungen nicht abreißen durfte.

Mit Hilfe einer Direkt-Werbung unterstützte ich die Einführung und den Verkauf von E–T–A Bauelementen und -Geräten. Die Kartei bestand aus den Namen von Einkäufern und Ingenieuren, die bereits bekannt waren. Sie wurde ergänzt durch diejenigen Namen, die ich vom Leserservice erhielt, die aus den Anzeigen, die E–T–A in Fachzeitschriften veröffentlichte, resultierten.

Aus der kurzen Schilderung ist ersichtlich, dass sich eine Auftragserteilung vom ersten Kontakt an teilweise über mehrere Jahre hinziehen konnte. Bei einigen Anwendungen mussten zudem Vorschriften der Bundeswehr, der Luftfahrtindustrie und des Verkehrsministeriums beachtet werden. Trotzdem wurden später die Anlaufzeiten durch jahrelange Aufträge kompensiert, solange nämlich, wie das betreffende Gerät mit dem E–T–A Bauelement gefertigt wurde.

Die Konkurrenz hatte kaum Möglichkeiten einzugreifen, weil die Bauteile austauschbar sein mussten; d. h. sowohl elektrisch als auch hinsichtlich der Abmessungen. Außerdem mussten sie vor dem Einsatz von der Entwicklung freigegeben werden. Dazu mußte der Einkauf der Entwicklung einen Prüfungsauftrag erteilen. Es mußte also ein erheblicher Preisvorteil bestehen. – Umgekehrt mussten auch E–T–A Schutzschalter austauschbar sein, wenn wir mit US-Firmen auf dem militärischen und Luftfahrtsektor konkurrierten.

11. E–T–A TECHNISCHES BÜRO BAYERN SÜD

Von JOACHIM HEYDASCH

Das Technische Büro Bayern Süd wurde als firmeneigene Vertriebsniederlassung der E–T–A Elektrotechnische Apparate GmbH, Altdorf, im Jahre 1998 in Wolfratshausen gegründet. Bis dahin lagen die Vertriebsaktivitäten bei der Industrievertretung Werner Heisig, Hohenschäftlarn. Das Vertriebsgebiet umfasst die Regionen Oberbayern, Niederbayern, Teile Ostbayerns, Bayrisch-Schwaben und das Allgäu.

Die Vertriebsbereiche repräsentieren ein sehr vielfältiges Kundenpotential, wie die Hausgerätetechnik, Medizintechnik, Fahrzeugtechnik, Luftfahrt- und Wehrtechnik, Telekommunikation sowie den Anlagenbau für die Chemische Industrie, Energietechnik und Fahrzeugbau. Vertriebsschwerpunkte des Technischen Büros Bayern Süd sind die Geschäftsfelder Telekommunikation, Pkws und Nutzfahrzeuge, zivile und militärische Luftfahrtgeräte, Anlagenbau, sowie wehrtechnische Kommunikation und wehrtechnischer Fahrzeugbau. In den Geschäftsfeldern Verkehrstechnik (PKW, Busse, LKW), Luftfahrzeuge sowie der Telekommunikation konnten für unser Unternehmen zukunftsweisende Projekte akquiriert werden.

Umsatzrückgänge, bedingt durch Produktauslauf und -änderung in der Fahrzeug- und wehrtechnischen Industrie, wurden kompensiert. Zur Verbesserung des kundenspezifischen Vertriebs wurde im Jahre 1990 dem Büro Bayern Süd die Distribution Süd angegliedert. Veränderte Vertriebsprioritäten führten im Jahre 1995 zu einer Eingliederung der Distribution Süd in die Distribution Nord, Norderstedt. 1995 wurde das Büro von Wolfratshausen nach Geretsried verlegt. Seit Herbst 1995 beschränkt sich das Vertriebsspektrum des Büros Bayern Süd auf E–T–A Geräteschutzschalter.

Der Erfolg des Technischen Büros Bayern Süd basiert auf einer gezielt kundenorientierten Vertriebsarbeit, verbunden mit der außerordentlich engen formellen und informellen Zusammenarbeit mit den Vertriebspartnern im Stammwerk Altdorf.

12. KILIAN & GANS GMBH & CO., NÜRNBERG

Von HEINZ WAGNER

1924 hatte Walter Kilian in Magdeburg die Handelsvertretung gegründet. 1948 wurde das Unternehmen am neuen Standort Nürnberg weitergeführt, und bereits am 1.10. 1948 wurde Walter Kilian mit dem Vertrieb der ELPO Geräte beauftragt. Es dürfte sich dabei um die erste Vertretung des noch jungen Unternehmens Ellenberger & Poensgen gehandelt haben. Am 1.10.1951 ist Edmund Gans in die Handelsvertretung eingetreten und war maßgeblich an der Weiterentwicklung, speziell des Bereiches Industriekunden, beteiligt. Die von ELPO hergestellten Schutzschalter wurden damals auch noch zum großen Teil über den Elektrogroßhandel vertrieben, zu dem Walter Kilian und Edmund Gans sehr gute Kontakte hatten. Durch gezielte Neuentwicklungen wurde im Laufe der Zeit die Entwicklungs- und Vertriebspolitik von Ellenberger & Poensgen auf den interessanten Bedarfsträger Industriekunde ausgerichtet. Auch Kilian & Gans (seit 1956 war Edmund Gans Mitinhaber) hat sich dieser Strategie angepasst und für den Vertrieb der Schutzschalter eigens Vertriebstechniker eingestellt. Als wichtige Kunden konnten Siemens und AEG sowie weitere Hersteller von Elektrogeräten und Firmen im Anlagen- und Maschinenbau gewonnen werden.

Der Gründer der Firma Kilian & Gans ist im Jahre 1976 verstorben, entsprechend seiner Pflichtauffassung war er bis kurz vor seinem Tode noch in der Firma tätig. Der Betrieb mit inzwischen 7 Mitarbeitern wurde durch Edmund Gans und Friedrich Bernard weitergeführt. Im Jahre 1982 wechselte Heinz Wagner, welcher vorher über 12 Jahre bei E–T–A als Vertriebsingenieur beschäftigt war, zur E–T–A Vertretung Kilian & Gans und übernahm hier die Verantwortung für den Bereich Industriekunden.

Neben E–T–A als Hauptwerk werden in diesem Bereich noch zwei bis drei weitere Firmen mit sich ergänzenden Produkten vertreten. Zur Unterstützung von Heinz Wagner wurden noch weitere Vertriebsingenieure eingestellt. Durch die intensive Kundenbetreuung konnte in den folgenden Jahren eine deutliche Umsatzsteigerung erreicht werden. Im Jahre 1990 wurde Edmund Gans in den wohlverdienten Ruhestand verabschiedet. Friedrich Bernard und Heinz Wagner übernahmen nun die Geschäftsführung der Handelsvertretung, welche weiter expandierte und inzwischen 10 Mitarbeiter beschäftigte. 1995 konnte auf Wunsch von E–T–A mit Norbert Gliedstein ein weiterer ehemaliger E–T–A Mitarbeiter für Kilian & Gans gewonnen werden. Durch seinen Einsatz, speziell für die Electronic-Produkte konnte das Vertriebsgebiet, welches bisher auf Nordbayern beschränkt war, auf ganz Bayern und Württemberg ausgeweitet werden.

Ende 1996 wurde der gesamte Vertretungsbereich Elektroinstallationsmaterial abgegeben, da Friedrich Bernard, der für diese Produktpalette verantwortlich war, sich in den verdienten Ruhestand verabschiedete. Seit Anfang 1997 ist Heinz Wagner alleiniger Geschäftsführer bei Kilian & Gans und bearbeitet zusammen mit Norbert Gliedstein und Sabine Bandert die Industriekunden. Unser Vorsatz: Durch kontinuierliche Betreuung der bestehenden Kunden und intensive Neukundenwerbung wollen wir für unsere vertretenen Werke eine solide und tragfähige Kundenbeziehung schaffen, um darauf basierend eine stetige Umsatzausweitung zu gewährleisten.

13. E–T–A TECHNISCHES BÜRO NORD (1976–1998)

Von Egon Weroniecki

Das Technische Büro Nord wurde 1976 als erstes firmeneigenes „Technisches Büro" in Deutschland gegründet. Der Standort Norderstedt, zwei Kilometer nördlich vor den Toren Hamburgs, wurde recht günstig gewählt. Von hier aus waren die Autobahnanschlüsse sowohl in Richtung Norden wie auch in Richtung Süden gleichermaßen gut zu erreichen. Wegen der räumlichen Größe des Vertriebsgebietes, es umfasste die Bundesländer Schleswig-Holstein, Hamburg, Niedersachsen, Bremen und einen Teil Nordrhein-Westfalens, wurde das Gebiet von zunächst zwei Vertriebsingenieuren betreut. Die Kundenbasis war entsprechend breit angelegt. Kaum ein Marktsegment war nicht vertreten. Einen großen Raum nahm zu der Zeit die Rüstungsindustrie ein. So wurden beispielsweise bei der MAK in Kiel der Kampfpanzer Leopard 1 und später Leopard 2, mit Leistungsschutzschaltern von E–T–A ausgerüstet.

Einen breiten Raum in den Vertriebsaktivitäten hat vor allem der Anlagenbau eingenommen. Hier seien besonders die Stahlwerke in Salzgitter und die Klöckner-Werke in Bremen erwähnt, die neben den bewährten thermisch-magnetischen Schutzschaltern viele Mess- und Überwachungsgeräte von E–T–A einsetzten. Große Erfolge konnten mit den Halbleiterrelais und den ersten von E–T–A entwickelten elektronischen Strömungswächtern vom Typ A-3-U sowie mit den Nachfolgemodellen SW 101 erzielt werden. Aber auch in dem sensiblen Bereich der Kernenergieerzeugung waren E–T–A Produkte häufig vertreten. Hierher gelangten die Geräte hauptsächlich über Anlagenbauer, die allesamt die Vorteile der E–T–A Schutzschalter erkannt hatten. Aber auch Hersteller von Kranken-Rollstühlen, Schweißautomaten und anderer Elektrowerkzeuge konnten als Kunden gewonnen werden. Gute Geschäftsbeziehungen entwickelten sich auch zum Flugzeugbauer MBB, heute DASA, in Bremen und Hamburg.

Schwierig wurde es, als Anfang der 80er Jahre ein Vertriebsingenieur das Büro Nord verließ und durch einen Anrufbeantworter ersetzt wurde. Erschwerend war auch der Umstand, dass die Vertriebsgebiete der späteren Büros West und Südwest über einen längeren Zeitraum mit vom Büro Nord betreut wurden. Außerdem wurden die Vertriebsaktivitäten in Dänemark eine Weile vom Büro Nord technisch begleitet. Aber schließlich konnte ein neuer Mitarbeiter für das Büro Nord gewonnen werden, womit der Vertriebsstützpunkt Braunschweig entstand. Nun war es Zeit, ein anderes Problem anzugehen. Immer mehr Kunden und Interessenten beklagten sich über zu lange Lieferzeiten, hauptsächlich für Kleinaufträge und Versuchsreihen. Abhilfe konnte nur geschaffen werden, wenn es gelingen würde, ein eigenes kleines Lager im Büro Nord zu installieren. Hierfür waren aber größere Räumlichkeiten und ein weiterer Mitarbeiter für den Innendienst erforderlich. Etwa Mitte der 80er Jahre konnte der Plan realisiert werden. Vorteilhaft war, dass kein Umzug mit dem Büro erforderlich wurde und somit auch die Anschrift und Telefonnummer erhalten blieb.

Das nun eingerichtete Lager fand eine derart starke Resonanz bei den Kunden, dass eine weitere personelle Aufstockung des Innendienstes erforderlich wurde. Auch hier hatten wir Glück und konnten einen Mitarbeiter gewinnen, der unsere zwischenzeitlich erforderliche Computerunterstützung kräftig vorantreiben konnte. Somit war Büro Nord in der Lage, notfalls am gleichen Tag der Bestellung, die Waren zur Auslieferung zu bringen. Dieser Service sprach sich rasch herum. So kamen alsbald Aufträge aus dem gesamten Bundesgebiet und manchmal auch von unseren ausländischen Vertretungen direkt zum Büro Nord. Die Folge war: das Lagergeschäft wuchs schneller und stärker als erwartet. Schließlich wurde eine weitere Kraft für halbe Tage erforderlich. Aber nicht nur die Lageraktivitäten verstärkten sich. Auch neue Kunden konnten laufend hinzugewonnen werden. Nach der Wiedervereinigung wurde das Vertriebsgebiet des Büro Nord um das Bundesland Mecklenburg-Vorpommern erweitert und speziell für diesen Raum der Rostocker Elektromeister Jörg Bartelt als neuer Vertriebsmitarbeiter für den Stützpunkt Rostock eingestellt.

Das bedauerliche Ableben unseres Braunschweiger Kollegen machte eine Neugliederung des Vertriebsgebietes unumgänglich. Wegen der äußerst ungünstigen Wirtschaftsstruktur in unserem neu hinzugewonnenen Bundesland Mecklenburg-Vorpommern hielten sich unsere Erfolge hier in Grenzen. So wurde schließlich Ende 1995 der Standort Rostock aufgegeben, und der Rostocker Mitarbeiter Jörg Bartelt übernahm zum 1. Oktober 1995, als Nachfolger des in den Ruhestand gewechselten Dipl.-Ing. Egon Weroniecki, die Position des Regionalvertriebsleiters der E–T–A in Norderstedt.

14. E–T–A TECHNISCHES BÜRO WEST

Von Hans-Joachim Sandow

Das TB West wurde als zweites firmeneigenes „Technisches Büro" am 01.04.1981 mit Sitz in Nastätten, einer Kleinstadt im Taunus, nördlich von Wiesbaden gegründet. Kurz zuvor hatte Norbert Ellenberger mit der erst 1980 gegründeten Firma R.E.D. (Regional-Electronic-Distribution) einen neuen Distributor gefunden. Die Zusammenarbeit mit R.E.D. verlief sehr erfolgreich, und die gemeinsamen Umsätze steigerten sich schnell von Jahr zu Jahr, obwohl die Firma R.E.D. schwerpunktmäßig nur Hessen bearbeitet. Das Vertriebsgebiet umfasst Hessen, Südniedersachsen und etwa die Hälfte von Rheinland-Pfalz, zwischen Heppenheim an der Bergstraße, Fulda in der Rhön, Holzminden an der Weser und Trier an der luxemburgischen Grenze. Der industrielle Schwerpunkt in diesem Vertriebsgebiet ist eindeutig das Rhein-Main-Gebiet, flankiert von Südhessen und der Region Giessen und Kassel.

Zu Beginn machte die Wehrtechnik etwa 50% des Umsatzes aus, und der Rest war Anlagenbau. Im Laufe der Zeit verringerte sich der Anteil der Wehrtechnik sehr stark und wurde durch andere Geschäftsfelder, wie z.B. Haushaltgeräte ersetzt. So lieferte E–T–A lange Zeit Schutzschalter in großen Stückzahlen für Kaffeemaschinen. Als Mitte der 80er Jahre die Firma Elmos, in Dortmund, mit der Produktion von ASIC's begann, wurde der erste Auftrag eines kundenspezifischen Chips vom Büro West für ein elektronisches Bügeleisen der Firma Rowenta akquiriert.

Mitte der 80er Jahre kam ein Vertriebsingenieur dazu, und das Büro wurde nach Schwalbach verlegt, wobei das Büro in Nastätten als Zweigstelle erhalten blieb. Als 1988 aus Altersgründen das Vertriebsgebiet „Süd-West" vakant wurde, wechselte der neue Vertriebsingenieur vom „Büro West" zum „Büro Süd-West". Daraufhin wurde Nastätten wieder der Sitz des Büro West. Gleichzeitig wurde hier eine Halbtags-Sekretärin eingestellt und das Büro mit modernen Büromaschinen ausgestattet, so dass die Effektivität deutlich gesteigert werden konnte.

Wie auch in anderen Gebieten unterlagen die Geschäftsfelder einem ständigen Strukturwandel. Mit der geringer werdenden Bedeutung des Bereiches Wehrtechnik entwickelten sich andere Bereiche, z.B. der Anlagenbau im Rhein-Main-Gebiet, zu traditionellen Schwerpunkten. Mit der Firma Z & B, Berlin, wurde ein interessantes Projekt entwickelt, ein Mikro-Computer zur Messung der Flugdaten von Modellflugzeugen der Firma robbe. Dieser Computer besaß vier Analog- und Digital-Eingänge und eben solche Ausgänge, einen Datenspeicher sowie ein LCD-Display und war dennoch nicht größer als eine Streichholzschachtel. Zu den großen bekannten Kunden zählen die Firmen Siemens, KWU, Hartmann & Braun, AEG, Hoechst, Opel, Braun, Telekom usw. Viele weitere Geschäftsfelder im Bereich Maschinenbau mit mittelständischen Firmen, z.B. Hersteller von Stromerzeugern, konnten dazu gewonnen werden. Trotz hoher Marktdurchdringung rechnen wir auch weiterhin mit stetigem Wachstum, wozu sicherlich der neue Flow Monitor FM1 einiges beitragen wird.

15. VERTRIEBSGEBIET „RHEINLAND"

Von Herbert A. Ruthmann

Seit dem 1. Januar 1978 bis Ende Januar 1990 wurde die Firma Ellenberger & Poensgen Elektrotechnische Apparate GmbH (die damalige Firmenbezeichnung) in den Postleitzahlgebieten 4000, 5000, 5100, 5200, 5300, 5600 und 5900 (Gebiet Rheinland) durch den Freien Handelsvertreter Herbert A. Ruthmann, in Ratingen-Lintorf wohnhaft, betreut. Es war ein Ein-Mann-Unternehmen, Büro im eigenen Haus. Telefondienst und Terminabsprachen wurden während der Geschäftsreisen des Vertreters von der Ehefrau, Helene Ruthmann, durchgeführt, die, wie der Vertreter selbst, im Laufe der Zeit ein freundschaftliches Verhältnis zur Mehrzahl aller Kunden aufbaute.

Der Vertrieb der elektromechanischen sowohl als auch der elektronischen Geräte der E–T–A hatte jährliche Steigerungsraten. Während der Jahresumsatz bei Übernahme der Vertretung bei knapp DM 900.000,– lag, stieg er bis auf DM 7.000.000,– im Jahre 1989. E-T-A Produkte wurden in dieser Zeit bei bedeutenden Firmen in die Werksnorm aufgenommen. Das alles geschah ohne Telex, ohne Fax; Karteikarten mit allen wichtigen Kunden- und Interessentendaten wurden von Hand geführt. Noch heute vergeht kaum eine Woche, in der nicht frühere Kunden telefonisch nach E–T–A Erzeugnissen fragen und um Beratung bitten; die Anrufer werden an die zuständigen Stellen verwiesen. Aus Gesundheitsgründen wurde die Vertretung im Januar 1990 auf eigenen Wunsch aufgegeben.

16. E–T–A TECHNISCHES BÜRO NORD-WEST

Von GERFRIED REMMERS

Einführung und industriezeitgeschichtlicher Ablauf seit 1989

Aufbauend auf dem erfolgreich geführten Büro Rheinland wurde Gerfried Remmers, dem jetzigen Gebietsvertriebsleiter, das Büro vor nunmehr gut zehn Jahren von der Geschäftsleitung des Hauses anvertraut. Schwerpunkte meiner beruflichen Entwicklung waren nach dem Studium der Elektrotechnik die Firmen Pans & Co. in Schalksmühle als Entwicklungsingenieur und Varta Batterie A.G. im Stammwerk Hagen in den Fachabteilungen Entwicklung von Batterie- und Stromversorgungstechnik, Vertrieb, Marketing, und einer reiseintensiven Aufgabe der Anwendungstechnik, zu der Messtechnik und Kundenberatung vor Ort zählte. Es folgte eine fachlich sehr interessante Tätigkeit bei der Fa. Klöckner Moeller, Vertriebsdirektion Mitte in Bonn, mit Aufgaben in den Bereichen Vertrieb von Komponenten, Bauteilen, Schaltanlagen, Antriebstechnik, MSR, SPS Steuerungen und CAD Anlagen.

1988/89 erhielt ich ein Angebot der Firma E–T–A, lernte meinen damaligen Chef Norbert Ellenberger kennen und wechselte 1989 zur E–T–A. In der Rückschau betrachtet, kann ich behaupten, es war richtig, zur E–T–A gegangen zu sein, weil insbesondere Menschlichkeit, Toleranz und Vertrauen in diesem Haus die Basis sind für den erfolgreichen Vertrieb der hochinteressanten breit gefächerten Produktpalette.

Schon weil das Gebiet um die Postleitzahlen 57 und 58 erweitert wurde, nannte ich das Büro in Technisches Büro Nord-West um. Es umfasst jetzt einen Wirtschaftsraum von Dortmund, Arnsberg und Siegen im Osten entlang der Achse Essen-Duisburg im Norden, bis an die holländisch-belgische Grenze im Westen und nahe Koblenz im Süden. Ein Gebiet, welches aufgrund der angesiedelten Großindustrie und der sich hervorragend innovativ weiterentwickelnden mittelständischen Unternehmen zu den Gebieten mit der höchsten Umsatzerwartung Deutschlands zählt. Aber auch ein Gebiet voller Krisen und Strukturwandel, weil sich in den letzten zehn Jahren viele, auch Großbetriebe, aufgrund der Wettbewerbs- und Wirtschaftssituation mit teilweise Jahrzehnte alten Strukturen, Produkten und Produktionslinien neue Wege, Nischen und Absatzmärkte für alte und neue Produkte suchen mussten. Große Namen wurden in kleine handlungsaktive Einheiten gewandelt, und es siedelten sich neue in- und ausländische Unternehmen in den Zentren dieses Gebietes an.

Nach der ersten großen Arbeitsmarktkrise in der Mitte der 80er Jahre bildeten sich, ausgehend von den Ruhrgebietsstädten mit Universitätsstandort, mit Bundes- und Landesmitteln geförderte Technologiezentren, die mit den sich dazu angesiedelten High-Tech-Unternehmen zu der heutigen Basis moderner leistungsfähiger Unternehmen gehören. Der Umbau aus der Schwer- und verarbeitenden Industrie ist noch nicht stabilisiert und abgeschlossen. Schnelle und moderne Dienstleister sind entstanden, Firmen, die durch Strukturwandel und durch Lernprozesse in den Großunternehmen der Chemie, der Elektrotechnik, des Maschinenbaus und der verarbeitenden Industrie für gerade diese und andere Unternehmen tätig geworden sind.

In traditionell strukturschwachen Gebieten vom Büro Nord-West wie Sauerland, Siegerland, der Eifel, Mönchengladbach und Schwalm-Nette-Kreis, sowie ganz verstärkt mit endlich zunehmender Europäisierung in Industriearealen längs der offenen holländisch-belgischen Grenze bilden und siedeln sich modernste, global ausgerichtete kleine und mittlere Firmen an, die vornehmlich in den Geschäftsfeldern von Entwicklung, Vertrieb, Anlagenbau und Handel aktiv sind. Ein Teil dieser neuen High-Tech-Firmen kommt aus den Eisen und Stahl kochenden Regionen des Ruhrgebietes, auch wegen der an den alten Standorten täglich zu spürenden immer noch unzureichenden Verkehrs- und kommunalen Infrastrukturen.

Der Bürostandort

Schwerte ist der für schnelle Kundenbetreuung vor Ort verkehrsgünstigste Standort im Vertriebsgebiet. Die schöne Ruhrstadt Schwerte mit herrlichem Altstadtkern und vielen Naherholungsgebieten tangiert an das Westhofener Autobahnkreuz. Ein Knoten der Verkehrsadern aus Nord und Süd: A 1 und A 45, damit A 7, A 46, A 43, A 40, A 52. In weniger als 2 Stunden ist bei heutiger Verkehrsdichte jeder Interessent und Kunde unseres Hauses zu erreichen, eine für Vertrieb und Außendienst ideale Konstellation.

Büroentwicklung und Produktpalette im zeitlichen Wandel

Aus dem häuslichen Bürokarteikasten des verehrten Herrn Ruthmann wurde mit Unterstützung der Geschäftsleitung schnell ein E-T-A Büro mit Computern, Fax, Funktelefon, Kopierer und moderner Ausstattung. Eine neue Zeit begann, nicht vergessend und weiter aufbauend auf der von Herrn Ruthmann geleisteten Vertriebsarbeit. Es ist ein Kuriosum, aber auch heute führen wir noch eine Kartei mit den wichtigsten Daten neben einem Computerausdruck der gesamten Kundenkartei. Diese Karten sind solange für den praktischen und flexiblen Vertriebseinsatz unerlässlich, bis es bessere leichtere und in der Stromversorgung zuverlässigere Laptops gibt.

Der tägliche Büroalltag heißt heute Kommunikation über E-Mail und Internet-Adresse. Per Software/ISDN werden Telefonnummern angeklickt und das erfolgreiche Interessenten- und Kundengespräch beginnt. Selbst Bildtelefone aus dem Angebot der deutschen Telekom werden bald an unseren ISDN-Anschlüssen zu betreiben sein.

Nord-West startete mit einem Einraumbüro im Technologiezentrum der Uni Dortmund. In diesem Büro hatten eine Teilzeitkraft und ich ausreichend Platz. Um aber den damaligen Markt noch intensiver zu bearbeiten, wurde in Abstimmung und durch Beschluss von Norbert Ellenberger ein junger Ingenieur, Manuel Krüger, eingestellt. Manuel Krüger kam von der Firma Zurmühlen & Bieler in Berlin und war dort zu einem Spezialisten für AC und DC Servoantriebe herangewachsen, denn die Steuerung für die Verstärker und Motoren fertigte E-T-A in Zusammenarbeit mit dem Haus Z & B in Altdorf. Jahre später wechselte Manuel Krüger dann als Entwicklungsingenieur zu einer Firma nach Ratenow in Brandenburg. Es wurde also mehr Raum erforderlich, und so fand ich in der Nähe meines Wohnortes im Dortmunder Süden, in Schwerte, ein geeignetes, repräsentatives Büro. Es erfolgte später noch einmal ein

Umzug in den Standort Mülmkestraße, wobei sich aber – und das ist wichtig – zu keinem Zeitpunkt Postfach und Telefonnummern änderten.

Neu- und Produktweiterentwicklungen gab es speziell für die Geschäftsfelder Automobilbau, Medizintechnik, Telekom, Geräte- und Komponentenschutz im Anlagenbau. In der Messtechnik machten wir den großen Schritt vom Trockenlaufschutz, dem klassischen Pumpenschutz – z.B. in der Chemie bei Gasen und Flüssigkeiten – hin zur Messung der Gas- und Flüssigkeitsmengen in Abhängigkeit der Zeit. Es entstanden interessante Elektronik-Koppel- und Schutzrelais, genannt Strom und Spannungswächter. Unser System zum Schutz von Halogenleuchten konnte sehr erfolgreich in dieser Marktlücke etabliert werden. Außerdem wurde eine Linie digitaler Messgeräte für phys./elektrische Größen aufgebaut, die heute etwas reduziert immer noch im Programm ist.

Anfangs gab es selbst bei E–T–A eine nicht uninteressante schnelle SPS mit bis zu 48 E/A's und sogar eine Version eines Lastabwurfrechners mit Prioritätsvorgaben zum Einsatz in Niederspannungsschaltanlagen. Gut, der Markt hat hier automatisch seine Selbstreinigung wirken lassen, aber Mitte bis Ende der 80er Jahre haben viele Unternehmen sich Standbeine in der damals neuen Digitalelektronik geschaffen.

Ein Schritt, vielleicht sogar der erfolgreichste seiner Art, gelang mit der Gründung der Fa. Elmos in Dortmund. Spezialität waren erstmalig digital-analog ASICS, anwenderspezifische Schaltkreise also, die an Kundenwünsche angepasst waren. Ein Elmos IC konnte ich an die Fa. Vorwerk verkaufen, der dann bei 1 Mio. Stück. ca. 1,70 DM teuer war (Gesamtsteuerung aller komplexen Funktionen in einem Bodenreinigungsgerät/Staubsauger).

Fazit 1998: Wir sind mit unseren Kernprodukten jetzt noch erfolgreicher als mit der vor ca. 10 Jahren angebotenen breiten Produktpalette. Ich habe in meinem Gebiet beobachtet, dass ein Erfolgsrezept der zum größten Teil in Marktnischen erfolgenden Vertriebs-/Verkaufsstrategie zu verdanken ist. In vielen Fällen sind wir Marktführer. Wir haben einen ausgezeichneten Namen und hohen Bekanntheitsgrad, sehr zufriedene Kunden sowie eine zu gutem Preis einmalige MIL-gleiche Qualität aller Produkte.

Weg in die Zukunft

Auch wenn technologische Trendwenden des Marktes die Hersteller zu neuartigen Produkten führen, wird es den Schutzschalter in angepasster Version geben. Unsere gestarteten Aktivitäten beweisen es. Einsätze unserer Produkte in BUS, LAN-LON-Netzwerken aller Industriezweige sind denkbar. In meinem Gebiet Nord-West wird es in Zukunft mehr kleine, national und global tätige aktive Unternehmen geben. Auch die Öffnung hin zu Europa wird zur weiteren Niederlassung von bekannten internationalen Unternehmen in diesem wirklich interessantem Wirtschaftsraum führen.

Es gilt daher in den nächsten zehn Jahren ein großes Potential mit den E–T–A Kernprodukten und innovativen Neuentwicklungen auszuschöpfen. Wir werden von Schwerte aus mit Besuchen, Gesprächen, der Road-Show und über Messen neue Kontakte und Trends erkennen und zum Erfolg für E–T–A führen.

17. E–T–A TECHNISCHES BÜRO SÜD-WEST

Von Ulrich Günter

Mit viel Zuversicht und Elan wurde unser Technisches Büro Süd-West Mitte April 1997 gegründet. Wir befinden uns direkt zwischen Pforzheim und Karlsruhe; ein ruhiges Dorf namens Schwann, in dem wir viel Muße für unsere „E–T–A Arbeit" finden. Unser Vertriebsgebiet umfasst den Bezirk der Postleitzahlen 66–69 und 75–79. Die Anzahl der Kunden beträgt z. Zt. ca. 466. Darunter sind als Wichtigste zu nennen: Mercedes-Benz, Evobus, ABB, Siemens, BASF, Adtranz und Bosch. Sehr bald erkannten wir, dass diese Arbeit nicht von einer Person bewältigt werden kann. Aus diesem Grund kam Jutta Schlicht am 01.08.97 zu uns.

Nachdem wir uns im Jahre 1997 als oberste Priorität gesetzt haben, alle bereits vorhandenen Kunden kennenzulernen bzw. zu besuchen, setzen wir dieses Jahr alles daran, Neukunden zu akquirieren und Altkunden bzw. passive Kunden zu aktivieren. Für diesen erweiterten Aufgabenbereich haben wir seit Anfang Februar 98 Silke Walther eingestellt, die uns tatkräftig unterstützt. Mitte Februar 1998 haben wir unser „Erstlings-Büro" verlassen und fühlen uns in den neuen Räumen sehr wohl. Wir verstehen uns als interessierten und engagierten Ansprechpartner für unsere Kunden. Unser Ziel ist es, gemeinsam mit ihnen Lösungen für ihre Probleme zu finden.

18. E–T–A TECHNISCHES BÜRO STUTTGART

Von Oskar Dietz

Das E–T–A Technische Büro Stuttgart Dietz zählt zu den jüngsten Büros in Deutschland. Das Vertretungsgebiet umfasst das Gebiet Württemberg mit den Großräumen Heilbronn, Stuttgart, Ulm und Friedrichshafen. Jahrzehntelang wurde dieses Gebiet von der Firma Paul Gneiding betreut. Es konnte ein beträchtlicher Kundenstamm erarbeitet werden. Aus Altersgründen wurde die Vertretung neu vergeben. Seit Februar 1997 betreue ich nun gemeinsam mit meiner Frau, welche die Arbeiten im Sekretariat erledigt, die E–T–A Kunden in diesem Gebiet.

So, wie sich die Zusammenarbeit mit E–T–A von Anfang an als sehr angenehm erwies, gestaltet sich der Kontakt mit den Kunden ebenfalls äußerst positiv. Wenn man sich als „Neuer" telefonisch bei einem Kunden anmeldet, so öffnet einem der Name E–T–A viele Türen, und man bekommt immer ein offenes Ohr. Die Kundenstruktur reicht von Telekom-Konzernen über Elektrowerkzeuge, Heimwerkzeuge zur Medizintechnik und zum Schaltschrankbau. Natürlich ist der Großraum Stuttgart eine Automobilhochburg. Die E–T–A Schutzschalter werden jedoch weniger in die Serie eingebaut, dafür aber in den Produktionsanlagen. Dort werden E–T–A Schutzschalter in den Schaltschränken zum Schutz der Produktionsanlagen verwendet.

Gerade in den ersten Monaten meiner Tätigkeit hörte ich Sätze wie: „E–T–A, diese Geräte setzen wir ein, solange ich denken kann." – „Natürlich kenne ich E–T–A, noch vom Studium her." – Oder: „E–T–A bauen wir schon immer ein." Hin und wieder denkt man darüber nach, etwas anderes zu probieren, aber wir sind immer bei euch geblieben." Auch bei Nichtkunden klingt es immer positiv: „Das sind doch die mit dem blauen Firmenlogo." Oder: „E–T–A kenne ich schon, bloß bisher gab es kein Projekt, wo es rein gepasst hätte." Das Bild, welches meine Kunden in diesem Gebiet von E–T–A haben, ist das Bild von Qualität, Beständigkeit und Zuverlässigkeit.

19. E–T–A TECHNISCHES BÜRO DORTMUND

Von Helmut Kleinewiese

Vor der Gründung des firmeneigenen Büros Anfang 1983 wurde die Firma E–T–A durch ein in Dortmund ansässiges Handelsunternehmen vertreten. Das Industrie-Ballungszentrum Ruhrgebiet erforderte eine effiziente Kundenbetreuung. Als Vertriebsleiter konnte Herr Sandmann als Mitarbeiter der Handelsvertretung, der bereits lange Jahre E–T–A Kunden in der Region betreut hatte, für diese Aufgabe gewonnen werden.

Als Mittelpunkt auf der West-/Ostachse der Ruhrgebietes wurde in Dortmund in der Bremer Str. 6 das erste „E–T–A Technisches Büro Dortmund" eingerichtet. Großkunden, wie die stahlerzeugende Industrie und Steinkohlekraftwerke, setzen als langjährige Kunden unsere thermisch/magnetischen Schutzschalter, Halbleiterrelais, digitale Messgeräte sowie Strömungswächter ein. Wie der Anlagenbau im allgemeinen und Betriebe, die für die Betriebserhaltung zuständig sind, bilden diese Unternehmen ein weiteres Standbein der Firma E–T–A. Ein ständig wachsender Kundenstamm machte es notwendig, dass ein Mitarbeiter für den Büroinnendienst eingestellt wurde, der aber später in den Außendienst wechselte. 1987 wurde für den Innendienst eine Mitarbeiterin eingestellt. Die jetzt doch beengten Räumlichkeiten machten 1988 einen Umzug in größere Büros notwendig. Repräsentative Büroräume wurden im damals ersten im Großraum Dortmund neu erbauten Technologie-Zentrum Dortmund gefunden.

Die im nahegelegenen Sauerland ansässigen Unternehmen der Leuchtenindustrie suchten für ihre neue Innovation – Niedervolt-Halogensysteme – eine Schutzeinrichtung, die bei Kurzschluss, Überlast/Unterlast abschaltet. Zusammen mit der Firma Bruck & Sölken Leuchten wurde von E–T–A 1988 der Niedervolt-Stromwächter entwickelt. Bis heute können wir mit diesem Gerät unsere Marktführerschaft behaupten.

Im Laufe der Zeit kamen kundenspezifische Entwicklungen wie etwa Türverriegelungen für die Weißgeräteindustrie sowie ein Temperaturbegrenzer für Heizungspumpen hinzu. 1993 wurde im Zuge der Postleitzahlreform eine Vertriebsgebietsänderung durchgeführt. Das PLZ Gebiet 58... (Teile des Sauerlandes, Lüdenscheid, Plettenberg etc.) wurden dem Büro Nord West angegliedert.

Im Herbst des gleichen Jahres schied Herr Sandmann durch Erreichen der Altersgrenze aus dem Unternehmen aus. Die Stelle des Vertriebsleiters wurde durch einen neuen Mitarbeiter besetzt. Durch die Auflösung des Vertriebsstützpunktes Braunschweig wird seit 1996 das PLZ Gebiet 32... von dem E–T–A Technischen Büro Dortmund mitbetreut.

Heute befindet sich das „E–T–A Technische Büro Dortmund" am westlichen Stadtrand von Dortmund im Ortsteil Nette. Mit einem Team von drei Mitarbeitern wird mit Hilfe moderner Bürokommunikation ein Vertriebsgebiet, das im Westen von der Grenze zu den Niederlanden, im Osten bis Bad Driburg und Minden, nördlich über Cloppenburg bis zurück an die niederländische Grenze, kundenorientiert betreut.

20. E–T–A TECHNISCHES BÜRO BERLIN

Von KLAUS-DIETER SCHATZ

Das E–T–A Technische Büro Berlin, gegründet 1988, hat sich in den zehn Jahren seines Bestehens verschiedentlich neu orientieren müssen. Gründe dafür waren der politische Wandel und damit eine neu definierte Aufgabenstellung für dieses Büro, gravierende Marktveränderungen sowie ein durch Konjunktur- und Technologieeinflüsse geprägtes verändertes Abnehmerverhalten. Zunächst wurde das Büro als Firmenvertretung für die in West-Berlin ansässige Industrie und als Verbindungseinrichtung zu verschiedenen Forschungsinstituten gegründet. Diese Aufgabe übernahm Dipl.-Ing. Klaus-Dieter Schatz, der zuvor als leitender Angestellter für ein Industrieunternehmen und anschließend als Unternehmensberater für das Bundesforschungsministerium tätig war. Nach der politischen Wende stand der Aufbau von Kontakten zu Industriebetrieben im nunmehr erweiterten Vertriebsgebiet, den Bundesländern Brandenburg und Berlin, im Vordergrund. In den ersten fünf Jahren nach der Wiedervereinigung vollzog sich, wie allgemein bekannt, eine nachhaltige Neuordnung der Industrie in den neuen Bundesländern. Davon war auch die Struktur der in West-Berlin ansässigen Unternehmen betroffen. Ein großer Teil des produzierenden Gewerbes hat in dieser Zeit den Standort verlagert oder aufgegeben. Seit 1994 hat das E–T–A Technische Büro Berlin unter Leitung von Klaus-Dieter Schatz den Status einer selbständigen Handelsvertretung. Ziel der Firmengründung ist es, unter der Themenstellung „Messen – Steuern – Überwachen – Schützen in der Automatisierungstechnik" den E–T–A Kunden ein erweitertes Dienstleistungsangebot zu bieten. Schwerpunkte des Angebots sind:
– Umfassende technische Beratung
– Angebot an Handelsware zur Ergänzung des E–T–A Produktprogramms
– Distribution und Lagerhaltung von E–T–A Produkten.

Mit dem Beratungsangebot soll dem Wunsch nach Ingenieur-Dienstleistung in den Bereichen elektrischer Geräteschutz, Überwachen und Messen der nichtelektrischen Größen Strömung, Füllstand, Druck, Temperatur und Feuchte entsprochen werden. Ein entsprechend erweitertes Produktangebot ermöglicht es dem Kunden, die

Produkte aus einer Hand zu beziehen. Verkürzte Projektlaufzeiten und verringerte Lagerhaltung bei den Kunden führen zu Forderungen nach einer kurzfristigen Verfügbarkeit der Produkte. Diese Marktbedingungen zu erfüllen, ist ein weiterer Schwerpunkt der Tätigkeiten im E–T–A Technischen Büro Berlin. Von der Anfrage über die Bestellannahme bis zur Warenauslieferung ist Gabriele Kunze für die Kundenbetreuung zuständig.

21. E–T–A UND SYSMIK GMBH, DRESDEN: MASSSTAB FÜR SICHERHEIT IN SACHSEN

Von GERT-ULRICH VACK

Mai 1990. Die Grenze ist schon rund ein halbes Jahr offen, die Termine für Währungsunion und deutsche Einheit stehen fest. Der Weg von Dresden nach Nürnberg ist noch nicht durchgängig leicht passierbar (wer erinnert sich an den Zustand der A 72 zwischen Zwickau und Hof?). Ein Betriebsausflug führt mich nach Nürnberg, und ich habe Gelegenheit, mich mit einem der Geschäftsführer der E–T–A Altdorf zu treffen. Das Unternehmen bemüht sich um den Aufbau eines Vertriebssystems in den neuen ostdeutschen Ländern, und in Dresden soll die SysMik GmbH als technologieorientiertes Unternehmen gegründet werden. Es beginnt eine langfristige Partnerschaft, in der die E–T–A und ihre Mitarbeiter viel dazu beigetragen haben, dass SysMik ein erfolgreiches sächsisches Unternehmen wurde.

Das erste Büro im Wohnzimmer! Für eine Faxverbindung von Dresden nach Altdorf muss man eine halbe Stunde wählen, und auch dann ist noch nicht sicher, ob auch alles in Franken richtig ausgedruckt wird. Telefonieren zu üblichen Geschäftszeiten? Anfangs fast unmöglich. Also bleibt der (damals noch langwierige) Postweg.

Der Informationshunger in den sächsischen Unternehmen ist enorm. E–T–A Kataloge kann man besser loswerden als Schutzschalter verkaufen. Leider bringt das Jahr 1991 mit dem Zusammenbruch des Ostexportes (Russland!) auch den Beginn des Niederganges der bestehenden Industriestrukturen. Neue Firmen müssen sich erst etablieren und haben zumeist kein Geld und keine Aufträge.

Zuerst sind es die „verlängerten Werkbänke" (z.B. SEL), die zum Teil aber nach einer kurzen goldenen Zeit wieder geschlossen werden. Dann kommen einige Großprojekte wie LEUNA oder BUNA im Raum Leipzig/Bitterfeld. Überwiegend werden die Anlagen aber in den alten Bundesländern geplant; und auch die Einkaufsabteilungen sitzen häufig nicht an der Elbe, sondern an Rhein, Neckar oder Isar.

Der Umsatz mit E–T–A entwickelt sich zwar stetig nach oben, aber insgesamt langsamer als erwartet. Von der ursprünglichen Prognose für Sachsen (etwa 5 Millionen DM Umsatz mit E–T–A) trennt uns auch heute noch einiges: Kein Wunder, ist doch die gesamte ostdeutsche Industriestruktur vergleichbar mit der des Regierungsbezirkes Köln! „Zugpferde" sind natürlich die Großunternehmen, beispielsweise das Telekom- und Industrieanlagengeschäft sorgen mit diesen Unternehmen für erfolgreiche E-T-A Bilanzen. Allmählich kommen auch Elektrogroßhändler, Schaltschrankbauer und Produktionsunternehmen im Bereich Elektrotechnik / Elektronik / Maschinenbau hinzu.

Alle haben aber zugleich mit einem ostdeutschen Phänomen zu kämpfen: Im Unterschied zu den alten Bundesländern, wo bestehende Anlagen ständig erweitert und „gepflegt" werden, wo somit auch ein kontinuierlicher Bedarf besteht, wird in den neuen Ländern in Altanlagen kaum mehr investiert; und wenn neu gebaut wird, dann vom Feinsten und Besten und nur einmal, ohne allzu großen laufenden Erweiterungs- oder Instandhaltungsbedarf – bekanntlich tun die E-T-A Geräte ja auch sehr lange ihren Dienst! Aber zurück zu E-T-A und SysMik. Die Dresdner Neugründung vom Dezember 1990 ist heute ein kleines (13 Mitarbeiter), zugleich aber recht erfolgreiches produzierendes Unternehmen im Bereich Automatisierungstechnik, in dem das Vertriebsprogramm E-T-A einen wichtigen Platz hat. Am Erfolg von SysMik hat E-T-A, haben vor allem auch die „Mentoren der ersten Stunde" (Geschäftsführer, Marketing und TB) entscheidenden Anteil: Mit Know-How über Marketing und Betriebswirtschaft oder Arbeitstechniken im Vertrieb, vor allem aber mit Geduld und mit der Fähigkeit, auf dem langen Weg von der Eintragung ins Handelsregister bis zu den ersten schwarzen Zahlen motivierend zu unterstützen. Dafür sei an dieser Stelle öffentlicher Dank gesagt, und zwar Norbert Ellenberger, Carl Horst Poensgen, Ernst Schönweiß und Rudolf Wachter. Insofern ist die Partnerschaft zwischen E-T-A und SysMik mehr als eine reine Vertragsbeziehung, sondern auch ein ganz kleines Stück deutsche Nachwendegeschichte. Höhepunkte in der Zusammenarbeit sind die jährlichen E-T-A Vertriebsseminare mit Schulung zu den neuesten Produkten, aber vor allem auch mit intensivem Austausch zu Marketing, zu speziellen Branchen, Kunden oder Applikationen. Bemerkenswert auch die regelmäßigen und intensiven Bemühungen um mehr Service und ausgezeichnete Qualität – unterstützt durch viele Maßnahmen zur Effektivierung und Verbesserung der Abläufe im Stammhaus, die dem Kunden spürbar zum Vorteil gereichen. Wichtig für den Kunden in Sachsen: Er hat in SysMik und E-T-A zuverlässige und kompetente Partner bei der Lösung seiner Aufgaben für Anlagen- und Gerätesicherheit.

22. E-T-A TECHNISCHES BÜRO THÜRINGEN

Von Rudi Rostalski

Die Einstellung eines Vertriebsingenieurs am 01.07.1991 war der erste Schritt zum Aufbau eines neuen Vertriebsgebietes in Ostdeutschland. Mit der Einrichtung eines Büroraumes am 01.12.1991 in der nordthüringischen Kleinstadt Bad Frankenhausen erhält das Vertriebsgebiet Thüringen seinen Namen. Die geographische Lage des Büros ist sehr günstig und liegt im Zentrum des zu betreuenden Territoriums der Bundesländer Thüringen und Sachsen-Anhalt.

Die ersten Jahre der Aufbauphase des Vertriebes in Ostdeutschland waren sehr schwierig und von einem stetigen Rückgang der Industrieproduktion begleitet. Die Produktpalette der Firma E-T-A war der breiten Masse in der Industrie unbekannt und erregte großes Interesse, jedoch waren die wirtschaftlichen Voraussetzungen der potentiellen Kunden sehr schlecht. Der riesige industrielle Umbruchprozess in den neuen Bundesländern erfasste alle Firmen in den verschiedensten Branchen, sie mussten sich neu organisieren und versuchen, ihren Platz auf dem neuen Markt zu finden.

Mit kleinen Erfolgen und dem guten Namen E-T-A konnte der Umsatz ständig gesteigert werden, die Anzahl der Kunden erhöhte sich stetig, und nach ca. zwei Jahren war die erste Aufnahme von E-T-A Geräten in einen neu entstandenen Firmenstandard (BUNA) der chemischen Industrie erreicht. Im Jahr 1995 kam der südliche Teil Niedersachsens zum Vertriebsterritorium TB Thüringen hinzu. Die Schwerpunkte der Vertriebstätigkeit im TB Thüringen liegen z. Zt. im Anlagenbau, in der Telekommunikation und im Fahrzeugbau.

23. E-T-A BELGIEN

Von J. P. VERTENEUIL

1960: Erste E-T-A Aktivitäten in Belgien über einen Vertreter. Ein sehr schwieriger Anfang mit einem unbekannten Produkt in Belgien.
1968: Großes Interesse an E-T-A bestand bei den öffentlichen Verkehrsbetrieben. In Belgien gibt es nur sehr wenige Firmen mit einem breiten Produktionsprogramm, die die E-T-A Produkte bereits bei der Herstellung einsetzen können. E-T-A Produkte werden hauptsächlich eingesetzt bei Firmen, die Produkte weiterverarbeiten, oder bei solchen, die „High-Tech"-Apparate auf Kundenwunsch herstellen.
1980: Ende der Vertretertätigkeit. Um den direkten Kontakt mit dem Kunden herstellen zu können, wird auf Betreiben der ELPO die Gründung einer belgischen Tochtergesellschaft beschlossen.
1983: Gründung der E-T-A Electro Technik SPRL. Die Wahl des Sitzes der Firma fällt auf das Zentrum von Brüssel in der Nähe einer bekannten Ausstellungshalle.
1992: Die Steigerung des Umsatzes erlaubt es, die Statuten der Firma in eine „Société Anonyme" bei gleichzeitiger Kapitalerhöhung umzuwandeln.
1995: Die ständige Erweiterung unseres Kundenkreises, besonders im Bereich Öffentlicher Transport, Chemie, usw. erlaubt es E-T-A Elektro-Technik S. A., eigene Lokalitäten zu erwerben. Die Wahl fällt auf ein Gebäude in der Nähe der Ringautobahn, die die Stadt Brüssel umkreist.
1998: Der Umsatz steigt weiter. Neue Märkte werden unter anderem im Anlagenbau erschlossen.

24. SEIT 45 JAHREN E–T–A IN ÖSTERREICH: E–T–A TOCHTER HERNDL ELECTRIC-HANDELSGESELLSCHAFT M.B.H WIRD 10 JAHRE

Von KONRAD HERNDL

Im Jahr 1964 wurde von mir die Vertretung Fa. ELPO Ellenberger & Poensgen für Österreich und Jugoslawien übernommen. Da der Vertrieb noch nicht organisiert war, wurde im ersten Jahr nur der Umsatz von ca. DM 28.000 erzielt, obwohl die Fa. ELPO mir einen Provisions a-conto von DM 5.000 ausgestellt hatte.

Ab 1967 wurde der Vertrieb für die sozialistischen Staatshandelsländer Ungarn, Rumänien, ČSSR, Polen und UdSSR freigegeben. Der zuständige Werksvertreter, Herbert Beier, war gemeinsam mit mir von Anfang an bei allen potentiellen Kunden und auch für den Vertrieb in den sozialistischen Ländern zuständig. In weiterer Folge wurde im Jahr 1983 die Vertretung für die sozialistischen Länder abgegeben, um den österreichischen Markt intensiver bearbeiten zu können. Im Jahr 1984 wurde bereits die Millionenumsatzgrenze in Österreich überschritten. Am 1. März 1989 geht der Vertrieb nahtlos in die E–T–A Tochter Herndl Electric-Handelsgesellschaft m.b.H. über. Die kontinuierliche Markterschließung im Rahmen der österreichischen Industrieverhältnisse setzt sich fort. Neben der marktgerechten Produktpalette war der Einsatz und die überdurchschnittliche Bereitschaft zur Zusammenarbeit aller unmittelbar Beteiligten für den Erfolg ausschlaggebend. Dies hat auch die weitere Entwicklung der letzten 10 Jahre bestätigt. Mit Flexibilität und Engagement werden wir auch im dritten Jahrtausend erfolgreiche E–T–A Geschichte schreiben.

25. FA. H. BALLA, WIEN

Von LADISLAUS E. BALLA

Der Ursprung des Unternehmens geht auf die Mitte der 60er Jahre zurück, als Ladislaus E. Balla nach langjähriger Tätigkeit im Vertrieb und Außendienst den Entschluss fasste, sich selbständig zu machen. Der Sitz ist im Wiener 18. Gemeindebezirk. Im Österreich der 60er Jahre waren alle maßgeblichen Positionen fix besetzt. So verdient sich der Entrepreneur seine ersten Sporen in den seinerzeit sozialistischen Ländern.

Das ursprüngliche Geschäftsfeld Werkzeugmaschinen wurde bald nur mehr am Rande behandelt und schließlich zur Gänze aufgelassen. Stattdessen wurde dem Trend der Zeit folgend das Schwergewicht auf Maschinen und Anlagen für die Kunststoffverarbeitung und auch auf solche für die Metallurgie gelegt, welche heute noch einen festen Bestandteil der Vertriebstätigkeit bilden. In diesen Feldern ist uns eine vergleichsweise rasche Aufarbeitung und Durchdringung des Marktes geglückt.

Im Frühherbst 1970 wurde der Standort in ein in den Jahren davor errichtetes Wohn- und Bürohaus nach Wien 23. verlegt, das auch heute noch als Sitz der Firma dient. Das Unternehmen ist von vornherein auf die Zusammenarbeit aller Familienmitglieder – deren fünf – gestützt, wiewohl auch Mitarbeiter beschäftigt werden; dies jedoch mit der Maßgabe einer guten Überschaubarkeit und einer leichten Administrierbarkeit. Im Jahre 1983 stießen wir zu E–T–A! Die Marktkenntnis auf dem Gebiet der schwierigen Staatshandelsländer und die Erfahrung im Umgang mit den nicht leicht zu handhabenden Verhandlern der staatlichen Importgesellschaften ist, nebst einem Fürsprecher, mit ein entscheidender Grund, dass uns die Bearbeitung des Marktes für einige solcher Länder übertragen wird. Eine GmbH wurde geschaffen, um die Geschäftsbereiche auseinander zuhalten und 1986 eine weitere, mit Sitz in der Mariahilfer Straße in Wien 6., erworben.

Schon vorhandene Abnehmer ausgenommen, erfahren wir in Wirtschaften, welche Qualität und Sicherheit eine geringe Wertigkeit zumessen, mit Überstromschutzschaltern bei den Leuten im Betrieb wenig Gegenliebe, oder erregen wir damit ein interessiertes Erstaunen. Bei Einkäufern, in deren Kassa pechschwarze Leere gähnt, wiederum, geraten wir in Erklärungsnotstand, wo doch dieses Hightech-Produkt weder sichtbar noch fühlbar ist und mit der Schmelzsicherung derselbe Effekt erzielt wird. Jedoch, die Entwicklung schreitet voran, und nach geraumer Zeit – nicht zuletzt infolge unseres Zutuns – steigt der Bekanntheitsgrad. Anfragen kamen im vermehrten Ausmaß, und Kunden wurden gewonnen. E–T–A wuchs zu einem stabilen, soliden Pfeiler unserer Geschäftstätigkeit.

Das Jahr 1989 brachte die vielstrapazierte Wende, und das in mehrfacher Hinsicht. Die Volkswirtschaften der nun Reformstaaten genannten Länder in unserem Gebiet erlitten einen nie dagewesenen Einbruch, von dem sich manche auch heute noch nicht erholt haben. Die politische Karte Europas wurde neu gezeichnet. Entsprechend prompt und konsequent wurde in der E–T–A Strategen-Etage auf die geänderte Situation reagiert. Wir verloren einen zukunftsträchtigen Markt.

Der in der Folge der Wende entfachte, sich über vier Jahre ziehende ethnische Konflikt in unserem Kerngebiet sowie das noch immer bestehende Embargo über den Rest des zerfallenden Vielvölkerstaates im ehemaligen Jugoslawien taten das ihre, so dass wir heftig gebeutelt wurden. Nach Abflauen dieser stressigen Periode bewegen wir uns im konjunkturell bedingten Auf und Ab in einem sachten, aber stetigen Aufwärtstrend. Gerade in jüngster Zeit erfuhren wir durch Rückgewinnung eines mehrere Jahre schmerzlich vermissten Marktes einen emotionellen Antrieb und sehen in zweiter Generation mit E–T–A als Partner und unseren Kunden und jenen, die es noch werden, hoffnungsvoll einer erfolgreichen Zukunft entgegen.

26. NIEDERLANDE: JACS. KOOPMAN B. V., IN BD WIJK BIJ DUURSTEDE

Von J. VULLING

Am 5. April 1948 schrieb Jacs. Koopman, Export-Import, Amsterdam, an Harald A. Poensgen, Bleichergasse 14, Lauf/Pegnitz (13a), US-Zone:

Sehr geehrter Herr Poensgen,
Von Herrn Granderath erhielt ich die Nachricht, dass Sie beabsichtigen, unter der Firma Ellenberger & Poensgen automatische Sicherungen herzustellen, ähnlich wie Stotz-Kontakt, usw., und uns, d. h. Herrn Granderath und/oder mich, mit der Alleinvertretung zu betrauen. Auch meinerseits möchte ich Ihnen für diese Zusage danken. Da Ihre neue Firma sich noch im Aufbau befindet, nehme ich an, dass bis zur Lieferung noch geraume Zeit verstreichen wird. Ich hoffe, dass Sie mir bis zu dieser Zeit Muster zugehen lassen werden, zur Prüfung durch die KEMA in Arnheim, damit der Einfuhr seinerzeit nichts im Wege stehen wird.
In dieser Erwartung zeichne ich hochachtungsvoll   Jacs. Koopman

Dies war der Beginn einer langen und erfolgreichen Zusammenarbeit. Im Jahr 1948 hat J. Koopman die Vertretung von ELPO für die damaligen Niederlande und niederländischen Überseegebiete übernommen. J. Koopman hat zuerst unter dem Namen „Handelsonderneming v/h Willy Granderath" das Vertretergeschäft geführt. Nach einigen Jahren hat er den Vertrieb der ELPO Schraubautomaten unter eigenem Namen weitergeführt. Sitz der Firma Koopman war früher Amsterdam, nachher Bussum und seit 1985 ist er in der Mitte des Landes, jetzt also wie eine Spinne mitten im Netz. Heutiger Firmensitz ist die Stadt Wijk bij Duurstede am Rhein.

Erst seit den letzten zehn Jahren gibt es in den Niederlanden eine Industrie, welche E–T–A Geräte einsetzen kann. Dementsprechend sind also die Absatzmöglichkeiten von E–T–A Produkten gestiegen. Es war als Erfolg zu werten, dass man in der Branche, wenn man Circuit Breakers braucht, sofort an E–T–A denkt. E–T–A Geräte werden zur Zeit im Schaltanlagenbau, Militärbereich (Leopard), in medizinischen Geräten, in der Chemie und im Apparatebau verwendet.

27. E–T–A FRANKREICH: EINIGE WORTE ÜBER DIE JAHRE DES BESTEHENS

Von Pierre-François Griot-Massonnet

Im Jahr 1991, als der Gedanke aufkam, eine E–T–A Tochtergesellschaft in Frankreich zu gründen, war E–T–A schon sehr lange vorher auf dem französischen Markt präsent und bekannt. Ihre Produkte wurden seit vielen Jahren von der Firma Elec-Joly, Importeur von elektrotechnischen Bauteilen, vertreten. Aber eine Mutter kann nicht besser als durch ihre eigene Tochter vertreten werden! Daher wurde Ende 1991 beschlossen, eine echte Tochtergesellschaft in Frankreich zu gründen. Der Verfasser dieser paar Zeilen sowie einer seiner Kollegen, welche bei Elec-Joly arbeiteten, fassten den Entschluss, diese Firma zu verlassen und konzentrierten ihre Energie darauf, E–T–A Frankreich zum 01. Januar 1992 zu gründen. Das Vertrauen, welches ihnen die Geschäftsleitung aus Altdorf entgegenbrachte, ermutigte sie, die Herausforderung anzunehmen.

Zuerst ging es darum, die bereits vorhandenen Kunden zu binden und der Tochtergesellschaft ein finanzielles Gleichgewicht zu gewährleisten, um dann die Marktanteile wirklich ausbauen und erhöhen zu können. Anfang 1992 richtete sich die kleine Belegschaft in einem Büro in Untermiete in Vitry-sur-Seine, einem Vorort von Paris, ein. Es handelte sich um einen einzigen Raum, welcher als Büro und Lager diente. Von da aus war es möglich, näher am Ohr der Kunden zu sein, die Aufträge zu bearbeiten sowie für schnelle Lieferungen dank der ab Lager verfügbaren Schutzschalter zu sorgen. Das Jahr 1992 war ein Probejahr und ermöglichte es, das Bild des E-T-A Firmenzeichens bei den Kunden gerade durch die Präsenz einer eigenen E-T-A Tochtergesellschaft in Frankreich besser bekanntzumachen; ebenfalls konnte festgestellt werden, dass die Tochtergesellschaft E-T-A Frankreich völlig rentabel war. Die Wette war gewonnen! Die Anfänge waren also vielversprechend und erlaubten es, der Zukunft mit Enthusiasmus entgegenzusehen. Durch die Einstellung einer Kollegin im Jahr 1993 konnte der interne Service noch effektiver gestaltet werden. Der Kunde konnte ganz kurzfristig und bestens bedient werden. Die Tochtergesellschaft wurde außerdem mit einer EDV-Anlage mit integriertem Verwaltungssystem ausgestattet, so dass auf ganz besonders effiziente Weise die Auftragsabwicklung, die Verwaltung des Lagers und die Führung der gesamten Buchhaltung erfolgen konnten.

Im Jahr 1994 erfolgte ein Umzug in andere Räume im gleichen Gebäude. Die Belegschaft bezog richtige Büros mit mehreren Räumen und richtete ein getrenntes Lager ein. Dieser Einzug gab der E-T-A das Aussehen einer richtigen Firma. Anlässlich dieses Ereignisses organisierte man eine Einstandsfeier, an welcher die Geschäftsleitung aus Altdorf teilnahm.

Die Präsenz vor Ort wurde 1995 durch die Einstellung eines vierten Kollegen verstärkt, eines jungen technischen Mitarbeiters für den Vertrieb, welcher für die Kundenbetreuung eingesetzt wurde, aber auch für die Erschließung neuer Absatzmärkte und Gewinnung neuer Marktanteile für die Tochtergesellschaft. Die Bemühungen konzentrierten sich seit 1992 im besonderen auf zwei Sektoren: den Bootssektor und die Telekommunikation. Jetzt ging es darum, die Bearbeitung anderer Sektoren in Angriff zu nehmen, insbesondere die Verkehrs- und Medizintechnik, welche gemäß einer durchgeführten Marktstudie als Umsatzträger galten.

Seit ihrer Gründung im Jahr 1992 hat also E-T-A Frankreich trotz einer schwierigen wirtschaftlichen Lage immer eine konstante Umsatzentwicklung verzeichnet. Das Team von E-T-A Frankreich ist heute, 1998, immer präsent: Einige sind weggegangen, andere sind geblieben und andere werden noch hinzukommen! Das Ziel in diesem Jahr ist nämlich die Einstellung von zwei neuen Mitarbeitern für den Vertrieb, um die Geschäftsaktivitäten weiter zu steigern. Der Verfasser dieses Berichtes gehört nicht mehr zu dem Team, aber er behält eine ausgezeichnete Erinnerung an seine berufliche Zeit bei E-T-A Frankreich und freut sich besonders darüber, bei der Gründung jetzt vor einigen Jahren dabeigewesen zu sein.

28. E–T–A ITALIEN

Von Paolo Berni

1951	Erste E–T–A Vertriebsaktivitäten in Italien über einen Vertreter Fa. Comarel Am 13.7.51 begann die Vertretung in Italien mit der Arbeit. Unbekanntes Produkt in Italien – schleppender Anfang
1985	Erstmals wird die 1 Mio. DM Grenze überschritten. Hauptkunden sind Waschmaschinenhersteller.
1991	Der Umsatz stagniert knapp unter der 2 Mio. DM Grenze. Ende der Vertretungsaktivität. Um Kunden besser bedienen zu können wird die Gründung einer italienischen Tochter- gesellschaft beschlossen.
1991	Gründung von E–T–A Apparechi Elettrotecnici s.r.l. am 12. Juni Die Wahl des Sitzes der Firma fällt auf den Norden von Mailand in der Nähe der Autobahn Mailand-Venedig in der Via Don Bartolomeo Grazioli. COMAREL bleibt als Distributor erhalten. Die Stammmannschaft besteht aus: – Frau Laura del Fabbro, die sich um den Innendienst und den administrativen Aufgaben kümmert – Herrn Paolo Berni, der den Außendienst und Vertrieb leitet.
1993	Um eine Steigerung des Umsatzes zu erreichen, werden Verträge mit freien Vertretern („Agenten") geschlossen. Der Norden Italiens wird in 6 Vertriebsgebiete aufgeteilt. Der Süden Italiens, mit wenigen Kunden, wird weiter aus Mailand betreut.
1995	Die 3 Mio. DM Grenze wird dank dieser Maßnahme erreicht. Ein neues Büro wird bezogen, näher am Zentrum von Mailand, in der Via Procaccini. Eine Hilfskraft für den Versand wird engagiert.
1996	Die 4 Mio. Umsatzgrenze wird überschritten. Haupteinsatzgebiet sind Busse, Hobby- und Gartengeräte.
1997	Aus Platzmangel wird ein zweites Büro am Corso Buenos Aires gemietet. Die 5 Mio. DM Umsatzgrenze wird knapp verfehlt. E–T–A Italien ist an der zweiten Stelle im Umsatzvolumen in Europa nach E–T–A UK.
1998	Eine weitere Mitarbeiterin, Fr. Claudia Fauser, wird engagiert. Der Preiskampf mit Geräteschutzschaltern von Fa. Schurter wird härter. Neue Produkte, die in der Entwicklung sind, sollen helfen, neue Märkte in Italien zu erschließen.

29. E–T–A SCHWEIZ: HENRI GRANDJEAN INDUSTRIEVERTRETUNGEN AG

Von CHRISTOPH ERHARDT

Dass jemand nach dem Zweiten Weltkrieg fließend mehrere europäische Sprachen sprechen konnte, war damals nicht so häufig wie heute. Perfekt Deutsch und Schweizerdeutsch sprechen konnte damals Walter Schröder, ein erfolgreicher Kaufmann, der als deutscher Staatsbürger in der Schweiz aufwuchs. Harald A. Poensgen, Mitbegründer der Firma E–T–A, kannte Walter Schröder und beauftragte ihn, für die Produkte der neu gegründeten Firma Ellenberger & Poensgen GmbH Kunden in der Schweiz zu besuchen. So kamen die ersten E–T–A Schalter mit Bimetall in die Schweiz, um als Überlastungsschutz gute Dienste zu leisten. Da Walter Schröder nicht mehr der jüngste war, tat es sich mit dem Kaufmann Henri Grandjean zusammen, um die Vertretung in der Schweiz auf eine breitere Basis zu stellen.

Per 1. Juli 1958 verkaufte Walter Schröder altershalber seinen Firmenanteil an Henri Grandjean; seit Mitte 1958 also amtet die Firma Henri Grandjean Industrievertretungen (seit 1973 in Form einer Aktiengesellschaft) als Schweizer Vertretung für „E–T–A Schalt-, Schutz- und Steuergeräte", wie es früher hieß.

Henri Grandjean war während des zweiten Weltkrieges Oberstleutnant gewesen und kannte deshalb Aufbau und Ausrüstung der Schweizer Armee gut. So verwundert es nicht, dass ihm schon früh gelang, Bimetall-Schutzschalter für den Einsatz in Armeefahrzeugen zu verkaufen. Bis dahin waren nämlich Schmelzsicherungen eingesetzt, die nach dem Durchbrennen von den Soldaten mit Schokoladenpapier als gut leitendem Material ersetzt wurden! Natürlich war die Schutzwirkung dann vorbei, und immer wieder traten Überlastungs- und Brandschäden auf, die auf solche ‚Soldaten-Reparaturen' zurückzuführen waren. Alle Armee-Fahrzeuge wurden damals mit E–T–A Schaltern ausgerüstet, was zum größeren Teil auch heute noch der Fall ist.

Einen großen Durchbruch bedeutete es, dass die Schweizer Post anstelle von unzuverlässigen Rücklot-Sicherungen E–T–A Magnetics mit thermisch-magnetischer Kennlinie einsetzte. Neben dem thermischen Überlastungsschutz wurde zusätzlich ein magnetischer Kurzschluss-Schutz eingerichtet, was sich als Kombination sofort bewährte. Absolut neu war anfangs der 60er Jahre, dass auch galvanisch getrennte Zusatzkontakte eingebaut werden konnten, welche den Betriebszustand des Schutzschalters elektrisch an eine entfernte Stelle oder Überwachung melden konnten.

Zusammen mit Henri Grandjean war es Herbert Beier vom technischen Vertrieb von E–T–A, der die Zahl der Kunden und den Umsatz in der Schweiz kräftig mehrte. Oft weilte Herbert Beier in der Schweiz, legte auf Dienstreisen mit Henri Grandjean gerne auch mal eine Picknick-Pause mit Bündnerfleisch ein. Weniger schätzte er den Wagen von Christoph Erhardt mit seinen Kunststoff-Sitzen, welche im Sommer die menschliche ‚Sitzfläche' zum Transpirieren brachten. Dieser Wagen sollte nicht Toyota Corona, sondern Toyota Nassarschi heißen, wetterte da Herbert Beier und behalf sich am nächsten Tag mit einem Frottiertuch auf dem Sitz.

Die beiden Pioniere Herbert Beier und Henri Grandjean waren stets auch für Neues zu begeistern. Beispielsweise initiierten sie, um das Schaltvermögen zu erhöhen, bei Siemens-Albis in Zürich Aufnahmen mit einer Schnellbildkamera von einem Schutzschalter, der einen satten, großen Kurzschluss abschalten mußte. Die Schnellbildkamera-Aufnahmen zeigten, wie genial das Konzept der E–T–A Schutzschalter mit der rechtwinkligen Kontaktbrücke konzipiert war: An beiden Kontaktstellen wurde der Strom gleichzeitig unterbrochen, die elektrodynamische Kraft des Kurzschlusses trieb diese Kontaktbrücke förmlich nach außen und vermochte so die Lichtbogenstrecke schnell und gleich zweifach zu vergrößern.

Es folgten erfolgreiche Anwendungen in Wasch- und Bodenreinigungsmaschinen, wobei eingeengte Auslöse-Streufelder sehr geschätzt waren und den Kundenanwendungen entgegen kamen. Später konnten mit dem magnetisch-hydraulischen Schalter 8340-... enge und ‚slalom-artige' Schutzanforderungen bei Notstromaggregaten der Schweizer Armee erfüllt werden.

Die Firma Henri Grandjean zog 1971 vom Privathaus in Büroräumlichkeiten, wo auch ein umfangreiches Lager an E–T–A Schaltern aufgebaut wurde. War es am Anfang Henri Grandjean allein, der für E–T–A Schalter arbeitete, so kamen 1969 Herr Erhardt und 1987 Herr Heiniger dazu. Heute sind es in der Firma Grandjean insgesamt fünf Personen, welche für E–T–A Schalter arbeiten und dadurch ihr Auskommen haben. Im Laufe der Jahre sind manche Anwendungen weggefallen, beispielsweise werden in Handmaschinen aus Kostengründen keine Überstromschutzschalter mehr eingesetzt. Wickelthermostaten und PTCs haben als Motorschutz den Schutzschalter verdrängt. Doch es kommen auch immer wieder neue Anwendungen hinzu. So ist heute der Flugzeughersteller Pilatus ein wichtiger Abnehmer für Luftfahrt-Schutzschalter. Mögen auch in Zukunft E–T–A Produkte ihren Platz behaupten durch das, was sie in all diesen Jahren auszeichnete: hervorragende Qualität, moderne Konstruktion und ein guter Preis!

30. FIRMA R. FLACH ELEKTRONIK (RFE) AG, SCHWEIZ

Von Rudolf Flach

Gründung als Einzelfirma am 1. Juli 1989
Umwandlung in eine Familien-AG am 13. November 1989
Verwaltungsrat: Rudolf Flach, Präsident; Diane Flach

Die Firma R. Flach Elektronik (RFE) wurde als in der Schweiz aktive Handelsvertretung am 1. Juli 1989 gegründet und hat gleichzeitig die Vertretung der E+H Tochterfirma, Photo Print Electronic GmbH, kurz PPE genannt, übernommen. PPE ist europaweit bekannt als Leiterplattenhersteller, der sich auf technologisch anspruchsvolle Schaltungen spezialisiert hat.

Im Herbst 1990 folgte die Aufnahme der Akquisitionsarbeit für die E–T–A Elektronik-Produkte. Rudolf Flach war wegen seiner früheren Zusammenarbeit mit E–T–A schon vielerorts bekannt, was den Einstieg bei einigen Firmen schneller ermöglichte.

Die wichtigsten Produkte im Elektronikprogramm der E-T-A sind die Strömungswächter, Strömungsmesser, Drucksensoren und digitalen Anzeigegeräte.

Damit begann der Aufbau des zweiten Standbeines der Firma. Das Angebot an elektronischen Mess- und Anzeigegeräten wurde durch Temperatursensoren diverser Hersteller noch ergänzt. Ziel ist es, dass die MSRT-Produkte am RFE-Umsatz in ein paar Jahren einen wichtigen Anteil ausmachen. Um den Handel mit diesen Produkten zu unterstützen, wurde der Innendienst personell verstärkt.

Zwei Jahre später, am 2. Juli 1991, begann die Zusammenarbeit mit Kälin & Fischer AG, die mit ihren Wickelgütern eine gute Ergänzung im Bereich der elektronischen Bauelemente bilden. Die ganz großen Stärken von K+F sind die automatische Produktion von Entstörstöpseln, Sensorspulen und Wickelgütern auf selbstkonstruierten Maschinen nach speziellen Kundenspezifikationen.

Ebenfalls 1991 stellte RFE ein erstes Mal auf der Ineltec in Basel aus. Seither war das Unternehmen regelmäßig als Aussteller auf dieser für die Schweiz größten Elektronikmesse anwesend. Mitte 1993 übernimmt RFE den Vertrieb der elektronischen Schaltungen von Z&B in Berlin. Es handelt sich vor allem um universell einsetzbare Positionier- und Antriebssteuerungen. Zwei Jahre später, im Jahre 1995, kommt die Vertretung der österreichischen Firma E+E dazu. Sie ist europaweit bekannt als Hersteller von Sensoren und Transmittern für Feuchte, Temperatur und Luftströmung.

Nur ein Jahr später wird als optimale Ergänzung zum bestehenden Vertriebsprogramm der Vertretungsvertrag mit der ebenfalls überall gut eingeführten Firma W. Gruner GmbH unterschrieben. Dort werden unter anderem Relais, Elektromagnete, Stellantriebe und Getriebemotoren hergestellt.

Die Firma R. Flach Elektronik AG bringt viele zusätzliche Dienstleistungen auf den Gebieten der Temperatur-, Druck- und Gasmessung. Ebenso ist RFE ein kompetenter Partner für Messdatenerfassung und Monitoring.

Zur Firmenphilosophie kann gesagt werden, dass RFE den Kunden ein kompetenter Partner sein will, der entscheidend dazu beiträgt, dass die vom Kunden vorgegebenen Ziele erreicht werden. Um dies zu realisieren, bringt die Firma auch sehr viele Eigenleistungen im Bereich der Entwicklung und Produktion. Zum namhaften Kundenkreis von R. Flach Elektronik AG gehören ABB, Ascom, Sulzer, Saia, Zellweger Uster, Mettler Toledo, Melcher, Sauter, Landis & Stäfa, Luwa u.v.a.

31. VÖGTLIN INSTRUMENTS AG, AESCH/BASEL

Von Lothar V. Waltz

Die Firma Vögtlin Instruments AG ist heute in der Schweiz führend in der industriellen Mess- und Regeltechnik und der Prozessautomation. Das Leistungsangebot umfasst die Anwenderberatung, den Verkauf von Geräten, die Entwicklung und Ausführung von kundenspezifischen Systemen sowie Dienstleistungen wie Kalibrieren, Inbetriebnahmen und Service.

Angefangen hat sie als kleine Messgeräte-Abteilung in der Firma Willi Vögtlin AG in Basel. 1986 entstand durch ein Management-Buyout die eigenständige und zukunftsorientierte Firma Vögtlin Instruments AG mit Sitz in modernen Arbeitsräumen, etwa 10 km von Basel entfernt in Aesch. Unter der Leitung von Lothar V. Waltz konzentrierte sich die Firma völlig auf die Mess- und Regeltechnik, vollzog den erforderlichen Strukturwandel und förderte die Einführung innovativer Technologien.

Aus der damaligen Firma mit vier Mitarbeitern ist heute, 1998, ein Unternehmen mit 20 Mitarbeitern entstanden, welches in den Gebieten Durchflussmesstechnik, Druckmesstechnik und Instrumentration anerkannt ist. Die Kunden schätzen insbesondere die kompetente Beratung, die schnelle und zuverlässige Bedienung und nicht zuletzt die innovativen Geräte und Systeme. Zu den Kunden zählen nebst vielen kleinen und mittleren Unternehmen praktisch alle schweizerischen Großfirmen der Branchen Chemie, Pharma, Nahrungs- und Genussmittel, Apparatebau, Kraftwerke, Anlagenbau usw. Die führenden Forschungsinstitute und Hochschulen sowie die öffentliche Hand zählen ebenfalls zu den wichtigsten Abnehmern. Der Umsatz setzt sich zusammen aus ca. 25% Eigenprodukten, 60% Exklusiv-Vertretungen und 15% Dienstleistungen. Die Firma vertritt exklusiv deutsche, hollän-dische, englische und japanische Unternehmen und Produkte. Im Jahr 1996 erlangte die Vögtlin Instruments AG das ISO 9002-Zertifikat. Für die Zukunft sieht die Firma Vögtlin Instruments AG verstärkt Investitionen in der Mitarbeiterausbildung und in der Optimierung des Kundensupports vor. Dazu gehören die Zulassung als eidgenössisch zugelassene Kalibrierstelle für Durchfluss sowie die Durchführung von Anwenderseminaren.

32. SCHWEDEN: ÖSTERLINDS EL-AGENTUR AB IN TÄBY

Von Ralph Löfberg

Das Unternehmen Österlind wurde in den dreißiger Jahren von der Familie Österlind als Handelsfirma gegründet. Nach dem Zweiten Weltkrieg suchte die Firma neue Kontakte zu deutschen Lieferanten, von denen einer die junge Ellenberger & Poensgen GmbH war. Am 26. Juni 1951 wurde ein Vertrag zwischen den Firmen in Altdorf abgeschlossen. Österlinds El-Agentur erhielt die Vertretung für sämtliche von ELPO hergestellten Fabrikate für Schweden. Für die Abwicklung der Geschäftsvorgänge behielt sich ELPO eine eventuell erforderliche direkte Fühlungnahme mit der Kundschaft vor. Das Vertragsverhältnis begann mit Wirkung ab 1. Juli 1951 und lief erstmalig bis zum 30. Juni 1952. Die Dauer verlängerte sich automatisch um jeweils ein weiteres Jahr, wenn nicht von einem der Vertragspartner gekündigt wurde. Dem Vertrag mit der Svenska Elektronika Materialkontrollanstalten (SEMKO) unterschrieb Harald A. Poensgen am 31. Januar 1952. Die erste nachweisbare Anerkennung sprach SEMKO für das Relais MR 6503/K am 8. Februar 1957 aus. Damit war das Recht verbunden, SEMKOs Anerkennungsmarke, das S-Zeichen, zu führen. Der Überstromschutz MR 6503/K war für Elektromotoren der Firma A/S Titan, Dänemark, bestimmt. Die Firma Österlind wurde 1961 in eine Aktiengesellschaft umgewandelt.

Die Firma hat noch Kunden und Lieferanten, die seit 30 bis 50 Jahren treu zu Österlinds halten. Dies zeigt das große Vertrauen, das Kunden und Lieferanten der Firma entgegenbringen. 1984 erfolgte der Umzug in ein neues Gebäude. Seit dieser Zeit stiegen Umsatz und die Zahl der Mitarbeiter. 1986 wurde der Bau um ein Stockwerk erhöht. Zehn Jahre später (1996) erfolgte der Umzug, und damit wurde die Fläche von 600 qm auf 1.200 qm verdoppelt. Der Kundenkreis der Firma Österlinds hat sich sehr verbreitert, und das Unternehmen ist heute in allen Branchen tätig. Ein großer Kundenkreis für E–T–A Produkte liegt im Kfz-Bereich, in der Militär- und Flugzeugindustrie. Auch im Bootsbetrieb finden sich viele E–T–A Geräte. Die Firma Österlinds hat mit der ISO-9000 Zertifizierung angefangen. Mit der neuen EDV-Anlage ist das Unternehmen für das nächste Jahrhundertgut vorbereitet.

33. DÄNEMARK: JØRGENSEN & CO., COMPONENTS INSTRUMENTS, ROSKILDE

Von FREDDY RUD PEDERSEN

Die Firma H. Jørgensen & Co ApS wurde im Jahr 1945 in Kopenhagen als Handels- und Ingenieurfirma gegründet und von dem heutigen Inhaber Freddy Rud Pedersen 1985 übernommen. Das Büro wurde bald zu klein, so wurde die Firma 1988 in die alte Königsstadt Roskilde beim Fjord und Wald verlegt. Heute belegt die Firma Jørgensen eine Nutzfläche von 600 qm, und weitere 200 qm werden 1998 zugebaut. Es gibt 12 Mitarbeiter, wovon einer in der Filiale in Oslo mit dem Verkauf von anderen Komponententypen beschäftigt ist. Von den anderen Mitarbeitern sind 6 im Außendienst als Verkaufsingenieure mit engen Kundenkontakten tätig. Der Verkauf von Schutzschaltern, Prozess- und Messgeräten stellt einen wichtigen Teil der Aktivitäten dar. Neben den Kundenbesuchen beteiligen wir uns auch an Messen und E–T–A Roadshows.

Die Firma Jørgensen ist in dem Bereich Elektro und Elektronik in Dänemark sehr gut bekannt und hat sich eine sehr starke Marktposition erarbeitet. Die Vertretung der E–T–A Elektrotechnische Apparate ist einer der Grundsteine der Firma Jørgensen. Die Zusammenarbeit mit den Mitarbeitern von E–T–A ist über die Jahre sehr intensiv und persönlich geworden.

34. NORWEGEN: ELIS ELEKTRO A/S, OSLO

Von Bjørn Ekholt

Die Beziehung der Firma Navus zur ELPO entstand auf der Hannover-Messe im Jahre 1953 oder 1954. Die Kunden waren ursprünglich im wesentlichen Apparateproduzenten. Die Anzahl der Apparateproduzenten wurde Ende der 70er Jahre aufgrund von Fusionen und Änderungen des Marktes stark reduziert. Viele Apparateproduzenten wurden von ausländischen Konzernen aufgekauft, und die Produktion aus dem Land verlagert, weil der Markt zu klein war, um eine eigene Produktion zu erhalten.

Norwegen unternahm wie auch Großbritannien bereits Ende der 60er Jahre Erdölbohrungen in der Nordsee, und beide Länder wurden Ölexporteure. Die norwegische Industrie wandte sich dem neuen Betätigungsfeld zu. Die achtziger Jahre brachten große Aktivitäten bei der Erschließung der Ölfelder in der Nordsee, und es entstand ein großer Bedarf an Sicherheits- und Überwachungssystemen. Die E–T–A Schalter wurden in den meisten Feuer- und Gaswarnungssystemen der Ölplattformen auf dem norwegischen Festlandssockel benutzt. Große Installationen wurden von Firmen wie ABB, Siemens und Honeywell getätigt. Alle diese Firmen waren Kunden von E–T–A.

Auch in den elektrischen Anlagen der Vergnügungsschiffe entstand ein Bedarf an zuverlässigen Schaltern. Die Schalter von E–T–A waren eine selbstverständliche Wahl. Heute wird der Umsatz von der Wehrtechnik, der Stromversorgung, der Medizintechnik und von Prozess-Steuerungen getragen.

Am Ende der 80er Jahre wurden die Marktanforderungen im Hinblick auf Qualitätssicherung immer größer. Der Verkauf erforderte mehr Anstrengungen und finanzielle Mittel. Die Firma Navus suchte daher einen Partner, der ein größeres Marktsegment vertrat. Am 1. Januar fusionierte daher die Firma Navus mit Elis Elektro AS. Der Verkauf wurde in den neunziger Jahren mit denselben Mitarbeitern weitergeführt.

Die Zusammenarbeit mit E–T–A und ihren Vertretern ist immer sehr gut gewesen. Besuche im Werk Altdorf waren selbstverständlich, und sie dienten dazu, über Neuentwicklungen und Verbesserungen informiert zu werden. Heute ist Elis Elektro AS in den Prozess einbezogen, um nicht nur technisch, sondern auch marktorientiert agieren zu können. Damit ist Elis Elektro AS gut für die Zukunft gerüstet.

35. E–T–A IN FINNLAND: SUOMEN ELEKTROLIND OY IN KAUNIAINEN

Von Jan Barck

Seit 1995 ist Finnland mit rund 5 Millionen Einwohnern Mitglied der Europäischen Gemeinschaft. Unser Land zählt damit nicht gerade zu den größten Staaten in Europa. Und doch hat sich hier über viele Jahre hinweg ein für E–T–A interessantes Geschäft entwickelt. Stark ausgeprägt ist hier die Fahrzeugindustrie mit ihren Zulieferbetrieben.

Gebaut werden Bergbaumaschinen, Schiffsantriebe, aber auch Kleinboote und Transformatoren. Überall dort konnten wir unsere Produkte erfolgreich platzieren.

In den vergangenen Jahren ist in Finnland die Telekommunikationsindustrie zu einem Exportschlager geworden. Auch in dieser High-Tech-Branche sind wir mit der breiten E–T–A Produktpalette beteiligt. Handelsvertreter für E–T–A in Finnland ist die Suominen Elektrolind Oy aus Kauniainen, einem sehr schönen kleinen Ort in der Nähe von Helsinki. Wichtig für unseren Erfolg ist, neben der zuverlässigen Technik, die über lange Zeit gewachsene gute Zusammenarbeit zwischen uns – der finnischen Vertretung – und den Mitarbeitern der E–T–A Hauptverwaltung in Altdorf.

36. SPANIEN: ELPO ELECTRIC S.A., MADRID

Von José Lobo

Für die Vorgeschichte von ELPO Electric, S.A. muss man auf das Jahr 1981 zurückblicken. Damals wurden während der Hannover-Messe die ersten Kontakte zwischen Herrn Engelmann und José Lobo (SANSIM) geknüpft. Aus diesem Zusammentreffen ergab sich, dass die Firma SANSIM/José Lobo die Vertretung E–T–A in Spanien übernommen hat. Nach 6 Jahren Zusammenarbeit hat sich Ende 1987 die Geschäftsleitung entschlossen, eine eigene Tochtergesellschaft in Spanien zu gründen, und zwar unter der Leitung von José Lobo, der bei SANSIM u. a. verantwortlich für die E–T–A Produkte war. Ein günstiger Moment dafür war auch, dass Spanien ein Jahr vorher, 1986, in die EWG eingetreten war. Im November 1987 wurde ELPO Electric, S.A. offiziell gegründet, und am 1. Januar 1988 wurde mit den Aktivitäten begonnen. Die Abkürzung ETA ist in Spanien nicht positiv belegt. Die Aufgaben von ELPO Electric, S.A., wie die von jeder Filiale, sind die einer selbständigen Gesellschaft vom Vertrieb bis zur Auslieferung mit den entsprechenden kaufmännischen Abwicklungen. Dafür wurden 3 Mitarbeiter eingestellt:
– Ein Vertriebsingenieur, verantwortlich für den Vertrieb und die Leitung der Gesellschaft,
– eine Teilzeit-Sekretärin mit deutschen Sprachkenntnissen,
– ein Angestellter für die Bearbeitung des Versands und die kaufmännischen Aufgaben.

Da 90% der Geschäfte in Madrid, Katalonien und im Baskenland abgewickelt werden, wurde von Anfang an ein freier Mitarbeiter mit Provision in Barcelona engagiert und Juli 1990 ein weiterer in Bilbao. Im Juli 1988 übernahm ELPO Electric, S.A. die Vertretung der Firma Schaltbau AG in München für die Industrieprodukte, mit denen ELPO bis heute noch zusammenarbeitet. Im Januar 1994 wurde zur Unterstützung des Vertriebes und der technischen Bearbeitung ein Ingenieur in Teilzeit eingestellt. Hauptverkaufsbranchen von ELPO Electric, S.A. sind: Verkehrstechnik, Telekommunikation, Anlagenbau/MSR, Haushalt, Hobby, Garten, Wehrtechnik, Wasserfahrzeuge und Profiwerkzeuge.

37. DIE NEUE E–T–A HANDELSVERTRETUNG IN POLEN: ELECTRONICS & CABLE S. Z.O.O (MUROWANA GOSLINA)

Von Hans-Jörg Otto

Die Firma El-Cab ist seit zwei Jahren auf dem polnischen Markt unter deutscher Leitung als Systemlieferant für die Nutzfahrzeugproduktion tätig. Mit derzeit 58 Mitarbeitern in Produktion, Service, Verkauf und Verwaltung liefern und montieren wir komplette Komponenten vorwiegend für die Omnibusproduktion in Polen. Die Zertifizierung nach EN ISO DIN 9001 wird in diesem Jahr abgeschlossen. Unser Geschäftsbereich umfasst hauptsächlich Kabelkonfektion, Klimaanlagen, Audio-Video und elektronische Sonderausstattungen im Omnibusbereich. Zu unseren wichtigsten Kunden in diesem Bereich zählen: Neoplan, MAN, Volvo, Autosan, DB und VW.

Im Bereich Hauptschaltertafelbausatz für Neoplan Polska verbauen wir selbst in großen Stückzahlen Schutzschalter des Typs 129-L11-H-KF. Durch die gute Zusammenarbeit mit E-T-A, besonders mit Herrn Zickert, haben wir uns im September 1997 entschlossen, die Handelsvertretung für E–T–A in Polen zu übernehmen, um die guten Kontakte, die wir in den zwei Jahren aufgebaut haben, auch für die E–T–A zu nutzen. Da wir bereits über ein junges Team in Verwaltung, Vertrieb und Service verfügen, mussten wir nur noch den Außendienst verstärken. Unser neuer Mitarbeiter im Außendienst ist mit vollem Einsatz ausschließlich im Auftrag von E–T–A unterwegs.

Das Interesse an den E–T–A Produkten ist überall sehr stark, jedoch sind die Verhandlungen mit polnischen Industrie- und Wirtschaftsbetrieben oft schwieriger als in Deutschland, da sich hier noch viele Dinge nach alten Ablaufmustern sehr langsam bewegen. Trotz dieser Probleme konnten wir die ersten Verkaufserfolge im Militärbereich verbuchen, und sind der festen Überzeugung, dass wir uns in diesem Jahr mit E–T–A auf dem ständig wachsenden Markt in allen Absatzbereichen behaupten können.

Vom 15. bis 19. Juni diesen Jahres wird El-Cab mit der Unterstützung von E T A auf der größten internationalen Wirtschaftsmesse in Posen (70 Miedzynardowe Targi Poznanskie) E–T–A Produkte präsentieren. Wir freuen uns auf die gemeinsame gewinnträchtige Zukunft mit dem E–T–A Team.

IV. VERTRIEB EXPORT ÜBERSEE: WILLIAM F. SELL

PERSÖNLICHE ANGABEN: WILLIAM F. SELL

geboren:	29.10.1939 Kansas City, Missouri, USA
1958	High School Graduation
1954–59	Ausbildung als Elektriker bei Sell Electric Co. und International Brotherhood of Electrical Workers Union
1959–64	Studium an der Kansas State University, am Ohm Polytechnicum, Nürnberg, und an der Phillips University, Oklahoma
Abschlüsse:	Diplom Marketing and Management; Diplom Economics, Advanced Degree
Sommer 1962	Praktikant bei E–T–A
01.01.1964	Eintritt Ellenberger & Poensgen GmbH
1964–65	Geschäftsführer E–T–A Products of America
1970	Ernennung zum Ingenieur
01.07.1971	Prokurist ELPO
11.12.1978	Prokurist E–T–A
10.07.1991	Geschäftsführer E–T–A
25.02.1994	Geschäftsführer ELPO
seit 1965	Verantwortlicher Direktor für unsere Übersee-Töchter E–T–A Products of America, E–T–A Products of Canada Ltd.
Okt. 1976	Gründung der Tochterfirma E–T–A United Kingdom
Nov. 1994	Gründung der Tochterfirma E–T–A Components K. K. Japan
21.01.1997	Gründung der Tochterfirma E–T–A Asia Pacific Pte. Ltd. Singapore
1965–1997	etwa 4.300.000 Meilen oder 170 Mal um die Welt geflogen für E–T–A

Ehrenämter und besondere Engagements:	
seit 1966	VDE-Mitglied VDE-Delegierter zu
seit 1972	International Electrical Commission IC 72 WG 3
seit 1983	International Electrical Commission IC 23 WG 5
seit 1987	International Electrical Commission IC 72 WG 8
1990	SAE Mitglied und Delegierter AMC Conferences
1975	IHK Außenhandelsausschuss
01.01.1967	Mitglied und Förderndes Mitglied der Privilegierten Schützengesellschaft 1546 Altdorf

RÜCKBLICKE VON WILLIAM F. SELL

1962 arbeitete ich während der Semesterferien bei E–T–A im Labor. Herr Hecht war mein Chef. Er ging später zur Firma Weber. In dieser Zeit arbeitete ich am Gerät 6600/6700 und entwickelte es von Stromstärke 5A zu 3,5A weiter. Es wurde eingesetzt für die Absicherung des Scheibenwischermotors für Ford. In der Kleinfertigung baute ich auch die Geräte 5000-H, 5700 und 8300.

E–T–ACO Chicago
Erst im Oktober 1964 fing ich bei E–T–ACO in Chicago an. Herr Heisig, der damalige Chef, sollte am Jahresende nach Deutschland. Seine Frau erwartete zu dieser Zeit Zwillinge und wollte die Kinder in Deutschland zur Welt bringen. Von Oktober bis Dezember 1964 arbeitete ich mit Herrn Heisig zusammen. Ich musste mich aufs Äußerste konzentrieren. Alles, was Herr Heisig sagte, hat sich mir eingebrannt. Diese kurze, aber harte Lehre war für mich sehr wichtig. Was Herr Heisig erarbeitete, hatte Hand und Fuß, es war vollkommen durchdacht. Als ich bei E–T–ACO anfing, lag der Umsatz bei ca. US$ 600.000,-- mit einem leichten Gewinn. Alle Produkte, die E–T–ACO verkaufte, konnten in USA in Kleinserie gefertigt werden. Wir hatten ein Teilelager sowie ein Fertiglager für Geräte. Herr Heisig hat englischsprachige Prospektblätter in USA entwickelt und verteilt, um nicht nur übersetzte deutsche Prospekte zu haben. 1965 war ein hartes Jahr und ich fühlte mich sehr weit weg von Altdorf. Eine starke Unterstützung von Altdorf war noch nicht entwickelt und E–T–ACO USA hat gelitten. Zu dieser Zeit hatten wir noch kein Telex, weil es zu teuer war ebenso wie das Telefonieren nach Deutschland, deshalb korrespondierten wir nur per Telegramm und Brief. Ich führte E–T–ACO bis E. Roger nach USA emigrieren konnte. Ende 1965 flog ich nach Deutschland. Dort sollte ich alle englischsprachigen Länder übernehmen. Ich war dann für alle außereuropäischen Länder verantwortlich einschließlich England, Griechenland und Türkei. Die skandinavischen Länder, welche dazukommen sollten, blieben bei Eberhard Poensgen im Vertrieb Europa. Viele Jahre nach meiner Zusammenarbeit mit Herrn Heisig sind mir seine Gedanken immer noch gegenwärtig.

Kanada
Meine erste Arbeit im Jahr 1965 war, E–T–A Kanada mitzuteilen, dass sie ab sofort nur gegen Vorauskasse Produkte bekämen. Sie durften nicht mehr „auf Pump" leben. Herr Solzmann war sehr enttäuscht von mir, aber nur so konnte sich Kanada in ein Profit-Center umwandeln!

Erste längere Reise

Meine erste längere Reise war im Jahr 1967 für ca. 6 Wochen und führte mich nach Kanada, USA, Neuseeland, Australien, Japan, Hong Kong, Singapur und Indien. Es war eine lange und sehr anstrengende Reise. Aber ich habe während dieser Zeit viel gesehen und viele potenzielle Kunden besucht. Asien war ärmlich zu dieser Zeit. Es waren noch keine Hochhäuser zu sehen, außer in Tokyo Ginza. Hongkong und Singapur waren alte Kolonialstaaten. Indien hat mich wegen der Armut deprimiert. Während dieser Reise sah ich zum ersten Mal, wie arbeitsam die Asiaten sind. Bei weiteren Reisen besuchte ich auch Taiwan, Thailand und die Philippinen. Der Fleiß der Asiaten beeindruckte mich sehr und immer wenn ich wiederkam, fiel mir auf, wie schnell die Entwicklung voranging. Während der 60er/70er Jahre lernte man vom Westen und begann, ihn nachzuahmen, wurde aber vom Westen nur belächelt. In den 80er Jahren ging es richtig los. Zuerst begriff Japan, dass Qualität absolut zentral ist, wenn man weiterkommen will. In den 90er Jahren beschleunigte sich der Fortschritt und im Westen hat man gemerkt, dass diese billigen Produkte nicht schlecht sind. In Asien wird hart, aber effektiv gearbeitet. Es gibt keine 35-Stunden Woche, eher 60 Stunden und mehr. Nach solchen Reisen – bereits in den 60er Jahren – habe ich berichtet, dass eine Gefahr auf den Westen zukommt, besonders Taiwan boomt in den 70er und 80er Jahren. Damals habe ich gesagt, dass es im Westen Arbeitslose gibt, wenn China in Zukunft wie Taiwan zu jener Zeit arbeitet. Wir im Westen waren bereit, uns für Billigprodukte aus dem Osten zu prostituieren. Leider wurden meine Vorwarnungen nicht ernst genommen.

E–T–A Singapur Nr. 1

Im Jahr 1972 wurde bereits E–T–A Singapur gegründet. Nicht als Verkaufsbüro, sondern als Fertigungsstätte. Leider haben wir diese Firma nie aktiviert. Hauptgrund war der Vietnamkrieg. Damals hat man an die „Domino-Theorie" geglaubt, die besagte, dass alle Staaten Südostasiens kommunistische würden wenn Vietnam fiele.

Tunesien

Mitte der 70er Jahre bekamen wir viel Konkurrenz – vom Ausland sowie von Deutschland. Horst und Norbert Ellenberger besuchten ein Seminar über Fertigungen im Ausland und Horst interessierte sich für Malta und Tunesien. Tunesien erwies sich als besser. Horst wurde von der Geschäftsleitung beauftragt, weiterzumachen, einen Fertigungsstätte zu finden und eine Firma zu gründen. Nach einigen Besuchen hatte er mehrere Standorte gefunden. Sie waren alle gut und er wollte nicht allein entscheiden, da er zu nah damit befasst war. Ich flog daher nach Tunesien, um die Standorte anzuschauen. Zuerst besuchten wir die verschiedenen Möglichkeiten in Tunis. Sie waren nicht schlecht und nicht weit entfernt vom Flug- oder Schiffshafen. Danach fuhren wir etwa 150 km nach Süden, nach Akouda. Hier besichtigten wir ein Gebäude, das vielleicht nicht so schön war wie die in Tunis, aber Erweiterungsmöglichkeiten bot. Akouda ist eine kleine Stadt unweit von Sousse. Hier, abseits von der Hauptstadt, ging es etwas langsamer zu. Hier würde Arbeit willkommen sein und die Mitarbeiter wären nicht so militant, sondern loyaler als in Tunis.

Mein Vorschlag an Horst war, E–T–A in Akouda anzusiedeln, und zwar genau aus oben genannten Gründen. Horst gründete dann E–T–A Tunesien mit Unterstützung durch die örtliche IHK. Wir mieteten das Grundstück und fingen an zu fertigen. Allmählich stellte sich heraus, dass es besser wäre, wenn wir die Gebäude kaufen würden. Wir nahmen Kontakt mit dem Besitzer auf und verhandelten. Aber dann machten wir den Fehler, dies nicht mit Handschlag zu besiegeln. Für E–T–A war der Preis verhandelt, aber nicht für den Besitzer. In den folgenden Monaten hat er immer weiter nachverhandelt und den Preis nach oben gedrückt. Am Ende wollte er, dass wir die Farbe für die Außenwand bezahlen. Zu dieser Zeit war meine Familie in Tunesien, und ich hatte einen aufgesetzten Vertrag dabei. Er hatte eine Kopie, die aber ohne meine Unterschrift noch nicht gültig war. Wir vereinbarten einen Termin. Er wollte Barzahlung, so dass ich die Devisen von einer Bank in einem Koffer abholte. Mit diesem Koffer und mit meiner Frau Marga als Dolmetscher ging ich zum Treffpunkt. Als ich unseren Vertrag zur Besprechung vorlegte, sagte Besitzer, dass der Preis nicht stimme, und wir sollten zusätzlich die Kosten für die Wandfarbe tragen. Dies wurde von mir abgelehnt mit der Begründung, dass der Vertrag bereits geschrieben sei und ich keine Möglichkeit sähe, diesen – ihm bekannten – Vertrag zu ändern. Dann geriet die Verhandlung ins Stocken. Er wollte mehr Geld. Ich sagte ihm ein letztes Mal, dass der Vertrag von uns steht – take it or leave it! Andernfalls sei E–T–A nicht weiter am Kauf des Gebäudes interessiert und auch nicht an weiteren Verhandlungen. Er sagte nein. Da begann ich, vor seinen Augen langsam den Vertrag zu zerreißen. Als ich etwa zwei Drittel zerrissen hatte, schrie er „Stopp". So ist unser Gebäude-Kaufvertrag von E–T–A Akouda doch noch unterzeichnet worden. Die Entscheidung für Akouda erwies sich als goldrichtig. Durch diese Fertigung war es möglich, gute alte Kunden zu behalten sowie neue Kunden zu gewinnen. Wenn wir diese Fertigungstätte nicht hätten, hätten wir Mitarbeiter in Altdorf entlassen müssen, weil wir bestimmte Marken verloren hätten – und damit Arbeit. Altdorf fertigt vieles für Akouda vor, und alle Teile, die wir dorthin liefern, sind aus Deutschland. Später, als wir E–T–A Indonesien gründeten, wandten sind wir dieselbe Logik mit Erfolg an.

Tony Bright verlässt Techna
Die Techna Mannschaft bestand aus Richard Mestitz, General Manager, Alan Nowell, Tony Bright und Jon Adams, die für E–T–A tätig waren. Alan war Manager für Elektro mit Tony und Jon im Vertrieb. Alle waren gute Vertriebsleute und hatten den Markt für E–T–A Produkte gut aufgebaut. Bei einem Besuch reiste ich mit Tony zu (potentiellen) Kunden. Als wir den letzten Kunden besucht hatten, teilte Tony mir mit, dass er Techna verlassen wolle, um zu Texas Instruments zu gehen. Es bedrückte mich natürlich, dass Tony, ein guter Vertriebsmann, zu einer Konkurrenzfirma gehen wollte. Ich wünschte ihm aber viel Glück und teilte ihm mit, dass E–T–A immer Interesse an guten Vertriebsleuten hätte und dass er nicht alle Brücken hinter sich abzubrechen brauche.

Jahre später traf ich Tony auf einer Messe und machte ihm ein Angebot. Er war interessiert und hat akzeptiert. Ein paar Wochen später aber annullierte er es, weil Texas Instruments ihm ein Superangebot gemacht hatte. Er sollte nach Attleboro zum Stammhaus von TI gehen – über den Kopf von seinem Chef springen. Er sollte dort geschult werden. Es war ihm peinlich, sich mit mir zu treffen, ab er musste. Mit meiner Reaktion hatte Tony nicht gerechnet. Ich sagte ihm, ich verstünde seine Motivation, weil wir ihm so etwas nicht anbieten könnten und dass ich ihn beneidete, weil dieses Training sicher sehr gut wäre. Ich würde sehr gern ein Training bei TI machen. Jahre später (1974) rief ich Tony wieder an, als er bei TI in Toronto/Kanada arbeitete. Herr Boris Solzmann von E–T–A Kanada war älter geworden, und E–T–A suchte einen Nachfolger. Diese Stelle bot ich Tony an. Zu dieser Zeit war bei TI eine Entlassungswelle von Mitarbeitern über 49. Tony war noch jung, aber jeder hofft, älter zu werden. Diese Art mit Mitarbeitern umzugehen, missfiel Tony, und er entschloss sich zu E–T–A zu kommen. Dieses Mal hatte ich gegen TI gewonnen.

Techna – E–T–A UK, 1976
Bis 1976 hatte ich bemerkt, dass bei Techna etwas nicht stimmt. Man nahm immer mehr Produkte auf, auch manche, die nicht gut zu E–T–A passten, manche mit schlechter Qualität. Auch Jon Adams war nicht mehr zufrieden, weil er unter Druck war, andere Produkte zu verkaufen und keine Unterstützung bekam. In den Jahren zuvor hatte ich versucht, Druck für mehr Leute im Vertrieb bei Techna zu machen – aber nichts geschah. Im Oktober 1976 heuerte ich Jon als E–T–A Mitarbeiter an. Er sollte E–T–A UK gründen und führen. Für 3 Monate war er im Hause Techna untergekommen, aber dies war nicht zufriedenstellend. Wir fanden dann zur Jahreswende ein Büro in Aylesbury. Es war nicht als Büro gedacht, sondern als Lager. Jon ließ es in ein Büro umändern. Mit einem VW Transporter fuhr ich Büromöbel (alt, aber neu lakkiert) nach England. Alles andere kaufte Jon gebraucht. Aufgrund meiner Erfahrung mit E–T–A Kanada wurde Jon in England kurz gehalten und erwirtschaftete trotzdemn bereits im ersten Bilanzjahr einen Gewinn. Es war sicher nicht leicht für Jon. Als er eine Sekretärin brauchte, bat ich ihn, nur die Beste zu nehmen und hier nicht zu sparen, denn sie müsste E–T–A UK vertreten, wenn Jon abwesend wäre und er musste viel unterwegs sein.

Gründung E–T–A Japan
In Japan hatten wir seit 1963 einen Vertreter – Asia Industries. Mein Hauptgesprächspartner war Herr Yamaguchi. Über die Jahre hatte Asia Industries zwei Hauptgeschäftssparten, automatische Schmieranlagen und Elektroprodukte. Herr Yamaguchi war für Elektroprodukte zuständig. Es waren hauptsächlich vier Firmen vertreten, Kraus Naimer, EAO, Schaltbau und E–T–A. Der Gewinn aus den Elektroprodukten wurde verwendet, um die Schmieranlagen zu finanzieren. Aber die Entwicklung bei den Elektroprodukten stagnierte und wuchs kaum weiter. Die Firma EAO hat einen zweiten Vertreter, die Firma CODIX. Als es immer schlechter bei Asia Industries wurde, haben wir die Firma Codix angesprochen, ob sie die Elektroabteilung von Asia Industries komplett mit Mannschaft übernehmen würde. Nach langen Verhandlungen haben wir es geschafft. Es war nicht leicht, weil es jetzt 2 Elektroteams bei Codix gab. Sie verstanden sich nicht gut, so dass es oft Reibereien gab. Etwa im Jahr 1990 hat die japanische Industrie in einer „Blase" gelebt. Land, Gebäude usw. waren übertewert. Die Leute liehen Geld, um zu spekulieren. Banken liehen Geld gegen Landwert. Als diese Blase platzte, war die Wirtschaft in großer Gefahr. Alles kam zum Stillstand.

Viele Spekulanten verarmten über Nacht. Banken wurden geschlossen und die Wirtschaft kam fast zum Erliegen. Gleichzeitig war der kalte Krieg zu Ende. Codix, eine Tochter des Schweizer Konzerns Contraves, hat auch darunter gelitten. Wir stellten fest, dass Codix seit Jahren Minuszahlen geschrieben hatte und Contraves wollte dies nicht mehr länger mit anschauen. Die vier europäischen Firmen waren in einem Dilemma. Wir wollten unsere Produke weiter in Japan vertreiben, sahen aber keinen Weg. Wir haben dies miteinander besprochen und EAO, KN und E–T–A wollten eine gemeinsame Firma gründen. Als mich Herr Nadier von EAO ansprach, teilte ich ihm mit, dass E–T–A mitmachen würde, dass wir aber über die Details noch reden müssten. Danach habe ich lange nichts gehört, bis ich die Nachricht bekam, dass EAO und KN allein eine Firma gegründet hatten. Schaltbau und E–T–A standen somit in der Kälte. Daraufhin nahm ich mit Herrn Hohm Kontakt auf und erfuhr, dass Schaltbau selbst in Japan keine Firma gründen wollte, aber falls E–T–A eine gründete, wir die Vertretung erhalten würden. Mit Herrn Yamaguchi gründete ich E–T–A Components K.K. im Jahr 1994. Ich hatte ein Büro in Tokio mit 62 m² gefunden. Am Anfang waren es 3 Mitarbeiter. In einer der schwersten Zeiten in Japan hat E–T–A eine Firma gegründet und damit den japanischen Firmen gezeigt, dass E–T–A Interesse an diesem Markt hat. Wir haben damit viel an Gesicht gewonnen - vor unseren tatsächlichen und potenziellen Kunden. Nach und nach sind wir gewachsen. Wir haben das Stockwerk unter uns gemietet und damit unseren Platz 100 % vergrößert. Unsere Mannschaft zählt jetzt 6 Personen.

Tornado/Type 483

1970 erzählte uns Alan Nowell von unserer englischen Vertretung Techna von einer Anfrage von British Airospace. Sie betraf das neue Tornado/MRCA Projekt (MRCA = Multi Role Combat Aircraft). Ich sollte einen Besuch bei British Aerospace in Warton planen. Bei diesem Besuch wollte ich unser Luftfahrtprogramm vorstellen, Typ 412, 413 und unserer neuer 482 wurde eingepackt. Als ich die Produkte vorstellte, schlug Bob Smalley, der zuständige Projekt-Ingenieur, die Hände über dem Kopf zusammen und sagte „nein". Er hielt ein Texas Instruments Gerät Typ 2TC hoch und sagte: „So etwas brauchen wir – plus 25%". Ich sagte: „Ja, kein Problem, diese Größe plus 25%". „Nein", sagte Bob, „wir meinen nicht die Größe, sondern die Funktionen." Ich fragte ihn, was genau die Anforderungen wären, und er beschrieb sie wie folgt: Lebensdauer mechanisch von 10.000 auf 20.000 Schaltungen verbessern, elektrisch von 5.000 auf 10.000 Schaltungen, Schock 75 g statt 50 g, und es sollte eine Tease-Free Momenteinschaltung haben. Ich schrieb alles auf und gab es in Altdorf weiter. Wir hatten zu dieser Zeit gerade eine Entwicklung gestartet für ein neues Produkt in dieser Größe, aber es sollte nur die Anforderungen der MIL-Spezifikation erfüllen. Seitens der Geschäftsleitung war klar, dass wir so ein Produkt für die allgemeine Luftfahrt brauchten. Nachdem ich den Bedarf für das MRCA Projekt bekanntgegeben hatte, entschied sich die Geschäftsleitung, dieses Projekt zu verfolgen. Wir beauftragten dann das Konstruktionsbüro mit der Entwicklung. Herr Josef Peter übernahm die Aufgabe. Als die Entwicklung voranging, musste ich öfter nach Warton reisen. Über der Entwicklung der Tease-Free Momenteinschaltung hatten Herr Peter und ich viele Abende gesessen. Ich fragte Herrn Peter, ob wir nicht eine kleine Stufe in das Gehäuse machen könnten, um die Achse zurückzuhalten. Er bejahte dies, meinte aber, es würde relativ schnell abgenutzt sein. Ein Muster wurde nach Herrn Peters Zeichnung angefertigt und siehe da, es funktionierte. Ich nahm Muster mit nach Warton und stellte sie dort vor. Bob Smalley war begeistert. Ich sagte, wir könnten noch nicht sagten, wieviele Schaltungen es aushält, aber sicher einige hundert. Bob sagte, wir sollten weitermachen. Nachdem wir Teile aus dem Werkzeug hatten, waren wir selbst erstaunt, dass es die vollen 20.000 Schaltungen aushielt.

Unsere Konkurrenten waren Texas Instruments und Lucas, UK. Der Verhandlungspartner von TI war Tony Bright. British Aerospace, Warton, sandte uns eine „Kommerzielle und Technische Anfrage" mit einer sehr knappen Bearbeitungsfrist von 2 Wochen. Es waren einige hundert Seiten durchzuarbeiten und das alles in englischer Sprache. Die wichtigsten Teile für unsere Technik ließ ich von Frau Ellen Kürschner übersetzen. Die gesamte Anfrage wurde per Hand beantwortet. Frl. Haas – später Frau Adam – und Frl. Hupfer – später Frau Strobl – waren damals Auszubildende. Sie tippten die Angebote von meinen Handnotizen ab. Ohne Computer war es schwierig mit den Seitennummern, weil wir das Angebot nicht chronologisch schrieben. Ich konnte immer erst an dem Angebot weiterarbeiten, wenn ich Antworten von unserem Labor und Konstruktionsbüro sowie der Kalkulation bekam. Wir hatten nur das Konzept vom 583, dem dreipoligen Gerät, und einen Prototyp 483. Für die Kalkulation vom 583 habe ich mit Herrn H.A. Poensgen gesprochen und als Preis das 6-fache vom 483 vorgeschlagen. Später, als beide Geräte in die Fertigung eingeflossen sind, war es erstaunlich, wie nah wir dem endgültigen Preis gekommen waren.

Mit viel intensiver Arbeit am Abend und samstags schafften wir es im letzten Moment, das kommerzielle sowie das technische Angebot abzugeben. Einige Monate später bekamen wir die Aufträge, aber das kommerzielle Angebot musste umgearbeitet werden, weil viele Bedingungen für E–T–A „lebensgefährlich" waren. Während des Sommerurlaubs fertigten Rainer Völkl, Josef Peter, Konrad Heydner, Günther Hengelein und ich Geräte 483 und 583. British Aerospace, Warton benötigte einige Shipsets für Tests und Einbau in Prototypen.

British Aerospace, Filton lud uns ein, unseren 483 für die Concorde prüfen zu lassen. Ich flog mit Rainer Völkl nach England. Wir hatten 30 Prototypen 483 dabei. Am Mittag vorher waren wir in Pinnen, UK von Techna zum Mittagessen eingeladen. Ich aß eine mit Krabben gefüllte Avocado, und bis zum Abend wurde mir schlecht. Am nächsten Morgen – dem Testmorgen – bin ich mit einer Fischvergiftung aufgewacht. Wir sind zum Testlabor gelaufen, und der erste 483 wurde geprüft. Es knallte – und der 483 war kaputt. Der 2. Prüfling wurde eingebaut, und es knallte wieder. Ich wollte nach Hause – mir war noch schlechter geworden. 28 weitere Prüflinge wurden getestet – und bestanden. Nach der Prüfung entschuldigte ich mich bei dem Testingenieur und sagte, ich wüsste nicht, was los sei. Er erklärte mir, dass er so etwas auch noch nie gesehen habe. Diese Testreihe sei die beste, die er je gesehen hätte. Es waren leider nur 16 Flugzeuge vom Typ Concorde geplant. Ab Nr. 17 sollte nur noch E–T–A verwendet werden. Unsere Geräte sind zwar mit der Concorde geflogen, aber wir waren nicht der Hauptlieferant. Zu der technischen Abnahme von MRCA kam Athel Essex-Crosby. Unsere beiden Produkte haben die technische Vollprüfung bestanden.

Später flog dann mein Vertreter, Ortwin Werrn, oft nach Warton. Er hat die Verhandlungen über den kommerziellen Vertrag fortgeführt. Wenn er zurück kam, konnten wir am Vertrag trotzdem noch Änderungen einbringen. Wenn ich selbst weiter nach Warton gereist wäre, hätte ich vor Ort sofort Entscheidungen treffen müssen, und die Gefahr für eine Fehlentscheidung wäre einfach zu groß gewesen. Mit dieser Verhandlungstechnik konnte ich als „Bad Man" Änderungen noch hineinbringen. Als wir endlich den kommerziellen Vertrag unterschrieben, waren bereits alle Geräte für das erste Flugzeuglos ausgeliefert. Über die Jahre war dieses Programm sehr erfolgreich für E–T–A. Nicht nur, weil wir eines der besten Produkte der Welt für die Luftfahrt entwickelt haben, sondern weil wir Wertvolles gelernt haben über Qualität, Chargen-Rückverfolgbarkeit und Fertigung von Kleinstteilen. Dieses Produkt wird von Militärflugzeugherstellern bevorzugt wegen seiner hervorragenden Schock- und Vibrationswerte. Es wird von BAE nicht nur für das MRCA „Panavia Tornado" Projekt, sondern auch für den Sea Harrier eingesetzt. Die US Firma Boeing baut es in die B2 Bomber und Lockheed in die F22 ein. Natürlich ist so ein hochwertiges Produkt auch teuer in der Herstellung, so dass die meisten kommerziellen Flugzeughersteller ein billigeres Produkt bevorzugen. Deshalb hat E–T–A einen kleinen Bruder für den Typ 483, den 4120, entwickelt. Dieses Gerät schafft ebenfalls die MS3320 Zulassung mit guten Werten.

Hochwasser in Hohenfels

Am 4. August 1982 um 7 Uhr morgens bekam ich einen Anruf von Herrn Witka aus Hohenfels. Es war der erste Tag unseres Sommerbetriebsurlaubs. Niemand sonst von der Geschäftsleitung war in Altdorf erreichbar. Herr Witka sagte mir, es habe in der Nacht von Sonntag auf Montag in Hohenfels eine Überschwemmung gegeben. Das gesamte Untergeschoss unseres Fertigungsgebäudes stehe unter Wasser. Glücklicherweise hatte die Feuerwehr schon in der Nacht Wasser abgepumpt, sonst wäre der Wasserstand noch höher gewesen. Auf meine Frage, warum er mich nicht gleich in der Nacht angerufen habe, meinte Herr Witka, ich hätte ja die Wassermassen auch nicht aufhalten können, und da sei es besser gewesen, ich hätte ausschlafen können. Ich rief sofort zurück, um an diesem Tag noch zu helfen, und rief auch Herrn Heydner noch zu Hause an. Dann versuchte ich, Alkohol zu beschaffen, weil sehr viele Werkzeuge unter Wasser standen, und Alkohol entzieht dem Material Wasser. Dadurch sollte es möglich sein, insbesondere Stahlwerkzeug schnell wieder trocken zu bekommen. Herr Witka hat in Hohenfels eine Hilfsmannschaft zusammengestellt, und Herr Heydner hat noch Leute aus Altdorf organisiert. Insgesamt waren wir etwa 20 Mann. Als erstes haben wir alle Werkzeuge herausgeholt und mit frischem Wasser abgewaschen. Dann haben wir sie in Alkohol getaucht und anschließend in Öl gelagert. Wir holten die Schweißmaschinen heraus, zerlegten sie und wuschen die Steuerungsplatinen, die dann im Ofen getrocknet wurden. Im Keller war der Schlamm etwa 10 cm hoch. Das musste alles heraustransportiert und die Räume dann ausgewaschen werden. Drei Tage hat es gedauert, bis der gröbste Schmutz beseitigt war. Danach beauftragte Herr Witka eine Reinigungsfirma mit der Feinarbeit. Durch den Arbeitseinsatz der freiwilligen Helfer konnten alle Werkzeuge, Maschinen und Schweißmaschinen – bis auf zwei ganz alte – gerettet werden. Am Ende des Betriebsurlaubs konnten wir so die Fertigung in Hohenfels ohne Unterbrechung wieder aufnehmen. E–T–A war gegen einen solchen Schadensfall nicht versichert gewesen. Die schnelle und außergewöhnliche Hilfsaktion hat E–T–A sehr viel Geld gespart. Im Herbst 1982 haben wir die Hilfsmannschaft zu einem „Danke-schön-Essen" eingeladen.

1. VERTRIEB EXPORT ÜBERSEE

Von INGRID STEININGER

Die Hauptaufgaben unserer Abteilung bestehen in der Betreuung der E–T–A Tochtergesellschaften und -Vertretungen sowie der Direktkunden in allen Überseeländern (Amerika, Afrika, Asien und Australien). Außerdem betreuen wir aus dem europäischen Bereich unsere Tochterfirma im Vereinigten Königreich (UK). Obgleich noch nicht so alt wie die gesamte Firma, kann die Export-Übersee-Abteilung auch schon auf über 30 Jahre Tätigkeit zurückblicken. Hier ist unsere Geschichte:

Dezember 1965

Nach 16-monatiger Tätigkeit bei unserer U.S.-Tochtergesellschaft in Chicago übernimmt William F. Sell von der Geschäftsleitung den Export Übersee. Unterstützt wird er von Ellen Kürschner, die neben Sekretariatsaufgaben auch alle internen Übersetzungen erledigt. William F. Sell selbst unternimmt alle Auslandsreisen zu den Tochtergesellschaften und Vertretungen, um eine intensive Betreuung von Anfang an zu gewährleisten, und ist dadurch sehr viel unterwegs.

1971

Ein wichtiger Meilenstein ist die Entwicklung des Luftfahrtschutzschalters Typ 483 (1-polig) und 583 (3-polig) für das MRCA Projekt (so hieß die Entwicklungsphase des Tornado-Kampfflugzeuges). Die Hauptverhandlungen werden zwischen dem Stammhaus und BAe in England geführt. Sehr viele Vorschriften sind zu übersetzen, und englische Dokumente / Vertragsunterlagen müssen geschrieben werden. Zahlreiche Besuche und Verhandlungsgespräche finden in England statt. 1972 beginnen die ersten Lieferungen. Der Vertrag selbst wird erst im Jahr 1977 unterschrieben.

1975

Die Abteilung wird durch Exportleiter Ortwin Werrn verstärkt. Herr Solzman von E–T–A Kanada scheidet aus Altersgründen aus. Sein Nachfolger wird Tony Bright.

1976/77

E–T–A trennt sich von der langjährigen englischen Vertretung Techna International Ltd. und gründet eine englische Tochtergesellschaft unter Leitung von Jonathan D.

Adams, der bis dahin bei Techna u. a. für unsere Produkte zuständig war. Zur Unterstützung des Exportleiters wird Ruth v. Racknitz als Sekretärin eingestellt.

1978

Nach meinem Abschluss als Fremdsprachenkorrespondentin und dem Ausscheiden der damaligen Sekretärin des Exportleiters kam ich im August 1978 zur Abteilung Export Übersee. Der Übersee-Umsatz ab Altdorf – schon damals war der Export-Anteil am Gesamtumsatz etwa 50% – beträgt zu dieser Zeit ca. 28% des Gesamtumsatzes. Wir haben Tochtergesellschaften in USA (Gründung 1955) unter Leitung von Günter Conrad, in Kanada (Gründung 1957) unter Leitung von Tony Bright und in England (Gründung 1976) unter Leitung von Jonathan D. Adams. Handelsvertretungen bestehen bereits in den Ländern Australien, Indien, Israel, Neuseeland, Mexiko, Südafrika und Japan. Ende der 70er, Anfang der 80er Jahre werden Verträge mit Vertretungen in den Ländern Argentinien, Chile, Brasilien, Griechenland und der Türkei abgeschlossen. Damit sind die wichtigsten Industrieländer abgedeckt. Die Tochtergesellschaften sind eigene Profit Center, die zu DM-Preisen vom Stammhaus in Altdorf beziehen und entsprechend ihrer Landeswährung an ihre Kunden weiterberechnen. Sie selbst haben auch das Risiko der Währungsschwankungen zu tragen. Unser Exportdirektor William F. Sell und unser Exportleiter Ortwin Werrn reisen regelmäßig zu unseren Tochtergesellschaften und Vertretungen, um sie vor Ort bei Akquisition und Vertrieb unserer Produkte zu unterstützen. Während unser Exportdirektor unseren Tochtergesellschaften bei größeren Projekten „unter die Arme greift" und sie auch finanziell (Abdeckung von Währungsrisiken) berät, besucht unser Exportleiter zusammen mit den Niederlassungsleitern und Vertretern wichtige Kunden, und schult die E–T–A Mitarbeiter vor Ort, um sie optimal auf die Verkaufsgespräche vorzubereiten.

Es ist gar nicht so selten, dass der Einsatz von E–T–A Geräten erst nach direkter Unterstützung vom Stammhaus beim Kunden sichergestellt werden kann. So mancher Kunde fühlt sich geschmeichelt, wenn er Besuch vom Stammhaus erhält. Während der häufigen Dienstreisen von Exportdirektor und Exportleiter sorgen unsere Übersetzerin Ellen Kürschner und ich dafür, dass zu Hause „alles läuft". Die Exportabteilung erledigt alle anfallenden Innendienstaufgaben, d. h. wir bearbeiten alle kommerziellen und technischen Anfragen aus dem Überseegebiet. Erst bei Erteilung eines Auftrages erfolgt dann die eigentliche Auftragsabwicklung in der damaligen Verkaufsabteilung. Zwei Sachbearbeiterinnen der Verkaufsabteilung sind, nach Ländern aufgeteilt, für die Abwicklung unserer Exportaufträge verantwortlich. Von Anfang an mit dabei war Lisa Adam, die auch heute noch unser Team verstärkt. Dies erfordert sehr genaue Absprachen und reibungslose Zusammenarbeit der beiden Abteilungen. Schon immer war es sehr schwierig, aber auch spannend, allen Nationalitäten mit den unterschiedlichsten Forderungen sowohl technisch (länderspezifische Vorschriften) als auch kommerziell gerecht zu werden. Das fängt bei der unterschiedlichen Netzspannung an, und hört damit auf, dass man einem Chinesen nicht „Merry Christmas" wünscht.

Die Kommunikation war in den 70er Jahren verglichen mit den heutigen Möglichkeiten wie Fax, E-Mail etc. noch sehr zeitaufwendig und vor allem teuer. So sind Telefonate mit E–T–A Chicago zu diesem Zeitpunkt noch ein Tabu. Nur in sehr dringenden Einzelfällen ist es erlaubt, etwas telefonisch zu klären. So kam es meist nur zu einem Telefongespräch mit E-T-A USA pro Monat, während heute oft mehrmals täglich gefaxt, gemailt und natürlich auch telefoniert wird. Damals aber lief alles entweder über Luftpostbrief oder über Telex. Die Fernschreiben wurden mit Schreibmaschine vorgeschrieben und dann von der Poststelle per Lochstreifen an den Empfänger weitergeleitet. Damals wie heute haben wir das Problem, in unserer regulären Arbeitszeit mit allen Kunden und Vertretern kommunizieren zu müssen. Der Osten möchte uns am liebsten schon vor dem Morgengrauen aus dem Bett klingeln, während der Westen auch mittags noch schläft und erst zu Hochform aufläuft, wenn wir schon an Feierabend denken. Da blieb uns oft nichts anderes übrig als abends noch selbst, mit tatkräftiger Unterstützung auch unseres Chefs, Telexe auf Lochstreifen zu schreiben. „Bitte nicht noch einen Tippfehler, sonst muss ich das Ganze noch mal schreiben. Ich möchte doch endlich nach Hause!" – solche und ähnliche Stoßgebete gingen im Geklapper der Schreibmaschinen unter.

Unser Bestreben war es schon immer, möglichst alle eingehenden Anfragen noch am selben Tag zu erledigen und – sofern möglich – nichts auf morgen zu verschieben – zumindest ein Zwischenbescheid, dass die Anfrage bearbeitet wird, geht noch am selben Tag raus. Da fängt dann der Feierabend schon mal etwas später an.

1984/85

1984/85 betrug der Umsatz unserer Abteilung bereits knapp 33% des Gesamtumsatzes, was jedoch hauptsächlich durch einzelne Großprojekte möglich war, die uns immer wieder „fette Jahre" bescherten. 1985 wird unsere Abteilung durch eine weitere Sachbearbeiterin, Irmgard Hauke, verstärkt, die nach ihrem Ausscheiden Mitte 1986 durch eine Fremdsprachenkorrespondentin, Ingrid Geisler, ersetzt wird.

1986

1986 wird Helmuth John als Innendienstingenieur eingestellt. Seine Aufgabe ist es, alle technischen Fragen der Tochtergesellschaften und Handelsvertretungen zu bearbeiten. Die technischen Anforderungen pro Land nehmen ständig zu, auch die Erstellung von technischen Dokumenten für unsere Zulassungen bei den nordamerikanischen Prüfstellen wie UL und CSA beanspruchen viel Aufwand und Zeit. Was von unseren Geräten verlangt wird, ist schon enorm. Die kundenspezifische Forderung, dass einer unserer Luftfahrtschutzschalter einen Schlag mit einem 250g-Hammer aushalten sollte, hat sich zum Glück in keiner Vorschrift niedergeschlagen!

Ebenso wächst der Konkurrenzdruck, und so wird es immer wichtiger, das richtige Produkt zum richtigen Preis und zum richtigen Zeitpunkt verfügbar zu haben. Die Suche nach neuen Absatzmärkten wird ein immer größerer Bestandteil unserer Arbeit. Wir waren bis dahin noch wenig im Fernost-Bereich vertreten und sind daher froh, nach längeren Verhandlungen und durch William F. Sells zähes Bemühen Ende 1985 eine Vertretung für Korea und Anfang 1986 Stenco International Ltd. als Vertretung für den Raum Singapur, Malaysien, Indonesien und Brunei unter Vertrag nehmen zu können. In den Ländern Südamerikas sowie in der Türkei hatten wir zwar schon seit langen Jahren Vertretungen mit sehr häufigem Vertretungswechsel, konnten jedoch bis dahin keine besonderen Erfolge aufweisen.

1987

Hier hatten wir also Nachholbedarf, und so wird Mitte 1987 Verkaufsingenieur Bernd Trinkl eingestellt, der diese Länder mit bereisen soll. Er bleibt jedoch nur knapp zwei Jahre bei uns. Sein Nachfolger ist Bernhard Stadlmann, der unser Team auch heute noch unterstützt. Von 1988 bis 1993 gehörte auch Petra Schraufl zur Exportabteilung.

1991/92

1991/1992 war unser Anteil am Gesamtumsatz auf ca. 20% zurückgegangen. Die ständigen Währungsschwankungen in den einzelnen Ländern machen uns schwer zu schaffen. Speziell in USA müssen wir durch die Konjunkturschwäche, die etwa 5 Jahre anhält, erhebliche Umsatzeinbußen hinnehmen. Unsere Hauptkonkurrenten verkaufen in US-$, so dass der unstabile, niedrige Dollar uns in diesen Jahren erhebliche Probleme bereitet.

1993

1993 bekommen wir durch den wirtschaftlichen Aufschwung in USA wieder Aufwind – Tony Bright, von E–T–A Kanada, hatte gerade die Gesamtleitung für E–T–A Nordamerika übernommen –, so dass wir uns über Arbeitsmangel nicht beklagen können.

Wir erweitern unser Team durch Karin Völkl, die unsere Mannschaft als Sachbearbeiterin und Fremdsprachenkorrespondentin unterstützt. Ein Umbruch für unsere ganze Abteilung ist das Jahresende 1992, als Ortwin Werrn, unser Exportleiter, die Firma verlässt, um sich einer neuen Aufgabe zuzuwenden. Die Geschäftsleitung entschließt sich, dieses Aufgabengebiet in zwei Bereiche – technisch und kaufmännisch – aufzuteilen. Die technische Verantwortung übernimmt Helmuth John, und mir wird die kaufmännische Verantwortung übertragen. Wir arbeiten in unserer Abteilung als „unschlagbares" Team. Die tatkräftige Unterstützung durch jeden Mitarbeiter ist jetzt stark gefragt. William F. Sell und Bernhard Stadlmann besuchen weiterhin mehrmals im Jahr unsere Tochtergesellschaften und Vertretungen, und nützen die Reisen zu Kundenbesuchen und Schulungen. Es kommt, wie schon seit einigen Jahren üblich, zu vierteljährlichen Treffen mit den Niederlassungsleitern zur Absprache von Strategien, Neuentwicklungen, Marktpotential, anstehenden Projekten und Problemen. Solche Besprechungen finden noch heute in abgestimmten Zeiträumen meistens im Stammhaus statt (einmal pro Jahr bei einer Tochtergesellschaft). Diese Abstimmung gewinnt für ein marktorientiertes Unternehmen mit weltweiten Aktivitäten immer mehr an Bedeutung. Wir sind aufgrund der Breite und Vielfalt unserer Produktpalette zwar unübertroffen als Anbieter für jede Art von Geräteschutz, müssen uns jedoch auch mehr und mehr auf Billiganbieter aus Fernost einstellen.

1994

1994 erfolgt durch einen Unternehmensberater eine interne Reorganisation. Der Verkauf wird in einzelne Vertriebsteams gesplittet, so dass die mit der Auftragsabwicklung betrauten Sachbearbeiterinnen Lisa Adam und Elke Kandzora in unser Team integriert werden. Die Geschäftsleitung überträgt mehr Verantwortung auf die einzelnen Abteilungen. Für mich hieß das, dass ich ab Mitte 1994 Vertriebsleiter für den Export Überseebereich wurde.

Unser Exportdirektor bleibt weiterhin Geschäftsleiter William F. Sell. Größte Wachstumschancen sehen wir immer noch in Fernost. Wer weltweit erfolgreich sein will, kann es sich nicht leisten, den asiatischen Markt zu vernachlässigen. 1994 gelingt es uns, mit dem für uns seit langem tätigen Mitarbeiter H. Yamaguchi unserer japanischen Vertretung eine eigene Tochtergesellschaft in Japan zu gründen. Der Umsatz dort steigt derzeit langsam, aber kontinuierlich. William F. Sell steckt viel Zeit und Energie in den Aufbau unserer japanischen Tochter und reist mindestens einmal im Vierteljahr zur Unterstützung nach Japan. Schon Mitte der 80er Jahre hatten wir in gewissen Geschäftsbereichen große Absatzmärkte, wie z.B. Luftfahrt, Bootsindustrie, LKW- und Bus-Sektor, um nur einige zu nennen. Wir bezeichnen diese verschiedenen Branchen als „strategische Geschäftsfelder". Derzeit werden 16 dieser strategischen Geschäftsfelder von uns aktiv bearbeitet, d. h. wir analysieren Märkte und Potentiale, wir führen Werbekampagnen durch und nehmen an Messen teil. Wir versuchen heute, gezielt und schnell auf die Marktanforderungen der einzelnen Geschäftsfelder wie Luftfahrt, Anlagenbau, Medizintechnik etc. zu reagieren und entsprechende Produkte zum rechten Zeitpunkt verfügbar zu haben.

1996

1996 wird unser Team durch Sandra Gömmel verstärkt, die gerade ihre Ausbildung zur Industriekauffrau bei E–T–A absolviert hat. Ende 1996 gelingt es uns, mit unserem seit 1986 für uns tätigen Vertreter in Singapur, Steven Lee, eine E–T–A Tochtergesellschaft für den südost-asiatischen Raum, E–T–A Asia Pacific Pte. Ltd., zu gründen. Die für uns bis dahin tätigen Vertretungen in Taiwan und Korea unterstehen jetzt der Verantwortung dieses Fernost-Stützpunktes.

Dort sehen wir mittel- und langfristig unsere größten Zuwachsraten, unabhängig von den aktuellen Währungsturbulenzen. Zur Unterstützung bei der Bearbeitung dieses Marktes sowie um gegen Billiganbieter in den weltweiten Märkten antreten zu können, hat unsere Geschäftsleitung Anfang 1997 eine neue Fertigungsstätte in Surabaya, Indonesien, eröffnet, damit schnell und preisgünstig auf diese Herausforderung reagiert werden kann.

Neben den Besuchen unserer Tochtergesellschaftsleiter bzw. Vertretungsleiter laden wir mindestens 1 x jährlich deren Mitarbeiter zu einer Schulung nach Altdorf ein. Darüber hinaus findet alle zwei Jahre ein Exportseminar statt, an dem möglichst Mitarbeiter aller Vertretungen und Töchter teilnehmen sollten. Bei solchen Gelegenheiten ist es gar nicht so einfach, den Vorlieben und Gewohnheiten der unterschiedlichen Kulturen gerecht zu werden. Während der eine Besucher sein Hotelbett schon mal abzog, um nur im Überzug zu schlafen, weil er mit dem ungewohnten Daunenbett nichts anzufangen wusste, ist dem anderen unser knuspriges fränkisches Schäufele vielleicht doch zu weit von der „Ente mit sieben Köstlichkeiten" entfernt. Aber mit Humor und Fingerspitzengefühl lässt sich so mancher Gegensatz überbrücken.

Der Hauptgegenstand dieser Seminare ist natürlich die technische Schulung für E–T–A Produkte, aber auch das Marketing rückt immer mehr in den Vordergrund.

Heutzutage lässt sich ein Produkt nicht mehr nur über technische Vorzüge verkaufen, sondern Faktoren wie Liefertreue, Service, Qualität und Kundenfreundlichkeit sind für die Kunden mindestens ebenso wichtig.

Die Exportabteilung ist auch für die sprachliche und technische Betreuung des englischen Produktkatalogs zuständig. Diese sehr große Genauigkeit erfordernde Arbeit kostet oft sehr viel Zeit und besonders niederschmetternd ist es, wenn man das erste gedruckte Exemplar in Händen hält und sofort einen Fehler entdeckt. Wie konnten wir das bloß übersehen? Eine unserer Stärken ist das „Customizing", d. h. dass wir kundenspezifisch Produktanpassungen und -entwicklungen vornehmen. Wir arbeiten nach dem Motto: „Wir bieten Ihnen eine Lösung für jede Anwendung, sofern Preis und Marktpotential dies zulassen".

Heute besteht unser Team mit William F. Sell aus neun Mitarbeitern. Dieses Team konnte Ende 1995 ca. 37% des Umsatzes ab Werk erreichen. Einer der bedeutendsten Meilensteine in unserer Entwicklung war im letzten Jahr die Unterzeichnung eines 5-Jahres-Vertrages mit dem Luftfahrtgiganten Boeing als Lieferant eines fernsteuerbaren Schutzschalters sowie einpoliger Schutzschalter der Typen 452 und 482. Wir hoffen, noch Anfang 1998 auch mit unseren Luftfahrtschutzschaltern 483 / 583 zugelassen zu werden.

Ausblick

Wir glauben, dass wir auf das bisher Erreichte stolz sein können. Auf unseren Lorbeeren werden wir uns aber nicht ausruhen, sondern wir werden nicht aufhören, uns ehrgeizige Ziele zu setzen. Der Einführung des Euro sehen wir gelassen entgegen, denn wir denken schon lange nicht mehr nur europäisch – wir denken global!

2. MARKTFORSCHUNG

Von Thomas Schmid

Die Abteilung Marketing-Europa wurde im Januar 1986 ins Leben gerufen. In der Geschäftsleitung zeichnete Eberhard Poensgen für diese neue Abteilung verantwortlich. Abteilungsleiter wurde Ernst Schönweiß, der zuvor bereits viele Jahre Geschäftsleitungs-Assistent und Verkaufsleiter war, unterstützt von Liselotte Lill. Im Mai 1988 stieß Thomas Schmid zum Team. Mit Hilfe der Marketingabteilung Europa sollte unser Unternehmen stärker kunden- bzw. marktorientiert ausgerichtet werden. Dieser Schritt wurde damals notwendig, da unsere Absatzmärkte zusehends wettbewerbsintensiver wurden: Immer mehr Wettbewerber konkurrierten um immer anspruchsvoller werdende Kunden. Wir erkannten damals richtig, dass wir – um langfristig erfolgreich zu sein – mehr Informationen über Kunden, Märkte und Wettbewerber benötigten. Die Hauptaufgabe der Abteilung besteht deshalb darin, möglichst umfassende und zuverlässige Informationen über unsere Absatzmärkte zu beschaffen, aufzubereiten und zur Verfügung zu stellen. Dabei kommen alle gängigen Analysemethoden, z.B. ABC-Analysen, Portfolioanalysen, Chancen/Risiken-Analysen zum Einsatz.

Schwieriger Anfang

Ich erinnere mich noch sehr genau an eine der ersten Aufgaben: Wir sollten eine detaillierte Aufstellung über Anwendungsmöglichkeiten unserer Strömungswächter in der Lebensmittelindustrie erarbeiten. Hierzu befragten wir unseren Außendienst. Die Standard-Antwort lautete: „So genau wissen wir das nicht. Wozu auch? Wir verkaufen schließlich Technik". Mittlerweile denkt unser Außendienst anders. Denn: Um Erfolg zu haben, müssen wir im Vertrieb nicht nur unsere Produkte gut kennen, sondern auch deren Anwendungsfelder. Nur so ist eine wirklich gute Beratung möglich. Wir pflegen heute z.B. für alle FM1-Durchflußmeßgeräte-Kunden, wo genau sie unsere Strömungssensoren einsetzen, welche Medien sie überwachen/messen, aus welchen Gründen sie sich für unsere Produkte entschieden haben etc. Diese Informationen sind heute für eine systematische Marktbearbeitung unablässig.

Verkaufsplanung

Im Juni 1989 haben wir erstmals gemeinsam mit dem Vertrieb einen Verkaufsplan für das 2. Halbjahr 1989 erstellt. Dieser zeigte, welche Umsätze mit welchen Kunden und Produkten im Planungszeitraum zu erwarten waren. Sinn des Verkaufsplans ist, am Markt zu agieren und nicht nur auf Marktveränderungen zu reagieren. Durch regelmäßige Plan-Ist-Vergleiche können z.B. Abweichungen, die nicht mehr im Toleranzbereich liegen, frühzeitig erkannt werden und Gegenmaßnahmen rechtzeitig ergriffen werden. Die Verkaufsplanungsdaten werden darüber hinaus z.B. bei der Kapazitäts-, Beschaffungs- und Personalplanung herangezogen. Viele Vertriebskollegen standen der Verkaufsplanung anfangs sehr skeptisch gegenüber. Ein Kollege hat z.B. postwendend um eine Kristallkugel gebeten, um so deutlich seine Bedenken auszudrücken. Aber bereits nach kurzer Zeit zeigte sich, dass Plan und Ist häufig kaum voneinander abwichen.

Heute beträgt der Planungszeitraum zwölf Monate. Wir planen rollierend, d. h. zweimal im Jahr, zu Jahresanfang und Jahresmitte. Unser Planungsmotto hat sich jedoch nie geändert: Mit einem realistischen Optimismus in die Zukunft zu blicken.

Zentrale Konkurrenzbeobachtung

Im Jahre 1993 haben wir eine zentrale Konkurrenzablage geschaffen. Zuvor waren die Kataloge, Anzeigen und Preislisten unserer Wettbewerber im ganzen Haus verstreut. Viele Kollegen, z.B. im Vertrieb, hatten je ein paar Unterlagen, aber keiner alle und immer aktuelle. Drollig im nachhinein ist, dass es am Anfang alles andere als einfach war, die Kollegen von den Vorteilen eines zentralen Zugriffs – nämlich aktuelle Wettbewerber-Informationen schnell zu erhalten – zu überzeugen. In kürzester Zeit jedoch etablierte sich diese zentrale Mitbewerberablage. Heute hat Thomas Schmid die Funktion des zentralen Konkurrenzbeobachters. Jeder Mitarbeiter und jede Tochtergesellschaft / Vertretung ist verpflichtet, neue Informationen über unsere Mitbewerber an die Abteilung Marktforschung weiterzugeben.

Stabwechsel und Neuorganisation

Zum 30.09.93 ging Ernst Schönweiß in den wohlverdienten Ruhestand. Sein Nachfolger wurde Thomas Schmid, der bis dahin Assistent von Ernst Schönweiß war. Im Rahmen der Neuorganisation des Gesamtvertriebes im Juli 1994 übernahm schließlich William F. Sell von Eberhard Poensgen die Abteilung, wobei der Abteilungsname von Marketing Europa in Marktforschung geändert wurde. Mit der Übernahme der Abteilung durch William F. Sell wurden die Aufgaben erweitert: Ab sofort war die Marktforschungsabteilung zuständig für die Beobachtung unserer weltweiten Märkte und Konkurrenten.

Einführung von strategischen Geschäftsfeldern

1994 haben wir, bzw. der Gesamtvertrieb, mit Hilfe der Unternehmensberatung Norbert Binke & Partner erstmals unser Gesamtgeschäft in 16 strategische Geschäftsfelder unterteilt. Hierunter verstehen wir Produkt-Marktkombinationen, die sich voneinander in den nachfrage- und wettbewerbsbedingten Erfolgseinflüssen unterscheiden. Die strategischen Geschäftsfelder sind etwa vergleichbar mit Branchen. Aufgrund dieser Unterscheidung wissen wir heute genau, wie sich unser weltweiter Umsatz (in DM) und Absatz (Stück pro Gerätetyp) z.B. in der Luftfahrt, in der Medizintechnik oder im Anlagenbau entwickelt.

Marktanalysen können heute differenziert für unsere Geschäftsfelder durchgeführt werden. Das ist wichtig, denn unterschiedliche Geschäftsfelder erfordern unterschiedliche Marktbearbeitungsstrategien. Voraussetzung für diese Geschäftsfeldbetrachtungen ist, dass jeder Kunde einem Geschäftsfeld zugeordnet wird. Diese Aufgabe haben wir übernommen. Leider konnten diese Geschäftsfeld-Informationen am Anfang nicht in der Zentral-EDV erfasst werden. Wir mussten deshalb Daten in unserem PC in Access pflegen, was eine gewisse Doppelarbeitbedeutete.

Zwischenzeitlich sind die Geschäftsfeld-Informationen jedoch in SAP hinterlegt. SAP spart uns hier eine Menge Arbeit. Und: Dank SAP können auch Kollegen in anderen Abteilungen heute auf diese Daten sekundenschnell zugreifen.

Zielgruppenpflege

Im Jahre 1995 haben wir unsere erste deutsche Kundenzeitschrift im Inland verschickt. Hierzu war es notwendig, Kunden und Ansprechpartner, die die Kundenzeitschrift erhalten sollten, zentral bei uns als eigenständige Zielgruppe zu erfassen und zu pflegen. Weitere Zielgruppen folgten: z.B. Kunden / Interessenten für Strömungssensoren. Leider konnten diese Zielgruppen anfangs nicht in der Zentral-EDV erfasst werden. Doppelarbeit am PC war deshalb notwendig. Heute jedoch werden all unsere Zielgruppen in SAP gepflegt. Jeder Vertriebsmitarbeiter im Haus hat nun Zugriff und hilft bei der Adressenpflege mit.

Kundenzufriedenheitsanalyse

Im Frühjahr 1996 haben wir zusammen mit einem externen Berater eine systematische Kundenzufriedenheitsanalyse für unsere inländischen Kunden durchgeführt. Rund 500 Kunden wurden schriftlich oder mündlich befragt. Die Ergebnisse zeigten uns ungeschminkt und objektiv, wo unsere Stärken und Schwächen lagen. Die Schwächen, in den Augen unserer Kunden, interessierten uns besonders. Denn nur wenn wir neben unseren Stärken auch unsere konkreten Schwächen kennen, können wir uns gezielt verbessern. Und das ist schließlich unser tägliches Bestreben.

Der E-T-A Kontakt

Der E-T-A Kontakt ist eine regelmäßige Zusammenstellung von Informationen von der Abteilung Marktforschung für den Vertrieb über Markttrends, interessante neue Anwendungen und Aktivitäten unserer Wettbewerber. Er existiert so lange wie die Marketingabteilung selbst, also schon über 10 Jahre. In den ersten Jahren wurde im E-T-A Kontakt z.B. auch über Mitarbeiterjubiläen berichtet und andere Abteilungen vorgestellt. Da wir zwischenzeitlich jedoch eine eigene Mitarbeiterzeitung haben, das ExTrAblatt, enthält der E-T-A Kontakt heute ausschließlich Vertriebsinformationen. Er wird im gesamten Vertrieb (weltweit) verteilt und an alle Abteilungsleiter, die ihn an ihre Mitarbeiter weiterreichen.

Messebesuche

Eine wichtige Aufgabe ist, unseren Vertrieb bei der Findung neuer Kunden zu unterstützen. Hierzu besuchen wir seit einigen Jahren internationale Messen, schwerpunktmäßig solche, auf denen wir nicht selbst ausstellen. So können wir z.B. auf einer internationalen Gartenfachausstellung relativ schnell und einfach in Erfahrung bringen, welche Gartenhäckslerhersteller welche Wettbewerbsprodukte einsetzen. Diese Informationen gehen an unseren Vertrieb zur gezielten Neukundenakquisition.

Dokumentation von Anwendungen

Seit einigen Jahren dokumentieren wir systematisch Anwendungen für unsere Produkte. Wir beschreiben, wo genau unsere Geräte eingebaut sind, welche Funktionen sie erfüllen und warum unsere Kunden sich für uns entschieden haben. Da unsere Produkte außerordentlich vielfältig einsetzbar sind und gleichzeitig laufend neue Kunden und Anwendungen hinzukommen, ist dies eine sehr umfassende und permanente Aufgabe.

Genutzt werden die Anwendungsbeschreibungen bei Kundenvorträgen, bei Schulung unserer Mitarbeiter, bei der Erstellung von Referenzlisten, aber auch als Artikel für unsere Kundenzeitschrift Current oder für unsere Mitarbeiterzeitung ExTrAblatt.

Ausblick

Unternehmenserfolge sind Markterfolge. Markterfolge basieren auf Wissen über Kunden und Wettbewerber. Dabei genügt es heute nicht mehr, sich reaktiv den Marktanforderungen anzupassen. Langfristiger Erfolg wird zunehmend von der Fähigkeit bestimmt, die Zukunft richtig einzuschätzen und adäquate Strategien zu entwickeln und umzusetzen. Hier muss und wird die Marktforschungs-Abteilung durch professionelle Markt- und Wettbewerbsanalysen alles tun, um bestmögliche Entscheidungsunterstützung zu geben.

3. DIE ERSTEN ZEHN JAHRE DER E-T-A PRODUCTS CO. OF AMERICA (ETACO)

Von Werner E. Heisig

Vorgeschichte

Im Jahre 1938 emigrierte Felix Keller mit seinen jüdischen Eltern nach den USA. Als ich ihn 1954 kennen lernte, war er als Techniker bei der Navy angestellt, war verheiratet, hatte zwei Kindern und war ca. 40 Jahre alt. Wie viele Amerikaner bemühte er sich um einen zweiten Job. Da er deutsch sprach, wandte er sich Anfang der fünfziger Jahre an das deutsche Konsulat in Chicago, um die Namen von Firmen zu erfahren, die eine Vertretung in den USA suchten. Auf diese Weise entstand die Verbindung mit ELPO. Felix Keller stellte daraufhin einer Reihe von Firmen der Elektroindustrie das ELPO-Programm vor. Auf Grund des Schriftwechsels, der sich im Laufe der Zeit entwickelte, war ELPO allmählich der Meinung, dass der Zeitpunkt für eine eigene Verkaufsniederlassung gekommen sei.

Ich war nach einer Banklehre und Tätigkeit bei einem Wirtschaftsprüfer Mitte 1949 als Buchhalter bei der Firma Paul Gneiding, Stuttgart, eingetreten. Als Gasthörer besuchte ich Vorlesungen über Betriebswirtschaftslehre an der TU Stuttgart. Durch Wehr- und Kriegsdienst besaß ich Kenntnisse in der Elektro- und Hochfrequenztechnik. Ein Jahr später übernahm ich den Großraum Stuttgart im Außendienst. Damit führte ich auch die Produkte der jungen Firma ELPO in die Industrie ein.

Jakob Ellenberger und Harald A. Poensgen kamen in den folgenden Jahren wiederholt nach Stuttgart, um Firmen zu besuchen. Als ich 1954 zu meinem Onkel nach Cincinnati, Ohio, in den USA auswanderte, verabschiedete ich mich von den Herren, worauf sie vorschlugen, dass wir in schriftlichem Kontakt bleiben sollten.

Gründung der ETACO am 01.10.1955 in Chicago, Ill.

Im Juni 1955 hatte Jakob Ellenberger Felix Keller und mich zu einer Besprechung in ein Hotel in Chicago eingeladen. Er eröffnete uns, dass sich Harald Poensgen und er entschlossen hätten, zunächst eine Verkaufsniederlassung zu gründen, der später eine Fabrikation folgen sollte.

Felix Keller und ich waren mit dem Fixgehalt von monatlich $250 bei einem Dollarkurs von 1 : 4,20 einverstanden. Es wurden in der 5085 N. Elston Ave. ein Laden mit Büroraum gemietet, Büromöbel angeschafft und eine Sekretärin eingestellt. Zu dritt wurden einige Besuche bei Firmen durchgeführt, zu denen durch Felix Keller bereits Kontakt bestand, z.B. bei General Electric in Fort Wayne, wo wöchentlich 25.000 kleine Wechselstrommotoren hergestellt wurden – Einsatzmöglichkeiten für APS, MR und die Kombination – und bei Tecumseh, Detroit, namhafter Hersteller von u. a. Waschmaschinen – Einsatzmöglichkeiten für den einpoligen thermischen E–T–A. Der Beginn sah sehr vielversprechend aus.

Organisation

Als Techniker und Behördenangestellter hatte Felix Keller weder Erfahrung in der Industrie noch im Verkauf. Daher wurden die organisatorischen Voraussetzungen für die Verkaufsniederlassung von mir geschaffen: Einrichtung der Buchhaltung, Entwürfe für Auftragsbestätigungen und Rechnungen, Liefer- und Zahlungsbedingungen, Verkaufsliteratur, Aufstellung von Preislisten.

Verkaufsprodukte

Zur Verfügung standen uns 1955: E–T–A, einpolig, thermisch, mit Flansch, später mit Gewindehals; APS, MR und die Kombination sowie Triplex, später der thermisch-magnetische Schutzschalter. Für APS, MR, APS/MR und Triplex ergaben sich in den nächsten Jahren keine Verkaufsmöglichkeiten. Damit war eine große Hoffnung von ELPO besonders für APS/MR und auch für die Einzelgeräte zerstoben. Übrig blieb der einpolige thermische E–T–A. Aber auch bei diesem Gerät gab es eine große Enttäuschung, weil wir keine UL-Zulassung hatten, die zwei Jahre, bis 1957, in Anspruch nahm. Zu diesem Zeitpunkt hatte die Waschmaschinen-Industrie ihre Verkaufsstrategie von manuellen Sicherheitsschaltern auf automatische umgestellt. Damit lösten sich auch bei diesem Gerät die erhofften, großen Stückzahlen in Nichts auf.

Nach diesen Enttäuschungen in der Motoren- und Haushaltsgeräte-Industrie mussten wir neue Wege beschreiten und uns auch mit Kleinst- und Kleinaufträgen zufrieden geben. In Cincinnati hatte ich an der Abend-Universität „Salesmanship und Sales-Management" sowie „Business-Correspondence" studiert und war daher gut vorbereitet. Ich verfolgte aufmerksam unsere Konkurrenz und stellte bald fest, dass unsere Verkaufschancen in den feinen Ampere-Abstufungen bis 0,05 A, in den beiden Signalstromkreisen und im manuellen Schalter lagen. Darauf konzentrierten wir uns in den folgenden Jahren.

Personal

Felix Keller hatte für seine Tätigkeit als Geschäftsführer einer Verkaufsniederlassung keine Erfahrung und wusste daher auch nicht, welche Aufgaben ihn erwarten würden. Objektiv muss gesagt werden, dass er den Optimismus von ELPO über die sofortigen Verkaufsaussichten selbstverständlich übernommen hatte. Ich war dagegen in meinen

Erwartungen zurückhaltender, weil ich bereits praktische Erfahrungen bei der Firma Paul Gneiding, Stuttgart, gesammelt hatte. Da nun weder 1956 noch 1957 die erwarteten Großaufträge erfolgten und so gut wie keine Aufträge eingingen, machte sich bei Felix Keller eine tiefe Enttäuschung bemerkbar. Diese war im Hinblick auf unser Einkommen und seine Familie durchaus verständlich. Er schied am 1.11.1957 aus der Firma aus. Damit entstand für mich das Problem der technischen Beratung. ELPO schickte mir daraufhin den Ingenieur M. E. Jazbutis, einen Litauer. Er war groß, stämmig, soff wie ein Loch, nur vom Arbeiten hielt er nichts. Nach wenigen Monaten überzeugte ich ELPO, dass er gehen müsste.

1959 folgte Wolfgang Furkert, mit dem ich mich von Anfang an sehr gut verstand. Mit ihm zusammen gelang es, die ETACO vorwärts zu bringen. Um schneller Sondermuster liefern zu können, richtete er einen Zusammenbau von Geräten ein, wobei ihm im Laufe der Zeit zwei Techniker halfen. Als „Chief-Engineer" beriet er telefonisch und auf Reisen Kunden und Interessenten. Unsere Sekretärinnen waren Inka Hirsch und Irene Torbati, wobei Inka Hirsch die Buchhaltung führte.

Marketing

Das Hauptproblem bestand in der Tatsache, dass die ETACO in den USA unbekannt war, und wir nur zwei Personen waren, um sie einzuführen. Ich ergriff daher folgende Maßnahmen:

1. Verkaufsliteratur: Es war mein Bestreben, die ETACO nach außen als US-Firma erscheinen zu lassen, um den teilweise ungünstigen Eindruck eines Importeurs zu vermeiden. Hatten wir erst Muster mit „Made in Germany" versandt, war bereits der erste Schritt zu einem möglichen Auftrag getan. Dieses Vorgehen schloss die Verwendung der englischen ELPO-Kataloge, die den Amerikanern sofort sprachlich auffielen, aus. Ich studierte eingehend die Kataloge unserer Konkurrenz, sowohl in ihrer Aufmachung als auch in ihrer Beschreibung. Danach entschloss ich mich, nicht zuletzt aus Kostengründen, nacheinander Datenblätter anzulegen und diese in einer Mappe zusammenzufassen. Damit waren wir beweglich.

2. Anzeigenwerbung: 1958 betrug unser Werbeetat $2.480 mit dem wir 11 Anzeigen in den Fachzeitschriften platzierten. Wir erhielten 296 Anfragen für den einpoligen, thermischen E–T–A und 84 Anfragen für den thermisch-magnetischen Schutzschalter. Für 1959 war ein Etat von $4.500 vorgesehen. Eine kleine Werbeagentur, die hauptsächlich durch die Provisionen bezahlt wurde, die sie durch das Plazieren unserer Anzeigen von den Verlagen erhielt, half uns bei der Auslegung. Sie unterstützte uns später bei unserem gesamten Werbematerial. Die Werbeagentur veranlasste auch „News Releases", die kostenlos waren und deren Resonanz größer war als die der Anzeigen. Mit Hilfe der Werbeagentur entschloss ich mich, „E–T–A" als unsere Trademark einzuführen, was später von ELPO übernommen wurde.

3. Direkt-Werbung – Adressenkartei: Anfragen, die von interessierten Firmen kamen, ließ ich in unserer Adressenkartei anlegen, so dass wir bis 1964 ca. 10.000 Anschriften aufgenommen hatten. Zusammen mit Wolfgang Furkert hatten wir ab 1960 jährlich 4–5mal „case histories" herausgegeben, um auf besondere Anwendungen der E–T–A Produkte hinzuweisen und gleichzeitig unsere Firma in Erinnerung zu rufen.

4. Phonemanship: Durch ein Buch wurde ich auf die telefonische Verkaufsmöglichkeit aufmerksam, was seit etwa 10 Jahren in Deutschland „Tele-Marketing" genannt wird. Bei interessanten Anfragen und nach Versand von Mustern fasste ich telefonisch nach, um einen Verkauf zu ermöglichen.

5. Provisions-Vertreter: Nachdem wir auf Grund unserer Werbung Anfragen und auch kleinere Aufträge erhalten hatten, bemühte ich mich um die Ernennung von eingeführten Vertretern. Diese wurden regelmäßig durch Vertreter-Rundschreiben und gemeinsame Besuche geschult: neue Anwendungen unserer Produkte, neue Kunden usw. Im Laufe der Zeit hatten wir 22 Vertreter-Organisationen bestellt, die in den industriellen Bundesstaaten tätig waren.

6. Auslieferungslager: 1958 waren wir in die 6284 N. Cicero Ave. umgezogen, wo wir wesentlich größere und auch repräsentativere Büroräume hatten. Wir erkannten bald, dass eine sechswöchige Auslieferungszeit aus Deutschland für Muster und Aufträge unserer Lage nicht förderlich war. Schnelligkeit war das Gebot der Stunde, schneller zu sein als die Konkurrenz. Dieser Service hat sicherlich zu unserem allmählichen Erfolg beigetragen. Wir legten pro Stromstärke je 1.000 Stück auf Lager. Damit konnten wir Interessenten und Kunden beweisen, dass wir jederzeit prompt und zuverlässig liefern konnten. Die Bezeichnung als Importware trat damit in den Hintergrund. In diesem Zusammenhang wäre nochmals auf die Zusammenbau-Abteilung unter Wolfgang Furkert für Sondermuster hinzuweisen.

Abschließend

Bis 1959 hatte ELPO ca. DM 900.000,– in die ETACO investiert. 1960 erreichten wir den „Break-Even Point", 1961 erfolgte ein kleiner Gewinn und anschließend ging es aufwärts. Für mich waren die Jahre bei der ETACO aufregend und interessant und haben mir beruflich und menschlich viel gegeben. Ich möchte sie nicht missen. Anfang 1965 kehrte ich mit meiner Familie, die ich 1961 gegründet hatte, in die Bundesrepublik zurück.

4. MR. BORIS SOLZMAN UND ETACO CANADA LTD. – EINE GANZ PERSÖNLICHE ERINNERUNG

Von MARGA SELL

Nach einem zweijährigen Praktikum bei ELPO und der anschließenden Leitung der Lohnbuchhaltung ließ sich mein Fernweh nicht mehr zügeln. Zu meinem Glück hatte Herr Solzman, Geschäftsführer von ETACO Kanada, einen neuen Ingenieur, Heinz Caminer, eingestellt, dessen Deutschkenntnisse mehr als dürftig waren. Er suchte deshalb eine technische Dolmetscherin und Sekretärin. Ende Mai 1961 fuhr ich mit der Arkadia über den Atlantik, um bei ETACO zu arbeiten und ein Abendstudium an der McGill University aufzunehmen. Auf dem Schiff lernte ich einen jungen Amerikaner kennen, der mit seinem Motorrad, einer Norton, um die Welt gefahren war. Genau vier Jahre später heirateten wir.

Die Wohnungssuche in Montreal war schnell gelöst. Ich fand ein Zimmer an Lacombe Avenue in der Nähe von Familie Solzman, die an Maplewood wohnte. So konnte ich mit dem Auto ins Büro mitfahren. ETACO war im Zentrum von Montreal in der St. Antoine Street in einem 7-stöckigen Gebäude ohne Klimaanlage untergebracht. Im Sommer wurde es in den Räumen fast unerträglich heiß. Herr Solzman hatte ein Patentrezept gegen diese Hitze: ein Glas kochend heißer Tee mit 7 Löffeln Zukker. „Dann fühlt sich die Umgebung kühler an!" sagte er immer.

Die Firma hatte vier Büroräume, Lager, Versand und Platz für eine Kleinfertigung. Als ich zu ETACO kam, waren außer Boris Solzman und Frau Adamitz als Buchhalterin noch Herr Caminer als Ingenieur beschäftigt. Kurz nach mir kam Ernst Müller von ELPO Deutschland, um die Kleinfertigung weiter auszubauen. So wurde dann in Montreal z.B. der E–T–A 5200 mit Bolzenanschlüssen ausgestattet und an die U-Bahn Montreal geliefert.

Ein weiteres für Kanada entwickeltes und teilweise dort gebautes Gerät war der E–T–A 443. Er war eine Abwandlung unseres 5700 und konnte in dieser abgewandelten Form 3 x 5000 A schalten. Er wurde in Kanada als Leitungsautomat verkauft mit vollem Kurzschlussvermögen. Dieses Gerät war das „Muttergerät" von E–T–A 412/413 sowie anderer Leistungsgeräte mit Litzen.

Die meisten Kunden von ETACO Kanada waren im Raum Montreal und Toronto und wurden alle von Montreal aus betreut. Es gab keine weiteren Außendienstmitarbeiter. Die Geräte wurden von ELPO per Luftfracht geliefert, umgepackt, fakturiert und an die Kunden verschickt.

Boris Solzman war ein liebenswürdiger und menschlicher Chef, der immer ein offenes Ohr für die Vorschläge und Ideen seiner Angestellten hatte. Aber auch bei privaten Problemen war er ein verständnisvoller „Vater" für seine „ETACO-Familie". Boris Solzman, 1. Geschäftsführer von ETACO Canada Ltd., war gebürtiger Weißrusse. Sein Vater war Präsident der russischen Bank unter dem letzten Zaren Nikolaj II. gewesen. Während der russischen Revolution flüchtete die Familie nach Rumänien, wo Boris Solzman eine Firma für Rasierklingen gründete. Eine erneute Flucht vor den Kommunisten führte ihn über Israel nach Winnipeg, Kanada. Boris Solzman und seine Frau Katinka änderten ihre Namen und sogar ihre Geburtsdaten, um nie mehr von den Kommunisten gefunden zu werden. Boris Solzman sprach fünf Sprachen und hatte in Berlin studiert. Er hatte schon Erfahrungen mit Vertretungen, und so wurde er 1957 von meinem Vater (Jakob Ellenberger) als Geschäftsführer für die neugegründete Tochterfirma ETACO Kanada in Montreal angestellt.

5. 43 JAHRE E–T–A USA (1955–1998)

Von TONY BRIGHT

1955–1957: E–T–A Products Company of America wurde am 1. Oktober 1955 mit Sitz in Chicago, 5085 North Elston Avenue, gegründet. Die ersten Angestellten waren Werner Heisig, Felix Keller und M. E. Jazbutis. Die ersten beiden Jahre vergingen damit, die Firma aufzubauen und Interesse an unserem Lieferprogramm zu wecken.

1958: Es wurde ein größeres Lagerprogramm erstellt, das die Auslieferung von Aufträgen ab Lager und die sofortige Verfügbarkeit von Mustergeräten sicherstellte.

1959: Wolfgang Furkert, ein in Deutschland ausgebildeter Elektroingenieur, trat als Verkaufsingenieur in die Firma ein. Es wurde ein Labor eingerichtet, das sich als wertvoll erwies für die Ausführung von Prototypaufträgen und Mustergeräten für Kanada und die USA. In den darauffolgenden Jahren wurde in den USA ein Vertreternetz aufgebaut. Wolfgang Furkert verwendete sehr viel Zeit darauf, die Vertreter zu schulen und sie zu Kundenbesuchen zu begleiten. Mit wachsendem Umsatz wurde mehr Platz benötigt. Die Firma zog daher in ein Gebäude in der North Cicero Avenue um und übernahm dort im Laufe der Jahre immer mehr Räume.

1963: Eintritt von Bernd Winkler bei E–T–A. Er war zuständig für das Labor und den technischen Innendienst.

1964: Werner Heisig erstellte den ersten Kurzkatalog. Er kehrte Anfang 1965 nach Deutschland zurück. Im Oktober 1964 fing William F. Sell bei E–T–A Chicago als einstweiliger General Manager an und machte sich mit den Tätigkeiten in den USA vertraut. Er stellte unsere erste gute Verbindung zu der wichtigen Prüfstelle Underwriters Laboratory (UL) her. Auch er verbrachte viel Zeit mit Besuchen bei den Hauptkunden von E–T–A. In dieser Zeit wurde deutlich, dass Telegramme ziemlich hohe Ausgaben verursachten und telefonieren noch kostspieliger wäre; daher wurde das erste Telex-Gerät gekauft.

1965: Albert Holzapfel, ein sehr begabter deutscher Elektrotechniker, schloss sich dem Labor-Team an. Es wurde der erste größere Durchbruch in der Automobilindustrie erzielt. E–T–A schloss eine „Strategic Partnership" mit Curtis Industries, die die Verbindung unserer magnetischen Schutzschalter-Reihe 43-200 mit dem von dieser Firma hergestellten Klemmbrett beinhaltete. Mit dieser Kombination konnte Curtis größere Aufträge der Ford Motor Company gewinnen. E–T–A reiste bei Ford an, um mit einem Vierfachprüfgerät Produktqualifizierungsprüfungen durchzuführen. Das Prüfgerät wurde zum Transport im Kofferraum eines PKW verstaut. Ende 1965 ging William F. Sell nach Deutschland, und Ernest Roger kam als neuer General Manager zu E–T–A.

1966: Bernd Winkler und Wolfgang Furkert verließen E–T–A und kehrten nach Deutschland zurück. Günter Conrad, ein Verkaufsingenieur bei E–T–A in Deutschland, ging nach USA und übernahm Wolfgang Furkerts Stelle. Bernd Winkler verkaufte ein Jahr lang für die Firma Gneiding, einer E–T–A Vertretung in Stuttgart, die E–T–A Produkte in Deutschland. Auf die Bitte von Ernest Roger wurde Bernd Winkler seine alte Position bei E–T–A USA angeboten. Er nahm an und kehrte in die Vereinigten Staaten zurück. Bernd Winkler ist immer noch ein lebenswichtiges Mitglied des E–T–A Management-Teams und ist jetzt (1998) Technischer Direktor.

1968–1970: Die Akzeptanz von E–T–A auf dem Markt wächst weiter. Das Katalogmaterial wird modernisiert. E–T–A ist als Hauptlieferant von Geräteschutzschaltern (CBEs) anerkannt.

1971: Leviton Inc., ein größerer US-Hersteller von Steckdosen und Schaltern, hatte nach einem Partner für die Herstellung eines elektromechanischen Interface-Moduls für seinen Fehlerstrom-Schutzschalter gesucht. Albert Holzapfel baute in unserem Labor Prototypgeräte, die von Leviton geprüft und akzeptiert wurden. E–T–A Germany erstellte die Werkzeuge für dieses zweipolige magnetische Gerät, und Leviton wurde sehr schnell E–T–As größter US-Kunde.

1972: Horst Ellenberger und seine Gattin Edda kamen für ein Jahr in die USA. Horst Ellenberger arbeitete in allen Bereichen und bekam einen guten Überblick über alle US-Aktivitäten von E–T–A. Er war viel auf Reisen mit unseren Verkaufsingenieuren und Vertretern.

1973: Ernest Roger ging in den Ruhestand und kehrte nach Kanada zurück. Günter Conrad wurde zum neuen General Manager ernannt.

1974: E–T–A war nun gut etabliert und wuchs schnell aus den vorhandenen Räumlichkeiten heraus. Die Firma zog in ein Gebäude mit 1.580 qm in Niles, 7600 N. Croname Road, einem Vorort von Chicago.

1976: Das neue Schutzschalter/Wippenschalter-Programm wird in den USA eingeführt und trifft sofort auf Akzeptanz und Erfolg auf dem Markt.

1979: Eintritt von John Palsir bei E–T–A; sein Werdegang im Verkauf und Marketing machte ihn zu einem wertvollen Mitglied des E–T–A Verkaufsteams. Im Verlauf der Jahre hat er seine Zuständigkeit mehrmals geändert; er ist jetzt (1998) Verkaufsdirektor.

1980: E–T–A entwickelte einen neuen Schutzschalter mit der Bezeichnung 1658, der ausschließlich in den Vereinigten Staaten hergestellt werden sollte. Dieses preiswerte Produkt war E–T–As erste Unternehmung auf dem Gebiet der Scheibenbimetalltechnik und sollte die erste Großproduktion in Nordamerika werden.

1982: Barry Aynessazian wurde als Produktionsingenieur für das neue Gerät 1658 eingestellt. Er leistete einen wertvollen Beitrag, und seine Zuständigkeit erweiterte sich im Lauf der Jahre. Jetzt (1998) ist er unser Produktionsleiter.

1988: Ein wesentlicher Meilenstein in der Geschichte von E–T–A USA ist die strategische Partnerschaft zwischen E–T–A und einer großen Spezialfirma für Werksautomatisierungen. E–T–A sollte einen thermisch-magnetischen Schutzschalter (42-01) herstellen und mit dem Etikett dieser Firma versehen. Der Partner wurde sehr schnell ein Großkunde von E–T–A.

1992: General Manager Günter Conrad ging am 31. Dezember 1992 in den Ruhestand.

1993: Tony Bright wird neuer Generaldirektor für Nordamerika. Er bringt seine Fachkenntnisse als General Manager der E–T–A Tochter in Kanada ein. Mit dem neuen Generaldirektor kamen langerwartete Veränderungen. Das Management-Team wurde neu strukturiert, die Zuständigkeiten und Verantwortlichkeiten in einer neuen Organisation wurden festgelegt. Bernie Dost schloss sich E–T–A als Finanz- und

Verwaltungsdirektor an. Es wurden Verträge mit größeren nationalen Distributorfirmen abgeschlossen.

1994: Wieder einmal wird der Platz zu knapp. Es werden 4,2 Acre Land gekauft und ein Bauauftrag für speziell konstruierte Räumlichkeiten mit 3.200 qm Fläche vergeben.

1995: Wir ziehen im April 1995 in unser neues Gebäude in Mount Prospect. Dieser Standort ist nur etwa 13 km von unserem Gebäude in Niles entfernt, und alle unsere Mitarbeiter folgen uns dorthin.

1996: Es gelingt uns, mit Boeing einen bedeutenden 5-Jahres-Vertrag über unseren fernsteuerbaren Schutzschalter 4910 abzuschließen. Es wird ein neues vernetztes Computersystem installiert, das einen umfassenden Informationsaustausch ermöglicht. E-T-A Deutschland wird von Boeing auditiert und erhält die hochangesehene Akkreditierung nach der Boeing-Norm D1-9000.

1997: Akkreditierung von E-T-A Chicago nach ISO 9002. Es werden für den Verkauf unserer schienenmontierbaren Geräte Partnerschaftsabkommen mit namhaften Herstellern geschlossen. E-T-A Nordamerika gibt seinen ersten gebundenen, 252-seitigen Geräteschutzschalter-Katalog heraus. Ein Vertragspartner bringt den Typ 2210 mit seinem eigenen Markenzeichen auf den nordamerikanischen Markt.

Unser Wachstum und unser Erfolg sind das Ergebnis unserer technischen Innovation und unseres eigenen Anspruchs, mit unserem Gerätschutzschalterprogramm auf dem Markt führend zu sein. Unsere Mitarbeiter sind unser wertvollstes Gut, und E-T-A Nordamerika hat das Glück, sich immer auf eine hervorragende Unterstützung durch E-T-A Deutschland verlassen zu können.

6. TONY BRIGHT UND E-T-A. EIN PERSÖNLICHER RÜCKBLICK

Von TONY BRIGHT

Meine Verbindung mit E-T-A dauert schon ganze 30 Jahre an, und doch bin ich noch ein „junger Mann". Ich hatte 1964 die Ehre, Jakob Ellenberger, einen der Gründer von E-T-A, kennenzulernen. Ich hatte gerade meine erste „wirkliche Arbeit" als eifriger, 22 Jahre junger Verkaufsingenieur bei der Firma Techna Inc. in London angefangen, die E-T-A im Vereinigten Königreich vertrat und mich zur Schulung zu E-T-A nach Altdorf geschickt hatte.

Ich war beeindruckt von Jakob Ellenbergers lebhaftem Interesse an mir und seinem echten Wunsch, mir die bestmögliche E-T-A Schulung geben zu lassen. Erich Himmler wurde die Aufgabe übertragen, mich durch das sehr intensive Schulungsprogramm zu führen. Nur kurze Zeit später traf ich Bill Sell, der seitdem ein Geschäftskollege und Freund geblieben ist. Ein Stellenwechsel in den späten 60er Jahren brachte mich schließlich in die Vereinigten Staaten und dann nach Kanada.

Ich war überrascht und erfreut, als mich 1974 Bill Sell während einer Geschäftsreise nach Chicago anrief und sagte, er werde nach Toronto kommen. Er schlug vor, dass wir uns zum Abendessen treffen sollten, denn er habe mir einen Vorschlag zu machen, den er gerne mit mir besprechen wolle. Der Rest, so sagt man, ist Geschichte.

Ich kam Ende Mai 1975 zu E–T–A, um die kanadische Niederlassung zu leiten, die damals ihren Sitz mitten in Montreal, Quebec, hatte. Ich übernahm die Position von Boris Solzman, der in den Ruhestand gehen wollte. Boris Solzman war ein wunderbarer Mensch, der viele Stunden damit verbrachte, sein kaufmännisches Wissen und seine Philosophie an mich weiterzugeben. Frau Odenahl war zu jener Zeit unsere Buchhalterin und zeigte sich als sehr wertvolle und hilfsbereite Mitarbeiterin für mich. Unsere Büros lagen im 4. Stock eines Gebäudes in der St. Antoine Street. Es war also eine sehr interessante Übung, jede Sendung, die wir von E–T–A aus Deutschland bekamen, hinaufzutransportieren.

Es waren sehr vergängliche Zeiten in der Provinz Quebec, und Ende 1975 wurde die Entscheidung getroffen, unseren kanadischen Sitz von Montreal nach Toronto zu verlegen. Der Verlegungsprozess war recht interessant und unorthodox. Da viele unserer Geschäfte in Ontario abgeschlossen wurden, reiste ich sehr häufig zwischen den beiden Provinzen hin und her und zog jedes Mal einen Anhänger hinter meinem Auto her, der mit Inventar, Regalen, Produktionsmitteln etc. beladen war, bis im November 1975 der Umzug beendet war.

Bill Sell und ich verbrachten interessante Stunden bei örtlichen Auktionen, wo wir zur Vervollständigung unseres Einzugs Büroeinrichtungen und -möbel erwarben. Unsere erste Angestellte war Alison Edwards, die mir von der vorherigen Firma gefolgt war. Alison war wie Robinsons Freitag, sie kümmerte sich um alles, von der Kundenbearbeitung bis zu den Sekretariatsarbeiten, Verpackung und Versand. Sie blieb bis Ende 1994 bei uns.

Wir waren von dem großen Marktpotential für unsere Produkte in der Provinz Ontario mit ihrer hohen Konzentration an Produktionsstätten und Telekommunikations- und Transportindustrie überzeugt. Bill Sell und ich reisten häufig zusammen und konnten erhebliche Erfolge auf dem Transportsektor und besonders im Bereich Überlandbusse erzielen. Unser Umsatz stieg innerhalb relativ kurzer Zeit von jährlich $197.000 auf über $3 Millionen an.

Obwohl Kanada als Fertigungsstandort in den letzen 10 Jahren beträchtlich verloren hat, konnte E–T–A sein sehr hohes Niveau in der Marktdurchdringung durch wichtige Abschlüsse in der Telekommunikations- und Transportindustrie aufrechterhalten. Seit unserem Standortwechsel 1975 sind wir zweimal in größere Räumlichkeiten umgezogen, um unsere Wachstumsziele erfüllen zu können, und unser Personal ist von zwei auf zehn Mitarbeiter angestiegen. Im Juli 1992 kündigte Günter Conrad, der General Manager unserer US-Tochtergesellschaft, seinen Rücktritt an, und mir wurde Gelegenheit gegeben, die E–T–A Tochtergesellschaft in USA zu leiten. Ich trat meine neue Position am 1. Januar 1993 an und pendelte wöchentlich zwischen Toronto und Chicago hin und her.

E–T–As US-Tochtergesellschaft war eine gut etablierte Firma mit entsprechendem Umsatz und 30 Leuten in einem 1580 qm großen Gebäude in Niles, einem Vorort von Chicago in der Nähe des Flughafens O'Hare. Mit der vollen Unterstützung von Bill Sell und der Geschäftsleitung wurde ein neuer, ehrgeiziger Tätigkeitsplan verwirklicht.

Unsere Ziele waren, in der Firma eine unternehmerische Kultur zu schaffen und jedes Mitglied des E–T–A Teams zu ermutigen, dem Status quo ständig den Kampf anzusagen.
- Wir verbreiterten unsere Management-Basis beträchtlich und restrukturierten unsere Organisation.
- Wir führten „Verkaufsteams" ein, die Verantwortung übernahmen für spezielle Schlüsselkunden und Gebiete.
- Wir schlossen Distributionsabkommen mit größeren nationalen Distributionsfirmen mit starken Vertretungen in ganz Nordamerika.
- Es wurden neue Anzeigenprogramme verwirklicht, die sich auf die führende Rolle von E–T–A auf dem Geräteschutzschalter-Sektor konzentrierten.
- Wir gliederten unseren Lagerbestand so, dass dem Marktbedarf an „Ab-Lager-Geräten" und „Just-in-Time"-Lieferungen Rechnung getragen werden konnte.
- Wir verwirklichten eine flexiblere Herangehensweise an langfristige Verträge mit wichtigen Kunden.
- Wir führten ein umfassendes und neues vernetztes Computersystem mit leistungsfähigen Informationsaustauschmöglichkeiten ein.
- Wir setzten uns die Ermittlung von Möglichkeiten in der Telekom- munikations-, Luftfahrt- und Haushaltindustrie zum Ziel.
- Es wurden bedeutende Initiativen zu strategischen Geschäftsallianzen mit Herstellern für den Verkauf unserer schienenmontierbaren Produkte ergriffen.
- Unser Abkommen für Lieferungen mit kundenspezifischer Produktmarkierung an eine große Spezialfirma für Werksautomatisierungen wurde auf die E–T–A Reihe 2210 erweitert.
- Wir erhielten einen bedeutenden 5-Jahres-Vertrag von der Boeing Company für die Lieferung unseres fernsteuerbaren Schutzschalters 4910. Dafür mußte E–T–A Deutschland nach der sehr strengen Boeing-Norm D1-9000 auditiert werden.
- Zum ersten Mal gelang es uns, durch größere Vertragsabschlüsse mit Herstellern von Teppichkehrern über unsere Reihe 1410 und mit einem bedeutenden Waschmaschinenhersteller über unser Verriegelungssystem 6110 in den Haushaltgerätemarkt vorzudringen.
- Wir eroberten einen großen Teil des Telekommunikationsmarktes mit Geräteschutzschaltern für Mobilfunkbasisstationen.

Bis Mitte 1993 waren wir auf 40 Mitarbeiter angewachsen, und unser Standort in Niles war definitiv zu klein geworden. Wir gingen auf die Suche nach einem Stück Land, mit dem Ziel, darauf ein speziell für uns konstruiertes Gebäude erstellen zu lassen. Die Suche nach Bauland war Anfang 1994 abgeschlossen, und wir hatten dann die Aufgabe, einen Architekten und Bauunternehmer zu finden. Unsere Pläne wurden fertiggestellt, und im Juli 1994 wurde mit dem Bau begonnen. Wir zogen im April 1995 in unser wunderschönes neues Gebäude, mit einer Fläche von etwa 3.200 qm, in Mount Prospect, nur etwa 13 km von Niles entfernt. Alle Mitarbeiter kamen mit uns, und alle leisteten einen enormen Beitrag zum Umzug, so dass ein zügiger Übergang sichergestellt war. Unser strahlend neuer Hauptsitz in Nordamerika umfasst 840 qm Büroräume, 1.070 qm Labor und Fertigung sowie 1.300 qm Lagerraum.

Als wir die offizielle Eröffnung des Gebäudes im September 1995 feierten – sie fiel zeitlich zusammen mit dem 40. Geburtstag von E–T–A USA (1955–1995) – dachte ich an mein erstes Zusammentreffen mit Jakob Ellenberger im Jahr 1964 zurück. Was für eine Vision muss er gehabt haben, als er 1955 seine historische Reise in die USA antrat! Das war nur 7 kurze Jahre, nachdem E–T–A gegründet wurde und lange bevor die meisten europäischen Konzerne Niederlassungen in den Vereinigten Staaten hatten.

Auf dem Flug mit Jakob Ellenberger im Jahr 1955 befanden sich damals einige Geschäftsleute von größeren deutschen Firmen, einschließlich Volkswagen, die in die USA kamen, um die Möglichkeiten, dort Unternehmungen zu installieren, auszukundschaften. E–T–A begann seine US-Tätigkeit im Jahr 1955, doch brauchte Volkswagen weitere 20 Jahre, bis 1975 in den USA eine Niederlassung eingerichtet wurde.

200 Personen nahmen an unserer Eröffnungszeremonie teil; sie repräsentierten unsere Kunden, Lieferanten, Vertreter und Mitarbeiter. Unser neues Firmengebäude demonstriert ganz deutlich das stetige Engagement von E–T–A Deutschland für unsere lebhafte nordamerikanische Geschäftstätigkeit und ist, was noch wichtiger ist, ein Tribut an die Gründer und deren Klugheit, Mut und Engagement im Jahr 1955.

Das Vertrauen von E–T–A Deutschland in unsere Fähigkeit, die bedeutende wirtschaftliche Investition für unser neues Gebäude zu tragen, wird durch unseren Umsatz gerechtfertigt. Ich habe während meines „Lebens" bei E–T–A viele gute Freunde gefunden und hatte die Möglichkeit und Freiheit, wichtige strategische Entscheidungen im Namen der Firma zu treffen. Ich möchte der E–T–A Familie in Nordamerika und Deutschland persönlich danken für ihr Engagement, ihre Loyalität und ihre Unterstützung über die vergangenen 30 Jahre hinweg.

7. E–T–A IM VEREINIGTEN KÖNIGREICH (UK)

Von Jonathan Adams

Die E–T–A Niederlassung im Vereinigten Königreich wurde im September 1976 gegründet und übernahm zu diesem Zeitpunkt die Verkaufsförderung, Distribution und Betreuung der gesamten E–T–A Produktpalette in Großbritannien, Nordirland und der Republik Irland. Als Firmensitz wurde Aylesbury in Buckinghamshire gewählt, eine Stadt etwa 65 km nordwestlich vom Zentrum Londons. Aylesbury liegt nicht nur in bequemer Reichweite der Hauptstadt, sondern auch nahe an den Hauptverkehrsstraßen in alle Landesteile. Der Flughafen Heathrow mit seinen ausgezeichneten internationalen Verbindungen ist weniger als eine Autostunde entfernt. Aylesbury fördert mit Erfolg wirtschaftliches Wachstum und bietet die im modernen Geschäftsleben benötigte Service-Infrastruktur.

Außer eine breite Kundenbasis, die von der Elektronik- bis zur Elektroindustrie reicht, bedient E–T–A auch eine Reihe von speziellen strategischen Geschäftsfeldern. Schon seit 1980 entscheiden sich sowohl die inländische LKW- und Busindustrie als auch die Freizeitbootsindustrie für E–T–A Produkte. Ein ähnlicher Erfolg konnte nur wenig später auch in der Verteidigungs-, Luft- und Raumfahrt-Industrie erzielt werden. Nur E-T-A konnte die strengen Forderungen des Sea Harrier erfüllen; dieses einzigartige senkrecht startende und senkrecht landende Flugzeug ist in der britischen Marine im Einsatz. Der Tornado von Panavia, der von einem internationalen Konsortium mit British Aerospace als Partner gebaut wird, und der Hawk Trainer sind weitere Beispiele militärischer Flugzeuge, für die ausschließlich E-T-A Schutzschalter spezifiziert sind. Die Firma war jedoch nicht weniger erfolgreich in der zivilen Luftfahrt: E-T-A Produkte fliegen sogar in der Concorde und in der Luftflotte der Queen.

Im Laufe der Jahre wurde das Wachstum der E-T-A durch die Lage im Stadtzentrum immer mehr behindert, so dass die Firma 1984 in ein zweckmäßig errichtetes Gebäude in einem neu erschlossenen Industriegebiet am Rande der Stadt umzog. Dadurch konnte die Lagerkapazität ganz beträchtlich erhöht und eine Abteilung für die Anpassung der Produkte an spezielle Kundenforderungen eingerichtet werden – zwei wesentliche Grundlagen für den Erfolg der Firma.

In dem Maße wie die E-T-A Produkte bei den Herstellern – von der kleinen spezialisierten Firma bis zum großen internationalen Konzern – immer mehr Anerkennung fanden, konnte in den 80er Jahren die Marktdurchdringung unvermindert gesteigert werden. 1985 spielte E-T-A UK eine wichtige Rolle bei der Zertifizierung (A1 Primary Company Approval) von E-T-A als einziger Hersteller von Luftfahrtschutzschaltern durch die UK Civil Aviation Authority. Im Jahr darauf konnte die Firma mit Stolz vermerken, dass sie von International Computers Ltd. als einer der ersten Partner in einem anspruchsvollen „ship-to-stock zero-defect"-Programm ausgewählt worden war, das sich als ein Vorläufer für viele ähnliche Programme erwies.

E-T-A UK hatte von Anfang an das Ziel, hohe Maßstäbe für Professionalität und Kundenbetreuung zu setzen. Das Ergebnis sind Qualitätsauszeichnungen von vielen führenden Firmen. 1992 erhielt E-T-A UK als erste Firma der E-T-A Gruppe die Akkreditierung nach BS 5750/ISO 9002. Aus der Ein-Mann-Firma im Jahr 1976 hat sich E-T-A UK zu einem Unternehmen mit 18 Mitarbeitern entwickelt, die die Kunden im ganzen Vertriebsgebiet betreuen. Die Anwendungen für die E-T-A Produkte sind außerordentlich vielfältig: Motorsportbegeisterte finden die E-T-A Leistungsgeräte in Rallyewagen und Rennautos – auch im Sieger von Le Mans, dem McLaren F1; Patienten in britischen Krankenhäusern können verschiedene E-T-A Geräte in lebenswichtigen medizinischen Geräten und Spezialbetten entdecken, und auch Hebeeinrichtungen, Treppenaufzüge und Rollstühle für Behinderte und vieles mehr werden durch E-T-A Geräte geschützt.

In der Industrie schützen die E-T-A Produkte wichtige Sicherheitssysteme auf Öl- und Gasplattformen, in Eisenbahnsignaleinrichtungen, im Anlagenbau sowie in der Automatisierungs- und Kommunikationstechnik. So vielfältig diese Anwendungen auch sind, eines haben sie gemeinsam: sie verlangen absolute Zuverlässigkeit auch unter ungünstigen Umgebungsbedingungen, denn ein Fehler kann verhängnisvolle Folgen haben. Die Fachleute von E-T-A besuchen die Kunden im ganzen Vereinigten Königreich und in Irland und werden von konzessionierten Fachhändlern und Distributoren mit dem größten Kataloganbebot des Landes unterstützt.

Ein Verkaufsbüro in West Yorkshire wurde 1986 eröffnet, um die Kommunikation mit den Anwendern im Norden Englands und in Schottland zu verbessern. Die Firma war sich der Bedeutung einer guten Kommunikation immer bewusst und war eine der ersten, die in den frühen 80er Jahren Fax-Geräte verwendete und nun den Konstrukteuren die Möglichkeit bietet, technische Daten im Internet abzufragen.

Spätestens 1995 machten sich erneut die Auswirkungen des ständigen Wachstums bemerkbar, und es zeigte sich ganz deutlich, dass ein neues Gebäude benötigt wird, um Wachstum auch in Zukunft zu ermöglichen. Da wir beschlossen hatten, im Gebiet von Aylesbury zu bleiben, waren wir sehr erfreut, als wir in einem neu erschlossenen Gebiet ein Grundstück erwerben konnten. Im April 1997 zogen wir dann in unser neues Gebäude ein, das so konzipiert ist, dass es den Erfordernissen des Geschäftslebens von heute bis ins neue Jahrtausend entspricht. Eine größere Fertigungsanlage ist ein wesentlicher Vorteil unseres neuen Standorts und ermöglicht es, dass die Firma ihre wertsteigernden Tätigkeiten ausweiten kann. Bereits eingeführte kundenspezifische Lösungen umfassen eine Reihe von vorverdrahteten 19" Automatenträgern mit Schutzschaltern für Anwendungen in der Telekommunikation sowie weitere Adapter für die elektronischen E–T–A Niveausensoren.

8. E–T–A UK – AUS PERSÖNLICHER SICHT

Von Jonathan Adams

Der Weihnachtsabend 1976 war nicht eben einer meiner glücklichsten. Ich war drei Monate vorher in die Firma E–T–A eingetreten, um eine Zweigstelle einzurichten und zu leiten, die verantwortlich sein sollte für die Werbung und den Verkauf von E–T–A Produkten im Vereinigten Königreich und der Republik Irland. Nachdem der Beginn der Geschäftstätigkeit für den 1. Januar vorgesehen war, war keine Zeit zu verlieren. Professionelle Rechtsberater waren ernannt, die Firma eingetragen, das Briefpapier entworfen und gedruckt und auch eine Vielzahl anderer Details war erledigt.

Die Suche nach geeigneten Räumlichkeiten hatte sich als unerwartet schwierig erwiesen. Einige mögliche Standorte kamen nach Erfüllung verschiedener naheliegender Kriterien in die engere Wahl, und Aylesbury in Buckinghamshire ging als deutlicher Gewinner hervor. Die Straßen- und Eisenbahnverbindungen waren gut. Der Flughafen Heathrow war leicht zu erreichen, die geographische Lage der Stadt war ideal, und die Kosten lagen niedriger als in den anderen, näher an London liegenden Städten, die zuerst in Betracht gezogen worden waren.

Unser Bedarf an Büroräumen war jedoch nicht leicht zu erfüllen. Es schien zwar kein Mangel zu sein an großen, modernen Büroblocks am oberen Ende oder an kleinen baufälligen Fabrikeinheiten am unteren Ende des Angebots, aber was wir wollten, war etwas dazwischen. Gerade als wir verzweifeln wollten, fanden wir durch einen glücklichen Zufall ca. 120 qm Büroräume in einem einfachen neuen Bürogebäude nicht weit vom Stadtzentrum in Aylesbury entfernt. Da die Räume ursprünglich als Lager gedacht waren, befanden sie sich nicht im gleichen Zustand wie das restliche Gebäude, jedoch standen sie sofort zur Verfügung. Wir konnten alles richten, und wir konnten uns die Miete leisten.

Nicht zum ersten und keineswegs zum letzten Mal wurden meine Frau und meine zwei heranwachsenden Söhne als unbezahlte Arbeitskräfte auf Zeit herangezogen – nicht ganz ohne sich zu beklagen, wie ich zugeben muss. Doch als das Ende des Jahres nahte, waren die Reinigungs- und Malerarbeiten fast beendet.

Meine Aufgabe war klar. Die Firma sollte ohne Geldzuschüsse der Mutterfirma innerhalb der ersten 12 Monate Gewinn bringen. Heute bin ich ein überzeugter Fürsprecher einer solchen Vorgehensweise, doch damals erschien es mir als eine sehr strenge „Diät". Mein anfänglicher Traum von schicken Büromöbeln im Direktionsstil hatte sich angesichts der bitteren Realität bald in Nichts aufgelöst; so suchte ich mühselig bei Büromöbel-Lieferanten und in Auktionsräumen herum. Erstaunlicherweise erwiesen sich diese ersten, durch den Etat begrenzten Käufe als eine ausgezeichnete Geldanlage, denn sie werden immer noch benutzt – wenn auch in den Hinterräumen – und haben viele unserer später erworbenen Einrichtungen, die den Prüfungen des Lebens nicht widerstanden, überlebt. Ein anderes Problem entstand dadurch, dass ich fest entschlossen war, meine begrenzten Ressourcen bis zur absoluten Grenze auszuschöpfen, so dass ich auf das, was wir heute Dienst am Kunden nennen, völlig verzichten mußte. Als Raymond, der mit einem offenen 250 Pfund-T-Shirt bekleidete Goliath, der mit der Anlieferung gebrauchter Büromöbel meiner Wahl beauftragt war, die Lieferung für den 24. Dezember ankündigte, kamen Verhandlungen über einen anderen Termin ganz klar nicht in Frage. So fand ich mich am Nachmittag des Heiligen Abends um 16 Uhr 30 in unseren neuen Büroräumen wieder, umgeben von Stapeln von etwas schäbigen und sehr schmutzigen Stahlmöbeln, die ohne viel Umstände von einem Fahrer, der möglichst schnell zur Weihnachtsfeier an den häuslichen Kamin wollte, auf dem Gehsteig abgeladen worden waren. Möbel auseinander zubauen, um sie ohne Hilfe zwei Stockwerke hinaufzuschleppen, angefeuert von endlos scheinenden Horden schwankender Heimkehrer von Firmenweihnachtsfeiern, war sicher nicht meine Vorstellung von einem guten Beginn der Feiertage. Unsere ersten Monate waren aufreibend, doch machten sie Spaß. Es gelang uns, unser Gewinnziel zu erreichen, und bald hatten wir unseren ersten Verkaufsingenieur für den Außendienst eingestellt. Zurückschauend ist es bemerkenswert, dass wir fast ohne Lager, ohne Computer, ohne Handy und ohne McDonalds Drive-in Restaurants zur Verpflegung auf unseren Reisen zurechtkamen. Auch ein Hotelzimmer mit Bad war eine Seltenheit, zumindest angesichts unseres Reiseetats. Erzählungen, die beginnen mit „als ich so alt war wie du" rufen bei unseren jüngeren Verkaufsleuten glasige Augen und ein mühsam unterdrücktes Gähnen hervor, denn sie werden verwöhnt mit klimatisierten Autos und modernen Telekommunikationsgeräten. Doch die effiziente Reiseplanung, die wir im vorelektronischen Zeitalter gelernt haben, ist heute so wichtig wie damals.

E-T-A hat einen beeindruckend guten Ruf als Vorreiter für viele neue Produktanwendungen, und wir freuten uns über unseren Erfolg, E-T-A Schutzschalter zur bevorzugten Wahl zu machen, wenn es darum ging, elektrische Bordnetze in der englischen Vergnügungsboot-Industrie zu schützen. Die inländischen Bootsbauer reagierten begeistert auf die Vorteile einer fortschrittlichen Gerätefunktion bei geringer Größe, wie wir sie in unserer ersten gezielten Werbekampagne beschrieben hatten. Darauf folgten Aktivitäten auf dem Fahrzeugmarkt, mit besonderer Betonung auf dem LKW- und Bus-Sektor. Damit waren ausgedehnte Verhandlungen mit den Fahrzeugbetreibern verbunden, von denen viele schnell verstanden, dass die E–T–A Produkte nicht nur einen hervorragenden elektrischen Schutz für die Fahrzeugelektrik boten, sondern auch niedrigere Wartungskosten und reduzierte Ausfallzeiten. Mit Freude konnten wir berichten, dass unsere Geräte als Originalausrüstung in Bussen von Leyland Bus und Metro Camell Weyman, den damaligen Marktführern, eingebaut wurden.

Das Vereinigte Königreich erlebte in den 80er Jahren höchst dramatische Veränderungen. Dringend notwendige Reformen gestalteten die kränkelnde Wirtschaft des Landes in eine moderne, marktorientierte Wirtschaft um. Militante Aktivitäten der Gewerkschaften, die das Land im Jahrzehnt davor fast in die Knie gezwungen hatten, wurden unterdrückt. So willkommen auch viele der Veränderungen waren, die Nation mußte einen ungeheuer hohen – manche meinen sogar, einen zu hohen – Preis dafür zahlen. Wenn auch die politischen Architekten des „Big Scheme" zweifellos mit dem Erreichten zufrieden sind, so ist doch die bleibende Vernichtung von großen Reihen der britischen Industrie schwer zu akzeptieren. E–T–A blieb von den Auswirkungen nicht verschont. In den 80er Jahren zum Beispiel konnte sich das Land rühmen, Europas größten LKW-Hersteller zu haben, dessen Bedarf an E–T–A Produkten jährlich über 100.000 £ betrug. Damals wollten nur wenige glauben, dass dieser Industriegigant in Konkurs gehen sollte. Das gleiche Muster wiederholte sich bei einer Firma nach der anderen, so dass wir eine noch nie dagewesene Schrumpfung unserer industriellen Basis erleben mussten.

Wenn es auch erfreulich ist, in jenen schwierigen Zeiten von einem ständigen Wachstum unserer Firma berichten zu können, so ist es doch manchmal traurig, daran zu denken, was wir hätten erreichen können, wenn nicht so viele potentielle und bestehende Geschäfte für uns verlorengegangen wären. Aber erfolgreiche Firmen müssen auf sich ändernde Umstände reagieren, und E–T–A war da keine Ausnahme.

Aus den weitreichenden Fabrikschließungen und Entlassungsprogrammen ging eine neue Art von Kunden hervor, mit flexiblen Arbeitspraktiken und extrem hohen Ansprüchen an Service und Unterstützung. Etabliertes Denken wurde zugunsten von neuen Vorgehensweisen auf den Kopf gestellt, um auf einem aggressiven globalen Markt wettbewerbsfähig zu sein, ohne die Unterstützung durch den vormals staatseigenen Industriesektor, der nun weitgehend in privaten Händen war.

Für uns eines der ersten Opfer des Privatisierungsprogramms der Regierung war der Zusammenbruch der traditionellen Busindustrie, die der Deregulierung der Betreiberfirmen folgte. Es wurden Flotten von Minibussen anstelle der größeren, traditionellen und zweckdienlichen Fahrzeuge eingesetzt, für die die Hersteller im Vereinigten Königreich ausgerüstet waren. Die Folge war eine Importwelle, die eine weitere große Lücke in unseren Auftragsbüchern hinterließ.

Geschürt von den Forderungen wendiger Hersteller und der Notwendigkeit, die Kosten zu senken, wuchs auf dem Markt die Erwartung, dass Produkte sofort verfügbar sein müssen. Spätestens 1983 war es offensichtlich, dass der kleine Lagerraum, den wir zwei Jahre vorher in unserem Bürogebäude übernommen hatten, völlig ungenügend sein würde, um das Serviceniveau zu ermöglichen, das wir unbedingt bieten wollten. Es wurden neue Räumlichkeiten benötigt, und zwar schnell.

Wir waren also versessen darauf, Grundeigentümer zu werden. Während gemietete Räume es möglich gemacht hatten, uns mit einem begrenzten Kapitalaufwand zu E–T–A blieren, war nun die Zeit gekommen, langfristig zu planen, und Mietzahlungen an einen Vermieter erschienen uns nicht als eine besonders gute Investition. Besprechungen mit örtlichen Grundstücksmaklern führten uns zu einem neuen Gelände außerhalb von Aylesbury, das von einem Bauträger erworben worden war, dessen Gesamtplan einen größeren Lebensmittel-Supermarkt neben einem Industriegebiet vorsah. Dies schien unsere Anforderungen weitgehend zu erfüllen, und wir hatten bald eine kleine Parzelle gekauft und einen Konstruktions- und Bauvertrag mit dem Bauträger unterzeichnet.

Im November 1984 zogen wir nach Broadfields um und fragten uns, wie wir jemals dieses große Lagerhaus und die ebenso stattlichen Büroräume füllen würden. Damals wussten wir noch nicht, dass wir innerhalb von 5 Jahren an zusätzlichem Raum bauen sollten.

Die Luftfahrtindustrie ist für E–T–A immer ein wichtiger Markt gewesen. Die Schutzschalterreihe 483, die ursprünglich für das Mehrzweckkampfflugzeug Tornado der Panavia gebaut worden war, brachte einzigartige Konstruktions- und Funktionseigenschaften. In den späten 70er Jahren gelang es uns, dieses Produkt als den einzigen zugelassenen Schutzschalter in der Sea Harrier der Royal Navy unterzubringen. Das Konstruktionsteam für den Hawk Trainingsjet traf in den 80ern eine ähnliche Entscheidung, und auch die neueste Flugzeuggeneration fliegt heute mit E–T–A Schutzschaltern.

Im zivilen Sektor der Industrie zeigten unsere potentiellen Kunden eine große Vorliebe für Lieferanten, die bei der zivilen Luftfahrtbehörde in England, der CAA, zugelassen waren. Wir nahmen diese Herausforderung an und hatten nach Rücksprache mit unseren Kollegen in Altdorf innerhalb kurzer Zeit eine Firmendarstellung zur Vorlage bei CAA zur Unterstützung unseres Genehmigungsantrags erstellt. Daraufhin wurde E–T–A weltweit der einzige Schutzschalter-Hersteller, der sowohl eine Firmenzulassung – das CAA A1 Primary Company Approval – als auch eine Bauteilzulassung für die ein- und dreipoligen Geräte der Reihen 483 und 583 bekam. Die Flugzeughersteller reagierten begeistert, und es gelang uns, neben anderen Aufträgen den Schutzschalterbedarf für den Firmenjet 125 der British Aerospace für uns zu gewinnen. Wir konnten dieses Geschäft auf exklusiver Basis behalten, bis British Aerospace – wir meinen leider – diesen Sektor an Raytheon verkaufte, die Anfang 1997 die Produktion nach USA verlegt haben.

Als die 80er Jahre zu Ende gingen, waren wir sehr nahe daran, die Ziele, die wir uns gesetzt haben, zu erreichen. Wir hatten damals 15 Mitarbeiter, darunter 3 Außendienst-Ingenieure, und näherten uns einem Umsatz von 2 Millionen £. Wir hatten Rückschläge erlebt, aber wer im Geschäftsleben tut das nicht?

Unser Lagerhaus in Broadfields hatte es uns ermöglicht, unser Lager beträchtlich zu erhöhen; wir konnten regelmäßig über 40% der eingegangenen Aufträge noch am gleichen Arbeitstag zum Versand bringen. Das ist eine größere Leistung als man vielleicht meint, denn viele unserer Abschlüsse verlangen speziell nach Auftrag gefertigte Geräte. Ohne unsere computerisierte Auftragsbearbeitung, Lagerkontrolle und Buchhaltung wäre das nicht möglich gewesen.

Von Anfang an waren wir entschlossen, zur Steigerung unserer Effizienz moderne Technik anzuwenden. Wir hatten zu Anfang des Jahrzehnts unseren ersten sogenannten Mikrocomputer installiert und waren 1981 eine der ersten Firmen in Aylesbury, die ein Fax-Gerät verwendeten. Seit damals ging die technische Entwicklung mit Riesenschritten voran. Es scheint kaum möglich, dass wir nun ein Computernetzwerk haben, das leistungsfähiger ist als das, von dem die frühen Apollo-Raummissionen abhingen, und über einen Internet-Service-Provider mit Computern rund um die Welt verbunden sind. Unsere Kunden können unsere Website nach Produktinformationen abfragen, ihre eigenen Kopien davon ausdrucken und uns ihre Aufträge und Rückfragen mit E-Mail zusenden.

Kursschwankungen haben uns bis an unsere Grenzen geprüft. Der Sterling hatte fast während meines ganzen Arbeitslebens ein schwieriges Dasein, und ich habe mich daran gewöhnt zu planen und den immer schwächer werdenden Wert der Währung auszugleichen. Was ich jedoch nicht ahnen konnte, waren einige wildere Ausschläge nach Ereignissen, die unmöglich vorauszusehen waren. Einst, in den schwarzen Tagen der militanten Gewerkschaftsaktionen, konnte ein Wort des Vorsitzenden der Minenarbeitergewerkschaft das engl. Pfund in den freien Fall versetzen. Jetzt, bei dem computerisierten internationalen Devisenhandel rund um die Uhr, können Interessengruppen verschiedener Größen auch über die Kontrolle der einzelnen Regierungen hinaus Druck ausüben. Nach dem Austritt des Sterling aus dem europäischen Währungsverbund fiel sein Wert um über 20% innerhalb einiger Tage.

Es ist erschreckend zu sehen, wie die Erträge der eigenen Geschäftstätigkeit durch Ereignisse vernichtet werden, über die man absolut keine Kontrolle hat. Wie sehr ich von den Devisenkursen in Anspruch genommen war, wurde mir zu meiner Schande erst klar, als mein jüngerer Sohn gerade 6 Jahre alt war. In jenen Jahren stand noch keine Online-Information zur Verfügung, und so konnte ich die Schlusskurse des Vorabends nur durch meine Morgenzeitung erfahren, die kurz vor dem gemeinsamen Familienfrühstück angeliefert wurde. Allen Erzählungen zufolge wurden meine Laune und die Verdauungsprozesse meiner Familie beherrscht durch mein Studium der Währungstabelle am frühen Morgen.

Die ganze traurige Sache wurde mir ganz abrupt deutlich gemacht während eines Elternabends in der Schule meines Sohnes. Wie mir sein Lehrer erzählte, konnte man meinen Sohn, während andere Schüler das taten, was Sechsjährige täglich auf dem Pausenhof so treiben, noch in ernstem Gespräch mit einem anderen Jungen, dem Sohn eines Bankers, auf der Schulbank sitzend finden, wie sie Notizen über die morgendlichen Kursbewegungen und die Auswirkungen auf die Stimmung in den beiden Haushalten verglichen. Achtzehn Jahre später scheint mein Sohn zum Glück ganz in Ordnung zu sein, ohne irgendwelche bleibende devisenkursbedingte Komplexe.

Die Expansion unserer Firma ging in den 90er Jahren weiter und brachte uns neue Probleme, neue Zwänge und neue Herausforderungen. Die Bemühungen unseres eigenen Außendienstpersonals wurden ergänzt durch starke Partnerschaften, die wir mit größeren Distributoren aufbauten. Wir erhöhten stetig unseren Servicestandard, und unsere Marktdurchdringung wuchs immer mehr. Da E–T–A immer großen Wert auf sein Qualitätsmanagementsystem gelegt hatte, lange bevor dieses Thema in Mode kam, waren wir recht gut vorbereitet auf die britische Qualitätsnorm BS 5750. Da wir die Vorteile, die uns die formelle Implementierung der Norm bringen würde, sowie die wachsende Neigung unserer Kunden, listierte Lieferanten zu wählen, erkannten, beschlossen wir 1991, die Akkreditierung nach BS 5750, Teil 2 (jetzt BS EN ISO 9002: 1994) anzustreben.

Es war in jener Zeit allgemein üblich, dass die Firmen sich von Beratern durch den Akkreditierungsprozess führen ließen, es stand dafür auch finanzielle Hilfe durch die Regierung zur Verfügung. Ich bin jedoch Beratern gegenüber misstrauisch. Unzweifelhaft gibt es viele, die extrem gut sind, doch es gibt auch solche, die wenig mehr sind als einstige Versager, entschlossen, ihre sich selbst zugestandene Weisheit und zweifelhafte Erfahrung anderen aufzuoktroyieren. Und wenn dann noch finanzielle Unterstützung vorhanden ist, stürzen sich wahrhaft alle auf den Honigtopf.

Mit diesen Gedanken im Sinn wandte ich mich an die British Standards Institution – die Akkreditierungsstelle meiner Wahl – und kündigte meine Entscheidung an, meine eigenen Qualitätsmanagement-Dokumentation zu erstellen. Ich bin nicht sicher, ob mich die Leute dort nicht als Unikum betrachtet haben, aber was immer auch ihre Meinung war, sie waren äußerst hilfsbereit. Dennoch verlief der Antragsprozess nicht ohne Schmerzen: mehrere Dokumente mussten umgeschrieben werden, und der Nachtstromverbrauch stieg. Aber die Mühe war nicht umsonst, denn jetzt ist es für mich von Vorteil, dass ich aus erster Hand völlig vertraut bin mit den Forderungen einer Norm, die auf dem internationalen Markt einen beträchtlichen Einfluss hat.

Spätestens 1995 wurde unsere Leistungsfähigkeit durch die räumliche Beengtheit behindert, denn wir begannen wieder, aus unseren Räumen herauszuwachsen. Nach einer sorgfältigen Analyse unserer Bedürfnisse für die verbleibenden Jahre des 20. Jahrhunderts und die Zeit darüber hinaus beschlossen wir, vorerst in Aylesbury zu bleiben. Der Standort Mittelengland hatte uns gute Dienste geleistet, Straßen- und Bahnverbindungen waren noch besser geworden, und wir hatten vor allem ein ausgezeichnetes Team von Mitarbeitern, deren Arbeitsleistung wir uns erhalten wollten.

Wir waren daher äußerst erfreut, ein Stück erschließbares Land zu finden, das wir vom Aylesbury Vale District Council erwerben konnten, und das nur ein paar Minuten von unseren Gebäuden in Broadfields entfernt war. Wir unterzeichneten im Juli einen Vertrag mit einer örtlichen Baufirma, und im August begannen die Arbeiten. Im April 1997 waren unsere neuen, nach unseren Vorstellungen gebauten Gebäude auf einem Stück Land, das größer war als unser erstes, fertig zum Einzug.

Die Architekten hatten einen ganz speziellen Auftrag erhalten: es sollte eine Umgebung geschaffen werden, die auf maximalen Kundenservice ausgerichtet ist. Das Ergebnis war ein einstöckiges Gebäude mit einer Fläche von über 1250 qm, das einen schnellen Zugang und bequeme Kommunikation zwischen allen Arbeitsbereichen erlaubt. Am wichtigsten dabei war, dass die Neugestaltung der Arbeitsbereiche ohne allzu große Unterbrechungen vonstatten gehen sollte. Die Erfahrung hat uns gelehrt, dass so sorgfältig auch unsere Planungen sind, doch nicht alle unserer künftigen Anforderungen vorausgesehen werden können. Räumlichkeiten, die so flexibel sind, dass sie der sich ändernden Geschäftspraxis angepasst werden können, sind daher ein absolutes Muss. Darüber hinaus sind unsere Büro- und Lagerräume in separaten, doch miteinander verbundenen Einheiten untergebracht, die je nach Bedarf erweitert werden können. Das von uns erworbene Land sieht bereits einen Erweiterungsplan Phase 2 vor. Bei allen höchst geschätzten Eigenschaften unseres neuen Gebäudes – einschließlich der ausgezeichneten Isolationseigenschaften, die die gesetzlichen Bestimmungen weit übertreffen, sowie hervorragender Büroräume, eines weiträumigen Lagerbereichs und eines gut ausgerüsteten Labors, wo die Produkte den speziellen Forderungen der Inlandskunden angepasst werden können – bewerten wir doch das Konzept zur Maximierung der Teamarbeit am höchsten.

Die Größe unseres Bürobereichs, der Anschluss an die Telekommunikationssysteme, natürliche und künstliche Beleuchtung und eine gute Isolation sind so ausgelegt, dass unser Kundendienstteam in einem zentralen Kern von Arbeitsplätzen untergebracht ist, wobei die anderen Arbeitsbereiche darum herum angeordnet sind und damit direkten Zugang zum Kernbereich haben. Wir haben festgestellt, dass die interne Kommunikation beträchtlich davon profitiert hat, und wir haben die Möglichkeit, andere Anordnungen zu schaffen, wenn dies durch künftiges Wachstum erforderlich wird. Die Besucher waren von unseren neuen Büros beeindruckt, ein paar waren sogar überrascht. Eine qualitativ hochwertige Arbeitsumgebung ist in einigen Kreisen nicht sehr populär, doch hielt ich Billigzellen mit „hot-desking" (keiner hat seinen eigenen Schreibtisch, d. h. Schreibtische werden nach Anwesenheit bzw. Bedarf jeweils vergeben) noch nie für eine vernünftige Politik. Wenn auch üppig ausgestattete Räume mit Empfangshalle in Marmor nicht unsere Sache sind, so bin ich doch davon überzeugt, dass Mitarbeiter nur dann ihr Bestes geben, wenn sie sich an ihrem Arbeitsplatz wohlfühlen. Es ist mein Bestreben, dafür zu sorgen, dass E–T–A als eine Firma bekannt wird, für die man gerne arbeitet und bei der man gerne bleibt. Eine angenehme Umgebung ist ein positiver Beitrag zu dieser Idealvorstellung. Es ist die alte Geschichte: in diesem Leben erntet man, was man sät, übereilte Lösungen und zu große Abstriche zahlen sich nicht aus.

Ich war in meiner Zeit bei E–T–A immer bemüht, ein Geschäft aufzubauen, das eine starke Ethik widerspiegelt, wobei Integrität, Bescheidenheit, Gerechtigkeit, Geduld und Fleiß wesentliche Merkmale sind. Natürlich erkenne ich die Bedeutung einer guten PR-Maschinerie, doch ist eine Kultur, die allein auf Individualität basiert, sicherlich zum Scheitern verurteilt. Nach einem Vorstellungsgespräch überlegen wir uns stets, ob der Bewerber eine „E–T–A Persönlichkeit" ist. Es ist bemerkenswert, wie oft wir instinktiv die Antwort zu wissen scheinen, ohne dass wir notwendigerweise die Frage in die richtigen Worte fassen können.

Das Streben nach einer effizienten, effektiven und zufriedenen Firma hat kein Ende und ist – zumindest in meinem Fall – mit falschen Fährten, Schlägen und blauen Flecken und immer wieder mit Neuanfängen verbunden. Immer wenn ein Ziel erreicht ist, ist es Zeit, das nächste in Angriff zu nehmen, denn der Markt ändert sich ständig und wird immer anspruchsvoller.

Das Jahr 1997, in dem wir unser 21. Firmenjubiläum feierten, war noch mit vielen anderen Aktivitäten bepackt. Obwohl der Entwurf für das neue Gebäude schon mehrere Monate zuvor verabschiedet worden war, waren zu Beginn des Jahres noch viele andere Dinge zu erledigen. Es mussten Ausstattungs- und Ausrüstungsgegenstände, Farbzusammenstellungen und die Dekoration ausgesucht und neue Möbel bestellt werden. Darüber hinaus mußte die Logistik des Umzugs geplant werden, eine Sache, die peinliche Genauigkeit bis ins Detail erforderte, da wir die Arbeitsunterbrechung so kurz wie möglich halten wollten. Und während all dieser Aktivitäten mussten auch die Kunden zufriedengestellt werden. Wir wussten nur zu genau, dass niemand unseren Umzug als Entschuldigung für eine nachlassende Leistung den Kunden gegenüber akzeptieren würde.

Als Umzugstermin hatten wir Ende April gewählt. Als der Termin näherrückte und sich das Gebäude aus einem chaotischen Rohbau in unseren gepflegten UK-Firmensitz verwandelte, wuchs unsere Aufregung. Dank der sorgfältigen Planung von seiten aller, die damit befasst waren, viel harter Arbeit und der Unterstützung durch eine örtliche Umzugsfirma, deren Mannschaft unsere uneingeschränkte Achtung verdient, konnten wir am Freitagnachmittag schließen und am darauffolgenden Montagmorgen erschöpft aber glücklich wiedereröffnen.

In unserer Firma gab es immer eine freundschaftliche Rivalität zwischen den Geschlechtern, die ich am liebsten von einer Position strikter Neutralität beobachte. Ich denke jedoch, dass es fair ist, diesmal eine Ausnahme zu machen und unsere Damen hervorzuheben, deren Energie und Entschlossenheit in jener Zeit nicht nur den zähesten unter einigen unserer männlichen Kollegen in nichts nachstand, sondern auch für einige andere Anlass gab, beschämt zu sein.

Ohne wirklich Gelegenheit zu haben, uns einzurichten, verwendeten wir schon unsere neuen Konferenzräume für eine Reihe von Produkttrainingsseminaren und Präsentationen. Was war das für eine Veränderung nach unseren Besprechungen in unserem kleinen, überfüllten und überheizten Konferenzraum in Broadfields!

Die Erweiterung unserer Labortätigkeit ist ein weiterer Vorteil, der sich sofort bemerkbar machte. Diese Abteilung konzentriert sich auf wertsteigernde Arbeiten am Produkt, wie sie notwendig sind, um die Forderungen unserer Inlandskunden zu erfüllen. In einer Kombination von Anstrengung und Glück erhielten wir bald darauf einen größeren Auftrag über E-T-A Schutzschalter, die in 19"-Automatenträgern unserer eigenen Konstruktion einzubauen und zu verdrahten waren. Wir wären niemals in der Lage gewesen, diesen großen Auftrag in unseren vorherigen Räumlichkeiten auszuführen.

Mit 20 Mitarbeitern und einem guten Jahresumsatz organisierten wir nach 21 Jahren fast auf den Tag genau einen Empfang, um gemeinsam unseren Einzug und die offizielle Eröffnung unseres neuen Gebäudes zu feiern. Wir konnten Besucher von E-T-A rund um den Globus empfangen, einschließlich der Direktoren unseres Stammwerks in Altdorf. David Lidington, Mitglied des Parlaments für Aylesbury, führte die Eröffnungszeremonie durch. Darüber waren wir sehr glücklich, denn er hat für unsere Firma und unsere Bedürfnisse immer Interesse gezeigt.

Nach dieser geschäftigen Zeit waren wir begeistert zu erfahren, dass wir für den Preis als Firma des Jahres nominiert worden waren. Es handelt sich dabei um einen der Preise in einer von der lokalen Presse und dem Thames Valley Enterprise geförderten Initiative. Noch glücklicher waren wir dann, als wir während eines sehr amüsanten und spannenden Galadinners im Civic Centre von Aylesbury als Gewinner angekündigt wurden.

Es mag Unternehmen geben, die ihren Erfolg über Nacht erreichen, doch wir gehen den mühsamen Weg. Ich habe das Privileg, mit einem Team von Mitarbeitern zusammenzuarbeiten, deren Engagement, Entschlossenheit und Enthusiasmus über die Jahre hinweg ihnen hoch anzurechnen ist. Die Trophäe für die Firma des Jahres ist ihre Belohnung, und sie verdienen sie voll und ganz.

Nicht vergessen sein sollen dabei die Bemühungen und Leistungen unserer Kollegen in der Abteilung Export Übersee in Altdorf und der vielen anderen Kollegen innerhalb der Organisation, auf deren Unterstützung wir angewiesen sind und ohne die vieles, was wir uns vorgenommen haben, nicht möglich gewesen wäre.

Abschließend möchte ich den Herren Eberhard Poensgen, Horst Ellenberger, Carl Horst Poensgen und Bill Sell, den Eigentümern der Firma als Nachfolger der zwei

Firmengründer, meine persönliche Hochachtung aussprechen. Dass das Unternehmen 50 Jahre nicht nur überlebt hat, sondern auch floriert, während viele andere, größere Konzerne – einige trotz staatlicher Subventionen in unserer Industrie und anderswo – gescheitert sind, ist das Verdienst ihrer Geschäftstüchtigkeit und der Firmenkultur, die sie aufgebaut haben. Mit ihrer langjährigen Verpflichtung zu Qualität, dem kontinuierlichen Verbesserungsprogramm, der Konzentration auf Kernfähigkeiten, dem Netz nicht zentralisierter Geschäftseinheiten und der Entschlossenheit, sowohl dem Wohl der Mitarbeiter als auch den Erfordernissen der Bilanz Rechnung zu tragen, pflegt die Firma E–T–A nach meiner Erfahrung seit langem einen Managementstil, der wahrhaft richtungsweisend ist.

Anlässlich des 50-jährigen Jubiläums von E–T–A möchten wir von E–T–A UK der Geschäftsleitung und all unseren Kollegen in Deutschland zu ihrer hervorragenden Leistung gratulieren. Wir freuen uns auf die nächsten 50 Jahre!

9. E–T–A COMPONENTS K. K., JAPAN

Von WILLIAM F. SELL

Schon sehr früh erkannte man bei E–T–A die Notwendigkeit, den asiatischen Markt zu erschließen. 1963 wurde mit Asia Industry Co. Ltd. ein Vertretervertrag abgeschlossen. Fast 30 Jahre später übernahm dann die Firma K. K. Codix die Vertretung der E–T–A Produkte in Japan. Schon zu dieser Zeit begann William F. Sell, zielstrebig auf die Gründung einer japanischen Tochterfirma hinzuarbeiten. Bei seinen Reisen nach Japan traf er die entscheidenden Vorbereitungen, mietete ein Büro in Tokio an und kümmerte sich um die Leitung der Niederlassung. Im Dezember 1994 wurde schließlich unter der Leitung von Mr. Yamaguchi E–T–A Components K. K. gegründet. Obwohl es schwierig ist, im hart umkämpften japanischen Markt Fuß zu fassen, ist ein Aufwärtstrend unverkennbar. Dass dies so weiter geht, darauf werden E–T–A in Altdorf bei Nürnberg und in Japan mit vollem Einsatz hinarbeiten.

10. E–T–A ASIA PACIFIC PTE. LTD., SINGAPUR

Von WILLIAM F. SELL

Der Vorläufer unserer Tochtergesellschaft E–T–A Asia Pacific war die Vertretung Stenco International Pte. Ltd. unter der Leitung von Steven Lee. Stenco war eine der letzten internationalen Vertretungen, die E–T–A unter Vertrag nahm, nämlich erst 1987. Die rasanten Zuwachsraten der asiatischen Länder sowie das prognostizierte Wachstum für dieses Gebiet in fast allen Industriebereichen überzeugte auch die Geschäftsleitung von E-T-A, dass dieser Markt auf Basis einer Tochtergesellschaft noch besser bearbeitet werden könne. Seit 1997 gibt es daher E-T-A Asia Pacific unter der Leitung von Steven Lee. Zuständigkeitsgebiet ist der ganze asiatisch-pazifische Raum mit Korea und Taiwan. Zwar hat diese Tochter gegenwärtig mit erheblichen gesamtwirtschaftlichen und konjunkturellen Schwierigkeiten zu kämpfen, doch sind wir bei E-T-A der Überzeugung, neben der Gründung unserer Fertigungsstätte in Indonesien hier einen wichtigen Schritt in Richtung Kundennähe getan zu haben.

V. AUSZUBILDENDE, BETRIEBSRAT, FUSSBALLMANNSCHAFT UND TREFFEN DER SENIOREN

1. AUSZUBILDENDE IN DER E–T–A

Von 1948 bis heute hat die E–T–A junge Menschen ausgebildet. Luise Link (verh. Plarre) wurde am 1. November 1948 als erster kaufmännischer Lehrling eingestellt. Die neuen Auszubildenden wurden immer vorgestellt und begrüßt. Anwesend waren z.B. 1983 die Geschäftsleitung, die Abteilungsleiter, der Leiter der Personalabteilung, die Betriebsleitung, der Betriebsrat, Vorgesetzte und Angehörige. 1983 wurden beispielsweise 12 Auszubildende vorgestellt und begrüßt:

Elektrogerätemechaniker: Blühmlein, Norbert; Böhm, Günter; Kürschner, Marc; Poensgen, Achim

Industriekaufmann: Hauke, Irmgard (1. Abt. Materialwirtschaft); Kuhlmann, Carmen; (1. Abt. Information/Post); Neubauer, Michael (1. Abt. Materialwirtschaft); Silberhorn, Elke

Stahl-Formenbauer: Preu, Christoph

Technischer Zeichner: Leonhard, Klaus; Modes, Birgit

Werkzeugmacher: Mahringer, Karl-Heinz

Heute bildet die E–T–A in 4 Ausbildungsgängen aus:
– Werkzeugmechaniker, Fachrichtung Stanz- und Umformtechnik (früher Werkzeugmacher)
– Werkzeugmechaniker, Fachrichtung Formentechnik (früher Stahlformenbauer)
– Industrie-Elektroniker, Fachrichtung Gerätetechnik
– Industrie-Kaufmann, -frau

Am 1. September 1997 begannen bei E–T–A sieben Auszubildende: Als Industriekaufleute sind dies Daniela Lipperer, Caroline Seitz und Melanie Pörrer. Bernd Haas und Reiner Gömmel werden als Werkzeugmechaniker ausgebildet. Den Beruf des Industrieelektronikers haben Johannes Heumann und Tobias Prem gewählt.

Der erste Lehrling erhielt 1948 eine Vergütung von DM 25,-, was nach heutiger Kaufkraft etwa DM 75,– entspricht.

2. BETRIEBSRAT

Von STEFAN DISTLER

Bestrebungen zur Gründung eines Betriebsrates gab es schon lange. Nach mehreren Anläufen war es dann 1971 endlich soweit. Es wurde für das Hauptwerk Altdorf, für das Zweigwerk in Hohenfels und für die zu dieser Zeit nach Kallmünz ausgelagerte Baugruppenfertigung ein gemeinsamer Betriebsrat gewählt. Die Hauptinitiative zur Gründung eines Betriebsrates ging vom Zweigwerk Hohenfels aus. Der damalige Werkleiter im Hohenfelser Werk, Kurt Weihrauch, nahm die Angelegenheit scheinbar anfangs nicht so ernst. Bis die Geschäftsleitung im Stammwerk Altdorf Kenntnis bekam, waren die Vorbereitungen relativ weit gediehen.

Da die Wahl von Seiten der Firma nicht mehr aufzuhalten war, versuchte man konstruktiv im Sinne der Firmenleitung Einfluss auf das Angebot der Wahlbewerber zu nehmen, die Firmenleitung animierte von sich gezielt Mitarbeiter, sich zur Wahl zu stellen – so die Überlieferungen von Betriebsratsmitgliedern der ersten Stunde. Der erste gewählte Betriebsrat setzte sich unter dem Vorsitz von Johann Neudert, Werk Altdorf, aus folgenden Mitarbeiterinnen und Mitarbeitern zusammen:

Ulrike Arneth	Werk Altdorf
Josef Graf	Werk Hohenfels
Manfred Jungkunz	Werk Hohenfels
Günther Lill	Werk Altdorf
Karl Meander	Werk Hohenfels
Georg Mederer	Werk Altdorf
Martin Meyer	Werk Altdorf
Therese Schmid	Werk Kallmünz
Marga Steinmetz	Werk Altdorf
Helene Storch	Werk Hohenfels

Die erstmalige Wahl muss man aus heutiger Sicht, und wahrscheinlich sah man es damals ähnlich, als Probelauf für die bereits im darauffolgenden Jahr im April 1972 erneut turnusmäßig anstehenden allgemeinen Betriebsratswahlen sehen. Die Kollegen vom Hohenfelser Werk wollten anfangs, und nach der Wahl auch die IG Metall, einen Betriebsrat nur für das Zweigwerk Hohenfels und ließen sich das auch gerichtlich bestätigen. Die Kollegen aus Hohenfels sahen damals aber ein, dass ein gemeinsamer Betriebsrat möglicherweise sinnvoller ist. Seit der ersten Wahl eines Betriebsrates bis zum heutigen Tage wurde der Betriebsratsvorsitzende vom Hauptwerk Altdorf gestellt, und sein Stellvertreter war immer eine Kollegin oder Kollege vom Werk Hohenfels. Ab der Wahlperiode 1972 leistete Heinz Schienhammer als Vorsitzender, anfangs nur teilweise freigestellt, in hervorragender Weise Aufbauarbeit für die Betriebsratsarbeit. Vieles, was heute selbstverständlich ist, konnte nur allmählich erreicht und eingeführt werden. Oft ging es um Belange, über die man heute lacht. Lange Zeit spielte die schlechte Verständigung bei Betriebsversammlungen eine Rolle, bis durch eine Lautsprecheranlage Abhilfe geschaffen wurde.

Weihnachtsfeiern wurden eine feste Einrichtung. Die Einführung eines warmen Kantinenessens wurde geschaffen; ab 1972 die Gewährung vermögenswirksamer Leistungen und Wahl einer Jugendvertretung. Der zeitliche Arbeitsausfall für zwei Facharztbesuche pro Jahr wurde von der Firma übernommen. Die Wahl eines Schwerbehindertenvertrauensmannes erfolgte 1974. 1976 gab der Betriebsrat die Zustimmung zum Beginn einer Leistungsentlohnung in der Fertigung. Sportliche Aktivitäten wie Fußballspiele der beiden Werke gegeneinander oder gegen benachbarte Firmen und die Beteiligung an Fußballturnieren wurden angeleiert.

Nach dem tragischen Tod von Heinz Schienhammer durch einen unverschuldeten Verkehrsunfall 1983 übernahm Günther Lill unvorbereitet und ohne vorherige Einarbeitung den Vorsitz des Betriebsrats. In diese Zeit fiel der Beginn der Humanisierung von Bildschirmarbeitsplätzen in der Hybridfertigung.

1985 wurden erste Jobsharing Arbeitsverträge mit Mitarbeiterinnen geschlossen. Nach vielen vergeblichen Bemühungen für eine Einführung einer betrieblichen Altersversorgung wurde als Trostpflaster 1988 eine E–T–A Unterstützungskasse ins Leben gerufen. Im gleichen Jahr wurde der dreiwöchige Betriebsurlaub aufgrund einer Mitarbeiterbefragung mit 60%iger Zustimmung auf zwei Wochen reduziert. Ein Meilenstein war der Beginn der Einführung einer gleitenden Arbeitszeit, ebenfalls 1988. Im Folgejahr wird die Baugruppenfertigung etappenweise von Kallmünz samt Mitarbeitern nach Hohenfels eingegliedert. Der Beginn der Wechselschichteinführung in Hohenfels war im gleichen Jahr.

Stefan Distler übernimmt am 01. Februar 1993 den Vorsitz des Betriebsrates, nachdem Günther Lill aus Altersgründen aus der Firma ausgeschieden ist. Zu diesem Zeitpunkt und auch schon vorher zeichnete sich ein deutlicher wirtschaftlicher Abschwung für die Firma ab. Ende des Vorjahres war ein Einstellungsstopp verfügt worden, und die Regelarbeitszeit von 39 Std. auf die tarifliche Arbeitszeit von 37 Std. reduziert worden. 1993 wird eine ganze Reihe von Sozialleistungen reduziert. Einfrierung des Treueurlaubes, Kürzung der Weihnachtsgratifikation, Zuschüsse zu den Fahrtkosten werden generell gestrichen und die Busbeförderung von Mitarbeitern eingestellt. 1993 gründet der Betriebsrat einen Wirtschaftsausschuss. 1994 beschließt er die Freistellung eines zweiten Betriebsratsmitgliedes.

1994 konnte endlich ein Fahrverbot, dass Frauen keine Firmenfahrzeuge fahren durften, beseitigt werden. Dieses war zwar nirgends geschrieben, aber der Kreis des fahrberechtigten Personals (nur Männer) wurde auch auf wiederholtes Anfragen jahrelang nicht erweitert. Die Zustimmung zu einer ersten flexiblen Wochenarbeitszeitvereinbarung bis 38,5 Std., befristet bis 30. September 1994, erfolgt zu dieser Zeit. Weiter entfällt der bisherige Treueurlaub (1 Tag für je 5 Jahre Betriebszugehörigkeit) ersatzlos, dies haben einige Mitarbeiter bis heute noch nicht verkraftet. Im gleichen Jahr wurden keine Auszubildenden eingestellt. Die Anzahl der Mitarbeiterjubiläen wird eingeschränkt. Werkskantinen, teilweise die Reinigung und der Wachdienst werden fremdvergeben.

1995 erscheint die erste Ausgabe der Firmenzeitung, um die sich der Betriebsrat viele Jahre erfolglos bemüht hatte. Die Unternehmensberatung Binke & Partner machte es möglich. Ähnlich war es mit einem innerbetrieblichen Vorschlagswesen. Die

Bemühungen des Betriebsrates waren auch hier vergebens. Dafür war ganz schnell, nahezu am Betriebsrat vorbei, Mitte 1994 KVP (Kontinuierlicher Verbesserungsprozess) von einem Projektteam eingeführt worden. Ab 1995 gibt es drei Tage Lohnfortzahlung bei Krankheit für alle. Eine Einigung zu einer flexiblen Arbeitszeit mit plus 150 Std., minus 100 Std. in der Fertigung erfolgte 1996. Die Vereinbarung zur gleitenden Arbeitszeit wurde neu gefasst und kann jetzt großzügiger gehandhabt werden. Der Betriebsurlaub wurde abgeschafft. 1997 wird die erste Pilotvereinbarung für Gruppenarbeit verabschiedet. Die firmenweite Einführung von Gruppenarbeit bedeutet für uns Betriebsräte eine große Herausforderung für die nächsten Jahre. Ein unbedingtes Muss sind die klimatischen Verbesserungen im Neubau Werk Altdorf.

3. E–T–A FUSSBALLMANNSCHAFT

Von Ulrich Reichert, Richard Döllfelder und Thomas Schmid

Juni 1979: Schlusspfiff. Der Jubel ist riesengroß. 5:0 im letzten Gruppenspiel gegen den FC von Moos aus Luzern. Damit qualifizierten wir uns gleich bei unserer ersten Teilnahme an den internationalen Rotel-Firmensporttagen in Aarburg in der Schweiz für das Endspiel. Zwar verloren wir dieses knapp gegen die starke polnische Mannschaft des SC Zelmer mit 0:2, viel wichtiger jedoch: dies war der Anfang einer bis heute andauernden, besonderen Freundschaft mit unserem langjährigen Schweizer Kunden Rotel. Insgesamt 11 Mal, zuletzt im Juni 1997, nahmen wir bislang an den internationalen Firmensporttagen teil. Auch wenn wir noch nie das Turnier gewinnen konnten, so haben wir den größten Wanderpokal gleich mehrmals, so auch 1997, erhalten: den Fairness-Pokal. Und darauf sind wir besonders stolz. Denn jeder, der schon einmal Fußball gespielt hat, weiß, dass auf dem Fußballplatz Emotionen schnell aufkommen können, auch bei den besten Vorsätzen. Der Fairness-Pokal steht daher für das geschlossene und disziplinierte Auftreten unserer E–T–A Kicker.

Die gemeinsam verbrachten Wochenenden mit Kollegen aus unterschiedlichen Abteilungen waren auch immer gute Gelegenheiten, sich besser kennenzulernen. Und nicht selten war man auch schnell in ein Fachgespräch über E–T–A vertieft. Ein besonderer Dank gilt unserer Schweizer Vertretung. Christoph Erhardt und Jörg Heiniger von der Firma Grandjean haben es sich nie nehmen lassen, die gesamte Fußballmannschaft samt Betreuer zu einem Abendessen einzuladen. Aber nicht nur in der Schweiz spielen wir Fußball. Wir treten immer wieder gegen örtliche Fußballclubs und andere Firmenmannschaften an. Auch an Hallenturnieren nehmen wir ab und zu teil. Ein ganz besonderes Schmankerl war immer ein E–T–A internes Match: Alt gegen Jung. Das letzte Spiel gewannen die Jungen, das Spiel davor dagegen endete 1:1 unentschieden. Coach und Trainer ist seit zehn Jahren Richard Döllfelder. Davor war es viele Jahre Ulrich Reichert. Mitspielen kann jeder, der Lust hat. Wir werden mit Sicherheit auch in Zukunft weitere Spiele bestreiten und freuen uns jetzt schon auf die nächsten Treffen.

4. TREFFEN DER SENIOREN

Von HEINZ KANDZORA und GÜNTER LILL

Seit dem 8. Dezember 1994 treffen sich regelmäßig zweimal im Jahr ehemalige Mitarbeiter und Mitarbeiterinnen zu einem gemütlichen Beisammensein. Dieses Treffen wird auf Wunsch vieler Ehemaliger geplant und organisiert. Diese Treffen entsprechen auch dem Wunsch der Geschäftsleitung der Firma E–T–A und werden immer wohlwollend unterstützt.

Mitarbeiter, die mindestens 15 Jahre bei der Firma E–T–A arbeiten und aus Altersgründen aus dem Arbeitsleben ausscheiden, werden regelmäßig zu unseren Treffen eingeladen. Dies geschieht freiwillig, wenn die ehemaligen Mitarbeiter vorher bekundet haben, an den Treffen teilnehmen zu wollen.

Diese Treffen dienen dem gegenseitigen Erzählen davon, wie es den einzelnen ehemaligen Mitarbeitern und Mitarbeiterinnen jetzt im Ruhestand ergeht und des weiteren den vielen Erinnerungen an schöne, arbeitsreiche Jahre des gemeinsamen Schaffens und Erlebens. Die Stimmung ist bei den Treffen hervorragend, was an dem vielen Stimmenwirrwarr des Erzählens und der großen Heiterkeit beim Zusammensein zu bemerken ist.

Einmal im Jahr treffen wir uns in der Firma, um einige Fertigungsbereiche zu besichtigen. Dabei ist die Freude natürlich doppelt groß, wenn man dabei an seinen ehemaligen Arbeitsplatz gelangt und noch viele ehemalige Mitarbeiter bei der Arbeit sehen und mit ihnen sprechen kann. Bei jedem Treffen freuen wir uns über die Fortschritte und Verbesserungen bei der Produktion der Geräte und der Arbeitsplätze.

Bei den innerbetrieblichen Treffen freuen wir uns, wenn wir feststellen, dass die Firma weiterhin im Aufwärtstrend ist, da auch wir, die Ehemaligen, zu dem heutigen Stand der Firma einen wesentlichen Beitrag geleistet haben.

Jedes zweite Treffen gestalten wir außerhalb des Firmenbereiches in Form eines Ausfluges und/oder Wanderung.

Wir, die ehemaligen Mitarbeiter und Mitarbeiterinnen, gratulieren zum 50jährigen Bestehen der Firma und wünschen ihr für die Zukunft Glück und Erfolg.

ANHANG

1. PERSÖNLICHE ANGABEN ZU DEN MITARBEITERN

PETER ACHNER

Geboren	am 13. März 1943 in Kempten/Allgäu
Lehre	im Elektro-Installationshandwerk
Abschluss	Sommer 1960
Bundeswehrzeit	1964 bis 1965 im Bereich Kfz-Elektrotechnik
Ausbildung	Elektro-Installations-Meisterprüfung nach Besuch der Meister-Fachschule in Oldenburg 1966 Studium an der Fachhochschule Regensburg, Abschluss im Sommer 1971 zum Dipl.-Ing. (FH), Fachgebiet Elektrotechnik
1971–1977	Vertriebs-, Projekt- und Einkaufs-Aktivitäten bei der Firma AEG, Büro Nürnberg
1. Januar 1978	Eintritt bei der Fa. E–T–A. Nach umfangreicher Aus- und Weiterbildung innerhalb der Firma E–T–A (u.a. Betriebsleiter-, REFA- und MTM-Schulungen) Übernahme der Materialwirtschaftsleitung am 1. Juli 1980 Vorsitzender im Berufsverband Bund Materialwirtschaft und Einkauf (BME-AKR) und Mitglied im Beirat des BME, Frankfurt

JONATHAN ADAMS

Geburtsdatum:	5. Oktober 1946
Ausbildung:	City of London Freemen's School und University of Surrey (Elektrotechnik)

Jonathan Adams trat 1976 in die Firma ein und wurde 1981 zum leitenden Direktor von E–T–A England ernannt. Er war vorher Marketing Director bei einem Distributor für Elektronikbauteile, der als Vertreter für mehrere europäische und US-amerikanische Hersteller auftrat. Davor hatte er u. a. Erfahrungen in der Forschung für Hochspannungsschaltgeräte gesammelt und war bei einem größeren Computer-Hersteller in einer kaufmännischen Position tätig. Er ist ein Fellow of the Institute of Directors und Mitglied in mehreren ISO-Arbeitsgruppen. Darüber hinaus ist er Vice President of Governors einer örtlichen höheren Schule und Berater für eine Unternehmung des Princes Youth Business Trust.

HERBERT BEIER

Geboren:	22. August 1922 in Obermoschel (Rheinpfalz)
Religion:	evangelisch
1929–1933	Volksschule in Kaiserslautern
1933–1940	Oberrealschule in Augsburg und München
1940–1941	Praktikant Dornier, Werk München-Neuaubing
1941–1943	Militärdienst – Luftwaffe Ausbildung und Einsatz in Nord-Afrika
Mai 1943–1946	Kriegsgefangenschaft in Nord-Afrika und U.S.A;
August 1946	Heimkehr nach München
Sept.1946–1951	Suche nach neuer Berufsmöglichkeit. Schulische Vorbereitung auf Ingenieur-Studium am Oskar von Miller-Polytechnikum in München, Fachgebiete: Heizungs-, Lüftungs-, Klima- und Kältetechnik
Februar 1951	Ingenieur-Examen

1.4.1951–10.1954	Ingenieur-Tätigkeit bei MAN, Werk Nürnberg, Abtlg. Heizungs-, Lüftungs-, Klimatechnik
ab 1.11.1954	ELPO bzw. E–T–A Altdorf, Konstruktion, Vertrieb, Werbung
ab 1. Jan. 1988	Ruhestand
Familienstand:	verheiratet seit 2. Oktober 1951, Geburt eines Sohnes 31. Oktober 1959

TONY BRIGHT

Geburtsdatum: 6. August 1943

Ich absolvierte eine 5jährige Ausbildung in Elektrotechnik und machte 1964 meinen Abschluss am Medway College of Technology in Kent, England. Meine Ausbildung wurde gefördert vom Central Electricity Generating Board (CEGB). Nach der Graduierung arbeitete ich als Verkaufsingenieur für die Firma Techna International Ltd., die damals als Vertretung für E–T–A in Großbritannien fungierte. Danach war ich als Verkaufsingenieur bei Texas Instruments tätig, bevor mir eine Aufgabe zugewiesen wurde, die mich für zwei Jahre in die Vereinigten Staaten brachte. Nach dieser Zeit sollte ich nach England zurückkehren, was jedoch nie geschah, weil ich als Marketing Manager nach Kanada versetzt wurde. 1974 traf ich Bill Sell und 1975 begann ich meine Tätigkeit bei E–T–A. Ich bin Mitglied der American Management Association und war Mitglied des Unterkomitees, das die kanadische CSA-Norm 235.35 (Standard for Supplementary Protectors) ausarbeitete. Darüber hinaus gehöre ich zur Industry Advisory Group für die US-Norm UL 1077 (Supplementary Protectors).

GÜNTHER DENZER

09.08.1953	geboren in Kaiserslautern, verheiratet, 2 Kinder
1960 bis 1964	Geschwister-Scholl-Schule in Kaiserslautern
1964 bis 1972	Hohenstaufen-Gymanasium in Kaiserslautern
1972	Abitur
1972 bis 1977	Studium an der Universität Karlsruhe Fachrichtung: Elektrotechnik mit Schwerpunkt „Elektrische Antriebstechnik und Leistungselektronik". Durch die Diplomarbeit ergaben sich wegen der Schutz- schalter 410/530 erste Kontakte zu E–T–A
1977	Diplom-Ingenieur
seit 01.12.1977	bei der Firma E–T–A, Labor 01.09.1978 bis 28.02.1994 Gruppenleiter (thermisch-magnetische Schutzschalter)
1979 bis 1989	Mitarbeit im Forschungsbeirat „Kriechstrecken" beim ZVEI
seit März 1986	Mitarbeit im AK 541.2.1 (IEC 934: Geräte- schutzschalter) der DKE
ab 01.10.1991	Stellvertreter des Leiters des Entwicklungslabors
seit 01.03.1994	Leiter des Prüflabors
seit Juni 1994	Mitarbeit bei SC23E/WG5 (IEC 934: Geräteschutzschalter)
seit 01.03.1994	Mitarbeit bei K131 der DKE und TC 50 bzw. TC 104 (IEC 68: Umweltprüfungen)
seit 01.03.1994	Mitarbeit in der AG 9 (Zertifizierung) von ALPHA

STEFAN DISTLER

Zur Person:	Stefan Distler geb. am 03.03.1939 verh., 3 Kinder
Schulbildung:	Sept. 1945 bis Juli 1953 Volksschule Burgthann
Berufsausbildung:	Juli 1953 bis Jan. 1957 Lehre als Werkzeugmacher bei der Firma Fella Werke, Feucht
Wehrdienst:	Juli 1960 bis Juni 1961 Grundwehrdienst beim 4. Vers. Bat. 116 in Cham, Führerschein Klasse II
Weiterbildung:	Sept. 1967 bis Feb. 1968 Refa-Grundlehrgang im Abendkurs Sept. 1968 bis Mai 1971 Techniker- und Industriemeisterausbildung im Abendkurs bei der Polytechnischen Gesellschaft in Nürnberg
Berufstätigkeit:	Feb. 1957 bis Juni 1957 Firma Fella Werke, Feucht als Werkzeugmacher Juli

	1957 bis Juni 1964 Firma Gebrüder Bühler, Nürnberg; als Werkzeugmacher Juli 1964 bis Juni 1966 Firma Schering AG, Feucht; als Mechaniker Juli 1966 bis Dez. 1971 Firma Fella Werke; Feucht; bis April 1969 als Werkzeugmacher; ab Mai 1969 in der Arbeitsvorbereitung als Zeitstudienmann Jan. 1972 bis jetzt Firma E–T–A Elektrotechnische Apparate GmbH, Altdorf Jan. 1972 bis Aug. 1992 als Entwicklungskonstrukteur
Betriebsrat:	seit Mai 1984 Mitglied im Betriebsrat seit Sept. 1992 freigestelltes Betriebsratsmitglied seit Feb. 1993 freigestellter Betriebsratsvorsitzender

HERBERT ECKSTEIN

1.9.1966:	Eintritt
1.9.1966–30.1.1970:	Werkzeugmacher; Tätigkeiten: Anfertigung von Vorrichtungen, von Stanz-, Biege-, und Folgeverbund- werkzeugen, Herstellung von Sondermaschinen
2.6.–18.11.1975:	Besuch der Meisterschule und Ablegung der Meisterprüfung
1.1.1977:	Ernennung zum Gruppenführer für die Abteilung Werkzeugbau und Übernahme in das Angestelltenverhältnis
seit 1.3.1980:	Ernennung zum Meister im Werkzeugbau. Herbert Eckstein ist stellvertretender Leiter des Werkzeugbaus und hauptsächlich mit der Herstellung von Schnitt- und Biegewerkzeugen beauftragt.

Mitte 1995 war Familie Eckstein 75 Jahre bei E–T–A: „Drei Generationen der Familie Eckstein aus Oberrieden gehören mittlerweile zusammen insgesamt 75 Jahre der E–T–A an. Dieses bemerkenswerte Jubiläum begann 1966 mit Herbert Eckstein, der mit einer Lehre zum Werkzeugmacher ins Berufsleben startete. 1988 ist Herbert Eckstein als Meister stellvertretender Leiter des Werkzeugbaus. 1970 kam seine Schwester Gerda zu E–T–A und arbeitete dort insgesamt fünf Jahre in der Luftfahrtmontage und Elektronikabteilung. Den gleichen Arbeitgeber wählte vor 1965 auch der Vater von Herbert und Gerda. Georg Eckstein war fast während der gesamten Zeit in der Bedruckerei und Gießerei tätig und führte nebenher noch seine kleine Landwirtschaft. 1980 verschlug es auch Gerhard Eckstein zu E–T–A, der seitdem für die Materialvorbereitung im Werkzeugbau zuständig ist. Eine Ausbildung zum Energieanlagenelektroniker absolvierte 1991 der Sohn von Herbert, Marco Eckstein. Ein weiterer Nachkömmling der Familie Herbert Eckstein – Nicole Eckstein – will es jetzt auch wissen und absolvierte im März 1995 eine Schnupperlehre bei E–T–A. „Wir gratulieren der Familie Eckstein ganz herzlich und wünschen, dass sie weiterhin E–T–A verbunden bleibt."

GERHARD ENDNER

Geburtsdatum:	20. November 1951
Geburtsort:	Kornburg (jetzt Nürnberg)
Familienstand:	Verheiratet seit 1976, 1 Sohn
Schulbesuch:	Sept. 1958 – Juli 1966 Volksschule Kornburg Sept. 1966 – Feb. 1970 Berufsschule 1 in Nürnberg Sept. 1968 – Juli 1971 Berufsaufbauschule Nürnberg, Mittlere Reife (Abendkurse und Vollzeitschuljahr) Sept. 1974 – Juli 1976 Rudolf-Diesel-Fachschule in Nürnberg, Staatlich geprüfter Techniker (Elektrotechnik)
Berufsausbildung:	Sept. 1966 – Feb. 1970 Lehre als Elektromechaniker (Elektronik) bei der Firma Te Ka De in Nürnberg
Bundeswehr:	Okt. 1971 – Juni 1973 Ausbildungskompanie für elektronische Kampfführung
Berufstätigkeit:	Mai 1971 – Sept. 1971 Facharbeiter bei Firma Te Ka De (Gerätefertigung) Juli 1973 – Sept. 1974 Facharbeiter bei Firma Te Ka De (Prüffeld) Jan. 1977 – heute Entwickler bei Fa. E–T–A Elektrotechnische Apparate GmbH in Altdorf seit 1995 Leiter der Abt. Elektronikentwicklung

HARALD GROSCHUP

geb. 1953	in Nürnberg. 11 Semester Studium an der Akademie für Bildende Künste, Nürnberg, bei Prof. Walter und Prof. Schillinger, mit Abschluss als Grafik-Designer im Juli 1978
10.1978 – 09.1986	Mitarbeiter bei Prof. Schillinger in dessen Werbeagentur in Nürnberg.
Seit Oktober 1986	Leiter der Abt. Werbung und Messen bei E–T–A in Altdorf

GÜNTER HAAS

Geboren:	28.07.1936 in Stuttgart
1950–1957:	Ausbildung und Tätigkeit als Oberlederzuschneider
1959:	Umzug von Bad Friedrichshall nach Altdorf und Start der Ausbildung zum Galvaniseur und Metallschleifer mit Abschluss 1962
1962:	Abendstudium Galvanotechnik, Abschluss als Techniker
1963:	Eintritt bei E–T–A mit Planung und Aufbau einer Galvanik und Abwasseranlage nach dem Stand der Technik. Leitung der Galvanik in Personalunion als Facharbeiter, Hilfsarbeiter und Techniker
1978:	Ausbildung zum Betriebsbeauftragten für Abfall. Seit 1964 Besuch mehrmals jährlich verschiedener Fort- und Weiterbildungsveranstaltungen bei der LGA und DGO abends in meiner Freizeit, um auf dem Stand der Technik zu bleiben.
1982/83:	Planung und Aufbau einer dem Produktionsanfall entsprechenden neuen Galvanik und Abwasseranlage. Errichtung einer Sondermüllsammelstelle in Galvanik für Gesamt-E–T–A und deren vorschriftsmäßige Entsorgung
1991:	Übernahme Kostenstelle 306 – Waschanlage und Trowal
1998:	ab 1. August – Ruhestand

GERTRUD HENDELMEIER

Tätigkeit:	kaufmännische Angestellte
Eintritt:	1. Juli 1953 als Chef-Sekretärin für Jakob Ellenberger
ab 1975	Chef-Sekretärin für Horst Ellenberger Außer den Aufgaben als Chefsekretärin fiel in ihr Aufgabengebiet: – Sachbearbeitung für das Patent-Wesen, dazu Führen der Korrespondenz und des Patent-Archivs – Retouren-Bearbeitung – Vergabe von Insertions-, Druckaufträgen – Bestellung sämtlicher Fachbücher und -zeitschriften – Reisebuchungen für alle Dienstreisen
Austritt:	15.11.1980 aus Altersgründen

KONRAD HEYDNER

30. April 1925	Geboren in Altdorf. Aufgewachsen im elterlichen landwirtschaftlichen Anwesen
1931 bis 1939	Besuch der Volksschule in Altdorf
1939 bis 1942	Ausbildung zum Maschinenschlosser bei den Fella-Werken in Feucht
18.–20.9.1942	Ablegen der Facharbeiterprüfung
21.9.– 3.12.1942	(nach 1 Woche Rückstellung wegen Prüfung) Einberufung zum Reichsarbeitsdienst in Lengdorf bei Zell am See (Abfahrt 20. Sept. abends ca. 18 Uhr)
8.12.1942	Einberufung zur Wehrmacht nach Erfurt. Grundausbildung bis Juni 1943. Dann folgten Reisen quer durch Europa.
24.2.1945	Verwundung bei Kalhar, anschließend Lazarett in Dormagen und Soest.
Anfang Juli 1945	Heimkehr nach Altdorf
Ab August 1945	Arbeit bei Fa. Tröster, Altdorf, Stars und Stripes Motorpool in Altdorf, Fa. Pandora, Schreibwarenfabrik in Altdorf Dazwischen Tätigkeit in der elterlichen Landwirtschaft

20.9.1948	Eintritt bei Fa. Ellenberger & Poensgen in Altdorf als Fertigungshelfer.
Ab Anfang 1949	Einsatz als Reparaturschlosser / Mechaniker / Werkzeugmacher / Mustermacher
1950/51	Besuch des Vorbereitungskurses zur Meisterprüfung bei der Mechanikerinnung Nürnberg.
Dezember 1951	Meisterprüfung im Mechanikerhandwerk
1.7.1955	Ernennung zum Meister für Labor Aufbau des Elektrolabors von der Einmann-Abteilung zum Entwicklungslabor mit Musterfertigung, Entwicklungsgruppen, Prüflabor, Prüfanlagenbau und Serienüberwachung. Betreuung der Energieversorgung, Aufbau von Sicherungsanlagen
ab 1958	Einführung der Ausbildung im Beruf Elektromechaniker, später Elektrogerätemechaniker bzw. Energiegeräteelektroniker
9.5.1962	Meisterprüfung im Elektromechaniker / Fernmeldemechanikerhandwerk
Mai 1965	Industriemeisterprüfung Fachrichtung Metallbearbeitung Während der Zeit von 1950 bis ca. 1975 laufende nebenberufliche Ausbildung bei Abendseminaren am Ohm-Politechnikum und an den Volkshochschulen in Nürnberg und Landkreis Nürnberg
ab 1962	Teilnahme an Sitzungen des Normenausschusses LN 4.1.5 für Bordnetzschutzschalter
1969	Anerkennung als Ingenieur
ab 1970	Mitglied des Normenausschusses 4.1.5 und Delegierter zu AECMA-Sitzungen (AECMA = European Association of Aerospace-Industries- Standardisation) und ISO
ab 1975	Mitglied im DKE-Arbeitskreis 131.2 für Ausarbeitung und Erstellung der Normen für Klimaprüfungen und 131.1 für Mechanische Prüfungen
1978	Wahl zum Obmann der AECMA-Workinggroup GT 5 „Schalter und Sicherungen"
1992	Ausscheiden aus der Firma nach 53 Berufsjahren, davon 44 Jahre bei Fa. Ellenberger & Poensgen/E–T–A.

Ich bin dankbar, dass ich diese Zeit mit allen Höhen und Tiefen, Rückschlägen und Erfolgen, Kritik und Anerkennung erleben konnte. Mein Dank gilt auch allen Kolleginnen und Kollegen jeder Zeitperiode, mit denen mich das Berufsleben zusammengeführt hat, vor allem in E–T–A, wie auch bei anderen Firmen und Behörden im Inland und Ausland.

PETER KALDENBACH

15.12.1948:	Eintritt
1.1.1957:	Handlungsvollmacht
14.10.1975:	Prokura
30.7.1981:	Abschied.

Auszug aus der Ansprache anlässlich des 20-jährigen Betriebsjubiläums: „Sie haben damals das Lager gemacht und waren darüber hinaus Mädchen für alles. Sie haben neben der Materialversorgung in der Montage selbst mitgeholfen, wo es gerade gefehlt hat." – Peter Kaldenbach half einmal abends/nachts mit Conrad Himmler, Konrad Heydner und Marga Ellenberger. Die Brotzeit wurde von Frau Heydner gebracht, das Bier von Kaldenbach gestiftet. Betriebsleiter Andreas Aschka war am nächsten Morgen wütend, da alle Werkzeuge nicht an ihrem Platz waren. „Später haben Sie den Einkauf übernommen und diesen langsam aufgebaut. Unsere erste Einkaufsabteilung war ein Einmannbetrieb und hatte seine Bleibe nach dem Auszug der Firma Hoffmann auf der Südseite dieses Raumes an der gegenüberliegenden Wand unserer jetzigen (1968) Materialverwaltung. 1959 wurde der inzwischen gewachsene Einkauf in unseren Neubau an seine derzeitige Stelle verlegt. Wenig später haben Sie, Herr Kaldenbach, das Kalkulierwesen übertragen bekommen mit der Begründung, der Einkauf muss wissen, wie sehr die Kalkulation von einem guten Einkauf abhängt." Hier wurde eingeflochten, was Harald A. Poensgen spaßeshalber immer gebetsmühlenhaft wiederholte: Der Verkaufspreis errechnet sich aus Umdrehungen mal Gewicht. Anlässlich der Verabschiedung von Peter Kaldenbach Ende Juli 1981 wurde festgehalten:

„Als der gebürtige Rheinländer nach seiner Verwundung in das Lazarett (Wichernhaus, Altdorf) zur Genesung gelegt wurde, ahnte er sicher nicht, dass er hier verbleiben wird. Dies geschah jedoch bei seinen Ausgängen mit dem praktischen Arzt Dr. Müller und dem gelegentlichen Besuch der Gaststätte „Zum Schwarzen Bären". Hier lernte Herr Kaldenbach seine spätere Frau kennen, welche ihn veranlasste, als erster Zwangsverschleppter in Bayern zu verbleiben. Er ahnte damals noch nicht, dass 34 Jahre Mitarbeit in der Fa. E-T-A daraus werden sollten. Anfänglich hoch auf einem schwarz gestrichenen Fahrrad, bewältigte er täglich die Strecke Wohnung zum Arbeitsplatz, um später, als die Verkehrsdichte in Altdorf größer wurde, die Strecke zu Fuß zurückzulegen, bewaffnet fast stets mit einem Regenschirm, denn auch damals war das Wetter schon so unbeständig, wie wir es zur Zeit haben. Die Damen der Fa. SUSPA beneideten uns um diesen gut gekleideten Herrn. Selbst Rückfragen von diesen Damen der Fa. SUSPA erfolgten, ob dieser Herr wohl Harald A. Poensgen wäre. Als der Einkauf noch im Zimmer des heutigen Arbeitsraums des Herrn Schienhammer (Betriebsrat) war, ließ Peter Kaldenbach die gegenüberliegende Toilette streichen. Als Andreas Aschka dies feststellte, machte er einen Krach und gab Peter Kaldenbach zu verstehen, dass er zwar die Farbe besorgen konnte, aber das Tünchen von ihm veranlasst werden müsste."

HEINZ KANDZORA

geboren:	21. April 1928 Oels/Schlesien
Schulzeit:	1934–1942 Volks- und Hauptschule Oels/Schlesien
Berufl. Ausbildung:	1942–Dez. 1944 – Lehrzeit als Mechaniker, Reichsbahn-Ausbesserungswerk Oels
Wehr-/Ersatzdienst:	Dez. 1944 – Juli 1946 Reichsarbeitsdienst, Luftwaffe, Kriegsgefangenschaft Ausbildung zum Techniker und Meister: Sept. 1952 – Juli 1953 Betriebsfachschule für Maschinenbau und Elektrotechnik Juli 1953 Industrie-Meisterprüfung bei IHK Nürnberg
Beruf:	Juli 1953 – April 1955 Jung-Ingenieur bei Firma Diehl, Röthenbach/Peg. Mai 1955 – Juni 1967 Leitung Arbeits- und Zeitstudienabteilung, Leitung Arbeitsvorbereitung, Leitung Fertigungsvorbereitung bei Firma NSF (Nürnberger Schraubenfabrik & Elektrowerk)
Anerkennung:	Juni 1967 Anerkennung zur weiteren Führung der Berufsbezeichnung Ingenieur durch die Regierung von Mittelfranken
Beruf:	Juli 1967 – Sept. 1968 Gruppenleiter für Arbeits- und Zeitstudien bei Firma Kabelmetall, Nürnberg Okt. 1968 – Sept. 1970 Leitung der Arbeitsvorbereitung für Schleifspindelfertigung bei Firma Georg Müller Kugellagerfabrik, Nürnberg Okt. 1970 – Sept. 1993 Betriebsleiter bei Firma E-T-A

INGE KNIELING

20.11.1936	Geboren in Baumholder/Nahe
1940	Umzug nach Altdorf
1943–1948	Volksschule Altdorf
1948–1951	Oberrealschule Nürnberg
20.08.1951	Eintritt als Lehrling bei ELPO
1951–1954	Kaufmännische Berufsschule Nürnberg
20.08.1954	Vertrag ELPO als Buchhalterin
31.08.1954	Kaufmannsgehilfenbrief der IHK Nürnberg
1972–1975	Einführung in EDV / Medienverband / NCR
30.06.1975	Berufs- und arbeitspädagogische Prüfung bei der IHK / Ausbildung der Ausbilder
24.10.1975	Zeichnungsberechtigt i.A.
01.02.1976	Hauptbuchhalterin IV/4444
01.01.1979	Übernahme von ELPO in E-T-A
16.07.1979	Ernennung zur Datenschutzbeauftragten
01.08.1979	Erteilung der Handlungsvollmacht

30.08.1990	Übertragung der Prokura / Vertrag bei E–T–A
01.01.1991	Übernahme der Leitung der Finanzbuchhaltung
20.08.1996	45jähriges Jubiläum

Laufende Weiterbildung durch interne und externe Kurse und Seminare: Finanzbuchhaltung; Jahresabschluss; Bilanzanalysen; Steuern; Kennzahlensysteme; Anlagenbuchhaltung; EDV von NCR bis SAP R/3

FRITZ KRASSER

Im Jahre 1929 in Nürnberg geboren und in Altdorf aufgewachsen. Besuch der Volksschule in Altdorf von 1936 bis 1941. Anschließend in die Oberrealschule an der Wölckernstraße in Nürnberg eingetreten. 1943 kriegsbedingte Evakuierung der unteren Klassen in das Riesengebirge mit Fortsetzung des Unterrichts. Ende 1944 wegen „Frontverkürzung" nach Ansbach zurückverlegt. Von dort nach zwei heftigen Luftangriffen in das Allgäu verschickt. Hier fand nur noch Wehrertüchtigung statt. Anfang Mai 1945 zu Fuß zurück nach Altdorf. Schon bald im Jahre 1945 Messengerboy bei der Zeitschrift „Stars ans Stripes". Die Zeitung wurde im jetzigen Gelände der Firma Ellenberger Poensgen gedruckt. 1946 ging es dann wieder los mit der Schule. Die Oberrealschule an der Wölckernstraße war jetzt im Melanchthon Gymnasium in der Sulzbachstraße untergebracht. Der Unterricht erfolgte unter erschwerten Bedingungen. Die Oberrealschule habe ich 1950 mit dem Abitur abgeschlossen. Vor dem Beginn des Studiums am Ohm-Polytechnikum war ich Praktikant bei der Firma BEN Buchele Elektromotorenwerk in Nürnberg. Im Oktober 1951 war der Start des Studiums der Elektrotechnik. Das Studium umfaßte sechs Semester. In den Ferien setzte ich meine Praktikantentätigkeit fort, zum Beispiel bei der Firma Dehn & Söhne in Nürnberg. 1954 habe ich das Studium erfolgreich abgeschlossen. Meine erste Ingenieur-Anstellung war bei BEN, meiner ersten Praktikantenstelle. Das Aufgabengebiet umfasste: Entwicklung und Konstruktion von Elektromotoren für Gleich- und Wechselstrom. Hinzu kam noch die Entwicklung von Schaltgeräten für die Anwendung bei Elektromotoren. Im Jahr 1956 heiratete ich Frau Betty Riedner. Wir haben zwei Kinder. Zur Weiterbildung und Festigung der Kenntnisse wechselte ich Ende 1956 zu der Firma BBC in Mannheim. Hier war mein Aufgabengebiet die Konstruktion von Gleichstrom-Maschinen für Walzwerke. Später wurde ich speziell für die Konstruktion von Hilfserregermaschinen für Turbogeneratoren eingesetzt. Das Klima, bedingt durch die Chemische Industrie in Mannheim, bekam uns nicht. Die Ärzte rieten uns zum Ortswechsel. Davon wusste der Schwiegervater, und da er oft mit Jakob Ellenberger bei der Feldarbeit zusammenkam, erzählte er ihm dies. Jakob Ellenberger meinte, ich sollte mich doch bei Ellenberger & Poensgen bewerben. Das tat ich dann auch. Im Oktober 1959 trat ich in die Firma als Vertriebsingenieur ein. Das Aufgabengebiet war die Kundenbetreuung und die Unterstützung der Außendienstmitarbeiter. Bedingt durch den längeren Ausfall von Josef Peter in der Konstruktion bat mich Jakob Ellenberger darum, Konstruktionsarbeiten zu übernehmen. Ich tat dies nach gewisser Überlegung, behielt aber noch zwei Vertretergebiete zur Betreuung bei. Im September 1960 wurde das Konstruktionsbüro eine selbständige Abteilung, zu deren Leiter mich die Firma machte. Die Aufgaben wurden mit dem Wachsen der Firma immer mehr, so dass ich mich voll der Konstruktion widmete. Die Vertriebsbetreuung gab ich auf. Am 24.10.1975 wurde mir Handlungsvollmacht erteilt. 1975/76 führte ich als Mitglied des Lenkungsausschusses das EDV-Programm Immac ein. Seit Ende Juli 1984 war ich Projektarbeiter für CAD/CAM. Ein weiteres Gebiet war das Patentwesen sowie die Tätigkeit in Fachausschüssen: VDE-Komitee, Fachnormen-Ausschuß FNE Thermo-Bimetalle, ZVEI-TA 6.2. Bis zum 31.12.1994 war ich Leiter der Konstruktionsabteilung. Während dieser Zeit konnte ich durch viele Neuentwicklungen für das gute Gedeihen der Firma beitragen. Ab 1.1.1995 übernahm Peter Meckler die Leitung des Konstruktionsbüros. Ich trat ins zweite Glied und erledigte Sonderaufgaben. Mein letzter Arbeitstag war der 31.12.1996.

ELLEN KÜRSCHNER

Eintritt:	1.7.1960; erste Auslandskorrespondentin in der E–T–A; Korrespondenz für Eberhard Poensgen, Herbert Beier, Fritz Krasser, Konrad Heydner.
1966:	Teilzeitbeschäftigung nach Geburt des 1. Kindes; für William F. Sell tätig als Sekretärin. Jetzt ausschließlich technische und kaufmännische Übersetzungen.
Weiterbildung:	1.10.1975–31.3.1977 Lehrgang an der Atlas-Schule für Dolmetscher – Diplom in Englisch.

HEINZ KÜRSCHNER

Geboren:	1941
Studium:	Maschinenbau
1962:	Entwicklungslabor
1970:	Aufbau und Leitung der Qualitätssicherung Qualitätsfachingenieur, DGQ Auditor, Leiter des Qualitätswesens bei E–T–A und Qualitätsbeauftragter

GEORG MÄRZ

03.05.1935:	geboren in Haimburg
1941–1949:	Volksschule, Hagenhausen
1950–1953:	Ausbildung zum Werkzeugmacher bei Firma Fella in Feucht
02.01.–06.08.1955:	Werkzeugmacher bei Firma Suspa, Altdorf
ab 08.08.1955:	Werkzeugmacher bei Firma E–T–A
ab 01.01.1965:	Vorarbeiter im Werkzeugbau
ab 01.01.1969:	Meister / Abteilungsleiter im Werkzeugbau / Betriebsmittelbau.
1997:	Auszeichnung für 20jährige ehrenamtliche Prüfungstätigkeit mit dem Goldenen Ehrenring der Industrie- und Handelskammer Mittelfranken.

PETER MECKLER

Jahrgang:	1953
Schulbildung:	1959–1964 Grundschule Mühlhausen/Sulz 1964–1973 Ostendorfer Gymnasium Neumarkt/Opf., Neusprachl. Zweig; 1973 Abitur
Wehrdienst:	01.07.–30.09.1973
Zivildienst:	29.10.1973–13.11.1974
Praktika:	1975 bis 1979, jeweils während der Sommerferien bei Fa. Dehn & Söhne, Neumarkt/Opf; Fa. Siemens, Erlangen
Studium:	1974–1980 Elektrotechnik Universität Erlangen 1980 Abschluss mit Diplom
Berufstätigkeit:	01.04.1980–31.09.1991: Gruppenleiter Schaltgeräteentwicklung Fa. E–T–A Altdorf: 1990/91: stellvertretender Leiter Entwicklungslabor 01.10.1991–31.12.1994: Leiter Prüfungslaboratorium / Fa. E–T–A seit 01.01.1995: Leiter Konstruktion / Fa. E–T–A
Hobby:	Junior Maximilian, Skifahrer, Astronomie

ERNST-WOLFGANG MÖLLER

Geb. 24.01.1941. Nach Schule und Betriebswirtschaftsstudium in Köln lange Jahre Erfahrung in namhaften Industrieunternehmen in führenden Positionen u. a. bei der Firma Mannesmann in Düsseldorf. Ab 1981 bei der E–T–A zunächst im Verkauf, dann als Leiter Marketing und Vertrieb. Zuständig für das Inland und das europäische Ausland.

ELFRIEDE MÜLLER

Geb. 1949. Sie ist seit 1971 bei der Firma E–T–A tätig und arbeitete in der Finanzbuchhaltung, wo der gesamte Zahlungsverkehr, der Kreditorenbereich sowie die Erstellung von Statistiken zu ihren Aufgaben zählten. 1988 wechselte sie in die Betriebsabrechnung. Nach einer Einarbeitungszeit übernahm sie die Leitung der Abteilung. Die gelernte Industriekauffrau bildete sich auf verschiedene Weise nach ihrem Übertritt in das BAB fort. Dazu zählen unter anderem Seminare im Bereich Kostenrechnung und Controlling bei diversen Instituten und als Gasthörer an der Friedrich-Alexander-Universität, Nürnberg. Zusätzlich belegte sie den Zertifikatslehrgang Controlling bei der IHK, Nürnberg.

REINHOLD PALMER

geb. am 12. Juli 1950
Ausbildung als Werkzeugmechaniker
Fachhochschulreife
Studium: Produktionstechnik und Industrial-Engeneering
Assistent der Geschäftsleitung bei Rosenthal-Technik, Lauf
AEG Hausgeräte, Nürnberg: Betriebsingenieur Waschgeräte, AV
Seit Januar 1992: Betriebsleiter bei E–T–A

JOSEF PETER

11.10.1928	geboren im Sudetenland, verheiratet, 2 Kinder
Ausbildung:	Volks- und Mittelschule 2 Semester Studium Maschinenbau Wehrdienst (Luftwaffenhelfer, Arbeitsdienst) Vertreibung aus der Heimat nach Bayern Ausbildung zum Werkzeugmacher Ausbildung zum Techniker an der Betriebsfachschule für Maschinenbau und Elektrotechnik in Nürnberg
1.9.1955:	Eintritt als technischer Zeichner
1.9.1960:	Das Konstruktionsbüro wird eine eigenständige Abteilung; Josef Peter wird als Konstrukteur eingesetzt und kann sich ausschließlich der Konstruktion widmen. Er wird Stellvertreter von Fritz Krasser.
1.1.1971:	Anerkennung zur Führung der Berufsbezeichnung Ingenieur durch die Regierung von Mittelfranken
Tätigkeiten:	Am Anfang seiner Laufbahn stand der E–T–A Magnetic. Hier hat Josef Peter wesentlichen Anteil daran, dass dieses Gerät zu einem erfolgreichen Schutzschalter wurde. Wichtige Konstruktionen: 2-8300; 483/583 Ausbau z.B. Fail safe und Si, besonders 1 A-Geräte; 8340 mit drei Varianten; Bär Thermatik, alte und neue Version, 452, 582, 2-4200-Si.
Abschied:	30.4.1993

Die Tochter von Josef Peter, Ingrid (verh. Steininger), ist heute Vertriebsleiterin (Export-Übersee), und der Sohn Werner ist als Labortechniker in der Elektronik-Entwicklung tätig.

LUISE PLARRE

Eintritt am 1.11.1948 als erster kaufmännischer Lehrling; Buchhalterin; ab 1962 Chefsekretärin für die kaufmännische Geschäftsleitung; Zeugnis für „Englische Handelskorrespondenz für Fortgeschrittene", Zertifikat als „Auslandskorrespondentin in der englischen Sprache", Prüfung als fremdsprachliche Wirtschaftskorrespondentin in Französisch vor der Industrie- und Handelskammer. Anlässlich ihrer 40jährigen Betriebszugehörigkeit wurden ihr Fleiß und ihr Pflichtbewusstsein hervorgehoben. „Ihre liebenswürdige Art und ihr fröhliches Wesen machten sie zu einer allseits geschätzten und beliebten Mitarbeiterin."

ULRICH REICHERT

Ulrich Reichert ist 54 Jahre alt, verheiratet und hat zwei Söhne im Alter von 27 und 24 Jahren. In Nürnberg geboren, besuchte er dort die Volks- und Realschule. Von September 1960 bis Juli 1962 absolvierte er dann ein elektrotechnisches Praktikum bei Siemens. Es folgte das Studium der allgemeinen Elektrotechnik am Ohm-Polytechnikum, der heutigen Fachhochschule Nürnberg (von Oktober 1962 bis Juli 1965). Nach 6 Semestern schloss er das Studium als Ing. grad. ab. Der Jungingenieur leistete dann seinen Wehrdienst bei der Luftwaffe ab. Im Oktober 1967 trat Ulrich Reichert als Laboringenieur in die Firma E–T–A ein. Er beschäftigte sich vorwiegend mit der Entwicklung und Prüfung von thermisch-magnetischen und magnetischen Schutzschaltern. Nach 10 Jahren Entwicklungstätigkeit wechselte Ulrich Reichert im September 1977 in den technischen Vertrieb. Er betreute das Rheinland, Österreich, die Schweiz sowie den Militär- und Luftfahrtbereich in Europa. Im September 1987 kehrte Ulrich Reichert wieder ins Labor zurück und übernahm im November 1988 von Konrad Heydner die Leitung des Labors.

PETER RICKERT

Geboren am:	26. August 1945, verheiratet 1968, 1 Kind
Ausbildung:	Werkzeugmacher, Maschinenbau-Techniker, REFA- und MTM-Ausbildung
1960–1968	Werkzeugmacher Fa. Lindner, Bamberg Lehre, Berufsjahre, Wehrdienst Techn. Porzellan
1968–1971	Werkzeugmacher Fa. Zimmermann, Bamberg Elektro-Technik
1971–1973	Maschinenbau-Techniker Fachschule für Wirtschaft und Technik, Ausbildung Erlangen
1973–1974	Arbeitsvorbereiter Fa. Siemens, Erlangen Medizin-Technik
1974–1979	Arbeitsvorbereiter, Fa. Lindner, Bamberg Gruppenleiter Techn. Porzellan
1980–1983	Arbeitsvorbereiter Fa. SUSPA, Altdorf Federungs-Technik
1984–1988	Arbeitsvorbereiter und Kalkulator Fa. SUSPA, Altdorf, Anlagenbau
1989–1992	Arbeitsvorbereiter Fa. E–T–A, Altdorf
ab 1992	Leiter der Kalkulation Fa. E–T–A

GÜNTHER ROSENBERGER

Persönliches:	geboren 1943, verheiratet, 1 Kind
Berufliches	EDV neutral: Lehre als Industrie-Kaufmann Lehre als Radio- und Fernsehtechniker Betriebswirtschaftliches Studium (auf dem sogenannten 2. Bildungsweg)
	EDV spezifisch: DV Betriebssysteme: IBM Plattenbetriebssystem für Systeme / 360 IBM Plattenbetriebssystem für Systeme / 3 NCR Betriebssysteme B1 und B2 NCR Betriebssystem IMOS II NCR Betriebssystem IMOS III NCR Betriebssystem IRX NCR Betriebssystem ITX Nixdorf Betriebssystem DIPOS

Server Betriebssysteme: UNIXMS-Windows NT
PC Betriebssysteme: CPM80 CPM86 MS-DOS MS-Windows

Programmiersprachen:	IBM Tabelliermaschine usw. (Programme werden „hardwaremäßig" erstellt) IBM RPG und RPG III BM Assembler NCR NEAT/2 und NEAT/3 TA Assembler und Macro-Assembler COBOL68, COBOL74 und COBOL85 MS-Basic (für PC's)

HANS ROTH

Geburtstag/ -ort:	28.08.1939 Altdorf (Landkreis Nürnberger Land)
Schulbesuch:	
1945–1953	Hauptschule Altdorf
1953–Feb. 1957	Berufsschule Nürnberg

Berufsausbildung:
17.08.53–15.02.57 Mechanikerlehre bei Firma Langgut, Nürnberg
Facharbeiterprüfung:
Januar 1957 Industrie- und Handelskammer, Nürnberg
Berufstätigkeit:
Feb. 57 – Nov. 57 Mechaniker bei Firma Langgut, Nürnberg
Nov. 57 – Juni 60 Büromaschinenmechaniker Triumpfwerke, Nürnberg
Wehrdienst:
Jul. 60 – März 62 Luftwaffe – Technischer Dienst (Unteroffizier)
Weitere Berufstätig.:
Apr. 62 – Sept. 63 Elektromechaniker bei Firma Quelle, Nürnberg
Weiterführ. Schule:
Sep. 63 – Feb. 65 Tageskurs an der BO-Nürnberg, „Staatlich geprüfter Maschinenbau-Techniker"
Apr. 66 Industrie-Meister-Prüfung, IHK Nürnberg
Weitere Berufstätigkeit:
Mär. 65 – Juni 70 Betriebsmittel-Konstrukteur Firma Diehl, Nürnberg (als Fertigungs-Ing. geführt) (Ing. Ges. 1965)
01.07.1970 Eintritt bei Firma E-T-A Altdorf als „Betriebs- Ingenieur", Schwerpunkt: Rationalisierung in der Produktion
1972 Aufbau einer Arbeitsvorbereitung
1975 Zeichnungsberechtigt
1978 Leitung der Arbeitsvorbereitung (z. Zt. 15 Mitarb.)
1993 Handlungsvollmacht
Weiterbildung:
1970–1975 MTM-Grund- und Standarddaten-Ausbildung, Refa-Grund- und Fachausbildung
Sonderausbildung:
1975–1997 Netzplantechnik / Wertanalyse / DFMA / FMEA und ca. 30 fachspezifische Seminare
EDV-Ausbildung:
1985–1997 MS-DOS / OA III / MS-Windows - Powerpoint / Excel / Access / Windows / NT / Exchange SAP-Grundkurs
Familienstand: Verheiratet / 2 Kinder

JOACHIM SCHEEL

Geboren am 23.01.1965 in Hamburg. Von 1986 bis 1992 Studium zum Diplom-Wirtschaftsingenieur in Hamburg. Seit 1993 als Assistent der Geschäftsleitung zuständig für die Koordination der Aktivitäten des Projektteams. Parallel Promotion zum Dr. rer. pol. an der Universität Erlangen-Nürnberg.

HEINRICH SCHIENHAMMER

Berufsausbildung: Meister im Mechaniker-Handwerk
18.10.1954: Einstellung als Werkzeugmacher
01.07.1955: Meister der Werkzeugmacherei und Betriebsmittelkonstrukteur
01.01.1969: Leiter der Abteilung Fertigungsentwicklung mit ingenieurmäßigen Aufgaben (Betriebstechnologe)
24.05.1972: freigestellter Betriebsrat und zugleich Betriebsratsvorsitzender
04.02.1975: Anerkennung als Betriebsingenieur

Herr Schienhammer verunglückte auf einer Fahrt von Lauf nach Altdorf und erlag am 16.05.1983 seinen schweren Verletzungen.

THOMAS SCHMID

Studium: Betriebswirtschaftslehre an der Friedrich-Alexander- Universität Erlangen-Nürnberg. Er wurde 1988 als Marketingassistent eingestellt. Heute ist er Leiter der Abteilung Marktforschung.

ERNST SCHÖNWEISS

14.2.1955:	Eintritt als kaufmännischer Angestellter in der Versandabteilung als Mitarbeiter von Ernst Franke. Nach dessen Tod (1963) als Versandleiter tätig. Neuorganisation der gesamten Versandabteilung sowie des Terminbüros.
1972:	Mit Errichtung des Verwaltungsgebäudes entstand unter seiner Leitung die Abteilung Auftragsabwicklung mit Verkauf, Termin- und Versandbüro. Ausarbeitung von Verpackungsvorschriften und Versandsystemen. Direktionsassistent; Koordinator bei Einführung EDV; Zollkoordinator bis 1984; Vorbereitung und Abwicklung der Preisprüfung bei öffentlichen Aufträgen; Delegierter des DHK-Gremiums Altdorf;
bis April 1981	Abwicklung sämtlicher Tunesien Zoll- und Verkaufsvorgänge;
ab April 1981	kaufmännische Akquisition und Offertenwesen.

HANS SCHOPP

Jg. 1929	Bildung: Mittlere Reife
Ausbildung:	Fernmeldemechaniker
Studium:	Ingenieur HF / Nachrichtentechnik
Tätigkeit ab 1954	als Entwicklungsingenieur in der Fahrzeug- und Industrieelektronik
seit 1969	Aufbau einer Elektronikabteilung bei der E–T–A, wie bereits vor 1969 in den beiden Firmen
seit Dez. 1994:	Ruhestand

GERHARD STEGER

Ausbildung:	Nach „mittlerer Reife", kaufmännische Ausbildung und Wehrdienst
Abschluss 6/1971	Betriebswirt grad. und danach
6/1977	Diplom Sozialwirt an der WiSo in Nürnberg.
Beruflicher Werdegang:	
10/1977	Einstieg als Personalreferent in einem Elektro-Konzern.
ab 11/1980	Leiter der Abteilung „Personalbetreuung gewerblicher Arbeitnehmer".
ab 1/1985	Leiter der Abteilung „Personal- und Sozialdienste" sowie „Aus- und Weiterbildung" (Stellvertreter des Personalleiters).
ab 10/1989	Personalleiter bei E–T–A.

In den verschiedenen Aufgaben lernte ich alle Aspekte der Personalarbeit, insbesondere den Umgang mit den Mitarbeitern eines Industriebetriebes, kennen. Da es die typische Ausbildung zum Personalleiter nicht gibt, ist gerade in dieser Verantwortung eine permanente Weiterbildung nötig. Die Schwerpunkte dieser Weiterbildung waren: Management – Psychologie/Technik; Führung und Kommunikation; verschiedene Themen aus dem Arbeitsrecht; Anwendungen von PC-Software. Derzeit besuche ich eine mehrwöchige Weiterbildung in Mediation (Vermittlung).

INGRID STEININGER

Ingrid Steininger, geb. Peter, Geburtsdatum: 24.03.1958, verheiratet
1969–1976 Leibniz Gymnasium Altdorf (Mittlere Reife)
1976–1978 Nürnberger Fremdsprachenschule (4 Semester),

nach 2. Semester Abschluss Fremdsprachenkorrespondentin,
nach 4. Semester Abschluss Auslands-Korrespondentin
seit 1.8.1978 beschäftigt bei Firma E–T–A in Abteilung Export Übersee
seit Mitte 1994 Vertriebs- und Marketingleitung Export Übersee

RUDOLF WACHTER

geb. 23. Januar 1951 in Altdorf, verheiratet, eine Tochter
gelernter Kaufmann
seit Oktober 1979 tätig bei E–T–A im Vertrieb
seit Beginn 1987 auch zuständig für die Presse- und Öffentlichkeitsarbeit

KURT WEIHRAUCH

geb.:	17.12.1915 in Waldenburg
Eintritt:	03.07.1961 als Montageleiter, 01.08.1961 Übernahme in das Angestelltenverhältnis

Bei der Gründung des Werkes Hohenfels war Herr Weihrauch Sprecher der Gemeinde Hohenfels. Im Zuge der Verhandlungen mit der Gemeinde wurde durch Herrn Ellenberger sen. Herrn Weihrauch die künftige Leitung angeboten. Zuerst wurde das ehemalige Schulhaus umgebaut. Mit 5 Frauen begann am 31.07.1961 die Montage in Hohenfels.

Frühjahr 1964:	Belegschaftsstand rd. 50 Mitarbeiter
Mai 1964:	Bezug des umgebauten Postsaales als zusätzliche Fertigungsstätte
Juli 1964	Belegschaft rd. 100 Mitarbeiter Bezug des Bogner-Saales

Auf Grund der vielen Mitarbeiter wurde nach einem Jahr Bauzeit 1965 das jetzige Werk in Hohenfels bezogen. Nach dem 20jährigen Jubiläum im August 1981 trat Herr Weihrauch zum 31.12.1981 in den Ruhestand.

ERNA WIRTH

Geboren:	19.2.1924
Berufliche Tätigkeit:	1.4.1941–30.9.1946 zuerst als Kontoristin und ab 15.12.1942 als Buchhalterin der Fa. Vereinigte Silberhammerwerke Hetzel & Co. i. L. (30.9.1946). Als Buchhalterin übernahm Erna Wirth die Lohn- buchhaltung, später auch noch die Führung von Sach- und Kontokorrentkonten. „Als Lohnbuchhalterin oblag ihr auch die jeweilige arbeitsamtliche und kassenamtliche An- und Abmeldung der Gefolgschaftsmitglieder" (Zeugnis vom 30.9.1946).
Eintritt:	17.8.1948 als Buchhalterin; ab Oktober 1953 Erteilung der Prokura; Aufbau der Buchhaltung, des Personalwesens und der Ausbildung der kaufmännischen Lehrlinge; Mitwirkung von 1977 bis 1982 in den Prüfungs- ausschüssen Bürokraft und Bürokaufmann bei Prüfungen im Berufsbildungswerk Rummelsberg.

Die personelle Entwicklung eines Unternehmens von anfänglich 8 Mitarbeitern (August 1948) bis zum Personalstand von ca. 1.000 Mitarbeitern 1988 erforderte ein umfangreiches Fachwissen, Sachverstand, Initiative, große Menschenkenntnis und Führungsqualität. Diese Eigenschaften wurden Erna Wirth anlässlich ihrer 40-jährigen Firmenzugehörigkeit von Eberhard Poensgen bescheinigt. Die am 19. Februar 1924 in Nürnberg geborene Erna Wirth hatte sich bei dem neugegründeten Unternehmen beworben und war durch Arbeitsvertrag vom 1. August 1948 ab dem 17. August 1948 zunächst zur Probe auf ein halbes Jahr als Buchhalterin mit einem Anfangsgehalt von DM 200,00 pro Monat brutto engagiert worden.

ADOLF WITKA

Funktion	Werksleiter der Firma E–T–A Zweigwerk Hohenfels
Persönliche Daten	geb. am 26.09.1938 in Sternberg, Mähren (Sudetenland) – August 1946 geflüchtet nach Volkmarsen Kreis Waldeck (Hessen). – Mutter Anna Witka (Höpp), Vater Franz Witka, Wasserwerkmeister. – Seit 1959 verheiratet, Ehefrau Therese (Friedl) und 4 Kinder.
Schulbildung	1945–1946 Volksschule Sternberg – 1946–1953 Volksschule Volkmarsen – 1968–1971 mittlere Reife über den 2. Ausbildungsweg Telekolleg
Berufsausbildung	1953–1956 Ausbildung zum Maschinenbauschlosser bei der DB im Ausbesserungswerk Kassel – 1972–1974 Ausbildung zum Maschinenbautechniker
Beschäftigung:	1956–1957 als Maschinenschlosser bei der Firma Hermann Pohlmann Wetterburg (Krs. Waldeck) – 1957–1960 Zeitsoldat bei der Pionier- u. Versuchskompanie (München) zur Instandsetzung aller Handfeuerwaffen. – 1960–1963 kaufmännischer Angestellter bei der US Army im Dienstleistungsgewerbe. – 7.1 1964 bei der Firma E–T–A (ehemalige Ellenberger & Poensgen), Hohenfels, als Einsteller und Kontrolleur. – ab 1972 Fertigungsleiter bei der E–T–A – ab Januar 1982 Werksleiter vom Zweigwerk Hohenfels mit z. Zt. 230 Mitarbeiter.
Kurse, Seminare:	REFA Grundscheine – Mitarbeiterführung – Qualitätszirkel – DOS und Windows Betriebssysteme – MS Office, Word, Excel, Access, Exchange – COREL Draw, Photopaint, Dream3D
Ehrenämter:	ab 1965 beim Turn- und Sportverein Hohenfels Schülerleiter, Abteilungsleiter Fußball, Wandern und Schatzmeister vom Hauptverein

2. JUBILARE DER E–T–A MIT 25 DIENSTJAHREN UND MEHR

ALTDORF	Austritt	**ALTDORF**	Austritt
50 Jahre		**30 Jahre**	
Plarre Luise		Baltzer Klaus	
45 Jahre		Bauer Kurt	
Knieling Inge		Beier Herbert	31.12.1987
40 Jahre		Bensing Helene	07.02.1986
Gömmel Maria	31.07.1995	Bleisteiner Luise	31.12.1987
Hauenstein Maria	31.12.1983	Brandl Reinhard	
Heydner Konrad	09.09.1992	Brunner Margarete	
Lades Heinrich	31.12.1993	Busch Eugen	30.09.1986
März Georg		Eckstein Herbert	
Meyer Martin		Eckstein Karin	
Reif Anneliese	31.07.1995	Edelhäuser Lotte	22.06.1990
Ritter Gertrud	31.07.1988	Ellenberger Norbert	28.02.1994
Schmid Herta	31.03.1996	Engelmann Sigurd	
Walther Hedwig	26.10.1984	Gantz Berta	31.03.1994
Wirth Erna	31.12.1990	Gruner Herbert	30.09.1990
35 Jahre		Hammerand Karl	30.11.1990
Boer Michael		Heilmann Christa	
Fuchs Frieda	30.06.1997	Hofmann Elsbeth	15.08.1997
Greim Inge	31.07.1995	Höreth Else	31.01.1993
Haas Günther		Kaldenbach Peter	07.09.1981
Hengelein Günter		Kastl Richard	07.07.1992
Hessel Elfriede	31.07.1996	Krall Margit	
Hiltner Helga		Kratzer Franz	
Krasser Fritz	31.12.1996	Kratzer Rudolf	30.09.1986
Krug Helga		Kraus Elisabeth	30.04.1991
Kürschner Ellen		Krug Gerhard	31.01.1998
Kürschner Heinz		Kupfer Erika	31.12.1994
Leinweber Willi		Kupfer Leonhard	31.12.1994
Mahringer Christa	31.03.1997	Lehner Hans	
Müller Anneliese	29.02.1996	Leonhardt Helmut	
Neubauer Christiane		Leykauf Rudolf	30.09.1988
Peter Josef	30.04.1993	Liebe Jürgen	
Pillhofer Walburga	30.08.1991	Liebl Elfriede	
Poensgen Eberhard	30.06.1993	Lill Anneliese	11.05.1990
Przybyllok Rolf		Lill Günter	31.01.1993
Roth Michael	31.12.1993	Märlein Gerlinde	30.11.1996
Schmidt Adolf	31.10.1994	Matschy Elke	
Schönweiß Ernst	30.09.1993	Meier Ingrid	
Topp Manfred	31.10.1996	Merkel Werner	
Wamser Horst	28.01.1996	Neudert Johann	30.06.1991
Wild Margarete	31.12.1993	Nunweiler Anna	28.01.1987
Willscher Helga	19.09.1994	Plötner Hans-Joachim	30.06.1993
Willscher Helmut	31.12.1994	Poensgen Harald A.	30.09.1982
Wüst Gunda		Reichert Ulrich	
Ziegelmeier Anneliese	02.04.1993	Rupprecht Babette	31.08.1996

ALTDORF	Austritt	ALTDORF	Austritt
Rupprecht Maria		Hupfer Aloisia	
Schäfer Kurt		Jäger Brigitte	
Scharrer Marga		Kamm Anna	31.05.1988
Schaufler Anna	30.04.1989	Kamm Ernst	31.08.1995
Schmidt Hans	30.09.1996	Kellermann Hans	
Sell William F.		Kerschensteiner Hans	
Spieler Gerhard	31.07.1993	Kienlein Richard	
Strattner Hannelore		Knieling Margit	
Strobl Gisela		Köchl Adam	
Thutewohl Gisela	31.03.1979	Kolb Helmut	31.08.1996
Troll Frieda	20.08.1985	Lades Hermine	31.03.1994
Wiedmann Luitgard		Link Walter	
Wocelka Erich	31.03.1994	Macher Annemarie	30.06.1982
Zankl Auguste	31.10.1996	Maresch Viktor	
Zörntlein Minna		Mazzuchelli Helene	30.08.1985
25 Jahre		Mederer Christa	
Adam Elisabeth		Meyer Babette	31.08.1976
Bauer Gertraud		Meyer Margarete	13.10.1982
Beutin Klaus		Müller Elfriede	
Beutin Robert		Müller Renate	
Biersack Franz		Neudert Brigitte	
Billhöfer Marie	11.04.1986	Nießlbeck Viktoria	30.06.1996
Brandl Edmund;		Nowak Günter	
Brantl Inge		Pietsch Erhard	31.12.1993
Braun Hans		Pister Erika	
Chunsek Peter		Reibenspiefl Inge	
Daumin Michael	08.11.1995	Ringel Hanne	
Dauphin Anna	29.02.1988	Riola Rosa	
Distler Stefan		Ritter Angelika	
Eckstein Anna	17.01.1986	Roth Gerlinde	30.09.1995
Eckstein Ernst		Roth Hans	
Eckstein Rosalinde	18.05.1990	Schienhammer Heinr.	16.05.1983
Ellenberger Horst		Schillinger Hermann	
Ellenberger Jakob	10.02.1975	Schmidt Erika	
Frenzel Johannes	31.10.1996	Schmidt Willi	
Fuchs Anna		Schopp Hans	31.12.1994
Gebert Karl-Heinz		Schötz Georg	
Goss Luise	30.04.1993	Schötz Waltraud	
Gottschalk Barbara	30.04.1992	Schultheiß Anna	31.08.1976
Graf Rosa	31.01.1985	Schuster Gertraud	
Gromer Elisabeth		Schuster Reinhold	
Grund Magdalena		Schütz Elfriede	17.04.1997
Grund Peter		Siegert Monika	28.02.1998
Gründl Berta		Steininger Robert	
Güthler Erwin	13.02.1981	Sternberg Gerhard	31.12.1985
Haas Erwin		Strohn Kurt	
Haniger Hans	31.12.1975	Thäter Erhard	21.01.1988
Hanke Ilse		Thurner Erich	
Hantke Horst		Wahler Helga	
Harbauer Erna	31.05.1997	Weber Heinz	
Hendelmeier Gertrud	15.11.1980	Wiedmann Erna	31.05.1997
Hubert Georg		Wiedmann Erwin	

ALTDORF	Austritt	**ALTDORF**	Austritt
Winkler Franz		Wörnlein Karola	
Wittmann Magdalena	30.06.1997	Zantner Hildegard	31.03.1986

HOHENFELS	Austritt	**HOHENFELS**	Austritt
35 Jahre		Hengl Hannelore	
Feuerer Gertrud	30.04.1997	Hofmeister Georg	31.12.1995
30 Jahre		Ihring Berta	
Bargende Erhard		Jung Johannes	28.02.1997
Bargende Luise		Jungkunz Brigitte	
Bayerl Elisabeth		Jungkunz Manfred	
Bleicher Therese	28.02.1998	Kastl Rosina	21.07.1995
Eichenseer Katharina		Klippel Theres	30.04.1989
Hofmann Barbara	05.05.1995	Koller Herta	20.12.1989
Huger Therese		Lautenschlager Maria	30.06.1996
Körner Therese	31.12.1997	Lehner Josef	
Laßleben Josef		Lipperer Theodor	
Mersch Therese		Lorenz Marianne	
Niebler Irmgard		Lorenz Rudolf	
Pretzl Barbara	31.05.1998	Lutz Edeltraud	31.12.1994
Sczepanik Sophie	28.02.1993	Lutz Kreszenz	31.12.1986
Söllner Marianne	31.07.1996	Lutz Sophie	
Weigert Marianne		Meister Richard	
Witka Adolf		Moser Johann	
25 Jahre		Nenz Christa	
Achhammer Josefine	31.03.1996	Nunhofer Monika	
Alshut Maria	05.12.1988	Ott Erna	
Bauer Anna		Scheuerer Berta	
Baumer Erna	28.02.1995	Scheuerer Maria	
Binner Therese		Schmidt Bernhard	
Birgmeier Anna	31.07.1994	Schötz Rudolfine	
Birzer Ingeborg		Schreglmann Krimh.	
Braller Marianne		Schreiner Therese	
Brey Marianne		Schuhmacher Heinz	
Brock Ernst		Schulze Rosa	
Dietrich Anna		Söllner Walburga	
Drescher Sieglinde		Spangler Martha	31.10.1993
Eberlein Anna		Stadlmeier Barbara	28.02.1994
Edenharter Anneliese	31.12.1996	Stöckl Maria	31.07.1997
Eichenseer Hildegard	31.01.1995	Vollberg Günther	
Eichenseer Karolina		Weimerich Anna	30.11.1994
Eichinger Christine		Wein Franziska	
Eichinger Katharina	31.12.1994	Wenisch Georgine	
Feldmeier Helga		Witka Theres	24.07.1992
Ferstl Barbara	31.08.1988	Wolf Monika	
Feuerer Edith	02.07.1991	Wurm Ilona	
Feuerer Johanna		Wurm Xaver	
Freimann Ruth	31.12.1990	Zankl Berta	
Glöckner Anna	31.07.1986	Zenger Christine	
Grimm Erwin		Zenger Rosa	28.02.1997
Hammer Georg		Zichaus, Johann	

3. STECKBRIEFE EINIGER HANDELSPARTNER DER FIRMA ELLENBERGER & POENSGEN GMBH

1. Bayerische Elektrozubehör GmbH (BEZEG), Lauf an der Pegnitz
Heute: ABL SURSUM, Lauf an der Pegnitz

Die Gründungsanekdote der Firma ABL Bayerische Elektrozubehör besagt, daß der Fahrradhändler Albert Büttner eines Abends im Laufer Wirtshaus „beim Völkel" lautstark von seinen neuartigen Ideen zur Konstruktion elektrotechnischen Materials erzählt habe. Er beklagte sich dabei angeblich, daß ihm nur noch jemand fehle, der das nötige Geld zur Verwirklichung seiner Erfindung habe. Da sei ein 25-jähriger Berliner vom Nebentisch gekommen, der offenbar Interesse an diesen Konstruktionsideen hatte. Der junge Mann aus Berlin war Haimo Schlutius. Die BEZEG wurde im Jahre 1923 von Albert Büttner, dem späteren Schwiegervater von Harald A. Poensgen, und von Haimo Schlutius, der von Beginn an die Mehrheit an der Firma hielt, gegründet. Im Jahre 1926 entwickelte Albert Büttner die Grundidee des Schuko-Systems, jenes Schutzkontaktsteckers mit Erdungssicherung, der noch heute die meistverwendete Steckvorrichtung der Welt ist. Damit wurde von der BEZEG ein wichtiges Stück Geschichte der Elektroinstallation mitgeschrieben. Bereits drei Jahre nach der Firmengründung kam Harald A. Poensgen in die Firma, um deren Vertrieb zu organisieren. 1925, bei seinem Eintritt, erwirtschaftete die BEZEG einen Jahresumsatz von 400.000 Mark. 1935 war der Umsatz auf 600.000 Mark und vor Kriegsausbruch auf 2,8 Millionen Mark angestiegen. Einige BEZEG-Produkte der dreißiger Jahre, die Harald A. Poensgen abzusetzen hatte, waren die ersten druckwasserdichten Steckvorrichtungen aus Textil-Preß-Stoff, Unterputz-Herdanschlußdosen und Spezial-Verteilungen in jeder Größe und Ausführung aus Isolierpreßstoff und Stahlblech. 1952 legte die BEZEG ihr sogenanntes Perlix-Programm auf, und 1968 setzte sie Maßstäbe für die Produktion von Herddosen, die noch heute gültig sind. Im Jahre 1979 erfolgte die Konstruktion und Fertigungsaufnahme der ABL 17-Rundsteckvorrichtungen. 1983 wurde mit „variABL", das bisher umfangreichste wassergeschützte Auf-putz-Programm für Haushalt und Industrie entwickelt. Nach dem Zweiten Weltkrieg trat Haimo Schlutius stärker in der Firma hervor, da er seinen ostdeutschen Gutsbesitz verloren hatte. Er zog die Geschäftsleitung an sich und wurde 1958 Alleininhaber der Firma. 1969 verstarb Haimo Schlutius, worauf die Geschäftsleitung an seinen Sohn Haimo Schlutius jun. überging. Im Jahre 1986 übernahm man die Firma Sursum, die sich mit der Entwicklung von Schutzschaltern beschäftigte. Sursum hatte seit ihrer Gründung im Jahre 1912, als Firma Leyhausen & Co., Spezialfabrik für Elektrizitäts-Werks-Bedarf, ähnlich wie die Firma Ellenberger & Poensgen Schraubautomaten, Sockelautomaten und Motorschutzschalter hergestellt. Aus der Übernahme entstand 1990 durch Fusion die neue Firma ABL SURSUM Bayerische Elektrozubehör GmbH & Co. KG mit Sitz in Lauf an der Pegnitz. Im Jahre 1996 gründete ABL SURSUM zur Erschließung neuer Märkte Tochtergesellschaften in Marokko und Malaysia. Noch heute bietet ABL SURSUM mit über 5.000 Produkten ein vielfältiges, ausgewogenes und komplettes Programm von der Steckvorrichtung bis zum Sicherungsautomaten an. Etwa 40% ihres Umsatzes erzielt die Firma dabei im Ausland. In über 40 Länder weltweit liefert die Firma ABL SURSUM ihre Produkte vom Standort Lauf aus.

2. Bergner, Richard, Schwabach
Heute: Richard Bergner GmbH & Co (RIBE), Schwabach

Dieses Unternehmen wurde 1911 von Richard Bergner in Schwabach gegründet. Zunächst war die Firma eine reine Federnfabrik, doch schon 1916 wurden auch kaltumgeformte Verbindungselemente, besonders Spezialschrauben, produziert. Im Jahre 1945 übernahm man die Patente der Firma J. W. Hofmann in Radebeul bei Dresden. Dies begründete die Aufnahme von Elektroarmaturen in das Programm der Firma Bergner. Nach der Wiedervereinigung konnte im Jahre 1991 mit der Firma Hofmann das Stammhaus der Ribe-Elektroarmaturenproduktion erworben werden. Noch heute stützt sich die Firma auf die Produktion von kaltumgeformten Verbindungselementen, technischen Federn und Elektroarmaturen. Das Unternehmen beschäftigt derzeit circa 1.100 Mitarbeiter in ganz Europa bei Jahresumsätzen in dreistelliger Millionenhöhe.

3. Braun, Boveri & Cie. AG (BBC), Mannheim
Heute: Asea Brown Boveri AG (ABB), Mannheim

Die Firma Braun, Boveri & Cie. KG wurde im Jahre 1891 von dem schweizer Ingenieur Charles Brown und dem aus Bamberg stammenden Walter Boveri in Baden in der Schweiz gegründet. Zunächst schufen Brown und Boveri eine Elektrizitätsversorgungsanlage für die Stadt Frankfurt am Main. Dazu fand ein damals revolutionäres Verfahren Verwendung, das von der 180 km entfernten Lauffener Wasserkraftanlage elektrische Energie, umgespannt zu 25.000 Volt starkem Drehstrom, nach Frankfurt brachte. Als die junge Firma auch den Zuschlag für den Aufbau der Elektrizitätsversorgung von Mannheim erhielt, errichtete das Unternehmen dort im Jahre 1900 eine Tochtergesellschaft. Damit war die deutsche BBC entstanden. Der Kraftwerks- und Großturbinenbau wurden zur Stärke und zum Mittelpunkt des Mannheimer Werkes, doch schon bald begann man auch mit der Produktion elektrotechnischer Serienerzeugnisse, zeitweise sogar mit der Herstellung von Haushaltsgeräten, neue Umsatzträger aufzubauen. Seit 1918 gehörte der Firma BBC mit der Firma Stotz auch einer der wichtigsten deutschen Produzenten von Sicherungsautomaten. 1930 entstand mit dem Erwerb der ebenfalls in dieser Branche tätigen Firma Kontakt aus Frankfurt a. M. die Stotz-Kontakt GmbH, Mannheim. Als es 1988 zur Fusion der BBC mit der schwedischen ASEA kam, führte die deutsche Gesellschaft dem Gemeinschaftsunternehmen 36.000 Beschäftigte zu. Die Unternehmensbereiche Verkehrstechnik und Kraftwerkstechnik wurden allerdings an die Adtranz und an die ABB Alstom Power abgegeben.

Heute setzt die Firma ABB auf das Geschäft mit der Automation. Entsprechend wurden die Firma Elsag Bailey und die Hartmann & Braun Gruppe erworben. Die Firma Asea Brown Boveri AG beschäftigt derzeit über 20.000 Mitarbeiter bei einem Jahresumsatz von 6,6 Milliarden D-Mark.

4. Felten & Guilleaume AG, Köln
Heute als Felten & Guilleaume AG, Köln, Teil der Moeller Holding GmbH & Co. KG

Im Jahre 1815 gründete der Seiler J. Theodor Felten mit seinem Schwiegersohn Franz Carl Guilleaume in Köln die Firma Felten & Guilleaume. 1847 wurde in Mühlheim bei Köln das Karlswerk gegründet. Aus dem einstmaligen Familienunternehmen wurde eine Aktiengesellschaft, die in Benennung und Besitzverhältnissen mehreren Veränderungen unterworfen war. Einige der über die Zeit verwendeten Firmenbezeichnungen waren: Felten & Guilleaume Carlswerk AG, Felten & Guilleaume Eisen und Stahl AG und Felten & Guilleaume AG. Seit dem Ende des Ersten Weltkrieges hielt die Gründerfamilie keine Anteile mehr an der Firma. Mehrheitseigner wurden Arbed Stahl und später Philips. Nach dem Zweiten Weltkrieg nahm die Firma als Felten & Guilleaume Carlswerk AG im Juli 1945 wieder mit einigen Tausend Mitarbeitern die Produktion von Kabeln und Leitungen auf. Die davon getrennte Felten & Guilleaume Eisen und Stahl AG begann parallel dazu von neuem mit der Herstellung von Bergwerksseilen. Neben Köln verfügte man seinerzeit bereits über eine Niederlassung in Arolsen. 1949 wurde ein weiteres Zweigwerk in Nordenham eröffnet, und 1950 wurde in Nürnberg zusammen mit Philips die Felten & Guilleaume Fernmeldeanlagen GmbH gegründet. Auch in die Fertigung von Spezialmotoren stieg man 1950 ein.

Die heutige Felten & Guilleaume AG trägt lediglich den Namen des alten Unternehmens. Eine

Rechtsnachfolge wurde nicht angetreten. Mit 97% ist derzeit die Moeller Holding GmbH & Co. KG Mehrheitsaktionär von Felten & Guilleaume. Im Zuge dieser Übernahme wurde das traditionelle Kabelgeschäft der Firma, auf das Ellenberger & Poensgen seinerzeit Bezug nahmen, Anfang 1999 an die dänische NKT Holding verkauft. Die heutige Felten & Guilleaume AG hat etwa 3.500 Mitarbeiter bei einem Umsatz von 600 Millionen D-Mark. Sitz des Unternehmens ist noch immer Köln-Mühlheim. Weitere Niederlassungen und Werke gibt es in Nordenham, Krefeld, Uebingen und Bad Muskau.

5. Leonische Drahtwerke AG, Nürnberg
Heute: Leoni AG, Nürnberg

Die heutige Leoni AG ist eines der traditionsreichsten Unternehmen im Raum Nürnberg. Sie geht zurück auf die im Jahre 1569 von Anthoni Fournier in Nürnberg gegründete Werkstatt zur Herstellung leonischer Waren. Leonische Waren sind Waren, die mit Metallfäden oder -garnen umwickelt oder umsponnen wurden. Sie sind nach der spanischen Stadt León benannt. Im frühen 17. Jahrhundert eröffneten die Söhne Fourniers weitere Werkstätten, aus denen schließlich die Firmen Johann Balthasar Stieber & Sohn in Nürnberg, Johann Philipp Stieber in Roth und die Vereinigten Leonischen Fabriken in Nürnberg hervorgingen. Am 23.04.1917 schlossen sich diese drei Firmen zu den Leonischen Werken AG, Roth-Nürnberg, mit Produktionsstätten in Roth und Nürnberg-Mühlhof zusammen. Im Jahre 1931 wurde der Firmenname in Leonische Drahtwerke AG, Nürnberg, geändert. Produkte der Leonischen Drahtwerke zur Zeit der Gründung der Firma Ellenberger & Poensgen waren Drähte, Leitungen und Kabel verschiedenster Typen. Wichtig für die Leonischen Drahtwerke war seinerzeit im speziellen die Produktion von gummi-isolierten Leitungen, PVC-isolierten Leitungen und Steckerleitungen.

Mit den 50er Jahren begann für die Firma eine Phase der Expansion. Man errichtete neue Werke in Kitzingen und Kötzting und übernahm das ehemalige Grundigwerk in Neuburg an der Donau. 1989 wurden die Westfälischen Kupfer- und Messingwerke in Lüdenscheid und die Kabelfabrik Otto Zimmermann in Lilienthal übernommen. Erstere waren 1948 ebenfalls von Harald A. Poensgen, parallel zu den Leonischen Drahtwerken, wegen Kupferlackdraht angefragt worden. Einher mit dieser Expansion ging eine zunehmende internationale Tätigkeit. Im Jahre 1999 erwirtschaftete die Leoni AG einen Gesamtumsatz von 1,2 Milliarden DM. Eine bedeutende Rolle spielten dabei, neben dem traditionellen Geschäft mit Drähten, Kabeln und Bordnetzen, bereits die Zukunftsmärkte Netzwerktechnik und Telekommunikation. Derzeit kommen noch 50% der Kunden der Leoni AG aus der Automobilindustrie.

6. Moschkau & Glimpel, Lauf an der Pegnitz
Heute: Emuge-Werk Richard Glimpel, Fabrik für Präzisions-Werkzeuge

Der schlesische Schlosser Richard Glimpel kam nach dem Ersten Weltkrieg nach Mittelfranken, um hier bei einer Werkzeugfabrik zu arbeiten. Schließlich fand er aber Anstellung bei der damals bedeutendsten Firma für Präzisionswerkzeuge: J. E. Reinecker in Chemnitz. 1920, im Alter von 26 Jahren, eröffnete er bereits eine eigene Werkstatt für Präzisionsbohrer. Einige Jahre später tat er sich mit seinem Freund Otto Moschkau zusammen. Es entstand die Firma Moschkau & Glimpel in Lauf an der Pegnitz, die sich zunächst auf Werkzeuge für die Lokomotivenwartung spezialisierte. Die Bezeichnung Emuge stammt ebenfalls aus dieser Zeit, sie ist eine phonetisch angepaßte Wiedergabe des Firmenkürzels MuG. 1924 wurde Richard Glimpel Alleininhaber von Moschkau & Glimpel. Aus der Firma gingen schon in ihrer Frühzeit zahlreiche Erfindungen hervor. So beispielsweise ein Gewindebohrer mit Schälanschnitt (1921) und ein Gewindebohrer mit ausgesetzten Zähnen (1931).

Bei Kriegsausbruch hatte die Firma circa 350 Mitarbeiter. Mit ihrem Sortiment an Spezialwerkzeugen war sie im Zweiten Weltkrieg ein für die Rüstung wichtiger Betrieb. Der Demontage entkam sie nach dem Krieg deshalb nur knapp. Entscheidend hierfür war, daß sie die für das Wiederanlaufen des Transportwesens wichtigen Spezialwerkzeuge zur Wartung von Lokomotiven herstellen konnte. Die

Firma Ellenberger & Poensgen bezog von Moschkau & Glimpel damals verschiedene Bohrertypen.

1958 wurde die Firma Franken, die mit ihrer Produktion von Fräsern die Produktpalette der Firma Richard Glimpel ideal ergänzte, aufgekauft. In den neunziger Jahren beschäftigte die Firma Emuge fast 1.000 Personen. Sie setzt ihre Erzeugnisse weltweit ab.

7. Oehlhorn & Wölz, Bamberg
Heute: Oekametall Oehlhorn GmbH & Co. KG, Bamberg

Dieses Unternehmen wurde im Jahre 1913 von dem Werkzeugbauer Georg Oehlhorn und dem jüdischen Kaufmann Sally Kahn unter dem Namen Oehlhorn & Kahn Metallwarenfabrik, Bamberg, gegründet. Die Firma spezialisierte sich zunächst auf Teile für elektrotechnisches Installationsmaterial, auf Puderdosen und Verschlüsse für Tuben sowie auf Parfümflaschen. 1937 stieg man in die zukunftssichernde Fertigung von Kunststoffteilen ein. Bereits in den 20er Jahren beschäftigte die Firma Oehlhorn & Kahn 100 Mitarbeiter, deren Zahl bis vor dem Kriegsausbruch auf rund 200 anwuchs. Schon zu dieser Zeit war man international, besonders in Frankreich, tätig. Im Jahre 1939 veräußerte Sally Kahn unter dem Druck der politischen Verhältnisse seine Firmenanteile unter Wert an Dr. Wölz aus Hannover. Das Unternehmen firmierte nun unter dem Namen Oehlhorn & Wölz. Sally Kahn verließ Deutschland im April 1939 und gelangte schließlich über Umwege durch Belgien und Frankreich als mittelloser Mann in die USA, wo er sich und seine Familie als Lagerarbeiter ernähren mußte und im Oktober 1942 im Alter von 57 Jahren verstarb. 1945 waren die Anlagen des Betriebes größtenteils veraltet. Darüber hinaus wurden auch Maschinen demontiert. Die Mitarbeiterzahl sank auf 90 Arbeiter und Angestellte ab. Nach einem Rückerstattungsantrag von Dora Kahn und ihren Söhnen Rudolf und Hans mußte Dr. Wölz im September 1950 aus der Firma ausscheiden, während die Familie Kahn ihre Anteile zurückerhielt. Das Unternehmen hieß von nun an Oekametall Oehlhorn & Kahn. In der Geschäftsleitung saßen zunächst Heinz Oehlhorn und Rudolf und Hans Kahn. Im Jahre 1954 verkauften die Kahns ihre Anteile an die Oehlhorns. Im Jahre 1961 wurde wegen der hohen Auslastung des Fertigungsbereichs Kunststoffe ein Zweigwerk in Burgebrach eröffnet. Heute erwirtschaftet das Unternehmen 70% seines Umsatzes mit Kosmetikverpackungen, hergestellt aus Kunststoff oder im Tiefziehverfahren bearbeitetem Metall. Ansonsten produzieren die derzeit 400 Mitarbeiter auch Präzisionsteile für die weiterverarbeitende Industrie, besonders für Automobilzulieferer und Unternehmen der Elektrotechnik- und Elektronikbranche. Die Firma Oekametall wird noch heute in vierter Generation von der Familie Oehlhorn geleitet.

8. Stettner & Co., Lauf an der Pegnitz
Heute: Firma NORTON Industriekeramik

Die Firma Stettner & Co wurde im Jahre 1923 von Georg Stettner und Harald A. Poensgens späterem Schwiegervater Albert Büttner gegründet. Sie stellte aus Steatit Isolierteile für die Elektrotechnik her. Steatit ist ein keramischer Werkstoff aus dem natürlichen Magnesiumsilicat Speckstein, plastischem Ton und einem Flußmittel, wie Feldspat oder Bariumcarbonat. Steatit zeichnet sich durch hohe Wärmefestigkeit und eine hervorragende elektrische Isolationsfähigkeit aus. Sein Hauptbestandteil, der Speckstein wurde unter anderem in der nördlichen und östlichen Umgebung von Lauf abgebaut. Bauteile aus Steatit werden in Preßformen aus Stahl, den sogenannten Matrizen, geformt, danach getrocknet und schließlich gebrannt. Albert Büttner wollte sich mit Stettner & Co. einen eigenen Zulieferer für die ebenfalls durch ihn gegründete Bayerische Elektrozubehör GmbH schaffen. Folglich war die Produktion der Firma Stettner bis Ende der vierziger Jahre überwiegend auf die BEZEG ausgerichtet. 1948 erwarb Albert Büttner die Anteile der Familie Stettner. Als er im Jahre 1949 verstarb, ging das Unternehmen an seine Söhne Karl und Hans sowie an seine Tochter Rosina über. Rosina Büttner war die Ehefrau von Harald A. Poensgen und Karl Büttner war jener Schwager, den Harald A. Poensgen gerne als Kommanditisten bei Elpo gesehen hätte. Seit 1957 besitzt die Firma in Wetzendorf ein Zweigwerk für Elektronische Bauelemente und seit 1964 ein weiteres Werk in Neumarkt in der Oberpfalz. Im Jahre 1970 wurde auch in Wiesau in der Oberpfalz eine Fertigungsstätte eröffnet. 1988 verließ die Firma Lauf und zog vollständig nach Wetzendorf, wo man eine neue grössere Produktionsstätte errichtet hatte. 1968 kaufte sich Stettner & Co. bei den STEKA-Werken in Innsbruck ein, und im Jahre 1975 beteiligte man sich an der Arbame do Nordeste S.A. in Brasilien. 1984 übernahm man eine Mehrheitsbeteiligung an der Isolantite Industries S.A in Montreuil/Frankreich, worauf man auch eine Keramikfertigung des Thomson-Brand Konzerns in der Firma C.I.C.E. S.A. Montreuil/Frankreich an sich zog. In den Jahren 1986 und 1988 wurden das Niederspannungs-Keramikprogramm von Siemens in Redwitz und die piezokeramischen Aktivitäten von SEL/ITT übernommen. Stettner & Co. wurde im Jahre 1988 von der französischen Saint-Gobain Gruppe aufgekauft. 1995 wurden die Bereiche Keramische Bauelemente und Technische Keramik voneinander getrennt. Der Bereich Technische Keramik firmierte von nun an unter dem neuen Firmennamen NORTON Industriekeramik GmbH, wobei der Handelsname „Stettner Keramik" beibehalten wurde.

Literatur:

Asea Brown Boveri AG, Homepage der Firma Asea Brown Boveri AG (ABB), Zürich (www.abb.com).

Abl-Sursum, Homepage der Firma Abl-Sursum, Lauf an der Pegnitz 2000 (www.abl-sursum.de).

BRÜGGE, J. (Firma Felten & Guilleaume), Kurzdarstellung der Geschichte der Firma Felten & Guilleaume, persönliches Schreiben an den Verfasser vom 01.03.2000.

Emuge-Werk Richard Glimpel Fabrik für Präzisionswerkzeuge KG,

50 Jahre Emuge-Werk Richard Glimpel, Festschrift, Lauf a.d. Pegnitz 1970.

Emuge-Werk Richard Glimpel Fabrik für Präzisionswerkzeuge KG, 1920–1995. Emuge 75 Jahre Präzisionswerkzeuge der Spitzenklasse, Festschrift, Lauf a. d. Pegnitz 1995.

Emuge-Werk Richard Glimpel Fabrik für Präzisionswerkzeuge KG, Homepage der Firma Emuge (Unternehmensverbund Emuge-Franken), Lauf a. d. Pegnitz (www. emuge.de).

Felten & Guilleaume AG, Homepage der Firma Felten & Guilleaume, Köln (www.fug.com).

FICHTL, F. / LINK, S. / MAY, H. / SCHAIBLE, S., „Bambergs Wirtschaft judenfrei". Die Verdrängung der jüdischen Geschäftsleute in den Jahren 1933 bis 1939, Bamberg 1998.

HOFMANN, Die erste Stromleitung von Braun Boveri stand unter 25.000 Volt. Asea Brown Boveri feiert mit dem Bundeskanzler den hundertsten Jahrestag der deutschen Gründung, Frankfurter Allgemeine Zeitung, Nr. 73 v. 27.03.2000.

Leonische Drahtwerke AG, Geschäftsbericht 1998, Nürnberg 1998.

Leoni AG, Homepage der Firma Leoni AG, Nürnberg (www.leoni.com).

Lions Club Lauf (Hrsg.), Anfänge der Laufer Industrie. Geschichte und Geschichten, Lauf/Peg. 1991.

Notizen zum Gespräch mit Gerald Oehlhorn, Bamberg, den 27.03.2000.

Norton Industriekeramik, Homepage der Firma Norton Industriekeramik, Lauf/Pegnitz (www.norton-industriekeramik.de).

Oekametall Oehlhorn & Kahn KG, Oehlhorn & Kahn, Firmenbroschüre, Bamberg o.J.

Oekametall Oehlhorn & Kahn KG, 75 Jahre Oekametall, Festschrift, Bamberg 1989.

Oekametall Oehlhorn GmbH & Co. KG, Oekametall, Firmenbroschüre, Bamberg o.J.

Oekametall Oehlhorn GmbH & Co. KG, Homepage der Firma Oekametall, Bamberg (www.oekametall.de).

PETZET, M., Industrie Museum Lauf. Spuren der Industriekultur im Landkreis Nürnberger Land. Eine Festschrift zur Eröffnung des Museums in Lauf a.d. Pegnitz, München 1992.

Richard Bergner GmbH & Co., Ribe. Made to fit, Firmenbroschüre, Schwabach 1998.

Richard Bergner GmbH & Co., Homepage der Firma Richard Bergner, Schwabach (www.ribe.de).

4. DIE FUNKTIONSWEISE DER EISENBEWIRTSCHAFTUNG

In der Kriegs- und Nachkriegszeit wurden in fast jedem Bereich der deutschen Volkswirtschaft die Produktion und die Verteilung der Güter mit unterschiedlichen Mitteln gelenkt. Industrie, Handel und Verbraucher wurden mit so verschiedenen Instrumenten wie Herstellungsanweisungen, Herstellungsverboten, Kontingenten, Lagervorschriften und Warenschecks konfrontiert. Ein besonders interessantes Instrument war dabei das Scheckverfahren. Im Briefwechsel zwischen Jakob Ellenberger und Harald A. Poensgen wird dieses mit den sogenannten Eisenschecks, -scheinen oder -marken berührt. Das Verfahren der Eisenbewirtschaftung wurde von den Alliierten in seinen Grundzügen aus nationalsozialistischer Zeit übernommen. An seinem Beginn stand ein Kontingentierungsverfahren: Zunächst wurde zentral errechnet, wieviel Eisen der Volkswirtschaft insgesamt zur Verfügung stand. Ab 1947 wurde dies für die Bizone von der Verwaltung für Wirtschaft durchgeführt, die daraufhin Länderkontingente vergab. Das Bayerische Landeswirtschaftsamt beispielsweise leitete dann sein so erhaltenes Kontingent über die Landesstelle Eisen und Metalle an nachgeordnete Kontingentsträger weiter, die es wiederum durch die Ausstellung von sogenannten Eisenscheinen an die Weiterverarbeiter und Verbraucher abgaben. Die Bayerische Landesvereinigung der Elektrotechnischen Industrie arbeitete bei der Rohstoffzuteilung eng mit der Landesstelle Eisen und Metalle zusammen. Es gab verschiedene Typen von Anrechtsscheinen. Harald A. Poensgen bevorzugte die sogenannten Kleineisenschecks oder Kleineisenmarken, die als das „Kleingeld" der Eisenbewirtschaftung galten. Er akzeptierte aber auch die für größere Mengen vorgesehenen blauen Bestellschecks, insofern sie ohne eingetragene Empfängerbezeichnung geliefert wurden. Diese Unterscheidung in Kleineisenschecks bzw. Kleineisenmarken und Bestellschecks war Mitte des Jahres 1947 im Zuge der Vereinheitlichung der Eisenbewirtschaftung zwischen der britischen und der amerikanischen Besatzungszone eingeführt worden. Die blauen Bestellschecks stellten Bestellrechte dar, die an den Handel, die Firmen und die Verbraucher ausgegeben wurden. Diese konnten die Schecks an einen beliebigen Lieferanten weitergeben und dafür Eisenwaren erhalten. Der Lieferant wiederum konnte die Schecks beim Landeswirtschaftsamt oder einem anderen Kontingentsträger einlösen.

Das Scheckverfahren in der Eisenbewirtschaftung der Bizone

Zur Deckung des Kleinbedarfs gab es bis zum 31.03.1948 die sogenannten Kleineisenschecks, die darauf von den roten Kleineisenmarken abgelöst wurden. Diese Marken waren „wie Bargeld zu behandeln". Mit ihnen konnte sowohl Eisen- als auch Stahlmaterial bezogen werden. Das entscheidende Charakteristikum der Eisenbewirtschaftung war, daß der Scheckbesitzer selbst bestimmen konnte, welches eisenhaltige Produkt er erwerben wollte. Das Scheckverfahren stellte damit gegenüber dem Extrem der Bewirtschaftung, der sogenannten Totalverteilung, bei welcher die verteilende Stelle jedem Lieferanten mitteilt, „an wen, in welcher Menge und welche Sorte er zu liefern hat", eine Flexibilisierung dar. Für die nationalsozialistische Eisen- und Metallbewirtschaftung stellte Leonhard Miksch fest: „Eisen- und Metallübertragungsscheine liefen oft durch zahlreiche Fertigungsstufen, ehe sie zum Walzwerk oder zur Hütte gelangten. Sie wirken wie eine Sonderkaufkraft in der Form des Giralgeldes." Die Eisenscheine funktionierten damit letztendlich als ein rohstoffgedecktes Zahlungsmittel. Die potentielle Kundschaft der Firma Ellenberger & Poensgen schickte Eisenschecks als Gegenleistung für Lieferversprechen auf dem Postweg stets direkt an Harald A. Poensgen. Bei der Eisenhandlung Zitzmann in Nürnberg unterhielt die Firma Ellenberger & Poensgen ein Eisenkonto, auf welches die von der Kundschaft eingegangenen Eisenschecks eingezahlt wurden und von wo aus Überweisungen zur Abdeckung von Aufträgen getätigt wurden.

Literatur:

KRUMBEIN, W., Wirtschaftssteuerung in Westdeutschland 1945 bis 1949. Organisationsformen und Steuerungsmethoden am Beispiel der Eisen- und Stahlindustrie in der britischen / Bi-Zone, Stuttgart 1989.

MIKSCH, L., Die Formen der Warenbewirtschaftung. Ein unerforschtes Land, (o.O.) (o.J.).

SELBMANN, F., Demokratische Wirtschaft. Drei Vorträge, Dresden 1948.

QUELLEN- UND LITERATURVERZEICHNIS

QUELLEN

10-jähriges Firmenjubiläum (Unterlagen zur Vorbereitung der Jubiläumsfeierlichkeiten), Altdorf 1958.

25-jähriges Firmenjubiläum 1.8.1973 (Festschrift, Ansprachen, Glückwünsche, Berichte, Ausgaben), 1973.

Briefverkehr, nach beiliegender CD-Rom.

Ellenberger & Poensgen GmbH (Hrsg.), 25 Jahre Ellenberger & Poensgen, Festschrift, Altdorf 1973.

ELLENBERGER, Horst, Interview mit Harald A. Poensgen, geführt von Horst Ellenberger, Altdorf 1985.

HENDELMEIER, Gertrud, E–T–A Erinnerungen (1948–1975), in: Jürgen SCHNEIDER (Hrsg.), Ellenberger & Poensgen GmbH – E–T–A Elektrotechnische Apparate GmbH 1948–1998. Maßstab für Sicherheit, Altdorf 1998, S. 93-126.

HEYDNER, Konrad, E–T–A Erinnerungen, in: Jürgen Schneider (Hrsg.), Ellenberger & Poensgen GmbH – E–T–A Elektrotechnische Apparate GmbH 1948–1998. Maßstab für Sicherheit, Altdorf 1998, S. 253-271.

Staatsarchiv Bamberg, Rep. K25 II, 4003 (Akten des Landbauamts Bamberg).

Wirtschaftstreuhand GmbH Wirtschaftsprüfungsgesellschaft, Stuttgart, Bericht über die Erstellung der DM-Eröffnungsbilanz zum 21. Juni 1948 und der Bilanz zum 31. Dezember 1949 der Firma Ellenberger & Poensgen GmbH, Altdorf bei Nürnberg, April 1950.

Wirtschaftstreuhand GmbH Wirtschaftsprüfungsgesellschaft Stuttgart, Erläuterungen der Wirtschaftstreuhand GmbH Wirtschaftsprüfungs- und Steuerberatungsgesellschaft Stuttgart zu den Steuerbilanzen vom 04.06.1948–20.06.1948 der Firma Ellenberger & Poensgen GmbH, Altdorf bei Nürnberg, 1951.

Wirtschaftstreuhand GmbH Wirtschaftsprüfungsgesellschaft Stuttgart, Bericht über die Prüfung der Bilanz zum 31. Dezember 1950 der Firma Ellenberger & Poensgen GmbH, Altdorf bei Nürnberg, 1951.

LITERATUR

ABELSHAUSER, Werner, Wirtschaft in Westdeutschland 1945–1948, Stuttgart 1975.

AMBROSIUS, Gerold, Wirtschaftsraum Europa. Vom Ende der Nationalökonomien, Frankfurt/M. 1996.

Ausführungsvorschriften, Formblättern, der Anweisung für die Auswerter der Meldebogen und der Rangliste in mehrfacher Wiedergabe. Im amtlichen Auftrag herausgegeben und mit Anmerkungen versehen von Erich Schüllze, Präsident der Berufungskammer in München, München [2]1947.

BALABKINS, Nicholas, Under Direct Controls. Economic Aspects of Industrial Disarmament 1945–1948, New Brunswick 1964.

BECKMANN, Liesel, Art. „Kapitalbedarfberechnung", in: HdBW, 1. Bd., Stuttgart [3]1956.

BENZ, Wolfgang, Von der Besatzungsherrschaft zur Bundesrepublik. Stationen einer Staatsgründung 1946–49, Frankfurt/M. 1984.

BENZ, Wolfgang, Zwangswirtschaft und Industrie, in: Vierteljahrshefte für Zeitgeschichte 32, 1984, S. 422-440.

BLÜCHER, Franz, Financial Situation and Currency Reform in Germany, in: The Annals of The American Academy of Political and Social Science 260, 1948, S.63-73.

BOELCKE, Willi A., Der Schwarz-Markt 1945–1948. Vom Überleben nach dem Kriege, Braunschweig 1986.

BOELCKE, Willi A., Die Kosten von Hitlers Krieg. Kriegsfinanzierung und finanzielles Kriegserbe in Deutschland 1933–48, Paderborn 1985.

BOOTLE, Roger, Das Ende der Inflation. Worauf sich Unternehmen und Anleger in der Ära stabiler Preise einstellen müssen. Frankfurt/M. / New York 1997.

BORN, Karl Erich, Art. „Unternehmen, multinationale, III: Geschichte", in: HdWW, 8. Bd., Stuttgart u.a. 1988.

BRAUN, Hans-Joachim / KAISER, Walter, Energiewirtschaft, Automatisierung, Information seit 1914, in: Wolfgang KÖNIG (Hrsg.), Propyläen Technikgeschichte, 5. Bd., Berlin 1997.

BROWN, Lewis H., A Report on Germany, New York 1947.

BUCHHEIM, Christoph, Die Errichtung der Bank deutscher Länder und die Währungsreform in Westdeutschland, in: DEUTSCHE BUNDESBANK (Hrsg.): Fünfzig Jahre Deutsche Mark. Notenbank und Währung in Deutschland seit 1948, München 1998, S. 91-138.

BUCHHEIM, Christoph, Die Währungsreform 1948 in Westdeutschland, in: Vierteljahrshefte für Zeitgeschichte 36, 1988, S. 189-231.

BUSCH, Fritz, Transportation in Postwar Germany, in: The Annals of The American Academy of Political and Social Science 260, 1948, S. 80-89.

BUSSE VON COLBE, Walther / PERLITZ, Manfred, Art. „Unternehmenspolitik", in: HdWW, Bd. 8, Stuttgart u.a. 1988.

CLAY, Lucius D., Entscheidung in Deutschland, Frankfurt/M. 1950.

COMMERZBANK AG (Hrsg.), 100 Jahre Commerzbank 1870–1970, Frankfurt/M. 1970.

DIEBEN, Wilhelm, Die innere Reichsschuld seit 1933, in: Finanzarchiv 11, 1949, S. 656-706.

DIETZE, Constantin von, The State of German Agriculture, in: The Annals of the American Academy of Political and Social Science 260, 1948, S. 74-79.

DÖRNER, Dietrich, Die Logik des Mißlingens. Strategisches Denken in komplexen Situationen, Hamburg 1993.

DÜRR, Ernst, Die Soziale Marktwirtschaft. Ausgangssituation, Programm, Realisierung, in: Jürgen SCHNEIDER / Wolfgang HARBRECHT, Wirtschaftsordnung und Wirtschaftspolitik in Deutschland (1933–1993), Stuttgart 1996, S. 383-395.

EISFELD, Curt, Art. „Kreditgeschäft der Banken", in: HdBW, Stuttgart ³1958.

ELLERBROCK, Erich, Art. „Patent- und Gebrauchsmusterwesen", in: HdBW, 3. Bd., Stuttgart ³1960.

EMMINGER, Otmar, Deutsche Geld- und Währungspolitik im Spannungsfeld zwischen innerem und äußerem Gleichgewicht (1948–1975), in: DEUTSCHE BUNDESBANK (Hrsg.): Währung und Wirtschaft in Deutschland 1876–1975, Frankfurt/M. 1976.

Enzyclopädisches Lexikon für das Geld-, Bank- und Börsenwesen, hrsg. von Erich ACHTERBERG, 2 Bde., ³1967–1968.

ERHARD, Ludwig, Wohlstand für alle, Düsseldorf 1957.

ERKER, Paul, Solidarität und Selbsthilfe. Die Arbeiterschaft in der Ernährungskrise, in: WOLFGANG BENZ (Hrsg.), Neuanfang in Bayern 1945–1949. Politik und Gesellschaft in der Nachkriegszeit, München 1988, S. 82-102.

EUCKEN, Walter, Deutschland vor und nach der Währungsreform, in: Jürgen SCHNEIDER / Wolfgang HARBRECHT (Hrsg.), Wirtschaftsordnung und Wirtschaftspolitik in Deutschland (1933–1993), Stuttgart 1996, S. 327-360.

EUCKEN, Walter, Grundsätze der Wirtschaftspolitik, Tübingen – Zürich 1960.

EUCKEN, Walter / MEYER, Fritz W., The Economic Situation in Germany, in: The Annals of the American Academy of Political and Social Science 260, 1948, S. 53-62.

EUCKEN, Walter, Die Grundlagen der Nationalökonomie, Berlin – Göttingen – Heidelberg ^{6}1950.

FELTEL, Johannes, Art. „Liquidität", in: HdBW, 3. Bd., Stuttgart ^{3}1960.

GREBING, Helga / POZORSKI, Peter / SCHULZE, Rainer, Die Nachkriegsentwicklung in Westdeutschland 1945–1949, 1. Bd., Stuttgart 1980.

GRIES, Rainer, Die Rationen-Gesellschaft. Versorgungskampf und Vergleichsmentalität: Leipzig, München und Köln nach dem Kriege, Münster 1991.

GROCHLA, Erwin, Betrieb und Wirtschaftsordnung, Berlin 1954.

GROCHLA, Heinrich, Art. „Planung, Betriebliche", in: HdSW, 8. Bd., Stuttgart – Tübingen – Göttingen 1964.

GRUBE, Frank, RICHTER, Gerhard, Die Schwarzmarktzeit. Deutschland zwischen 1945 und 1948, Hamburg 1979.

GUTENBERG, Erich, Grundlagen der Betriebswirtschaftslehre. 1. Bd., Berlin – Göttingen — Heidelberg 1951.

HANSMEYER, Karl-Heinrich / CAESAR, Rolf, Kriegswirtschaft und Inflation (1936–1948), in: DEUTSCHE BUNDESBANK (Hrsg.), Währung und Wirtschaft in Deutschland 1876–1975, Frankfurt/M. 1976, S. 367-429.

HARBRECHT, Wolfgang, Die Zukunft der Sozialen Marktwirtschaft im Zeitalter der Globalisierung, in: Norbert BERTHOLD / Bernhard SPEYER (Hrsg.): Vergessene Dimensionen der Außenwirtschaft: Raum, technischer Fortschritt und Entwicklung, Berlin 1997.

HARMENING, Rudolf / DUDEN, Konrad (Hrsg.), Die Währungsgesetze. Handausgabe mit ausführlicher Erläuterung der Umstellungsvorschriften nebst Durchführungsverordnungen und Nebenbestimmungen, München – Berlin 1949.

HEINZE, Joachim, Die Entwicklung des Geldmarktes in Deutschland seit der Währungsreform, Diss. Nürnberg 1959.

HIELSCHER, Erwin, Das Jahrhundert der Inflationen in Deutschland. Ein Beitrag aus der Bundesrepublik Deutschland, München – Wien, 1968.

HOCKERTS, Hans Günter, Sozialpolitische Entscheidungen im Nachkriegsdeutschland. Alliierte und deutsche Sozialversicherungspolitik 1945 bis 1957, Stuttgart 1980.

HOLTFRERICH, Carl-Ludwig, Die Deutsche Bank vom Zweiten Weltkrieg über die Besatzungsherrschaft zur Rekonstruktion 1945–1957, in: Lothar GALL u.a. (Hrsg.), Die Deutsche Bank, München 1995, S. 409-578.

HOMBURG, Heidrun, Rationalisierung und Industriearbeit. Arbeitsmarkt - Management - Arbeiterschaft im Siemens-Konzern 1900–1939, Berlin 1991.

HOPPENSTEDT, Wolfram, Gerhard Colm. Leben und Werk (1897–1968), Stuttgart 1997.

ISSING, Otmar, Art. „Geld", in: GÖRRES-GESELLSCHAFT (Hrsg.), Staatslexikon, 5. Bd., Freiburg – Basel – Wien 1986, Sp. 799-806.

KELLETER, Heinrich, Die Geschichte der Familie Poensgen, Teil I, Düsseldorf 1908.

KLUMP, Rainer, Vierzig Jahre Deutsche Mark – Diskussionsschwerpunkte und Ergebnisse der Währungsreformforschung, in: Rainer KLUMP (Hrsg.), 40 Jahre Deutsche Mark. Die politische und ökonomische Bedeutung der westdeutschen Währungsreform von 1948, Stuttgart 1989, S. 51-66.

KLUMP, Rainer, Wie ist das „Wirtschaftswunder" entstanden?, in: Orientierungen zur Wirtschafts- und Gesellschaftspolitik 22, 1984, S. 41-44.

KÖNIGSEDER, Angelika, Entnazifizierung, in: Wolfgang BENZ (Hrsg.), Deutschland unter alliierter Besatzung, Berlin 1999, S. 114-117.

KUSTERMANN, Peter, Elend des Wohnens, in: RÜMELIN, Hans A. (Hrsg.), So lebten wir ... Ein Querschnitt durch 1947, erneut hrsg. von Jürgen SCHNEIDER, Stuttgart 1997, S. 165-169.

LAPP, Klaus, Die Finanzierung der Weltkriege 1914/18 und 1939/45 in Deutschland. Eine wirtschafts- und finanzpolitische Untersuchung, Diss. Nürnberg 1957.

LUDWIG, Karl-Heinz, Technik und Ingenieure im Dritten Reich, Königstein/Ts. 1979.

LUTZ, Friedrich A., Art. „Geld und Kredit", in: GÖRRES-GESELLSCHAFT (Hrsg.), Staatslexikon, 3. Bd., Freiburg ^{6}1959, S. 678-687.

MAG, Wolfgang, Art. „Risiko und Ungewißheit", in: HdWW, 6. Bd., Stuttgart u.a., 1988.

MENDERSHAUSEN, Horst, Prices, Money and the Distribution of Goods in Postwar Germany, in: American Economic Review 38, 1949, S. 646-672.

MENGES, H. R., Vom „Stotz-Sicherungsautomaten" zum selektiven Selbstschalter, in: Horst A. WESSEL (Hrsg.), Geschichte der Elektrotechnik, Bd. 7, Berlin – Offenbach 1988, S. 125-138.

MERKLE, Franz: Art. „DM-Eröffnungsbilanzen", in: HdBW, 1. Bd., Stuttgart ^{3}1956.

MINISTERIUM FÜR SONDERAUFGABEN (Hrsg.), Gesetz zur Befreiung vom Nationalsozialismus und Militarismus, München 1946.

MÖLLER, Hans, Die Währungsreform von 1948 und die Wiederherstellung marktwirtschaftlicher Verhältnisse, in: Peter HAMPE (HRSG.), Währungsreform und Soziale Marktwirtschaft. Rückblicke und Ausblicke, München 1989, S. 55-77.

MÖLLER, Hans, Die westdeutsche Währungsreform von 1948, in: DEUTSCHE BUNDESBANK (Hrsg.), Währung und Wirtschaft in Deutschland 1876–1975, Frankfurt/M. 1976, S. 433-483.

MÜLLER-ARMACK, Alfred, Das Grundproblem unserer Wirtschaftspolitik: Rückkehr zur Marktwirtschaft, in: Finanzarchiv 11, 1949, S. 57-78.

MÜLLER-ARMACK, Alfred, Soziale Marktwirtschaft, in: HdSW, 9. Bd., 1956.

MÜLLER-ARMACK, Alfred, Wirtschaftspolitik als Beruf, in: Wirtschaftspolitische Chronik, Heft 1, Köln 1969.

NAHRENDORF, Rainer / SCHÄFER, Waldemar (Hrsg.), Wegmarkierungen. 50 Jahre Wirtschaftsgeschichte im Handelsblatt, Stuttgart 1996.

PFISTER, Bernhard / LIEFMANN-KEIL, Elisabeth, Die wirtschaftliche Verarmung Deutschlands. Verarmungsprozeß oder Aufbau?, Freiburg 1947.

PÜNDER, Tilman, Das bizonale Interregnum. Die Geschichte des Vereinigten Wirtschaftsgebietes 1946–1949, Waiblingen 1966.

REICHEL, Richard (Hrsg.), Wirtschaftsordnung und Wirtschaftswunder, Stuttgart – Wien 1998.

RITSCHl, Albrecht, Die Währungsreform von 1948 und der Wiederaufstieg der westdeutschen Industrie. Zu den Thesen von Mathias Manz und Werner Abelshauser über die Produktionswirkung der Währungsreform, in: Vierteljahrshefte für Zeitgeschichte 22, 1985, S. 136-165.

ROEPER, Hans / WEIMER, Wolfram, Die D-Mark. Eine deutsche Wirtschaftsgeschichte, Frankfurt/M. 1996.

RÖPKE, Wilhelm, Offene und zurückgestaute Inflation. Bemerkungen zu Jaques Rueffs ‚L'Ordre Social', in: Kyklos. Internationale Zeitschrift für Sozialwissenschaften, Bd 1, 1947, S. 57-71.

RUBERG, Carl, Art. „Wahl der Unternehmensform", in: HdBW, 4. Bd., Stuttgart ^{3}1962.

RUEFF, Jacques, Natürliche Erklärung eines Wunders, in: Luigi EINAUDI (Hrsg.), Wirtschaft ohne Wunder, Erlenbach – Zürich 1953, S. 204-222.

RÜMELIN, Hans A. (Hrsg.), So lebten wir ... Ein Querschnitt durch 1947, erneut hrsg. von Jürgen SCHNEIDER, Stuttgart 1997.

SAUERMANN, Heinz, Art. „Währungsreformen", in: HdSW, 11. Bd., 1961.

BEITRÄGE ZUR WIRTSCHAFTS- UND SOZIALGESCHICHTE
Herausgegeben von **Rainer Gömmel** und **Jürgen Schneider**

53 **Edgar Feichtner**, Die Bauernbefreiung in Niederbayern: Die Änderung der ländlichen Wirtschafts- und Sozialstruktur in Bayern durch die Reformierung der Agrarverfassung in der ersten Hälfte des 19. Jh.s. 1993, 267 S. *06280-7*

54 **Michael North (Hrsg.)**, Nordwesteuropa in der Weltwirtschaft 1750–1950 / Northwestern Europe in the World Economy 1750–1950. 1993, 308 S. *06360-9*

55 **Nils Brübach**, Die Reichsmessen von Frankfurt/M., Leipzig und Braunschweig (14.–18. Jh.). 1994, 674 S. *06405-2*

56 **Friedrich Zellfelder**, Das Kundennetz des Bankhauses Gebrüder Bethmann, Frankfurt am Main, im Spiegel der Hauptbücher (1738–1816). 1994, 268 S. *06438-9*

57 **Jürgen Schneider / Oskar Schwarzer / Markus A. Denzel (Hrsg.)**, Währungen der Welt VIII: Afrikanische und levantinische Devisenkurse im 19. und 20. Jh. 1994, 177 S. *06496-6*

58 **Markus A. Denzel**, „La Practica della Cambiatura". Europäischer Zahlungsverkehr vom 14. bis zum 17. Jh. 1994, 609 S. *06577-6*

59 **Markus A. Denzel (Hrsg.)**, Währungen der Welt IX: Europäische Wechselkurse von 1382 bis 1620. 1995, 167 S. *06576-8*

60 **Günter Schabowski**, Abschied von der Utopie: Die DDR – das deutsche Fiasko des Marxismus. 1994, 51 S. *06503-2*

61 **Markus A. Denzel (Hrsg.)**, Währungen der Welt X: Geld- und Wechselkurse der deutschen Messeplätze Leipzig und Braunschweig. 1994, 147 S. *06575-X*

62 **Paul Frenzel**, 40 verlorene Jahre. Erinnerungen an die Diktaturen des nationalen und des realen Sozialismus, hrsg. v. Jürgen Schneider. 1995, 484 S. *06599-7*

63 **Jürgen Schneider / Wolfgang Harbrecht (Hrsg.)**, Wirtschaftsordnung und Wirtschaftspolitik in Deutschland (1933–1993). 1996, 506 S. *06600-4*

64 **Volker Alberti**, Simmelsdorf. Untertanen einer Grundherrschaft im Nürnberger Umland (14.–19. Jh.). 1994, 331 S. *06636-5*

65 **Wolfram Hoppenstedt**, Gerhard Colm. Leben und Werk 1897–1968. 1997, 470 S. *06661-6*

66 **Henning Mielke**, Die Auflösung der Länder in der SBZ/DDR. Von der deutschen Selbstverwaltung zum sozialistisch-zentralistischen Einheitsstaat nach sowjetischem Modell 1945–1952. 1995, 224 S. *06669-1*

67 **Doris Schwarzer**, Arbeitsbeziehungen im Umbruch gesellschaftlicher Strukturen. Bundesrepublik Deutschland, DDR und neue Bundesländer im Vergleich. 1995, 552 S. *06811-2*

68 **Maximilian Walter**, Das Fürststift Kempten im Zeitalter des Merkantilismus. Wirtschaftspolitik und Realentwicklung (1648–1802/03). 1995, 294 S. *06812-0*

69 **Ulrich Kluge / Steffen Birkefeld / Silvia Müller**, Willfährige Propagandisten. MfS und SED-Bezirksparteizeitungen: »Berliner Zeitung«, »Sächsische Zeitung«, »Neuer Tag«. 1997, 264 S. *07197-0*

70 **Jürgen Schneider / Theo Schnörer**, Bayerische Beamtenbank e.G. (1920–1995). 1995, 218 S. *06813-9*

BEITRÄGE ZUR WIRTSCHAFTS- UND SOZIALGESCHICHTE
Herausgegeben von **Rainer Gömmel, Ulrich Kluge** und **Jürgen Schneider**

71 **Karin Lehmann**, Wandlungen der Industriefinanzierung mit Anleihen in Deutschland (1923/24–1938/39). 1996, 283 S. *07013-3*

72 **Byung-Hwan Yae**, Die Handelsbeziehungen zwischen Deutschland und Korea nach dem Zweiten Weltkrieg. 1997, 168 S. *07014-1*

73 **Markus A. Denzel**, Der Preiskurant des Handelshauses Pelloutier & Cie aus Nantes (1763–1793). 1997, 167 S. *07027-3*

74 **Stefan Arold**, Die technische Entwicklung und rüstungswirtschaftliche Bedeutung des Lokomotivbaus der Deutschen Reichsbahn im Dritten Reich (1933–1945). 1997, 106 S. *07056-7*

75 **Johannes Laufer**, Von der Glasmanufaktur zum Industrieunternehmen. Die Deutsche Spiegelglas-AG (1830–1955). 1997, 516 S. *07045-1*

76 **Thomas Martin**, „Und nichts war uns geblieben". Der Weg der Freitaler Stahl-Industrie GmbH zum Volkseigenen Betrieb (1945–1948). 1997, 227 S. *07050-8*

77 **Marcus Prell**, Sozialökonomische Untersuchungen zur Armut im antiken Rom von den Gracchen bis Kaiser Diokletian. 1997, 360 S. *07055-9*

BEITRÄGE ZUR WIRTSCHAFTS- UND SOZIALGESCHICHTE
Herausgegeben von **Rainer Gömmel, Ulrich Kluge, John Komlos** und **Jürgen Schneider**

78 **Mirja Steinkamp**, Die Eisenhütte Gittelde 1700–1787. Eine betriebswirtschaftliche Untersuchung. 1997, 344 S. *07165-2*

79 **Heinz Hoffmann**, Die Betriebe mit staatlicher Beteiligung im planwirtschaftlichen System der DDR 1956–1972. 1998, 199 S. *07243-8*

80 **Hans A. Rümelin (Hrsg.)**, So lebten wir. Ein Querschnitt durch 1947. Neudruck der Ausgabe von 1948, hrsg. v. Jürgen Schneider. 1997, 260 S. *07198-9*

81 [*nicht erschienen*]

82 **Jörg Baten**, Ernährung und wirtschaftliche Entwicklung in Bayern (1730–1880). 1998, 216 S. *07218-7*

83 **Uwe Wallbaum**, Die Rübenzuckerindustrie in Hannover. Zur Entstehung und Entwicklung eines landwirtschaftlich gebundenen Industriezweigs von den Anfängen bis zum Beginn des Ersten Weltkriegs. 1998, 384 S. *07232-2*

84 **Jörg Rode**, Die Gesellschaft für Sozial- und Wirtschaftsgeschichte (1961–1998). 1998, 114 S. *07312-4*

85 **Birgit Breiding**, Die Braunen Schwestern. Ideologie, Struktur, Funktion einer nationalsozialistischen Elite. 1998 [*vergriffen*]

86 **Harald Reichelt**, Die Instituton des Aufsichtsrates in der deutschen Aktiengesellschaft. Reformüberlegungen aus historischer Perspektive. 1998, 295 S. *07370-1*

BEITRÄGE ZUR WIRTSCHAFTS- UND SOZIALGESCHICHTE
Hrsg. von **Jürgen Schneider, Markus A. Denzel, Rainer Gömmel, Ulrich Kluge** und **John Komlos**

87 **Markus A. Denzel (Hrsg.)**, Währungen der Welt XI: Dänische und nordwestdeutsche Wechselkurse 1696–1914. 1999, 158 S. *07580-1*

88 **Hans-Anton Ebener**, Der Staat als Bauherr im 18. Jh. Öffentliches Bauen auf der Berner Landschaft. 1999, 235 S. *07581-X*

89 **Christoph Steegmans**, Die finanziellen Folgen der Rheinland- und Ruhrbesetzung 1918–1930. 1999, 358 S. *07627-1*

90 **Eva Susanne Franke**, Netzwerke, Innovationen und Wirtschaftssystem. Eine Untersuchung am Beispiel des Druckmaschinenbaus im geteilten Deutschland (1945–1990). 2000, 230 S. *07628-X*

91 **Matthias Ermer**, Von der Reichsmark zur Deutschen Mark der Deutschen Notenbank. Zum Binnenwährungsumtausch in der Sowjetischen Besatzungszone Deutschlands (1948). 2000, 222 S. *07703-0*

92 **Ulrich Kluge / Winfried Halder / Katja Schlenker (Hrsg.)**, Zwischen Bodenreform und Kollektivierung. Vor- und Frühgeschichte der „sozialistischen Landwirtschaft" in der SBZ/DDR vom Kriegsende bis in die fünfziger Jahre. 2001, 378 S. *07892-4*

BEITRÄGE ZUR WIRTSCHAFTS- UND SOZIALGESCHICHTE
Hrsg. von **Jürgen Schneider, Markus A. Denzel** und **Rainer Gömmel**

93 **Dieter H. Kollmer**, Rüstungsgüterbeschaffung in der Aufbauphase der Bundeswehr. Der Schützenpanzer HS 30 als Fallbeispiel. 2002, 308 S. *08077-5*

94 **György Kövér / Agnes Pogány**, Die binationale Bank einer multinationalen Monarchie: Die österreichisch-ungarische Bank. 2002, 204 S. *08078-3*

95 **Margarete Wagner-Braun**, Zur Bedeutung berufsständischer Krankenkassen innerhalb der privaten Krankenversicherung in Deutschland bis zum II. Weltkrieg. Die Selbsthilfeeinrichtungen der katholischen Geistlichen. 2002, 368 S. *08177-1*

96 **Jürgen Schneider u.a. (Hrsg.)**, Unternehmen, Innovationen und Weltmarkt in der Schutzschaltertechnik seit 1948. Das Fallbeispiel Ellenberger & Poensgen GmbH / E-T-A Elektrotechnische Apparate GmbH in Altdorf bei Nürnberg. 2003, ca. 474 S. *08219-0*

97 **Marcus Holzammer**, Der Apotheker Joseph Schedel – Tagebücher aus Japan und China. 2003, ca. 275 S. *08402-9*

98 **Danny Weber**, Die sächsische Landesstatistik im 19. Jh. Institutionalisierung – Professionalisierung. 2003, 162 S. *08424-X*